挑河时在陆闸南北,各筑拦河坝一,中留运河五六里,蓄水济运,盐船直抵扬州湾头,自湾头陆运至三汊河,所留运河五六里,三月复挑浚无误;一、预运盐堆贮仪所盐垣,夏多卤耗,请六月以前,每引加盐二十五斤,七月以前加二十斤,八月十五日以前加十五斤,十五日以后加十斤。商本庶免亏折;一、盐课例于九月奏销,十一月考核,但丙辰纲盐课,特旨以新颁引盐展限至乾隆二年二月奏销,丁巳纲新引现今领运至九月,为期甚近,请宽至三年二月奏销,四月考核。"下部议行。

三月,入觐,诏署广东巡抚;会一以母老疏辞,调署河南巡抚。五月,奏言:"豫省阙雨歉收,应缓征以纾民力;又平粜必需现价,穷民尚费经营,备领则急补目前。请不拘存七粜三之例,视地方缓急,斟酌多寡,以资接济。"从之。十月,条奏:"农务:一、天时宜乘也,力田贵早,豫民有时宜播种,尚未举耜,时宜耘籽,始行播种,既失天时,遂违物性,臣拟分析种植先后,刊谕老农督率劝勉,仍遵圣谕,州县官不拘时日,轻骑减从,亲往查勘,如有工本不敷,许借仓谷,秋后补还;一、人力宜尽也,南方地狭人稠,一夫所耕,不过二十亩,力聚工专,故所获厚,北方地阔,一夫所耕,自七八十亩至百馀亩不等,力散工薄,故所获少,臣今劝谕田主多招佃户,量力授田,以三十亩为率,则地少力多,可望丰收,分多种之田,以给无田之人,则游民亦少;一、树艺宜广也,豫省多咸碱沙地,去其三尺,而咸少则润泽,臣今责成乡耆保长劝谕,就隙地视所宜之木种植,则地无旷土;一、女工宜勤也,查江南苏、松繁庶,而贫民俯仰有资者,女子七八岁以上,即能纺絮,十二三岁即能织布,一日经营,供一人之用度有馀,今棉花产自

清史列传卷十八

大臣画一传档正编十五

尹会一　子嘉铨

尹会一，直隶博野人。雍正二年进士，分部学习。三年，授考工司主事，荐迁员外郎。四年，充广西乡试副考官。五年，授湖广襄阳府知府，九年，调江南扬州府。

十一年，迁两淮盐运使。乾隆元年二月，诏署两淮盐政。十月，加佥都御史衔。寻授两淮盐政。二年，以淮、扬运河定于冬月挑浚，盐船不能转运。谕令预运贮存，以济民食，恐商人办理竭蹶。着将请单呈纲两次应纳钱粮，缓至加斤时，一体完纳。会一陈奏："盐务三条：一、本年丁巳纲淮南正运盐七十万引，预运如之；丙辰纲应运残盐四十万引，数多期迫，灶户乘机抬价，各场产盐不敷，商艘趱运不及，查运河东岸邵伯镇迤南，向有陆闸，系浅水由芒稻河归江之路，〔一〕上接邵伯诸湖，下通泰坝盐河，拟于豫省,而商贾贩于江南,豫省民家有机杼者,百不得一,拟有力之家多造机杼,贷于织户,量取赁值,或动支无碍公项,制造给领,俟一年后缴还原项,并广劝妇女互相仿效。"得旨:"酌量行之,不可存欲速之心,不可有终怠之念。若民不乐从,不可徒绳以法也。"

是月,[二]实授河南巡抚。三年,上以河南、山东岁稔,敕会一等筹补仓谷。十二月,疏言:"本年河南丰收,以直隶、江南灾歉,商贩较多,价值日昂。臣饬各州县,如本地价昂,平粜不敷买补,即赴邻邑谷贱处采买;倘邻邑价亦相仿,即将不敷银报明,在各属盈馀银内通融拨给。再豫民食用,以麦为上,高粱、荞麦、菽豆次之。臣饬地方官,遇谷贵即查明杂粮若干可抵谷一石,参酌粜贮,来春先尽杂粮粜借,以济民食,秋后仍照时价买谷还仓。至新旧民欠谷石,河北三府被水无谷之民,须粜杂粮粜谷还仓,出入多亏折迟延。请照谷价折收杂粮,来春一体粜借,秋后易谷,庶民易输将而仓储不至虚亏。"上嘉之。时安徽按察使张坦麟条奏农忙停讼,如商贾为奸牙串骗侵吞,适值农忙,恐日久比追无术。请酌改定例,以恤远人。敕各督抚酌议,会一议应如所奏,并请以讼事而妨农,宜停准理,若因农事成讼,时当农忙,尤宜准理速结。奏入,报闻。又奏报劝谕乡农栽植榆柳枣梨一百九十馀万株,敕各督抚勉为之。

四年五月,黄、沁水涨,沿河武陟、原武、郑州、封丘、阳武、仪封、兰阳、考城、虞城、夏邑灾,会一奏请酌借仓粮,资助籽种,赶种秋禾。七月,奏:"预筹民食事宜:一、请免关税以通商也,祥符等属被水,民食仰给邻省,江南则由淮河之正阳关达陈州府之周家口，山东则由运河之临清关达彰、卫二府之楚旺、道口等处，恳敕免收税，俾商争趋，以资接济；一、及时兴工以代赈也，各属城垣、仓库、监狱、河渠、堤岸、营房，倾圮淤垫，宜动帑兴修，俾贫民力作糊口；一、酌量买运以备赈也，州县储谷，如不敷赈粜，请于本省就近可通舟楫处，不论常平谷拨用，并动帑采买米谷杂粮，以济民食；一、多种菁菜以助食也，查蔓菁，春食苗，夏食心，秋食茎，冬食根。昔诸葛亮行兵所止，乃令军士种植，取其易长而可食，现饬被水州县，酌购菜子，给贫民广种，以备采食。"部议从之。七月，奏："办灾赈事宜：一、成灾地方，漕项钱粮豆米照地丁例，按分数蠲免；一、应纳漕项，缓至次年麦收后征解；一、未被水州县，应办漕粮，截留本省以备赈粜，额征八旗饲马黑豆七万石，水淹无收，祈敕产豆省分采运。"诏从之。十一月，御史宫焕文奏劾会一莅豫至本年，报盗至百六十馀案，本年秋审招册所拟情实可矜，改驳至三十馀起，疲玩不振，贻误地方。谕曰："尹会一自任豫抚以来，属员怠忽，不知畏惧。其谳狱弭盗，多未妥协。今年豫省各属被水灾重，所办赈务之事亦未尽善，实少干济才能，不胜巡抚之任。但其为人忠厚谨慎，非有心误公者可比。着解任来京，候朕另用。"寻授左副都御史。

五年，会一母年七十馀，疏请终养。上以会一孝其母而母亦贤，赐诗曰："聆母多方训，于家无间言。休风诚所励，百行此为尊。名寿辉比里，孝慈萃一门。犹闻行县日，每问几平反。"九年，丁母忧。十一年三月，服阕，授工部侍郎。十月，提督江苏学政。十二年，上敕各省学政于考试文艺后，就御纂四经中，酌量旧说别异处，摘取数条发问，答不失指者，生童即予补廪入泮。

会一奏言："一等生员概补经解,似凡列优等者,尽能记诵,传说未为核实。请于册报生童另期发问经义,答不失指者,即以'经解'二字印记卷面,衡其文艺,酌予补廪入泮;其不在册报者,不必概补经解。"下部议行。十三年四月,转吏部侍郎,仍留学政任。闰七月,卒,谕赐祭。十五年,江苏巡抚雅尔哈善奏准入祀名宦祠。

子嘉铨,由举人授刑部主事,荐迁郎中。乾隆二十八年,擢山东济东道。三十二年,迁山西按察使。三十三年,擢山东布政使,旋调甘肃。三十九年,授大理寺卿。四十年,以甘肃布政使任内失察邪教,部议降调,得旨留任。四十三年二月,以失察河州逆犯苏阿洪邪教交部议,寻议革任,诏免,以原品休致。

四十六年三月,谕曰："今日回跸保定,有尹嘉铨遣子至行在,奏为伊父尹会一请谥一折,已属狂妄,易名赐谥,国家大典岂可妄求?而又不亲来乞恩,本应交部治罪,因批谕念其为父私情,姑从宽免;若再不安分家居,则罪不可逭。及次阅伊为父请从祀孔庙一折,更为肆无忌惮、愚而好自用矣!从祀宫墙,非人品学问纯粹无疵、久经论定者,孰敢轻议?是以国朝从祀寥寥,宁缺无滥。今尹嘉铨奏称,欲为汤斌、范文程、李光地、顾八代、张伯行并请从祀,而厕以伊父,谬妄殊甚!汤斌在皇祖时,曾经侍读理密亲王,乃不尽心辅导,以致理密亲王纵欲败度,终于废黜,于保傅之义有亏。至范文程,本系明季诸生,臣事我朝,致身通显,虽非如洪承畴等身事两朝可比,然于纯儒品节不无遗议。若李光地,于耿逆时遣人赍送腊丸告变,外间传有不与陈梦雷一同列名之事,于公论亦未允乎。至顾八代,不过通晓翻译满、汉文义,居官循谨,本无行谊过人之处。又张伯行,虽操守廉洁,亦人臣职分当然,其奏参噶礼一案,实因噶礼欲寻其衅,势难两立,因先发以为自全之计,不得以其托名讲学,轻议入祀。以上诸臣,皆朕素所深悉,乃尹嘉铨以休致在籍人员,不知安分,妄言无忌,实属从来未有之事。甚至奏称伊父尹会一'蒙御制诗章,褒嘉称孝,已在德行之科,自可从祀'等语,尤为狂吠,罪不可逭。尹会一从前经朕赐诗奖励,原藉以风示群伦而已,其于巡抚任内亦仅循分供职,后因不能胜任,改用京员,尚不能如汤斌等诸人。今尹嘉铨乃敢妄称已在德行之科,既为请谥,复请从祀,如此丧心病狂,毫无忌惮,其视朕为何如主耶?且尹嘉铨托于行孝,为此妄奏,天下之人孰非人子乎?使令皆为其父求谥,求入祀孔庙,亦可行乎?否则为不孝,即得罪仍托于为父,则朝政不至于大紊乎?此而不严行治罪,何以彰国宪而惩将来?尹嘉铨着革去顶带,拿交刑部治罪,并将朕批示其两折发交大学士、九卿阅看。"四月,谕曰:"尹嘉铨由落第举人,用为部属。荐历藩司,内擢京卿。因其年老无用,准予原品休致。伊父子两世受恩,理应感激,安静居乡,以终天年。乃敢令伊子赍折,为伊父尹会一请谥,又请从祀孔庙,肆无忌惮,罪无可逭。因降旨将伊拿交刑部治罪,并饬查伊家有无狂悖不法字迹。随据英廉、[三]袁守侗于伊京寓及本籍,查伊所著各书,则其中狂妄悖谬之处,不可枚举。而其尤甚者,如朋党为自古大患,我皇考世宗宪皇帝御制朋党论,为世道人心计,明切训谕。乃尹嘉铨竟有'朋党之说起,而父师之教衰。君亦安能独尊于上哉'等语。古来以讲学为名,致开朋党之渐。如明季东林诸人讲学,以致国是日非,可为鉴戒。[四]

乃尹嘉铨反以朋党为是，颠倒是非，显悖圣制，诚不知是何肺肠！且其书又有'为帝者师'之句，则竟俨然以师傅自居。无论君臣大义，不应如此妄语；即以学问而论，内外臣工各有公论，尹嘉铨能为朕师傅否？昔韩愈尚言，自度若世无孔子，不应在弟子之列。尹嘉铨以朕为何如主耶？又其书有名臣言行录一编，将本朝大臣如高士奇、高其位、蒋廷锡、鄂尔泰、张廷玉、史贻直等悉行胪列，无论此诸臣居心行事，未能及古名臣，且以本朝之人，标榜当代人物，将来伊等子孙，恩怨即从此起，门户亦且渐开，所关朝纲世教，均非浅鲜。即伊托言仿照朱子名臣言行录，朱子所处，当宋朝南渡式微，且又在下位，其所评骘，尚皆公当。今尹嘉铨乃欲于国家全盛之时，逞其私臆，妄生议论，变乱是非，实为莠言乱政。又尹嘉铨在山东藩司任内，而求赏戴花翎，且敢于朕前，肖述伊妻言状，称'若不得赏，即无颜面相见'等语，彼时毫不知耻，而朕之深鄙其人，实从此始也。然尚欲全伊颜面，从未宣示廷臣。昨日廷讯，伊仍自述不愧，此种行径，岂讲学者所宜为耶？至托言梦中神人，告以系孟子后身，当传孔子之道。又朕御制古稀说，颁示中外，而伊竟自号古稀老人，且欲娶年逾五十之处女为妾。[五]所行种种乖谬，出于情理之外，其他狂悖诞妄，见于所著各书者，尚不一而足。正所谓少正卯'言伪而辩，行僻而坚'，为所必诛者。伊从前经朕屡次保全，休致回籍，本可终其馀年，幸逃法网，乃恶积罪盈，自行败露。此实天理昭彰，可为天下盗窃虚名、妄生异议者之戒。连日命大学士、九卿等公同反覆确讯，奏请加刑讯问，朕尚未允行，将伊书内狂悖各条，复加亲讯，伊俯首伏罪，自认为欺世盗名之滥小人，[六]恳求立置重典，以彰国法等语。经大学士等按律定拟，奏请凌迟处死，家属缘坐，核其情罪，即予磔诛，亦所应得。当此光天化日之下，此种败类，自断不可复留。尹嘉铨着加恩免其凌迟之罪，改为处绞立决，其家属一并加恩免其缘坐。此朕为世道人心起见，不得不明示创惩，以昭炯鉴。凡内外大小臣工，天下读书士子，均当洗心涤虑，各加儆惕，引以为戒。若再有如尹嘉铨之狂悖不法，一经发觉，断不能复邀尹嘉铨之末减也。”

翌日，又谕曰：“昨阅尹嘉铨自著年谱，载其在大理寺卿任内，与刑部签商缓决一条。夫明刑所以弼教，准律定罪，或轻或重，执法者惟当斟酌平允，不得意为轩轾，俾犯者输情服罪，无可市恩，亦无所归怨。至问刑衙门，内而法司，外而地方官，遇有案件，自应悉心研究，彼此讲论，务使情真罪当。即司官之于堂官，州县之于府，府之于臬司，臬司之于督抚，凡有宽严不中之处，皆许其据案直陈。若上官意涉偏私，有乖允当，司员等所争果是，原可不随同画押，或竟自行陈奏，朕方将嘉其持正不阿。即外吏亦准其直揭部科，秉公定议。要之皆为公事起见，不得少涉私心也。夫从宽从严，视其人之自取而宽之严之，均无所容心于其间。若议狱者不求其平，甚至自记，是出市恩沽誉之私，其可乎？若朕亦欲博宽大名，将秋审情实人犯，全予免勾，其为阴德岂不更大？而使国家刑章宪典竟成虚设，有是理乎？昔隽不疑每录囚还，其母辄问平反几何人；欧阳修文，亦载其母述父之言，谓求生不得，则死者与我皆无憾。此虽妇人之仁，就其所言，亦只为辨明冤枉者言之耳，非谓弗冤枉者概当从轻纵也。若如尹嘉铨所载，是自博宽厚之名，而归过他人，且以所办公事，退而私自记载,以冀无识之徒妄为称誉,其心尚可问乎?朕矜慎庶狱,惟期大中至正,虽匹夫匹妇之细,亦必确核案情,折衷至当。若徒以姑息为念,致失情法之平,乖止辟之义,朕不为也。因尹嘉铨欺世盗名,妄行记载一事,明切宣谕内外问刑衙门,将朕此旨,各录一通,悬之公署,触目警心,共矢详慎,以臻协中之治,其凛遵毋忽!"又谕曰:"尹嘉铨所著各书,内称大学士、协办大学士为相国。夫宰相之名,自明洪武时已废而不设,其后置大学士,我朝亦相沿不改。然其职仅票拟承旨,非如古所谓秉钧执政之宰相也。况我朝列圣相承,乾纲独揽,百数十年以来,大学士中岂无一二行私者?然总未至擅权舞法,能移主柄也。大学士之于宰相,虽殊其名,而其职自在。如明季严嵩岂非大学士,而其时朝政不纲,窃弄威福,至今称为奸相。可见政柄之属与不属,不系乎宰相、大学士之名,在为人君者之能理政与否耳。[七]为人君者,果能太阿在握,威柄不移,则备位纶扉,不过委蛇奉职,领袖班联。如我皇祖圣祖仁皇帝、皇考世宗宪皇帝,暨朕躬临御四十六年以来,无时不以敬天爱民勤政为念,复于何事藉为大学士者之参赞乎?即如傅恒任大学士最久,亦仅以苾忧勤职自效,今伊身后十馀年,朕于庶务,岂致废而不理乎?昔程子云:'天下之治乱系宰相。'此只可就彼时朝政阘冗者而言。若以国家治乱,专倚宰相,则为之君者,不几如木偶旒缀乎?且用宰相者,非人君其谁为之?使为人君者深居高处,以天下之治乱付之宰相,大不可也;[八]使为宰相者,居然以天下之治乱为己任,而目无其君,此尤大不可也。本朝协办大学士,职本尚书,不过如御史里行、学士里行之类,献谀者亦称为相国,已可深鄙,而身为协办者,亦俨然以相国自居，不更可嗤乎？从前傅恒，于乾隆十三年扈从东巡，因行在令其暂摄协办事务，其时<u>直隶布政使辰垣</u>遂以大学士称之，伊深以为愧。如此，庶为知耻识大体之人，而此外诸臣，恐未必皆然矣。乃<u>尹嘉铨</u>概称为相国，意在谀媚，而阴邀称誉，其心实不可问！至名臣之称，必其勋业能安社稷，方为无愧。然社稷待名臣而安之，已非国家之福，况历观前代忠良，屈指可数，而奸佞则接踵不绝，可见名臣之不易得矣！朕以为本朝纪纲整肃，无名臣，亦无奸臣。何则？乾纲在上，不致朝廷有名臣、奸臣，亦社稷之福耳。乃<u>尹嘉铨</u>竟敢标列本朝名臣言行录，妄为胪列，谬著品评。若不明辟其非，则将来流而为标榜，甚而为门户、为朋党，岂不为国家之害、清流之祸乎？总之人君果敬天爱民勤政，自能庶事惟和，百工熙载；否则虽有贤相，亦何裨政事？我国家世世子孙，能以朕心为心，整纲纪而勤宵旰，庶几永凝庥命，垂裕万年。所谓无疆惟休，亦无疆惟恤，可弗凛钦！"

【校勘记】

〔一〕系浅水由芒稻河归江之路　"芒"原误作"荒"。<u>耆献类征</u>卷七七叶九下同。今据<u>纯录</u>卷一一一叶八下改。

〔二〕是月　"是"原作"十"。按上文已言"十月"，<u>耆献类征</u>卷七七叶一〇下同。今据<u>纯录</u>卷五四叶一一下改。

〔三〕随据英廉　"廉"原误作"濂"。<u>耆献类征</u>卷七七叶一四下同。今据<u>纯录</u>卷一一二九叶三上改。

〔四〕以致国是日非可为鉴戒　"是"原误作"事"，"可"上原衍一"是"字，下脱"为"字。<u>耆献类征</u>卷七七叶一五同。今据<u>纯录</u>卷一一二九叶三下改删补。

〔五〕且欲娶年逾五十之处女为妾　原脱"处"字。耆献类征卷七七叶
　　一六上同。今据纯录卷一一二九叶五上补。

〔六〕自认为欺世盗名之滥小人　原脱"滥"字。耆献类征卷七七叶一
　　六上同。今据纯录卷一一二九叶五下补。

〔七〕在为人君者之能理政与否耳　原脱"者"字。耆献类征卷七七叶
　　一七下同。今据纯录卷一一二九叶七上补。

〔八〕大不可也　原脱"大"字。耆献类征卷七七叶一八下同。今据纯
　　录卷一一二九叶八上补。

杨锡绂

　　杨锡绂,江西清江人。雍正五年进士,授吏部主事,累迁郎
中。九年,授贵州道监察御史。十年,擢广东肇罗道。乾隆元
年,署广西布政使,二年,实授。三年,请禁州县馈上司土产,收
受者严议。

　　六年正月,署广西巡抚,九月,实授。时土苗石金元滋扰,焚
贵州永从县治。锡绂会贵州、湖广督抚、镇,发兵剿擒金元。未
几,迁江土苗谋犯思恩府,锡绂率兵往捕,获贼首李彩,〔一〕及其
党八十馀人。部议军功加一级。七年五月,疏言:"保甲平时足
以弭盗,遇灾赈亦可按籍而稽。粤西僻处天末,保甲法多未奉
行。臣思苗、僮虽与汉人不同,然聚族而居,一村一寨原有头人
等管束。头人等多习见官吏,略识事体,亦有识字者。若因彼管
束旧制,寓以稽查之法,谅不至惊扰。臣现饬官吏实力办理,苗、
瑶、伶、僮各就情形,变通其法,责成知府,两月来已有造册呈报

者。如平乐县春夏出借仓谷，自保甲已立，小民各抱门牌赴领，牌到给谷，绝无向时冒借短减弊，此其明验。"谕曰："所见甚是，所办亦妥，可嘉也！"六月，疏言："设兵所以卫民，而积习有累民者。如城守兵于乡民贸易入城时，攫取薪蔬；塘汛兵则驱役村庄，科敛自肥，而饮博滋事尤甚。臣于抚标内已访获惩治，恐僻远相习为常。请敕封疆大臣共相厘剔。"得旨允行。八年四月，梧州府知府戴肇名私馈人参，讳其名曰"长生果"，锡绂峻却之，具以闻。上曰："汝可谓不愧四知矣！但此过尚小，或戴肇名别有他过，自应参处耳。"七月，疏言："粤西柳、庆二府，与黔省古州毗连，向来黔省委员赴粤西买米，无定期，致粤西米价日昂。请立章程，先将应买数目知照，于秋冬间给印照采买，查验运回，不得于春夏间采买。"下部议，从之。先是，锡绂奏获逃入安南奸民黄汉、周道南、亚项等，[二] 饬令羁禁，奉朱批："即应重处示惩，何必令其展转偷生？"锡绂旋奏已提犯杖毙。谕曰："朕从前批示，因人犯知罪无可逭，往往攀引多人，以图延缓。前奏似有任其延案之意，是以批示令其速审具题，明正典刑。乃杨锡绂误会朕意，竟将三犯立毙杖下。三犯均系应死之人，尚未至误杀三命，亦应明正其罪。设使不应死者死，则死者不可复生矣。杨锡绂此举实属纰缪之至！交部察议。"寻议削军功一级。九年，授礼部侍郎。

十年，授湖南巡抚。十一年三月，疏言："桂阳矿商有隐漏侵欺之弊，前抚臣蒋溥以常宁县白沙村为桂阳运铜水路要隘，委府佐一员驻扎稽查。今即其地建厂设炉，令驻扎之员监督煎烧，则获铜多而铅税亦增。至郴州各矿僻远，畸零炼铜无几，宜仍交商办。"从之。十二年八月,疏劾原任户部侍郎陈树萱在籍,每以细事与乡人讦讼,现在服中,曾以讼事至长沙府面相请托。谕曰:"近因各省绅衿,渐有恃势欺陵乡里,干预词讼之习,曾经降旨训饬。杨锡绂查出,据实陈奏,甚属可嘉!陈树萱交部察议。"寻议树萱补官日降一级。十三年,丁父忧。十五年,授刑部侍郎,旋授湖南巡抚。十六年,丁母忧。十八年九月,仍授湖南巡抚。十月,擢都察院左都御史。十九年正月,署吏部尚书。二月,礼部侍郎张泰开保同部侍郎邹一桂之子志伊为国子监学正,〔三〕命严加议处,吏部议泰开、一桂均降调。谕曰:"吏部甚属徇庇,盖二人罪不同科。邹一桂止于不行阻止;张泰开之心以朕未必即知为一桂之子,故朦混荐剡,瞻徇行私。此而不惩,则党援门户之渐,将自此启,是以特令严加议处。今该部之议,所谓严者安在?且又不分轻重,均议降调,朕能听大臣之曲庇专擅乎?着另议。"吏部堂官交都察院严察议奏。吏部改议泰开革职,一桂降三级,事详邹一桂传。都察院议锡绂等革职,诏从宽留任。二十年二月,署湖南巡抚。五月,授礼部尚书。二十一年十一月,署山东巡抚。

二十二年正月,授漕运总督。三月,疏言:"兴武、江淮二卫旗丁疲乏已极,从前所领漕项,势不能缴,请全豁。"得旨:"有意沽名,着于伊养廉内坐扣。"二十三年四月,疏陈:"调剂漕运事:一、屯田取赎,宜宽年限也,屯田乃赡运之本,阅年久,多典卖,自乾隆七年清查定例后,疲丁仍不能取赎,无屯田则无津贴,则赡运无资,请嗣后屯田原价百金以上,许三年交价,价足田即归船;一、请严挂欠,以杜冒滥也,粮船到坝,坐粮厅验色兑收,不足者

名曰'挂欠',勒限三日,兑足不完,追比足数,此定例也,挂欠之
丁,非水次折耗,即沿途盗卖,请嗣后有挂欠,坐粮厅勒限追完,
仍行惩治,领运千总所管帮内,但有一丁挂欠,即限后全完,亦不
准议叙,并总运之同知、通判,督运之粮道,俱不准议叙;一、新金
旗丁,应禁勒认公私欠项也,向例丁力贫疲,另金殷丁,但所革疲
丁,官私欠项累累,向俱令新丁接受,是以未出运而先受累,请嗣
后止认篷桅杠索价值,至旧欠官项,应于旧丁着追,一年不完,原
领运千总赔还,私债令旧丁自还,不许勒新丁接受,如违,将抑勒
之备弁参革;一、水次兑漕,应令旗丁执概也,州县兑漕时,不肖
吏胥私收折色,于交兑军旗时,串通积惯斛手,轻用手法,一斛有
少至一二升者,粮丁长途挽运,已有盘剥伤耗,何堪于水次先受
亏缺?嗣后州县兑漕,准令仓役执斛,旗丁自行执概,仍饬监兑
之员稽察,不许颗粒亏短;一、江南之江淮、兴武二帮宜运、快并
金,以杜狡脱也,此二卫贫乏尤甚,无丁可金,缘二卫俱隶江宁省
会,向有运丁、快丁之名,运丁运粮,属粮道辖,快丁管驾号船,属
盐道辖,一族之中,一家之内,分充二丁,往者运漕得利,则俱称
运丁,近日帮船疲乏,即冒快丁,是以每金一丁,辄自谓非运是
快,金丁虽由卫所,听断必由州县,狡诈者关合吏胥,州县不察,
即断以是快非运,金一丁即脱一丁,因而丁已贫疲,仍令驾运,安
得有殷丁?帮船安得有起色?查漕运全书江宁快丁原准与运丁
并金,十馀年来,快丁不可胜数;而运丁寥寥,且窜入快丁之籍,
皆有力之家,而贫乏者不能卸其责。请定为运丁、快丁并金,则
狡脱之弊可除。"得旨:"此奏确有所见。"下部议,从之。

　　十月疏言:"江南所属凤中帮船止十六只,而兑粮水次高邮、

五河及正阳关三处，在高邮兑粮者，由运河渡黄，可以计日；在五河、正阳关兑粮者，由洪泽湖至清口渡黄，湖中守风或至半月，前后船不能联接，虽有领运千总，止在后管押，其先行者无人稽察，抵通日米石或有不足，且过闸剥浅，需费较多，旗丁苦累。查向例帮船过少，原可归并带运，请以高邮兑运者，归扬州二帮；五河兑运者，归宿州头帮；正阳关兑运者，归宿州二帮。水次既近，运道亦同。扬州二帮暨宿州两帮，原设粮艘无多，增并数船，不难稽察。查惟安庆帮有一百馀船，耳目难周，请分为两帮，即以所裁千总督理安庆分帮，实一举两便。"部议从之。十一月，疏言："漕标效力千总，由部拣发，每年新运，视何帮缺员，即行委办。期满咨部，即用此辈无一定之帮，不过虚应故事；更或需索帮规，稍不如意，则寻事责惩帮丁。是委一标员，帮丁即受一番苦累，请停止。又每帮有押空随帮千总一，报满咨部候选。其中颇有实心办公者，或值中途运员参革，即委本帮重运，或本系疲帮，令随帮协同办理。三运之后，漕务已熟，而候选无期，似属可惜。臣以为与其请拣各员，不若酌留熟谙。请嗣后期满，除照常供职仍咨部外，如有谙悉漕务者，出具考语，送部引见，候旨饬发漕标效力差委。三年后准照试用知县例，遇有调补遗缺，人地相宜者，题请补用。"部议如所请。二十五年，疏言："南省漕运，自开中河，粮艘南来者，一出清口，即由杨家庄入运，以避清口至徐州数百里黄河之险。惟徐州府之江北一帮、长淮两帮，因受兑水次，例在徐州府城。是以每年仍走黄河，不能避险。然十字河竹络坝未闭以前，徐州之船由竹络坝入运，不必下至杨庄口门，道里尚近。自乾隆十四年竹络坝不开之后，非下至杨庄口门，无由转入运道。深冬致冰凌划伤,春行则有吕梁二洪及埽湾急溜之险,且由徐城至杨庄,逆溯皂河,纡回几七百里。请将徐州之江北、长淮帮船住泊皂河,至兑粮时,令弁丁仍赴徐城受兑。兑毕,即用小船运至黄河与皂河相连处,过坝入舱,所需运价,旗丁自认,需用剥船,令州县酌定价值代雇。雇船误,责在州县;剥运误,责在旗丁。"得旨,如所请行。又言:"运河内桩石,起除不尽,宜验实参处。凡有闸座之越河,宜一律疏通,管河应汛,宜备挑取器具。"部议从之。寻谕曰:"杨锡绂自任漕督以来,于一切转运事宜,颇见实心厘剔,有裨漕政。所有从前滥行请豁漕项,应于养廉内按年分扣银两,着予加恩宽免。"二十六年正月,疏言:"运苏粮船至天津,即另由宁河县之新河口入海河;又由海河转入宝坻县之小河,然后由白龙港、刘家庄达苏州之五里桥交卸。本年三月帮船至津,因候宁河县挑挖新河口,至四月八日始从天津开行,入至河口,又自刘家庄至五里桥,计程九十馀里,有浅七十馀处。州县虽拨夫疏浚,终以沙流易淤为辞,致回空粮船冻阻宁河。嗣后请责成地方官专管,凡船到境浅阻,即督夫竭力疏浚,迟延则参运员,疏浚不力则参地方官,庶回空无虞冻阻。"部议从之。十月,疏陈:"漕运四事:一、各关限单宜裁也,粮船北上,抚臣给发限单,所以速运,臣又同巡漕诸臣亲行督押,立法已极周详,乃板闸、临清、天津三关亦有给发限单例,查系明时淮仓、临仓等分司原管船务,是以有限单之式,今制税归关,船归道府,各关惟司正税,并不催漕,限单徒为虚设,而请领缴销,适滋吏胥勒索,应将板闸、临清、天津三关限单裁革;一、收漕违例,知府之处分宜重也,知府与州县管辖最亲,收兑漕粮尤宜加意稽察,乃因例不议处知府,多不实力稽查,或徇庇州县,与粮道龃龉,请嗣后州县收漕,如有搀杂潮润,经粮道查出,知府不先揭报者,将知府照徇庇劣员例议处;一、奸丁藉充书役,抗避佥点之弊宜除也,军屯内奸猾之徒,谋充文武衙门书役,以抗佥点,卫所差拘,各衙门公然庇护,藉此藏身,请嗣后凡系军丁遇佥选之年,无论大小衙门书役,一体句佥,如身在公所,不能出运,即令子弟承领出运,不得藉词抗避,各衙门亦不得曲为庇护;一、头舵水手脱逃之例宜严也,粮船头舵水手,皆系旗丁雇觅,往往于领工价后潜逃,旗丁恐误运,出钱另雇,雇后复逃,即报明运弁缉拿,而此辈游手单身,复难缉获,臣查粮艘即系军船,水手受雇潜逃,即同遗弃,请嗣后头舵水手有工费给足而潜逃者,通行严缉,审明发边卫充军。"得旨:"所奏俱可行。"从之。寻加太子少师。

二十七年三月,上南巡,御制诗赐之,曰:"转漕由来大政关,得人久任谓卿闲。四星储蓄天容与,千里北南岁往还。革弊深应体民隐,董偷兼欲恤丁艰。奉公尽职诚斯在,扈跸仪文尽可删。"二十八年,晋加太子太保。二十九年七月,疏言:"军民户籍各分,既隶军籍,即应听佥办运。乃各省卫所绅宦富户,因办运艰难,百计思脱。或将屯田转售,专置民产,向州县纳粮;或冒入民籍,考试入学中式;或以民籍报捐贡监职官;或移易族谱;或抽毁卷牒,阅年既久,一遇报佥,纷纷辨诉,胥吏多为右袒,州县或碍情面,往往凭狡辨之词,断为是民非军,卫所官弁坐视而莫可如何。是佥一富户,即脱一军籍;佥一绅宦,亦脱一军籍也。查运丁除应得随运屯田外,造船则有官给价银,在家则有月粮,在途则有行粮,虽多寡不同,皆以资其办运,原非空役。身既殷富,苟有人心,即应办运。至力能捐纳职官者,原图报效,乃以素隶之军籍,百计图脱,诚不知其所欲报效者何在?况宦家富民承认一丁,原不必身行,或令族中子侄为之,或令知事家人代之。今富且贵者,以势利求脱,而所佥皆无力穷民,于情理未得其平。请嗣后遇丁力已疲,势须另佥,即富户绅宦径行佥报,而仍潜令人狡辩,或挺身自诉,一经审虚,富户则按律治罪,绅宦即据实题参。庶奸狡不使脱漏,办运不患无人。"谕曰:"杨锡绂此奏,可谓大破情面,无瞻徇之习,如所议行。交部议叙。"寻议纪录一次。七月,疏言:"粮船夹带私盐,定例綦严。直隶、山东、淮安、扬州各有搜索。惟扬州查盐,督臣专委守备一,盐臣专委分司盐大使一,臣标委游击一,可谓慎重矣。乃此外又有淮扬道巡快十名,无官而但有其役。又扬州游击有守备,同属一营,而将备各差查盐兵丁六名,又江都甘泉各差快手六名,随同搜查。每回空帮至五台山,即衔尾停泊,而衙门众多,不能齐集,需候经时,是未查而已有稽迟矣。及至齐集,快手、兵丁分为八班,递进搜查,或该管官因事不到,兵役无所拘束,往来自由;又有藉称文武各家人,随意上船,彼此皆称奉委。大约一日止查十馀船,以一帮五十船计之,非三四日不能竣。此临查之稽迟也。查竣后,放至钞关,复有兵役拦船搜盐,不过羁阻索钱。此查后之稽迟也。南漕如江广帮船乃通漕殿后,每年回空过扬,早则十月,迟则十一月,尚须涉历江湖,然后抵次,已及受兑之时,安有修船之暇?其为苦累已非一日。臣思事权宜归于一,杂出徒为滋扰。若以总督盐政委员为不可信,岂州县之兵役转可尽信?请嗣后专听总督、盐政委员实力办理,馀兵役一概停止。又向例粮船查出私盐,专参押空之弁,领运千总免议,实系沿途逗遛,巧为规避。此后遇私盐发觉,领运千总无论在帮与否,一体参处。"得旨,所奏是,部议从之。

　　三十年三月,上南巡,复赐诗曰:"内供卿贰外封疆,司运今番政最良。不必精严事皆就,善于驱使众胥襄。即今水次排南舸,弗误秋来到北仓。更议佥丁蠹积习,不拘流俗审应臧。"七月,疏言:"骆马湖当邳、宿之间,周一百四十三里,每当秋冬,蓄水济运,乃沿袭相传以骆马湖水专济江、广重运,而江、浙帮船至古城驿以上,即阻浅起剥,难望骆马湖涓滴之助。今年四月帮船阻滞,臣商之河臣高晋,先开柳园堤口,运河之水立长五六寸,江、浙帮船遂得遄行;次开王家沟口,及江广船至,湖水未尝告竭。可见从前拘守讹传,使全湖之水半归无用;且此湖上受沂水,下通六塘河入海。每岁沂河水发,由湖汹涌而下,多为海州、沭阳之患。若于四五月引湖水济运,则湖身宽裕;至秋,沂水骤至,亦容受有地,俾海州、沭阳少减水患,实为一举两利。"从之。三十三年十二月,卒。赐祭葬如例,谥勤悫。

【校勘记】

〔一〕获贼首李彩　"彩"上原衍一"尚"字。耆献类征卷一七三叶六上同。今据纯录卷一六七叶一五下删。

〔二〕亚项等　"亚项"原颠倒作"项亚"。耆献类征卷一七三叶七上同。今据纯录卷一九九叶一六下改正。

〔三〕邹一桂之子志伊为国子监学正　"正"原误作"录"。耆献类征卷一七三叶八上同。今据纯录卷四五七叶一下改。

王士俊

王士俊，贵州平越人。康熙六十年进士，改庶吉士。雍正元年八月，特旨拣发河南，以知州用。九月，补许州知州。

三年，河南布政使杨文乾升任广东巡抚，奏准带往题用。四年，授肇高廉罗道。五年，署广东巡抚阿克敦清查税羡，因士俊亏少肇庆府黄江厂税银千馀两，疏参。谕曰："王士俊尚为有用之员，此等小过，犹在可谅。当严加训饬，令其悛改。"寻谕内阁："近闻督抚等带往人员，在地方不甚相宜。或群相趋奉，指为上司之腹心；或妄生议论，以为上官之偏袒。其中弊端百出，以致流言不少。如杨文乾信用王士俊，广东阖省人心不服。朕思所带之一二人，其得力有限而阻众人效力之心，则为益少而无益多。杨文乾等所请带往之人，现在属下者，俱着来京另用。"士俊奉旨回京，行至曲江县，命仍还广东署布政使。先是，肇庆府有重役李长茂充黄江厂典史，库官陈成元代布政使官达勒取规礼银一千二百馀两。士俊因事关行贿婪赃，详明督抚阿克敦，仍批官达提审；士俊又详请改员严讯，阿克敦改批按察使方愿瑛会审。士俊即以阿克敦、官达、方愿瑛结党朋谋，徇私灭法，士俊孤立，将来必被抑勒，具揭到部。吏部侍郎查郎阿等以闻，得旨，官达、方愿瑛俱解任，其揭内情由，令广东总督孔毓珣及杨文乾审明具奏。至是，毓珣等会审官达婪赃属实，阿克敦明知祖护，不行查参，方愿瑛故为开脱，俱论罪如律。

九年，擢湖北巡抚。十年四月，奏言楚省州县经征民米，例分漕、南二项。其漕粮则旗丁运至通仓，其南粮则各州县运送荆仓,以供兵食。查荆州府属之江陵、公安、监利、松滋等县,向例漕、南均办,如应办漕粮,必运至省城查验,方得交旗丁装运。黄州府属之黄冈、蕲水、蕲州、广济、黄梅、武昌等州县,向例亦漕、南均办,如派拨南粮,俱系逆流挽运。每至四五月内,始抵荆仓,常有风涛不测,兵食反致迟误。请将荆州属江陵等县,无论南米、漕米,俱就近留贮荆仓,黄州属之黄冈等州县,无论南米、漕米,俱就近兑交旗丁起运。一经改拨,可免迟误,兼省脚费。”又疏请增设汉阳府同知一员,驻汉口镇。俱下部议行。先是,特设河东总督,以田文镜补授。十一月,田文镜解任,命王士俊代,兼管河南巡抚事。十一年八月,疏参河南学政俞鸿图纳贿行私,命侍郎陈树萱往鞫得实,鸿图依拟论斩。十二年,疏言:“东省旧设卫所,屯地分布各州县,相距既远,催征输纳均有未便。请将莱州府属之鳌山、灵山二卫守备,浮山、雄崖二所千总,俱行裁汰,改设巡检、把总等官。屯地钱粮,归并附近平度、胶州、即墨、高密四州县征收,各屯户与民一体排甲编审,仍注明‘卫所’字样,以免牵混。”部议如所请。十三年五月,疏言:“豫省陕、汝二州,河南一府,距省甚远,为极西藩篱。请增设分巡河陕汝道,[一]以资弹压。”部议从之。

士俊在豫三载,垦荒劝捐,贻累民间。十一月,户部尚书史贻直奏言:“河南地势平衍,沃野千里,民性淳朴,勤于力穑,自来无寸土不耕,其不耕者大都斥卤沙碛之区。臣闻河南各属广行开垦,一邑之中有报开数顷、十数顷至数十顷者,积算无虑数千百顷,安得如许荒田之多? 推求其故,不过督臣授意地方官多报开垦,于是各属迎合上司,指称某处隙地若干,某处旷土若干,造册申报。上司据其册籍，按其数目，报多者超迁议叙；报少者严批申饬，或别寻事故挂之弹章。地方官畏其权势，冀得欢心，诅恤日久官民受累，以致报垦者纷纭。其实所报之区，非河滩沙砾之区，即山冈确荦之处，甚至坟茔之侧，河堤所在，搜剔靡遗。目下行之，不过枉费民力，其害犹小；数年后按亩升科，指荒田为膏腴，勘石田以上税，小民将有鬻儿卖女以应输将者。又如劝捐一节，乃不得已之策，今则郡县官长驱车郭门，手持簿籍，不论盐当绅民，慰以好言，令其登写，旋索资镪。地方官一年数换，则捐簿一岁数更，不惟大拂民心，亦且有损国体。请敕简廉明公正大臣，前往澈底查核。"疏入，谕曰："河南地方，自田文镜为巡抚、总督以来，苛削搜求，以严厉相尚。属员又复承其意指，剥削成风，豫民重受其困。即如前年匿灾不报，百姓至于流离，蒙皇考降旨严饬，遣官赈恤，始得安全。此中外所共知者。乃王士俊接任河东，〔二〕不能加意惠养，且扰乱纷更，以为干济，借垦地之虚名，而成累民之实害。彼地民风素敦淳朴，竭蹶以从，罔敢或后，甚属可嘉。然先后遭督臣之苛政，其情亦可悯矣！王士俊着解任，来京候旨；河南仍照旧例止设巡抚，着工部侍郎傅德补授。并将朕旨宣谕豫民，咸使闻知。"十二月，士俊至京，命署兵部侍郎。乾隆元年二月，疏言："平粜之法，经久不易，无如直省州县不肯实力奉行，每石不过减价数分，贫民沾惠无几。谷价例应提解司库，新谷出时赴司请领，辗转出入，种种掣肘；又新旧交代，更多勒掯。是以狡猾之徒，辄称市价甚平，毋庸出粜，以免拖累。请令各督抚通饬所属，务依每年存七粜三之例，照时价大加酌减，买补时务选好谷贮仓，将通省贵贱不齐之处，通融发补。至所枭银两,道府有库可收,既经就近解贮,不必悉提司库,新旧交代,不得揩勒推诿。"部议如所请行。

四月,命署四川巡抚。向例外官呈请终养,必历俸三年,妄请者以规避论。士俊请嗣后有请终养者,查明仓谷钱粮并无亏空,政务并无怠忽,即准回籍,不拘三年之限。又言鸟枪一项,禁例森严,但防守盗贼,民所必需,请令民人照营兵鸟枪尺寸制造,呈送地方官编登于册;又言贵州邻近苗疆之州县,多无城郭,应行修筑。俱下部议行。

士俊任总督时有上蔡令贵金马因奉檄开荒,勒派所属民,加报地亩钱粮,武生王作孚等当堂声辩。贵金马以聚众哄堂,具揭呈省。士俊谕承审各官不必牵扯地亩,捏称勒减盐价,拟王作孚等大辟。至是,为巡抚傅德所劾,部议:"王士俊身为封疆大吏,明知此案为勒派报地起衅,欲掩其从前报垦不实之咎,谕属员串供罗织无辜,应革职。"得旨,革职留任。七月,士俊密疏四事,上阅疏内有"近日条陈惟在翻驳前案"之语,发令王大臣等阅看。御史舒赫德因劾:"士俊奸顽刻薄,中外共知。其河东总督任内,勒令州县捏报垦荒,苦累小民等劣迹,无不败露。近日巡抚傅德又查参数款,闻者无不快心,以为恶贯满盈,自遭严谴,故外间竟有'王士俊已经拿审'之语。我皇上至仁如天,犹冀其改恶向善,曲赐矜全。乃王士俊丧心病狂,妄发悖论,请明正其罪,不宜仍畀封疆。"疏入,诏拿解来京治罪。谕曰:"昨王士俊密奏一折,朕洞见其巧诈居心,背理害道,沽直言之名,以自遂其私。披览之下,不胜痛恨。比即严批申饬,并将原折发与总理事务王大臣及是日在乾清门奏事之九卿等,公同阅视。朕意以为王大臣、

九卿等深明大义,次日必有参劾王士俊者,乃止据口奏其密疏之
罪,而未劾其巧伪之罪。今日御史舒赫德封章特参,直陈王士俊
丧心病狂,妄发悖论,不宜复加宽宥,仍畀封疆之寄。朕用是召
入王大臣、九卿等面谕之。〔三〕据王士俊第一条云‘近日条陈,惟
在翻驳前案,甚有对众扬言,只须将世宗时事翻案,即系好条陈
之说。传之天下,甚骇听闻’等语。夫指群臣为翻案,是即谓朕
为翻案矣,〔四〕此大悖天理之言。从来为治之道,损益随时,宽猛
互济。记曰:‘张而不弛,文武勿能;弛而不张,文武勿为。一张
一弛,文武之道。’文武岂有意为张弛哉?亦曰推而行之,与民宜
之耳。昔尧因四岳之言而用鲧,鲧治水九载,绩用弗成,至舜而
后殛鲧于羽山。当日用鲧者尧也,而诛鲧者舜也,岂得谓舜为翻
尧之案乎?我皇考即位之初,承圣祖仁皇帝深仁厚泽垂六十餘
年之久,休养生息,物炽而丰。厥后遂有法网渐弛、风俗渐玩之
势,皇考加意振饬,使纪纲整肃,弊革风清。凡此因势利导之方,
正所以成继志述事之善也,〔五〕又岂得为翻皇祖之案乎?皇考初
政峻厉,至雍正九年、十年以来,人心已知法度,吏治已渐澄清,
未始不敦崇宽简,相安乐易。见臣工或有奉行不善,失于苛刻
者,每多救其流弊,宽免体恤之恩,时时下逮。是即十三载之中
而酌济盈虚,调适竞綵,前后已非一辙矣。至朕缵承丕绪,泣奉
遗诏,谕令向后政务,应从宽者悉从宽办理。朕祗遵明训,衣德
绍闻。凡用人行政,兢兢以皇考诚民育物之心为心,以皇考执两
用中之政为政,惟恐胶固成见,有违时措咸宜之理,弗胜负荷之
重。临御以来,与廷臣敬慎斟酌,庶曰陟降庭止,克绥予乎。盖
皇祖、皇考与朕之心,原无丝毫间别。如果内外大小臣工俱能仰

体,使政治清平,民生安乐,可以垂之永久而无弊,又何必更有因时制宜之举? 无如法久自必弊生,奉行每多过当,不得不因畸重畸轻之势,而为之维持调护,以归于正直荡平之道。此至当不易之理。乃王士俊訾为翻驳前案,是诚何言? 是诚何心耶? 夫朕躬有所阙失,朕惟患诸臣不竭虑尽心,直言规切,至于事关皇考,而妄指前猷,有意更张,实朕所怵惕靡宁而不忍闻者也。又据王士俊第二条,称'大学士不宜兼部'之说,尤见其自相矛盾,挟私怀诈之情形,纤毫毕露。大学士兼部,正皇考之成宪,王士俊欲朕改之,是又导朕以翻案也。彼意不过为大学士鄂尔泰而发,以冀惑朕之听。夫朕岂为金壬所惑之主哉? 多见其不知量矣! 即如王士俊河南垦田一事,市兴利之美名,而行剥民之虐政,中外共愤,[六]人人切齿。设使此案败露于皇考之时,岂能稍为宽宥乎? 彼回京时,畏首畏尾,一言不发。今见朕加擢用,遂欲掩饰从前之罪,且中伤与己不合之人,遂撰为邪说以覆护之,以为前案不宜翻驳。此则其设心之机诈,有不可胜诘者。至于第三条所云:'各部办事,预存一私意计较。某省督抚正在褒嘉,其事宜准;某省督抚方得不是,其事宜驳。不论事理之当否,专以逢合为心。'及第四条所云'廷臣保举人员,率多瞻徇情面,甚至有巧索酬谢之事'等语。朕思部件题驳,怀挟私心,或所不免;保举徇情,夤缘贿嘱,亦难保其必无。即以近日廷臣论之,如励宗万之引荐,不外徇情受托,其保举河员,闻竟有纳贿之事;又傅鼐为人奏求恩荫一事,亦属瞻顾情面。尔廷臣受朕深恩,岂因王士俊之妄言,而遂不驳一事,不荐一人乎? 惟当清夜扪心,此等陋习,有则痛自湔除,无则益加黾勉,弗为金壬王士俊所讪笑,以全朕委任简用之颜面可也。古称为君难,即此用人一节,已千难万难,但亦自知其难耳,旁无一人可语者,而<u>王士俊</u>佥邪小人,又安足与语哉?<u>王士俊</u>为人巧诈,众所共知。朕格外保全,弃瑕录用,念其尚有材干,或可成就,姑令署理川抚。陛辞之日,朕何等谆谆训谕。乃巧诈之习,牢不可破,外饰鲠直,以便己私。敢将悖理之言,妄行陈奏。关系重大,不可姑恕。将<u>舒赫德</u>参奏原折,交王大臣、九卿等会议具奏。"九月,王大臣等奏言:"<u>王士俊</u>居心狡诈,行事乖张,怙恶不悛,恣行讪谤。臣等将伊原奏内狂悖之处,逐条严讯,<u>王士俊</u>俯首伏罪,无能置喙。请照大不敬律,拟斩立决。"奉旨,改斩监候。二年,诏释为民,饬令回籍。

　　六年,因争占<u>瓮安县</u>民罗尚珍坟山,遣仆攒殴尚珍之父<u>玉弼</u>,<u>玉弼</u>气忿自缢。尚珍赴都察院具控,上命副都御史<u>仲永檀</u>赴<u>贵州</u>与总督<u>张广泗</u>会鞫,得实,<u>士俊</u>拟杖徒如律。二十一年,卒于家。

【校勘记】

〔一〕请增设分巡河陕汝道　原脱"分巡"二字,又"河"下衍一"南"字。<u>汉传</u>卷一三叶二九上同。今据<u>宪录</u>卷一五六叶一二上补删。

〔二〕乃王士俊接任河东　"东"原误作"南"。<u>汉传</u>卷一三叶三〇下同。今据<u>纯录</u>卷七叶一九上改。下同。

〔三〕朕用是召入王大臣九卿等面谕之　"面"上原衍一"而"字。<u>汉传</u>卷一三叶三三下同。今据<u>纯录</u>卷二三叶一六下删。

〔四〕是即谓朕为翻案矣　原脱"谓"字。<u>汉传</u>卷一三叶三四上同。今据<u>纯录</u>卷二三叶一六下补。

〔五〕正所以成继志述事之善也　"以"原误作"谓"。汉传卷一三叶三
　　四下同。今据纯录卷二三叶一七上改。

〔六〕中外共愤　"愤"原误作"闻"。汉传卷一三叶三六下同。今据纯
　　录卷二三叶一九下改。

仲永檀

仲永檀,山东济宁人。乾隆元年进士,改庶吉士,散馆授编
修。三年六月,充湖北乡试副考官。五年十一月,授陕西道监察
御史。十二月,疏言酌减上元灯火声乐,谕曰:"昨御史仲永檀奏
称:'人君办理政务,一有暇逸之心,即开怠荒之渐。每岁上元前
后,灯火声乐,日有进御。伏愿酌量裁减,豫养清明之体。'书云
'不役耳目',诗云'好乐无荒'。古圣贤之垂训,乃朕所夙夜兢
兢而不敢忽者。仲永檀所奏,亦即此意。惟是岁时宴赏,庆典攸
关,自古有之。况我朝统一中外,元正献岁,外藩蒙古,朝觐阙
庭,锡宴同欢,有不可缺之典礼。朕亦惟踵旧制而行之,未尝有
所增益。至于国家政务,朕仍时刻留心,照常办理,并未蹈怠荒
之戒,而略有稽迟也。因仲永檀不能深知,爰颁此旨。至伊胸有
所见,即直陈无隐,是其可嘉处,朕亦知之。"

先是,工部凿匠俞君弼富而无子,病故后,其义女婿许秉义
欺其嗣孙长庚幼,谋争产,出名主丧。因嘱同宗内阁学士许王猷
遍邀九卿往吊,且首君弼有埋藏银,步军统领鄂善以闻。诏严鞫
秉义,论罪如律,并革王猷职,传旨申饬九卿。六年三月,永檀奏
言:"臣闻鄂善于掘银案内受俞姓贿一万两,礼部侍郎吴家驹因
吊丧受谢仪五百两,又吞分送九卿炭金二千两,旋即假归。且闻

吊丧不止九卿,大学士亦然。张廷玉差人送帖,徐本、赵国麟俱亲往,詹事陈浩在彼陪吊,奔走数日。臣因未得鄂善等受贿确据,大学士等又于皇上申饬九卿时追毁原帖,不敢遽参。恭读上谕'原许风闻言事',谨据实密奏,以备访查。又闻向来密奏留中事件,外间旋即知之。此必有串通左右,暗为宣泄者,则是权要有耳目,[一]朝廷将不复有耳目矣。"疏入,谕曰:"据御史仲永檀奏参鄂善等,称'系风闻言事,据实密奏,以备访查'。鄂善系朕倚用之大臣,非新用小臣可比。伊意欲朕访查,不知应委何等之人。若委之禁近小臣,岂大臣不可信,而小臣转可信乎? 若委之大臣,又岂能保其必无恩怨乎? 况命人暗中访查,而朕不明言,藏于胸臆间,是先以不诚待大臣矣。此事甚有关系,若不明晰办理,判其黑白,则朕将何以任用大臣,大臣又何以身任国家之事耶? 着怡亲王、和亲王,大学士鄂尔泰、张廷玉、徐本,尚书讷亲、来保秉公查审。使其果实,则鄂善罪不容辞;如系虚捏,则仲永檀自有应得之罪。王大臣必无所偏徇于其间也。仲永檀又称'向来密奏留中事件,[二]外间旋即知之'。朕于左右近侍,训约甚严,防闲甚密。数年以来,凡密奏留中之件,皆朕亲自缄封,并有览阅之后,默记于中,即焚其稿者,实无宣泄之隙。其有宣泄于外者,则皆系本人自向人言,以邀名誉,而反谓自内宣泄,以为掩饰之计。朕犹记方苞进见后,将朕欲用魏廷珍之意传述于外,并于魏廷珍未经奉召之前,迁移住屋,以待其来京,此人所共知者。又李绂曾经召对,朕以君不密则失臣,臣不密则失身之义训谕之。伊称臣断不敢不密,但恐左右或有泄露耳。朕谕云:'朕从来召见臣工,左右近地,曾无内侍一人,[三]并无听闻,亦何从泄露。'如此二人者,皆此类也。至于'权要串通左右'一语,朕观此时并无可串通之左右,亦无能串通之权要。伊既如此陈奏,必有所见,着一并讯问具奏。朕之所以广开言路者,原欲明目达聪,以除壅蔽。若言官自谓风闻言事,不问虚实,纷纷渎陈,徒乱人意,于国事何益?是以此案必须澈底清查,不便含糊归结,亦正人心风俗之大端也。仲永檀折并发。"

寻命革鄂善职,拿交刑部严审。谕曰:"仲永檀奏参鄂善得受俞长庚贿赂一案,朕初以为必无之事,仲永檀身恃言官,而诬陷大臣,此风断不可长。但事不查明,何以治仲永檀之罪,因而派王大臣七人,秉公查审,屡经研讯,逐日奏闻。乃鄂善家人及过付人等俱各应承。是鄂善受贿之处,已属显然。朕特召和亲王,大学士鄂尔泰,尚书讷亲、来保,同鄂善进见,面加讯问。鄂善始犹抵饰,朕谕之曰:'此事汝家人及过付人等俱各应承,汝能保汝家人舍命为汝,而自认此赃为己吞乎?若能如是,事亦可已;若不能如此,此数人者出,将秉公严讯,彼时水落石出,汝一人之事所关甚小,而朕用人颜面所关则大。汝若实无此事,则可;若有,不妨于朕前实奏,朕另有处置,而谕此数大臣从轻审问,〔四〕将此事归之汝家人,以全国家之体。'设非朕另有指示,此数人者但知秉公而已,敢如是办理乎?鄂善熟思,乃直认从家人手中得银一千两是实。朕以鄂善在朕前已经自认,毫无疑窦。以皇考及朕平日深加信用之大臣,而负恩至此,国法断不可恕。若于此等稍有宽纵,朕将何以临御臣工?但朕心欲以礼待大臣,以存国体。贾谊曰:'其有大罪者,闻命则北面再拜,跪而自裁,上不使人捽抑而刑之。'朕之处鄂善,亦犹是耳。因垂泪谕之曰:

‘尔罪按律应绞，念尔曾为大臣，不忍明正典刑，然汝亦何颜复立人世乎？汝宜有以自处。’乃彼既出之后，朕犹恐如此办理，或有过刻之处，又令和亲王等四人会同大学士张廷玉、福敏、徐本，尚书海望，侍郎舒赫德，再加详议。据王大臣奏称：‘鄂善婪赃负国，法所不容，人心共愤，理当明正典刑。乃蒙天恩，容其自尽，实无过刻之处。’朕因令讷亲、来保前往，将王大臣奏帖，与鄂善阅看，并传谕曰：‘朕于大臣，视同手足。今尔负朕至此，朕万不得已如此办理。自降旨之后，心中戚戚，不能自释，如人身之失手足也。汝心中若有欲言之事，不妨向二人再行陈奏。’鄂善忽奏称‘我错听皇上谕旨，以为我家人已供我得银一千两。又听得谕旨云“尔系皇考及朕信用之大臣，如果有受贿实情，可在朕前据实奏出，朕另有办处，以全大臣之体”。我因皇上屡次降旨，满尚书皆可信其无他。今我被人参劾，审有得银之供，恐皇上办理为难，是以一时应承。我实无赃私入己，如家人供出我来，情愿与之质对’等语。朕当尔等面讯鄂善时，总以至诚开导，欲得其实情，尔等皆为之感泣，鄂善亦良心发见，俯首无词，因而直认不讳，并未以威慑之，以言诱之，以刑讯之也。旋命讷亲、来保传旨与伊，朕意彼若自知罪重，诚心悔过，或以罪当监候，恳切哀求，尚欲缓其须臾之死。乃鄂善无耻丧心，至于此极，其欺罔之罪，即立时正法，亦不为枉。夫朕之所以令彼自处者，以欲全国家之体，而赐彼以颜面也。乃彼自不惜颜面，朕将何惜？岂皇考在天之灵，不容此负恩之辈冒恩苟免，欲使明正典刑，以儆戒大小臣工耶？可将鄂善革职，拿交刑部，着福敏、海望、舒赫德会同尔等严审，则虚实自见。或因鄂善愧惧，一时错认亦未可知。王大臣必不阿朕旨,而故入以重辟也。夫奸盗等案,朕尚熟思审虑,期于至当。况鄂善曾为大臣者乎? 朕为此事,数日以来,寝不安席,食不甘味,深自痛责,以为不如我皇考之仁育义正,能使百尔臣工兢兢奉法,自不致身陷重辟。水弱之病,朕实蹈之。若再不明彰国法,则人心风俗,将何所底止? 朕之苦衷,亦惟皇考在天之灵鉴照之耳! 垂泪书此,王大臣其体朕意焉。布告天下,咸使闻知。"四月,王大臣等鞫实,鄂善拟绞决,吴家骐、陈浩均革职。谕曰:"仲永檀身为言官,能发奸摘伏,直陈无隐,甚属可嘉! 应加超擢,以风台谏。着将佥都御史郑其储调补顺天府府丞,[五]其佥都御史员缺,即将仲永檀补授。至仲永檀折内所奏大学士等到俞姓送帖吊奠一事,今查询明白,全属子虚。伊系得之于枋之口,则非伊捏造可知。又奏留中密折宣泄于外,伊既举出吴士功参奏史贻直一案。查上年吴士功果有此奏,现在交王大臣查询。是伊亦并无妄言之咎,俱不必向伊置问。朕始疑仲永檀妄言,诬陷大臣,故欲加罪。今查询有据,旋即加恩擢用。朕大公至正之心,可以对天地,可以对臣民。自今以后,居言官之职者,皆当以仲永檀为法,而不必畏首畏尾矣。"

八月,擢左副都御史。时贵州瓮安县民罗尚珍赴都察院控家居之原任四川巡抚王士俊占据坟山,命永檀赴贵州与总督张广泗会鞫,得实,士俊拟杖徒如律。七年二月,充会试副考官。时河南巡抚雅尔图劾永檀自贵州回京,令家人鞭打平民,下部议,罚俸。九月,充武会试考官。十二月,命往江南同巡抚周学健办理查赈事务。是月,以密奏留中事泄于鄂容安,奉旨革职拿问,交王大臣等会鞫。寻谕曰:"朕细阅鄂容安、仲永檀供词,伊等往来亲密。于未奏以前,先行商量;既奏以后,复行照会。二人俱已供出,明系结党营私,纠参不睦之人。尔等只拟以泄漏机密事务之律,不合,着会同三法司另行严定。"〔六〕王大臣等因请刑讯,并将大学士鄂尔泰革职拿问,奉旨:"鄂尔泰着交刑部议处,以示薄罚。至尔等奏请将仲永檀、鄂容安加以刑讯,伊等俱曾为三品大臣,又岂可似盗贼罪犯重加三木? 若不过套夹一讯,为尔等断案张本,又何必多此一番奏请乎? 况此事形迹已明,无庸刑讯。仲永檀受朕深恩,由御史特授副都御史,乃依附师门,将密奏密参之事,无不豫先商酌,暗结党援,排挤不睦之人,情罪甚属重大。鄂容安在内廷行走,且系大学士之子,理应小心供职,闭户读书,乃向言官商量密奏之事,情罪亦无可逭,但较之仲永檀尚应末减耳。尔等可定拟具奏。"

永檀寻病卒。

【校勘记】

〔一〕则是权要有耳目　原脱"则是"二字。汉传卷二一叶四五上及耆献类征卷八一叶四三上均同。今据纯录卷一三九叶六上补。

〔二〕向来密奏留中事件　"密"原误作"审"。今据纯录卷一三九叶六上改。按汉传卷二一叶四六上及耆献类征卷八一叶四三下均不误。

〔三〕左右近地曾无内侍一人　"地"原误作"习"。耆献类征卷八一叶四四上同。今据纯录卷一三九叶六下改。按汉传卷二一叶四六下"地"作"内",亦误。

〔四〕而谕此数大臣从轻审问　"而"原误作"面"。汉传卷二一叶四八

上及耆献类征卷八一叶四四下均同。今据纯录卷一三九叶二〇
上改。

〔五〕调补顺天府府丞　"丞"原误作"尹"。汉传卷二一叶五一下及耆
　　献类征卷八一叶四六下均同。今据纯录卷一三四叶二五上改。

〔六〕着会同三法司另行严定　原脱"会同"二字。汉传卷二一叶五二
　　下及耆献类征卷八一叶四七下均同。今据纯录卷一八一叶一
　　下补。

哈元生　子尚德

哈元生,直隶河间人。由行伍拔把总,累迁直隶黄花路守
备。康熙五十七年,迁建昌路都司。六十年,因失察私木过关,
革职。雍正二年三月,奉旨带领引见,发直隶以守备用。四月,
补抚标右营守备。

七月,贵州威宁总兵石礼哈奏带往贵州,随剿仲家苗。三
年,补威宁镇标中军游击。四年,四川乌蒙土知府禄万钟扰新隶
云南之东川府,其党镇雄土知府陇庆侯助逆。云贵总督鄂尔泰
檄元生与四川兵协剿,贼据险拒,元生冒矢石奋攻,克之。鄂尔
泰上其功,谕曰:"哈元生前取仲家苗,赫赫有名;今乌蒙所效之
力,实出格外。具疏时可一一申明,若有副将或参将缺出,当引
见题用。"寻迁云南寻沾营参将。六年三月,米贴苗陆氏不法,
鄂尔泰令元生往剿,破险设伏,捣其巢,陆氏就擒。八月,赴阿驴
界之阿路妈会剿前助陆氏劫粮之四川雷波土司杨明义,诏赏银
四千两,迁元江协副将。九月,兵还,阿驴人忽噪围我军,元生率
游击卜万年等督战两昼夜,贼败却,我军夺据赤衣台,鹤丽总兵

张耀祖驰往援。十月,元生由小溜筒江搜斩贼众,阿驴人空寨遁。十二月,克附逆之拉金、者呢等寨,鄂尔泰以闻,且言:"元生之初赴阿驴也,夷目随营听用,为元生鞭责,致滋衅,请交部议处。"谕曰:"野夷之性,反覆靡常,即哈元生无鞭责,夷目之事,伊等亦未必帖然安静。但既因轻忽致生事端,应交部议处。朕念不法凶苗悉经擒获,军务已竣,哈元生效力之处亦多,功过足以相抵,着免其处分。其应得议叙之处,亦不必议叙。"七年正月,调黎平营副将。二月,擢安笼镇总兵。八年十月,乌蒙贼复叛,鄂尔泰调兵三路分剿,元生由威宁一路疾趋,不数日击破贼数万,射毙凶目黑寡、暮末,[一]连蹋贼营八十馀座,[二]直抵乌蒙,复郡治。捷闻,上深奖其功,赐戴孔雀翎及冠服,赏银万两,仍交部优叙。九年二月,擢云南提督。九月,谕曰:"云南提督哈元生之母年八十有六,未遇覃恩得受封典。哈元生宣力苗疆,懋著劳绩,伊母身享大年,应加特恩以彰慈孝。着照哈元生提督职衔,赏给伊祖父母封诰。"

寻调贵州提督。十年七月,谕曰:"贵州提督哈元生朕另有简用之处,着驰驿来京陛见。并赏给公用银三千两,制备衣装。"十月,至京,召见,特解御衣以赐,命军机处行走,并令回籍省亲。十一月,贵州九股苗不法,命回黔督剿。十一年二月,谕曰:"贵州提督哈元生才干优长,实心任事,伊母年逾八旬,训子有素。今闻在籍病故,深为悯恻!着赐祭一坛,以示恩眷。贵州提督事务紧要,哈元生着在任守制。"六月,奏擒凶苗百馀,俘斩甚众;其悔罪投诚者,各予安置,仍暂驻兵弹压。报闻。十二年三月,恭进新辟苗疆图志,谕曰:"古州八万等处,新辟苗疆,周围共三千里,非有图志无以垂久远。哈元生所奏,着交与巡抚元展成遣官详查,再加考订,务令周备。"十三年,古州苗叛扰黄平,元生遣兵击之,总督尹继善奏调湖广、广西兵会剿。诏以元生为扬威将军,统军进剿,而以湖广提督董芳为之副。嗣钦差抚定苗疆大臣张照与元生忤,倡议分地分兵,划施秉以上为上游,用滇、黔兵,隶元生;施秉以下为下游,用楚、粤兵,隶芳。元生与芳遂欲将村庄道路尽划上下界,文移辩论,日久无功。元生坐革职,拿解来京,拟斩。乾隆元年,谕曰:"哈元生身为全省提督,乃苗人造逆,不能觉察于机先;及贼众肆行,又复稽迟于临事。按律治罪,亦复何辞?但念伊粗鄙武夫,知识短浅,尚非有心贻误军机,且从前征剿乌蒙,皆经效力。今既革职拿问,着从宽免死释放。"寻赏副将衔,赴西路军营效力。

三年正月,卒于军营。二月,谕曰:"哈元生人材壮健,历任苗疆,颇有劳绩。后因古州一案,获罪被逮来京。朕念其前劳,特予宽宥,授为副将,前往哈密效力。冀其奋勉,尚思录用。今伊已病故,实属可惜!着加总兵衔,令大学士查郎阿宽裕料理,将伊枢送回原籍。应得恤典,该部查例具奏。"寻赐祭葬如例。

子尚德,初随父至云南充伍,拔授千总。雍正八年,从剿乌蒙,赍疏奏捷,特旨以游击题补。九年,补云南鹤丽镇标右营游击。十三年,迁奇兵营参将,率兵赴贵州剿古州叛苗。乾隆元年,经略张广泗奏言:"哈尚德奉檄从征,屡著劳绩,苗人闻风畏惧。伊系哈元生之子,因伊父贻误封疆,身获重谴,黾勉图功,倍加努力。"诏擢贵州清江协副将。二年,调定广协副将。三年,偕大定协副将马似龙会剿定番州所属姑卢等寨逆苗,平之。寻丁父忧,回籍。五年,服阕,赴补。谕曰:"哈尚德熟悉苗疆,人亦强干。着以副将职衔前往湖南军前办事,遇有副将缺出,即以补授。"六年,补湖南辰州副将。八年,擢湖广宜昌镇总兵,九年,调陕西凉州镇,寻调云南临元镇。

十三年闰七月,调贵州古州镇,即命赴金川军营。十一月,谕曰:"哈攀龙、冶大雄、哈尚德三人,年力正强,尚属骁勇,可备驱策。特发金川军营,令及时自效。乃伊等到营,并未闻有克捷建功之处;所领兵丁作何布置,作何攻取,亦未有一折奏闻。可传旨询问,令伊等明白回奏。"十四年五月,傅恒奏尚德攻克右梁山下巴郎平碉,报闻。会班师,尚德赴古州任。十月,云贵总督张允随疏劾尚德乖张狂悖,扰民虐兵,奉旨革职,交巡抚爱必达查审。嗣审得尚德婪赃事,拟杖流。二十二年正月,赏副将衔,赴西路军营效力。三月,因解送羊只倒毙过多,奉旨革职枷号,责令赔补。三十一年,回籍。三十八年,卒。

【校勘记】

〔一〕射毙凶目黑寡暮末　"末"原误作"来"。汉传卷二七叶三四下及耆献类征卷二八三叶三五上均同。今据宪录卷九九叶一八下改。

〔二〕连蹑贼营八十馀座　"馀座"原误作"里"。汉传卷二七叶三五上及耆献类征卷二八三叶三五上均同。今据宪录卷九九叶一八下改。

马尔泰

马尔泰,苏完尼瓜尔佳氏,满洲正黄旗人。由拜唐阿授内务府主事,荐升郎中。雍正六年,擢工部额外侍郎。七年七月,奉旨往江南清查钱粮。九月,实授左侍郎。八年,江南邳州等处被水,命就近查勘,筹款赈济。

九年正月,以用兵西安,谕令马尔泰协理军务。七月,署陕西巡抚。十年,奏:"额塞尔津城介在山谷之中,〔一〕人迹罕至。查哈尔垓图地方,乃各隘口总会之所,水草颇好。请将额塞尔津城驻扎步兵撤回,合西宁大通马步兵,共派二千名,于哈尔垓图详勘耕种地方,令其开垦。再扎哈素泰地方,水草亦好。其原驻西宁之西安绿旗兵一千名、满洲兵二千名,请于每年十月带往该处,驻备策应,正月仍回西宁。"下军机大臣议行。十二年,以马尔泰母年逾七十,召还京。乾隆元年,调刑部右侍郎。三年正月,迁都察院左都御史,命在议政处行走。二月,授正蓝旗满洲都统。四月,署理陕西总督。大学士查郎阿参承办军需道员沈青崖等私运侵帑,总督刘于义徇庇属员,命马尔泰赴陕西会讯,得实,依律问拟有差。

七月,授两广总督。四年五月,奏:"场灶收买馀盐,任其拥积,融化堪虞。请寄贮各埠,鼓励商人认销。"上嘉其实心任事,如所请行。八月,以册封安南正副使翰林院侍读嵩寿、修撰陈倓请于广西太平府之明江,改筑砖城,将宁明州治迁建明江,敕马尔泰详议以闻。寻奏:"明江虽为土府旧治,乃系偏僻之区,宁明为太平咽喉,水陆扼要。应请于宁明旧治建造砖城,〔二〕不必迁移明江。至明江居五十村寨之中,应修筑土城,以资捍卫。"从之。十二月,安南禄平州土官韦福琯叛,攻掠谅山府,进逼王京,命马尔泰驻广西备边。五年正月,马尔泰奏:"禄平州兴兵,该国现与讲和,情形渐就安帖,如特为此事移驻广西,恐兵民以边疆有警,转生疑虑。请于二三月间,以阅兵为辞,前往该处巡防。"上是之。三月,马尔泰奏:"融怀汛为黔、粤咽喉,须安设专营,改调大员驻扎。请将永宁营参将一员、弁兵六百馀名移驻。再将提标分防怀远等处之弁兵六百馀名,派驻永宁,以归原额。"下部议行。

　　六月,广西桂林府义宁县属桑江苗匪与湖南城步、绥宁二县红苗勾结滋事,又义宁地方狗瑶纠众不法,知县倪国正等往抚被戕。马尔泰与巡抚安图、提督谭行义合疏以闻。谕曰:"义宁去省城不过百里,而苗、瑶猖獗如此,平日之漫无约束可知。朕思楚、粤苗、瑶共为犄角,必须并力会剿,庶可削平苗逆,宁谧地方。马尔泰可速赴桂林省城相机调度,并将朕旨知照楚省抚提,协同办理。"复经谭行义奏报庆远府宜山县白土、邱索二村土蛮劫掠逞凶,[三] 调兵剿捕。闰六月,上以贵州总督张广泗熟谙苗情,命督剿楚、粤逆苗。八月,马尔泰奏宜山土蛮经派委右江道李锡秦、游击杨刚统领汉、土官兵三千馀名,分路进剿,擒首从贼匪罗扶养等九十七名,斩馘无算;被胁良民,全行招抚。宜山土蛮平。得旨嘉奖。寻奏剿办义宁逆苗,派副将许应虎等分三路进兵,毁平各寨,贼闻风投诚,就抚者二十馀寨。上以所奏多属粉饰,严饬之。旋奏三路官兵大获全胜,现分兵赴楚会剿。谕曰:"所奏俱不可信,朕惟俟张广泗之实信耳。"十二月,张广泗奏扫荡逆苗军务告蒇,马尔泰以办理延缓,部议降调,上加恩改为留任。六年正月,疏称:"两省盐课羡馀,岁有存积,而两省提镇等官,除亲丁俸薪别无所入,办公实难。东省前于残引项下岁给提镇数百金,各镇尚可资藉,提督所辖营伍较多,用度纷繁,岁应给千金为赏需;至西省提镇,亦应照东省办理。再督臣衙门陋规,已积至二万馀两,请将此项修缮南宁府城垣,馀银生息,以助养廉较少之州县。"上如所请。旧制,安南两贡并进,每值贡期,先于本年春夏之交,咨报督抚;迟则移檄询问。二月,马尔泰奏:"现当该国入贡之年,匪目韦福瑄等逞逆弄兵,贡道梗塞;又新立国王,正在扰攘之际,修贡容有稍迟,请免饬催。"从之。三月,奏:"庆远府永顺土司所辖之白土、邱索等村、自覃奉恩等恃险肆横以来,久为土司所弃。今若仍归土司,恐抚绥无术,日久滋事。请将白土、邱索并附近之猴峒二十四村,割归宜山县管辖,并添设文武员弁分驻。"下部议行。四月,丁母忧。八月,署兵部侍郎。七年四月,擢正黄旗汉军都统。

九月,署川陕总督。十二月,以郭罗克贼番肆劫,疏言:"该番屡次劫夺,必应重加惩创,追赔赃物,勒献头人,使之畏威守法。现咨商四川提督郑文焕妥协办理。至噶尔丹策凌夷使,现请进藏熬茶,亦应预为防范。"上可其奏。八年五月,奏:"前安西改设提督,所有驻防哈密兵二千名,分拨塔勒纳沁、三堡、赛巴什达里雅等处,以游击、都司、守备各一员统之。查三堡一城,系哈密与准夷往来要路,又联接乌克尔各卡。请将原拨塔勒纳沁兵丁酌留更换卡塘之用,馀俱归并三堡。"从之。是月,仍授两广总督。九年,奏言:"广西南宁、太平、镇安三府,逼近交阯,沿边关隘,防范未周。应令地方官每年冬月查勘一次,再由村隘口当年题定封禁,交阯驱驴地方货物丛集,距由隘不远,宁明商贩多愿从由口出入。请仍行开放,责地方官慎密稽查。至平而、水口两关,俱属河道,应设立铁炼,横江拦截,每月逢五、逢十开放。又商民逗遛番地者给限驱回。[四]至已娶番妇,并有庐墓田业,情甘异域者,照例安插彼处,永不许进口。"上允之。

寻调闽浙总督。十年四月,以年力就衰,请回京供职,上不许。八月,患病,命御医驰往诊视。是月,再请解任,谕曰:"览奏,顿增悬念,今已差良医赴闽诊视矣!卿其善为调摄,尚期速痊,以慰朕怀,毋以解任为请也。"十月,奏:"福建抚标弁兵原系陆汛,其分防之罗星、壁头等塘汛均属水汛,且与督标驻扎相近。请改归督标水师营,即将督标之埔头、古岐等塘汛改归抚标。"报闻。十一年四月,疏言:"福建陆路副、参、游、都、守各员,题调者八十三缺,部推者二十五缺,通计部推之缺不及十分之三,以致本省之人多升本省之缺,酌将督、抚、提各标及福宁、漳州二镇所属参将、游击、都司、守备十七缺,改为部推。"从之。

九月,召来京,授领侍卫内大臣。十二年,谕曰:"马尔泰在外多年,诸事取巧,未能尽力。今年老有疾,一切不能胜任,且以旧臣自居,动止骄慢,昨令射箭,又托病推诿,着革去领侍卫内大臣。"寻署热河副都统。十三年,卒。

【校勘记】

〔一〕额塞尔津城介在山谷之中　原脱"之中"二字。耆献类征卷二八四叶二〇上及马尔泰传稿(之三〇)均同。今据宪录卷一二五叶一七下补。

〔二〕应请于宁明旧治建造砖城　"治"原误作"处"。耆献类征卷二八四叶二一上同。今据纯录卷九九叶二〇上及马尔泰传稿(之三〇)改。

〔三〕庆远府宜山县白土邱索二村土蛮劫掠逞凶　"庆"原误作"应"，
　　又"二"误作"等"。今据纯录卷一一九叶三四上改。按马尔泰传
　　稿(之三〇)及耆献类征卷二八四叶二一下，"庆"字均不误而
　　"二"作"等"。

〔四〕又商民逗遛番地者给限驱回　"者"原误作"方"。耆献类征卷二
　　八四叶二三下同。今据马尔泰传稿(之三〇)改。

魏定国

魏定国，江西广昌人。父原任礼部侍郎方泰。

定国，康熙四十五年进士。五十三年，选授湖北应城县知
县。五十八年，升直隶冀州知州。雍正二年，升浙江杭州府知
府。三年，浙江巡抚福敏奏称："定国操守好，办事勤敏。询之合
属官民，皆无异论。臣所深信，不敢隐蔽。"报闻。四年三月，超
擢河南按察使。

十月，调直隶按察使。五年六月，谕曰："各省所报雨泽，俱
各调匀。惟直隶雨水不时，此必因刑狱不得其平之故。按察使
魏定国操守，朕所深悉。恐其于案件或有不明之处，嗣后凡有关
系民命重大案件，着布政使张适协同办理。"十月，大名府知府曾
逢圣以亏缺库帑被劾，上以逢圣任畿辅有年，赃款必多，命总督、
藩、臬等转谕所属，被屈受害者许据实控告。时吴桥县生员窦相
可控逢圣任吴桥时贪劣各款，布政使张适袒护逢圣，夹毙相可，
与定国诈称监毙。六年，上察知之，命吏部尚书福敏、户部侍郎
史贻直往讯。谕曰："魏定国专司一省刑名，乃任张适恣意妄行，

全不置问。及朕面加诘责，则将颠倒是非、草菅人命数案，全推于张适，而置身事外。若然，则直隶之设立臬司者何为？朕之简用魏定国又何取乎？"寻福敏等鞫实，适、定国拟斩。谕曰："张适系原任大学士张玉书之孙，既负朕恩，并不念其祖父，肆意安行。本应置之重典，但朕念张玉书一生谨慎，效力多年，着将张适从宽免死，发回原籍，令地方官严加管束，不许出境生事。令其出银一千两，给窦相可之家。魏定国身为臬司，专掌刑名，乃将人命重案推卸他人，而置己身于局外。及朕面加诘问，则以未曾许其奏折为辞，奸险狡狯，莫此为甚！朕屡降谕旨，凡大小臣工于职分当为之事，推诿观望者，法难宽贷。魏定国系州县微员，朕不次加恩，擢用臬司。伊一味瞻徇，并无报效之处，而奏对时亦并无感激之心。其罪本无可逭，但张适既已宽免，魏定国亦着从宽免死，发往黑龙江当差。"

十三年九月，命来京引见。十二月，命署西安按察使。定国以前戍黑龙江时丁父忧，未得躬亲治丧。乾隆元年正月，奏请回籍终制，上以魏定国服制已满，与在任守制者不同，给假四月回籍，以尽人子之心，再赴西安按察使任。二年，疏称孤贫口粮一项，请敕下直省督抚严饬各州县，遇外来流丐，察其声音，询其住址，即移送本籍收养，令各保甲将实在孤苦无依者，呈报州县官，除验补足额外，有浮于额数者，亦收养院内，动支公项，散给口粮。部议如所请。十月，实授。五年正月，升山东布政使。闰六月，以山东叠遭岁歉，民力未纾，仓储亦多未足。前经巡抚硕色奏请，令外省在山东贸易者，听其纳谷捐监，俟五年十一月一年限满停止。定国疏称奉文以来，并未报捐一人，请展限一年，从之。六年十月，以山东地方被旱成灾，奏请将从前运往直隶碾米补漕等项，应买仓谷三十万馀石，停俟明岁采买，上是之。七年三月，署山东巡抚。四月，奏请行令直隶等省分别查明恩旨以前到配徒犯，放回原籍；军流三年无过，请旨释放。上饬其甫护抚篆，即欲以弛刑博宽大之名。四月，调安徽布政使。六月，以前署山东巡抚任内，奏登、莱、青三府仓谷过多，霉变堪虞，请分拨府属各州县收管。至是，得旨允行。七月，命署山东巡抚包括查定国任内公事有无沉阁，并一切关税有无私弊，寻奏定国实无营私误公情弊，报闻。

十年四月，升安徽巡抚。七月，奏言："上江所属凤、颖、庐、六、泗、滁等府州盗劫时闻，请严定功过，酌立赏格，令庐凤道为总缉，并选干练州县官数员分办。除获本境盗犯，毋庸记功外，有获邻境盗首一名者，记大功一次；从盗，记功一次；积匪抢夺等贼犯两名，记功一次。如有玩纵，即行题参。至安庆沿江一带，亦照此办理。"得旨："观汝所办，尚属过于赏而薄于罚。赏重而罚轻，将来反致不赏则不缉盗，此不通方之政也。"十一年二月，上以安徽宿州等处多盗，定国未必能办理此事，谕两江总督尹继善加意缉捕。时安徽按察使都隆额奏请酌借社谷修浚陂塘，下两江总督、安徽巡抚议奏。定国偕尹继善覆奏："社谷藉以补助，向不移为别用，陂塘应民力自修。如概许按亩指借，则谷少处既难遍给，充裕处亦滋冒滥。陂塘未收利益，仓储先致空虚。臣等酌议，应令州县官躬巡境内，凡陂塘疏浚宽深，增修堤埝，劝民广为兴举。倘遇旱涝，或穷民自为耕作，并无业户资其工本者，准借仓谷，成熟后，免息归仓。"上是之。

五月,迁刑部右侍郎。八月,调吏部右侍郎。十三年,以年老休致。十五年,定国子内阁侍读<u>允迪</u>告病回籍,因受贿请托,经<u>江西</u>巡抚奏参革职,充徒。十八年,奏请将<u>允迪</u>释放,上加恩准令回籍侍养。二十年,卒。

子<u>涵晖</u>,<u>贵州</u><u>贵东</u>道;<u>允迪</u>,内阁侍读;<u>渊映</u>,<u>河南</u><u>确山县</u>知县。

尹继善

<u>尹继善</u>,满洲镶黄旗人,大学士<u>尹泰</u>子。<u>雍正</u>元年进士,改庶吉士,散馆授编修,充日讲起居注官。五年三月,迁侍讲,寻迁户部郎中。九月,命往<u>广东</u>察审布政使<u>官达</u>、按察使<u>方愿瑛</u>受贿徇庇案,得实,即署按察使。六年四月,授内阁侍读学士,协理<u>江南</u>河务。

八月,署<u>江苏</u>巡抚,七年二月,实授。寻署<u>江南</u>河道总督。〔一〕十二月,疏禁收漕上司陋规及官吏浮费,每石定为加费六分,半给旗丁,半给州县。常平社仓捐谷听民乐输,不得随漕勒征。诏如议行。八年,奏言:“<u>崇明</u>屹峙重洋,为<u>江南</u>屏障,知县不足弹压。请增设巡道驻之,兼辖<u>太仓</u>、<u>通州</u>。至县属沙地辽阔,镇标四营驻城内,巡察难周,应拨左营驻<u>永兴</u>,沙地增巡检一,驻<u>半洋沙</u>,〔二〕移县城巡检驻<u>大安沙</u>,并拨左营千把总二,协同分防。其戏台等沙各设哨船巡缉。<u>福山营</u>为江防门户,应拨苏镇沙船四隶之,与<u>京口</u>、<u>狼山</u>等汛按期会哨。又<u>江苏</u>按察使驻<u>江宁</u>,距巡抚治所远,请移驻<u>苏州</u>。<u>苏松</u>道责在巡防,应移驻<u>上海</u>。”下部议行。九年,署<u>两江</u>总督。奏:“请析<u>淮安</u>府属之<u>山阳</u>

县为二,增知县、县丞、典史各一,治庙湾镇;移庙湾司巡检驻草偃口,盐城清沟司巡检驻上冈,拨盐城县训导归新县。析扬州府属之江都县为二,增知县、典史各一,拨主簿、训导及邵伯驿官二巡司,并邵伯驿归新县。又如皋县增设主簿一,驻掘港场。"均议行。定山阳分县曰阜宁,江都分县曰甘泉。

十年正月,协办江宁将军,兼理两淮盐政。疏言:"京口为江、淮锁钥、南北咽喉。向设沙船五十六,艍帮船三十二,水兵千四百馀,实水师重镇,乃隶将军标为水陆路两营,陆路将弁不谙水师,船只水兵又远驻距镇江数十里之高资港,春秋两操外,将不知兵,兵不知伍。请于高资港设水师都司、千把总一,归江阴水师副将辖,操暇教以技艺,资防御。江宁为省会重地,襟带长江,居京口、狼山上游。驻防兵与学习水师,向拨将军标沙船二十,水兵三百馀,春秋操演。但操期止选镇江千把总四员,至江宁分配教习,事竣仍回本任。无论暂时派拨,并无责成,难收实效,其实镇江将弁初不能教习水师,至今三百馀兵技艺未习,且家在镇江,仆仆往来,经理旗员素不熟识。请拨隙地建营房,令挈眷驻扎,设水师守备一、把总二,专司其事,归将军辖。狼山为长江尾闾、大海门户,镇标三营向设战船二十二,春秋出洋,操练江防,每月会哨。近年来仅驾船数只、兵数名,往来江口,并不出洋,至会哨更属空文。尤可异者,赶缯大船原为出洋而设,近竟高搁沙滩。臣饬交署总兵王廷梅整理,期复旧观。再京口、江宁派佐领、协领二员,每月巡查江南,狼山镇标右营将弁,巡查海汛,中、左二营亦轮派游巡。如此,庶长江数千里声援联络。"奏入,上嘉之。先是,尹继善疏请清查江苏积欠钱粮,命侍郎彭维新等会同办理。二月合奏："自康熙五十一年至雍正四年，官侵吏蚀四百七十二万馀，民欠五百三十九万馀。"疏入，诏侵蚀自首者免罪，尹继善等下部议叙。九月，奏："请改直隶徐州为府，设知府一，附郭增置一县，设知县一，改直隶邳州为属州，并所属之睢宁、宿迁二县归徐州府辖。改分驻徐州之淮安府同知为徐州府同知，增设通判、经历各一。改州同为县丞，吏目为典史，南北岸州判为主簿，学正为府教授、训导管县学，巡检、驿丞、闸官归县辖。又请分寿州置一县，设知县、典史各一，改寿州训导管县学，又增设定远县池河驿巡检一。"均议行。定徐州附郭县曰铜山，寿州分县曰凤台。十二月，条奏："盐政巡缉事宜：请于仪征县之青山头增一营，设守备、把总各一，兵百，巡船四，江都县之马家桥，甘泉县之邵伯镇、北坝、僧道桥各设把总一、兵三十；扬州府搜盐厅委佐杂一员，同武弁监察；新设之三江营同知改为盐捕道；淮所选府佐监掣；〔三〕淮南之泰坝、淮北之场关、大伊关、永丰坝、乌沙河、湖口，及泗州、天长两关，〔四〕俱拣员管理。淮北坝所、场关事归淮扬道辖，督缉事归淮扬、淮徐二道分辖。"部议从之。

十一年正月，调云贵广西总督。先是，云南思茅土把总刁兴国等滋事，前督高其倬擒兴国，馀党尚未解。六月，尹继善奏："元江、临安贼势猖獗，臣调鹤丽镇总兵杨国华领兵往元江，与临元镇总兵董芳协剿，贼溃匿。暗纵我军，遣谍入贼寨举火，奋勇冲入，斩贼酋三、从贼百馀，生擒六十九。"十一月，又奏："元、临内地现平定，而攸乐、思茅馀孽未靖。臣调兵剿捕，念地方辽阔，兵到势必奔窜，酌出东西两路。东路兵分三支：一由红藤、箐党、

戞党别出慢岔河底；一由思茅糯电、那列、漫蚌等处，至茄色倮所
及磨胖三达；一由孔明山莽通、莽瓦及小猛仑等处，分布堵剿。
事竣，会合攸乐、清理三十六寨。西路兵分二支：一由关铺、板角
一带；一由白马山圈罗一带搜剿。事竣会剿六囿，再分遣土练沿
江堵御，以防奔轶。令投诚贼酋刁辅国等随军效力。今已攻破
贼栅十五寨，招降夷民八十馀寨，其遁匿馀党，分路围剿，务在廓
清。臣惟攸、思一带，非元、临内地比，非兵不足示威，恃兵又无
以善后。所期恩威并济，操纵得宜，庶边圉永宁。"疏入，谕曰：
"剿抚名虽二事，恩威用岂两端？当抚者不妨明示优容，当剿者
亦宜显施斩馘。俾其知顺则利，而逆则害，方可期近者悦而远者
来。今此目前攻心之师，即寓将来善后之举。是乃仁术，非关诈
谋，宁止绥靖，普思将见信孚莽缅也。识之！"十二年三月，奏：
"贵州新辟苗疆八事：一、台拱旧营改建于欧家寨；一、升台拱营
为镇，移清江镇总兵驻之，置中、左、右三营，设游击、守备各三，
千总六，把总十二，降清江镇为协，设副将，统原设左、右二营；
一、移清江同知驻台拱，增镇远府理苗通判驻清江，裁天柱县县
丞，增施秉县主簿驻台拱；一、欧家寨河可达下秉，宜疏浚以通台
拱粮运；一、台拱增兵，择各镇、协、营精练拨补；一、各寨荒田，谕
复业；一、清查九股苗寨界址，择旧苗目之良善者，按寨大小，酌
定乡约、保长、甲长，管束稽查；一、古州、清江界之朗硐地方，分
设塘汛，令文武官弁巡行化诲。"部议从之。七月，奏："云南浚
土黄河工竣，起土黄经西隆、西林、土富州、土田州，过剥隘，至百
色，袤七百四十馀里。"得旨嘉奖。十二月，奏："贵州台拱改镇
增兵，请令本标右营游击带兵五百驻下秉，拨把总一、兵八十分

防施秉,外委一、兵二十分防新城。原防施秉之黄施营兵改防黄平州,改黄施营为黄平营,仍隶台拱镇。拨黄平营外委一、兵三十分防岩门,原防岩门之平越营兵撤回。再拨镇标守备、把总各一,兵二百,驻防稿贡汛。"从之。

　　是月,诏广西省仍归广东总督辖。十三年闰四月,奏:"请于安笼镇增兵三百,定广协增百四十,思南营增设游击一、兵百五十,守备改为中军守备,归铜仁协辖。石阡营增兵百,遵义、黔西二协各裁都司、守备,左营改为中军都司,右营改为守备,留遵义协右营千总一、兵百,驻防桐梓县,原防之把总撤回。"又:"请撤黔西协原防安平汛兵,另拨千总一、兵百二十,驻沙土。调安顺营分防瀍阳汛千总一、兵八十移驻安平,瀍阳汛改归长寨营,调安顺营分防石头寨把总一、兵五十移驻平远协之白老虎汛,石头寨拨归化营把总一、兵五十防守。又安顺营之犁儿哨,于提标城守后营内拨兵防守。"均议行。七月,奏:"贵州顽苗聚众倡乱,臣檄调云南兵四千馀,并湖广、广西兵策应。嗣云南副将纪龙剿破清平贼穴,参将哈尚德收复新旧黄平二城,与纪龙合兵至重安渡江,副将周仪、参将崔杰、都司陈思仪等收复馀庆县,获贼酋罗万象等。广西总兵王无党帅兵二千五百,与古州总兵韩勋援剿八寨,高州总兵谭行义帅兵四千九百,协剿镇远一路。臣又委王无党帅广西兵八百,并前调至之湖北兵二千至镇远,总统襄阳总兵焦应林帅兵二千已起程,[五]大兵云集,分路会剿,破逆巢数十,斩首千馀,生擒贼酋阿九,清平、[六]黄平、馀庆、平越现俱平定,镇远、施秉、偏桥、都匀、黎平俱无失。"疏入,命停派往驻常德之热河、保定、浙江、湖广兵。

　　乾隆元年，设贵州总督，以尹继善为云南总督。二年闰九月，奏豁云南军丁银万二千二百有奇，允之。是月，来京陛见，以父尹泰年老乞留京，命为刑部尚书，兼管兵部事，议政处行走。十二月，充经筵讲官。三年，丁父忧。四年正月，疏言："臣兄尹立善素不安分，臣父尹泰奏请发黑龙江。今五年洗心改过，乞恩赦回，令于锦州看守臣祖父坟墓。"许之。五月，晋太子少保，教习庶吉士。七月，充翻译乡试正考官。八月，充三礼、纲目两馆副总裁。五年，授川陕总督。时松潘镇总兵潘绍周以郭罗克番滋事，疏请剿之，敕与总督、提督会商。尹继善檄谕番目擒献夹坝，番众畏服。六年，奏："善后四事：一、分设土目，择上中郭罗克副土目给外委、土百户委牌，分管各寨，再拔副土目数名协理；一、颁给打牲号片，按番寨大小酌给号片，出口人给一纸，无者擒治；一、宽从前积案，番人所劫牲畜年远，根究为难，夹坝既经痛惩，均免追问；一、撤驻防兵，前督查郎阿奏准每年拨兵二百驻防，番地千馀里，兵力不足控制，恐日久玩生，应撤回以省遣戍。"谕曰："所办甚妥，仍因时制宜为之。"先是御史李慎奏参甘肃有司讳灾不报，命慎与尹继善会勘，得实，尹继善因请将巡抚元展成等分别治罪，并自请议处。寻部议销加一级。七年，丁母忧。

　　八年二月，署两江总督，协理河务，命驰驿赴任，赐以诗曰："淮、沛今何似，灾馀不忍言。迩来阙二疈，谁与办三飧？敢靳司农帑，还祈大造恩。当春应举趾，积潦尚留痕。民瘼遐观在，心忧梦想存。勉伊经画策，为我活黎元。"五月，疏言："臣钦奉恩命，同任河防，夙夜靡宁，寝食几废。伏以久离江南，情形各异，详勘博考，体察民情，咸以旧制宜循，万口如一。凡三事：一、毛城铺宜仍旧也，黄河至徐州，北系山嘴，南逼郡城，以千支万派之水，纳之数十丈之中，下流不畅，则上游必壅。前河臣靳辅于上游南岸毛城铺立减水坝，下疏引河，以泄盛涨；北岸自李道华家楼至苏家山不设堤工，听其漫入微山湖，由荆山口入运，少杀其汹涌之势。近则因毛城铺进水过多，圈堤筑坝，层层阻闭，致南岸日高，黄溜侧注，北岸石林一带，处处受险。经钦差大臣议于坝口水底，用乱石填高。臣按此处泄水之路，止有倒勾三河，其馀支港俱已淤平。若再填高坝口水底，是有遵照旧制之名，仍与旧制不同；有随时启闭之名，实与紧闭无异。不惟北岸无堤处受全黄之水，其势堪虞；而上游山东之滕、峄、金鱼等县，下游徐、沛一带城社，更为可虑。请仍旧制，相机启闭，开通倒勾河，使之顺直，坝堰有碍，宣泄者量为撤平，两岸分流，减泄势缓水平，北岸之险工可保，沿河上下永享成平。且减下之水归入洪泽湖，浊沙停淤，黄澄为清，更可助清敌黄，转害为利。一、天然坝宜仍旧也，淮水挟七十二河之水，汇入洪泽湖，仅恃高堰一线孤堤，为淮、扬保障，夏秋黄、淮交涨，拍岸盈堤，势难容受。前河臣靳辅建三滚水坝，又设天然南、北二坝，酌量启闭，以泄异涨，思虑至为深远。新议以洪泽湖之水宜蓄而不宜泄，欲将天然坝改建滚水石坝。臣思河南疏浚贾鲁河以后，淮水势大，伏秋盛涨，若不将天然坝开放，则尾闾不畅，必病中满。且旧天然土坝相水势大小，酌量蓄泄，操纵在人，改建石坝则一定不易，无可增减，当蓄而不能蓄，当泄而不能泄，利未见而害随之矣。请将天然坝仍照旧制，其估建滚坝及南北石工无庸建筑，不惟节省数十万帑金，且洪泽湖异涨之水有所宣泄，高堰全堤可以保固。一、高邮三坝宜仍旧也,高、宝诸湖周围数百里,〔七〕上受天长七十馀河,及洪泽湖减下之水,汇入运河,其势甚盛。是以于高邮迤下设立南关、五里、车逻、昭关各坝,分注下归海。遇水涨,次第开泄,制最精详。新议以南关等坝开放,下河必致难受,议永闭高邮三坝,另建石闸七座,抽板开放。臣按从前各坝宽一百九十馀丈,今议建石闸合计八丈四尺,较旧制宽狭悬殊,况高邮等坝原与天然滚坝上下相应。天然等坝宽至三百馀丈,上游来水甚多,势必仍然壅积,虽与邵伯迤南疏浚入江之路,亦是减水之意,但其地距江甚远,江潮朝夕往来与水相抵,泄出无多,而迤上高、宝一带为诸湖顶冲之区,首当其险,设遇水势骤涨,自必直趋附近就下之捷径,岂能纡回流远以入江? 但宣泄不及,深为可虑。况高、宝不能容纳,势必仍掘坝以注下河,汹涌骤至,较之循序渐至者,受患更猛。请将高邮三坝仍照旧制。所议石闸七座,无庸增建。至下游宣泄,再行详勘,疏浚深通。近水民田,修筑堤堰,有馀之水,导之入海,可免弥漫。臣悉心筹酌,至再至三,不敢少存成见,好为更张;不敢狃于前议,草率从事。总期合旧制而顺水性,孚公论以洽舆情。”得旨:“应斟酌者,须因时制宜。”九年,尚书公讷亲查阅江南营伍,劾苏松水师废弛,总督统辖全省,咎实难辞。下部议,降三级,准抵。是年,江南生蝻,延及山东、河南。上以江南有司捕治不力,贻害邻封,尹继善等徇隐不参,下部议,销纪录十二次。

十年,实授两江总督。十二年三月,疏言:“阜宁、高、宝等处,修筑圩岸。臣相其缓急,分年修治,高宽丈尺,俱为酌定。修治之法,务于圩外取土挑浚成沟,圩身量留涵洞,使蓄泄有资,旱

涝足备,无力者量借帑项。再上江凤、颍、泗三属频遭水患,现在
河渠次第开浚,而田间水道圩塍,实与水利相为表里。亦照例陆
续兴修,俟有成效,远近推行,于水利善后之图似多裨益。"谕曰:
"此诚务本之图,妥协实力为之。"五月,疏劾狼山镇总兵黄锡申
废弛营伍,诏革职。十三年正月,陛见,将回任,赐诗曰:"熙绩匪
独能,亮工资群彦。词林擅卓荦,封疆推老练。简畀淮海区,奏
成仁底奠。保障财赋地,茧丝非所羡。去岁吴淞灾,波臣势方
扇。每念幸活民,玉食不能咽。赈济救燃眉,其何筹久宴?安民
首察吏,瘅恶亦彰善。设诚物乃孚,逞明终必眩。"闰七月,以徇
庇南河总督周学健,部议革职,命从宽留任。九月,调两广总督。
十月,授户部尚书、协办大学士,充国史馆总裁。十一月,军机处
行走,兼正蓝旗满洲都统,命署川陕总督。嗣设四川总督,以尹
继善为陕甘总督。时大学士傅恒经略金川,大兵出陕西,上以尹
继善于一切安台站马匹事宜,星速赶办,调度得宜,诏加恩开复
从前革职留任处分。十四年正月,诏尹继善与内大臣傅尔丹,尚
书达勒党阿、舒赫德参赞军务。二月,晋太子太保。十五年二
月,疏请修文、武、成、康、周公、太公陵墓享殿,下部知之。十一
月,西藏罗卜藏扎什不靖,四川总督策楞统兵入藏,敕尹继善管
川陕总督事。

十六年,复调两江总督。十七年四月,尹继善以上江频被
水,疏请浚宿州之睢河彭家沟,泗州之谢家沟,虹县之汴河上游;
又修筑宿州符离桥,灵璧县新马桥、砂礓河尾黄幢桥、翟家桥。
诏如所请行。是月,湖北罗田奸民马朝柱聚众于天堂寨图不轨,
界连江南。尹继善檄寿春镇总兵牧光宗统兵搜捕,并亲往擒获

朝柱家属党羽甚众。疏闻，得旨嘉奖，下部议叙。十月，召来京。十八年正月，署陕甘总督。二月，以前两江任内承审江西千总卢鲁生等传钞伪稿一案，不能究出实情，部议革职，命从宽留任。八月，又以徇纵南河劣员亏帑误工，议革任，命宽免，仍注册。九月，[八]授江南河道总督。先是，哈密蔡伯什湖屯田万亩，于雍正十三年屯兵承种。乾隆七年，改回民承种。嗣贝子玉素富以收成歉薄，请罢，事下尹继善及安西提督王进泰议。至是，尹继善奏言："从前开渠引水，几费经营。近日歉收，实由回民不谙耕作所致。即使水泽偶有不敷，亦断无举万亩屯田概行废弃之理。伏思开垦此田，原为接济兵食，请选安西兵丁子弟，或招各卫户民承种，既于兵食有益，且有此壮丁二百馀，依安西屯户团练之法，又可寓兵于农，协同防守。臣已调任南河，谨就所见陈之。"上韪其言。十九年二月，疏言："黄河之水，挟沙而行，停滞积久成滩。滩之所在，则水射对岸，而堤工受险。圣祖仁皇帝谕于曲处挑直，使得畅流，诚万世治河之良法。臣案铜、沛、邳、睢、宿、虹河道多曲折，大滩日淤日积，急宜截去滩嘴，开浚引河，导溜归中央，借水刷沙，既省两岸堤埽费，并免逼溜偏趋奔突冲激之患。其土堤不甚险要者，每年加高五寸，险要者及时修理，庶河防稳固而青黄不接时，亦可寓赈于工。"诏如议行。

八月，署两江总督。十二月，兼署江苏巡抚。二十年正月，上以尹继善前任两江总督有沽名邀誉之习，谕诫之。四月，奏言："臣长子户部员外郎庆云性情暴戾，请革职，发往锦州看守坟墓。"诏如所请，并谕曰："尹继善自行觉察，据实直陈，无所徇隐，着加恩令于诸子中择可承荫者以闻。"寻请以第四子庆桂承荫,许之。十二月,奏请于江西、湖南、湖北三省各拨米十万石,运江苏备来春平粜,上报可。二十一年二月,疏言:"洪泽湖有入海、入江二路,入海之路甚远,兴、盐一带形如釜底,海滩高于内地,潮大时内外相抵,不能畅流入海。惟入江之路,宣泄盛涨最便,然浅阻处多,如东西湾两坝减下之水,由石羊沟入江,河身仅宽三四丈,又有两岸滩嘴阻抑。应开金湾六闸,并金湾滚坝减下之水由芒稻闸达董家沟入江。引河浅阻,应疏。又壁虎、凤凰二桥减下之水,由廖家沟入江,河口浅阻,湾曲应加宽。芒稻闸迤下石羊沟,〔九〕并廖家沟、董家沟归江水道阻塞,应浚。又兴、盐等邑之天妃闸、青龙闸及白驹南闸为下河众水汇聚,矶心闸墙之损坏者应修。"允之。三月,奉旨覆审浙江按察使富勒浑劾巡抚鄂乐舜勒派商银案,所劾实,仍坐富勒浑以诬告加等罪。上责尹继善所拟悖谬,诏革职留任。

　　十月,实授两江总督,命紫禁城内骑马。二十二年正月,解南河总督事务。二月,上南巡,赐诗曰:"幕府山边开幕府,风规得似茂宏无。保厘务布兆民福,清跸宁求一己娱。静柝久曾经数省,建牙今复镇全吴。吏民相习休云易,勖尔思艰莫漫图。"初丁忧,江苏巡抚庄有恭奏捐职州同朱曣主使毙命,律应绞,罚赎外结,命尹继善同新任巡抚爱必达查审。四月,奏有恭罪在专擅,赃非入己,诏免有恭死,发往军台效力。谕曰:"庄有恭办理朱曣赎罪外结一案,尹继善既经庄有恭告知,即应据实参奏。否则正言阻止,庄有恭自不敢视为泛常,致干重辟。及奉到朕旨,尹继善亦当备述前情,速为办理。乃迟回观望,希图模棱了事。经朕屡行饬催,并将庄有恭革职拿问,始称原曾与闻。是纵庄有恭之情罪而酿成其事，始终皆由于尹继善也。尹继善交部严加议处。"寻议革任，命宽免，仍注册。七月，疏言："沛县地势本低，昭阳、微山诸湖环之，山东济、泗、汶、滕山水奔注汇归。来源多而去路少，不能骤消。臣按湖水去路，自荆山桥外尚有湖口闸与韩庄闸相近，为泄水尾闾，仅丈馀，不足宣泄。臣商之山东抚、河诸臣，或建滚坝，或建闸座，使湖水畅流入运。又山东沂河自北而南，入骆马湖。近因水大，于邳州之卢口散漫入运，与荆山桥泄下之水相阻，皆为沛县受病之由。臣饬员相度堵修。"上以所言中形势，俾通盘勘办。十二月，同侍郎梦麟等会奏淮、扬、徐、海支干各河，暨高、宝各河工竣，下部议叙。二十三年，疏奏寿春镇总兵纳汉泰不胜任，诏奖所奏得大臣体。二十五年，上以江苏钱谷殷繁，令增设布政司分理，敕下督抚酌议。尹继善等奏："请分江宁、淮安、扬州、徐州、通州、海州为一布政使，驻江宁；苏州、松江、常州、镇江、太仓为一布政使，驻苏州；安徽布政使移驻安庆。"从之。二十七年，上南巡，赐诗曰："保障资三省，忠勤著两朝。节楼无过久，幕府独称超。善得军民服，兼能上下调。暇还工作诵，吉甫可同条。"

寻命为御前大臣。二十九年，晋文华殿大学士，仍留总督任。三十年二月，上南巡，赐诗曰："纶扉昨已命和羹，江国仍资虎蹕行。明代称贤必王、石，汉家推盛则韦、平。封疆几处皆时望，旌节卅年独老成。亦识心殷依北阙，待宣入阁赞枢衡。"四月，时尹继善年七十，恩赏"韦平介祉"匾。九月，召来京，入阁办事，兼管兵部事务，充国史馆总裁。十月，充上书房总师傅，教习庶吉士。三十一年，充会试正考官。三十二年，充经筵讲官。

三十四年,兼翰林院掌院学士。三十六年正月,上东巡,命留京办事。四月,卒。遗疏入,谕曰:"大学士尹继善学识优通,老成端谨。历封疆者三十餘载,绥辑协宜。洎入赞纶扉,兼直禁近,恪勤奉职,倚畀方殷。今春东巡启跸前,见其精力就衰,时撄微疾,因令留京安摄,冀得速痊。每于奏章邮便,询悉病势渐增,特派御医诊视,谕其服药调理,以起沉疴;并令在家静养,不必力疾趋觐。回銮后,时遣侍卫存问,知其日渐委顿,廑念有加。今闻溘逝,深为轸悼!着加赠太保,入祀贤良祠,赏给内帑银五千两,办理丧务,并派皇八子前往奠醊。应得恤典,仍着该部察例具奏。"寻赐祭葬,谥文端。四十四年,御制怀旧诗,列五督臣中,诗曰:"八旗读书人,假借词林授。然以染汉习,率多忘世旧。问以弓马事,曰我读书秀。及至问文章,曰我旗人胄。两歧失进退,故鲜大成就。自开国至今,任事奏绩茂。若辈一二耳,其馀率贸贸。继善为巨擘,亦赖训迪诱。八年至总督,异数谁能遘?政事既明练,性情复温厚。所至皆妥帖,自是福量辏。前诗略如白,唱和亦颇富。独爱驰驿喻,知寓意不留。"

　　子庆桂,现官兵部尚书;庆霖,现官青州副都统。

【校勘记】

〔一〕寻署江南河道总督　原脱"江南"二字。满传卷四六叶三四上及耆献类征卷二一叶一上均同。今据宪录卷七八叶二下补。

〔二〕驻半洋沙　"半洋"原误作"牛羊"。耆献类征卷二一叶一下同。今据宪录卷九七叶三上改。按满传卷四六叶三四下不误。

〔三〕新设之三江营同知改为盐捕道淮所选府佐监掣　"捕"原误作

"务"，又"淮"误作"准"。满传卷四六叶三八上及耆献类征卷二一叶三下均同。今据宪录卷一三三叶二上改。

〔四〕及泗州天长两关　"两关"原误作一"坝"字。满传卷四六叶三八上及耆献类征卷二一叶三下均同。今据宪录卷一三三叶三上改。

〔五〕并前调至之湖北兵二千至镇远总统襄阳总兵焦应林帅兵二千已起程　"北"原误作"南"，前"二"误作"三"，又脱"应"字。满传卷四六叶四二上及耆献类征卷二一叶六上均同。今据宪录卷一五八叶二五下改补。

〔六〕清平　"平"原误作"等"。耆献类征卷二一叶六上同。今据宪录卷一五八叶二六上改。按满传卷四六叶四二下不误。

〔七〕高宝诸湖周围数百里　"宝"原误作"保"。满传卷四六叶四六下同。今据纯录卷一九二叶六上改。按耆献类征卷二一叶八下不误。下同。

〔八〕九月　"月"原误作"年"。满传卷四六叶五一上同。今据纯录卷四四七叶八下改。按耆献类征卷二一叶一一上不误。

〔九〕芒稻闸迤下石羊沟　原脱"闸"字，又"下"误作"上"。满传卷四六叶五三下及耆献类征卷二一叶一二下均同。今据纯录卷五〇七叶九下补改。

陈大受　子辉祖

陈大受，湖南祁阳人。雍正十一年进士，改庶吉士，散馆授编修。乾隆二年，大考一等第一名，超迁侍读，充日讲起居注官。累迁左庶子、侍读学士，晋少詹事。三年二月，迁内阁学士，充浙江乡试正考官。四年三月，擢吏部右侍郎。七月，充经筵讲官。十月，充三礼馆副总裁。

　　寻授安徽巡抚。五年六月，疏言："庐、凤、颍等府素称盗薮，地方官多避参讳匿，或事主隐忍不报，致蠹役表里为奸。臣抵任后，分别案情轻重，勒限严缉。现据报获盗五十名。"上以其到任未久，谕嘉之。又奏："今岁二麦丰收，但积歉后，盖藏尤要。查踹面造酒，消耗最甚。一商囤积，即以数千石计。臣通饬严禁。凤、颍、泗等属，地接豫、东二省，并知会一体究惩。"报闻。十月，疏言："高阜斜陂，稻谷杂粮，均不宜种。前督臣郝玉麟于福建携来早稻一种，名'畬粟'，性宜燥，无须浸灌。臣于春间教民试种，现各收成。闻此稻产自安溪，臣遣购数十石，分给各属树艺，化无用之田为有用。数年后种多利广，可渐及他省。"得旨："如此诸凡留心，甚慰朕怀。"

　　六年六月，调署江苏巡抚，九月，实授。疏言："收漕旧例，各属造斛送粮道衙门，与部颁铁斛较准，印烙发还。乃吏胥巧于作奸，有湿板成造，领回后用火炙者；有用豆装撑使宽者。前经粮道请采干木依式另造，限各属领回。臣思造斛数百，未必升合无差，赴领者又或贿通书吏，给以宽斛。因饬该道将新斛逐较，于详报开仓日，提道署样斛数张，委员赍往抽验，违者分别参处。"得旨嘉奖。七年，疏言："句容县地处高原，旧建闸蓄水，民享其利。后闸废，腴产化为石田。又西门外，旧有塘灌田，久淤浅。请借帑兴修。"报闻。八年，疏言："臣前在安徽，冬月令民搜掘蝻子，每斗给银二钱。盖蝗蝻生子，必在高亢地尾，栽土中深不及寸，留孔如蜂窝。一蝗生十馀粒，粒有子百馀，冬遇积雪，则难出土。今冬雪颇稀，臣饬谕搜掘，仍给银示劝，贫民无不踊跃乐趋。"谕曰："此举甚善。着传谕直隶总督高斌照所奏办理。"先是，丹阳运口藉潮水灌输，淤沙每需疏浚。至是，大受奏定六年大修，每年小修。上于壬午年南巡，御制反李白丁都护歌，有"岂无疏浚方，天工在人补。轮年大小修，来往通商贾"之句。嘉其奏定岁修，转漕便利也。十年，疏言："常州俗好设静堂拜佛，自立名教，江宁、松江、太仓亦有之。查拜佛立教，形涉异端。目下虽无为匪，不可不防其渐。请佛像移入庙宇堂内，人田屋产，酌量安置。"谕曰："此等若欲为之，则须实力，而不可欲速。不然，则所谓好事不如无也。"时奉旨普蠲明年天下钱粮，大受疏陈："江苏蠲粮三事：一、核准漕项科则，晓谕周知；一、汇造地丁耗羡，同漕项并完；一、酌定业户减租分数，通饬遵行。"谕奖所议尚属留心。

十一年，调福建巡抚。十二年二月，疏言："近海商民，例准往暹罗造船贩米。但内渡时，若有船无米者，应倍税示罚。"大学士等议行。三月，又言："向来巡台御史出巡南北二路，派台、凤、诸、彰四县轮备夫车厨传犒赏之用；又滥准词讼，额设胥役外，有奸民挂名，恃符生事等弊。"奏入，敕自乾隆五年起，巡台御史俱交部严议。十月，授兵部尚书。十一月，疏言："台属向惟凤山仓粟，许番民春借秋还免息，馀并无接济之项。番民生业艰难，向汉民重息称贷难偿，子女田产，每被盘折。请拨台谷二万石，分贮诸、彰、淡水等属，照凤山例接济。其不愿借者听。"上报可。十三年三月，充会试正考官。四月，调吏部尚书、协办大学士、军机处行走。六月，充经筵讲官。十四年二月，晋太子太傅。七月，署直隶总督。

十五年，授两广总督。四月，命协理粤关税务。七月，奏：

"调任云贵总督硕色、云南巡抚岳濬前在粤东互相牴牾,云、贵极边重任,恐不能和衷妥办。请皇上于奏事之便,切加训饬。"上韪其言。十六年三月,请裁广东肇高学政,部议从之。九月,疏言:"海阳、海康、遂溪等县之堤,遇风雨坍塌,即应抢修,刻不容缓。若必待详估动帑,坍卸渐甚,不若令民随时自修。遇重工,另奏官办。"报闻。是月,以病乞解任,上慰留之。未几,卒。遗疏入,谕曰:"两广总督陈大受才品优长,精明勤慎,扬历中外,倚任方殷。前因患病,奏明暂交督篆,随经降旨,令其在署加意调理,以冀速痊。忽闻溘逝,朕心深为轸恻!着入祀贤良祠,以奖贤劳。应得恤典,仍着察例具奏。"赐祭葬,谥文肃。

子辉祖,由荫生于乾隆二十年授户部员外郎,迁郎中。二十四年,授河南陈州府知府。累迁直隶天津道。三十一年,擢安徽按察使。三十三年,迁布政使,三十四年,调江宁。寻擢广西巡抚,三十六年,调湖北;四十四年正月,复调河南。十二月,授河东河道总督。四十五年,调江南河道总督。四十六年,授浙闽总督,兼管浙江巡抚。

四十七年正月,辉祖弟严祖,与安徽巡抚闵鹗元弟鹓元,均于甘肃捏灾冒赈案获罪。谕曰:"甘省自王亶望为藩司,与蒋全迪通同一气,侵帑婪赃,种种不法;而陈辉祖、闵鹗元之胞弟,尤系案内人犯,其平日家信往来,必有确切音问。屡经降旨询问,乃始终掩饰支吾,不肯奏出实情。及严切究问,始各奏称伊弟婪赃舞弊,从前亦有所闻,并有家信往来。只因一经陈奏,恐伊弟必罹重罪,是以隐忍瞻徇,致涉欺饰。是伊二人之知而不举,俱已自行供认,如出一口,似属实情。陈辉祖等若于此事未经败露之先，早为陈奏，朕必嘉其公正。伊等既甘心隐忍于前，及降旨询问，又隐跃其词于后，此时即将二人革职交刑部治罪，伊等亦无可置喙。惟是将来爰书既定，朕断不肯因其弟株连，遽置重典。且此案内外大臣皆知而不举，又何独归罪于陈辉祖、闵鹗元。现在督抚一时乏员，陈辉祖等尚属能事，着加恩免其治罪，降为三品顶戴，各留本任。所有应得职俸养廉，永行停支。陈辉祖等务合反躬自愧，洗心涤虑，洁己奉公，庶几可以稍赎前愆。如或因停其廉俸，借词需索，致有篝篚不饬之事，王亶望是其前车，朕必加倍重治其罪，不能再为曲贷也。"

九月，因浙江查王亶望任所赀财以银易金、隐匿玉器等事发，谕曰："陈辉祖身为总督，即无抽换入己之事，而于属员通同抵匿，置若罔闻，其庸懦无能，即与勒尔谨无异，岂可复膺封疆之任？陈辉祖着革职拿问。"十二月，大学士阿桂等审明辉祖商同属员隐匿抽换，拟斩决。谕曰："此案发觉之始，朕以事属琐细，本不欲办。因盛住有底册不符之奏，或经手之员从中弊混，而陈辉祖受其欺蔽亦未可知，然实不疑及陈辉祖身为狗偷之事也。今爰书已定，前疑顿释。在陈辉祖以陈大受之子，受朕厚恩，用为总督，昧良丧耻，固属罪无可逭。但细核所犯情节，与王亶望之捏灾冒赈、侵帑殃民者，究有不同；即较国泰之以借代父赎罪为名，公然勒派属员，致通省亏空者亦尚有间。传所云：'与其有聚敛之臣，宁有盗臣。'陈辉祖只一盗臣耳。着从宽改为应斩监候，秋后处决。"四十八年二月，赐自尽。谕曰："陈辉祖抽换王亶望入官财物一案，前经大学士等定拟应斩，请旨即行正法，朕从宽改为监候。昨据福崧奏桐乡县聚众闹漕，并称上年该县即有聚众之事,案犯仅拟枷杖,知县另行参革。故奸民罔知惩创,复蹈故辙。又据富勒浑奏,访查浙、闽两省各州县亏空仓谷;又黄仕简等奏,查拿台湾械斗匪犯,现已获二百馀人。陈辉祖在总督任内,于不肖官吏浮收漕粮,及刁民闹漕之案,撼拾别故,希图避重就轻,将就完事,致刁民益无忌惮。至于闽、浙二省各州县仓库亏缺,武备废弛,俱漠不关心,竟似置身局外,一味营私牟利,隐匿回护,贻误地方,种种情弊,不可枚举。实与勒尔谨、王亶望情罪无异,不止侵隐入官财物,尚可量为末减,朕不能再为曲贷矣。陈辉祖本应即行正法,但念其办理海塘,尚无贻误,着加恩免其肆市,即派福长安、穆精阿前往,将此旨明白宣谕,监视赐令自尽,以为封疆大臣废弛地方者戒!”

五十三年,谕曰:“湖北近年以来,吏治阘茸,地方大吏于盐务匦费,任意染指,滥觞已极。福建吏治亦复废弛,营伍毫无整顿,以致海洋盗劫频闻,酿成林爽文等滋事巨案。朕询访舆论,佥以为湖北之积弊,起于陈辉祖,福建则起于杨景素。伊二人受朕厚恩,用至总督,乃不思洁己奉公,实心任事,致通省官吏贪黩懈弛,相习成风,日甚一日。现经朕力为整顿,其历任督抚如舒常、李瀚已经革职,特成额、富勒浑、雅德俱先后拿交刑部治罪;而该二省吏治之坏,实作俑于陈辉祖、杨景素二人,使其身尚在,必当与特成额等一体治罪。今伊二人俱已物故,而其在任贪索所得赀财,伊子等又得捐官以为进身之阶。此等昧良负恩之人,岂可任其子名登仕版! 若不从严示惩,何以警贪顽而饬纲纪?所有陈辉祖之子陈山崐,杨景素之子杨炤,俱系捐纳主事,均着革职,发往伊犁效力赎罪。其馀子如有职衔者,俱查明斥革,一概不许出仕，以为大臣贻误地方者戒！"

　　陈宏谋

　　陈宏谋，广西临桂人。雍正元年进士，改庶吉士，散馆授检讨。四年，拣授吏部郎中。七年二月，迁浙江道御史，仍兼郎中行走。七月，充山西乡试副考官。十月，授江南扬州府知府，仍带御史衔。九年，迁江南驿盐道。

　　十一年，擢云南布政使。先是，广西巡抚金鉷奏准废员官生借垦报捐。至是，宏谋奏："报捐者只就各属，搜有馀熟田，量给工本，即作新垦，多弊混。"上命云贵广西总督尹继善查奏。尹继善请将捐垦地亩冒领工本，确实查追。乾隆元年四月，部议报捐之员，既多冒滥，请敕两广总督鄂弥达及金鉷逐一清查。九月，宏谋劾鉷欺公累民，自开捐报垦，不下二十馀万亩，实未垦成一亩，请将捏报捐纳及勒比首报之田豁除。时鉷内迁刑部侍郎，疏辩。命鄂弥达及新任巡抚杨超曾秉公确查。二年闰九月，宏谋复密奏前事，谕曰："从前陈宏谋奏广西借垦报捐一事，与金鉷所奏互异，朕已谕令督臣鄂弥达、抚臣杨超曾秉公确查，毋得偏徇。目今尚未覆奏，而陈宏谋又复具折，哓哓渎陈。陈宏谋身为滇省藩司，此并非伊任内之事，其始初之奏，犹云据已知而直陈，以备采择；既降旨交与他人查议，则伊事已毕，惟有静候，无再言之理。乃伊不待督抚诸臣议覆，而又为是渎奏，竟俨然似以为不如伊所奏不止者，是诚何心！且伊为粤人，即所言尽是而从之，犹启乡绅挟制朝政之渐，况未必尽实乎？[一]殊属冒昧之至！着交部严加议处。"寻议降二级调用。十月，鄂弥达等覆奏捐垦田亩多不实,请分别减豁。金鉽及私派加征各员降革如律。

三年,补直隶天津道。五年,迁江苏按察使。六年七月,迁江宁布政使。八月,擢甘肃巡抚,九月,调江西。十二月,疏言:"江西郡县,非滨江带湖,即环山逼岭。近湖地与水平,民筑圩堤闸坝捍御,以内民田庐舍,烟火万家。遇水发,全赖圩堤闸坝周固,始保无虞。此以圩堤闸坝防水害者也。近山之地,高下畸零,开垦田地,既防冲决,又苦灌溉无资,惟修砌陂塘堰圳,水至可资防御,水少可资灌溉。此又以陂塘堰圳防水害,而即以资水利者也。江西水利不外此二者,而年岁丰歉,即系乎此。向例农隙时,抚臣行令地方官将旧筑圩堤派夫修葺,年底将完固缘由,造册报部存案,止就南昌、瑞州、临江、饶州、南康、九江、赣州等府所属十馀县,每年报部有案者,汇册开报;而近山逼岭地方,一切陂塘堰圳,均不在开报勘修之列。即此数府中,除所报圩堤外,尚有续修未修之圩堤闸坝,地方官向无承修保固之责,并不亲勘督修。其间民力勤惰,出夫多寡,圩堤坚否,官既不亲查,督田户每推诿不前;不但应修而未修者迟延观望,即已经派修者亦不过虚浮掩饰,随修随倾,一处冲决,阖境罹害。是修筑虽出于民,督率不可无官。臣思知县身膺民社,水利农田,本其专责,应饬亲勘督修。至向无圩堤等项,及曾有而年久坍塌过甚,如工大民力不敷者,惟支存公银两,照以工代赈之例,确估造报,责附近居民修筑,核实题销。各该员三年之内,果实力督修,并无冲决等事,遇保举升用,将承办水利如何列入事实奖荐,以示鼓励;如修筑不坚,至有冲决,题参议处。"下部议行。七年五月,疏言:"江西钱价甚昂,民间多搀私铸砂钱。臣现饬属严禁。"七月,请

将滇省额解京铜于过九江时截留五十五万五千斤,济鼓铸急需,
仍陆续赴滇采买解京补项。诏如所请行。十二月,奏修南昌、新
建二县圩堤,并于南昌县罗丝港建石坝障赣水西注,即以工代
赈,上报可。又言:"江西民情尚气好讼,有司以自理之案,无关
考成,未免延搁拖累。臣檄各道分巡所属,据实禀闻。州县官渐
知警惕,地方情形,属员声名,亦得藉悉梗概。"得旨:"实力督
率,毋使徒为具文。"八年闰四月,奏言:"钱局旧设炉六,尽所铸
搭放兵饷,恐钱少不敷,请增设炉四。"从之。初,宏谋因仓贮多
缺,请将捐监一项,改于本省收谷,谕令一年后奏报。至是,偕总
督尹继善奏本地捐监收谷,仓储民食,两有裨益。得旨,准再收
一年。九年二月,疏言:"广信府玉山县之广平山产矿砂,臣令工
匠开硐煎试,银铅夹杂,山之前后左右并无妨碍。请选殷实良民
为硐头,募夫开采。"下部议行。

十月,调陕西巡抚。十一年九月,仍调回江西任。十月,调
湖北巡抚。十二年二月,疏言:"湖北改铸小制钱,重八分,试行
无效。请照原题仍铸一钱二分重之大制钱,于汉口采买客铜四
十万斤,加炉增铸,搭放兵饷外,可减价出易流通。"下部议行。
三月,以大学士管川陕总督庆复劾宏谋在陕抚任内爱憎任情,好
自作聪明,不持政体,部议革职,诏从宽留任。又以前经保荐之
长安县知县董三锡贪劣事发,议革任,仍诏免。十二月,复调陕
西巡抚。十三年正月,谕曰:"此汝驾轻就熟之地,一切持重秉
公,毋立异,毋沽名。若能去此结习,则汝尚可造就之器也。"先
是,宏谋以陕西各驿疲困,请增夫马,经大学士公讷亲议驳。十
一月,复请于汉中府属之宁羌、沔县、褒城、凤县栈道十四驿,每

站增马一、夫十，酌支工料，诏如所请。又言："陕省开十炉鼓铸，已准部拨运到洋铜，其所需黑铅，本省开采白铅点锡赴楚采办，至配用铜斤铅锡照例扣耗，每卯馀剩挫磨枝梗尾卯，一并缴钱归款。设监铸官一员、总理官一员、内外巡查官二员，并轮拨弁兵防范。又从前所铸钱，俱搭放兵饷，今兵饷已有川省增铸之钱协济，不必搭放。现在陕省钱少价昂，俟铸有成数，照市价酌减出售，易银归款。"部议从之。十四年，疏："请采办滇铜，免致停炉守候，钱价可渐平。又制钱陆续易银，恐价平则买钱者少。其川省运回秋季协济之钱出易外，馀即搭放兵饷。"报闻。十五年，请修周文、武、成、康四王及周公、太公陵墓，即以陵外馀地召租支用，下部知之。十六年四月，疏言："陕省各属常平仓多空廒，请择完整者酌留数间备晒晾，并贮捐监谷，地方官入册交代，不时修葺。其远年旧廒渐就倾圮者，物料及早拆卸据实册报，有应分新社即移建社仓，似亦化无用为有用之法。"得旨允行。六月，又言："关中沃野千里，平原土厚，虽有河道，岸高难引，惟凿井灌田，实为救旱良法。臣谕属员劝导，凡以己贵开井者，地方官验明奖励，无力者就近借给社谷作工本，收息还仓；无社谷者，以常平仓谷给之。"报闻。

　　十月，调河南巡抚。十一月，疏言："豫省黄河两岸大堤外，有古堤一道，自怀庆府属之武陟县起，由获嘉、新乡、延津而至滑县，与长垣县交界止，土人名为太行堤。遇河涨，实为外卫，年久多缺。今阳武坝工合龙，太行堤急宜修补。查武陟、延津等处俱本年被灾工作，于贫民有益。"十七年正月，又言："归德府属各河宜分别修浚，除支流小沟工段无多，督令民修其商丘丰乐河、

夏邑响河、永城巴沟河，均泄水之干河，现多浅塞应浚。又商丘南门外之古宋河亦应浚，并于附近城壕各开引河一道，但非民力所胜，请动项兴修。再武阳坝工所用料，因应付殷繁，不无浮于购采银数，前蒙恩旨令照地亩钱粮酌蠲。第小户地亩少者，原未领办，若按亩蠲，则未办工料之户，滥邀恩赏。请就所领工料价银，按数加赏，较为均普。”并如所奏行。三月，调福建巡抚。十九年正月，疏言：“闽俗嚣竞多讼，案必速审。臣清查立限，每月稽核一次。以已未完案件之多寡者，验各属之勤惰，庶尘案渐清。”上可其奏。闰四月，又言：“闽省地狭民稠，所产不敷食用，半借海船贸易资生。如实系内地良民，因货物拖欠，稽留在外，及本身已故，妻妾子女愿归本籍者，无论年岁远近，准其回籍。”从之。

五月，调陕西巡抚。九月，疏言：“明岁大兵进剿准噶尔，派出之索伦、巴尔虎、哲哩木兵，应设台站。营马不敷抽拨，酌雇民间骡马车辆，以利遄行。”诏允所请。又言：“陕省常平仓谷缺额，节经动用库贮杂项，买补还仓。第采买不宜过多，恐于民食有碍。今谷麦既多，价贱准售，官买照市价，听从民便。此正昔人和籴之法，可以济民食而广积贮。”上嘉纳之。十一月，疏言：“鼓铸必预筹铜斤，滇、黔路远费重，且恐无馀铜。洋铜到陕，迟早难期。不若就本省汉中府属宁羌州之铜缘沟旧铜矿开采，并华阴县属之华阴川亦有原矿，一并采试，以供搭配鼓铸。”上报可。二十年正月，疏言：“古北口解到战马疲瘦，先就西安将军标及督抚两标预备安台之马，择最膘壮者解甘。又协理总督刘统勋以甘省安台缺马，今陕省帮雇脚骡，恐缓不济急。查陕省各

台,原于通省驿马内抽拨八百匹,为领兵官骑用。今移此马先解甘省泾州,计日到台,即可送兵。陕省少此台马八百匹,再于民间增雇,陆续赴台,就近易集。"得旨:"诸凡留心,甚属妥协。"

三月,调甘肃巡抚。五月,以平定准噶尔,议叙军功加一级。寻调湖南巡抚。宏谋将赴新任,疏陈甘省水利事宜,言:"臣前由甘、凉、肃出关,沿途审视渠河,多未通顺。赤金、靖逆、柳沟、安西、沙州五卫所,亦可疏浚渠源,宜责成地方官于农隙时,督民分段修浚。"得旨嘉奖,下新任巡抚吴达善议行。又言:"准噶尔既内附,需用货物,应量为流通。请定互市地,以茶易马,归官充营伍用。"诏从所议。时江苏淮、扬各属秋潦成灾,上命截留湖广漕粮二十万石备赈。十月,宏谋请再动湖南溢额仓谷,碾米十万石,运济平粜。谕曰:"灾地米粮,多多益善。碾运仓谷,以资平粜,既不致市侩居奇,于民食更为有益。陈宏谋所办,甚属妥协。着照所请速行。"二十一年二月,奏析衡州府之衡阳县为二,分理赋讼,下部议行,定所分县曰清泉。九月,疏劾布政使杨灏侵扣谷价,奉谕:"陈宏谋留心体察,据实奏参,毫无瞻徇,交部议叙。"灏论罪如律。闰九月,疏言:"湖南产米之乡,请将乾州、永绥二厅,华容、永定、永顺、保靖、桑植、慈利等县常平仓谷,各拨借数百石贮社,作本出借,俟本息渐充,仍即归还常平,不致亏缺。"部议从之。十一月,调陕西巡抚。二十二年正月,奏大兵过陕,设站趱行状,得旨奖慰。六月,调江苏巡抚。七月,陛见,上询及各省水灾。宏谋奏言皆因上游为众水所汇,而下游无所归宿,必通盘筹办,方为有益。上以其言颇中肯綮,命即由河南归德一路赴江苏,沿途查勘,与安徽巡抚高晋会同筹办,赐以诗曰:

"东南繁剧地,抚治寄贤良。为我苏徐海,宜民简召王。允维力沟洫,方可课耕桑。实政斯应树,虚名尚谨防。一心要于敬,五字示其纲。勖尔推行善,芳同桂岭长。"十二月,以淮、扬、徐、海等处河工告竣,谕部议叙,加一级。寻奏言:"江苏狱讼烦多,全在地方官早为审断。臣檄行各属,向后不许借称隆冬岁暮不理词讼,并责成道员实力督查。"报闻。

是月,迁两广总督,谕曰:"陈宏谋籍隶广西,但久任封疆,朕所深信。且总督节制两省,又系专驻粤东,不必回避。"宏谋条奏:"江南河工未尽事宜五款:一、黄、运各河,现已节节开通,然必逐年挑浚,方免淤浅,请归河员及地方分界查勘,于水落后督民挑浚;一、所挑河只能泄近河之水,俟今年河水通流后,令民间浚支河小沟,以达于所开之干河,其各处道旁小沟,亦应挑深通达;一、淮、扬、徐、海,地非尽瘠薄,凡可以种植者,各开沟洫备旱潦,即以所开土加筑圩围,安砌涵洞,随时蓄泄,以成圩田;一、上游之水由高而下,内有洼地,原系湖荡,不免淹浸,请勘明顷亩,除粮有可种苇草者,改照苇课输纳;一、下河一带民田,以范公堤为捍卫,日久坍损,愚民又多掘堤放水,倘海潮盛涨,高、宝、盐城等处必受其灾,请动项分段兴修。"命钦差大臣裘曰修等议行。二十三年四月,奏请增拨广东疲商帑本,收买场盐,经部议驳,上以盐法攸关,非详查不能妥协,命侍郎吉庆往查妥办。是月,命宏谋以总督衔仍管江苏巡抚。七月,加太子少傅。八月,部臣奏参宏谋请增盐帑一案,将存库银数遗漏舛错,请交部议处。谕曰:"疏忽之失,谁则无之?但宏谋素以干练自居,乃自到粤省,诸事尚未设施,而先亟请盐本增帑,为取悦属员商人之计;且伊办事，非不能如吉庆之澈底查本者也。是其市恩好名，痼习不但未改，而因升用益甚，此非寻常疏忽可比。着交部严加议处。"寻议革职，诏从宽留任。二十四年正月，偕总督尹继善、河督白钟山等奏："江南运道蓄泄三事：一、丹徒、丹阳运河在大江以南，东岸之横闸、越河闸、利涉桥闸俱系旁通江潮，导引济运。应于粮艘经临前期，饬闸员驻河干，潮长则启板进水，潮落则下板蓄水，使进多出少，以资行运；一、扬州运河在大江以北，上游之高、宝东岸，向设十三闸，蓄水济运。其邵伯迤下金湾六闸，向未设板随时启闭，而扬州东关地势高，运口下注之水，多由金湾等处旁泄。应于重运经临时，只留北闸二座，常川启放，其中闸、南闸亦照高、宝东岸之例，〔二〕相机蓄水；一、桃源砂礓河系黄河以北运道，应将汇水之骆马湖尾闾，于每年秋汛后相时堵闭，俟次年重运，经春水微弱，即将柳园等闸坝开放接济。"均如议行。又言："苏州向设普济、育婴、广仁、锡类等堂，收养茕独老病、遗弃婴孩，近年公费不敷。请查通州、崇明滨海淤滩，除附近民业者，听升科执业，馀拨入堂充公用。又通州、崇明界有新涨之玉心沙，〔三〕两地民互争，一并拨入，以息争端。"谕曰："不但一举而数善备，而汝亦因此得名也。"六月，以不能督率地方官捕蝗，复不严参，部议革职留任。得旨："陈宏谋非寻常徇庇可比，着革去总督衔，仍照部议革职，留巡抚任。二十六年五月，疏言："苏州商贾辐辏，用钱最广，小钱亦多。臣现令宝苏局岁给炉匠工料钱，照时价给银收买，不许炉匠携出，既可杜夹带私钱及囤积居奇之弊，并设官局兑换，俾民间制钱渐多，钱价不致昂贵。"诏如议行。先是，宏谋奏准开苏州府属之白茆河、徐六泾二口土塘，建闸备蓄泄。二十七年正月，以水涨冲坏闸口，复请改为滚坝，从之。二月，上南巡，赐诗曰："外吏中维久，由来繁巨胜。体予视伤切，谓尔仰恩能。必有远猷赞，宁维苦节称。金圜诚富庶，返朴最相应。"

九月，查奏原任浒墅关监督安宁管关家人李忠侵渔舞弊，时安宁已故，上以宏谋不早劾奏，下部严议革任，诏从宽留任。十月，谕曰："据尹继善等查奏安宁家人李忠所婪赀产至三万两之多，陈宏谋久在同城，安坐膜视，其意何居？该抚向与安宁不合，众所共知，然以此等利弊大事，岂引避小嫌之理？盖模棱之习，一成不变，且自揣与尹继善素号相能，遂尔因循玩愒。江苏吏治，尚望其力为振刷乎？陈宏谋着调补湖南巡抚，倘不痛自创艾，复蹈故辙，朕不更为该抚贷也。"二十八年三月，疏言："军流人犯，俱系扰害地方情罪较重之人，狡恶性成。到配往往逃回，地方官接缉逃之文，一票了事，不肯认真根究，亲邻遂得容隐，致多漏网。名曰罪应远徙之犯，实则轻于本犯之徒。长奸酿恶，莫此为甚！请饬取亲邻供结，责成地方官严拿，牵混者议处。"上是其言，下部议行。五月，迁兵部尚书，署湖广总督，兼管巡抚事。六月，疏言："洞庭湖横亘八百馀里，容纳川、黔、楚之水，滨湖居民多筑围垦田，有与水争地之势。从前虽经刨毁，尚有未尽，恐湖面愈狭，漫决为患。请多掘水口，使私围尽成废壤，自不敢侥幸再筑。"谕曰："陈宏谋于此事不为姁妪小惠，殊得封疆之体。"

是月，迁吏部尚书。十月，加太子太保。疏言："各省应归部选之缺，臣部按月截缺，掣签引见，给凭赴任后，各督抚或奏补有人者，旧例仍准扣除，将掣缺之人留于下月即选；或业经领凭，听其情愿赴彼省候补；或缴凭另选。但已往该省者，以奉旨赴任之人转为候补之官，无任可到，理失轻重，事不均平。请嗣后凡于未经掣签之先，及掣签而未经引见者，仍准扣除另选；于已引见依拟用者，即不扣除，仍令月选之官各赴新任。"从之。十一月，又言："地方文武官弁，均有查缉奸匪之责，乃州县捕役，狡狯者平时豢贼，或经营兵先获，有司未免心存畛域，审时任其狡展，巧为开脱。请嗣后遇有翻供之案，令原获营员会讯，营伍缉捕，责成更专。"上嘉所见实切事理，如所请行。十二月，充经筵讲官。疏言："河工办料，应令管河各道于送到时，亲验加结，稽核营员来去料物数目，务归实贮实销。又河防失事，例应文武分赔，而参、游同有修防之责，转得置身事外，不足以昭劝惩，应酌改画一。"下河臣议覆，允行。又言："匿名揭帖之案，已将该犯抵法，应于所告款内有无虚实，严查按究，则宵小不得逞奸，而不肖有司亦知所警。"上是其言。二十九年七月，谕曰："内阁办事需人，应增设协办汉大学士一员，着尚书陈宏谋协办。"十月，赐紫禁城内骑马。三十年，充国史馆副总裁。三十一年十一月，疏言："凡驻重兵与提镇同城之道员，时有兵民交关、文武商办之事，应一律加以兵备衔，互相钤辖。"下各督抚议行。十二月，充玉牒馆副总裁。三十二年二月，充三通馆副总裁。三月，授东阁大学士。

　　三十五年七月，因老病请解任，诏弗允。十月，复陈请回籍，谕曰："大学士陈宏谋于本年七月间患病，恳请解任，曾谕令善自调摄，不必开缺。兹复以衰病未克即痊，奏请解职归里，情词甚为恳切。但现在各部事务，并不乏人经理，陈宏谋尽可仍前从容静养;且伊奏时届冬令,不能遽归,此际不妨安心调理,待至明春,自揣精力渐次复元,原可照旧供职。设明春病竟难痊,欲得优游林下,以乐馀年,俟河开时,乘船而归,甚为顺适。此时仍毋庸开缺,谕令加意颐养,以副优眷。"十二月,又恳请开缺,谕曰:"大学士陈宏谋前以抱疴,奏请辞职,屡经降旨慰留,令其加意调理。今复以体气未能即痊,恳将所管阁部开缺简放。现在内阁事务办理并未乏人,陈宏谋正可安心静摄,无庸开缺。至大学士特令兼管部事,原非额缺可比,陈宏谋既不能到署,着将工部事务暂停兼管,以资颐养,并不必另行派员管理。"三十六年二月,奏:"衰病如前,不能在阁办事,若再因循恋职,实难自安。恳将大学士开缺,得以安心静摄,俟少愈即觅舟起程回籍。"谕曰:"大学士陈宏谋老成端谨,扬历宣勤。简任纶扉,正资倚畀。前以抱恙,屡次恳请解任调理。节经降旨慰留,令其安心调理,无庸开缺,冀春和可待复元。今据奏精神恍惚,仍复如前,恳请开缺,回籍调理。情词肫切,勉从前请。着加太子太傅,以原官致仕,并赐御用冠服。朕亲赋诗章,以宠其行。令伊孙刑部主事陈兰森随归侍养,回籍后仍加恩按原品食俸,俾得蠲疴颐养,期臻耄耋,用昭优眷老臣至意。"赐以诗曰:"中外勤宣历久频,遂教黄阁预丝纶。老成允著恒敷政,疾病不期近迫身。岂弗惜离留未可,最怜言去恋犹真。粤西天末相望远,祝尔平安归里人。"时上东巡,宏谋奏:"臣于三月望后起程,赴天津迎驾,即由江、浙一带水程旋粤。"谕经过地方官在二十里以内者,照料护行。四月,宏谋迎驾于宝稼宫,赐诗曰:"北来恰值返南舟,邂逅因之觏面诹。川楫已辞惜常往,风帆非利却难留。归乡自乐桑兮梓,释病当怡林与丘。雅忆岳阳楼记语,行哉宁忘退时忧。"

六月,卒于途。谕曰:"原任大学士陈宏谋老成敦朴,才品端方。中外宣劳,恪勤素著。去岁以来,屡以抱恙未痊,恳请解任调理,节经降旨慰留。今春复据以衰病日深,坚请开缺回籍。念其情辞恳切,俯俞所请。亲为赋诗宠行,加赐冠服,并命伊孙随归侍养。沿途令地方官照料护行,以期长途安稳。昨东巡回銮时,伊于宝稼宫行在陛辞,见其精神尚不至疲惫,犹冀遄归故里,得以颐志蠲疴。今闻于韩庄舟次溘逝,深为轸悼! 着入祀贤良祠,并于归榇抵家之日,加祭一次。应得恤典,仍着该部查例具奏。"寻赐祭葬如例,谥文恭。

【校勘记】

〔一〕况未必尽实乎　"实"原误作"是"。汉传卷二七叶二下及耆献类征卷二〇叶二上均同。今据纯录卷五三叶一五下改。

〔二〕其中闸南闸亦照高宝东岸之例　"高"原误作"南"。汉传卷二七叶一五下及耆献类征卷二〇叶九上均同。今据纯录卷一九二叶六上改。

〔三〕又通州崇明界有新涨之玉心沙　"沙"原误作"河"。汉传卷二七叶一六上及耆献类征卷二〇叶九下均同。今据纯录卷五七九叶二七上改。

刘统勋

刘统勋,山东诸城人。雍正二年进士,改庶吉士,散馆授编修,入直南书房。七年,充湖北乡试正考官。九年,迁右中允,十年闰五月,转左。八月,充河南乡试正考官。十一年,迁侍读。
十二年十月,充日讲起居注官。十一月,迁左庶子。十三年八
月,在上书房行走。十月,充顺天武乡试正考官,寻迁詹事府詹
事。乾隆元年六月,擢内阁学士。八月,署刑部侍郎。九月,充
武会试副考官。

十月,命随大学士嵇曾筠赴浙江学习海塘工程。二年三月,
授刑部左侍郎,仍留浙江。五月,疏言:"新任督、抚、提、镇,往往
奏请随带人员备委用,在大吏平日真知灼见,自应有干练之才,
足收臂指之益。惟是先寄耳目于数人,即付腹心以要缺。补用
不循资格,舆论指为私交。更相仿效,滋弊多端。除河工、军前
效力外,请概停奏带,以杜偏袒钻营之习。若调任后,本省本标
实不得人,而旧属内果有出众之员,许据实保奏,送部引见。"疏
下部议,如所请。三年三月,还京,疏劾江南太仓州丁忧在籍御
史毛之玉至浙拜谒总督藩司,受馈遗。上以之玉违例干谒,交部
严议,降三级;统勋据实奏闻,可嘉,纪录二次。五月,管理武英
殿事务。四年六月,丁母忧,回籍。

六年六月,特命补刑部侍郎。九月,服阕来京,擢左都御史。
十月,疏:"禁督、抚、提、镇各标中军积弊四事:一、中军例以副
将、参将、游击充之,承办公务,支发钱粮,为各营领袖,原非为上
司服役,乃督、抚、提、镇出署,辄步随,至躬为料理车马、旗帜,甚
为失体;一、中军朝夕相见,往往代筹米盐琐务,不但体统有亏,
恐开钻营之路;一、道、府、州、县等官,以督抚署内之事,中军无
不周知,至省辄先往候,而又与文员两无统属,遂宴会往来,藉端
营私;一、督、抚、提、镇衙门遇岁时令节,张灯结彩,中军每以兵

丁子弟充优伶杂戏,平时则医卜、星相、棋师、琴客藉其梯引,均应严禁。"部议从之。十二月,疏言:"大学士张廷玉历事三朝,遭逢极盛,然而晚节当慎,责备恒多。臣窃闻舆论,动云:'桐城张、姚两姓,占却半部搢绅。'今张氏登仕版者,有张廷璐等十九人,姚氏与张氏世姻,仕宦者有姚孔鈝等十人。虽二姓本系桐城巨族,得官之由,或科目荐举,袭荫议叙,日增月益,以至于今,未便遽议裁汰。惟稍抑其升迁之路,使之戒满引嫌,即所以保全而造就之也。请自今三年内,除特旨升用外,概停升转。"又言:"尚书公讷亲年未强仕,统理吏、户两部,入典宿卫,参赞中枢,兼以出纳王言,趋承禁近,时蒙召对,向用方隆。我皇上用人行政,无非出于至公,讷亲之居心行事,当亦极图报称。但臣虑讷亲以一人之身,承办事务太多,或有疏失;又任事过锐,恐逢迎者渐众。"两疏入,谕曰:"朕思张廷玉、讷亲若果声势赫奕,擅作威福,刘统勋必不敢如此陈奏。今既有此奏,则二臣并无声势可以箝制僚寀可知,此国家之祥瑞也,朕心转以为喜。且大臣办公,责任綦重,原不能免人之指摘,即伊等办事,亦岂能竟无差错?闻过而喜,古人所尚。大臣为众所观瞻,见人直陈己过,惟当深加警惕,所谓'有则改之,无则加勉'。若有几微芥蒂于胸臆间,则非大臣之度矣。大学士张廷玉亲族人众,因而登仕籍者亦多,此固家运使然。然其亲族子弟等,或有矜肆之念,为上司者或有瞻顾之情,则非大学士所及料也。今一经查议,人人皆知谨饬,转于张廷玉有益。至讷亲身为尚书,若于本部之事稍涉推诿,不肯担当,则模棱成习,公事何由办理?但所办之事,其中未协之处亦所不免,况朕时加教诲,戒其自满自足,年来已知恪遵朕训矣。今见此奏,益当留心自勉。至于职掌太多,如有可减之处,候朕酌量降旨。近来参劾大臣者,每多过当。殊不知以今日之势论之,若有擅权营私者,朕必洞照隐微,断无不能觉察而陷于不知之理。弹劾大臣,有关国体,此等奏折,若不发出,宵小无知者,必且以参大臣为幸进之阶,其为害于人心风俗,实非浅鲜。着将二折发出,谕众知之。"

寻命往勘海塘。十一年正月,充经筵讲官。三月,署漕运总督。九月,还京。十二年,充顺天乡试正考官。十三年三月,命会同大学士高斌查办山东赈务。五月,查勘河道,奏:"济南府属德州哨马营有滚水坝,分消运河盛涨,而坝身过高宜改,令只资减泄。东昌府属聊城县运河东岸,有减水闸引河四,历久多淤,宜挑浚通畅,令注入海。泰安府属东平县之戴村坝,为汶水分入大清河关键,其遏汶入运之石坝过高,宜稍令低,并将坝西归入大清河之水道疏通。沂州府沂河西岸之江枫口所建滚水坝二,候秋汛无虞,再加培,以卫兰山、郯城一带田庐。"报闻。十四年十月,充国史馆总裁。十二月,迁工部尚书。十五年七月,兼管翰林院掌院学士,命赴广东会鞫粮驿道明福违禁折收一案,鞫实,拟斩如律。八月,迁刑部尚书。十六年,充会试正考官。十七年三月,以查验通仓短少米石不实,诏革职,从宽留任。十一月,军机处行走。十八年四月,以审拟懦怯偾事之把总谢又荣罪名错谬,部议革任,诏免之。

七月,命偕署尚书策楞往勘江南河工。八月,合疏言:"臣等巡历河干,通查工料,实多亏缺不清。察其积弊之由,总在牵前扯后,工员率取入己,上司漫无查考。以一厅论之,每年冬,河臣核减钱粮,并不勒追补项,即令留为办料之用。次年核减,仍复如是。惟指工段消弥了局,此本厅本任牵前扯后之弊也。其调任、升任仍属河员者,所欠钱粮,并不实交,复带至新任,禀请别厅交料。其收料之员,辄报收料若干,用在某工,便可完结。此厅员虚报牵前扯后之弊也。又厅员升任他处,如平越府知府施廷愃离任已久,所欠核减帑项数千,尚待补苴。此升任官员牵前扯后之弊也。至缘事离任之员,河臣查明欠项,仅咨追而不参奏,致历年亏欠至九万两之多。此缘事离任官员牵前扯后之弊也。现在查出外河同知陈克濬亏空二万五千二百馀两、海防同知王德宣亏空一万八百馀两。本年高邮州二闸因湖河异涨被冲,闻未冲之前,文武员弁咸谓有料尚可堵塞,而该管下河通判周冕并无物料,致束手任其冲决。河臣高斌祗以误事掣回委员另办请澈底清查。”诏革高斌及协办河务安庆巡抚张师载职,留工效力。其侵帑各员革职拿问,勒限一年完项。周冕革职锁押,二闸漫口亏空物料勒限半年完项。

九月,疏言:“臣由桃源县前赴徐州,途中接铜沛厅李焞、河营守备张宾等禀,称铜山县小店汛南岸堤工危险。比臣星赴小店,则已冲开口门一百四十丈,溜势全掣夺河之势已成。”上以“李焞、张宾平日任意侵蚀,贻误堤工;又现奉清查,自知获罪必重,今乘水涨遂任其冲决,不加抢护”,命即行正法。统勋寻疏言:“张家马路漫口,大溜直趋东南正河,业经断流。今水下注洪泽湖,一出五坝,一出清口。臣查清口出水东入河道,清江以下河底可冀刷深。随将河口之束清二坝拆卸,免阻清水出路。但黄水入湖,终非正道。堵闭事宜,亟宜筹画。口门现宽百四十馀丈,工料约需三十万两。俟豫、东二省购料完备,急行抢筑。臣访舆论,上游南岸之毛城铺,北岸之石林口,皆昔年分减大溜之处,若水深溜急,即于两处略加疏导。"谕曰:"此亦无聊之极思耳!黄水下注洪泽湖,其流渐缓,湖身必停淤日积,河底岂能借以刷深?治河之道,究以多方设法,导归正溜为是。固不可使湖河并势,又不可急于堵闭漫口。盖当此波涛猛急,苟非正溜顺流,即筑坝进埽,亦只虚靡工料。且工料未集,何能徒手以御洪流?应待水势稍落,随方疏瀹,使正溜仍归故道。[一]若于图中朱笔画处,开浚引河,则离南岸顶冲既远,去湾取直,乘势东趋,较之从张家马路,河身迂曲者,似为便捷。可传谕刘统勋等悉心筹画。至所奏毛城铺、石林口两处,果能分减大溜,无碍正流,不妨随宜疏导。"十月,疏言:"臣现驻铜山,率领河员于漫口附近旧河内,勘定引河二道,南三百馀丈,北五百馀丈,计日可成。蒙御笔指画北岸一道开浚,诚属有益。候淤河稍坚,陆续开工。惟开放之期,最为紧要,早则溜势不顺,新河易淤;迟则将有用之河,不能及时分溜。容臣届期相度开放。此处迤下百馀里为朱家海口,雍正年间曾经冲决。彼时河臣齐苏勒素称勇干,而进埽逼紧,深至五丈馀,屡走屡筑,连年始成。今裹头之外,已筑堤台;又于堤台之外,两旁用秸,中实以土,名铁心堤,层层碱实。逐次前进,直至深水三四十丈,渐近中泓之所,下埽步步得实,节节交键,腊底可以竣工。"又言:"正河身内所挑南北小门河二道,串成大河,溜势半回趋正河,直达清口。今大门河已放水趋东,汇先挑小门河之水同归正河身后,虽近尾闾一段,底系淤沙,易致壅滞。然人夫众多,不致阻碍。不惟合龙时泄水分溜,来岁桃伏秋汛,可大减顶冲之势,于新筑堤工有益。"报闻。

十二月,统勋奏张家马路堤工于本月十二日合龙,黄河大溜复故道。策楞奏二闸漫口亦于是日合龙。谕曰:"今年江南秋雨过多,河湖异涨,铜山决口夺溜南趋。朕特遣众臣协力堵御,而在事诸臣俱能体朕宵旰之心,实心奋勉,黄流复归故道,二闸漫口适又同日告成。奏绩神速,若有默相。从此运道民生均资利赖,朕心实为嘉悦! 刘统勋、策楞、舒赫德等在工专办日久,宣力居多,着交部从优议叙。其馀在事员弁,一并议叙。"统勋偕策楞条奏:"稽查工料四事:一、各厅库贮少者至数千,多者至数万,旧料尘积,复领新料,本年未销,又领次年,厅员请领款项,不由道详,河臣约计历年之数给发,有无核减,俱不详查,致挪新掩旧,陋弊相沿,请嗣后预办上游、盐河等项银两,由该管道员承领,霜降后分发各厅,收工备用,仍报河臣委验,其在销算以后之款,仍令厅员照旧承领,责成该管道会同河库道查明有无旧欠,具结转详,方准给发,统限冬底运柴到工,其杂料限领银一月,到工并照州县仓库例盘查;一、河工有岁修、抢修之分,而每年核算则在霜降后,埽坝工程已历三汛,厅员任意浮开,无凭查验,请于秋防告竣后,将该厅营所管工程分三等,以逼临大溜、当冲最急者为一等,次险者为二等,又次者为三等,或拆修,或镶修,或改筑,或加帮,确估申详该道,核转河臣,督该道沿堤踏勘,限正月内兴工,三月内完竣,该管道亲往各工验收,不得转委,至伏秋大汛,临期抢护,难以预定,令该管道驻扎河干,亲估亲收,详河臣亲验;一、一切物料工程,向系厅员按月申报,往往以少报多,指无作有,甚至甫请验料,即称某工动用,甫经验工,即报蛰陷加镶,弊端不一，查厅营同驻一工，最为亲切，运到何项物料，承修何处工程，无不深知确见。请嗣后除厅员照常申报外，并令该营守备、汛弁逐一据实折报该管道府，按所报数目比较抽验；一、河员查工，俱于霜降时，照水大小约计准销，并不按工考验，致调任、离任，辗转迁延，请于销算时，经河臣核减者，勒限交完，年清年款，升调缘事离任，必交代清楚，方准新任出结，徇隐题参赔补。"诏如所议行。

先是，大学士陈世倌奏黄河入海，向只六套六柜，今增至十，致海口壅塞。十九年正月，命统勋等往勘，奏言："河海交会之所，河水遇潮停阻，颇积淤沙，而南大口门出水深通，无庸疏浚。至柜套均在七曲港之上，一柜一里，十柜仅十里；套则七八里或十里不等，十套计八十馀里。不但十柜去海口甚远，河流通塞，与增柜无涉，即十套下河身数十里分流入海，并无阻遏。"报闻。寻命清查江南河工未结案，统勋奏言："水利工程陆续题销，或丈尺数目不符，或水方土方各异，屡经部驳，不准销算。一案不销，遂致全案稽迟，而外省辗转行查，至延二十馀年之久，官更吏易，若再往返驳诘，徒滋案牍。现查出未销银百十三万三千五百两有奇，请限十月内确核题销。工部于覆到日详核，应销者即准销结案，应减者即核减着追。"诏如所请行。二月，疏言："河臣顾琮奏请于祥符卢家庄建支河坝，荥泽、阳武堤内加筑土坝，并估挑引河。奉旨，命臣等详度。臣自陈留沿堤而西，查支河南由古城村，北由卢家庄分流东注，宜建土坝堵旁流，俾由古城村前归入正河。臣复自阳武十三堡及五堡迤南之三坝，迤西之原武、荥泽等处，详勘形势。其地土松沙厚，堤内滩地易成支河，兼正河涨滥即成漫口，河流自西而东，均趋堤根，宜帮筑三坝埽工及阳凤大堤，并建拦河土坝，以资防护。至引河一节，臣思上乏来源，中经沙地，难免淤垫，应停估挑。"从之。四月，晋太子太傅。

五月，命协办陕甘总督事务，赐孔雀翎。十一月，疏言："陕、甘沿边一带，至巴里坤军营，雍正七年专设塘站，驰递军机文报；乾隆元年撤兵时议裁。今议明岁进兵，请酌照旧例增设。查陕省自神木县至定边营九百五十五里，设正站九，马各三十；腰站二十，马各十七。甘省自花马池营至嘉峪关二千二百七十里，设正站七，马各二十五；腰站六十二，马各十六；协站七，马各十。其口外自嘉峪关至巴里坤千六百五十六里，设站二十七，马各二十六。"十二月，疏言："西路军营战马，约需六万匹，派兵递送，廷议分设五大站。臣于分站之中，寓脱卸递更之法，第一站安马十分，每分千五百匹，二、三、四、五等站各千五百匹。每起官兵按站换马，不必回空，即留为后起更换之用。官兵既可按程长驱，而各站马行五日，即得休息三日，仍另备数十匹或百匹，以济疲乏。再各标营马已尽数调拨备战，未便全无守御今有现议设站之北口，解来马二万三千七百馀匹，及西安驻防兵，并固原提标兵，骑赴肃州马八千八百馀匹。臣拟于此内以七分留甘，三分还陕，并阿拉善等换存马分补缺额。"诏如所议速行。二十年二月，疏言："巴里坤营垒久废，仓库无存。粮饷若尽数运往，必修葺堆贮之所，而大兵进剿后，又宜分兵防守，事多未便。请将进剿口粮，应官运者，自哈密驮载；应裹带者，运往巴里坤散给。"从之。六月，以平定准噶尔，议叙加三级。七月，充平定准噶尔方略副总裁。

　　寻命查勘巴里坤、哈密驻兵事宜。九月，逆酋阿睦尔撒纳叛扰伊犁，定西将军永常自木垒退师巴里坤。统勋请弃巴里坤，退守哈密。谕曰："刘统勋奏西路情形一折，乖谬已极。伊犁平定之后，阿睦尔撒纳背恩叛窜，阿巴噶斯哈丹不过一鄂拓克之宰桑，为所煽诱，抢夺台站。伊克明安宰桑查木参等率众来，请于附近军营居住。而永常妄生疑惧，退回巴里坤。今噶勒藏多尔济之子诺尔布琳沁带兵千馀，已杀退阿巴噶斯兵众，[二]则西路全势，并无变动。若使永常仍驻木垒，率来归之众，令为前驱，奋往直前，早可通伊犁声息，而追寻阿睦尔撒纳遁窜踪迹，西陲当早经安贴无事矣。乃永常诓怯于前，刘统勋附和于后，实出情理之外。军营所恃，全在领兵大臣。今一将军、一总督，无端自相恐怖，众心其何所恃邪？刘统勋折内所云：'诺尔布琳沁来告之说，未可深信。'夫诺尔布琳沁为守护游牧，始则恳求内移，继则率众剿贼。现将阿巴噶斯之得木齐班咱擒送来营，尚何不可信之有？又云：'内外之界，不可不分。'试思各部自归诚以来，悉已隶我版图，伊犁皆我疆界，尚何内外之可分？西路诸台吉、宰桑，皆知遣人来告军营，求以兵力壮其声势，其自效之意显然可见；而永常、刘统勋乃望风疑畏，甚欲全调陕甘满、汉标营马匹，以向年巴里坤孤悬塞外马驼被劫为词。夫雍正年间，准噶尔以其全力鸱张鼠窃，视今日之一举平定、诸部归诚者，相去天壤。三尺童子，莫不知之。刘统勋作此种种乖谬之语，摇惑众听，贻误军事。[三]且班第等在伊犁，系办理军务大臣，刘统勋并不与永常亟谋安接台站，竟奏请退回哈密，[四]而置班第等于不问。伊身为总督，现在巴里坤一切军营应办事务，何莫非其专责？即如军营马匹,现俱疲乏,即云骑回之马不无疲瘦,而所有一切马匹,何以不豫饬喂养膘壮?刘统勋所司何事,糜费钱粮,不能适用,其罪尤无可逭。昨据冶大雄奏到,伊将安西官兵忽而遣调,忽而停止,马力岂不更加疲乏?永常已降旨革职,拿解来京。刘统勋如此乖张,贻误军旅重务,若以其系汉人为之宽恕,而不治以应得之罪,则是朕歧视满、汉,且复何以用人,何以集事耶?刘统勋着革职,拿解来京治罪;伊子刘墉亦着革职,拿交刑部。永常、刘统勋在京诸子,并拿交刑部;所有本旗籍及任所赀财,〔五〕并着查出,为偿补军需马匹之用。”十月,谕曰:“刘统勋因永常自木垒退回巴里坤,轻信浮言,张皇乖谬。律以阻挠军机,摇惑舆情,即置之法,实无可逭。但念刘统勋所司者粮饷马驼,其军行进止,原系将军之事。设令模棱之人,缄默自全,转可不致获罪。是其言虽刺谬,其心尚可原也。况永常尚不识死绥之义,何怪于懦弱书生?刘统勋在汉大臣中,平日尚奋往任事。朕于万无可宽之中,求其一线可生,予以自新之路。刘统勋着从宽免其治罪,发往军营,在司员内办理军需,效力赎罪。倘伊以为士可杀而不可辱,欲来京甘受典刑,亦惟其所自处。伊子俱着释放,刘墉着加恩令在编修上行走自效。”二十一年六月,谕曰:“刑部尚书员缺,着刘统勋补授。刘统勋未到任之前,汪由敦仍办刑部尚书事。刘统勋从前妄议弃巴里坤退守哈密,正当逆贼初叛之际,朕恐其摇动人心,阻挠军务;且果如其言,则今此之直进伊犁,何其甚易!若使阿睦尔撒纳久保伊犁,则亦不至如此穷窜也。是以将伊革职治罪。然当其时,刘统勋因目击永常匆遽自木垒撤出,骤闻其言,未能深察,是以张皇失措。夫永常身为将军,膺阃外之重寄,尚且怯懦退回,甘心偾事;刘统勋本系书生,未娴军旅,其所陈奏,识见固属冒昧舛谬,尚为乃心公事。假令彼时藉口于职在文臣,办理军需,不预师行进止,模棱观望,缄默自守,转可安然无事矣。且如策楞、玉保等皆统兵大臣,于阿睦尔撒纳穷蹙遁逃,距军营密迩,乃仍徘徊不进,坐致远飏。彼三人者,皆满洲、蒙古世仆,勇敢旧风未远,而皆选懦至此。以刘统勋文怯汉人,相提并论,则其过为可谅,而其心转为可嘉矣。"七月,奉旨给还本籍家产。

闰九月,命勘江南铜山县孙家集漫工。十月,疏言:"孙家集向无堤工,以备盛涨,例于秋汛后补筑水冲沟渠。今两年未经补筑,致成渠分溜。"诏解总河富勒赫任,以刘统勋暂署。十一月,漫口合龙,上嘉其妥速,下部议叙。二十二年三月,充会试正考官。四月,赴徐州督修近城石坝。五月,充经筵讲官。是时云南巡抚郭一裕怂恿总督恒文购金制炉,以致阖省喧传,乃讦恒文抑勒短价各款。命统勋往会鞫,得实,恒文赐自尽,一裕发往军台效力赎罪。十一月,山西布政使蒋洲侵帑,勒派通省弥补,冀宁道杨龙文逢迎不法。统勋奉旨鞫实,均拟斩如律。十二月,晋太子太保。二十三年正月,迁吏部尚书,奉旨紫禁城内骑马。先是,徐州黄河北岸无堤,议者以为留泄漫水。五月,巡漕给事中海明疏请补筑,统勋往勘,以为可行,自大孤山至苏家山置乱石坝泄涨,且可卫田,上嘉允之。

二十四年正月,协办大学士事务。二月,西安将军崧阿里疏参原任将军都赉克扣兵饷,统勋往鞫得实,拟斩如律。六月,山西归化城理事同知普喜讦将军保德、同知呼世图侵帑,通同掩饰。统勋奉旨与巡抚塔永宁会鞫,保德、呼世图共侵帑一万八千余两,保德又于穆纳山私伐木植,受银千五百两。上以保德身为将军,贪黩败检,即行正法。闰六月,谕曰:"刘统勋等查审呼世图侵帑掩饰一案,究出普喜觊法婪赃,及根敦札布恣行科敛等款,赃据确凿。揆其情罪,均无可逭,然亦不甚悬殊。乃刘统勋等于呼世图则拟以斩,普喜、根敦札布则拟以绞。不知普喜赃至万余,且署道员时,呼世图正其属员,而有心蔽混,[六]应盘查时亦并不盘查;根敦札布以军需名色,科敛入己,其罪视呼世图有过之无不及。刘统勋等徒以库帑婪赃,视为差别。不知民务为重,库帑为轻,朕于秋审不曾屡降旨谕乎?而塔永宁欲因此以曲庇普喜,刘统勋亦佯为不知,朕实不解。着军机大臣会同三法司另行核拟。"寻均拟斩如律。

三十五年八月,两江总督尹继善奏苏州布政使苏崇阿禀称存公、耗羡二项,书吏侵蚀至七十余万两,命统勋偕侍郎常均往查。十月,奏言:"臣等抵苏州盘查藩库,并无短少。苏崇阿所奏报与存贮数目不符,疑书吏作弊,严刑追究,致诬服;而苏崇阿即指谎供为确据,驾空悬坐。"诏革苏崇阿职,发往伊犁效力赎罪。时江西学政谢溶生疏劾巡抚阿思哈收受属员馈送,命统勋等即赴江西会鞫,得阿思哈因生女收受司道金镯绫缎,及令赣南道董溶代购什物、短发价值各款,拟绞如律。二十六年二月,充会试正考官。五月,授东阁大学士,兼管礼部事务,寻兼兵部事务。

八月,偕协办大学士公兆惠查勘河南杨桥漫工,合疏言:"臣等赴工相度,先将月堤堵筑,候大溜断,再接筑大堤,以资巩固,仍于杨桥原淤河身内开挑引河。"谕曰:"速堵决口为要,朕日夜望之!"统勋又言:"现开引河九百三十六丈,引溜归入正河,并将正河身内浚渠疏引。"十一月,奏报合龙。上嘉统勋等董率有方,克期竣事,下部议叙。二十七年三月,上南巡,以高、宝河湖入江之路未畅,命统勋偕兆惠往勘。寻合疏言:"湖河之水,以五坝为来源,江海为去路。归江多一分之水,即下河受一分之利。自邵伯以下,向设湾头闸、壁虎桥、凤凰桥、西湾坝、东湾坝、金湾滚坝、金湾六闸共七处,宣泄湖水,由盐河归廖家沟、石羊沟、董家沟、芒稻河四河分流下注,金湾坝引流紧接六闸,地居上游,由董家沟下注宣泄湖河,甚为便捷。惟滚坝仅宽十五丈,未能畅达。请将新挑引河,量为展宽,使有建瓴之势。六闸、盐河向设南、中、北各二闸,北闸为盐运要津,应自中闸迤南,改建石坝三十丈,将中闸存留闸下土堤接筑加长,并挑引渠以顺水势,既与盐运无碍,而盛涨亦资畅达。其西湾滚坝,照东湾一体落低,并于西湾河头酌浚宽深,诸河归江之路益增,宣泄之形益畅。"谕曰:"所议甚合朕意,应如是行。"

　　四月,以直隶景州被水,命查勘德州运河。统勋疏言:"运河自临清以上,疏泄闸坝共八处;而临清迤北,惟藉四女祠、[七]哨马营两坝宣泄,必宜疏通,以防盛涨,漫及下游。但两坝支河,俱会老黄河故道入海,袤延三百馀里,居民于淤滩种植,河身易致淤塞。请将德州州判移驻两支河交汇之边陵镇,专司河捕,责成山东粮道董理其地。在直隶者,移会天津道商办。"诏如所请。

　　二十八年,兼管翰林院掌院学士,命为上书房总师傅。三十年正月,兼管刑部事务。二月,教习庶吉士。七月,充国史馆正总裁。三十三年十月,命往江南酌定清口疏浚事宜。十二月,时统勋年七十,御书"赞元介景"额赐之。三十四年,复勘挑运河。三十五年,兼管吏部事务。三十六年三月,充会试正考官。三十八年闰三月,充四库全书正总裁。十一月,卒。谕曰:"大学士刘统勋老成练达,品行端方。雍正年间着旧服官,五十馀年中外宣猷,实为国家得力大臣。自简任纶扉,兼综部务,秉持公正,眷畀方殷,并命为诸皇子总师傅。久直内廷,勤劳懋著,虽年逾七旬,精神甚为矍铄,冀其可常资倚任。今晨肩舆入直,至东华门忽婴痰疾。比闻之,即遣御前大臣、尚书、公福隆安赍药驰往看视,已无及矣。遽闻溘逝,深为轸悼!着加恩晋赠太傅,入祀贤良祠。朕即日亲临奠醊,并赏内库银二千两,经理丧事。其任内革职、降级之案,概予开复。伊子西安按察使刘墉,着谕令即驰驿来京治丧守制。应得恤典,仍着该部察例具奏。"寻赐祭葬如例,谥文正。三十九年三月,谕曰:"故大学士刘统勋,其子于月内扶榇归里,着照从前史贻直之例,沿途文武官弁在二十里以内者,均至榇前吊奠,并遣人护送,俾长途妥稳遄行,以示优眷故臣之意。"四月,谕曰:"大学士舒赫德、于敏中各赏古今图书集成一部,俾其收藏,传付子孙,守而弗失。故大学士刘统勋原欲一体赏给,不意其猝尔身故,未及身预。因念伊子刘墉尚克世其业,亦着加恩赏给一部。"四十四年,御制怀旧诗,列五阁臣中,诗曰:"从来举大事,要欲众论定。小利亦何庆,小失亦何病?阿逆之初叛,众志已纷竞。统勋督陕甘,储需任所胜。欲弃巴里坤,是殆乱军令。治罪易廷桂,并令随军进。五年大功成,释罪重从政。赏罚寓矜全,顺应自取听。十馀年黄阁,兼理部务仍。遇事既神敏,秉性原刚劲。进者无私惑,退者安其命。得古大臣风,终身不失正。"是年,恩赐其孙镶之为举人。

　　子墉,现任礼部尚书。

【校勘记】

〔一〕使正溜仍归故道　"溜"原误作"流"。汉传卷二九叶四六上及耆
　　献类征卷二一叶二七下均同。今据纯录卷四四七叶二〇下改。

〔二〕已杀退阿巴噶斯兵众　"兵"原误作"等"。汉传卷二九叶五四上
　　及耆献类征卷二一叶三一下均同。今据纯录卷四九七叶一九
　　上改。

〔三〕贻误军事　"军"原误作"债"。汉传卷二九叶五五上及耆献类征
　　卷二一叶三二上均同。今据纯录卷四九七叶二〇下改。

〔四〕竟奏请退回哈密　原脱"奏"字。汉传卷二九叶五五上及耆献类
　　征卷二一叶三二上均同。今据纯录卷四九七叶二〇下补。

〔五〕所有本旗籍及任所赀财　原脱"旗"字。汉传卷二九叶五六上及
　　耆献类征卷二一叶三二下均同。今据纯录卷四九七叶二一上补。

〔六〕而有心蔽混　"蔽"原误作"弊"。汉传卷二九叶五九下及耆献类
　　征卷二一叶三四下均同。今据纯录卷五九〇叶七上改。

〔七〕惟藉四女祠　"祠"原误作"寺"。汉传卷二九叶六二下及耆献类
　　征卷二一叶三六下均同。今据纯录卷六五九叶一八上改。

清史列传卷十九

大臣画一传档正编十六

傅清　子明仁

傅清,满洲镶黄旗人,追赠一等公李荣保之次子。雍正元年,由闲散授蓝翎侍卫。五年,授三等侍卫。十二年,授云麾使。乾隆元年,晋銮仪使。二年六月,晋正黄旗满洲副都统。五年,授天津总兵。

九年,驻藏副都统索拜期满,命傅清以副都统往代。十年,疏言:"驻藏章京、笔帖式,向照哈密等处例,三年错综换班,派唐古特、巴塘、里塘等兵护送。查唐古特兵沿途穷乏,不无窃掠。请嗣后驻藏大臣率章京等赴藏,旧驻官员带兵同回,不另护送。藏地不比内地,事随到随办,交代后可查照,无庸错综更换。"下军机大臣议,从之。十一年,疏言:"西藏处边末,番、蛮错处,西北界准噶尔,北通青海,为四川西南外郫打箭炉之门户,是以特派大臣并文武各员驻兵弹压。自雍正十二年设塘汛，不特传送公文，且联络声势，法本周详。上年副都统索拜议改番塘，以免糜费，乃撤汛。未几抢劫累累，而里塘一带，夹坝更甚于昔。又准噶尔不惜重费赴藏熬茶，或萌觊觎意；况番塘初设，递送即不妥协，倘因循日久，遇紧要事，难保无误。请自藏至炉，沿途塘汛，官兵仍旧，第酌冲僻远近布置，总在一千兵数内。"军机大臣议如所请行。先是，西藏郡王颇罗鼐之二子，长珠尔默特策布登，次珠尔默特那木札勒，上奖颇罗鼐劳绩，令自保一子袭爵。颇罗鼐以珠尔默特那木札勒奏。十二年三月，颇罗鼐卒，命珠尔默特那木札勒袭郡王，谕曰："西藏地方，关系甚要。颇罗鼐经事练达，下人信服，伊亦能奋勉效力。今已身故，虽命伊子珠尔默特那木札勒袭封，总办藏卫事务；而藏地素属多事，众心不一，珠尔默特那木札勒又年幼，未必即能收服众心。颇罗鼐在时，凡事由伊主张，不过商同傅清斟酌办理。今非颇罗鼐时可比，着传谕傅清逐处留心访查。如有珠尔默特那木札勒意见不到之处，即行指示，惟期地方安静，不生事端。今岁准噶尔又往熬茶，当留心防范。此际众人意见情形，及珠尔默特那木札勒袭爵办事后，各处人心输服与否，俱着一一体访，[一]具折奏闻。倘有一二滋事之人，即酌量办理，以示警戒。"四月，奏言："阿里克地方，向系颇罗鼐长子公珠尔默特策布登驻守，嗣因足疾回藏。兹颇罗鼐故，阿里克紧要，伊疾亦渐愈，臣令仍往驻腾格里诺尔、喀喇乌苏等处，向系珠尔默特那木札勒于夏季领兵驻防，今伊留藏办事，臣令派亲信宰桑先期往驻。再自阿哈雅克卡起至阿里克，每卡增兵三十巡防。"疏下军机大臣议行。六月，疏言："准噶尔夷使进城熬茶,各隘应增兵防范。阿哈雅克、腾格里诺尔一路,派兵六千,交该管宰桑等驻守。另派噶卜伦策凌旺札勒等带兵三百,由喀喇乌苏护夷使进藏。珠尔默特策布登带兵五千,防守阿里克。又派四千于工布、达克布及藏内防备。再准噶尔入藏径路凡五,各派兵百,设卡侦探。又归并藏内之那克素三十九部落番众,俱系叛贼罗卜藏丹津旧属,夷使到时,难保必无生事,令移牧别处。至准噶尔人等赴各寺庙熬茶时,仍派兵约束,并密饬知各寺庙喇嘛。"疏入,诏军机大臣议奏。寻议调兵太多,不但劳费,恐伊等闻而生惧,应令酌调数千于紧要处防守,毋涉张皇,与珠尔默特那木札勒酌办。馀如所奏行。十三年二月,命俟准噶尔熬茶事竣,驰驿来京。四月,补天津总兵。九月,授古北口提督。

十四年二月,调固原提督。十月,驻藏副都统纪山奏珠尔默特那木札勒性情乖张,与达赖喇嘛有隙,请将达赖喇嘛移驻泰宁,上训饬之。谕曰:"从前藏地常派大臣二员驻扎办事,后乃裁去一员。朕思藏地关系紧要,彼处应办事件,有二人相商,较为有益,且换班更替,有一旧人,尤觉妥当。傅清曾经驻藏,彼处事体谅属稔知,着赏给都统衔,由固原驰驿赴藏。"十二月,纪山复奏珠尔默特那木札勒告其兄珠尔默特策布登聚兵攻取果弼奈事,谕曰:"现在既有珠尔默特策布登起兵之信,可速寄信傅清。藏地关系甚要,今事之真伪虽不能即定,然不可不为留意。珠尔默特那木札勒年幼躁急,性好生事,外貌虽依纪山教导,其实纪山转被欺蒙,亦未可知。使伊本无生事之心,伊兄实欲进兵来藏,是特其兄弟间互相侵犯,办理尚易;若伊兄并无此事,而伊造言诬构，藉端生事，则伊即系不可存留之人，速宜办理。然土伯特人赋性狡诈，[二]或因珠尔默特那木札勒严刻，属下乘伊兄弟不和，从中离间，更未可定。此事傅清务须沿途留心细访，倘珠尔默特那木札勒不愿派大臣驻藏，藉端设计以陷纪山，断不可忽略，以致堕其术中。如有见闻，即行具奏。"

寻命侍郎拉布敦往代纪山，傅清途中复奏言："珠尔默特策布登构兵事恐未确，或系珠尔默特那木札勒谋据兄地，捏词起兵事端。臣至藏察看情形，即将珠尔默特那木札勒办理。"得旨："珠尔默特那木札勒乖戾诡谲，留之终必生事。或乘伊与兄构兵，令四川总督策楞等带兵，[三]以助战为名，相机擒戮；或俟明年章嘉呼图克图赴藏熬茶，遣川督带兵护送，至彼伺间歼除。二者孰为利便，傅清至藏可察看情形，熟筹具奏。"十五年五月，傅清既抵藏，偕拉布敦奏言："珠尔默特策布登暴死，珠尔默特那木札勒擅调兵甲运炮赴萨海。"谕曰："此时惟应静以镇之，待其自起自止。在我原无治罪之心，则伊亦不生猜疑之念，勿因急欲解其疑心，转生一番忙乱。俟其回藏后，将如何举动之处，再行奏闻。"九月，疏劾珠尔默特那木札勒往后藏时，诬构噶卜伦第巴布隆赞等抄没其产给亲爱，[四]又逐珠尔默特策布登之子珠尔默特旺札勒，戮辱颇罗鼐旧人殆尽。现带兵二千馀，在距前藏三百馀里之达木地方驻牧。谕曰："此皆珠尔默特那木札勒乖张悖戾，但道途辽远，可暂听之。"十月，覆奏珠尔默特那木札勒叛迹渐著，相机擒治。

上命副都统班第赴藏，并密谕总督策楞等备兵援剿。时珠尔默特那木札勒阴通准噶尔，绝我邮置，军书不达者旬日。傅清与拉布敦决计先行剪除。是月十三日,召珠尔默特那木札勒至通司冈公署,登楼,数其罪诛之。逆党罗卜藏札什等纠众围楼,纵火,施枪炮。达赖喇嘛遣救,不得入,傅清被枪,自尽,拉布敦亦遇害。十一月,策楞驰疏闻。谕曰:"驻藏都统傅清、左都御史拉布敦,前因珠尔默特那木札勒潜谋不轨,情节显著,奏请相机剪除。朕以伊等孤悬藏地,未可轻举,曾令俟班第到彼,察看情形,候旨办理。乃伊等未及奉到谕旨,以机有可乘,遂尔便宜行事。逆渠已经授首,而傅清、拉布敦旋为逆党所害,为国捐躯,深用悯惜!"又谕曰:"从前西藏郡王颇罗鼐实心恭顺,且料理藏中事务,一切妥帖。后因年力就迈,朕询及将来伊二子之中孰堪为嗣。据伊奏称:'长子人甚软弱,又已出家,次子珠尔默特那木札勒人尚强干,能胜弹压。'因是令其承袭。迨伊奏事一二次以后,朕于其词意之间,即知其非伊父居心可比,日后必生事端,屡谕驻藏大臣留心体察。嗣伊折奏请撤驻藏官兵,朕以兵数原属无多,若不准其所请,转起伊疑忌之心,是以即依所请行,着纪山前往驻扎。讵纪山与之设誓和好,即奏事常与同列衔名,朕深责其非体。是纪山不但不能慑服其心,更已堕其术中矣。傅清前经驻藏,为伊等所敬服,遂令前往更换;且虑其势孤,益以拉布敦,协同驻藏。乃珠尔默特那木札勒心益狡悖,将伊长兄珠尔默特策布登图害,反以伊兄叛逆诬奏。又伊与达赖喇嘛素有雠衅,即戕其兄,遂欲计害藏中不顺伊之班第达等,^[五]其势将延及达赖喇嘛,独据其地,雄长一方。近遂将塘汛文书禁绝不通,悖逆情形益渐昭著。傅清、拉布敦深知奸计,折奏便宜行事,以绝后患。于今年十月初八日奏到,朕以仅二大臣孤悬绝域,不可轻举,即使便宜办理,亦于国体有关,且非万全之道。批令俟班第更换拉布敦到藏日,会同达赖喇嘛及藏中大噶隆等,明正其罪,以申国法,庶协天朝体制。乃傅清等未及接到谕旨,即于十月十三日传珠尔默特那木札勒到通司冈加以诛戮,而傅清、拉布敦旋为伊属下罗卜藏札什所害。总督策楞奏到,朕深为悯恻,不觉涕零!因思傅清、拉布敦若静候谕旨遵行,或不至是。但珠尔默特那木札勒反形已露,若不先加诛戮,傅清等亦必遭其荼毒。则傅清、拉布敦之先几筹画,歼厥渠魁,实属可嘉,非如霍光之诱致楼兰而斩之也。夫临阵捐躯,虽奋不顾身,然尚迫以势所不得不然。如傅清、拉布敦揆几审势,决计定谋,其心较苦,而其功为尤大。以如此实心为国之大臣,不保其令终,安得不倍加轸悼耶? 傅清、拉布敦着加恩追赠为一等伯,着入贤良祠、昭忠祠,春秋致祭。傅清并入伊家祠从祀,伊等子孙给与一等子爵,世袭罔替,以示朕褒忠录庸之至意。并将伊二人为国捐躯之大节,明白宣示,使天下共知其不得已之苦心。否则,好事喜功者,将借此二人为口实,而事外无知之人,又有议其擅开边衅,而仍邀国家如此厚恩者,朕岂肯令是非倒置若此者乎?"

十六年三月,命立祠通司冈。枢至京,上亲临奠酹,赏治丧银万两,仍赐祭葬如例,谥襄烈。御制诗纪其事,曰:"卫藏西南夷极边,入我王化百馀年。始犹羁縻后受廛,置兵为守防呼韩。蒙古习俗尚黄教,得失视此为转旋。其何小丑背厚泽,夜郎自大轻王臣。托词承平劳物力,示之大信休兵屯。戕兄虐下遂无忌,更与外贼为牵援。血人于牙掠财贿,中梗驿路军书传。惟时奉命监彼土,曰傅清暨拉布敦。目睹逆势日猖獗,炎炎不息将燎原。战守不可兵力弱,官军万里阻蜀门。国事为重馀度外,二人同心利断金。知无一生有九死,但期济事酬深恩。<u>珠尔默特那木札勒</u>,汝来示汝大义存。天无二日尔二日,尔忘尔父叨翰藩。凶渠稔恶力已张,藐视二人何有焉。笼中之鸟砧上鱼,<u>西藏</u>指日讵有全。挺身来见忽疑虑,潜呼群丑施戈鋋。<u>傅清</u>且前扼其臂,逆王命者诛无延。<u>拉</u>卿拔刀刺其腽,罪在魁首无牵连。<u>罗藏札什</u>其羽翼,走险叫呶豕突然。桀犬吠<u>尧</u>各为主,蜂屯蚁聚来獯狿。吁嘻二臣力不逮,如归视死双躯捐。小丑乌合旋就缚,骈首就戮长竿悬。逆诛顺抚妖氛静,<u>卫藏</u>万众如一言。忠臣报主有如此,智勇兼济诚通天。昔每椎心今吐气,如披云雾瞻苍旻。不劳一旅翦渠魁,岂止万命免沉沦。尸祝社祭众率志,虔伸绝域千秋传。灵舆肃肃归故里,建祠临奠恩频宣。锡爵赐封延后世,志予哀悼旌勋贤。<u>双忠</u>之气浩千古,<u>双忠</u>之力敌万军。骂贼有似奋<u>常山</u>,诱致大异斩<u>楼兰</u>。双忠节略传斯篇,他年待入信史编。”又谕曰:“前驻藏都统<u>傅清</u>、左都御史<u>拉布敦</u>因<u>珠尔默特那木札勒</u>逆谋显著,先事翦除,奋不顾身,忠诚卓越。俱着加恩赠恤,入祀贤良祠、昭忠祠,<u>傅清</u>并入伊家祠从祀。不知者或訾二人冒险邀功,且议朕为酬庸过厚也。今据驻<u>藏</u>策楞、班第等奏,<u>珠尔默特那木札勒</u>自立名号,潜遣其心腹<u>坚参札锡</u>等通款<u>准噶尔</u>,称<u>策旺多尔济那木札勒</u>为汗,且求其发兵至<u>拉达克</u>地方,以为声援。幸值准夷内溃,所遣使人回<u>藏</u>被获,得其逆书,并馈献诸物。是其阴蓄异志,勾结准夷,罪不容诛。设非二臣协力同心,决计先办,则其贻害<u>藏</u>地,将不可言。是二臣协心甚苦,而有功于国家甚大。特建双忠祠合祀二人,春秋致祭,丕昭劝忠令典。<u>傅清</u>既有专祠,着不必从祀家庙。"

　　傅清子明仁,初袭一等子爵,授三等侍卫。乾隆二十五年,同额尔登额赍敕往巴达克山,宣谕威德。三十六年四月,赴金川军营。十二月,大军攻巴朗拉贼卡,明仁偕侍卫新达苏等于两碉间据山,炮击贼。三十七年三月,攻资哩北山,贼乘雪夜逃,明仁偕侍卫乔苏尔等分路追之;贼溃遁阿喀木雅寨,我军以炮环攻,贼复窜,明仁追击之。五月,攻资哩南山,明仁偕侍卫赓吾素等有功督铸炮。七月,贼番三百馀犯明仁等所守木卡,击败之。九月,提督董天弼由纳云达进兵,命明仁偕翼长富瑚等往助之。寻自咱玛山梁逾穆阳冈分攻木子山梁,克石卡三十馀、大卡木城三,斩贼百馀,谕部议叙。十一月,授二等侍卫。十二月,西南两路大军合兵进剿,明仁充领队侍卫。寻随将军温福攻克布朗郭宗,擢头等侍卫。三十九年三月,大军攻凯立叶,明仁偕侍卫彭霭击第二峰贼卡。五月,进攻罗卜瓦山冈,下木城、石碉,贼番百馀从箐内拒敌,击败之。四十年五月,谕曰:"明仁在阿桂队内,于本年五月攻取康萨尔山梁等处,随众带兵。乃此后打仗并无伊名,着阿桂查明,据实覆奏。"寻以明仁患病未愈奏,谕曰:"明仁在彼无用,着来京。"明仁恳留军营自效力,将军阿桂代奏,奉旨;"听其自留,看如何效力。"九月,卒于军营。谕曰:"据阿桂奏'明仁自到军营以来,带兵打仗,颇属奋勉。近虽抱病,尚力疾行走。兹因病身故'等语,览奏深为悯恻!着赏给副都统衔,并着该部即照赠衔议叙,所有子爵,即着伊子宝纶承袭。"寻赐祭葬如例。

【校勘记】

〔一〕俱着一一体访　原脱"着"字。满传卷三七叶三上及耆献类征卷
　　三四八叶二三上均同。今据纯录卷二八六叶二七下补。

〔二〕然土伯特人赋性狡诈　"伯"原误作"默"。耆献类征卷三四八叶
　　二四上同。今据纯录卷三五四叶二七上改。按满传卷三七叶六
　　上不误。

〔三〕令四川总督策楞等带兵　"督"原误作"兵"。满传卷三七叶六下
　　同。今据纯录卷三五六叶一一下改。按耆献类征卷三四八叶二
　　五上不误。

〔四〕诬构噶卜伦第巴布隆赞等抄没其产给亲爱　"第"原误"弟",又
　　"布"下衍一"登"字。耆献类征卷三四八叶二五下同。今据纯录
　　卷三七二叶九上改删。按满传卷三七叶七上不误。

〔五〕遂欲计害藏中不顺伊之班第达等　原脱"达"字。满传卷三七叶
　　九下及耆献类征卷三四八叶二六下均同。今据纯录卷三七七叶
　　二下补。

　　拉布敦

　　拉布敦,满洲正黄旗人。父尚书锡勒达。康熙五十五年,拉
布敦由闲散袭其叔祖勒尔图三等轻车都尉世职。雍正七年,赴
北路军营,随靖边大将军傅尔丹剿准噶尔于和通呼尔哈诺尔。
拉布敦与贼连战数昼夜,斩获甚众。十年八月,随额驸策凌败贼
于额尔德尼昭。十二月,授世管佐领。十一年,查叙军营超勇人
员,赏戴孔雀翎。十二年,奉命率兵越阿尔台山侦探。十三年,
保列一等,引见以参领用。乾隆元年,补参领。六年二月,授镶
红旗满洲副都统,三月,调正红旗。八年,授北路军营参赞大臣。

九年,授定边左副将军。疏言:"侦得布尔吉、推河有厄鲁特宰桑额勒慎等十馀户,〔一〕驻牧布延图河源;有乌梁海得木齐札木禅等十馀户,驻牧布尔吉、推河,在阿尔台山梁外;布延图河源在阿尔台山梁内。均距卡伦不远,现密札坐卡侍卫等严防。"诏军机大臣等议。寻议:"伊等或因避雪来,但日久未免生事,准噶尔夷使哈柳现在京,应谕以守定界,毋任意游牧。令还告台吉噶尔丹策凌,即撤回。"从之。十年,疏言:"乌梁海得木齐乌尔巴齐等避雪驻牧黄加书鲁克,距卡伦甚近。托尔和乌兰及布延图、哈玛尔沙海卡伦外,皆有准噶尔人,严饬坐卡侍卫等小心防范。"报闻。

十一年,还京,补正白旗满洲副都统。十二年,署古北口提督。十三年四月,驻藏副都统傅清期满,命拉布敦往代。十月,谕曰:"据拉布敦奏,西藏新袭郡王珠尔默特那木札勒寄知阿里克交易回人等,告称'现在准夷内乱,伊即严饬各卡紧密防守。如有准夷来到,即送至藏'等语。藏地关系紧要,驻藏大臣凡事最宜查取确实,权其轻重,相机办理,毋得稍有滋事。藏内断不可容留准夷一人,可传谕拉布敦知之。"十四年正月,还京,授工部左侍郎,仍兼正白旗副都统。六月,兼正蓝旗副都统,并署镶白旗汉军都统。

十二月,命仍赴藏办事,傅清亦复往。十五年九月,擢都察院左都御史。时珠尔默特那木札勒谋叛,拉布敦与傅清决计翦除。十月十三日,召至通司冈公署,数其罪而诛之。逆党罗卜藏札什纠众肆逆,二人同时遇害。事详傅清传。总督策楞以闻,上轸悼,谕奖其"奋不顾身,忠诚卓越,心甚苦而功甚大"。赠一等伯,入祀贤良、昭忠二祠,恩授一等子爵,世袭罔替。初,拉布敦族隶镶红旗,至是命入正黄旗。十六年,命立祠通司冈。枢至京,上亲临奠醊,赏治丧银万两,仍赐祭葬如例,谥壮果,并特建双忠祠祀之。

嗣子隆保,袭世职。

【校勘记】

〔一〕侦得布尔吉推河有厄鲁特宰桑额勒慎等十馀户　"鲁"原误作"尔"。满传卷三六叶五七下及耆献类征卷三四八叶三一上均同。今据纯录卷二二八叶一二上改。

班第

班第,蒙古镶黄旗人,姓博尔济吉特氏。康熙五十六年,由官学生授内阁中书。五十七年二月,迁钦天监五官正。十二月,迁理藩院堂主事。五十八年,迁内阁侍读。六十一年,授内阁侍读学士。雍正二年,擢内阁学士。

三年四月,打箭炉外里塘、巴塘、乍丫、察木多及云南之中甸,画归内地。鲁隆宗诸部落归达赖喇嘛辖。诏班第偕副都统宗室鄂齐赴西藏宣谕。五年,迁理藩院侍郎。寻因办事未协,命仍在学士上行走。九年五月赐孔雀翎。十二月,补公中佐领。十年,充翻译乡试正考官。十一年,军机处行走。十三年九月,署工部侍郎。时恭纂世宗宪皇帝实录,充副总裁。乾隆元年十一月,署兵部侍郎。十二月,充经筵讲官。三年,授兵部侍郎。四年六月,兼理藩院侍郎。

　　寻擢湖广总督。十月，奏修堤塘、补仓贮各事，谕曰："不必欲速，但实心竭力为之。"十一月，奏言："臣察阅营伍，立赏格，勤训练，期兵强饷实；又词讼案，严禁积蠹把持。"得旨嘉奖。十二月，以湖南镇筸、永绥苗人不法，偕巡抚冯光裕等筹剿，阅两月，军务告竣。谕奖其成功速，交部议叙。五年，丁母忧。六年正月，仍在军机处行走。三年，授兵部尚书，兼议政大臣。八年，兼管理藩院事。十一年九月，署山西巡抚。十二月，谕曰："准噶尔现遣使进贡，班第有应办事件，着来京供职。"寻兼正蓝旗满洲都统。十二年，充会典馆正总裁。

　　十三年正月，授内大臣，赴金川军营办理粮饷。四月，加太子少保。班第奏："粮运四事：一、兵役分别支折银米，省运费；一、内地运费口粮，量加给；一、口外最险，粮站增赏银；一、台员间委丞倅，州县稽察。"军机大臣议行。六月，赴军前督攻昔岭一路。七月，上闻四川巡抚纪山听州县派征累民，命班第回川查察。闰七月，解纪山任，班第署巡抚。八月，复赴军前。十月，谕曰："朕命班第前往四川，虽为办理粮运，用兵非其专责。但伊身为本兵，且系军机大臣，于军中攻剿事宜，及将弁功罪，皆伊职掌所在，不得以专办粮饷，遂一切置之膜外。乃伊见军机未能速竣，既不肯任其事，惟请另派大臣经理，而于讷亲、张广泗之乖张退缩，老师糜饷，初未据实入告。及降旨询问，伊于张广泗之罪直陈无隐，而一字不及讷亲。为大臣者，固宜如是乎？在伊自谓办饷无误，即为克尽己职，其他自有任其咎者。惟欲脱身事外，为自全计，而无吉凶同患之心。居心若此，国事其何赖焉？班第不称兵部尚书之任，但办理粮运尚属妥协，着从宽降为侍郎。"十四年,赏副都统衔,由四川赴青海办事。

十五年四月,调赴西藏办事,未至,西藏郡王珠尔默特那木札勒谋叛,驻藏都统傅清、左都御史拉布敦设计诛之,旋为逆党罗卜藏札什所害。十二月,班第抵藏,罗卜藏札什等伏诛。十六年,授都统衔,谕防准噶尔窥藏。十七年,回京,仍在军机处行走,补正红旗汉军都统,兼管理藩院事。十八年正月,署两广总督。三月,缉获增城、东莞奸民王亮臣等,置之法。十月,奏言:"广东库贮炮械甚多,皆前荡平藩逆及海寇时所缴,日就朽坏可惜。请将完好者修整,馀悉镕铁备用。"上嘉之。十九年闰四月,召回京。七月,授兵部尚书,赴北路军营,署定边左副将军。时准噶尔内乱,杜尔伯特台吉策凌乌巴什、策凌蒙克,辉特台吉阿睦尔撒纳,和硕特台吉班珠尔等,相继降。陈准噶尔台吉达瓦齐昏暴状。诏定于明岁进剿,谕班第筹办军务。九月,奏言:"军营所需驼马牛羊,解到时宜妥收备用。札布堪、呢圭等处冬令暖,饶水草。臣檄喀尔喀亲王额琳沁多尔济等赴彼督牧。"又言:"准噶尔属之乌梁海,居阿尔台以内。今春诓言投顺,同扎哈沁宰桑玛木特掠阿睦尔撒纳妻孥,阻归顺路,应惩创示威。臣檄参赞大臣萨喇勒、努三等带兵往剿。"报闻。十月,奏擒乌梁海宰桑车根赤伦等,收户口千馀,复遣兵擒玛木特及通玛木特,尽收其属。谕曰:"班第自到军营以来,奋勇果断,调遣合宜,深属可嘉!着赏给世袭子爵,补授正黄旗领侍卫内大臣,仍赏银一千两。"

十二月,授定北将军,来京陛见。奏言:"臣自乌里雅苏台军营启行至推河,见阿睦尔撒纳,示以军营应办事宜,并与商明年二月间赴额尔齐斯屯田,应遣兵一万据形势,后队兵二万整顿继进。准噶尔众心已叛,大军一到,易于成功。又额尔齐斯为杜尔伯特原屯地,臣令策凌及策凌蒙克派员协往督耕。"又言:"出征满洲、蒙古及索伦、巴尔虎、喀尔喀、厄鲁特各兵,应照例均给廪食,携炒米面、牛羊、干鱼,并盐菜银。初到军营时,亦照例资给。又原议进兵,口粮给两月,现议二月内哨探兵先进,应改带四月。"军机大臣议如所请。

二十年正月,诏定西北两路军营大臣名次,北路班第为帅,定边左副将军阿睦尔撒纳为副,领哨探兵先进,额驸色布腾巴尔珠尔、郡王品级青滚杂卜、内大臣玛木特、奉天将军阿兰泰为参赞;西路定西将军永常为帅,定边右副将军萨喇勒为副,领哨探兵先进。郡王班珠尔、贝勒品级扎拉丰阿、内大臣鄂容安为参赞。两路军至博罗搭拉会合时,奏事首班第。寻奏言:"收获包沁、扎哈沁等众,谍哈萨克掠达瓦齐牧,准噶尔生计蹙。臣与阿睦尔撒纳等议于二月内先后进剿。"谕曰:"从前原议于四月内进兵,且未深知达瓦齐情形,故令于额尔齐斯留兵屯田。今进兵甚早,而达瓦齐之力已穷,兵到即可成功,其额尔齐斯仍需留兵屯田与否,着班第等另行筹办。此次进兵,特为平定准噶尔,将阿睦尔撒纳等四卫喇特封为四汗,俾所部咸登衽席。大兵奏凯后,阿睦尔撒纳、策凌等带领新降人众前赴热河朝觐。所属人等即留居原游牧处,俾无往返之劳。"

二月,奏言:"平定准噶尔后,额尔齐斯亦需驻兵,管新降人众。请照原议屯田。"谕曰:"额尔齐斯仍须屯田,着照班第所请行。至大功告成后,伊犁已留重兵,兼有大臣驻扎。额尔齐斯距阿尔台甚近,何必更设兵驻防? 着谕班第知之。"寻奏言:"臣前在京与军机大臣会奏哨探兵及续进大兵需马七万馀,今陆续解到。除以二万六百馀匹应付六千哨探兵,已于二月十二日起程。臣俟察哈尔等兵到,即将粮马妥办,带领前进。其续到兵,令喀尔喀亲王成衮札布等监办。事毕,成衮札布赴屯田地方办事。"又奏:"哨探兵起程后,臣即派屯田兵二千起程。"报闻。三月,奏领察哈尔兵丁于二月二十日起程,令永贵将后队官兵口粮办理,支给馀驼,酌带粮饷继进。谕曰:"此奏殊未明晰,现在大兵鼓勇直入,成功指日可期。官兵已携带口粮四个月,又何须额外带往?此或预备赏赉之用,或从前议带两月口粮,后复定为四个月,而于官兵起程时未及满支,今特为之补运,均未声明。如系带往预备赏赉之用,尚属可行;若官兵已携带四个月口粮,今复多行裹带,接续前进,万馀兵丁应备口粮若干,需用驼只若干,中途保护,既分兵丁之力,且防意外之虞,殊未妥协。着传谕班第查奏。"寻覆奏言:"前队哨探兵千俱带四个月口粮,臣所领察哈尔兵二千,亦带三个月口粮,并无减半留存,须俟续运者特备赏之项,前未携带。现计众兵进发后,马驼尚属有馀,臣意酌带军饷,不特可以接济大兵,而平定准噶尔后一切赏项,亦可动支。且此次解饷兵即继大兵前进,似可无虞。"又言:"臣于三月初六日至齐齐克淖尔,查现存马四千馀,尚有未到者。前队兵已出卡伦三日,若俟马全到始出卡,恐相距远,难策应。即将现马支给千五百兵乘骑,于初八日带兵起程,出巴颜珠尔克卡伦。其馀五百兵,俟马到以次续进。"又言:"三月十九日至郭勒阿里克台,据阿睦尔撒纳文称,将新投诚宰桑阿巴噶斯哈丹等奏明带往额尔齐斯屯田。现留贝勒齐木库尔候护军统领塔勒玛善到时,指示耕种。再现在赴察罕呼济尔,后队续进,大兵速行方有益。臣即行催塔勒玛善等速往会办屯务,将现领察哈尔千五百兵内选马力健者六百,与喀尔喀郡王桑齐多尔济等减装驰进。"报闻。

未几,奏至,额尔齐斯之西喇托辉已与阿睦尔撒纳前队会合。谕曰:"大兵前进,自宜略分先后。经朕屡降谕旨,令班第与阿睦尔撒纳行程约离数日,相继前进,一则阿睦尔撒纳系准噶尔人众知名之人,今伊带哨探兵前行,人多认识,收服较易;再前队既有哨探兵,复有将军随后继进,声势联络,军威益振。如合并一处,则众人但知有将军,不复更知有副将军,转置阿睦尔撒纳于无用之地,殊与军行无益。前因永常急遽进兵,其意惟恐萨喇勒首先成功,伊不得同膺爵赏,朕已降旨训饬。班第若亦存此意,即属器量狭小,岂朕委任之意? 即使阿睦尔撒纳先抵伊犁,克奏肤功,朕于班第亦必加恩,若先存急于赴功之意,恐反不能承受朕恩矣。着伊二人务须酌量相离数日,陆续进发,不得同在一队行走。"又谕曰:"大兵两路进前抵博罗塔拉,指日即可荡平。伊犁平定后,班第带领官兵驻伊犁,大臣官员兵丁等需用口粮,若照永常所奏,由内地运送,则挽输劳费,断不可行。如向该处夷众责令供应,又未免滋扰。朕意平定伊犁后,加封投诚各台吉,令其自行管束属众。至达瓦齐乃准噶尔大台吉,其牧养牲畜,及伊属下输纳,必多非诸台吉所应分用,应即以办给官兵用资口粮。再有不敷,将带往银两,向厄鲁特回人等酌量购买,毋得滋扰,班第豫为筹办。"四月,奏言:"臣等会合后,于三月三十日至额尔得里克。阿睦尔撒纳先进,臣等继发,约至察罕呼济尔会军。四月初六日,臣至彼询知阿睦尔撒纳等未得达瓦尔信,已赴额米尔等处。臣以大兵既深入,亟选兵八百,令玛木特、阿兰泰先行,往会阿睦尔撒纳,馀兵八百,臣随往接应。"报闻。是月,班第等既至博罗塔拉,行文西路副将军萨喇勒会剿;而是时达瓦齐在伊犁,日纵酒为乐,不设备。比闻大军至,乃调兵潜窜特克斯,我军获其调兵者曰巴朗察罕及鄂勒锥图,〔一〕尽知之。于是班第等谋径渡伊犁河,协力追擒。北路军由固勒札渡口越推墨尔里克岭进,西路军由喀塔克渡口越克特满岭进,疏陈方略。谕曰:"办理深属允协。达瓦齐若能去逆效顺,朕自当另有加恩之处。今既潜身远窜,一经擒获,即当献俘京师,以彰国法。"

五月,大军入伊犁,准噶尔属众尽降,侦达瓦齐据格登哦喀喇,巴图鲁阿玉锡等以二十馀骑突击之,惊遁。捷闻,上奖班第有功,封一等诚勇公,赐宝石顶、四团龙补服、〔二〕金黄绦朝珠。寻奏言伊犁厄鲁特生计拮据,不足供应大兵。谕曰:"准噶尔地方,数年来屡被兵革,又为哈萨克所掠,生计自属拮据,若于伊犁多驻大兵,深属未便。从前萨喇勒奏请停止伊犁驻兵,经朕传谕班第等,令其酌留兵丁一二百名,为驻藏大臣差遣委用。今功已告成,大兵即宜陆续撤回,班第等自当即为办理;若尚未议撤,即遵旨妥协筹办。其应酌留兵丁,一并议奏。"六月,奏言:"伊犁即令大臣驻扎办事,不可不留兵驻守,备差遣。应照原议驻五百兵,派察哈尔三百、喀尔喀二百。达瓦齐虽未就擒,诸事业已大定,伊犁毋庸大兵久驻,应遵旨撤回。臣等亦迁移伊犁河北尼楚衮驻扎办事。凯旋兵分队撤还。"上报可。是月,奏获达瓦齐,命献俘京师。

先是,大军之初进也,阿睦尔撒纳妄请给印文招降彼辉特属。上察其蓄异志,密谕班第严约束。至是,伊犁既定,阿睦尔撒纳凯旋,图据伊犁,诱各属人众附己,遣人赴哈萨克,扬言自领兵平定伊犁,而不云天朝大兵;又诡称哈萨克将犯边,谓非令伊为总台吉不可。私调兵九千,置副将军印不用,用准噶尔旧台吉噶尔丹策凌小红图记。班第及鄂容安、萨喇勒以其叛迹已著,密疏劾之。谕曰:"阿睦尔撒纳图据准噶尔,僭越妄行,情迹显著。前班第等初奏时,朕尚以为防微杜渐之意,传谕公同体察,如阿睦尔撒纳果有实迹,明白具奏。嗣复降旨阿睦尔撒纳受恩至重,未必即萌悖叛之心,使伊罪未彰而治之以法,朕心不忍,且使新降之人俱生疑惧,是以未即传旨令伊等办理。今据班第等详细奏闻阿睦尔撒纳种种不法,图据准噶尔,已无可疑,岂必待其生变始为实据? 由此观之,伊未必即遵旨入觐,即使前来,若令仍驻准噶尔,断不能安分静守,势必至妄为滋事。与其俟交结煽惑,变迟而力费,何如及今乘机办理之为得也。朕意已决,此事即宜速行办理。着密谕班第等,如阿睦尔撒纳尚未起程,班第等即密商擒治,数其罪恶,于军前即行正法;如伊勉强行至中途,逗遛不前,或经伊游牧处托故迁延,即着乌里雅苏台办事大臣阿兰泰等领兵赴伊等牧处,将伊妻子及任用宰桑等,一并拿解来京。"七月,奏言:"臣等察看阿睦尔撒纳甫至伊犁,即不愿他往,询其何日起程入觐,辄推托支吾。臣等据理开导,虽勉强听从,而迟疑瞻顾之情,时时流露。数日内,其辞又复变迁。自云俟拿解达瓦齐至尼楚衮,〔三〕并凯旋兵起程讫,即速行入觐。伊性极狡诈,臣等议令喀尔喀亲王额琳沁多尔济监同起程,俟期近再示彼知。抵热河后,皇上训谕开导,伊背逆之意自必潜消。"谕曰:"前班第屡次密奏阿睦尔撒纳负恩狂悖,断难姑容,是以特降谕旨,令其密行擒治。今阿睦尔撒纳复欲速来入觐,语属可疑,未必出于至诚,特因所行非理,惧班第等擒治,因而多方逞其狡狯,是其言虽可听,实无欲来之心。或行至中途,托病迁延;或至塔尔巴哈台游牧,依恋久居,均未可定。夫以阿睦尔撒纳如此奸宄狂悖,岂仅降旨开导所能了事?〔四〕若不将伊擒治又何如置之不问? 今伊恶迹已显著如此,班第等不思密为办理,但称请朕面加训谕以折其心,〔五〕是全不知事理之轻重矣。着速谕班第等如此际奉到前月二十八日所降之旨,〔六〕已将阿睦尔撒纳擒治甚善;若未及办理,而伊已起程前来,班第等接到此旨,约计阿睦尔撒纳行程未远,即遣人将伊追回擒治;如已逾旬日之外,亦须沿途密侦消息,再行办理。总之,阿睦尔撒纳逆迹已著,不可姑容,以致贻患将来。然路途遥远,班第等须尽心筹画,乘时决断,毋得稍自委靡,致失机宜。再额琳沁多尔济不过一小有才之人,未经更事,一切密要之语,且勿令与闻。”班第等又劾奏:“阿睦尔撒纳置上赐孔雀翎不戴用,且讳言已内附受爵,不肯实告厄鲁特。及臣等趣之起行,复令纳噶察告称阿巴噶斯乌克图与喇嘛等议,若不令阿睦尔撒纳统领准噶尔,伊等宁剖腹而死,种种煽胁。”谕班第等速擒治。

八月,奏阿睦尔撒纳已于七月初十日自尼楚衮军营与额琳沁多尔济同行,又撤回大军在后,似必前来入觐。谕曰:“阿睦尔撒纳果至热河,办理自易,且将伊罪恶,令暴白于新来投诚人等,亦可以快众心而彰国法。但伊甫经起程,即有人指其罪状,纷纷告讦,伊岂不闻风畏惧? 且伊自揣所为,必不肯前来入觐。虽已起程,或沿途托故,恋住游牧,事所必至。伊现在已抵何处,折内未经声明。前曾谕及起程,若尚在十日以内,即行擒治。此时曾否办理,当加意慎密。至阿巴噶斯等皆受其笼络,今但将阿睦尔撒纳擒治,衅端即可永弭,宜斟酌办理。"

　　既而,班第等遵前旨遣追阿睦尔撒纳,适哈萨克使者至,愿随入觐,恐其惊疑,不果追。是月十九日,阿睦尔撒纳行至乌隆古,忽以印授额琳沁多尔济,径由额尔齐斯遁,旋遣心腹人至札卜堪取其孥,约日飏去。会乌里雅苏台大臣阿兰泰豫奉旨,遣兵往收其孥,无脱者。阿睦尔撒纳既叛,阿巴噶斯哈丹等掠台站,伊犁道梗。逆党克什木、巴朗、敦多克、曼集、乌克图等纠喇嘛回人作乱,班第与鄂容安陷贼中,由固勒札赴空格斯,转战至乌兰库图勒,贼蜂集,力不支,遂各自尽。

　　上初闻班第陷贼信,谕曰:"昨据策楞奏,从伊犁脱出之索诺木,告知班第等陷贼,朕心深为悯恻。已传谕策楞,令其派侍卫满楚等前往侦探,并着从优赏赍,期速得实在情形。盖进剿乌合之众,原属无难,惟伊等因国事为贼所困,每一思之,不胜愤懑!然亦未知虚实,着策楞等设法通信,传谕班第等,以朕初意准噶尔危乱之馀,甫经平定,若屯驻大兵,恐多惊扰,是以但命伊等驻扎办事,兵少力弱,为贼所困,非失守封疆可比。伊等或相机脱出,或忍死以待大兵,方为大臣举止。若谓事势至此,惟以一身殉之,则所见反小矣!鄂容安素称读书人,汉苏武为匈奴拘系十九年,全节而归。阿睦尔撒纳固不足比匈奴,我大清又岂汉时可及?自当爱惜此身,以图后效。恐伊等以失守罹罪,不识大义,遽尔轻生。夫为人臣子,若君父欲加之罪,亦惟顺受,岂可预料而以一死为贤于生，于心安乎？朕今命定西将军扎拉丰阿等会合各路大兵，竭力剿捕，务体朕悯恻伊等之心，俾逆恶知所惩创，不得稍存姑息。"

十月，策楞奏班第等引决自裁状，上轸悼，即以班第子巴禄袭诚勇公爵。二十一年三月，大军复定伊犁，逆党次第就缚。后阿睦尔撒纳窜死俄罗斯。七月，谕曰："班第、鄂容安灵榇将次到京，前已降旨亲临祭奠，并令三品以上大臣齐集，用昭优恤二臣临危致命，义烈所著，可嘉可悯！其灵榇着准其入城，各于本家停设，并加恩入祀昭忠祠，应得恤典，该部察例具奏。"寻赐祭葬如例，谥义烈。谕曰："班第、鄂容安捐躯殉节，今灵榇已到，即将逆党阿巴噶斯、克什木、巴朗馘耳于枢前祭奠。"特建双忠祠祀之。

御制诗曰："昔有傅介子，手斩楼兰头。通权建殊绩，芳名播千秋。况乎统三军，既悉彼逆酋。一武夫之力，何事仍夷犹？逡巡大军撤，偏师五百留。彼枭有密约，入觐中逗遛。八月廿五日，三处共一谋。阿睦尔撒纳，来阿尔台陬。将合其部众，挈妻孥以逃。是则豫有旨，其妻孥尽收。厥阿巴噶斯，断我军书邮。克什木、巴朗，伊犁逞劫偷。两路如期发，猖狂肆叫呶。蜂屯更蚁集，不可爬与梳。二臣知不敌，全军将内投。而彼截归路，加以聚虮蜉。巴朗谍致辞，权假为我述。徐当备马驼，送之返皇州。二臣怒唾骂，天朝无此偷。效死视如归，背义生肯求。奋旅更前进，怒发冲兜鍪。终知事不济，毕命饮属镂。问罪重整师，岂辞雪在途？旋复定伊犁，胁从宽厥尤。一二助恶者，系房皆虔刘。渠魁窜异域，王师奋逴搜。亦闻哈萨克，缚献深同仇。命求二臣骨,灵舆返首邱。临奠列双忠,惜哉泪涌流。初若听我言,宁有今日不? 忠于国有济,烈惟己不渝。究匪偷生比,使我悲心悠。朱门歌舞辈,青史文章俦。我岂为彼哉,长歌旌乃休。"二十六年,命图形紫光阁,御制赞曰:"元戎率师,平定伊犁。而何阿逆,叛乱乘危。变出不期,投躯西漠。故里榇归,痛哉酹酌。"

　　子巴禄,官至都统。

【校勘记】

〔一〕我军获其调兵者曰巴朗察罕及鄂勒锥图　"曰"原误作"日"。耆献类征卷三四九叶七下同。今据纯录卷四八八叶二二上改。按满传卷四四叶二二下不误。

〔二〕四团龙补服　原脱"补"字。满传卷四四叶二三下及耆献类征卷三四九叶七下均同。今据纯录卷四八九叶一二上补。

〔三〕自云俟拿解达瓦齐至尼楚衮　"尼"原作"厄",形似而讹。满传卷四四叶二六上及耆献类征卷三四九叶九下均同。今据纯录卷四九一叶一九上改。按本传其他两尼楚衮均不误。

〔四〕岂仅降旨开导所能了事　"仅"下原衍一"为"字。满传卷四四叶二七上及耆献类征卷三四九叶九下均同。今据纯录卷四九二叶四上删。

〔五〕但称请朕面加训谕以折其心　原脱"请"字。满传卷四四叶二七上及耆献类征卷三四九叶一〇上均同。今据纯录卷四九二叶四上补。

〔六〕如此际奉到前月二十八日所降之旨　"如"原误作"于"。满传卷四四叶二七上及耆献类征卷三四九叶一〇上均同。今据纯录卷四九二叶四下改。

熊学鹏

熊学鹏，江西南昌人。祖一潇，工部尚书。学鹏雍正八年进士，授兵部主事。十三年，充贵州乡试副考官，寻迁员外郎，升郎中。

乾隆五年，授山西道监察御史。六年二月，奏："王、贝勒、贝子、公所属五品以上长史、护卫、典仪等官，系引见除授，如当斥革，应奏参，交部核议。又满洲、蒙古、汉军旗人，有为绿营武职及八旗文员老病休致者，应照在旗武职例，查明曾经出兵打仗及有无功牌，分别给俸。"从之。三月，请定京察滥举处分，奏言："外省大计，卓异即予升用；京察一等，例止加级。若将滥举之堂官，照滥举之上司议处，轻重未平。应请将该员所犯劣迹在保举前者，堂官降二级留任；在后者，降一级留任。再笔帖式、库使等官，有由司核定者，将司官一并议处。"下部议行。七年，奏："京师窃匪肆行，以五城有协缉之条，三营无协拿之例。嗣后遇有窃案，除报明本城及该管营员躧缉，仍移会各营协缉。如有弋获，酌加升赏；疏纵者责革。"如所议行。八年，命巡视台湾。

九年，迁太常寺少卿。十年，迁通政司右通政使。十一年，迁太仆寺卿。十三年，疏言："太仆寺多司蒙古事，现设员外郎八缺，蒙古仅二。请于满洲六缺内，改设满洲、蒙古主事各二，并请无庸专用科甲人员。"从之。十五年五月，京师旱，诏求直言。学鹏奏："上年秋审勾决，人数过多。近来臣工条奏，更改刑名律例，多尚严刻。请概行禁止。"谕曰："此奏甚属悖谬。上年秋审勾决，朕详悉裁定。其中侵贪各犯，实乃法所不宥，若谓因此而致雨泽愆期,遂恣贪官污吏之所为,适足以干天怒而召灾沴,岂得为修省之要务乎?熊学鹏虽为此谬论,朕慎持政柄,必不为浮言所动。果使贪风未即悛改,无论京师一隅雨未沾足,设令更甚于此,亦不因一时灾祲,而于立政之大经、御世之大法,废而不举。至言官及外省臬司条奏律例,或比拟失当,经部臣议驳者,不一而足。以此时刑狱,而尚以为过严,信为罔知轻重之尤者矣!骫法纵奸,思以感召休和,如熊学鹏所云者,直瞽论耳。本宜议处,但朕既降旨求言,姑从宽勿问,特详悉剖示,令中外诸臣共知明刑弼教,不可为贪吏开幸生之路;其有游谈附和者,必从重治罪。"七月,以查验牧场马匹,请将出差养息牧放之满卿世贵,就近派往,上责其规避,下部议革职。十六年二月,赏复原衔。六月,补光禄寺卿。十九年,迁太常寺卿。二十一年,调顺天府府尹。二十四年四月,擢内阁学士,兼礼部侍郎衔,仍兼管府尹事。闰六月,迁兵部右侍郎。二十五年五月,充殿试读卷官。十月,调刑部右侍郎。二十六年二月,充会试知贡举,奏停进呈试卷另行誊录例。

三月,授广西巡抚。二十七年,调浙江巡抚。三十年三月,京察,以勤慎供职,下部议叙。五月,其子候选知州之台为书吏指缺撞骗,问拟杖徒,学鹏自请严议,上宥之,并准其子赎罪。三十二年四月,奏:"各省大计,藩臬两司向不在考核之内。但两司与督抚最为亲近,请嗣后令督抚出具考语,另单进呈。"得旨允行。闰七月,奏:"浙江向于漕粮起行后,将办漕府、州、县及卫所备弁等官,开具贤否事实,造册咨仓场衙门备查。查府、州、县等官,所司不止漕粮一项,如有举劾,向不与仓场会核。此项册籍,徒为具文,请停止。"从之。三十三年,丁父忧。三十四年,特命署浙江巡抚。三十五年,丁母忧。三十七年,仍命署浙江巡抚。

三十八年正月,服阕,调补广西巡抚。八月,上林县僮匪陆李能倡造逆谋,聚众滋事。学鹏带兵往剿,擒获首逆及伙匪李春荣等五十馀名。事竣,上嘉其妥速,下部议叙。四十年,调广东巡抚。先是,明江同知嵇璇失察民人私越关隘,潜赴安南,左江道秦廷基袒护改供,坐罪前任同知邹锡彤,总督李侍尧查明奏参,经学鹏审讯属实,问拟斩候。至是,廷基自缢。谕曰:"熊学鹏既将秦廷基拟以斩候,乃任其在省安居,并不即行收禁,致该犯得以在寓投缳,其事实由熊学鹏酿成。况秦廷基袒护改供一案,熊学鹏近在粤西,并未查出奏参,难保无徇庇之处,直至李侍尧秉公参劾,熊学鹏乃不得不严行定拟,其隐微已不问可知。朕以熊学鹏素常办事勤慎小心,是以调赴粤东大省,不料其荒唐一至于此! 实为孤负朕恩。着即革职,发往川省办理军需奏销事务,其军营各员亏短官项,力不能完者,即着熊学鹏赔补,以为督抚徇情沽名者戒!"寻命籍其家。四十四年,召来京,以老病赏三品衔,饬令回籍,寻卒。

子之福,乾隆丁丑科进士;之台,广东高廉道。

鄂容安

鄂容安,满洲镶蓝旗人,大学士鄂尔泰长子。雍正十一年进士,改庶吉士,军机处行走。乾隆元年,授编修,在南书房行走。二年,迁侍郎。三年七月,充日讲起居注官。十二月,转侍读。

五年六月,擢詹事府詹事。时鄂尔泰承旨奏辞再三,谕曰:

"朕之用人,悉秉至公,毫无私意于其间。古云'非乔木之谓,有世臣之谓'。盖以大臣子弟果能立志向上,诸事黾勉,斯能不愧世臣,可以为国家宣力。朕观鄂容安及大学士张廷玉之子张若霭、朱轼之子朱必堦,皆能遵守家训,祗受国恩。况鄂容安、张若霭向蒙皇考命在军机处行走,原欲造就成人。此次擢用,乃朕量材加恩,即寓栽培之道。鄂尔泰不必以己意固辞。"八月,命入上书房,随福敏行走。

七年,以与闻左副都御史仲永檀密奏留中事,革职,详永檀传。八年,命仍在上书房行走,补国子监祭酒。九年,偕刑部尚书来保往奉天同侍郎兆惠会审奉天将军额洛图扣饷勒派等款,得实,论罪如律。十年,署兵部右侍郎,袭父三等伯爵。十二年五月,授兵部左侍郎。九月,以与尚书彭维新等议处总兵高琦武备废弛一案,违例邀誉,奉旨训饬。部议革职,得旨从宽留任。十三年三月,充会试副考官。四月,兼翰林院掌院学士,寻兼管国子监事。

十月,署河南巡抚。十二月,以办送金川兵差妥协,议叙,赏孔雀翎。十四年正月,疏陈文武各员优劣,上嘉之。四月,河臣顾琮往署总漕,谕鄂容安就近料理豫省河务。九月,疏言:"豫省有伏牛山,居嵩山南,界连秦、楚二省,袤延八百馀里,山多箐密。臣于查阅营伍之便,自郏县、汝州至伊阳县,渡汝水入伏牛山,经十八盘等处,至孙家店阅兵。复由分水岭等处至嵩县,出伏牛山,亲履查看,饬各员弁不时巡查,该管道员严行督察。再豫省各关,其近秦省者,陕州有硖石关,灵宝县有函谷关,阌乡县有大谷关;近楚省者,淅川县有荆子关,信阳州有平靖关,桐柏县有型耙口:俱通商大道。恐奸宄藏匿,现饬行保甲严禁。"谕奖其诸事认真,实授河南巡抚。时卫辉参将阮玉堂因操演鞭责兵丁过甚,致哗,鄂容安以玉堂失职,应题参,但兵丁甫经喧闹,遽参营弁,恐启骄悍之渐,奏请严拿兵丁,分别首从定拟后,解玉堂任。上是之。十月,疏言:"豫省常平仓谷,前准部咨,以雍正年间额贮二百三十一万九百九十九石为准,除实存并借粜抵补外,计缺额谷二十九万七千四百石有奇,应收捐补足。臣维仓谷期实贮,而地方繁简不同,丰歉各异,宜乘此定额之际,将各府、州、县应贮谷数匀派,开封府贮二万石,归德、陈州、怀庆、南阳、彰德、卫辉六府各贮一万五千石,河南、汝阳二府各贮一万五百石,户口最多之许州等二十七州县各贮二万五千石,其次通、许等五十五州县各贮二万,又其次河阴等之二十七县各贮一万五千石,统计适合雍正年间定额。至各府、州、县原贮谷,较现派额溢者粜价,提解司库,拨补未足额者。此次额数足补后,将来有馀,另案存贮。遇赈恤并平粜未买以此拨补,现在溢额粜价已敷提解者全提,不敷者于明岁春粜案内补提。其缺额之区所拨谷价,如秋成后本地米价未平,即于邻近价平处买补。既与定额相符,又使缓急有备。"部议允行。十一月,赐所袭伯爵,号曰襄勤。

　　十五年二月,疏请将省会城门锁钥归城守尉掌管,允之。四月,奏言:"开、归、陈三府地势洼下,多水患,非开浚沟渠,不足资宣泄。臣查开封府属泉水所归之河曰贾鲁河,发源于荥阳县圣僧池,各泉会合索、须、京三水成河,[一]历开属之河阴、荥泽、郑州、中牟、祥符、尉氏,陈属之扶沟、西华,至睢宁之周家口,入大沙河;其附以东注者,则有郑州之金水河、七里河、磨河、栾河,洧川之杜公河,接入尉氏之太沟河、康沟河,陈属扶沟之双泊河、蔡河,西华之清流河,皆挈两属沟渠之水而同趋于贾鲁河。此开属泄水之干河也。陈州府属众水所归之河,曰大沙河,发源于汝州属鲁山县伏牛山之莫大岭,历南阳府属之舞阳,许州属之郾城,而入陈属之西华、商水、睢宁、项城、沈丘以入江南太和县,下达于淮;其附以东注者,则有西华、商水之渚河、扶沟,太康、西华、睢宁之清水河,太康、睢宁之古黄河、枯河,睢宁、沈丘之察河,皆挈本属沟渠之水而入于大沙河。此陈属泄水之干河也。归德府属下游有涡河,而惠济一河据其上游,诸水由惠济而入涡河者居多。惠济河自开属中牟县西十五里铺分泄贾鲁河之水,由祥符、陈留、杞县入睢州,经柘城至鹿邑入涡河,以达于淮;其附以东注者,则有仪封、睢州、柘城之老黄河,陈留、杞县之坡河,接入杞县之横河,杞县、睢州之挑河、司家河,太康、柘城之沙河,皆挈三属沟渠之水而同趋于惠济河,以入涡河。又鹿邑之清水河,下接沘河,由江南之太和县以入涡河。又有濉河即黑河,由茨河历江南之蒙城县入涡河。则是涡河又为归属泄水之干河也。伏查诸郡干河,如贾鲁河、大沙河、涡河俱各深通,惟惠济一河上流尚须开浚,资蓄泄。其各支河内应行开浚者,开封则有郑州之金水河、七星河,中牟之等河、栾河尾,[二]祥符之城东乾河,南阳、仪封之周家河、李家渡口,尉氏之乾河,陈州则有太康之燕城河,西华、商水之渚河,睢宁之东西蔡河,[三]枯河、古黄河,项城之蔡河、泥河,[四]归德则有宁陵之旧沙河,考城、商丘之沙河,睢州之横河、挑河、司家河、姬家大坡河,鹿邑之清水河、黑河。以上诸河,皆为承受沟洫、贯注干河之要道,此内有止须疏浚即可通流者,有应择地改挑者,有应逢湾取直者,有仅存河形必须另挑者,有道里较长、土方较多、猝难竣事者,酌量工程难易,或分年带挑,或借给口粮,酌量民力筹办,毋庸动项。惟陈属项城受汝宁属上蔡洪河减水之害,或谓塔桥拦阻水势,应改拆木桥;或谓竹络坝减水过多,应另建石坝。臣以为其害不在于桥身之阻水,亦不在竹络之多泄,因桥之西坝过宽,挑水东注所致,止须将东西墙改作一律,使洪河减水南归茅河,黑河之水东归蔡、洪两河分泄,自无泛溢之虞。至汝宁府汝阳县亦以洪河为患,查向来西南山水尽归乾江河,自涡东垜口决,山水入汝为害。臣饬令照旧堵塞,使山水全归乾江河,则洪水已减,自能容受。至归属永城之巴沟河,下接江南宿州砂礓滩,此工关涉两省,应俟江南咨覆兴工。臣于各属挑浚处,每年底查核勤惰,或附参,或保荐,使工员咸知慎重,庶沮洳渐成膏壤。"谕曰:"如此留心本务,方副委任之意,勉之!"

十月,上巡幸河南,鄂容安奏:"绅民感沐皇仁,情愿捐输,共收银五十八万七千馀两,以充公用。"谕曰:"朕时巡方岳,一应道路桥梁等费,皆准开销正项,从无丝毫累民之事;即城垣祠庙,有应黝垩洒扫,略为整葺者,只宜动支帑项,即其间或有开销不到之处。现经赏给该省公项银两,以资通融办理之用,曾何藉于输将? 鄂容安此奏,甚属错误。因其据实陈明,尚不致陷于欺隐之咎,犹可稍宽。但朕省方问俗,勤恤民隐,尚虑助之弗周,岂容供用转资于下? 鄂容安不能仰体朕意,殊失政体,着传旨严行申饬。绅民乐输之项,俱着令给还。"鄂容安奏:"乐输实出至愿,如复行给还,非特不肯领回,且头绪纷繁,难免胥吏中饱,恳请听其所愿。至办理之初，并未具奏，实属错谬，伏祈严治臣罪。"谕曰："朕巡方问俗，蠲复频仍。惟虑德意未能遍逮，一切供顿，丝毫不以累民，前降谕旨甚明。鄂容安惟知下情踊跃输将，遽行冒昧从事，本应严行治罪，但既经据实陈奏，究与有心欺隐者有间，情尚可宽。且以陆续输工之项，复令纷纷具领，恐奸胥猾吏从中舞弊，转以饱其欲壑。此语亦颇近是，则给还之举，实属势所难行。然办理失宜，款项无凭稽核，以闾阎尊君亲上之忱，适足资其糜费侵用。是又始终不能仰体朕意，获罪尤甚者矣。着鄂容安将蠲输银两作何办工之处详悉查明，缮册送军机处逐一查核，毋得稍有朦混。"

十一月，谕曰："朕于昨日回銮，今日见河南布政使富明奏请陛见一折，援藩臬三年期满之例，伊于行宫召对数次，并非三年未见者比，不应糊涂至此。鄂容安前奏富明办事勇往，在豫省颇称得力。朕一见即曾谕鄂容安：'其人小聪明，不可信，汝勿为其所卖。'今观其奏请陛见一折，一则见其与巡抚不扶同，二则希图于召见时卸责鄂容安，其居心不可问如此。鄂容安至今应服朕之卓识，而恨己之为所愚也。然以如此之人而信任之，无怪中州今岁所办之不能仰体朕意矣。设果出自鄂容安一人之意，富明身任藩司，即当劝阻；如其力争不得，何妨于朕未至中州之前，或行在召对时，据实奏闻。朕必将鄂容安治罪，而擢伊为巡抚。乃当时既已商同办理，及见朕责鄂容安之办理不善，于回銮后，为此狡狯伎俩，何能逃朕洞鉴？朕谓其人不可信，果如何耶？再今日方观承具折谢恩，而鄂容安于朕回銮至保定及进宫，已请安两次，而不置一言。夫直隶系巡幸常经之地，方观承即不具折谢恩,亦无不可。至朕之加恩于鄂容安,实出于格外包涵,鄂容安宜如何感激,没身顶戴! 何以竟似无事? 即谓方观承仅属外吏虚文,鄂容安身系满洲,受厚恩,弃虚文积习可也,岂独无不能自已之情耶? 若谓有心疏略,亦未必然,因责其办理不善,心怀疑惧,思欲含糊了事,此岂含糊所可了者耶? 着传谕鄂容安,令其痛自改悔,据实查核逐一清晰,无丝毫糜费、丝毫粉饰,以为补过之地。"

十六年三月,疏参归德府乡绅云南布政史家屏、原任江苏按察使李肖筠抗粮至七千馀两,得旨罚追革职,从宽留任。先是,湖广总督永兴与布政使严瑞龙先后疏参湖北巡抚唐绥祖婪赃累万,奉旨革职拿问。永兴寻丁忧回京,谕新任总督阿里衮严审。至是,阿里衮参奏瑞龙收受平馀等款,命鄂容安赴楚会审。四月,合疏参奏永兴于进京时私受照赙,诏革永兴职,交部治罪。五月,审明绥祖并无婪赃情事,惟纵容炉头私买铜铅添铸,瑞龙收平馀四千八百两入己,属实。上以鄂容安等未得办理此案之正法,命给还绥祖家产,来京候旨录用,并命刑部另拟永兴等罪。寻议瑞龙改照诬告人死罪律拟斩候,永兴减一等拟杖流枷责,从之。鄂容安寻疏言:"河北镇属九营暨臣标左右二营,公费不敷。查南阳等十县,官租积谷不过二万馀石,存银不及四千两,各州县既有常平、义社等仓,民食原不藉此接济,请拨归营。"军机大臣议行。

八月,调山东巡抚。时济南府属夏秋被水,粮价颇昂,而沿海之登、莱、青三府,地僻山险,转运尤难。鄂容安奏请照乾隆十三年例,暂弛海禁,招商前往奉天籴运,以资接济。商船出入,照例稽察。得旨允行。十二月，与河臣顾琮等合疏言："张秋挂剑台漫口，因豫省阳武堤工泛溢，黄水穿运入海。现在武阳工竣，张秋一带水势日消，但西坡来水从冰底源源下注。今堵塞漫口，须使有所归束，方无壅滞。查漫口迤北，有减水闸坝三，可由分泄入徒骇河；戴湾闸以上闸坝涵洞四，可由分泄入马颊河。又有戴湾闸、临清砖板二闸入卫北流，俟水势大减，仍将戴湾闸下板严闭，俾水从徒骇、马颊二河宣泄入海。漫口迤南，有素东汛、三空桥，可由分泄入盐海。又有五空桥原系分泄运河淤涨，但桥底甚高，不能过水。臣相度于其北筑拦河坝一，长二十馀丈，并于桥南挑引河导水，由盐河归海，俾西坡之水南北畅流，消涸更易。"下部知之。十七年二月，奏言："运河全堤，自台儿庄至德州千有馀里，素称卑薄，每年伏秋两汛，兼风雨侵汕，又漕船往来，下橛施犁，日渐残塌。臣与顾琮会筹，应及时估修，计需银十五万三千馀两。又单堤向无堡房，应照黄河例，每二里建堡房二，需银二千一十八两。至所修工程，原以保固为重，而犁沟橛眼，及水沟浪窝，尤需随时修补，并于漕船过后，通查增修，庶可垂久。"三月，又言："太行堤在黄河北岸大堤之北，两堤相去数十里，中有河一道，本以宣泄；颊堤以内，坡水顺流，而东达江南丰、沛二县入微山湖。因年久淤塞，堤内田庐淹没，雍正年间于太行堤建涵洞，使堤南之水穿堤北行，经定陶、武城、单县、鱼台等邑入昭阳湖，以归微山湖。嗣因涵洞旁冲缺口，定阳等邑俱受水患。是此涵洞必应堵塞，庶太行堤仍旧完固，为黄河重垣保障。至西堤夹束中间之水，应亦开通旧河，使东注免漫溢。"报闻。四月，奏言："东省库项多不清，其交代流抵之弊，率以办差

垫用为辞。臣饬属作速核消。至常平、社仓籴借谷石，未归补者
甚多，有因州县恐谷石霉变、强派民间者；有希图染指，不暇详
查，徒为无业之人领去者；有村庄离城窵远，为胥役冒领者；有因
社谷并无仓廒散交地方，致强半亏缺者；有因积欠难追，恐干督
责，捏报新欠，以掩旧欠者。凡此皆宜严惩，但操之过促，恐劣员
怙过饰非，徒有追呼之扰，究无完补之益，而人情急则无赖，更或
别启衅端。已令藩司责成各府确查妥办。臣仍不时体察，如玩
徇料理不清者，知府一并严参。"得旨嘉奖。

　　十月，署江西巡抚，十一月，即命调补。时上犹县逆犯何亚
四寻就获，鄂容安按拟如律，因亲往勘地势，奏："请移千总一驻
上信地，于营前城防守内拨十五名、镇标二十五名往驻下信地，
亦于附近别营拨兵十名驻守营前，留把总一、兵三十名联络声
势，改浮龙司巡检为上犹县县丞，仍驻营前。龙泉县禾源司巡检
改驻龙犹接壤之左安村，崇义县上堡司巡检改驻金坑。"下部议
行。十八年正月，谕署两江总督印务，即在江西办理，九月，奉旨
实授。十一月，会同钦差侍郎嵇璜、德尔敏查勘高家堰堤工，并
赴下河一带筹办疏浚事宜。十九年正月，奏言："江南地广事繁，
胥役最多作弊。臣遵旨于勘灾途次，留心察访。查得淮安等府
属有藉赈蔽混、得赃分肥者，苏州等府属有收漕舞弊娄赃者，徐
州府属有办差工料滋弊者。但作弊虽出于胥役，而州县岂皆聋
瞆？除将各犯严拿审拟，如本官于中染指，及知情故纵者，严参
治罪；即失察亦分别办理示警。至胥役原有经制名数，酌设副
役，并载入册。乃江、浙胥役非冒缺顶补，即永远充办，一役载册
外，有无名白役至十数名者，皆倚官作威，因公讹诈，大为吏治民

生之累。现饬各属稽查,务符定额,严禁顶补朋充,俾易约束。"得旨嘉奖。先是,刑部覆准广西等省先后条奏,印官公出,令佐杂相验命案一事,经江西按察使范廷楷疏请,仍令邻邑印官验报,不得滥委佐杂。得旨交鄂容安酌行。至是,覆奏言:"命案惟两邑相距窎远,印官公出,而邻邑印官正值乏员,方许佐杂往验立单,仍由印官覆核,毫无疑窦,始填图通报,并将因事公出,及尸所距邻邑若干里各缘由声明。倘佐杂相验不实,印官扶同填报,一并严参。"诏如所议行。三月,奏:"沿海塘工,前经抚臣庄有恭查勘估办俱妥,惟林家嘴顶冲,应于堤后帮宽培厚,以资捍御。又宝山县旧城湾月堤、张家浜抄塘,及刘河、〔五〕七浦二河原闸座俱应修筑。"报闻。四月,加太子少傅。时部议删除武职空衔,将江南省五游击缺改都司,行令酌议何营应改。鄂容安奏言:"苏镇右营游击所管汛,有守备分防,改设都司,足资办理。狼镇左营游击兼辖城池关厢水陆改都司,尽堪弹压。寿镇左营游击较之简于驻防宿州之守备,今将游击酌改都司,驻宿州,即以宿州守备移驻寿州。广德营游击兵少事简,漕标左营游击仅司榷漕,可酌改都司。"部议从之。

八月,上以杜尔伯特台吉策凌、辉特台吉阿睦尔撒纳等先后来降,谕曰:"年来准噶尔内乱频仍,人心离散。屡有大队输诚内向,正可乘机办理,永靖边境。鄂容安年力壮盛,勇敢有为,一切紧要机宜,尚能晓畅。着速赴行在,面聆指授军行办事。"十二月,授西路参赞大臣,总督刘统勋筹办粮马。二十年正月,定边右副将军萨喇勒哨探兵由西路进剿,命鄂容安同进。二月,谕曰:"汉时西陲塞地极广,乌鲁木齐及回子诸部落,皆曾屯戍,有为内属者。唐初，都护开府，扩地及西北边，今遗址久湮。着传谕鄂容安此次进兵，凡准噶尔所属之地方，回子部落内有与汉、唐史传相合，可援据者，并汉、唐所未至处，一一询之土人，细为记载，以资采辑。"四月，同萨喇勒奏："臣等沿途招降各部人众，并遣侍卫塔奇图等赍檄往谕达瓦齐降。"奖赐荷包、鼻烟壶。五月，大军定伊犁。谕曰："准噶尔平定，两路将军大臣等，朕俱已加恩。鄂容安在参赞大臣任内行走，亦应加恩，但伊从前有准噶尔不应办理之议，伊父鄂尔泰与大逆胡中藻师生交结，伊兄鄂昌又与胡中藻附和党同。鄂容安明知其事，不为陈奏，有负朕恩。伊若不前往军营，原欲从重治罪，今因此次行走，免其治罪，即系朕恩。可传谕鄂容安知之。"

是月，大军渡伊犁河直抵达瓦齐所居之格登，达瓦齐遁。鄂容安偕喀尔喀郡王品级青衮杂卜等收其游牧，获达瓦齐之叔及其孥，并喇嘛六千馀。六月，达瓦齐就擒，鄂容安同班第驻守伊犁。时阿睦尔撒纳为定边左副将军，蓄异志，谋据伊犁。鄂容安同班第密疏劾之，命趣阿睦尔撒纳赴觐热河，命鄂容安与萨喇勒以兵至塔尔巴哈台，相机擒治。会阿睦尔撒纳行至乌隆吉叛，逆党应之，台站断。鄂容安同班第被陷，力战，自尽。都统策楞以状闻，上轸悼，即令其次子鄂津袭襄勤伯爵。二十一年，柩至京，上亲临奠醱，入祀昭忠祠。赐祭葬如例，谥刚烈。特建双忠祠，御制诗旌之，并命馘逆党阿巴噶斯、克什木耳于柩前祭奠。并详见班第传。二十六年，命图形紫光阁，御制赞曰："世臣知书，料善论兵。惜弗通语，遂弗烛情。变起仓卒，力战命毕。用违其才，实予之失。"

二十七年,鄂津在伊犁领队大臣任内,以私派随人种地,革职,其世爵以鄂容安长子鄂岳袭,现任散秩大臣。

【校勘记】

〔一〕各泉会合索须京三水成河　"合"原作"河",音近而误。满传卷四四叶四六下及耆献类征卷二四九叶一六上均同。今据纯录卷三六三叶二七上下改。

〔二〕中牟之等河栾河尾　原脱"等河"与"尾"三字。满传卷四四叶四八上同。今据纯录卷三六三叶二七下补。按耆献类征卷三四九叶一七上不脱。

〔三〕睢宁之东西蔡河　"之东西"原颠倒作"东西之"。满传卷四四叶四八上同。今据纯录卷三六三叶二七下改正。按耆献类征卷三四九叶一七上不误。

〔四〕泥河　"泥"原误作"沈"。耆献类征卷三四九叶一七下同。今据纯录卷三六三叶二八上改。按满传卷四四叶四八上作"况",亦误。

〔五〕张家浜抄塘及刘河　"浜"原误作"滨",又"河"误作"沔"。耆献类征卷三四九叶二三下同。"浜"字,今据满传卷四四叶五九上改;"河"字,今据纯录卷四六一叶六上改,而满传仍误作"沔"。

纳穆札勒

纳穆札勒,蒙古正白旗人,姓图伯特氏。父拉锡,官领侍卫内大臣,有传。

纳穆札勒初由闲散授蓝翎侍卫,荐授头等侍卫。乾隆十年六月,授正白旗满洲副都统,十二月,调镶蓝旗。十三年九月,署总管内务府大臣。寻迁户部侍郎,十五年,调工部。

　　时西藏郡王珠尔墨特纳木札勒谋叛,诏纳穆札勒偕都统班第往驻藏。十六年三月,奏言:"藏中增噶卜伦办事,现充噶卜伦者一,系公爵,馀俱扎萨克台吉。今增设之员,请并给扎萨克衔,以符体制。"从之。寻命增设卡伦兵。十一月,奏:"自喀喇乌苏至那克桑、喀勒占、库车等处,增台八,饬扎萨克台吉等巡察。"十七年正月,又奏:"准噶尔通藏隘口、系阿里克、〔一〕那克桑、腾格里淖尔、阿哈雅克四路,现俱设卡伦严防。从前准夷犯藏,系绕勒底雅路而入。此路现亦派兵防守。"报闻。十九年,命赴北路军营,管理新降杜尔伯特及辉特、和硕特等游牧。二十年三月,奏言:"厄鲁特人赴京领俸饷,值夏令,恐不耐炎暑。请加体恤,命副都统多尔济运应支俸饷至张家口给之。"四月,以辉特、和硕特生计维艰,奏给粮畜接济,上允所请。五月,同喀尔喀亲王得亲札布由塔密尔安置辉特、和硕特十三旗人于固尔班舒鲁克,杜尔伯特十旗人于鄂尔海、西喇乌苏分界驻牧,设卡伦防范。六月,杜尔伯特遭霜雪伤畜,奏给口粮,赐米五百石赈之。时将军班第奏辉特降酋阿睦尔撒纳谋据准噶尔状,命纳穆札勒偕参赞大臣阿兰泰等驻防乌里雅苏台。十月,调户部侍郎。二十一年六月,奏言伊克明安台吉德济特同逆贼阿睦尔撒纳叛遁,请以其属分给辉特不从叛之扎萨克阿卜达什等及喀尔喀。又言:"和托辉特郡王青衮杂卜自军营叛遁,臣恐众喀尔喀被煽,遍谕所部示以利害。"上奖之。

　　寻授参赞大臣,赴将军成衮札布营领索伦兵追剿青衮杂卜。十一月,擒之于杭哈奖噶斯。谕曰:"纳穆札勒带兵追擒,一闻逆贼所在,疾驰前进,立为掩获,甚为勇往出力。着加恩封为一等伯。"赐号勤襄。十二月,命赴喀尔喀车臣汗部查缉齐木齐格特人之肆窃者,寻于呼伦贝尔之西墨尔根、哈玛尔,俱就擒。上嘉其功,下部议叙。二十二年二月,授工部尚书,兼正红旗满洲都统。四月,命仍赴北路,驻科布多办事。五月,移驻布延图。十月,署定边左副将军。二十三年二月,奏言:"乌梁海部众归诚,其酋察达克等,授内大臣、散秩大臣等职。所属鄂拓克内,每得奏有得木齐、收楞额办理庶务。请将得木齐改佐领,收楞额改骁骑校,给顶带。岁贡貂皮,送乌里雅苏台,以恩赏缎布给之。"三月,纳穆札勒回京。六月,命赴西路军营,授参赞大臣,署将军印务。

七月,授靖逆将军,由库车会剿回酋霍集占等。九月,阿克苏城归附,诏纳穆札勒同参赞大臣三泰往会定边将军兆惠军。兆惠遣副都统爱隆阿、侍卫奎玛岱以兵来迎。纳穆札勒路遣爱隆阿先还,而自与三泰、奎玛岱乘夜进,骑兵仅二百馀,遇贼三千,被围,力战矢尽,死之;三泰、奎玛岱俱没于阵。事闻,谕曰:"靖逆将军纳穆札勒、〔二〕参赞大臣三泰、巴图鲁侍卫奎玛岱,奉命前赴军营,轻装进发,〔三〕所领兵丁仅二百馀人。设令先到大营,固可会同进剿;即后至一二日,亦与爱隆阿一同驻守。乃星夜攒行之时,适遇贼众猖獗。伊等并不肯于中途退避自全,惟知直前冲击,以致授命捐躯。忠毅之气,深可嘉悯!纳穆札勒着赠公爵,三泰赠子爵,俱世袭罔替;奎玛岱照奇彻布例,赏给世职。应得恤典,仍着该部察例具奏。"寻赐祭葬如例,谥武毅。入祀昭忠祠,赠三等义烈公,以子保宁袭。

　　二十四年,回部平,上追悼纳穆札勒及三泰为国尽节,与前西藏殉节之都统傅清、左都御史拉布敦,伊犁殉节之将军班第、参赞大臣鄂容安比烈,御制双义诗纪其事。诗曰:"双忠昔集事,双烈能忘身。兹作双义诗,其故得细陈。曰纳穆札勒,曾赞北路军。奋勇翦逆贼,封伯酬其勋。副都统三泰,英气颇超人。均御前侍卫,素悉厥忠纯。兆惠、富德辈,从戎久效勤。欲代俾将母,二臣被选抡。去岁黑水役,固守遣索伦。致信爱隆阿,权退催后援。可支百日间,速进莫逡巡。将军及参赞,轻进徒俱焚。当待师并来,何虑狂狙猜? 尔时二臣者,驰驿往军门。过爱隆阿营,却近黑水滨。所遣人未遇,炮声前忽闻。知贼与我战,闻战耻退奔。徒携百馀骑,赴义命同捐。凶信驿递来,痛泪伤心魂。使早知拒守,退俟熊罴群。同进可树功,何致均沉沦! 即先至一日,合兆惠军屯。亦可旋今岁,奚烦以身殉? 不前复不后,此实若有神。富德自和阗,重至黑水津、叶尔奇木降,诸事粗处分。痛念我将士,沙场化为燐。黄头虽不备,掩骼权为坟。猿鹤昔属幻,丘陇今可因。循以此事奏,西望挥泪频。丰碑旌墓门,千秋西海垠。捐躯固臣节,任尔非所论。惟予则何忍,此恨终当伸。夷考六人迹,事异心同均。与国休戚共,宁止曰荩臣。史笔多讹传,永言传其真。"寻命图形紫光阁,御制赞曰:"我怀贤劳,命将往代。正值黑水,猖獗鼠辈。以二百众,陷万贼中。因缘殉节,勇济以忠。"

　　长子保宁,袭公爵,现官伊犁将军;第三子保泰,现官察哈尔都统,驻藏办事。

【校勘记】

〔一〕系阿里克　原脱"克"字。满传卷四二叶五六上及耆献类征卷三五〇叶一九下均同。今据纯录卷四〇七叶一四下补。

〔二〕靖逆将军纳穆札勒　"逆"原误作"边"。满传卷四二叶五九上及耆献类征卷三五〇叶二一上均同。今据纯录卷五七五叶三二上改。按本卷三泰传作"靖逆将军",可参证。

〔三〕轻装进发　"进"原误作"尽"。满传卷四二叶五九上同。今据纯录卷五七五叶三二下改。按耆献类征卷三五〇叶二一上不误。

三泰

三泰,汉军正白旗人。曾祖内大臣华善,以其先原系苏完人,姓瓜勒佳氏,奏请改入满洲籍。祖石文炳,袭三等伯,官福州将军。父观音保,任都统。

三泰,由蓝翎侍卫荐授二等侍卫。乾隆二十二年四月,迁正红旗汉军副都统。十月,升吏部右侍郎。二十三年正月,军机处行走。四月,调户部左侍郎。六月,诏三泰与尚书纳穆札勒赴西路军营,以参赞大臣行走学习军务。七月,逆回霍集占自库车败遁,定边将军兆惠往擒剿,命纳穆札勒为靖逆将军,与三泰等统索伦、察哈尔及健锐营官兵往会兆惠军。兆惠军至叶尔羌,令副都统爱隆阿、侍卫奎玛岱以兵来迎。纳穆札勒遣爱隆阿先还,自与三泰、奎玛岱乘夜进,期以黎明趱程至兆惠军营。随行二百骑,猝遇贼三千,被围,奎玛岱死之,纳穆札尔矢尽,三泰坠马,徒步接战,俱中创,阵殁。上嘉悯其忠毅,赠三泰三等子爵,并加恩授其兄详泰为散秩大臣。寻赐祭葬如例,谥果勇,入祀昭忠祠。

回部底定,上追悼纳穆札勒、三泰,御制双义诗纪其事,见纳穆札勒传。寻命图形紫光阁,御制赞曰:"率二百人,共诣军营。临敌而退,宁谓忠诚? 如早闻信,何致殒身? 不前不后,失二贤臣。"

子佛柱,袭世爵及散秩大臣,现官阿克苏领队大臣。

方苞

方苞,江南桐城人,寄籍上元。康熙四十五年,由举人会试中式,以母病,未预殿试。

五十年十月,副都御史赵申乔劾编修戴名世所著南山集子遗录,有大逆语,下刑部拟名世凌迟,词连苞从祖孝标曾降吴逆,所著滇黔纪闻,亦不法,应戮尸。子登峄、云旅,孙世樵缘坐。苞为名世作序,论斩。命九卿详议。五十二年二月,谕曰:"戴名世从宽免凌迟,着即处斩。方登峄、方云旅、方世樵俱从宽免死,并伊妻子充发黑龙江。此案内干连人犯,俱从宽免治罪,着入旗。"是月,苞隶旗籍。三月,上知苞文学,特命入直南书房。八月,直蒙养斋,编校御制乐律、算法诸书。六十一年六月,命为武英殿修书总裁。十一月,世宗宪皇帝嗣位,颁恩诏,其一以族人犯罪牵连入旗者,赦归籍。时入旗合诏条者,惟戴名世案,而原谳例不得援赦,刑部特请,上肆赦苞及其族人。

雍正元年,苞既承恩宥,二年,请假归葬。三年,还京,召见,有"先帝持法,朕原情。汝老学,当知此义"之谕。九年,特授中允。十年五月,迁侍讲。七月,迁侍讲学士。十一年四月,擢内阁学士,苞以足疾辞,命仍在修书处行走,不必办理内阁事务。六月,教习庶吉士。八月,充一统志馆总裁。十三年正月,充皇清文颖馆副总裁。十一月，疏言："常平仓谷，定例存七粜三，有司奉行失宜，必谷既贵，始详上司定价，示期开粜；未奉批，不敢擅开。请嗣后各州县遇谷偶贵，即酌定官价，一面开粜，一面详报。又谷之存仓则有鼠耗，盘量则有折减，移动则有脚价，粜籴守局则有人工食用。春粜价稍有馀，即留充诸费。庶中材可守，若廉能之吏，遇秋籴价贱，盈馀较多。听据实详明，别贮一仓，备歉岁发赈用。"下部议行。

乾隆元年三月，疏言："救荒之政宜豫，周官保章氏以星土之法、五云之物，先期知水旱降丰荒之祲象，以修救政。虽其法无传，然夏末秋初，则水旱丰歉情形，十得八九。旧例报荒，必待八、九月后，灾民朝不待夕，而奏请得旨，动经旬月。请嗣后各州县水旱，五、六月即据实奏报。臣又思古者城必有池。故易曰：'王公设险，以守其国。'周公立司险、掌固二官，以通守政，所恃惟沟树耳。凡国都暨近郊、远郊，必设沟树三重，鄙邑三重。诗曰：'筑城伊淢。'池与淢，即周官所谓沟也。本无城而创作，则起土而沟形已具；本有城以筑外垣，使附城民得保焉，即春秋所称郭与郊保也。不独通川之地，浚沟即可为池。即地不通川，而沟深三丈，则行潦所汇，可纳城市流渐。春秋、战国时，虽弹丸小邑，莫不有沟以为限，有树以为蔽。秦、汉以降，古法不讲，故盗贼滋多。请将城堡、沟树之政，及时修举。又吴、楚、蜀、越、岭徼，皆赖川流塘堰，以灌秔稻，不专恃雨泽。请饬各省，凡通川之地可开支河，及沮洳可兴，大圩与大塘、大堰宜创作修复者，详报核估，造册具题。北五省塘堰、圩堤可兴者少，则查千家、数百家之镇集，宜开沟渠、筑垣堡者，亦造册具题，遇歉岁及时兴作，以工代赈。至沟树之地，不能无废民田，而歉岁官给原价买之，民亦乐从。"部议五六月报灾，恐滋捏饰浮冒，所请不可行；至沟树、塘堰诸事，应令各督抚因时地熟筹而行。"得旨如议。

六月，上怜苞老病，命太医时往诊视。寻谕曰："国家以经义取士，将使士子沉潜于四子、五经之书，含英咀华，发摅文采，因以觇学力之浅深，与器识之淳薄；而风会所趋，即有关于气运。诚以人心士习之端倪，呈露者甚微，而征应甚巨也。顾时文之风尚，屡变不一，苟非明示以准的，使海内士子于从违去取之介，晓然知所别择，专意揣摩，则大比之期，主司何以操绳尺而度群才，[一]士子岂能合矩矱以应搜罗乎？有明制举之业，体备各种。如王、唐、归、胡、金、陈、章、黄诸大家，卓然可传。本朝文运昌明，英才辈出，刘子壮、熊伯龙以后，作者接踵，莫不根柢经史，各抒杼轴。此皆足为后学之津梁、制艺之科则者。自坊选之禁，垂诸功令，而大家名作不得通行，士子无由睹斯文之炳蔚，率多因陋就简，剽窃陈言，袭取腐语。间或以此幸获科名，又辗转流布，私相仿效。驯至先正名家之风味，邈乎难寻，所系非浅鲜也。今朕欲裒集有明及本朝诸大家时艺，精选数百篇，汇为一集，颁布天下，以为举业指南。学士方苞工于时文，着司选文之事，务将入选之文，逐一批抉其精微奥突之处，俾学者了然心目间，用以拳服摹拟。嗣后应弛坊间刻文之禁。倘果有学问淹博、手眼明快者，不拘乡会墨卷、房行试牍，准其照前选刻，但不得徇情滥筋，及狂言横议，致酿恶俗。"苞遵旨选录有明制义四百八十六、国朝制义二百九十七，以清真雅正为宗。呈钦定，颁行天下。寻充三礼义疏馆副总裁，命再入南书房。

　　二年六月,擢礼部右侍郎。苞仍以足疾辞,诏免随班行走。七月,教习庶吉士。九月,疏陈:"九卿会议二事:一、九卿中有异议者,宜并列上闻,以俟圣裁;一、詹事、科道宜仍与九卿一体会议,所议不符,亦随九卿议并奏。"疏下总理事务王大臣等议驳。谕曰:"廷臣会议,其秉公建白与否,皆发于其人中心,非立之章程可迫之使然者。若如方苞所奏,不但事有难行,即定以为例,而不肯视国事如己事之人,其缄默仍如故也。嗣后九卿等当思受朕简界之恩,凡遇廷议事件,胸有所见,即据理直陈,互相参酌,以归于至当;毋得推诿主稿衙门,随班画题以了故事,负朕博采众论之至意。"十二月,苞复以老病请解侍郎任,许之,仍带原衔食俸,教习庶吉士。

　　四年二月,命武英殿重刊十三经、廿一史。苞疏言:"库贮书籍,并无监板经史,而现今监板,更剥蚀无凭校对。请敕内府及内阁藏书处,遍查旧本。谕在京诸王大臣及有列于朝者,如家藏明泰昌以前旧本,奏明交馆;并敕江南、浙江、江西、湖广、福建五省督抚购送旧板经史,彼此互证。再孔颖达、贾公彦等所引十三经及传注,并周、秦间诸子多讹误,请详校开列,呈览酌改。又前侍讲学士何焯曾博访宋板,校正前后汉书、三国志遗讹。应就其家索原书,照式改注别本,其原本仍行给还。"从之。

　　五月,谕曰:"方苞在皇祖时,因南山集一案,身罹重罪,蒙恩曲加宽宥,令其入旗,在修书处行走效力。及皇考即位,特沛殊恩,准其出旗,仍还本籍。又渐次录用,授职翰林,晋阶内阁学士。朕嗣位之初,念其稍有文名,谕令侍直南书房,且升授礼部侍郎之职。伊若具有良心,定当痛改前愆,矢慎矢公,力图报效。

乃伊在九卿班内,假公济私,党同伐异,其不安静之锢习,[二]到老不改,众所共知。适值伊以衰病请改侍郎职任,朕俞允之,仍带原衔食俸。上年冬月,因伊条奏事件,偶尔召见一次,伊出外即私告于人,曾在朕前荐魏廷珍而参任兰枝,以致外间人言藉藉。经朕访闻,令大学士传旨训饬。伊奏对支吾,朕复加宽容,未曾深究。近访闻得伊向住魏廷珍之屋,魏廷珍未奉旨起用之先,伊即移居城外,将屋让还,以示魏廷珍即日被召之意。又庶吉士散馆届期,伊已将人数奏闻,内阁定期考试矣;伊复于前一日,将新到吴乔龄一名补请一体考试,朕心即疑之。今访闻得伊所居之屋,即吴乔龄之产,甚觉华焕,伊受托为之代请。似此数事,则其平日之营私可以概见。方苞深负国恩,着将侍郎职衔及一切行走之处,悉行革去,专在三礼馆修书,效力赎罪。"

苞以年近八旬,时患疾痛,恳回籍调理,大学士等代奏,恩赏侍讲衔,准其回籍。十六年,卒。

【校勘记】

〔一〕主司何以操绳尺而度群才　"何"原误作"无"。汉传卷二五叶五下及耆献类征卷六九叶三下均同。今据纯录卷二一叶二下改。

〔二〕其不安静之锢习　"习"原误作"疾"。汉传卷二五叶九上及耆献类征卷六九叶五上均同。今据纯录卷九二叶一五下改。

钱陈群　子汝诚

钱陈群,浙江嘉兴人。康熙六十年进士,改庶吉士,散馆授编修。雍正七年,充湖南乡试正考官。九年,迁右赞善。十一年,转左赞善。十二年三月,迁右庶子。四月,迁侍讲学士,充日讲起居注官。十三年正月,提督<u>顺天</u>学政。闰四月,转侍读学士。七月,命南书房行走。九月,改右通政,仍留学政任。十一月,疏言:"各学举报优劣,请照京察计典例,止于岁试随棚举行。盖岁试文武生毕集,至科试则武生不与,而文生应试者,亦止十之三四,不能面加奖戒。其岁科并行之地,必有朝报劣而夕褫革,欲自新而无路者;即举优亦易掩饰。请停科试举报。"下部议行。<u>乾隆</u>元年,丁母忧回籍,服阕,命提督<u>顺天</u>学政。四年,补原官。

　　<u>陈群</u>母陈氏知书,工绘事。<u>陈群</u>少时,母勖之学,为<u>夜纺授经图</u>。<u>陈群</u>尝奏及之,上赐题以诗,有"嘉禾欲续贤媛传,不愧当年画荻人"之句。五年,疏请增<u>顺天</u>乡试南北皿中额,谕曰:"此奏甚属错谬。国家育才取士,自有章程,即正途人员应得之缺,亦有定制,断无因人数众多而多设官职之理。目今进士之就选者,已觉濡滞,而举人之就选者,则在二十馀年之久,已有难于疏通之势。若欲希图士子之称扬感激,再增中式之数,则取者愈多,而用者益觉遥遥无期。彼中年中式之人,至老方得一官,精力衰颓,志气怠惰,国家何能收科目取人之实效乎?<u>钱陈群</u>身为学臣,不知政体,为此沽名之奏,甚属不合。着交部察议。"寻议销去加一级。六年六月,迁太仆寺卿。七月,迁詹事。八月,疏请<u>直</u>省学官从祀先贤、先儒神牌位次,悉遵太学,不得因陋就简,以讹承讹,用昭慎重。部议从之。七年五月,擢内阁学士。六月,迁刑部右侍郎,七月,转左。九年七月,充经筵讲官。十年,充会试副考官。十二年二月,充<u>大清会典馆</u>副总裁。六月,充<u>江</u>

西乡试正考官。十五年,复充江西乡试正考官。

十七年,患反谷疾,连疏乞解职回籍,许之,命其子编修汝诚侍行,且赐诗以宽其意。诗曰:"三尸素所灭,二竖胡为作。予告遂颐和,还乡竟如约。陛辞意恳款,请诗应允诺。怜汝身日羸,壮汝神犹铄。达生有至论,庸医无大药。辟谷方赤松,先忧后原乐。"十八年,陈群进途中所作诗,上用其会锦春园和韵,赐诗曰:"北海惟客待,杜陵讵身谋。胜会开名园,新诗步秦州。犹记陛辞时,流火方新秋。何事大江北,闲寻溪壑幽。养疴许谢庄,遁迹非田畴。故乡山水佳,药饵颇易求。颐摄冀良愈,待泛还朝舟。江头有锦春,何妨一命游?几杖儿孙侍,樽核宾从稠。江湖信可乐,廊庙岂忘忧?迟迟有深意,欲迈还停收。况彼五亩间,卷阿我曾留。即是矢音地,扈赓忆从头。诗简附奏笺,翰苑传风流。固知解脱心,疾等浮云浮。从兹一苇南,遥望心与悠。"

二十二年,上南巡,谕陈群在籍食俸。二十五年,上亲为乔梓图寄赐陈群,[一]序云:"重五日钱陈群和赐其子汝诚诗画扇以进,盖欲之而不敢言。陈群老矣,不可使其因此郁郁于怀,促成是幅,并叠旧韵赐之。诗曰:'南国应尝谷雨茶,箧头书自遂初家。贡来恰好临蒲节,赐去无须宝墨华。教寄北山聊示梓,漫参西土拟拈花。高年已觉多男累,莫逐东风更羡鸦。'"二十六年,来京恭祝皇太后七旬万寿,蒙恩与香山九老会。谕曰:"钱陈群久历卿贰,兼直内廷。年逾七旬,学问优裕。前以养疴回籍,有旨在家食俸,用资颐养。今来京庆祝,召对之次,见其神明不衰,而居乡素称恪谨。着加恩赏给尚书衔,以昭优眷。"又谕曰:"今年恭逢圣母皇太后七旬大庆,在籍诸臣来京叩祝,具见惓忱。献岁之初,朕恭奉安舆,时巡南服。诸臣甫及旋里,复当出境迎銮,仆仆道途,于林下高年,诸多未便。可谕诸臣,今年曾经赴阙者,明春无庸越省候接。[二]在两浙者,不必至江南;在江南者,不必至东省。如沈德潜即于苏州,钱陈群即于嘉兴,馀均视此为例,副朕体恤至意。"二十七年,驾过常州,陈群偕德潜来迎。御制诗各书一通赐之,曰:"二老江、浙之大老,新从九老会中回。身体康强自逢吉,芝兰气味还相陪。迎堤恭遇以为喜,出诗命和群应推。更与殷勤订佳约,期颐定复登金台。"

　　三十年,上南巡,陈群复偕德潜迎驾。赐诗曰:"二仙仍此候河滨,三载相暌意更亲。郭泰、李膺一烟舫,沈期、钱起两诗人。飘然白发都还健,瞭尔清瞳自有神。笔力年华虽共老,载赓知复倍清新。"是年陈群年八十,命加太子太傅,赐其子汝器为举人。汝诚适扈跸,谕至家省侍。三十一年,陈群进其母画册,每幅有其父纶光题句,上制诗十章归之,有"子昂题句仲姬画,颇有今人似昔人"之句。三十六年二月,上东巡,驻跸平原,陈群进所书登岱祝釐颂及御制诗文并赓韵诗册至。赐诗曰:"平原此日巡方驻,秀水多时奏牍钦。万有馀言亲手写,三千里外故人心。可知食履益康健,具见颂扬笃悃忱。冬月定当重晤面,健谈兴自勃知音。"八月,陈群进谢恩诗,上即以前韵答之曰:"宣毫端砚常随侧,即景摛词每寓钦。何必多思甫老句,所无逸缅旦公心。往来笔札如亲面,赓和篇章每托忱。善颂虽卿颇自许,不忘规更伫佳音。"

　　是冬,来京恭祝皇太后八旬万寿,命紫禁城内骑马,并赐人参,令其子汝诚扶掖出入内廷。再与香山九老会,陈群进和御制香山九老诗句云"鹿驯岩畔当童扶",上赏其超逸,亲为图以赐。陈群将南归,复赐诗曰:"刚喜谈心频席前,胡为庆葳又当旋。几番笑语消一瞬,重晤风光期十年。雪阻长途仍发轫,冰凝顺水未开船。精神健岂妨跋涉,却是南瞻每睠然。"明年,陈群抵家,疏谢,上时驻跸香山,赐答诗有"香山适接还乡信,即景尤思扶鹿人"之句。陈群深于诗,多不经人道语,书法亦苍老。家居后,每岁上录寄诗百馀篇命之和,陈群既和韵,必亲缮册以进,册必有跋,体或兼行草,屡蒙奖赞。

三十九年,卒。谕曰:"在籍加刑部尚书衔钱陈群老成端谨,学问渊醇。自康熙年间通籍词垣以后,久直内廷,荐历卿贰,奉职恪勤。嗣因养疴,予告优游林下者二十馀年,实东南搢绅领袖。前此屡次南巡,叠加授尚书衔,晋太子太傅,在籍食俸。并时以御制诗章,寄令赓和。儒臣老辈中,能以诗文结恩遇、备商榷者,沈德潜故后,惟钱陈群一人而已。前岁来京,见其精神强健,为之欣慰,因赏给人参,俾资颐养,冀其寿跻大耋,尚可再赴阙廷,益承优宠。昨冬闻其忽尔抱疾,廑念良殷,曾于奏折内温垂谕询,意其即可调理就痊,以副恩眷。今骤闻溘逝,深为悼惜!着加恩晋赠太傅,入祀贤良祠,并于浙江藩库内赏银一千两,经理丧事。应得恤典,该部察例具奏。"寻赐祭葬如例,谥文端。四十四年,御制怀旧诗,列陈群于五词臣中,诗曰:"少年困场屋,贤母授之经。故学有渊源,于诗尤粹精。经济虽非卓,不失为老成。以疾赐悬车,还乡信循名。迎銮三于浙,祝釐两入京。倡和称最多,颂中规亦行。林下惟恂谨,文外无他营。优游登大耋,生贤殁亦荣。"

长子汝诚,乾隆十三年进士,改庶吉士,散馆授编修。十六年,充河南乡试正考官。十七年,侍父南归。比还职,命南书房行走。二十年三月,充日讲起居注官。五月,迁侍讲。二十二年,迁侍读学士。二十三年,擢内阁学士。二十四年,迁兵部左侍郎。二十五年三月,京师谷价未平,命赴德州会勘北上商贩船,因请嗣后商船至天津关毋得留难,回空时概免封堤剥船,得旨嘉允。四月,调刑部左侍郎。六月,充江南乡试正考官。二十六年三月,兼管顺天府府尹。十一月,调户部右侍郎,寻转左,充经筵讲官,仍署刑部侍郎事。二十七年,复充江南乡试正考官。二十八年二月,请将应入乡会试外帘官通行开列,无得规避。上是其言,如所请行。六月,文安、霸州、大城等处生蝗,谕严督捕;命会勘顺天府及宣化、永平、遵化旗地核定租额。二十九年,因刑部拟罪乖谬,部议革职,诏从宽留任。三十年,疏请终养,许之。三十一年,丁母忧,服阕,仍留籍养父。三十九年,丁父忧。四十一年,服阕,署刑部右侍郎,寻授左侍郎,充四库全书馆、三通馆副总裁。四十三年,命仍在南书房行走。四十四年,卒。

【校勘记】

〔一〕上亲为乔梓图寄赐陈群　"乔"原误作"桥"。耆献类征卷七五叶三上同。今据汉传卷二三叶五一上改。

〔二〕明春无庸越省候接　"越"原误作"赴"。汉传卷二三叶五三下及耆献类征卷七五叶三下均同。今据纯录卷六四七叶一九下改。下同。

任兰枝

任兰枝,江苏溧阳人。康熙五十二年一甲二名进士,授编修。雍正元年正月,入直南书房。二月,充江西乡试副考官。寻充日讲起居注官。九月,命视学四川,迁左中允。二年,擢右庶子。三年,转左庶子。五年闰三月,迁侍讲学士。四月,迁少詹事。寻授内阁学士,兼礼部侍郎。九月,以安南国定界事,命偕左副都御史杭奕禄赍诏往谕,详杭奕禄传。七年,充浙江乡试正考官。八年,充会试副考官,寻教习庶吉士。九年正月,擢兵部右侍郎。六月,江西广信营参将张福揭报南昌总兵陈玉章侵扣兵饷诸款,上命兰枝往按之,惟侵扣属实,馀坐诬。奏入,上嘉之。十二月,调吏部右侍郎。十年七月,充八旗志书馆副总裁。八月,充顺天乡试副考官。十月,转左侍郎。十一月,充经筵讲官,寻充会试副考官。四月,充一统志馆总裁。十三年八月,高宗纯皇帝御极。十月,命充世宗宪皇帝实录总裁官。

擢礼部尚书。奏言:“雍正八年经吏部议准通政司参议吴山条奏,将直省举人预行截取,分部学习,一年期满,该堂官出具考语,仍归原班铨选。盖欲令其谙练政务,以为后日服官之资也。但六部各司,额设满、汉司员,兼有额外进士及笔帖式等承办。其学习举人为数众多,又无画稿说堂之责,一应案卷纷繁,若使尽阅,转稽时日,兼恐传说议论,别生事端。是以伊等分部毫无职掌,于堂司官亦漠不相亲,不过每日赴部画到,期满日该堂官出具考语,但按到簿稽查,填写‘行走勤’字样。其吏治之熟谙与否,实属无凭考验。况一奉部文截取学习,地方官督促赴部,不便迟延。及至期满,铨选尚遥,又难久候,仍复回籍。长途往返,资斧维艰。远省边方,情有可悯。且部务原与外任知县不同,诸凡钱粮刑名催科听断之法,自须因地制宜,随时更变,非必在部行走方可学习。请嗣后举人应选知县者,停其分部学习,俟选期将届时,陆续截取,赴部候选。"下部议行。

　　乾隆二年二月,命兰枝偕鄂尔泰、张廷玉、三泰恭点泰陵神主,谕曰:"点主大礼攸关,必取其人品望素优,老成端悫,俾之敬谨将事,方克称尊奉之隆仪。卿等皆国家大臣,夙荷皇考恩遇,倚任有年,名望夙著,故藉卿等襄此巨典。其体朕哀慕悯忱,斋庄严恪,静虑凝神,以对越皇考在天之灵。庶得仰邀皇考歆鉴,朕有厚望焉。"三年十月,调户部尚书。四年正月,上御乾清宫新暖阁,赐诸王、贝勒、贝子、大学士、九卿、翰詹、科道,及督抚、学政在京者九十九人宴,赋柏梁体,御制"洪钧气转叶韶年"句首唱,群臣恭赋成章,赐笺砚笔墨有差,兰枝与焉。复调礼部尚书。

　　五年四月,兰枝门生太常寺卿陶正靖谢恩时奏对失指,谕曰:"从来师生同年袒护朋比,最为恶习,关于风俗政治者非浅。我皇考屡垂训诫,力为整顿,此风已觉改易。近日又有复萌之意,前日陶正靖因升授太常寺卿,具折谢恩,召伊进见,面询云:'现在雨泽愆期,朕用人行政之间或有阙失,召尔独对,当直陈无隐。'伊沉思良久,奏云:'并无阙失,惟有处分魏廷珍一事,不无屈抑。'朕思魏廷珍历来居官,一味因循推诿,从未担承一事,不过师友同年援引标榜,博取虚誉,有负国恩。朕是以因其自请罢归,降旨革职。伊既请离任,已不供职,与国计民生有何关系,而陶正靖独举此一事为言,岂得谓之直陈无隐乎?彼时朕并无责伊之词,亦无疑伊之意,及恭阅皇祖实录内,纪载癸巳科拔取翰林,知魏廷珍、任兰枝、孙嘉淦等皆属同年,朕即疑陶正靖必系伊等之门生。昨日礼部引见,朕问任兰枝,伊果称陶正靖系伊门生。如此,明系任兰枝将魏廷珍屈抑之处向伊言之,而有此奏。据任兰枝辩称,未曾向伊言及,则陶正靖私心揣合任兰枝之意,互相袒护矣。因此事有关师生年谊、比周朋党之渐,特令任兰枝将朕旨写出,申饬陶正靖,并使众人知所儆戒。至于陶正靖系任兰枝之门生,朕问任兰枝始知之,并未向他人问及;乃伊书写朕旨,作为问陶正靖而知之。其居心诈伪,避重就轻,欲于笔墨之中逞其伎俩,朕岂不读书之主,于字句抑扬间,不能辨别其用意之所在乎?据此,则朕之所疑者,确中情事矣。且伊奏称年老耳聋,一时误听,是俨然以旧臣自居。试问伊自登仕籍以来,为国家宣猷效力者何事,亦不过周旋世故,依违观望,如魏廷珍之辈,为仕途巧宦耳。即此刻传见大臣等,而任兰枝系进呈旨意之人,竟在外逍遥自如,以致诸臣等候良久,屡经寻唤而后至,是又何心?任兰枝、陶正靖俱着交部严加议处。"寻议革职,得旨,任兰枝从宽留任,陶正靖降五级调用。八月,命往盛京监收谷石。七年正月,调兵部尚书。七月,仍调礼部尚书。十年,以老致仕。十一年,卒。

　　张照

　　张照,江苏娄县人。康熙四十八年进士,改庶吉士。五十一年,散馆授检讨。五十四年,入直南书房。雍正元年五月,迁赞善。六月,迁侍讲。七月,转侍读。九月,迁右庶子。十月,充福建乡试副考官。二年,转左庶子。三年二月,迁侍讲学士。四月,充日讲起居注官。疏言:"圣谕广训一书,请令学政转颁各州县学,俾童蒙诵读。府县考覆试时,背录一条,方准录取。"奉旨允行。四年四月,充云南乡试正考官。八年二月,迁少詹事。九年七月,擢内阁学士。十年七月,奏言:"臣祖淇曾以田千亩为义田赡族,未经奏明立案。既为公产,转恐争竞,请官为存案,载入县志,不得擅卖擅买,违者虽臣子孙,亦以盗卖官田论。"疏入,上允所请立册存案,并敕部旌奖,以彰义举。寻议赠淇如其子原任吏部侍郎等官。

十二月,擢刑部左侍郎,仍兼内阁学士,寻署顺天府府尹。十一年四月,授左都御史,暂署刑部尚书,兼管顺天府府尹。七月,奏:"请更定律例:一、夫殴妻死,审无故杀别情,如无承祀之人,准留承祀,枷责完结;一、窃盗至三犯,通计赃五十两以下,罪止满杖者,从重拟遣,五十两以上,罪止徒者,拟绞监候;一、承审官重刑叠夹致毙笞杖人犯二命以上,徒流人犯四命以上者,以故勘论,拟斩监候;一、斩绞人犯在狱,如强横不法,及犯赌博等事,照原拟即行正法,提牢官议处,禁卒责惩;一、支领囚粮,每石脚价银五分,以赃罚银给发,移户部查核;一、刑部现审左右二司郎中、员外、主事缺出,拣选调补,遗缺归铨。"下部议行。十二月,授刑部尚书。以预修大清会典书成,议叙加一级。十二年五月,刑部议覆福建民蓝厚正殴毙胞兄一案,照以援拟失当,降一级留任。十三年正月,充皇清文颖馆副总裁。

五月,贵州九股生苗不法,扬威将军哈元生、副将军董芳分剿,上命照为抚定苗疆大臣。照抵黔,倡分地分兵之议,因施秉为适中地，遂以其上为上游，用滇、黔兵，专属哈元生；以其下为下游，用楚、粤兵，专属董芳。于是进剿之兵纷纭撤换，哈元生、董芳欲将村庄道路尽划上下界，文移辩论，日久无功。八月，今上御极，寻命照来京，以湖广总督张广泗往代。谕曰："从前经理古州苗疆，原系鄂尔泰独任其事。后来逆苗煽动，张照在京时，见皇考申饬鄂尔泰，因其向来料理原未尽善，继有解任之旨。张照遂以私意揣度，过甚其词。彼时廷议新疆不可弃置，张照即在预议之列，皇考深以为然。今张照以为密奉弃置之谕旨，转告将军哈元生，因降旨弃绝。乖谬已极！谕张广泗知之。"十一月，谕曰："张照办理苗疆事务，本系自请前往，乃到黔以来，挟诈怀私，扰乱军务，罪过多端。伊到京时，着总理事务王大臣会同刑部审拟具奏。张广泗劾照立意阻挠，与元生互相攻讦，置应办之事不理，致大兵云集数月，毫无成功。"命革职拿问。乾隆元年九月，廷议依律拟斩。谕曰："张照浮躁性成，又误听传闻之言，立意与哈元生龃龉。朕念哈元生从前征剿乌蒙，曾经效力，业已从宽免死。张照亦一体释放。"寻命在武英殿修书处行走。

　　二年二月，授内阁学士，入直南书房。十二月，充经筵讲官。四年三月，请终养，上慰留之。五年五月，授刑部右侍郎，十月转左。十二月，奏言："律例刊校颁行，尚须一年。各省未发新书，拟罪必遵旧例。请于旧例轻而新改重者，仍待奉到日遵行，不必驳改；旧重新轻者，刑部即引新书改正，使一年之内，薄海内外早被恩光。"特旨允行。六年二月，请假归省，九月，回任。十一月，上以朝会乐章句读，与乐音不相比合，敕庄亲王同照查明律吕正义源委，又坛庙乐章恐不合律，并查奏。寻合疏言："律吕正义一书,编摩未备,请重修律吕正义后编,与前书并垂万世。坛庙朝廷乐章,应遵圣训,将新旧所定,并宋朱子六经图及明朱载堉乐书式考定宫商字谱,备载于篇,使律吕克谐,寻考易晓,其民间俗乐,亦宜一体厘正。"下部议行。七年二月,疏言:"军流遣犯,例应金妻,如子孙愿随往者听,并不在应遣之列。向来旗人由旗咨部文内注明'随往'字样。至民人,刑部据文转咨,多不注明,至配一例羁管。本犯身故,随往子孙不得援奉恩例。请嗣后该管衙门金遣时,即于文内注明'随往'字样,以免滥行羁管。本犯身故,妻子愿归,给照回旗、回籍,仍报部存案。又遣犯在配,本身既不许他往,子孙又一例羁管,困顿饥寒,情殊可悯。请嗣后遣犯在配所生子孙,该犯在日,如有附近谋生者,准呈明给限前往,逾限不回,查究。在配所生子女,或许嫁他处,或寄养于人,悉听自便。又各边镇赏旗为奴人犯,在籍子孙本非例应金遣。如往遣所省视,情殷依恋,或穷途艰苦,不能即归。旗主藉其力作,岁月寝久,并没为奴,甚属冤抑。请嗣后到配省视者,赴该管衙门报名存案,回籍日即给印票放行。如旗主刁留计陷,照律治罪。"部议从之。四月,擢刑部尚书。五月,管理乐部。先是,雍正五年,八旗佐领等有揩扣兵丁钱粮、印子钱者,世宗宪皇帝谕禁,定枷责追利入官之条。雍正十三年都统李禧请旗民一体严禁,借债人自首免罪,并免偿放债人治罪,仍追利入官。民间争首告冀免。至是,照疏言:"八旗佐领等官盘剥该管兵丁,放印子钱者,仍遵例拟追外,如止重利放债,悉依违禁取利本律治罪。禧所奏自首免偿例,已经律例馆删除,不准引用。"部议从之。十月,中允于振请厘定文庙乐章,上命照撰拟进呈,颁发曲阜及各省学宫。八年十月，谕曰："朕登极诏内，四品以上官，例得恩荫。刑部尚书张照因彼时缘事未与，今特加恩，补行给与恩荫。"

九年十二月，丁父忧，上以照父汇义方有素，训子成名，特谕于本籍赐祭一坛。十年正月，照奔丧，行至江南徐州，卒。漕运总督顾琮以闻，谕曰："张照才品优长，兼谙法律，学问充裕，词藻清新。侍直内廷，勤慎素著。前闻伊父讣音，抱病星驰。朕切谕其以礼节哀，毋致毁瘠。今闻在途溘逝，朕心深为悯悼！着加太子太保、吏部尚书。应得恤典，察例具奏。"寻赐祭葬如例，谥文敏。二十四年，谕曰："前因查阅蒋洲署中所藏字迹书册，见有张照狱中所题白云亭诗卷，词意怨望。因念张照为受恩已故之人，即已付之炎官，以保全其始终，未曾明降谕旨。昨命大学士蒋溥向伊子张应田寓中查取张照所遗笔札，则更有未经朕览，刊入集中者。毋论不日不月等语，极为狂诞，而一则曰'丞相'，再则曰'鄂伯'。若以伊之获罪，悉由于鄂尔泰之构陷者，伊既以此愤嫉之词，公然付之剞劂，传之后世。无知者观之，将谓实有其事，故朕不得不明白宣示。鄂尔泰经理苗疆一事，朕与和亲王每日亲承皇考训谕，其中端委，实所深知。张照之奉命经略，原令访察鄂尔泰事迹，乃张照一入四川，妄自尊大，不以苗疆重务为计，立意阻挠。于董芳则极口赞扬，于哈元生则痛加丑诋，且私致书于哈元生等，令参鄂尔泰。以致张广泗、哈元生、元展成等将伊乖张谬妄，并致书嘱等款，纷纷陈奏。夫以国家经略大臣膺节钺重寄，而乃挟私偾事，至于如此！按以军法，立置重辟，实所应得。使非朕深知张照素与鄂尔泰嫌怨，岂仅付法司，拟以监候，为此格外矜原乎？乃张照尚不知痛心悔改，妄生不平之鸣耶？

朕尔时深见苗疆之事，惟专任张广泗，庶可集事，即不得不将张照撤回，以防牵制。嗣念张照办事尚有小才，出之囹圄之中，弃瑕录用，不数年由内阁学士荐擢尚书；供奉内廷，时得召对，不啻家人父子。在伊素性乖谬，不惬人望，一时诸人未必不以朕为宠遇过优，而朕并不以此少弛其恩礼，其感激又当何如耶？即如在狱时所处本非顺境，抑郁之状犹或人情所有。迨至再跻显秩，叠受殊恩，苟有人心，则从前骯髒激励之词，亦当猛省铲削，而必将此刊刻流传，其居心又可问耶？使张照仍在，即应治以国法。今其人已死，姑免深究。伊子张应田所得荫生官职，亦从宽免其革退。"

四十四年，上念照资敏博学，尤工书，御制怀旧诗，列照于五词臣中。诗曰："书有米之雄，而无米之略。复有董之整，而无董之弱。羲之后一人，舍照谁能若？即今观其迹，宛似成于昨。精神贯注深，非人所能学。三朝直内廷，受恩早且渥。其诗喜谈禅，学苏太相著。以苗疆获罪，意实别有托。平苗事既久，复用仍迁擢。性敏才本高，未免失行薄。使生前明时，标榜必致错。本朝无所施，小哉张与鄂。"四十七年十一月，谕曰："昨阅进呈一统志内国朝松江府人物，只载王顼龄、王鸿绪诸人，而不载张照。其意或因张照从前办理贵州苗疆曾经获罪，又其狱中所题白云亭诗意感愤，经朕明降谕旨，宣示中外，因而此次纂办一统志，竟将伊姓名、里居概从删削，殊属非是。张照不知朕办理其案之公衷，而反挟私怨恨，诚非大臣公忠体国、精白一心之道，然其文采风流，实不愧为乡贤，即董其昌亦岂纯全之正人君子哉？使竟不登志乘，传示艺林，致一代文人学士，不数十年竟归泯没，可乎？况从前张照之获罪，固疑为鄂尔泰倾陷，其狱中愤怨之词，亦大都指摘鄂尔泰者居多。盖鄂尔泰欲置伊于死地，朕若听信其言，张照岂获生全？彼不知朕非信谗之主，而鄂尔泰又岂能谗张照之人？即如朕初政时，户部尚书缺出，果亲王保荐右侍郎托时。朕以海望乃左侍郎，资俸既深，皇考眷注亦优，特予擢用。夫鄂尔泰之力必不能过于果亲王，果亲王尚不能荐用一尚书，岂鄂尔泰能构一尚书致死耶？嗣念张照究系可用之材，因出之囹圄，不数年间由内阁学士荐擢刑部尚书，供奉内廷。朕之待张照终始成全，原不以一眚之微，始终摈弃，可谓极儒臣之荣遇，即将来国史中亦当令载笔之臣，将伊事迹详晰编入，何此时纂办一统志转佚其名耶？总之，张照虽不得谓醇儒，而其资学明敏，书法精工，实为海内所共推重。瑕瑜不掩，公论自在。所有此次进呈之一统志，即将张照官秩出处事迹，一并载入。"

沈德潜

沈德潜，江南长洲人。乾隆四年进士，改庶吉士。七年，授编修。八年，迁左中允。累迁侍读、左庶子、侍讲学士，充日讲起居注官。九年，充湖北乡试正考官，迁少詹。十年，晋詹事，充武会试副考官。

十一年三月，授内阁学士。八月，请假归葬，得旨，不必开缺。御制诗赐之曰："我爱德潜德，淳风挹古初。从来称晚达，差未负耽书。方藉通玄笔，胡悬韦、孟车？其如感风木，暂许返林间。南国欣归陆，东门漫拟疏。江乡春意懒，能不忆金除！"命给德潜三代封典。十月，谕曰："朕向留心诗赋，不过几馀遣兴，偶命属和,其中才学充裕,如沈德潜等,间或一加超擢,而躁进之徒,竞思进献,若借此可为梯云之捷径。不知沈德潜优升阁学,朕原因其为人诚实谨厚,且怜其晚遇,是以稠叠加恩,以励老成积学之士,初不因进诗优擢。雕章琢句,专事浮华,此风一炽,必有藉手捉刀,希图侥幸者。传谕知之。”

十二年四月,命在上书房行走。六月,假满赴职,赐诗曰:“朋友重唯诺,况在君臣间。我命德潜来,岂宜遽引年?泷冈表阡罢,白驹来贲然。即此至性肫,令我愈以怜。昼锦非所夸,孝乌或致焉。席前陈民瘼,不负予谘延。儿辈粗知书,善为道孔颜。”寻擢礼部侍郎。十三年,充会试副考官。寻谕曰:“沈德潜年力就衰,着以原衔食俸,在上书房行走。”十四年,诏原品休致,赐人参、官帛,命有所著作,许寄京呈览。寻进所著归愚集。上南巡,谕在籍食俸。赐诗曰:“水碧山明吴下春,三年契阔喜相亲。玉皇案吏今词客,天子门生更故人。别后诗裁经细检,当前民瘼听频陈。老来底越精神健,劫外胎禽雪里筠。”是冬,以祝皇太后六旬万寿诣京。十七年正月,回籍。十月,进所撰西湖志纂。二十二年,上南巡,加礼部尚书衔,叠前韵赐诗曰:“前席何曾隔六春,三千里不间疏亲。星垣帝友岂无友,吴下诗人尚有人。咨度瘼情期达隐,平量句义欲肤陈。步趋望九虽称健,灵寿听教手握筠。”二十六年,诣京祝皇太后七旬万寿,上命集在朝诸王文武及致仕大臣年七十以上者为九老,凡三班,并绘图,德潜列致仕九老之首。

时德潜进所撰选刻国朝诗别裁集,请御制序文,上以德潜选次未当,命儒臣重为精校去留,赐之序曰:“沈德潜选国朝人诗而求序以光其集。德潜老矣,且以诗文受特达之知,所请宜无不允。因进其书而粗观之,列前茅者,则钱谦益诸人也,不求朕序,朕可以不问;既求朕序,则千秋之公论系焉,是不可以不辨。夫居本朝而妄思前明者,乱民也,有国法存焉。至身为明朝达官,而甘心复事本朝者,虽一时权宜,草昧缔构所不废。要知其人则非人类也,其诗自在,听之可也。选以冠本朝诸人,则不可,在德潜则尤不可。且诗者何?忠孝而已耳。离忠孝而言诗,吾不知其为诗也。谦益诸人,为忠乎?为孝乎?德潜宜深知此义。今之所选,非其宿昔言诗之道也,岂其老而耄荒?子又不克家,门下士依草附木者流,无达大义、具巨眼人捉刀所为,德潜不及细检乎?此书出,则德潜一生读书之名坏,朕方为德潜惜之,何能阿所好而为之序?又钱名世者,皇考所谓'名教罪人',是更不宜入选;而慎郡王则朕之叔父也,虽诸王自奏及朝廷章疏署名,此乃国家典制,然平时朕尚不忍名之,德潜本朝臣子,岂宜直书其名。至于世次前后倒置者,益不可枚举,因命内廷翰林为之精校去留,俾重锓版,以行于世。所以栽培成就德潜也,所以终从德潜之请而为之序也。"

十月,谕曰:"今年恭逢圣母皇太后七旬大庆,在籍诸臣来京叩祝,具见悃忱。献岁之初,朕恭奉安舆,时巡南服,诸臣甫及旋里,复当出境迎銮,仆仆道途,于林下高年,诸多未便。可谕诸臣,今冬曾经赴阙者,明春无庸越省候接,在两浙者,不必至江南;在江南者,不必至东省。如沈德潜即于苏州,钱陈群即于嘉兴,馀均视此为例,副朕体恤至意。"二十七年,驾过常州,德潜偕钱陈群来,赐诗曰:"去岁入都祝慈寿,皤然九老领林泉。清词还擅香山会,底事便教故里旋。更止远迎羼跋涉,所期重晤得流连。论文兼及苍生隐,虚席谁訾宣室前。"三十年,上南巡,晋阶太子太傅,赐其孙维熙为举人,赐诗曰:"吴中今古老人科,比似徵明定若何?书画虽输诗胜彼,功名已过寿如他。游山有兴仍清健,处世无争只善和。明说九旬有三岁,那更年格尚嫌多。"三十二年,赐人参,三十三年,亦如之。

三十四年八月,谕两江总督高晋、浙江巡抚永德:"前经降旨将钱谦益之初学、有学等集,〔一〕严行查禁,嗣据奏到,陆续收缴销毁。因思沈德潜、钱陈群二人平素工于声韵,其收藏各家诗集必多。在钱陈群,于钱谦益诗文似非其性之所近,且久直内廷,尚属经事,谅不至以应禁之书转视为可贵。若沈德潜向曾以钱谦益诗选列国朝诗别裁集首,经朕于序文内申明大义,令其删去。但既谬加奖许,必于其诗多所珍惜,或其门弟子狃于锢习,尚欲奉为瓣香,〔二〕妄以沈德潜齿宿德尊,谓可隐为庇护,怂恿存留亦未可定。果尔,岂沈德潜不知恩重,不复望朕为之庆百岁耶?沈德潜、钱陈群自退居林下以来,朕恩礼优渥,所以体恤而矜全之者,无所不至。伊二人宁不感戴殊荣,勉思仰副?若其家尚有钱谦益初学、有学等集,未经呈缴者,即速遵旨缴出,与二人毫无干碍,断不必虑及前次收藏之非,〔三〕妄生疑畏。岂朕成全两人至此,而委曲令其缴出,转从而加之罪责乎?高晋、永德将此旨密谕沈德潜、钱陈群知之。"九月,德潜病卒。高晋覆奏德潜家并无未缴钱谦益诗文集,谕曰:"沈德潜积学工诗,耆儒晚遇,受朕特达之知。嗣以年高引退,特许归里,俾得颐养天和,为东南搢绅领袖。前者屡次南巡,见其精神强健,叠沛恩施。年来复时予存问,方冀寿跻百龄,益承优眷。今闻溘逝,深为轸惜!着加恩赠太子太师,入祀贤良祠。"又御制诗曰:"平生德弗愧潜修,晚遇原承恩顾稠。寿纵未能臻百岁,诗当不朽照千秋。饰终宣命加优典,论定应知有独留。吴下别来刚四载,怅然因以忆从头。"赐祭葬如例,谥文悫。

四十三年,江南东台县已故举人徐述夔著一柱楼集,诗词悖逆,经县民首告,集内载德潜为述夔作传。下大学士、九卿议,请追夺德潜阶衔、祠谥,仆其墓碑。谕曰:"沈德潜所作传内,称一柱楼编年诗已付梓,并云品行文章皆可法。是沈德潜于徐述夔悖逆不法诗句,皆曾阅看,并不切齿痛恨,转为之记述流传,尚得谓有人心者乎?沈德潜自中式进士及选入翰林时,朕因其平日学问尚好,格外施恩,又念其留心诗学,且怜其晚成,是以不数年间擢为卿贰,又令在上书房行走。而伊自服官以来,不过旅进旅退,毫无建白,并未为国丝毫出力,众所共知。及乞休后,给尚书衔,晋赠太子太傅,并予在籍食俸,恩施至为优渥。沈德潜理宜饬躬安分,谨慎自持,乃竟敢视悖逆为泛常,为之揄扬颂美,实属昧良负恩!且伊为徐述夔作传,自系贪图润笔,为囊橐计,其卑污无耻,尤为玷辱搢绅!使其身尚在,虽不至与徐述夔同科,亦当重治其罪。今伊业已身故,不加深究,然竟置而不论,俾其身后仍得享受恩荣,则凡在籍朝绅,又将何所警惕乎?着照所请行,以昭炯戒!"

四十四年,御制怀旧诗,列德潜五词臣末,诗曰:"东南称二老,曰钱、沈则继。并以受恩眷,佳话艺林志。而实有优劣,沈舛钱为粹。钱已见前咏,兹特言沈事。其选国朝诗,说项乖大义。

制序正厥失,然亦无诃励。仍予饰终恩,原无责备意。昨秋<u>徐</u>案发,<u>潜</u>乃为传记。忘国庇逆臣,其罪实不细!用是追前恩,削夺从公议。彼岂<u>魏徵</u>比,仆碑复何日?盖因耄而荒,未免图小利。设曰有心为,吾知其未必。其子非己出,纨袴甘废弃。孙至十四人,而皆无书味。天网有明报,地下应深愧。可惜徒工诗,行阙信何济。"

【校勘记】

〔一〕钱谦益之初学有学等集　原脱"有学等"三字。<u>汉传</u>卷二二叶五三上及<u>耆献类征</u>卷八四叶二四上均同。今据<u>纯录</u>卷八四一叶二〇下补。按下文有"<u>初学、有学等集</u>"句可证。

〔二〕尚欲奉为瓣香　"尚"原误作"向"。<u>汉传</u>卷二二叶五三下同。今据<u>纯录</u>卷八四一叶二一上改。按<u>耆献类征</u>卷八四叶二四上不误。

〔三〕断不必虑及前次收藏之非　"虑"原误作"虞"。<u>汉传</u>卷二二叶五四上及<u>耆献类征</u>卷八四叶二四下均同。今据<u>纯录</u>卷八四一叶二二上改。

汪由敦

<u>汪由敦</u>,<u>浙江钱塘</u>人,原籍<u>徽州</u>。<u>雍正</u>二年进士,改庶吉士,散馆授编修。六年,丁父忧,以纂修<u>明史</u>,奉旨在馆守制。十年,充日讲起居注官。十一年四月,迁左赞善。八月,迁侍讲。十三年七月,转侍读。十月,授四译馆少卿。<u>乾隆</u>元年,充<u>山东</u>乡试正考官。寻命上书房行走,擢内阁学士。

二年六月,廷臣传言<u>李绂</u>授仓场侍郎,<u>张坦麟</u>授<u>江苏</u>巡抚,

御史刘元爕疏请严禁妄传。上命总理王大臣询问元爕,元爕称闻由敦亦曾至坦麟家称贺。由敦因具疏辨,谕曰:"汪由敦如果有其事,虽强辩何益? 如实无干涉,则不辩自明,亦当静听。乃朕甫交总理王大臣询问,伊何由得知刘元爕奏中有伊名乎? 即此已足见其耳目颇广,必招摇生事不安分之人也! 着革去内阁学士,在侍读学士上效力行走。"十二月,补翰林院侍读学士。五年,复授内阁学士。六年三月,充文颖馆副总裁。五月,迁礼部右侍郎。九月,调兵部左侍郎。十月,充顺天武乡试正考官。七年二月,充会试副考官、经筵讲官。九年三月,调户部右侍郎,晋工部尚书。八月,充顺天乡试正考官。十二月,调刑部尚书。十年,教习庶吉士。十一年,兼署左都御史,在军机处行走。十三年,因定拟误翻清文一案,罪名过轻,部议革职,得旨从宽留任。十四年二月,金川奏凯,议叙,加太子少师。四月,充平定金川方略副总裁。十一月,署协办大学士事。十二月,大学士张廷玉致仕,将归,乞皇上一言为配享太庙券,谢恩不亲至,传旨令廷玉明白回奏。次日,廷玉早入朝。谕曰:"昨朕命写谕旨时,惟大学士傅恒及汪由敦承旨,而汪由敦免冠叩首奏言:'张廷玉蒙圣恩曲加体恤,终始矜全;若明发谕旨,则张廷玉罪将无可逭。'此已见师生舍身相为之私情。及观今日张廷玉之早来,则其情显然。若将二人革职,交王大臣质讯,未有不明者。军机重地,顾师生而不顾公义,[一]身为大臣,岂应出此? 汪由敦着革去协办事务,留尚书任赎罪,以观后效。"十五年三月,谕曰:"汪由敦革职留任之处,加恩准予开复。"

　　上阅永定河工,命由敦同大学士傅恒、总督方观承会勘南岸建坝事宜,合疏言:"臣等自北岸八工抵河南岸,由下七工至上六工,缘堤审视形势。查上六工旧有草坝四,应葺张仙务、双营二处草坝,分泄涨水,上七工向未设坝。〔二〕今细阅马家铺及冰窖以东堤外,多系碱地,广袤闲旷,距村庄远,可潴水,应增建草坝二,分减水势,至河身渐致淤塞。〔三〕其中流涸出之处,现有民居,请禁增造房屋。"得旨俞允。四月,同庄亲王等厘定皇朝礼器图。六月,永定河南岸三工冲开月堤,谕赴固安会勘抢筑事宜。八月,四川学政朱荃匿丧、贿卖生员事发,部议由敦曾保荐荃,应革职。谕曰:"汪由敦本应革职,但念其人尚勤慎,学问亦优,着在兵部侍郎任内效力赎罪。"寻充顺天乡试正考官。十一月,上念由敦在内廷行走勤慎黾勉,恩赏其长子承沆荫生,并令分部学习。十六年七月,兼管户部侍郎事。八月,调户部右侍郎。十二月,命同大学士高斌等查勘天津一带河工。十二月,合疏言:"永定河身北高南下,冰窖下口应量加疏浚,并酌疏王庆坨南引河分数支,则蓄水之地益广,由南埝龙尾东入凤河堤清水一道,宜加草坝缓势,东岸堤工再培高,免涨漫,南埝中汛当下游水汇处,应加培以障河淀。再冰窖口门内河身西折处,挑浚引河,直接坍湾,〔四〕尤属顺捷。"诏如所议行。十七年,晋工部尚书。十八年,以误准开销喜峰口修垫道路银,部议降三级调用,得旨从宽留任。十九年二月,同蒋溥等修盘山新志。四月,加太子太傅。十月,兼管刑部尚书事。二十年五月,平定准噶尔,议叙军功加三级。七月,充平定准噶尔方略正总裁。九月,调刑部尚书。二十一年六月,调工部尚书。十一月,署吏部尚书,二十二年,实授。

二十三年,卒。遗疏入,谕曰:"尚书汪由敦老诚端恪,敏慎安详。学问渊深，文辞雅正。节任部务，供奉内廷。夙夜在公，勤劳匪懈。前以偶撄寒疾，当命加意调治，并赐医药，以冀速痊。忽闻溘逝，深为轸悼！即日朕亲临奠醊，着加赠太子太师，入祀贤良祠，并准其入城于赐第停设，赏内库银二千两，经理丧事。应得恤典，仍着该部查例具奏。"御制诗悼之，曰："赞治常资理，论文每契神。在公诚匪懈，即世信何因。言行遗编简，老成谢搢绅。奠临摅一切，底计日当辰。"寻赐祭葬如例，谥文端。是年冬，上以由敦书法秀润，命翰臣排次墨迹，摹勒上石，名时晴斋法帖。四十四年，御制怀旧诗及五词臣，由敦列刑部尚书张照之次。诗曰："由敦亦工书，用工过于照。而实不能及，则以天分料。古学实胜之，雅正弗轻掉。任职本谨愿，书愈夙夜效。乃以师生谊，获罪所自召。不可听其然，小惩大戒劭。然亦旋重擢，改过斯堪教。饰终仍加恩，善善欲长道。"五十二年，由敦子户部侍郎承霈敬进其父诗文集，上题句当序。诗曰："时晴书草寿苔华，子舍兹呈遗稿嘉。诗与古期归雅正，文非时调去浮夸。席前我偶怀贾谊，书读尔休惭赵奢。旧日西清剧谈辈，只今谁在惹咨嗟。"

　　承霈，现官顺天府尹。

【校勘记】

〔一〕顾师生而不顾公义　"义"原误作"议"。汉传卷二八叶五五上同。今据纯录卷三五四叶二四下改。按耆献类征卷二二叶八上不误。

〔二〕应葺张仙务双营二处草坝分泄涨水上七工向未设坝　"草"原误作"旧"，又"上"误作"下"。汉传卷二八叶五五下及耆献类征卷二二叶八下均同。今据纯录卷三六〇叶三上改。

〔三〕至河身渐致淤塞　“至”原误作“入”。汉传卷二八叶五六上及耆
　　献类征卷二二叶八下均同。今据纯录卷三六〇叶三上改。

〔四〕直接坍湾　“直”原误作“叙”。汉传卷二八叶五七上及耆献类征
　　卷二二叶九上均同。今据纯录卷四〇四叶七上改。

彭启丰

彭启丰,江南长洲人。雍正五年一甲一名进士,授修撰,入
直南书房。七年闰七月,署日讲起居注官,充河南乡试副考官。
十年,充云南乡试正考官。十三年二月,迁左中允。六月,充江西
乡试正考官。十月,充顺天武乡试副考官。乾隆元年,充山东乡
试副考官。三年,迁侍讲。五年,迁右庶子。六年六月,充江西乡
试副考官。七月,迁侍读学士。九月,迁右通政,寻迁左佥都御
史。十一月,疏言:“臣由江西驿路经宿州州境,蒙恩赈恤水灾。
知州许朝栋不实心经理,饥民户籍六七口,仅登记三四,任甲长胥
吏索取报册钱文,凤阳知府杨毓健并不到厂亲查。〔一〕敕下两江总
督那苏图查奏。”寻奏覆许朝栋照料不周,已饬员前往协办。

七年,迁通政使,提督浙江学政。十一月,条陈:“学政事例:
一、请定条对经义画一章程,乾隆元年谕令学臣于岁科考试文艺
后,就诸经中旧说异同别汇处摘录发问,依义条对,后陕西学臣
嵩寿奏请于四书经义外,摘录本经四五行,令作讲义,大都敷衍
塞责,且既试条对,又作讲义,亦属繁复。请嗣后不用讲义,钦遵
谕旨在御纂诸经中专取先儒异同,令其条对;一、请严甲商滥保
商童之例,查浙省商童由盐道录送学政衙门收试,虽有廪保商结

为凭,往往招别籍之人冒考顶替,请嗣后甲商如有混保冒籍入场者,照不应律治罪;一、请随场出题考试岁贡,查向例考贡之年,出题一次考究,将卷汇齐送部,伏思先后一题,则考过一棚,凡陆续赴考者,预知题目,皆可宿构,请嗣后各属就近送考,随时命题,不拘先后一题例,庶得各展所长;一、乡场对读不敷,请兼用四等武生查乡场对读例,用五等文武生,浙省科场需用二百名,不敷则用乐舞生,或临期招募,臣思考居四等,原无不许乡试之例,四等文生有碍场期,固难对读,若四等武生乡试在十月中,并无妨碍,请嗣后各省如五等生员不敷对读,兼用四等武生,俟对读后,免其录遗,准入场乡试,当亦踊跃从事。"下部议行。

十二月,迁左副都御史。八年,迁内阁学士,均留学政任。十月,擢刑部右侍郎。十年四月,疏陈:"浙省利弊四事:一、浙省山高水驶,猾吏奸民侵占蓄水之湖、泄水之沟,以为田地,上年藩司潘思榘疏请禁占官湖,部议除已报垦地亩,馀蓄水处划界限,不许再垦,然如馀杭南湖发源天目注苕,下灌杭、嘉、湖三郡,自前抚朱轼加意浚治,今已沙淤。其他会稽、馀姚、慈溪等湖,皆仅存其名,请敕督抚次第开浚;一、江南漕米每石收费五十四文,半给运丁,半归州县,为修仓铺垫人工饭食、纸张,以及折耗等费,浙省杭、嘉、湖运丁设有漕截一项,由州县征给,而州县漕费,并未议及收漕,赔累为苦,每石漕米私加一二升至五六升,蠹役乘机窃取,运丁吓诈勒加,请敕漕臣援江南例,每石收钱二十四文,为州县修仓铺垫等费,严禁浮收;一、浙江额设均平夫银,供夫役差徭之用,差简可以敷用,差繁每苦赔垫,钦差驰驿官员照勘合定数,易以应付,本省官员来往,吏役任意多索,或即折银,请敕

兵部按官员大小差使烦简,核定人夫名数,俾州县有成例可遵;
一、浙省黄岩、太平地多斥卤,产盐甚旺,兵丁借端挨户搜查,稍
有食盐存积,多方吓诈,一不遂欲,即指为私煎私售,甚或并数家
数人之盐,凑数扳诬,祈敕合省文武大臣,禁兵弁借名搜缉,指食
盐为私盐。"下部议行。寻丁父忧。十五年五月,授吏部右侍郎。
八月,提督浙江学政。十八年,调兵部左侍郎。

二十年二月,疏请终养,得旨:"昨因论臣工终养一事,降旨
宣谕。今日嵇璜、彭启丰各具折呈请终养,此奏若在降旨之前,
出自伊等至情迫切,固当曲体允从之。特以面聆朕训,感发天
良,则所请乃导之自朕,而伊等本未有迫不及待之情。此亦如礼
部乡贤在可准可不准之间,其去留朕得而权衡之,又当各视其人
矣。彭启丰才本中平,办理部务亦属竭蹶,且伊系内廷翰林,以
文学为职,而上年扈跸和诗,视前远逊,所学日渐荒落。着照所
请,准其回籍终养。"二十六年十月,署吏部侍郎,二十七年四月,
报满,实授。五月,谕曰:"昨引见京察一等各员,核之各该堂官
保列名单,其中等第参差,率不甚相远。惟吏部郎中阿敏尔图各
堂官俱列一等,而彭启丰独列为二等,不免有心示异,非偶然品
题高下之比。阿敏尔图系满洲世族,朕习见熟知,伊果有出众长
才,堪膺重任,外而封疆,内而卿贰,当已早经擢用,岂寻常曹司
必待留心甄择而定者?况京察等次,不过就本任职守而言,并非
即为一生定评。即如阿敏尔图在部郎内,安分供职,而又能持正
无私,顾惜颜面,若选司之铨务,银库之出入,以该员素守论之,
实可信其无他。彭启丰之意,不过以其族望所在,[二]非特为区
别,何以知其独立不惧?彭启丰人不如其学,学不如其文,亦从

无一言建白，一事指陈。乃欲于随众具折之中，小示异同，如此独立，谁则不能？朕衡量人才，如各部院兼摄之大学士、尚书、侍郎等，亦只令竭其分量，[三]各抒己见，并不倚为黜陟，其间或同或异，原不加之责备。试问吏部各堂官，列阿敏尔图于一等，是保为封疆乎？卿贰乎？即彭启丰之斤斤示异若此，为京察大典乎？为取巧市名乎？其事固不烦言而易晓。第恐不能见用之人，妄生议论，以为即如彭启丰之不与人同，究可谓能自立崖岸，或又谓因有此奏，始有此旨，中外得悉朕甄才用人之意。然朕之勤政与否，能识人与否，二十七年于此矣，[四]天下宜共悉，固不待朕之朝纶暮綍，以口舌化天下也。"六月，充浙江乡试正考官。十二月，迁左都御史。二十八年六月，迁兵部尚书，充经筵讲官。三十年，充顺天乡试正考官。

　　三十一年，谕曰："史奕昂，朕念其为大学士史贻直之子，且曾任藩司，办事尚无贻误。服阕来京候补，其阶级与侍郎相等，是以擢用兵部侍郎。偶值召对之次，谕及兵部大臣、大学士尹继善在军机处行走，不能每日进署，托言年齿近迈，且系初理部务，彭启丰又属碌碌无能为之人，钟音、蒋楫亦未能练习部务，汝与期成额尚能办事，应随处留心。此原不过令其于日行事件，稽核司员勤惰，查察书役弊端而已。乃伊恃有此谕，遽尔沾沾自喜，大言不惭，遂欲独侵事权，放恣自用，竟似朕以部务专任伊一人者。昨期成额奏伊在部面斥彭启丰有'不称尚书，只宜为司员'之语，今询之彭启丰坚称史奕昂并无此言，但其平日有愿为外任之意。及召询钟音，则称实系共闻。因令彭启丰面为质对，伊始唯唯承认。史奕昂此语本属无稽，彭启丰亦何妨直陈不讳，而乃自居蕴蓄,不言人过,甘效唾面自干,则不但选懦无能,其居心并欠诚实,此又<u>彭启丰</u>之结习未除也。<u>史奕昂</u>姑从宽降为三品卿衔,令其回籍。<u>彭启丰</u>学问尚优,办事本非所长,今复意存模棱,并不据实奏对,殊失大臣之体。<u>史奕昂</u>兵部侍郎员缺,即着<u>彭启丰</u>降补。"

三十三年,京察,谕曰:"侍郎<u>彭启丰</u>才识拘牵,服官竭蹶,着以原品休致。"三十六年,诣阙恭祝<u>孝圣宪皇后</u>八旬万寿,赐游<u>香山</u>诗,诏分大臣为三班九老,致仕者九人,<u>启丰</u>与焉。四十一年,上东巡,<u>启丰</u>迎銮<u>山东</u>,恩赏给尚书衔。四十九年,卒。

【校勘记】

〔一〕任甲长胥吏索取报册钱文凤阳知府杨毓健并不到厂亲查　原脱"文"字,又"杨毓"误作"梅疏"。<u>汉传</u>卷三一叶二七上及<u>耆献类征</u>卷七八叶三二上均同。今据<u>纯录</u>卷一五四叶二一下补改。

〔二〕不过以其族望所在　"族望"原颠倒作"望族"。<u>耆献类征</u>卷七八叶三五上同。今据<u>纯录</u>卷六六一叶一二下改正。按<u>汉传</u>卷三一叶三一下不误。

〔三〕如各部院兼摄之大学士尚书侍郎等亦只令竭其分量　原脱"之"与"量"二字。<u>汉传</u>卷三一叶三二上及<u>耆献类征</u>卷七八叶三五上均同。今据<u>纯录</u>卷六六一叶一二下、一三上补。

〔四〕二十七年于此矣　原脱"七"字。<u>汉传</u>卷三一叶三二下及<u>耆献类征</u>卷七八叶三五下均同。今据<u>纯录</u>卷六六一叶一三上补。

清史列传卷二十

大臣画一传档正编十七

邹一桂

邹一桂，江南无锡人。雍正五年进士，改庶吉士，散馆授编修。十年，[一]充广西乡试副考官，寻授云南道监察御史。十二年，疏言："民间嫁娶及契买奴婢，不用官媒，惟户婚、词讼或入官发卖之人始用之，然亦止令书名画押。近不法之徒，私养妇女，觅主局奸吞骗，无所不为。请敕步军统领、顺天府五城各衙门访拿严禁，并定地方官失察处分。"下部议行。

十三年，提督贵州学政。乾隆三年，奉旨留任。四年，疏言："黔省汉、苗错处，雍正三年前学臣王奕仁奏准岁、科两考，于定额外，加进苗童一名，卷面填写'新童'字样。查归化已经百年之苗，俗尚文风，与汉无二。请准入汉童内应试，其归化未久者，照例归入新童。"六年，疏言："岁、科考一二等生员，例得帮增补廪,<u>黔</u>省岁案帮补,以行文科考日为止;与各省同科案帮补,则于乡试前科册解部日即停。是岁案得缺倍多,科案得缺至少。请改于下届行文岁考日停止,以昭平允。"部议均从之。七年,疏言:"刑部向例秋审结案者归北监,现审未结者羁南所,司狱禁卒,例不更换。益以结案之犯,恩旨于每月初二、十六两日,许家属入视。家人在监者每日准出入买办;而未结之犯,案情未定,概不许人出入,以杜传信串供。今臣查视南所、北监已未结杂收,不无滋弊。请敕部分禁于收禁时立档,开明'已结、未结人犯'字样,庶易稽查。"得旨照所请行。是年,迁礼科给事中。八年七月,疏言:"近见奉旨发议之事,科道于部议未上之先,挽越渎陈,徒滋繁扰,应请申饬。"谕曰:"科道职司言路,凡有见闻,自应陈奏。但如<u>邹一桂</u>所奏挽越渎陈,则大不可。嗣后遇有交部议事件,如科道不待部覆,参差具奏者,该部于议覆本内将伊等意见参差之处声明请旨。"九月,疏言:"乐舞生向来多弊,是以定例令州县官会同教官选补文童,取邻族结册,送学政查核。现经礼部覆准河南学政<u>林枝春</u>条奏,改由学臣录取。此法一行,恐不肖学臣藉以网利。请照旧例补送。"下部议行。九年,与给事中<u>陈大玠</u>先后疏劾革职巡抚<u>许容</u>,不宜仍署湖北巡抚,上嘉纳之。十年四月,迁太常寺少卿。九月,疏言:"监狱重犯,虽防范不得不严,然律载狱具全图,铁索钮镣俱有定式,狱官果遵式慎选禁卒,不时查点,安有越狱之虞?从前禁卒人等因需索,故以防范为辞,或用梐床以束其身,铁箍以直其项,观音圈以挛其手足,种种非刑,经部议严禁,载入则例。乃日久另创新制,囚徒无分多寡,概令排头仰卧于脚镣手铐之中,横穿长木,锁逼两端,压其手足，不能屈伸转侧，搔抑痛痒，实与桎床无异，狱囚多缘毙命。该管上司以脱监处分最严，并不严禁，以穿木束困为通例，直省类然，晋、豫尤甚。请敕督、抚、臬司诸臣严禁。"部议从之。十一年，迁大理寺少卿。十二年，授佥都御史。十三年，迁大理寺卿。

一桂工绘事，所进图画，多邀御题。十五年，迁内阁学士。十七年八月，充会试副考官。十二月，擢礼部右侍郎，十八年，转左。十九年，同部侍郎张泰开保举一桂子志伊为国子监学正，[二]诏下部议，泰开以瞻徇革职，一桂降三级留任。二十年，以瞻徇尚书王安国、左都御史杨锡绂准其父入祀乡贤祠，降二级留任。二十一年，上以一桂年老，不胜侍郎之任，调补内阁学士。二十三年十二月，疏请致仕，允之。陛辞，御制诗二章赐之，其一曰："怀乡念切老年索，弗许翻嫌不近情。一响陛辞双泪下，原犹恋阙可怜生。"其二曰："簪缨归里荣依旧，花鸟怡情乐正赊。吴下诗人应好在，白头相聚话烟霞。"时沈德潜致仕家居，上忆及之，故云。二十六年，来京恭祝皇太后万寿，蒙恩预九老会，赐游香山。二十七年、三十年，上南巡，一桂两迎驾，赐"画禅颐寿"额。三十六年，复来祝万寿，预会赐游如前，命加礼部侍郎衔，在籍食俸。

三十七年，归里，道卒。谕曰："礼部侍郎衔邹一桂供职有年，人亦醇谨。前以老告休，昨冬来京，见其精神尚能如旧。特加恩准其在籍食俸，俾资颐养，令于春和就水程南归。顷闻行至山东汶上县地方，患病溘逝，殊为可悯！着加赏尚书衔，仍着该部照尚书应得恤典，察例具奏。"寻赐祭葬如例。

【校勘记】

〔一〕十年　"十"下原衍一"九"字。汉传卷二二叶六〇及耆献类征卷
　　七八叶四六上均同。今据宪录卷一一九叶一二下删。

〔二〕保举一桂子志伊为国子监学正　"正"原误作"政"。汉传卷二二
　　叶六四上同。今据耆献类征卷七八叶四八上改。

　　董邦达

　　董邦达,浙江富阳人。雍正元年拔贡,经刑部尚书励廷仪保
举,命在户部七品小京官上行走。七年,乡试中式。十一年,进
士,改庶吉士,散馆授编修。

　　乾隆三年六月,充陕西乡试正考官。九月,奏言:"陕西官卷
额中六名,今科卷数少,只遴中四名,馀二名于民卷补中,不敢滥
取官生足额。"疏入,报闻。九年六月,充日讲起居注官。寻授右
中允。十二月,迁侍讲。十年,迁侍读学士。十一年,以与修明
史纲目告成,议叙纪录三次。十二年正月,命南书房行走。七
月,擢内阁学士。九月,皇清文颖告成,议叙纪录三次。十月,丁
母忧。十三年九月,谕曰:"内阁学士董邦达丁忧回籍,将逾一
年,着照从前尚书梁诗正之例,来京在内廷行走,给与俸禄。服
阕遇缺补用。"十五年,补原官。十六年三月,充会试副考官。十
二月,迁户部右侍郎。十八年六月,充江西乡试正考官。九月,
调工部右侍郎。十九年九月,充武会试正考官。十二月,以失察
宝源局匠役窃铜,奉旨降三级,从宽留任。二十二年九月,调吏
部右侍郎。十月,充经筵讲官。二十五年,充武会试正考官。二
十六年,遣祭中岳嵩山及太昊、伏羲氏诸陵。

二十七年,迁都察院左都御史。十二月,晋工部尚书。二十九年,调礼部尚书。三十一年正月,复调工部尚书。十月,命紫禁城骑马。三十二年,仍调礼部尚书。三十三年,因工部任内误准浙江制造步兵鸟枪,降一级留任。三十四年五月,以老病奏请解任,得旨:"董邦达年逾七旬,衰病乞休,自合引年之义。但伊挈家久居京师,既不能遽回本籍,且礼部事务本不甚繁。着加恩准其给假数月,俾得安心调摄,不必解任。"七月,卒。谕曰:"礼部尚书董邦达久直内廷,奉职勤慎。前以衰病乞休,特加恩给假调理,以冀渐痊。今闻溘逝,深为轸惜! 应得恤典,该部察例具奏。"又谕:"董邦达病故,所有伊前在礼、工二部尚书任内应赔银两,着加恩宽免。"寻赐祭葬如例,谥文恪。

邦达工绘事,御制诗题咏甚多。嘉庆十二年三月,谕曰:"高宗纯皇帝实录告成,正总裁大学士董诰前后在馆八年,始终其事,允宜特加优奖。董诰之父尚书董邦达从前未经入祀贤良祠,着加恩准其入祠。"

子诰,官至文华殿大学士。

金德瑛

金德瑛,浙江仁和县人。乾隆元年一甲一名进士,授修撰。五月,命在南书房行走。三年五月,充福建乡试正考官。六年六月,充日讲起居注官。旋充江南乡试副考官。十一月,提督江西学政。八年六月,迁侍讲。七月,疏请:"童生府试,宜仿生员科举例,文童每入学一名,府取五十名;武童每入学一名,府取十名。或逾数滥送,听学臣裁斥。又凡各府学无租者,听府学之廪生贫士报名,附县学册后,酌量多寡分给。"部议从之。十一月,迁右庶子。九年十一月,谕曰:"金德瑛在江西学政之任,甚有操守,取士公明,着再留任。"

十年二月,疏言:"翰林为储才之地,庶吉士务期学有根柢,器量明达,庶无负教养,可备将来任使。是以每科命满、汉大臣二员,教习庶吉士五六十员;而内阁部院大臣政务殷繁,但能总其大纲。旧有分教之例,以俸深翰林为之,俱由掌院分派,时设时止。今馆选届期,乞令大学士掌院于翰詹中品学优赡、资俸较深者,拣选引见,简界分教。"得旨俞允。四月,转左庶子。十三年二月,擢侍读学士。三月,迁少詹事。十五年六月,充福建乡试正考官。十月,迁太常寺卿。十六年十二月,命致祭女娲氏等陵。十七年二月,疏言:"女娲氏陵前寝殿中,塑女像侍嫔御。询之土人,据为求嗣之神。实为黩亵,应毁旧像,立木主。"下部议行。四月,提督山东学政。十九年三月,擢内阁学士。二十一年二月,迁礼部右侍郎。六月,充江西乡试正考官。二十二年三月,充会试副总裁。

二十三年二月,提督顺天学政。五月,疏言:"生员三年岁考,黜陟优劣攸关。八旗中效力当差驻防及丁忧者,皆由学预详,或临场患病,亦必由学明,病痊日补考,立法綦严。兹臣按试八旗,查阅清册,见满洲文生与考者二百四十六名,而无故不到者二百五十六名;汉军文生与考者一百七十六名,而无故不到者二百八名。询之教授,茫无以应,概以患病为辞。臣思患病之人,岂转多于与考之人?皆由本生不自声明,教官姑为容隐。臣现将无故不到人数,分别满洲、蒙古、汉军八旗缕晰名单,咨各旗都统按名查核。请敕限两月内查明，咨覆到臣，以便应去应留，清晰造册。"诏如所请。二十四年七月，疏言："向来直隶乡试，对读生不敷，顺天府添雇贫生。因此四五等生员内，或老病跋涉，资斧艰难，先期押赴，致有逃避不到者，并私雇查出褫革者，似属可矜。拟酌为变通，除甘亲身供役外，如果老病，四等发银四两，五等八两，解交顺天府，官雇充用。"议行。

二十六年五月，擢都察院左都御史。九月，奏言："向例提审各官，于朝房东西分行坐，陈招册于前，刑部书吏二名南北侍立。在北之吏先按一省名册依次唱某囚系旧事，某囚系新事，稍徐曰某囚情实缓决可矜；在南之吏续唱亦如之。招册繁多，旬馀竣事。日不下四十册，案几盈千。其间情实可矜者无多，馀皆入缓决，而陈案十居八九。其中改轻改重者多在新事，而积年缓决之案，罕有轩轾。且一案之定，由臬司而巡抚而三法司，初狱已慎，至九卿益加详焉。若经三审缓决，犹待后此勘定，是何时乃成信谳耶？请嗣后巡抚每年仍造全册，送刑部存案备考，而刑部分九卿招册，惟以三次秋审为断，则近事愈见精详，庶狱益昭矜慎。"上是之。十一月，奏请："恭读恩诏，有致祭古帝王、阙里及五岳、四渎二条，例用侍郎及三四品京堂至十七人之多。然臣就其中思之，尚有可酌兼者，如岳渎一条，祭长白山、混同江者，由广宁陟医巫闾之阯，而不兼举其礼，盖袭明制北及医巫闾而止。而本朝发祥之地，江山尊于岳渎，礼官但议增祀，弗加详考耳。祭浙江南镇者由山东，则泰山，沂山、东海之祀可兼；祭衡山者，路出河南，则嵩山，淮、济二渎亦可兼。但使典礼明备，不在多员，且可省车马供亿之繁。"部议从之。

二十七年正月,卒于官。

秦蕙田

秦蕙田,江苏金匮人。乾隆元年一甲三名进士,授编修,命南书房行走。六年,充顺天武乡试副考官。七年,命上书房行走。八年闰四月,迁侍讲。六月,迁右庶子。八月,迁右通政。十一月,擢内阁学士。十年,迁礼部右侍郎。十二年五月,丁本生父忧。十三年四月,奉旨:"秦蕙田服制将满,着仍以礼部侍郎调用。"十五年,调刑部侍郎。二十九年,充经筵讲官。

二十二年正月,擢工部尚书。四月,署刑部尚书。七月,疏言:"工部为工程总汇,办法难易不同,委办司员,每意存趋避。请照刑部现审案件掣签均派之例,将应派各员设名簿,以工程大小分别等次:一百两以上,满郎中、员外签掣;三十两以下,笔帖式签掣,仍注簿。堂官留心体察功过,示惩劝。"得旨允行。二十三年正月,调刑部尚书,仍兼管工部事,寻加太子太保。四月,疏请将各省流丐递籍编甲收管,以清逃盗之源。谕曰:"秦蕙田所奏甚是,实为清狱讼、息事端之良法。但此辈转辗流移,城市村落所在多有,必一一拘查押送,责成原籍保甲人等收管,事理颇属烦琐,不若就所在地方设法查禁。嗣后地方官遇流丐在境,务须督率保甲人等留心访察,遇强横不法者,严拿惩治。庶于听其营食之中,即寓禁其滋事之意。"十月,疏言:"向例各部院赴阁传钞事件,系当月司员专责;而当月止满员一人,遇汉字事件,假手钞写,每致草率遗漏,请增派汉司员一人。"下部议行。二十四年,御史观成挟嫌诬奏民人张九违禁跕面一案,蕙田拟罪失当,部议革职,奉旨宽免。二十五年,充会试正考官。二十八年,充会试正考官。

二十九年四月,以病请解任,谕曰:"秦蕙田不必解任,题奏事件照常办,寻常咨行事,暂且不必画稿,俾得从容调摄。"八月,复请解任回籍,谕曰:"秦蕙田以现在病尚未痊,奏请开缺,给假回籍就医。着照所请,准其给假南旋,既可乘便就医,而江乡水土,于伊调摄自必相宜,可以日渐痊愈。刑部尚书不必开缺,其事务着刘纶兼署。"九月,卒于途。遗疏入,谕曰:"秦蕙田奉职西曹,恪勤素著。前以患病告假,准其回籍就医,尚冀痊可。兹闻在途溘逝,深为轸恻!应得恤典,已饬部查例具奏。着再加恩赏给银一千两,经理丧事,以示优恤。"寻赐祭葬如例,谥文恭。三十年,圣驾南巡,幸寄畅园,上忆及蕙田,御制诗有"养疴旋里人何在,抚境惘然是此间"之句。

曹秀先

曹秀先,江西新建人。乾隆元年进士,改庶吉士,散馆授编修。时恭修世宗宪皇帝实录,秀先充纂修官,兼国史馆校勘。六年,丁父忧。九年,服阕,补原官,充山东乡试副考官。十年,迁浙江道监察御史。寻请假回籍。十七年,仍补原官。八月,秀先胞侄举人曹咏祖与监试御史蔡田交通关节事发,时田、咏祖俱正法,部议曹秀先应革职。谕曰:"曹秀先与曹咏祖交通关节之事,经王大臣等审明,并不知情;且搜获时,即认系伊侄笔迹,据实举出,尚无大咎。但伊侄在京夤缘作弊,不能约束教训,失察之罪,实所应得。曹秀先加恩免其革职,着降二级留任。"

十八年,近畿蝗生,秀先疏:"请御制祭文颁发有蝗郡县,敬谨誊黄祭告。乃稽古典,举蜡祭文,州县雇募捕蝗钱粮,令同城教职佐杂会同给发;并严饬不得假手吏胥,致滋混冒。"谕曰:"曹秀先请颁发祭文,所见甚为迂谬。蝗蝻害稼,惟当实力扑捕,此人事所可尽。至于祈神报赛,礼亦宜之;若欲假文词以期感格,如唐韩愈祭鳄鱼,其鳄鱼之远徙与否,究亦无稽,未必非好事者流附会其说。朕非有泰山北斗之文笔,似此好名无实之举,深所弗取。所请不必行,馀着议奏。"寻议蜡祭不必行,馀如所请。十九年,转刑科给事中。二十一年,丁母忧。二十五年,服阕,补吏科给事中,巡视南城。二十七年,擢鸿胪寺少卿。二十八年,迁光禄寺少卿。二十九年,迁通政使参议。三十年,擢国子监祭酒,充浙江乡试正考官,寻视江苏学政。三十二年,擢内阁学士。三十三年,迁工部右侍郎,留学政任。三十四年六月,命赴浙江会同巡抚永德审长兴县监生李公麟控库书陈维商等私加火工饭食一案,分别治罪如律。十月,充经筵讲官。三十五年,调户部右侍郎,兼理工部右侍郎事,寻调吏部右侍郎,充江南乡试正考官。三十六年,扈驾东巡,遣祭尹吉甫墓,请御制诗表其墓,许之。寻命祭告东岳及少昊、金天氏诸陵暨阙里。三十八年,充四库全书馆副总裁。三十九年,进所辑山庄正雅集,御制诗赐之,即以为序。诗曰:"忆年十二始来斯,圣祖恩深最受知。岂意肯堂肩仔已,恒勤养志色难思。惟滋夕惕朝乾励,却匪风吟月弄为。哀辑事成惭正雅,那更表语颂浮规。"八月,充顺天乡试正考官。

十二月,晋礼部尚书。四十二年,上书房行走,赐紫禁城内骑马。四十二年,命在上书房总师傅上行走。四十三年,以随同尚书永贵指名保题主事李漱芳,议革职,诏从宽留任。四十四年五月,扈跸热河,召见,奏请建承德府学,并颁发书籍,允之。四十五年三月,充会试正考官。四月,偕考官尚书德保等奏言:"会试,向例房官阅卷,止回避本省。自戊戌科改分南、北两项,寻以多寡不均,奏明通融办理。臣等伏思此例一行,以一人回避八九省,闱中临时调剂,既费周章,且既显示以回避之门,即隐导以揣摩之渐,于防闲中亦有关系,请仍旧例为便。臣秀先上年奉命会议两项分卷,当时实为防弊起见。今目击卷数多寡不齐,诸多周折,不敢回护误公。"下大学士、九卿议行。四十六年,礼部恭拟壬寅年祀祈谷坛日用次辛,谕曰:"所议甚多不当。天子父天母地,祗承之义不可稍弛。从前雍正七年恭奉皇考世宗宪皇帝谕旨:'以定例正月上辛,若在初五日以前,则改于次辛。但元旦朝贺,乃朕躬之礼仪,若因此而展祈谷之期,于心实有未安,着于上辛行礼。'煌煌圣训,实万世不刊之论。朕御极以来,遇正月初三日以前上辛,因必须隔年斋戒,是以改用次辛。其有初四日上辛,亦改用次辛行礼者,则因圣母皇太后祝釐初祉,朕于元辰恭率王公大臣拜贺,东朝仪节不容稍阙。至明岁正月上辛,并非向年可比矣,该部何亦改次辛?况冬至南郊礼成,有于次日受贺者。所谓礼缘义起,而义以方外,尤必敬以直内。如为臣下意在尊君,不敢轻易朝正令典,亦当备查往例,具奏请旨。乃礼部遽行题达,何昧昧一至于此?所有礼部堂官,着交部严加议处。"寻部议秀先应革职,命从宽留任。四十七年四月,常雩天镫及更衣幄次陈设不备,奉旨严责,下部议革任,加恩宽免,仍注册。十月,因纂辑明臣奏议体例乖舛,下部严议,寻诏免。十一月,谕:"曹秀先不胜总师傅之任,着回原衙门办事。"

四十九年六月,秀先卒。谕曰:"礼部尚书曹秀先由翰林荐擢正卿,曾在上书房行走,教皇子书,学问优长,奉职勤慎。兹闻溘逝,殊为轸惜! 着加恩晋赠太子太傅,其任内降革罚俸处分,俱予开复。所有应得恤典,仍着该部察例具奏。"寻赐祭葬如例,谥文恪。

乔光烈

乔光烈,江苏上海人。乾隆二年进士,以知县即用。四年,授陕西宝鸡县知县。九年,调渭南县知县。十年,迁乾州直隶州知州。十一年,迁同州府知府。十六年,迁山西河东兵备道。二十三年,迁直隶按察使。二十六年,迁河南布政使。

二十七年,迁贵州巡抚,疏言:"黔省地处偏远,新任之员往往在途逗遛。请嗣后官员赴任,中途患病阻滞,统以三月为限;如在限外,即有文结,仍作逾限议处。其引见差回之员,照此办理。又黔省各郡苗多民少,性情朴鲁,外来匪徒设法哄诱,为害多端。请嗣后黔省拿获汉奸匪徒,应徒罪枷杖者,递回原籍,通饬各属备案;如私逃入黔,将本犯及窝留之人从重究拟。又以都匀府属生童,向附平越应试。现在赴试人多,请于都匀专设考棚。"均得旨允行。

二十八年五月,调湖南巡抚。以湖南岳麓书院屋宇浅窄,兼年深倾圮,请改作增建,报闻。十一月,疏称:"洞庭滨湖居民,围筑垦田,湖地渐就堙塞,恐致水势冲决。除不碍水道者,准其存留,馀俱挖开宽口,听水冲刷,责成水利县丞、州判等不时巡查,每年该管州县巡查四次,府二次,道一次,巡抚间年一次,查明奏报,毋令奸民再行私筑。”上是之。二十九年四月,奏言:“长沙协标守城额兵,分防州县,并水陆塘汛,本属无多,如遇鞘犯迭至,[一]不敷差拨。抚标额兵例不派防外汛,请将城守营所派防守省城库狱兵五十名,改于抚标派守。其长沙协原派兵,另派贴防兵少各属塘汛。”如所请行。九月,新宁县民指控书役舞弊,知府王锡藩不即查办,仅发回本县锁禁,致县民罢市。光烈未经参劾,又未亲往办理。谕曰:“知府职在率属,而庸劣无能至此! 该抚仅以参处知县了事,于王锡藩并无一语指劾。乔光烈身为巡抚,于此等大案,即当减从星速自行督办,庶奸民不致漏网,庸吏亦知所提撕。乃仅卸责监司,深居不出,其徇庇怯懦,实负简用之恩! 着交部严加议处。”寻以不能防范王锡藩乘间自缢,照部议革职。

三十年正月,授甘肃布政使。三月,卒。

【校勘记】

〔一〕如遇鞘犯迭至　“犯迭”原误作“靶接”。耆献类征卷一七八叶三五下同。今据纯录卷七〇九叶一八下改。

傅恒　　子福灵安

傅恒,满洲镶黄旗人,姓富察氏。曾祖哈什屯,内大臣;祖米思翰,户部尚书;父李荣保,察哈尔总管:俱追封一等公。

傅恒,李荣保第十子。乾隆五年,授蓝翎侍卫,历迁头等侍卫。七年,授总管内务府大臣,管理圆明园事务。八年,擢户部右侍郎,十年六月,军机处行走。十一年七月,转左。十月,授内大臣。十二年二月,充会典馆副总裁。三月,晋本部尚书、议政处行走,兼銮仪卫事。六月,充会典馆正总裁。十三年,授领侍卫内大臣。四月,加太子太保,协办大学士。六月,充经筵讲官。

时大兵征大金川逆酋莎罗奔,经略讷亲、总督张广泗等久无功。九月,命傅恒暂管川陕总督,经略军务。寻晋保和殿大学士,赐诗曰:“壮龄承庙略,一矢靖天狼。番部蕞尔蠢,王师武必扬。慰予西顾久,嘉汝赤心良。挞伐救么寇,抚循集众长。斯能成伟绩,用干不庭方。伫看销兵气,敷天日月光。”赐花翎二十、蓝翎五十、银十万两,备犒赏军前诸将,奏章许于沿途开看。上御瀛台,赐食及将士。诗曰:“大清声教暨遐陬,岂有来王稽蜀酋?黩武开边非我志,安良禁暴藉卿谋。行军吉值初阳复,赐食恩同湛露流。转瞬明年擒娑虏,还教凯宴侑封侯。”十月,傅恒启行,上亲诣堂子行告祭典礼,遣皇子及大学士来保等送至良乡,视傅恒饭。十二月,谕曰:“经略大学士傅恒,自奉命以来,公忠体国,殚竭悃忱。纪律严明,军行甚速。途次冲冒风雪,晨夕驰驱,兼办一切咨询机务,晷刻鲜暇,常至彻夜无眠。今日披览来奏,甫入川境,马匹迟误,减从星发,竟至步行。苟非一秉丹诚,心坚金石,安能若是?将来迅奏肤功,自当优议酬庸之典;而目前之劳瘁,实属超伦。着交部从优议叙。”部议加太子太保,[一]特命加太保,仍加军功三级。傅恒疏辞,不允。

初,小金川土舍良尔吉夺其兄泽旺印,烝于嫂阿扣。莎罗奔之侵沃日也,良尔吉实从之,后诈降,为贼谍。张广泗惑于汉奸王秋言,使良尔吉领蛮兵,我师举动,贼辄知之。是月,傅恒使副将马良柱诱良尔吉来迎,至邦噶山,声其罪斩之,阿扣、王秋并伏诛。事闻,谕曰:"前据张广泗力言良尔吉、王秋不可轻动,即军前诸臣皆明知其罪,而疑畏不敢先发。今经略大学士傅恒甫至军营,即取两年逋寇如槛豚圈豕,以快人心而警番众。非谋猷明断,识力坚定,曷克臻此? 即此已当优叙。但经略大学士于从前议叙之旨,具折恳辞,若仍交部议叙,无以善体冲挹之美。其即以前日所赐双眼孔雀翎,为此番酬庸之典,如仍执意谦让,是不遵朕旨也。"是月,傅恒奏:"臣于月之二十一日抵卡撒军营,所云左右山梁不过两坡相对,地非甚广,贼所守各碉亦不甚大。不知何以用兵二年,不能进取? 及阅营地,规模狭小,与贼相望,且杂处番民市肆中,无以示威严,占地利。臣相度移旧垒,前令总兵冶大雄总理营盘,以肃军纪。臣惟前之误在于专攻碉卡,贼险碉林立,大兵至,守益严。毋论攻其有备,克取为难;即数日克一碉,亦数年不能竣事。今当奇正兼施,因机制胜,或以奇兵统出其后,或以偏师另行取径,贼出则直挫其锋,不出则专捣其穴。又各路克期齐进,腹背皆兵,寝食无暇,自必内溃而酋可擒矣。"疏入,俞旨报闻。是月,傅恒率总兵哈攀龙、哈尚德等攻右山梁,下巴朗平碉及色尔力石碉,连克之。上以金川水土恶劣,驰赐傅恒人参三斤,并及诸将帅有差。

十四年正月,命班师,召傅恒还朝,谕曰:"金川用兵一事,朕本意欲以禁遏凶暴,绥辑群番,并非利其人民土地,而从前讷亲、张广泗措置乖方,屡经贻误,是以特命经略大学士傅恒前往视师。傅恒自奉命以至抵军,忠诚劳勚,超出等伦。办事则巨细周详,锄奸则番蛮慑服,整顿营伍则纪律严明,鼓励戎行则士气踊跃。且终宵督战,[二]不避风雪,大著声威,诚克仰副委任。朕思蕞尔穷番,何足当我师颜?[三]经略大学士傅恒乃中朝第一宣力大臣,岂可因荒徼小丑,[四]久稽于外? 朕心实为不忍! 即使擒获渠魁,扫荡巢穴,亦不足以偿劳。此旨到日,傅恒着即驰驿还朝。"诏封傅恒一等忠勇公,赏给红宝石帽顶、四团龙补褂。嗣傅恒请从卡撒一路直攻噶拉依,又言:"攻克贼巢,且夕可必。一篑之亏,诚为可惜。"坚请进兵,并恳辞公爵,缴还原旨,俱不允。谕曰:"经略大学士忠勇公傅恒帅师进剿番酋,忠诚奋发,志期殄寇,执奏再三。朕揆势度理,以允降班师,休兵息民,为经国远计。彼匈奴未灭何以家为者,乃骠姚、贰师辈武人锐往立功之概。大学士辅弼元臣,抒诚赞化,名耀旂常,正不必与兜鍪阃帅争一日之绩。"示以诗曰:"三面姑开格蜀夷,来调说鼎仵期之。集思广益卿诚践,勤远劳民我不为。武岂黩兵应戒彼,绩惟和众孰同斯。功成万骨枯何益,壮志无须效贰师。"又赐诗二章,其一曰:"安边底绩本丹忠,请命番酋势已穷。上将有心期利执,大君无物不包蒙。那须一月闻三捷,早觉千忻达两宫。晋国勤劳予廑念,速归黄阁赞元功。"其二曰:"驱鸟何庸尽覆巢,好生天地德含包。歌成宵雅八章句,著得同人九四爻。兵洗蓬婆春澹荡,首稽猰㺄面颜顢。蜀民安抚勤筹画,心契元良泰陛交。"

是月,逆酋遣头人至卡撒,禀诉乞降并畏死意。傅恒令曰:"莎罗奔、郎卡亲缚来营者,当待以不死。"逆酋复遣头人至丹坝乞降,总统提督岳钟琪入贼巢,挈酋目等由勒乌围、噶拉依至经略军。二月初四日,莎罗奔、郎卡除道营门外,设坛,翌日,率众降,傅恒升帐受之。莎罗奔等焚香作乐,泥首请罪,誓遵六事:无犯邻封,归土司侵地,献马尔邦凶酋,资送内地人,纳军械,供徭役。傅恒传旨赦其罪。莎罗奔等献傅恒佛像一、白金万,傅恒却其金,不受。初六日,傅恒发军营。奏至,谕曰:"经略大学士忠勇公傅恒奏报莎罗奔、郎卡俯首就降,献捷班师。朕不胜欣悦!此皆上苍孚佑,宗社贻庥,有以默相朕躬;皇太后懿训详明,有以启迪朕志。荷兹福庇,感庆实深。经略大学士忠勇公傅恒丹忠壮志,勇略宏猷,足以柔怀异类,迅奏肤功,即诸葛之七纵威蛮,汾阳之单骑见虏,何以加兹!实为国家嘉祥上瑞。前已晋爵封公,酬庸更无殊典。所赐四团龙补褂,着祗受服用。再照元勋扬古利额驸之例,加赐豹尾枪二杆、亲军二名,优示宠章,俱不必恳辞。自去岁之征兵命将,与今岁之决策班师,初不意番酋畏威怀德,革面革心,一至于此。固朕宵旰忧勤,事无大小,先机筹画,恰合机宜;亦由经略大学士忠勇公傅恒秉心忠亮,克承训示,成此殊勋。可见作善者昌,将来数十年赞化调元,懋襄郅治,实嘉赖焉!其传谕诸王满、汉文武大臣,并宣示中外知之。"制诗曰:"止戈为武信其然,我泽如春经略宣。共喜捷音来玉阙,何殊俘虏自金川。番酋路左心倾服,军士行间气倍鲜。单骑汾阳休比拟,都因忠赤格穹天。"

嗣傅恒疏辞四团龙补服,谕曰:"经略大学士忠勇公傅恒因朕赏给四团龙补服,具折奏谢,并请于朝贺大典之日,遵旨服用,其寻常仍服公品级补服。此固出自大学士忠勇公傅恒谦冲本意,然朕此番奖赏,实出至公,且具有深意,不可不为明晰宣示。盖论大学士公傅恒平定金川之功,自不可与扬古利额驸开国之功并论。但彼当开创四征之始,今属守成无事之时。以大学士公傅恒之忠诚智勇,练达宣力,令与同时同事,亦必能茂建殊勋,可信其易地皆然也。夫军旅之事,国家不能保其必无,大臣身系安危,为社稷所倚赖。如张广泗不过封疆外吏,其人亦不足论;至讷亲爵位既崇,又任用有年,朕之加恩,超越侪辈。上年命伊视师,实寄以心膂,如朕亲行。不意辜恩贻误,一至于此!为大臣者,若惟事偷安自逸,〔五〕任意乖张,国事其何赖焉?朕既用以自愧,更因以滋惧。是以明正典刑,不肯曲宥,而大学士公傅恒见朕萦怀西顾,毅然请行,仔肩重任。自奉命西征,冒涉风霜,均劳士卒,登陟岩阻,晨夕辛勤。拜发封章,裁决军务,常至达旦,且事事妥协周详。至则申明纪律,诛贼腹心。雪夜督师,攻碉毁卡,必期焚巢扫穴,一举荡平。大振声威,贼番震慑,始稽颡归命,出于至诚。迨承朕旨纳降班师,星驰就道,谘询庶务,仍系丙夜办理奏覆。此所谓诚贯金石,信格豚鱼。是以时未七旬,兵不血刃,而番酋洗心革面,永矢归诚。从此边徼敉宁,闾阎乐业,而中外大臣咸知所取法。股肱一体,休戚相关,夙夜匪躬,缓急足资倚任,实我大清万年无疆之庆。国家酬庸盛典,原非朕所得私也。今兹叠沛殊恩,昭示风劝,亦为朝廷远大之计,不仅为金川平定一时一事而然。在大学士公傅恒实应欣承无愧,不然则莎罗奔番蛮小丑,即迅奏肤功,亦与当年岳钟琪之树绩青海,大学士鄂尔泰之绥靖苗疆等耳。朕于臣工刑赏大典,悉有权衡,铢黍不爽,天下臣民宜所共悉。所赐大学士公傅恒照宗室公式之朝帽顶及四团龙补服,着于朝贺典礼之时时常服用,不必恳辞。其寻常入朝入部办事,应从所请,随宜即用公品级补服,以成谦抑之美。"三月，傅恒凯旋，命皇长子率诸王大臣等郊劳。既至，上御殿受贺，行饮至礼。赐傅恒诗曰："卡撒功成振旅归，升平凯宴丽晴晖。两阶干羽钦虞典，六律宫商奏采薇。湛露应教颁朵殿，甘霖更庆遍春畿。持盈保泰咨询切，偃武修文凛敕几。"又谕曰："朕赐大学士忠勇公傅恒四团龙补服，先经大学士傅恒奏请于朝贺大庆日遵旨服用，寻常仍用公品级补服。朕谕以入朝入部办事，姑从所请，以成谦挹之美。今日朕升殿礼毕后，大学士即易公品级补服。〔六〕朕思章服之荣，原以旌有功而励臣节。从前勋旧大臣蒙赐者，皆时常服用，若仅用于朝贺典礼之时，而寻常入朝又旋易本爵服色，转觉参差非礼。嗣后入朝，着即遵前旨时常服用；其入部及在家，听其自便，以终成大学士之谦吉。"寻敕照勋臣额亦都、佟国维例，建宗祠，祀傅恒曾祖哈什屯、祖米思翰、父李荣保，春秋官为致祭。追谥李荣保曰庄恪，赐傅恒第东安门内，落成。赐诗曰："骠姚赐第落成新，歌凯归来得意春。上将鹰扬今奏绩，诸军凫藻久怀仁。攸芋君子熊罴梦，毕骇酋渠匐匍臣。从此坐调熙世鼎，敷予教泽万方均。"

二十年六月，准噶尔平，谕曰："西路兴师之举，人心狃于久安，在廷诸臣惟大学士傅恒与朕协心赞画，断在必行。着加恩再授一等公爵，以为力矫积习，为国任事者劝。"傅恒疏辞，谕曰："大学士公傅恒以加赏公爵，具折奏辞，情词恳挚。及召见，又复面陈再四，至于泣下；并称金川之役，叨封公爵，已为过分。观其不自满假，信出至诚，实将来可以永承恩遇之道。朕心转为嘉慰，俯允所请，用成厥志。所有平定金川及准噶尔奏捷，两次功绩，着并于现封忠勇公敕内，以昭懋典，仍从优加等议叙。"部议加六级。后图功臣百人像于紫光阁,傅恒冠首。御制赞曰:"世胄元臣,与国休戚。早年金川,亦建殊绩。定策西师,惟汝予同。酂侯不战,宜居首功。"七月,充平定准噶尔方略正总裁。

三十二年,命经略云南军务,至师期前往。御制言志诗曰:"征缅非人事竟乖,重资经略重臣差。待之一岁无消息,慑以三军或畏怀。中止诚难存国体,边防欲靖岂兵佳。伫期指日大勋就,后舞前歌振旅皆。"三十四年二月,傅恒启行,恳辞亲遣经略仪注,命阁臣颁敕命于太和殿,上赐傅恒及出征诸将士食。即席制诗曰:"缅酋弗靖扰滇邦,螳臂居然试莥撞。健骑重驱厄鲁部,骁材兼选黑龙江。弥予中国原无二,平彼今时岂有双?就事熟筹应一往,于浮得挈胜千扛。必能合众成城奏,早具牵牛袒肉降。湛露和风士凫藻,伫看饮至酌金缸。"三月,傅恒抵云南,四月,至腾越。上亲书扇以赐,曰:"炎徽炽烦暑,军营区画频。大端应悉记,细务不辞亲。世上谁知我,天边别故人。勖斯风到处,扬武并扬仁。"初,上以贼踞老官屯之险,敕造舟并夺贼船,顺流直捣。副将军阿里衮等以边外峡纤湍险,舟楫不通,沿江亦无办工所,奏止者再。后特遣傅显、乌三泰往视,〔七〕所言与阿里衮等同。傅恒至军,询之抚夷李景朝、土司线官猛等,知蛮暮近地有山曰翁古,多木,旁有地曰野牛坝,野人所居,地凉爽无瘴。野人乐受值,执役甚恭,使傅显等莅事,〔八〕满洲、绿营兵并从行,奴仆更番运料至江岸,七月竣。状闻,谕曰:"所办甚是,他人断不能似此。满洲兵骑射素娴,进剿时自宜资以马力;至于习劳之事,则与绿营兵丁既同隶行间,原不应区分彼此。向特因绿旗恶习,恇怯无能,临事每多退避,是以有犯必惩。若其服役辛勤,当与满洲兵一体爱惜，以均劳逸。前此领兵大臣惟知体恤满洲，而于奔走服役专派绿营，不复念其独勚，岂一视同仁之道？今傅恒于运送船料，令满洲兵轮流乘骑分抬，不使绿营偏于劳瘁。并以大臣官员跟随之家奴等乘马安行，于理未协，亦一例分派轮抬，筹办实为公当。绿营兵稍具天良，有不知感激奋勉，愿为国家出力者乎？此实从来所未筹及，自非公忠体国，与朕同心之大臣，岂能酌理揆情，均平妥协若此？凡有领兵之责者，皆当奉以为法。傅恒如此存心，必蒙上天垂佑，迅奏肤功，自可预卜，朕深为嘉悦。至于造船一事，水陆并进，实征缅最要机宜。乃朕屡次询问，而阿里衮并以该处崖险涧窄，断难行船为词，即朕今年特派傅显、乌三泰等前往专办此事，亦以沿江一带实无造船处所奏覆。傅恒至永昌即遣人往勘，则于铜壁关外野牛坝地方，即得成造船只之处，树木足供船料，且气候凉爽，可以屯聚兵丁，而野人又极恭顺服劳，无异内地编氓。同此沿边僻壤，非自今日始通，何以前此并无一人见及，而傅恒得之便于取携。可见事无难易，人果专心致力，未有不成者。无如诸人皆预存畏难之见于胸中，遂以为隔阂不可行。以傅恒今日所办观之，向所谓断难筹办者，然乎，不然乎？将此宣谕中外知之。"上赋造舟行曰："造舟造舟何处祸，乃在铜壁关外野牛坝。缅匪险据老官屯，必资水军顺流下。用是屡敕预刓木，率以难成中止罢。经略尽心博访谘，得地得材命工价。犹然边外岂异区，事在人为语非假。野人效顺气爽凉，颇觉炎瘴轻往夏。忠诚天佑有如斯，我亦为之额手谢。昇至蛮暮乃入江，诸事从公堪奖藉。闽人使船如使马，鼓勇艨艟凌波驾。水陆兼进缅岂当，定知祖肉牵羊迓。安民和众武常经，不为所欺不妨赦。"

　　猛拱大头目脱猛乌猛及所属达罗头目脱猛壳来降,请备船济师,傅恒令脱猛乌猛赍檄谕各土司。八月,师发腾越,渡戛鸠江,据西岸,遂抵允帽。九月,脱猛乌猛以夷目贺丙之父贺洛及摆夷四十户来降,请探贼猛拱。后土司浑觉亦率头目渗笼笼、渗笼朋降,贡驯象四。上赐傅恒诗二章奖之,其一曰:"猛拱输诚舟济师,朱波早自失藩篱。乌梁海譬先收附,准噶尔斯易扫夷。身先诸军共辛苦,心嘉硕辅佛肩仔。秋霖中喜瘴江渡,巴攒兵行两月期。"其二曰:"伊犁耆定久戈弢,讵缅昏狂事疥搔。昔实谟猷赞帷幄,今资奔走效弓刀。东山那学谢安逸,上蔡还过裴度劳。伫待红旗飞报捷,重开紫阁勒勋高。"十月,傅恒取道猛拱,破猛养寨,获腊泥、拉赛诛之。设台站,留瑚尔起兵七百驻之。遂至南董干,攻南准寨,获头目等木波猛等三十五人。师次蛮猎,猛养头目扎达布弃猛板营逸哈坎,[九]大兵长驱至新街,贼遁。傅恒夹攻,于东西岸射杀贼目一,斩级五百馀,获纛一、船一、寨三,粮械无算;西岸夺寨三,斩级五十。奏至,谕曰:"此次初与贼人接仗,即射毙头目,杀贼众多,又连破贼垒,夺获纛帜、军械、米粮等物,军行甚为顺利,且官兵俱各勇往,朕心甚为嘉悦。应加恩示奖,送部分别议叙。"傅恒以所获缅纛进,上赋志事。诗曰:"师会新街可进航,贼人迎拒据芦塘。数番研阵贼锋挫,两队夺舟我武扬。斩将搴旗嘉此众,水凶土劣虑其方。老官屯得当振旅,观象玩辞易义长。"

　　十一月,傅恒进围老官屯,克屯西一寨,[一〇]酋懵驳遣头目诺尔塔乞降。傅恒以其地气候恶劣,疏请允降。谕曰:"缅甸僻在炎荒，中朝以化外置之。乃历任总督，自张允随废弛边备，嗣是爱必达、吴达善等亦因循不振，致滋边衅，而刘藻办理莽匪侵扰九龙江事，由思茅退回普洱，〔一一〕辄行畏惧自戕，缅匪遂鸱张无忌，此历来贻误情形也。至命杨应琚前往，调度乖方，致贼匪入关，骚扰土司。其种种欺谩，屡饬不悛，取罪实在于此。及再命明瑞前往，仍令以总督经理边情，并未遽欲兴师远涉，而所统八旗劲旅不过二千，〔一二〕又分其半与额尔登额由旱塔一路，取道合剿。迨明瑞自锡箔、蛮结拔寨杀贼，乘胜深入，转战至小猛育，为时已久。屡促额尔登额移兵往援，乃敢抗延不赴，又复纡道内地，明瑞等犹沿途接仗，期殿全师，竟以策应不前，捐躯以殉，其事遂难中辍。彼时缅酋懵驳虽曾具书军营，恳停进剿，而所遣乃内地被留之兵丁许尔功等八人，并未专派大头目赍表乞降。此则国体所关，岂宜轻纳？是以置之不答。然犹冀其悔罪输诚，尚可宥其既往，非必欲劳师动众，为犁庭扫穴计也。讵待至一载，逆酋犹顽梗怙终，我国家当全盛之时，岂可任小丑跳梁，不示惩创？况滇省绿营恇怯积习，久为贼匪所轻，而阿里衮等亦未能相机部署，是以调遣吉林、索伦等惯能杀贼之人，并闽省水师，同赴滇省，水陆夹攻。又因大学士傅恒屡请前往督办，其实心体国，经画有方，体察形势，所言始为可信。遂命为经略往莅其事，此朕不得已用兵之苦心也。至傅恒于七月间自腾越进兵，视前此师期较早两月，贼匪未及预防，因得由戛鸠一路统兵直进，收取猛拱、猛养，而其所经山径崎岖，江河纡阻，越险济军，备尝劳瘁，且因敌刈粮，不藉内地转饷，及至新街会兵，策励将士，无不贾勇争先，于江岸沙洲连夺贼砦，歼贼五百馀，并殪其头目，获取舟航藁械,皆望风披靡。如此殚诚宣力,不畏艰险,实从来大臣所罕觏者! 及进次老官屯,率众攻剿,而贼所拒甚固,遂克屯西寨,诛戮贼众,绝其粮援,复悉力围其大寨,势可计日而取。但其地水土恶劣,官兵多生疾病,即领队大员亦间有染患身故者,将士等不用之于战阵,而徒令其尝试毒疠,于心实有所不忍。是以半月前即迭传谕旨,决计撤兵。今傅恒等奏缅酋懵驳奉有蒲叶书,遣老官屯大头目诺尔塔赍诣军门,〔一三〕吁请贷其声讨。傅恒等移檄使受约束,义正词严,姑从所请。贼众甫经创衂,谅不敢遽萌故智。至傅恒请罪一折,以为力违众议,执意请行,将此次出兵,引为一人之罪,殊为未喻朕意。此次出兵,非好大喜功,而傅恒承命经略,职分应尔,设以为办理非是,朕当首任其过,其次方及傅恒,岂宜独以为己责? 昔皇祖于吴三桂一事,谕令廷臣集议,而主撤藩者,惟米思翰、明珠数人,后逆藩抗命,众皆归罪议撤之人,皇祖谕曰:‘朕自少时以三藩势焰日炽,不可不撤,岂因吴三桂反叛,委过于人?’大哉圣言,足为万世法守。傅恒此事,即可援以为例。前于傅恒收服猛拱时,曾赐三眼孔雀翎,以示褒宠,傅恒恳俟功成后再用。今既未经攻克贼巢,前所赐翎即着缴回,仍用伊原戴之翎。即此于伊请罪之意,适足相当,想王大臣等亦当诚心允服也。”上赋志事诗曰:“大胜新街武略张,励师进取靖豺狼。虽云示创蛮江地,适有相求贝叶章。已自畏威而怀德,底期肉袒与牵羊。樊乡悉怛非嘉画,浑觉优恩俾乐康。”十二月,缅酋懵驳遣其大头目十四人献方物于军。

三十五年二月,班师。三月,傅恒还至京。七月,卒。谕曰:“大学士一等忠勇公傅恒才识超伦,公忠体国,德心孚契,襄赞深资。自早龄侍直禁近,即觇其器宇非常,[一四]荐膺委任。旋以金川建绩,锡爵酬庸,用是擢冠纶扉,综理庶务,苣诚靡懈,罕有其比。西师之役,独能与朕同志,赞成大勋。及崇爵再加,坚让不受,尤足嘉焉!昨岁进剿缅甸,傅恒坚决请行,朕以万里悬军,情难深悉,而廷臣中更无可当斯寄者,因授为经略,统率劲旅专征。傅恒自戛鸠济师以后,身先士卒,艰瘁倍经,用能收服猛拱。迨会师蛮暮,袭击新街,斩馘搴旗,贼皆溃窜。遂进攻老官屯,时傅恒已身染沉疴,犹力疾督励兵众,昼夜兼攻,克期可卜。逆酋畏惧,具书恳请解围,而朕亦因其地水土恶劣,军中多病,先期降旨撤兵,并遣医驰驿往视。春间傅恒于天津行在复命,见其形神顿异,隐虑难以就痊,犹冀其安居调理,以臻勿药。讵自五月以后,病势日益加剧,渐成不起,每朝夕遣使存问,赐以内膳羹糜,俾佐颐养。复间数日亲临视疾,见其有增无减,轸念弥殷。今闻溘逝,深为震悼!所有衾襚之属,业经从优颁赐。似此鞠躬尽瘁,允宜入祀贤良祠。赏给内帑银五千两治丧,并着户部侍郎英廉经理其事,朕仍亲临奠醊。其应得恤典,着该部察例具奏。"上亲临其第酹酒,制诗曰:"瘴微方欣舆病回,侵寻辰尾顿增哀。鞠躬尽瘁诚已矣,临第写悲有是哉!千载不磨入南恨,半途乃夺济川材。平生忠勇家声继,汝子吾儿定教培。"又命丧葬仪节,视宗室镇国公例行,赐祭葬有加礼,谥文忠。十一月,谕曰:"大学士忠勇公傅恒,曩者金川奏绩时,以其祖父世笃忠贞,流光钟庆,曾谕令建立宗祠,自其曾祖哈什屯以下,官为春秋致祭。傅恒令其一体入祠,酬庸俎豆。"

　　三十六年,上巡畿辅,驻跸天津行宫,傅恒前岁复命处也。

追忆之,诗曰:"去岁滇南力疾回,恰斯面晤忆生哀。朴齐即景依然也,前席言人何往哉! 自古同为阅世客,只今谁是作霖材? 自怜无助涓埃者,后进方当竭力培。"三十九年,上以跸途所经,赐奠其墓,诗曰:"佳城咫尺跸涂旁,莅止因之酬桂浆。已历廿年资辅弼,又惊三载隔阴阳。先兹与汝应相恨,后此顾予转自伤。无忘昭陵虽有例,那教赐奠痛文皇!"四十五年,上赋怀旧诗,以傅恒在纶扉二十三年,日侍帷幄,荩诚素著。年未七十,鞠躬尽瘁以丧,甚伤惜之。诗曰:"世臣更近戚,丹诚素所信。命之习政事,干材亦日进。金川往经略,旌旗改观奋。然其时其势,未宜深入迅。郎卡既怖詟,特许归降顺。凯旋赞黄阁,章服三锡晋。西师两用兵,同心却众论。坐谋无不协,用葳大功建。其后征缅甸,力请往抒荩。猛拱既收服,官屯进围困。只以水土劣,兵役多病顿。值彼悔罪请,爰撤师旅振。然因受瘴深,兼悔堕功闷。遂以永辞世,饰终典空绻。嗟我社稷臣,所期宁在近。年少长于余,骑箕惜且恨。"

傅恒子四人,长福灵安,多罗额驸。乾隆二十一年,傅恒请派往军营效力,授三等侍卫,在乾清门行走,如所请往军前。二十四年,从定边将军兆惠剿贼于叶尔羌,叙功擢二等侍卫。八月,诏来京,准噶尔大功告成,上以福灵安非披坚执锐之岁,即能奋勇行阵,屡著勤劳,擢头等侍卫,赐缎六端、银百两。二十七年,给云骑尉世职。三十二年,授正白旗满洲副都统,署云南永北镇总兵。四月,赴木邦军营,守龙陵。会缅匪犯猛卯,檄副将哈国兴驰援,贼退遮罕。事闻,上嘉之。六月,卒于任。谕曰:"副都统福灵安去冬奉命前往云南,朕因其从前征剿回部,宣力行间,谙习军务,是以暂留彼处,令其察看军务,以便回京时面奏。嗣以其行走奋勉,勇往任事,特授为副都统,并令署永北镇总兵,统兵进剿。今据明瑞奏福灵安前从永昌力疾趋赴木邦,中途病势加剧,复回永昌,调理不痊,于六月初旬身故。朕心深为轸惜!着加恩交部议恤。所有应得恤典,该部察例具奏。其灵榇还京,着妥为照料办理。"赐祭葬如例,所遗云骑尉世职,以其侄袭。

傅恒次子福隆安,和硕额驸,封一等忠勇公,官兵部尚书,别有传。

又次子福康安,现官协办大学士、吏部尚书,仍留两广总督任,封一等嘉勇公。

又次子福长安,现官工部尚书。

隆安子丰伸济伦,现袭一等忠勇公爵,官副都统,在御前侍卫行走。

【校勘记】

〔一〕部议加太子太保　"保"原误作"傅"。满传卷四五叶三上及耆献类征卷二九叶六上均同。今据纯录卷三三〇叶一〇下改。

〔二〕且终宵督战　"终"原误作"中"。满传卷四五叶五下及耆献类征卷二九叶七下均同。今据纯录卷三三二叶四二下改。

〔三〕何足当我师颜　"师颜"原误作"王师"。满传卷四五叶五下及耆献类征卷二九叶七下均同。今据纯录卷三三二叶四二下改。

〔四〕岂可因荒徼小丑　"岂可"原误作"顾"。满传卷四五叶五下及耆献类征卷二九叶七下均同。今据纯录卷三三二叶四三上改。

〔五〕若惟事偷安自逸　"事"原误作"是"。满传卷四五叶一〇上及耆献类征卷二九叶一〇上均同。今据纯录卷三三六叶八下改。

〔六〕大学士即易公品级补服　原脱"公品级"三字。满传卷四五叶一二上及耆献类征卷二九叶一一上均同。今据纯录卷三三六叶二三上补。

〔七〕乌三泰往视　"乌"原误作"佐"。满传卷四五叶一五上及耆献类征卷二九叶一二下均同。今据纯录卷八三三叶四〇上改。下同。

〔八〕使傅显等莅事　"等"原误作"佐"。满传卷四五叶一五上及耆献类征卷二九叶一二下均同。今据纯录卷八三三叶四〇下改。

〔九〕师次蛮猎猛养头目扎达布弃猛板营逸哈坎　"蛮猎"原误作"暮腊",又"板"误作"拔"。满传卷四五叶一八下及耆献类征卷二九叶一四下均同。今据纯录卷八四五卷六〇上改。

〔一〇〕克屯西一寨　"屯"原误作"毛",又"西"下脱"一"字。满传卷四五叶一九下及耆献类征卷二九叶一五上均同。今据纯录卷八四七叶二〇下改补。下同。

〔一一〕由思茅退回普洱　"茅"原误作"南"。耆献类征卷二九叶一五下同。今据纯录卷八四七叶一八下改。按满传卷四五叶一九下"南"作□,缺文。

〔一二〕而所统八旗劲旅不过二千　"不过"原误作"二万"。满传卷四五叶二〇上及耆献类征卷二九叶一五下均同。今据纯录卷八四七叶二〇上改。

〔一三〕遣老官屯大头目诺尔塔赍诣军门　"塔"原误作"哈"。满传卷四五叶二二上及耆献类征卷二九叶一六下均同。今据纯录卷八四七叶二一下改。

〔一四〕即觇其器宇非常　"即"原误作"亲"。满传卷四五叶二三下及耆献类征卷二九叶一七下均同。今据纯录卷八六四叶三一上改。

兆惠

兆惠，满洲正黄旗人，姓吴雅氏。父佛标，官至都统。雍正九年，兆惠由笔帖式在军机处行走，补内阁中书。十三年，迁内阁侍读。乾隆二年，迁兵部郎中。四年，迁内阁侍读学士。六年，擢内阁学士。七年，迁盛京刑部侍郎，兼摄兵部事。九年，调补刑部右侍郎。十年，授正黄旗满洲副都统。十一年，授镶红旗护军统领。十三年五月，因定拟误翻清文一案罪名过轻，部议革职，得旨从宽留任。六月，兼管户部侍郎事。

八月，派赴金川军营督办粮运。十二月，奏言："卡撒左右山梁、色尔力等路贮粮，仅供两月。现调兵前来迅速，臣将附近之崇德牛厂及美诺粮二万馀，运往筹备。臣观望军营诸将，惟护军统领乌尔登、总兵哈攀龙勇往，副将下颇多庸员。又闻各省派兵时，将、备间以家丁冒名粮，或占额兵役使。统俟经略抵营，告令酌办。"谕曰："俱属公论，可告之经略大学士傅恒，秉公澄汰，以归核实。"又奏奸棍买馀米射利，诏严禁毋滋弊。十四年，大军凯旋，奉旨核军需钱粮。十五年正月，授正黄旗护军统领、向导统领。十一月，调户部左侍郎。十六年八月，命赴山东勘传钞尚书孙嘉淦伪稿一案，暂署巡抚事。九月，还京。十七年，充经筵讲官。

十八年二月，命赴西藏办事，防准噶尔。四月，奏言："驻藏五百兵，同时换班不便。请分为二起，一于头年五月起程，七月抵藏;一于次年二月起程,四月抵藏。"得旨允行。十九年,议剿准噶尔,命兆惠协理北路军务,并总理粮饷。二十年二月,请同哨探兵进剿,谕留乌里雅苏台办事,在领队大臣上行走。三月,准噶尔台吉噶尔藏多尔济降,谕兆惠以牲畜给之。十月,总理北路台站。十一月,调赴西路巴里坤办事,兼理额林哈毕尔噶台站,定边右副将军萨喇勒自伊犁被陷复归。二十一年正月,兆惠闻其至吐鲁番,约与进剿。奏入,谕曰:"兆惠办理,甚合机宜。昨曾降旨令管特纳格尔台站。今着传谕伊到特纳格尔,若事繁即留办事,如易料理,即同达尔党阿领兵进剿,在参赞大臣上行走。其巴里坤一应事务,着和起照兆惠所定章程,悉心经理。"

三月,大军再定伊犁,上以定西将军策楞办事未协,谕兆惠驻伊犁。五月,授定边右副将军。六月,命筹伊犁善后事宜。七月,请定吐鲁番界,编回人莽阿里克所属佐领,允之。先是,侍卫托伦泰赴叶尔羌、喀什噶尔抚谕大和卓木布拉呢敦、小和卓木霍集占,久未返。兆惠奏遣副都统阿敏道以索伦兵百及厄鲁特兵三千,收服阿克苏、库车、乌什各回人,且侦托伦泰信。是月,霍集占送托伦泰还,兆惠饬阿敏道驰往抚谕。又奏言:"定西将军达尔党阿进兵哈萨克,索阿睦尔撒纳台站马,多为吗哈沁所窃。臣现遣兵搜捕,并知会达尔党阿于撤兵还时,沿途缉之。"得旨嘉奖。十月,奏侦霍集占有悖逆状,密饬阿敏道速进兵,报闻。是年冬,达尔党阿自哈萨克撤兵还,厄鲁特宰桑之从征者谋煽乱,未发,噶尔藏多尔济诡以叛贼巴雅尔劫掠告。兆惠遣将军和起调诸厄鲁特兵协剿,而噶尔藏多尔济之侄扎那噶尔布及宰桑呢吗、哈萨克锡喇、达什策凌,回人莽阿里克等,阴通巴雅尔,中途肆逆,和起被害。兆惠以孤军远驻伊犁,闻信整师东旋,击贼,自济尔哈朗移兵。甫至鄂垒扎拉图,突遇达什策凌等,乘夜奋击,杀贼千馀。噶尔藏多尔济、扎那噶尔布等纠众邀归路,连战不退,遂被围。二十二年正月,巴里坤办事大臣雅尔哈善以闻,诏趣侍卫图伦楚以兵八百驰援。二月,雅尔哈善续遣索伦兵往迎,谕曰:"兆惠系驻扎伊犁等处办事大臣,适遇厄鲁特等背叛,奋勇剿贼,甚属可嘉! 着封为一等伯,世袭罔替,并将御用荷包、玉鞢、鼻烟壶,加恩赏赐。"寻授领侍卫内大臣、户部尚书,兼镶白旗汉军都统。

是月,兆惠还抵巴里坤,疏陈上年十一月由济尔哈朗至本年正月三十日至特纳格尔,沿途剿贼鏖战状,谕曰:"前因副将军兆惠领兵剿贼,全师而出,遣人调取援兵,于雅尔哈善奏到时,曾降恩旨。今览所奏,沿途与贼交战,甚为劳苦。兆惠等所领并非进剿之兵,且马匹无多,官兵等竟能同心奋勇,遇贼尽行剿灭,振旅而回,实堪嘉予! 此次奋勉行走,暨阵亡受伤官兵,查明分别赏恤。图伦楚所领兵曾经出力者,一并交部议叙。"兆惠等奏侦巴雅尔及扎哈沁等潜牧木垒,以兵往捕,上嘉兆惠等以远道旋归,奋勇不息,赐御用玉鞢、荷包、鼻烟壶。会巴雅尔远遁,乃诏还,同定边将军成衮扎布分路翦灭厄鲁特贼众。三月,偕参赞大臣鄂实等由额林哈毕尔噶路进剿。时扎那噶尔布已杀噶尔藏多尔济等,又为台吉达瓦所杀,而献其首于军门。适阿睦尔撒纳自哈萨克盗马,窜归伊犁,掠扎那噶尔布牧。兆惠檄参赞大臣富德往追,而自驻济尔哈朗弗与俱,上训饬之。五月,谕曰:"成衮扎布、兆惠奏绰和尔得木齐阿穆呼朗等投赴军营,暂行安抚,所办尚合机宜。惟伊等并不以擒阿睦尔撒纳为要务，而亟以办理回部为言，殊不知缓急，务迅速办理，毋负委任。"六月，奏擒获阿睦尔撒纳之侄达什策凌及宰桑乌巴什，并遵旨策应富德，报闻。七月，奏擒获巴雅尔于塔尔巴噶台及其孥，哈萨克汗阿布赉畏威归顺，表献马匹，下部知之。八月，奏言遣图伦楚击败哈萨克锡喇贼众于阿尔噶凌图，侍卫爱隆阿击前掠台站之都尔伯特台吉纳木奇，降其众，报闻。

　　是时阿睦尔撒纳窜入俄罗斯，而遣往抚谕回城之副都统阿敏道为逆回霍集占所戕。九月，命兆惠等筹剿回部，寻奏请于乌鲁木齐屯田，且便与哈萨克市马，诏如所请。十二月，成衮扎布改北路左副将军，诏授兆惠为定边将军。二十三年正月，奏言沙喇擘勒厄鲁特贼众万户，请先剿除，再赴叶尔羌、喀什噶尔。上察其有畏难之意，以参赞大臣雅尔哈善为靖逆将军，专办回部，谕军机大臣曰："办理沙喇擘勒贼众，已派兵五千，自属裕如。兆惠等宜加意擒剿，不留遗孽。若仍不能集事，惟兆惠是问。"又谕曰："厄鲁特性反覆无定，往往自相戕害。从前达瓦齐在伊犁时，人心尚且离散，今岂有堪为统率之人？哈萨克锡喇等小丑，焉能使贼众服从？且众厄鲁特已与吗哈沁窜伏一处，必互相争夺，大兵乘其溃乱，迅往袭击，立可奏功。兆惠等勿因其乌合之势，过为疑虑，即遵旨相机办理。"二月，奏言："臣钦奉训旨，敢不益加奋勉！口粮现未全到，拟即克期进兵。"谕巴里坤办事大臣速运。三月，奏言："臣等前虑贼众会合，以抗拒我兵。我皇上先机洞鉴，谓乌合之众不能久聚。万里之外，诚如目睹。臣与副将军策布登扎布等分剿，策布登扎布以兵千二百趋博罗塔拉及赛里木淖尔；臣与巴禄等亦以兵千二百，趋博罗布尔噶苏，副都统瑚尔起等趋尼勒喀，侍卫达礼善等趋齐格特。夜发布拉克，约相俱会伊犁，并行文北路堵截。"寻又奏贼众纷纷溃逃状，报闻。

伊犁附近有库陇癸山叛党思克图、塔尔巴、布图库特、克尔得克四宰桑，据险藏匿，兆惠侦知之，遣侍卫扎延保投诚厄鲁特达什车凌收其牧群，而自以八十馀骑，夜入山口剿之。时晓雾迷漫，布图库特、克尔得克脱走，馀悉就斩获。捷闻，上嘉奖，交部议叙。四月，奏报叛贼辉齐鄂哲特等就擒，贼牧俱残破，准噶尔之事将竣，请由伊犁进剿回部。上以哈萨克锡喇等未获，训谕之。五月，奏言："臣于四月十三日渡伊犁河抵格根喀尔奇喇，询向导云：'由特穆尔图淖尔逾巴尔珲岭，假道布鲁特，一月可至叶尔羌、喀什噶尔。'"谕曰："前屡降谕旨，令兆惠将伊犁等处叛贼渠魁，全行擒获，再往回部。今来奏业已遄行，自毋庸复返。但当沿途休息马力，与雅尔哈善会合，并即招降布鲁特人众。"兆惠等奏："布鲁特头目图鲁起、拜鄂库等赴军前乞降，臣等译敕书，即行收复。"七月，遣侍卫达桑阿、乌尔登、托伦泰先后护布鲁特东、西二部使者入觐，命速赴回部，与雅尔哈善合兵进剿。会雅尔哈善围库车，霍集占自纠众来援，为我军击败，冒死入城，复脱走。雅尔哈善坐疏纵，革将军职，诏趋兆惠驰往代将其军。九月，谕曰："据兆惠奏：'遵前旨领兵八百名，速赴回部。一抵库车，即与雅尔哈善协心剿贼，断不肯半道而回，有腼颜面。'所奏肫诚勇往，深得领兵大臣之体。军旅为国家重务，以满洲大臣，身膺简畀，统率戎伍，正当踊跃自效，公尔忘私，我朝简策所垂，忠勤代著，远轶前古。乃近来渐染恶习，临事心怀观望，或闻撤兵,庆若更生。曾不知奉公体国之意谓何?此风深可痛恨!今兆惠毅然以剿贼自任,其器识实出诸臣之右。且计其具奏时,尚未知有雅尔哈善失机偾事,不堪任用,令伊往代之旨,乃如此陈奏,深为嘉悦。着加恩赏戴双眼孔雀翎。"兆惠等奏言:"臣抵阿克苏,〔一〕降回众五千馀户,乌什伯克霍集斯及其子汉咱帕尔亦携众献城降。臣遵旨令舒赫德以侍卫驻阿克苏,臣即率大军赴叶尔羌。"疏入,奖赐荷包、鼻烟壶。

兆惠既至叶尔羌,奏我兵三千馀,行戈壁千五百里,马力疲乏,急需接济马三千,俾得更换,克期而进。先是,上念我军长途跋涉,特派索伦、察哈尔健锐营及陕、甘绿旗兵继进,并传谕副都统阿里衮、侍郎永贵于巴里坤豫选马三千,送库车备调。至是,阿里衮接兆惠咨,请亲送军前,允之,谕富德率大军策应兆惠,永贵巡查台站,亦赴阿克苏。十一月,舒赫德驰奏兆惠于黑水被围,敕富德、阿里衮及舒赫德等速往援。舒赫德奏言:"兆惠遣索伦侍卫五十保等两突围,赍送奏稿,内称臣等于十月初六日直薄叶尔羌城,贼缘边画沟,立队自固。我师以少击众,所向披靡,三战,斩杀甚夥。贼拥衅入城不出。臣遣爱隆阿堵截喀什噶尔援贼,并迎将军纳穆扎尔、参赞大臣三泰军,谍贼辎重在城南英峨奇盘山,计乘虚袭之。十三日,取道城东,渡黑水未及半而桥圮,我师渡河者才四百骑,霍集占悉丑类二万馀来战,而地皆沮洳,人马不能如志,且战且逾河,退保大营。然我师人知效命,杀贼千馀,营中现馀两月粮,深壕高垒,以待援师。轻敌妄进,臣兆惠一人,罪实难逭。"〔二〕

疏入,谕曰:"办理回部一事,原因贼酋霍集占等向为厄鲁特拘囚阿巴噶斯之地。自大兵平定伊犁，出诸陷穽之中，俾仍长其旧部，何啻起死肉骨，而狼子野心，不知感戴生成，辄敢负恩反噬，甚至戕害前此将军所遣之副都统阿敏道及随从百人。[三]若不兴师问罪，何以振国威而申天讨？迨我师已得库车，兆惠勒兵请进，风声所过，如阿克苏、乌什等城相继归化。其回部大头目霍集斯等复效顺前驱，惟霍集占奔窜叶尔羌，是以兆惠率师乘机直入，洵为有进无退之良将！且我满洲劲旅，所向披靡，无敢抗拒。即如今夏兆惠、富德等攻城略地，所领仅千人，而左右哈萨克、东西布鲁特各处回众不烦攻剿，不待招徕，早已争先纳款。其回部一路之阿克苏等城，无不势如瓦解，将谓乘胜长驱，直入叶尔羌、喀什噶尔，亦属甚易。数年来平定准噶尔，降哈萨克、布鲁特，实为极盛之会，而遽有此大兵被围之信，盖实因我师昼夜驰驱，未免马力不足，以致一时困守待援。所幸先事绸缪，朕于六七月间，即次第派遣索伦、察哈尔、健锐营及陕、甘之绿旗兵前往策应，马匹粮饷亦已筹运在途，其时初不知兆惠今日之奏报也。可见苍穹垂佑，默启朕衷，实深感悚。有此部署，计现陆续俱抵叶尔羌矣。兆惠与援师合力，其气培增。从此扫穴犁庭，凶渠就缚，庶几上申国宪，下慰忠魂，军务可告成事。至若身膺阃寄，奋勇直前，计不返顾，乃我满洲大臣从来敦朴旧俗，今兆惠统军深入，志在灭此朝食，自不暇辗转以为身谋，忠诚勇敢，朕实深为嘉予！兆惠着由一等武毅伯加二字，晋封为武毅谋勇一等公，加赏红宝石帽顶、四团龙补服，以彰奖劳赏功之典。其在事之大臣、侍卫等，俟兆惠回至阿克苏时，查奏优叙。”

御制诗纪其事，诗曰：“我军取乌什，酋长款复献。元戎乘良机,率众直前进。其奈隆冬时,枯草经蹂躏。以此马不肥,奚堪供斫阵?况临彼巢穴,螳臂注一奋。借一诱我军,万骑逞驱趁。我师才千馀,鼓勇无退寸。桥圮度四百,忠义人争劝。杀贼至千馀,矢尽接短刃。涉淖退保营,相持城下顿。壮士遴七人,星驰两致信。舒赫德留守,诸回静以镇。羽檄催后师,继进期飙迅。毕齐阿克苏,赴援雪深恨。夷考兵兴来,曾无遭挫韧。此番客主殊,不幸致事偾。兆惠称轻敌,请罪诚不吝。此非退缩比,谁逆料利钝?终能寡敌众,允由效忠荩。奚忍更加罪,褒嘉章服晋。诸臣诸军士,行赏以功论。画后促后军,直前金鼓振。欲藉士敌忾,仰冀天助顺。捷音共春来,平回鸿绩建。"

十二月,舒赫德奏言:"回人托克托默特自叶尔羌来,称布拉呢敦由喀什噶尔纠众五千,合霍集占众,围困大兵三十馀日。忽闻布鲁特掠喀什噶尔,将军纵火攻夺贼营二,两贼酋疑将军与布鲁特有约,欲议和。将军执其使,以矢射书,传谕云:'尔等果欲纳款,必先入觐,否则不允。'后贼酋亦射书,愿送口粮撤围相见,将军不报。又闻军营脱出之厄鲁特言营中掘得米粟百六十窖。"疏入,谕曰:"兆惠举动雄伟,甚属可嘉!着加恩赏给御用朝珠金黄带、荷包,此带可常时服用。"二十四年二月,定边右副将军富德奏报:"臣遵旨驰援兆惠,于正月初六日行至呼尔璊,遇贼骑五千,麾众夹击,转战五日四夜,会参赞大臣阿里衮督解马亦至,分翼欢呼驰突,直至初十日黎明,斩杀无算。布拉呢敦胁中枪伤,舁入城,旋潜回喀什噶尔。兆惠营中闻枪炮声,知我援兵集,厉兵邀击贼众,且遣索伦卒及回人四,约期夹攻。"兆惠亦奏言:"臣等自上年十月十三日被围,相持三阅月。贼引水灌我营,或以苇帚蔽体,及掘沟潜伏,俱为我兵击退。狡计百出,不得逞。帐旁及林木内,拾铅丸数万,即用以还击。仰赖圣主威福,上天神佑,灵迹甚多。安营处近戈壁,而有深林,伐木给用。初忧乏水,因贼灌营,反获接济。掘井,泉辄涌出,至正月初旬,井水忽涸,又获藏粟二十馀窖,官兵意气奋发,毫无惧色。现于正月十四日,与富德合兵,还阿克苏。”

　　两疏入,上览奏奖慰,御制诗曰:“围解万里远,怀纾午夜频。将军诚善守,天意本先仁。少挫终能胜,知难在审因。劳哉惟众士,予曰有良臣。更议捣虚策,相筹应变神。兔营终诡脱,蠖屈乃求伸。重赏斯宁吝,明征要必伸。舞干虽美事,何以谢军人?”又御制黑水行曰:“喀喇乌苏者,唐言黑水同。去年我军薄回穴,强弩之末难称雄。筑垒黑水待围解,讵人力也天峥嵘。明瑞驰驿逾月到,面询其故悚予衷。蜂屯蚁聚张数万,三千馀人守从容。窖米济军军气壮,奚肯麦曲山鞠劳?引水灌我我预备,反资众饮用益丰。铳不中人中营树,何至析骸薪材充。著木铳铁获万亿,翻以击贼贼计穷。先是营内所穿井,围将解乃智其中。闻言为之怅,诸臣实鞠躬。既复为之感,天眷信深崇。敬读皇祖实录语,所载曾闻我太宗。时明四总兵来战,正夜大雾弥霩霚,敌施火炮树皆毁,都统艾塔往视攻。回奏敌炮止伤树,我兵曾无伤矢弓。匪今伊昔蒙帝佑,覼扬前烈励予冲。讵人力也天峥嵘,大清寰海钦皇风。”寻兆惠疏辞封爵及章服,谕勿辞,并以其母年老,时遣人存问。

　　是时霍集占党侵和阗,命速发兵援之。四月,上以兆惠等筹调兵马过多,谕速相机进剿,并加意撙节粮饷。六月,大军分路进，布拉呢敦弃喀什噶尔，霍集占弃叶尔羌遁，降其众四万馀户，抚定之。捷奏至，得旨嘉奖，谕速追擒两贼酋。七月，大败霍集占于阿尔楚尔及伊西洱库尔淖尔，逆酋兄弟窜巴达克山，我军蹙之，勒令擒献，未几均被戮。十月，巴达克山汗素勒坦沙献霍集占首。安集延、霍罕、博洛尔诸部相率归顺。谕曰："将军兆惠等励众选兵，先后追剿，屡获全胜，贼势穷蹙。巴达克山诸部皆感恩，归诚恐后，今既奉檄自效，逆酋授首，从此边陲宁谧，各部落永庆生全。将军等凯旋至京时，朕当亲临郊劳。兆惠已晋公阶，并迭赐章服，其加赏宗室公品级鞍辔，以示宠异。再着加授一子为三等侍卫。"十一月，奏言："回部平定，各城永息干戈，而安抚新降，仍须驻兵弹压。请于叶尔羌驻一千，喀什噶尔驻一千，莫噶萨尔驻五百，阿克苏、乌什等处亦酌派兵驻守，并令各城伯克轮班入觐。"允之。

　　二十五年二月，命为御前大臣，紫禁城内骑马。先是，上命筑坛于良乡城南，行郊劳礼。至是，兆惠率从征将士凯旋，觐谒如仪。上抚劳，赐御用朝珠及马，礼成，随驾还京。上御丰泽园幄次，凯宴，赉银币。寻命图形紫光阁，御制赞曰："济尔哈朗，喀喇乌苏。两番袭迫，均保无虞。以智济险，以诚感恩。卓哉崇勋，辟我皇图。"二十六年七月，奉旨协办大学士事务，兼管刑部尚书。八月，命同大学士刘统勋赴豫勘筑杨桥决口等处，奏疏浚贾鲁河及开放各事，谕奖其悉中机宜。二十七年，复同刘统勋等勘江南运河，酌浚高、宝诸湖归江之路，诏如所议行。二十八年二月，上以直隶滨水洼地，秋霖积潦未消，命兆惠往勘海口，广宣泄，并督同御史永安等相度天津、静海、文安、大城等处疏浚事宜。〔四〕三月,奏报各工减水日数寸,涸出地亩已渐播种,皆总督方观承经理迟误之咎。疏入,敕部察议。十月,加太子太保。十二月,奉旨会同两江总督尹继善等筹浚荆山桥河道。二十九年四月,顺勘直隶河工,事竣还京。

十一月,卒。上亲临其第酹酒,即以其子扎兰泰许尚公主为额驸,御制诗悼之,曰:"重坎昔已济,百年今忽消。大星落昨夜,密席尚前朝。一痛嗟何极,千劳忆匪遥!恨无执手诀,城阙锁深宵。"谕曰:"协办大学士、户部尚书、一等武毅谋勇公兆惠质性精勤,材猷明练。西陲之役,禀承庙略,式畀元戎。盘错屡经,肤功懋集。是用酬庸锡爵,协赞禁廷,入直宣劳,正资倚任。昨偶婴微疾,遣医诊视,方意稍加调摄,即冀就痊。遽闻溘逝,深为轸悼!即亲临奠醊,加恩晋赠太保,入祀贤良祠,并赏给内帑银五千两治丧。伊子尚在年幼,并派同族工部侍郎官保及内务府司官一人代为经理。应得恤典,该部察例具奏。"十二月,赐祭葬,谥文襄。

三十年,上南巡至良乡郊台,诗曰:"庚辰曾是劳旋师,叩觇台陈得胜旗。自此西瀛尽来贺,每循南路引馀思。固资众力成勋绩,实藉元戎善指麾。享泽何期骑箕尾,不禁触境一生悲。"四十四年,御制怀旧诗,列兆惠于五功臣中,诗曰:"西师历五年,准、回两进讨。两讨凡两阻,兆惠皆经了。而皆安然出,葳功荷大造。设非忠诚笃,加以勇略昭。焉能合众志,成城锡箔保。耆定赞丝纶,章服元勋表。谓当永承恩,太平佐有道。长予才三年,何不同予老?"

兆惠子扎兰泰,尚和硕和恪公主,授和硕额驸,袭一等公爵,兼散秩大臣。

【校勘记】

〔一〕臣抵阿克苏　"阿"原误作"乌"。满传卷四五叶三八下同。今据
　　　纯录卷五七四叶一〇上改。按耆献类征卷二四叶六下，"阿"字
　　　不误但脱"抵"字。

〔二〕轻敌妄进臣兆惠一人罪实难道　"进"下原衍"之罪在"三字，又
　　　"实"上脱"罪"字。满传卷四五叶四〇上及耆献类征卷二四叶七
　　　下均同。今据纯录卷五七五叶二一下删补。

〔三〕甚至戕害前此将军所遣之副都统阿敏道及随从百人　原脱"前
　　　此"二字。满传卷四五叶四〇下及耆献类征卷二四叶七下均同。
　　　今据纯录卷五七五叶二二上补。

〔四〕大城等处疏浚事宜　"城"原误作"成"。满传卷四五叶四八下及
　　　耆献类征卷二四叶一二上均同。今据纯录卷六八一叶一九上改。

　　阿里衮

　　阿里衮，满洲镶黄旗人，姓钮祜禄氏。父音德，官领侍卫内
大臣，谥悫敬。乾隆二年，阿里衮由二等侍卫授总管内务府大
臣。四年八月，授镶红旗满洲副都统。十二月，授兵部侍郎。

　　五年六月，左都御史陈世倌疏劾山东巡抚硕色奏报沂州歉
收分数失实，谕阿里衮偕金都御史朱必堦详勘，疏言："沂州府属
之兰山、郯城二县，俱被水患虫伤，而水灾尤甚。地方官将被水
稍轻者议以勘不成灾，最重者止报五六分，照例蠲免十分之一。
现在应征钱粮，穷黎实难措办，请将上年带征钱粮缓至后两年完

纳;其勘不成灾者亦缓至次年征收。民借社仓谷石,向例秋后还
仓,不必催追,动帑买补。灾民出境,邻省设法养赡,咨送回籍,
冬月加意抚绥。所卖子女,力能取赎,买主不许勒掯。"下部议
行。十月,调户部侍郎。十一月,署两江总督杨超曾劾江西巡抚
岳濬与知府董文炜、刘永锡徇情纳贿,命同江南河道总督高斌鞫
实,濬坐革职,馀论如律。六年七月,兼管武备院事。十月,疏
言:"盛京内务府三佐领下未入旗档者六七千人,[一]请册报内务
府存案。嗣后比丁年,即照纳差之三千八百馀丁添差,[二]则差
轻易纳,无隐漏弊。"奏入,如所请。

　　时户部侍郎梁诗正奏八旗兵丁分置边屯事,命同大学士查
郎阿往奉天一带相度地势,再行定议。寻合疏言:"宁古塔将军
所属吉林乌拉之东北拉林、阿尔楚克及阿尔楚哈之东飞克图等
处,平畴沃壤,五谷皆宜,江绕于外,河贯于中,山木取资不尽。
黑龙江将军所属齐齐哈尔之东南呼兰地方,地脉深厚,五谷皆
宜,江河围绕山场,树木俱便。又吉林乌拉之西南黑尔苏站周围
至一统河,地脉肥饶,五谷皆宜,河流贯注,林木尚足采取。吉林
乌拉之西南刷烟站及白都纳之东八家子至登额尔者库,五谷皆
宜,材木稍觉不便。黑龙江将军所属呼兰之东佛忒喜素素地方,
材木丰裕,江河通绕。但地势高下各异,其不宜屯垦者,黑龙江
将军所属墨尔根、黑龙江地寒暑早,齐齐哈尔沙碛地多零星,不
成片落;宁古塔将军所属吉林乌拉地方旗民耕种,馀地无多。三
省地方,山多地窄,霜雪早深。宁古塔地重山围绕,其东乌苏里、
随分、珲春一带,[三]系产参之所,俱不便移驻。"七年五月,议政
王大臣议以:"拉林、阿尔楚哈去船厂甚近,地肥饶广润,五谷皆

宜,最为膏腴之地。请先移驻满兵一千名屯垦种地,将来著有成效,由近及远,渐次举行。"上如所请。七月,兼管奉宸苑事。

八年四月,湖南巡抚许容劾粮道谢济世狂纵各款,总督孙嘉淦请革济世职,御史胡定以许容挟私诬陷入奏。上命阿里衮会鞫,得容冤诬锻炼、嘉淦瞻徇扶同状,复济世职,容论罪,嘉淦革职。命阿里衮署湖南巡抚。六月,调署河南巡抚。十月,授山西巡抚。十一月,河东盐政吉庆奏山西民间买田,有择地勒配轻粮弊,敕阿里衮妥议。因言:"晋省富民乘贫民之急,田取其上,赋纳其下,遂至赔粮无已。嗣后将地亩数目,田则粮额,详书契纸,赴县查验,核其赋之上下轻重,与实征红簿无差者,听其过割。从前田粮有避重就轻者,限二年内自首,更正照则,收粮免究。二年后别经发觉,按数计赃,以枉法论,田地入官,卖主并知情不举之中间人等,照例杖惩。庶富民知儆,贫民无累。"诏悉心妥协为之。十二年,调山东巡抚。十三年闰七月,仍调山西。蒲州府民与陕西朝邑县民以争黄河鸡心滩地互控,诏偕陕西巡抚陈宏谋会勘。阿里衮疏言:"鸡心滩介秦、晋间,本属官地,垦种者晋省居多,秦省较少。请将滩中熟地并未种之滩碱地,以六分给晋民,四分给秦民耕种。"从之。

十五年,擢湖广总督。先是,总督永兴、布政使严瑞龙疏参巡抚唐绥祖巧诈营私,累商肥橐各款,十六年四月,命阿里衮同河南巡抚鄂容安会鞫。寻奏绥祖无赃款,惟纵容炉头私买铜铅添铸属实,部议革职。议上,谕曰:"严瑞龙驾词诬捏,永兴率入弹章,自应分别反坐,唐绥祖家产着给还,来京候旨。"九月,调两广总督。十八年二月,广东东莞县莫信丰等党同逆首王亮臣,纠党散扎,谋居兰蕙山,为不轨。事觉,阿里衮驰赴增城搜捕逆匪二百七十馀,凌迟正法如律。上嘉之,下部议叙。旋丁母忧,回京。九月,补户部侍郎。十月,兼管工部事务。十九年,授步军统领。二十年正月,署刑部尚书。六月,署工部尚书,补镶白旗汉军都统。十月,授户部尚书。二十一年五月,命为领队大臣,赴西路军营。九月,定西将军达尔党阿率师至雅尔拉,贼迎拒,阿里衮等领左右翼兵,阵斩五百七十馀,擒十一人;追至努喇,复遇贼二千馀,奋勇鏖战,擒宰桑扎南布,戮贼三百四十馀。上嘉之,寻召回京。

二十二年正月,命为领队大臣,办巴里坤事。二月,从兄达尔党阿军营获罪,诏以阿里衮袭果毅公爵,谕曰:"逆贼阿睦尔撒纳及阿布赉逃窜,达尔党阿带领西路官兵追捕,相距里许,为人所绐,以致远遁,同事诸臣无所辞其咎。阿里衮着降补户部侍郎。"六月,授正白旗蒙古副都统。九月,沙拉斯、吗呼斯等游牧复叛,掠台站,阿里衮带兵二百前往,同都统满福进剿,由阿斯罕布拉克、和什特克取道至哈喇沙尔,搜剿山僻贼众。进抵搭本顺和尔纳木噶,获男妇二百馀口。谕曰:"前因阿里衮进兵迟延,交部议处,经部议革职,朕谕以且观后效。今既自知罪愆,奋勉行走。着加恩免其革职。"十二月,满福为叛贼郭多克哈什哈车凌等诱害,沙拉斯、吗呼斯游牧逃库车等处。阿里衮遣熟识路径之人取近堵截,师次哈喇沙尔西南库尔勒。二十三年正月,疏报沙拉斯、吗呼斯贼由呼尔塔克山逸至罗卜淖尔,我兵往剿,路擒吗呼斯得木齐额默根等。二月,诏阿里衮所带兵丁归雅尔哈善队。谕曰:"前阅阿里衮所奏,伊等追剿沙拉斯、吗呼斯等贼,向呼尔塔克山前往。嗣素赉玛报称阿里衮已回，俟剿杀藏匿之玛哈沁等，即可撤兵。伊等如果因马匹粮口不足，不妨奏明撤回，既称向前追剿，而究未得贼人踪迹，不过于中途迁延行走，即谓为追袭，巧词饰说，可乎？”四月，阿里衮自鲁克察赴巴里坤，上以阿里衮办理沙拉斯、吗呼斯贼，未能奋勉，诏革侍郎，仍以副都统革职留任。五月，奏巴里坤种地人犯分屯筑堡，酌量安插，上以阿里衮不谙事体，申谕之。八月，疏奏：“雅尔哈善、永贵等议于哈喇沙尔、托克三、辟展、乌鲁木齐等处屯兵三千六百名外，增二千四百名，酌于收获后分驻哈密、巴里坤。又哈密所设卡伦兵，请酌裁，调往屯田。查黄廷桂奏有哈密夹山路径，可至吐鲁番，而巴里坤粮饷均由哈密运送。请将撤回屯兵，俱驻哈密，以节运费。再哈密驻兵二千，所设卡伦七十三，除塔勒纳沁等三十二卡伦，仍须安设，其一颗树等三十九卡伦均可撤。又听差各兵内，亦可裁减抽调六百名遣往屯田。”军机大臣议如所请。

时将军兆惠领兵薄叶尔羌城，以四百馀人渡黑水，冲剿小和卓木霍集占贼众二万馀，道远马乏，坚壁固守三阅月。先是，上命选马三千馀济军，以阿里衮为参赞大臣，自哈密进发。寻迁吏部侍郎。十二月，擢兵部尚书、正红旗蒙古都统。二十四年正月，副将军富德统兵至呼尔璊，遇贼骑五千，转战五日四夜。会阿里衮督解马亦至，乘夜分翼斫阵，贼溃，戮千馀人，馀悉负创遁。逆酋大和卓木布拉呢敦胁中枪，〔四〕我兵复进，屡败贼众，将军兆惠全军出。谕曰：“阿里衮前虽未著成劳，今送马济军，如期集事，且会同剿贼，朕心深为奖许！着赏给云骑尉世职。”七月，逆贼霍集占逃阿尔楚尔，阿里衮偕参赞大臣明瑞、阿桂等冲击，贼大溃。八月，阿里衮等领兵五百驻伊西勒库尔淖尔西，堵截拔达克山要隘，复分兵守淖尔南。贼据淖尔北，阿里衮等攻夺其家属辎重，逆回二千馀乞降，复选兵二百逾岭追剿逸贼。九月，命以参赞大臣留叶尔羌办事。十月，赏戴双眼花翎。

二十五年四月，命回京，赐紫禁城内骑马。阿里衮行次雅木扎尔，闻贼掠台站，围城堡，即回哈什哈尔。时伯克迈喇木妄称阿睦尔撒纳已取阿克苏，纠贼千馀，由伯什克勒木来犯。阿里衮率兵力战，贼入城坚守，复以枪炮攻围，迈喇木夜遁牌租阿巴特。阿里衮追及之于和罗木鲁克，擒迈喇木及呢雅斯。谕曰："阿里衮闻贼回抢掠台站，即回哈什哈尔，击败贼众，抚定回人，应机立办。阿里衮着交部议叙。伊子拜唐阿丰昇额着授为蓝翎侍卫。"又谕曰："阿里衮奏倡乱回人迈喇木、呢雅斯等，俱已擒获。此次办理迅速，甚属可嘉！伊子丰昇额着加恩授为三等侍卫；次子倭兴额着授为蓝翎侍卫。"十月，授领侍卫内大臣，命图形紫光阁，御制赞曰："富德入援，次呼尔璊。趱行戈壁，马不进焉。以马济军，敌营夜袭，同事建绩，曰鄂博什。"二十六年十一月，署礼部尚书。十二月，充经筵讲官。二十七年，命为御前大臣，兼上驷院卿。二十八年，兼管满洲火营器大臣。六月，署陕西巡抚。十月，加太子太保。二十九年，授户部尚书、协办大学士。三十年，兼管礼部事务。

三十三年正月，授参赞大臣，往云南军营。三月，署云贵总督，寻授副将军，驻永昌。七月，疏言："缅酋向来恭顺，内地人往来贸易，以资其用。今扰我土司，抗我大兵，则中华一切货物，不许丝毫透漏。永昌、普洱一带千馀里，山路丛杂，恐潜行偷越。

嗣后奸民贩货出口,拿获即行正法。隘口兵丁得财卖放,罪亦如之。疏防照例治罪,失察文武官弁查明参革。"上是之。又疏奏云南省城距永昌千馀里,山岭陡险,过兵运粮,崎岖难行。是以拨粮二十五万石到永者,仅一万三千石。请将藩库报销闲款项内动支二三万两,修理道路,粮运庶免迟误,文报亦不稽延。"敕速行妥办。八月,又言:"沿边土司地广民稀,往往年岁丰收,卖与内地商贩。经缅匪蹂躏,夷散田芜。蒙恩调驻重兵,夷民俱已复业。请于今冬借给银两,购买籽种、牛具,普行耕种。秋成按照时价交米还项。不敷兵粮,即在各土司地方采买,以省内地挽运之费、官兵裹带之劳。"得旨嘉奖。九月,阿里衮会云南巡抚明德奏:"滇省铜厂,向例粮道专管。遇有奏销,布政使虽会衔,无稽察之责。粮道驻省城,铜厂三十馀处,近者数百里,远者千馀里,耳目难周。查本地道、府、州、县、乡保是其管辖山厂,设有透漏,即可调拨兵役拿究。至金、银、铅厂二十九处,系布政使兼管,本地道、府无稽查之责。请将铜、铅、金、银各厂系州县管理者,责成州县专管,本府稽查;系府厅管理者,责成本府专管,道员稽查;系府道管理者,责成本道专管,各厂事务统归布政使总理报销。至粮道不管铜厂,止办兵粮,事务太简,驿盐道繁,请将驿盐道所管之云南、武定二府改归粮道管理。"如所议行。三十四年二月,以军营马匹疲瘦,谕责阿里衮不能殚心筹画,交部严议,应革职,诏留任。五月,疏奏:"腾越沿边一带,缅匪阑入遮放、陇川、猛卯及户腊撒等处。臣选熟习摆夷言语兵弁,令向沿边土司侦拿。既可使内地情形不致透漏,并可诘缅匪往来作何防备。"奉旨:"如此留心,更有何可谕?"六月,疏奏黔省换补习舟楫兵，拨补赴滇，可得数百水师之用。九月，偕经略大学士傅恒合疏言："猛拱土司浑觉等来降，令赶办牛马、粮米，接济军营，并以猛拱人兴堂札为向导〔五〕，进攻阿瓦。浑觉献象牙、牛只等物，并采买早稻，运送军营。"上嘉之。四月，师至蛮暮。十月，至新街、时傅恒偕副将军阿桂领兵新街东岸，贼三千馀、船百馀迎拒。阿里衮同伊勒图据戛鸠江西岸，派满洲、吉林、绿营兵七百馀进剿。贼寨藏百馀人，我兵奋勇冲入，贼遁；又一寨藏贼三四百，贵州把总姚卓杀贼一，夺旗一，我兵鼓勇进剿，贼弃垒逃。贼踞寨者复五百人，我兵放枪追击，贼坚壁不出，日暮不能固守，潜逃，击毙二十馀人，夺寨三，杀贼五十馀。谕曰："初次接仗，即能如此获胜，览奏甚为欣慰！"

十二月，以疾卒于军。谕曰："尚书果毅公阿里衮久侍禁廷，扬历中外，公诚恪慎，宣力有年。前此平定西陲，懋著劳绩，曾经图像策勋，是以征缅之役，特命前往滇南，俾膺副将军之任。去岁因其身患疮疾，遄遣御医驰视，并赐药饵调摄。旋即得痊，而精神未能全复，朕心方为廑念。昨自戛鸠进次猛拱，所至颇称劳瘁。及在新街，分兵剿贼，奋勇夺垒，纯荩足嘉。乃因体弱遘疾，犹统舟师前进。正冀其速愈，以副委任，遽闻溘逝，深为轸恻！所有应得恤典，该部察例具奏。"礼部议上，赐祭葬如例，命入祀贤良祠，谥襄壮。三十五年，谕曰："尚书果毅公阿里衮宣力殚忱，克彰劳勋。昨岁赐恤时，曾令入祀贤良祠。今思其先世额亦都、遏必隆，并以崇勋建有宗祠，得膺祀典，阿里衮亦应附入邀荣；而其父领侍卫内大臣音德尚未列入，着与阿里衮一并入遏必隆宗祠，用奖勋荩。该部即照例行。"四十四年，御制怀旧诗，列

五功臣中,诗曰:"昨岁秋之仲,盛京谒陵园。三大功臣墓,陪葬
其间存。兹阿里衮者,额都四世孙。勇岂匹其祖,忠实一例肫。
兆惠阻黑水,回众如蜂屯。尔时舒赫德,统兵速入援。又被狂狙
阻,进退至两难。适值阿里衮,送马继进遄。率兵亦弗多,乘夜
贼营掀。贼骇自天降,鹿埏群逃奔。西军俱归善,重进鸿功全。
后复往征缅,受瘴惜陨身。一再忘躯劳,思之辄泪扪。幸而子善
继,金川建殊勋。凯旋以病终,悲惜何忍言!"

　　阿里衮子四:长丰昇额,官户部尚书,袭果毅公,以军功加继
勇号;次倭兴额,官云麾使;次色克精额,袭云骑尉;次布彦达赉,
袭兄丰昇额子爵,现任镶红旗满洲副都统。

【校勘记】

〔一〕盛京内务府三佐领下未入旗档者六七千人　"人"原误作"丁"。
　　耆献类征卷二七叶一四下同。今据纯录卷一五三叶一四下改。

〔二〕即照纳差之三千八百馀丁添差　"丁"原误作"名"。耆献类征卷
　　二七叶一四下同。今据纯录卷一五三叶一四下改。

〔三〕珲春一带　"珲"原误作"阳"。耆献类征卷二七叶一五上同。今
　　据中国历史地图集(一九七五年,中华地图学社出版)第八册图
　　一〇——一改。

〔四〕逆酋大和卓木布拉呢敦胁中枪　"拉"原误作"喇哈"。耆献类征
　　卷二七叶一八下同。今据纯录卷五八〇叶二五下改删。

〔五〕并以猛拱人兴堂札为向导　"兴"原误作"与"。耆献类征卷二七
　　叶二一上同。今据纯录卷八三四叶一一下改。

舒赫德

舒赫德,满洲正白旗人。祖徐元梦,礼部侍郎,加尚书衔,谥文定,有传。雍正六年,舒赫德由笔帖式授内阁中书。十年,迁侍读。十三年,迁监察御史,在军机处司员行走。乾隆元年七月,四川巡抚王士俊密疏四事,上阅疏内有"近日条陈惟在翻驳前案"语,发王大臣等阅看。舒赫德因劾士俊妄发狂论,请明正其罪,诏逮问治罪,详士俊传。

二年八月,奏:"八旗生齿日繁,盛京、黑龙江、宁古塔三省土沃可垦,若将八旗闲散分居三省,则京城既多劲旅,而根本重地更添丁壮。请敕三省将军勘所属可垦若干亩,驻兵若干,酌定人数,按户摊给,并请照旧例设公库,各省税务归并旗员,旗地典于民者赎还。现在公中收租地方,赏无地之家,以十年为期,次第举行。"议如所请,交三省将军详酌妥议:公库前定议酌借一年俸饷,俟二年后酌量请旨;关税归并旗员,交户部定议;收赎民典旗地,前奉旨俟二三年后举行;存公租地,交八旗定议。得旨俞允。又谕曰:"舒赫德条奏将各省税务归并旗员管理,甚无识见。彼意以为旗人生计艰难,若管理税务,则可沾馀润以资养赡。不知国家设立关隘,原以稽察奸宄,利益商民,并非为收税之员身家计也。朕日以砥砺廉隅训勉臣工,尚恐其不能遵奉,而可以谋利之见为之导乎?况当日旗员管理关务者,亦指不胜屈,惟视此以为利薮。[一]故贪黩之风,侵蚀之弊,不一而足,因而身罹重谴,籍其家产,累及子孙。是今日旗员之贫乏,未必不由于当日收税之所致也,岂可使之复蹈前辙?且各省委办税务,率多道府等官,并无满、汉之别。如满洲有任道府廉洁自爱者,何尝不可派委,而必定以为例乎? 总之,为上者施逮下之仁,惟有励以忠勤,示以节俭,固其根本之图;为下者皆当早作夜思,宣力供职,以永受国家惠养之恩,方可谓之计长久。盖厚其生计之道,不可不思,而长贪风以为惠下,则利未见其为利,而且贻害于后日。此理甚明,非所以教旗员之道,亦并非爱旗员之心也。"初,雍正年间,京师设官米局,收买八旗兵米,存贮平粜,复议裁市民买米囤积弋利,价日昂。舒赫德奏请复设,从之。

三年五月,迁内阁侍读学士,四年七月,擢副都御史。十月,奏请秋审缓决五次以上者,分别减等发落,从之。十二月,迁刑部侍郎。六年三月,兼办步军统领事务。十月,条奏:"八旗三营事宜:一、内城九门、外城五门设铜铁炮一千九百馀,请令工部、兵部择其合用者,分置各城,残缺者修整,八旗演炮时,载往卢沟桥验放;一、步军营向无帐房,披甲等巡逻、修道,遇严寒雨雪侵肤,请每旗满洲给帐房二十,蒙古、汉军各十;一、三营盔甲、旗帜,年久敝坏,应酌留朋比扣银修整,每营设鸟枪百、帐房八十;一、内外营马草料俱有定价,惟三营草豆每月由五城司坊官开时价报户部,户部始行支放,兵丁先期称贷拮据,应请每马月给银二两五钱,户部按月支放。"七年六月,奏言:"八旗捕盗步军校,满洲三员,蒙古、汉军各一员,轮流值月,不能遍及,遇盗案与本旗步军副尉一体议处;[二]但一旗满洲、蒙古、汉军地方辽阔,[三]一人值月不能遍及,虽有议处之条,实无弭盗之益,请分满洲旗为三,捕盗步军校三员分管,蒙古、汉军捕盗步军校各一员,各管本旗地方,以专责成。"均下部议行。十二年五月,调户部侍郎。

十三年四月,兼理兵部,授正黄旗汉军都统。九月,调镶红旗汉军都统、军机处行走。十月,充会典馆总裁,授兵部尚书,寻调户部,管三库。

十二月,赴四川军营,疏言:"沿途驿递络绎,蒙圣谕酌设笔帖式、领催,兼司站务,而正、腰各站经管,知县仍委之书役,恐多迟误。请再派笔帖式、领催驻站,亲行递送。"从之。时大学士傅恒经略金川军务,十四年正月,命舒赫德为参赞,加太子太保。师旋,留办军需,奏言:"督抚咨商皆要务,所设驿站,应严考核。请饬各督抚将省会相接之冲驿,未设专员,及远近不接,向无驿站之处,如何接续抽设,酌限日行里数,定为章程,报部存案。其接连外国要隘,亦酌设驿站,俾军务不致稽阻。"下部议行。军需奏销藏事,命往云南、湖广、河南查阅营伍军装,并勘云南金沙江运铜水道。六月,奉勘金沙江自新开滩上至黄沙坪,铜运无阻;其上游四十馀滩多险,蜈蚣岭等十五滩危险异常,仍须陆运,总督张允随奏报,一律开通,请交部严议,所糜帑八万馀两,着原办人赔补。诏免察议,上游糜费银,准将下游节省银抵补;其不足者,令张允随及承办各员分赔。

时古州总兵哈尚德因被水,请移建城垣,上以城未便轻迁,敕舒赫德相度议奏。九月,覆奏:"古州城上通都匀,下接黎平。城西有山水三,穿城达江,江水倒漾,山水为所阻,不能由涵洞宣泄,屡致水患。拟于城外掘沟,引水入溶江。其傍南一水,去江较远,仍由水洞入城,将城内行水沟掘宽,建石闸,随时启闭。可免水患,无庸移城。"得旨,如所议行。十月,调兵部尚书。十五年六月,奏言:"定例额兵百名内扣名粮二分,充营中公用。奈缮治军械,巡防路费多不敷,该管官每借支存公银给兵,领饷时按名坐扣,馀饷不敷养赡,似应酌给公费。查东南山多驰骤,难施马兵,可稍减西北马兵十居其八,亦可酌裁藤牌兵,全无实用。请敕督、抚、提、镇各就营伍情形酌议,将公费名粮,于马兵、藤牌兵内旧例每百名扣出二分之外,加增数分,以备公用。"廷议允行。

十二月,赴浙江会勘海塘。十六年四月,会勘永定河七工下口,详见方观承传。十月,会审杭州将军觉罗额尔登娄赃案,鞫实,解宗人府治罪。十七年正月,偕侍郎玉保赴北路军营,防范准噶尔。十八年七月,以达瓦齐戕喇嘛达尔札自立,准夷内乱,撤防守兵,诏舒赫德回京。九月,命驰往铜山办理黄河决口。寻疏言:"正河断溜淤垫,俟水落挑河引溜进扫,期冬末竣工。至洪湖涨溢,工多汕刷,督官兵抢护,将下游之旧南关、白家墩等坝,王营减坝开放,决范公堤数处,以资畅泄。"奏入,报闻。又奏言:"洪湖砖工不能经久,惟石工为有益。查江南之洞庭、龙潭等山场,及山东峄县之花山产石料,并近水次易运,分咨两省采办,于明岁二月到工。请简熟谙工程大臣,带工员来江办理。"上命侍郎嵇璜、德尔敏往莅其事。十二月,奏张家马路及二闸浸口合龙,大溜复归故道,得旨,下部优叙,加二级。

时都尔伯特台吉策零乌巴什等率众投诚,准噶尔宰桑玛木特追之,阑入北路卡伦,旋逸出。上命舒赫德赴鄂尔昆军营。先是,有旨令将军大臣等于萨喇勒查拿瑚图克等之便,招谕准噶尔乌梁海。十九年正月,舒赫德奏报参赞达清阿诱擒玛木特,萨喇勒擒获乌梁海得木齐扎木参、瑚图克等。疏至,谕曰:"舒赫德等奏'准噶尔达瓦齐复作台吉,乌梁海不愿归顺,已令萨喇勒暂驻卓克索地方,[四]宣扬兵势,另筹办理'等语。竟未喻办理此事之旨。前令将乌梁海收降招服者,非因达瓦齐、讷默库济尔噶尔彼此构衅,乘乱而始办也;特因乌梁海追逐策零,直入我卡伦,若不惩治,必致肆意妄行,是以令于此时或许归降,或行驱逐,一经办定,于地方长久有益。原与达瓦齐之复作台吉与否,全无关涉。朕曾降旨军营将军大臣,毋得偏执己见,致令萨喇勒办理周章。今观此奏,岂非故掣其肘乎?若谓萨喇勒马力疲乏,[五]即令其在驻扎处暂为休息,未始不可。达瓦齐复作台吉之处,何必齿及?此尤朕所不解也。再玛木特已经释放,伊若感恩,自必来归;如不归诚,必将此事告知伊台吉,岂肯晏然即已?势必遣使前来索取逃人策零等,彼时非发兵征讨,更无善策。在舒赫德等以为已将玛木特释放,若札木参等亦照此释放,便可无事。独不思堂堂天朝,有如此办事之法乎?今准夷正值力弱,舒赫德乃如此畏怯,若遇彼猖獗时,伊等不过归入喀尔喀,一筹莫展而已。俟乌梁海办竣之后,玛木特若不来归,亦必一律办理。今应如何防范玛木特之处,亦宜预为留心。此时惟遵朕屡次所降谕旨,饬谕萨喇勒悉心妥办。舒赫德倘再行从中阻挠,决不宽恕其罪。"三月,奏准噶尔、乌梁海已远徙鄂罗斯界,投诚之策零等暂在推河、拜达里克、库尔奇勒等处种地游牧。诏回京面领谕旨,仍赴军营。四月,谕曰:"舒赫德此次差往军营,办理一切舛谬。从前行文准噶尔达瓦齐一事,自应奏闻请旨遵行,乃一面具奏,一面即行擅发,甚属错误。曾将应行察议之处,暂行存记。今令舒赫德等查奏原任贝勒额林沁、公格勒克巴木丕勒未至调遣地方一案,伊等公然为之奏请宽免。此等奉调迟误之罪,军务攸关,岂得因其曾效微劳即从宽宥乎?况此原系伊等应行查参之事,乃并未奏参,已属宽纵,及朕谕令查奏,复敢巧为开脱,舛谬已极!着交部将伊前次存记之案,一并严察议奏。"部议革职,得旨:"舒赫德着将从前所有加级纪录,尽行销去,从宽免其革职。"

七月,辉特台吉阿睦尔撒纳来归,舒赫德与定边副将军策棱疏奏,将阿睦尔撒纳等大台吉留军营候旨,眷属移住苏尼特。上斥其办理舛谬,谕将阿睦尔撒纳等妻子撤回,令会集一处,在乌里雅苏台附近游牧居住,复谕曰:"舒赫德自去年命往北路军营,所办诸事,动辄乖张。其查拿玛木特擅入卡伦一案,有准噶尔札努噶尔布差人投书询问,[六]舒赫德并未奏闻请旨,竟擅自致书达瓦齐。其举动冒昧,实出意外,朕彼时降旨严行申饬。及来京时,面加训谕,伊亦自知错谬,因未行治罪。嗣因策零乌巴什归诚,知准噶尔篡夺相仍,人心离散,实有可乘之机。特命策棱为定边左副将军,并令舒赫德协同办理。舒赫德在热河面领训诲,[七]指授极为详明。伊二人自到军营,畏葸猜疑,毫无筹画。凡所部署,事事不合机宜。即如阿睦尔撒纳穷蹙来归,尚未接见,即议令将兵壮屯驻军营。同来眷属悉移置于戈壁之南,相距数千里。使其父母妻子分析离居,此岂在天理人情之内?在阿睦尔撒纳等甫经归命,焉知天朝之将伊等分遣安插究属何意,断不能不生疑畏;且并不候旨,竟称一面奏闻,一面办理。此何等重大事,而率意妄行乃尔耶?至阿睦尔撒纳称有德济特台吉率众一千户亦倾心向化,因为水所阻;又阿睦尔撒纳胞兄及其亲子为玛木特所拘,并求给与口粮、马匹,前往救应接取。成衮札布、萨喇勒、努三俱以为可行，而策棱、舒赫德悉坚执不允。萨喇勒系熟悉彼处情形之人，既以为可行，伊二人必欲执拗，不知其出何肺腑？方今准夷迭遭内乱，所属部落叩关内附者，接踵而至。此正可以大示怀柔、永绥边境之时，策棱、舒赫德身膺重寄，何颠倒舛谬，至于此极！盖舒赫德因朕有十月间令伊进京之旨，遂一切苟且办理，其不肯接济阿睦尔撒纳者，〔八〕恐致迁延不得归家之故；又自以同列大臣才具大率与彼相若，而伊亲信已久，即办事不当，不过申饬议处，未有可代其任者。国家简用大臣，寄以专阃重任，而乖张偾事如此，实为深负朕恩。舒赫德着革职，以闲散在参赞上效力赎罪，家产俱着籍没。其子特通额、舒常俱着革职，〔九〕发往黑龙江披甲；在京诸子着拿交刑部，以为大员负恩者戒。"旋赴鄂尔昆塔木尔处经理阿睦尔撒纳等游牧。

　　二十年正月，命以章京衔协理乌里雅苏台事务。二十一年，给副都统衔，九月，巡台站至努兑木伦，沿途查拿掠马之厄鲁特；护送运往军营口粮、牲只至额尔齐斯，有掠台站之乌梁海审鄂罗斯，向之索取。奏至，上嘉其办理尚合机宜，令来京补正红旗汉军副都统。伊子舒常并授三等侍卫。二十二年二月，授兵部尚书，兼镶黄旗汉军都统，赴巴里坤参赞军务。七月，因奏防范沙喇斯游牧内移，上以舒赫德藉作归计，训饬之。十二月，谕曰："从前舒赫德在军营时，屡获重谴，朕皆曲为宽宥。因今春西师两路进剿，一时不得其人，将伊唤回，加恩起用。凡一切机宜，朕俱详晰面谕，切嘱不可复行退缩，令其到军营时，传谕将军成衮札布善为协同办理。讵意舒赫德到军营进兵以来，所办诸事俱不奋勉。将军成衮札布本系蒙古，伊虽历经战阵之事，然未面领训谕,则舒赫德理应尽心相助。乃伊等此次所办之事,违失机宜甚多。即如伊等进兵时,既将克勒特、乌鲁特等游牧招服,即当将马匹收取以益我兵力,使贼无所逞其叛逆伎俩,方得制御之道。伊等方且谕彼避入山中,以为恐被作践,致使贼有馀力。俟我兵既过,即行叛去。以此一端而论,即可见其诸事全无成算。及朕降旨责谕,方且东遮西露,往来道途,以致疲马力于无用之地。此皆舒赫德并不将朕谕旨详晰晓谕将军成衮札布之所致也。盖兵法忌怯弱,而舒赫德巽懦性成;兵法忌讳饰,而舒赫德最工文过。合计伊前后罪谴,即正以典刑,亦不足蔽辜;但西路进兵以来,事虽未能就绪,尚无挫军威而损国体之处,若即将伊正法,伊反得诿过于将军成衮札布矣。朕念成衮札布去岁擒叛贼青滚杂布之功,看伊颜面,贳舒赫德以不死。然其不足复用,所谓下愚不移,亦屡试而知之矣。舒赫德着加恩免死革职,令为兵丁,在军营自备资斧,效力赎罪。再伊子舒常亦因加恩舒赫德,复授为侍卫。今舒赫德既经革职,舒常仍革退侍卫,〔一〇〕着仍发黑龙江。"

　　二十三年,谕给舒赫德头等侍卫衔,驻防阿克苏。十月,将军兆惠追剿逆回霍集占深入被围,命定边右副将军富德往援,授舒赫德参赞大臣,会于巴尔楚克。舒赫德以阿克苏通叶尔羌、喀什噶尔要隘应设卡伦,令回人办纳粮米。上嘉之,授副都统。旋擢吏部侍郎,迁工部尚书、镶红旗满洲都统,赐戴孔雀翎。十二月,简阿克苏锐卒并诸路兵先至者,驰援兆惠军。二十四年正月,与富德合军至呼尔璊,贼骑五千馀迎战,击败之;转战五日四夜,戮贼千馀。会参赞大臣公阿里衮督解马匹亦至,乘夜呼突斫阵，贼大溃。兆惠闻枪炮声，知援至，夹击。逆酋布拉呢敦胁中枪，异入城，遁喀什噶尔。时参赞大臣巴禄、阿桂在巴尔楚克亦悉精锐往军营策应。捷闻，得旨嘉奖。七月，舒赫德移驻叶尔羌，命阿桂驻阿克苏办事。嗣以阿桂护送屯田回人赴伊犁巡查边徼，舒赫德仍驻阿克苏，先后奏定回城赋税、台站，酌设伯克，阿克苏鼓铸腾格，以四分存公，六分散给回人。阿克苏、库车、哈喇沙尔、乌什、和阗设笔帖式，专理回务；派陕西同知、通判管粮饷、牧群差务，分驻侍卫，三年更代。均得旨议行。二十六年，命图形紫光阁，御制赞曰："屡授重寄，亦屡左迁。厉厥意懦，策厥材贤。白衣白水，闻黑水信。安众进援，爵秩重晋。"二十七年十二月，谕于户部饭银内每年赏银五百两。

二十八年三月，充经筵讲官，兼署工部尚书、步军统领，加太子太保。二十九年，命与侍郎裘曰修往讯福建提督黄仕简奏参厦门洋行陋规案，因所办未得要领，奉谕旨指示，覆审督抚无收受陋规事，惟属员代购物件属实，诏解总督杨廷璋任，巡抚定长从宽留任，道府同知落职治罪有差。详见杨廷璋传。三十年正月，暂兼管户部事务，充国史馆副总裁。三十一年二月，署陕甘总督。时议修西宁、巩昌所属县及嘉峪关外燉煌、玉门、巴里坤城。舒赫德奏定章程四条："一、估计工段，立标签，以便勘验；一、旧坍卸料物，分别应用；一、工员依限程功，督办、总办各员不时严催；一、在工佐杂分段经理，听督工大员稽察，分别劝惩。"诏如所议。又奏言："甘肃赈务紧要，部拨城工银，经过多系灾区，请令州县就近截领给赈，藩库另拨项给办城工，免稽迟而省运费。"复拨兵先往穆垒耕作，备次年送到民户口粮籽种之需；其各省发遣新疆人犯,奏准伊犁三人、乌鲁木齐一人,周流派拨。

七月,署户部尚书。三十二年二月,充三通馆副总裁。十月,命偕侍郎迈拉逊往审湖南桃源县生员林凤鸣控知县狄如焕及湖北枣阳县监生张舒控知县永和福藉差苛派二案,均鞫虚抵罪如律。因奏:“云南大兵不日凯旋,各站额设夫马外应添若干,请动司库银发给,其各属专雇夫马,至站差竣核销,如有不敷,按粮均派,毋许私行攒凑银钱,以息浮言而杜奸弊。”三十三年正月,暂署步军统领。二月,授参赞大臣,命赴滇与阿里衮、鄂宁筹办军务,进剿缅匪。旋以密奏筹办情形,有“设法招致投诚”语。谕曰:“昨舒赫德、鄂宁密陈筹办情形一折,甚属舛谬。内如计算进兵马匹一事,拘泥成数,每兵千名应给马三千九百,通计需马十万馀匹,其说甚诞。试问前者平定准夷、回部,岂此么髍可比?然用马何尝至如许之多!即康熙年间征剿吴逆,滇、黔一带,未始不调集兵众,亦不闻办马竭蹶若此。滇省筹办粮马,原不无少有拮据。朕前阅鄂宁奏折,即已洞鉴,所以密谕舒赫德往办此事,并屡谕该督抚从长计议。乃舒赫德一到滇省,即张皇其词,匆忙入告,有似滇省之事朕总不知,藉彼奏而朕始悉其端委者然,有是理乎? 至折内称设法招致缅匪投诚,所见尤属荒唐无耻,迥非情理所应有。进剿缅匪一事,朕初无必欲办理之意,屡降谕旨甚明。因杨应琚措置乖张,其势难以中止,遂令明瑞往莅其事。明瑞统兵深入,督率将士,击斩披靡,独以额勒登额逗遛偾事,〔一〕屡促赴援,丧心不顾,以致贼匪抄出前路,窥伺大营。明瑞自率札拉丰阿、观音保等殿后拥护,秉志坚贞,预存不肯中道轻还之意,是以亲冒锋镝,宁为临阵捐躯。陆续回营弁兵,所损不及十之一二。凡在军营,莫不共见共闻。至现在筹办机宜,原欲从长审慎,并无急于为扫穴歼渠之计。第将军、参赞既勤事效节,谊难置之不问;而国体所系,应行应止,亦当随时制宜。如机有可乘,则整兵缮边,厚集继进,无妨稍需时日;使将来果不必办理,朕即明降谕旨暂行撤兵。中外闻之,孰不以为光明正大。若如舒赫德所奏,乃汉、唐、宋、明庸懦无能之君臣所为,我堂堂大清势当全盛,简卒偫粮,殄此丑类,于力有何不给,而肯效掩耳盗铃,恬不为耻耶?且缅匪每以诈降为狡狯长技,杨应琚等已屡受其愚,即此时贼众自知得罪天朝,惧干申讨,或有遣人乞降之信,尚当严加拒斥,责令凶酋束身归命,或遣大头目赍表输忱,庶可允其代奏。朕亦屡经谕及,舒赫德在京早熟闻之。即起程前,朕虑其偏于将就完局,曾面加训诫,伊亦自以更历已久,必不敢再致荒唐为对。何一离朕前,竟尔自相刺谬至是!幸而当今纲纪肃清,一切皆禀承朕旨,伊等欲为此鄙谬之举,尚不敢不先行入告,朕得及时饬驳,急令停止。朝廷一举一动,皆臣民耳目所属,何所庸其粉饰?况军国重务,岂可自欺欺人!设无知之徒,闻有此奏,疑朕授意舒赫德所为,无论朕不肯受,且朕何如主,若于此等事稍有游移,则前者底定西陲,何以克奏朕功于二万馀里之外哉?舒赫德向在左右,承朕指示调度,办事尚能妥协,一经奉差,辄难专任。此次所奏,竟尔复蹈故辙,着交部严加议处。”部议革职,并革云骑尉世职,命给都统衔,授参赞大臣,赴乌什办事。

　　三十六年,土尔扈特汗渥巴锡、台吉策克伯多尔济并喀鄂拓克台吉乌巴什、舍楞等全部归顺,命往伊犁经理抚辑。寻授伊犁将军。舒赫德遵旨筹办安汛设站,养赡抚绥,应行入觐之台吉、

大头目,驿送入京,查明部落户口安置伊犁,其馀部众俱量择善
地分编以居,俾乌鲁木齐、塔尔巴哈台两处大臣就近统理。事
闻,上嘉之。十一月,授户部尚书。先是,定议移西安满洲兵二
千驻防巴里坤,居西北城,原驻绿旗兵移东城。三十七年五月,
舒赫德会同总督文绶奏言:"西北城低洼积水,满、汉官兵商民同
居,城狭人众。勘于东门外半里许,建满城一座,官署兵房四千
八百间,地近屯田,泉甘土沃,使两城形势联络。"廷议允行。九
月,奏言:"沙拉博山铅厂,以废员委办,而厂中所拨遣犯,恐聚积
滋事,请令屯田官一员,总理拨屯兵四十供驱策。遣犯百名,一
半开矿,一半轮流种地,官给牛种、耕具。官员三年议叙。遣犯
分别减年,即准为民。"从之。是月,授领侍卫内大臣。

　　三十八年二月,子舒宁责毙家人二命,特谕改发伊犁交舒赫
德严行管束。四月,加太子太保。七月,晋武英殿大学士,兼管
刑部事务,充国史馆、四库全书、清字经馆总裁,正白旗满洲都
统。十月,赐黑狐端罩,总理吏部及户部三库事务,仍兼刑部如
初,以原衔充经筵讲官。三十九年三月,兼翰林院掌院学士。九
月,命往江南筹办黄河老坝口堤工。因寿张奸民王伦假邪教纠
众,据临清旧城,命先赴山东,偕额驸拉旺多尔济、左都御史阿思
哈及巡抚徐绩擒剿,分兵三路,舒赫德与拉旺多尔济自德州进,
阿思哈由高唐州赴梁家浅会合巡抚徐绩进,直隶总督周元理由
故城进。会兵至临清,贼退踞废城土冈,阿思哈、徐绩率兵掩击,
斩戮数十人,贼窜入城。副都统伍什布、侍卫伊琳等入城歼戮,
侍卫音济图、春宁击贼于塔湾。舒赫德、拉旺多尔济赴旧城东南
隅,与阿思哈、徐绩兵合,令委署翼长保伦等进旧城搜剿。薄暮

列兵土城周围巡警，令侍卫纳木札在北冲要堵贼去路，歼贼数百，生擒百馀，村民俱缚贼来献。王伦自焚死。有名贼目孟灿、梵伟等俱槛解伏诛。舒赫德疏陈善后事宜："一、贼平示谕良民归里，酌给口粮资送；一、旧城民房被毁，酌给贫民修费；一、难民回籍，寒冬难佣工觅食，照被灾极贫例给四月口粮；一、城外村庄焚掠一空，本年钱粮请缓至明秋起征，漕米及民借仓谷麦本等项缓至明秋，分两年带征，附近州县照此办理；一、首逆及有名贼目房地入官变价，入于本案动用；一、民间马牛被掠，请动帑买牛五百头，听小民领用，一年后将原价交官归款。"十一月，叙功，加三级，赐御用貂皮冠、黑狐褂，谕曰："大学士舒赫德办理山东逆匪王伦一案，迅速剿除，安辑良善，经理诸务，俱能竭尽心力，动合机宜，深可嘉尚！着加恩授为御前大臣，赏戴双眼孔雀翎，其从前所得云骑尉世职，仍着赏给。"

四十年五月，教习庶吉士。四十一年二月，金川平，命绘入前五十功臣图像，御制赞曰："土尔扈特，安集边城。命入纶阁，速定临清。金川之役，未悉端委。书旨承行，时亦赞理。"三月，奏山东民李承诺呈控丁元明钻通伊子舒宁夺开煤窑，[一二]承诺转托赞善王燕绪关说，现将舒宁拿交刑部。谕曰："舒宁先因获罪发往伊犁，交伊父舒赫德管束，嗣复加恩准带回京，乃竟恬恶不悛，敢与人来往图利，玷辱伊父颜面，实属败类。适王燕绪随驾在此，因命军机大臣及侍郎和珅、巡抚杨景素会同询问，舒宁与丁元明伙开煤窑，竟属实有其事。舒宁系大学士之子，本不应交涉外事，即或丁元明原系山主，应用开采之人，亦非舒宁所得干预，若其理曲情虚，恃有舒宁之势，争占他人窑产，则舒宁之罪更重。如审讯得实,其人岂可复留？今两造具在,一经研讯,无难水落石出。至舒赫德自请治罪之处,尚可从宽;舒宁之生事不法,非伊意料所及,且于接呈之后,愧愤惶悚,即将伊子拿送刑部,据实具奏,所办尚是。设舒赫德敢于容隐,别经发觉,则其首领亦不能保。但不能管束伊子,咎有应得,着交都察院严加议处。"旋议革任,诏免舒宁发伊犁充当苦差,交舒赫德自加责处,再行发往。李承诺图占煤窑,营谋架控,罪亦如之。七月,充文渊阁领阁事。四十二年,充蒙古源流、临清纪略正总裁。

四月,卒。谕曰:"舒赫德老成端重,练达有为。朕御极之初,即膺任使。宣猷中外,四十馀年。前此平定回城,懋著劳绩;嗣于西陲,抚辑归顺远藩;东省剿捕悖逆匪众,悉心筹画,动合机宜。实为国家得力大臣。自简任纶扉,日直内廷,兼综部务,勤劳匪懈,倚畀良深。兹以圣母孝圣宪皇后山陵大礼,扈从前来,至期应恭点神主襄事,乃于十九日忽遭时疾,即派太医院堂官诊视,频加存问,以冀速痊。遽闻溘逝,深为震悼！即赏给陀罗经被,遣额驸福隆安带领侍卫十员往奠茶酒。俟进京,仍亲临赐奠。加恩晋赠太保,入祀贤良祠。其任内革职降级之案,概予开复。伊子舒常,已谕令驰驿来京治丧。应得恤典,该部察例具奏。"五月,上临奠祭,谕曰:"大学士舒赫德应得封典,着加恩仍行给与。"谥文襄,赐祭葬如例。

子舒常,现官左都御史。

【校勘记】

〔一〕惟视此以为利数　 "此"下原衍一"长"字。耆献类征卷二二叶一五下同。今据纯录卷五〇叶三下删。

〔二〕遇盗案与本旗步军副尉一体议处　原脱"步军"二字。耆献类征卷二二叶一七上同。今据纯录卷一六九叶二三下补。

〔三〕但一旗满洲蒙古汉军地方辽阔　"但一旗"原误作"一八旗"，又脱"满洲蒙古汉军"六字。耆献类征卷二二叶一七上同。今据纯录卷一六九叶二四上改补。

〔四〕已令萨喇勒暂驻卓克索地方　"驻"下原衍一"作"字。耆献类征卷二二叶一九上同。今据纯录卷四五七叶二上删。

〔五〕若谓萨喇勒马力疲乏　"谓"原误作"为"。耆献类征卷二二叶一九下同。今据纯录卷四五七叶三上改。

〔六〕有准噶尔札努噶尔布差人投书询问　"努"原误作"那"。耆献类征卷二二叶二一上同。今据纯录卷四六九叶二〇下改。

〔七〕并令舒赫德协同办理舒赫德在热河面领训诲　原脱"协同办理舒赫德"七字。耆献类征卷二二叶二一上同。今据纯录卷四六九叶二一上补。

〔八〕其不肯接济阿睦尔撒纳者　"者"原误作"等"。耆献类征卷二二叶二二上同。今据纯录卷四六九叶二二上改。

〔九〕其子特通额舒常俱着革职　原脱"特通额"与"俱"四字。耆献类征卷二二叶二二上同。今据纯录卷四六九叶二三上补。

〔一〇〕今舒赫德既经革职舒常仍革退侍卫　原脱此句十五字。耆献类征卷二二叶二三下同。今据纯录卷六五三叶一三下补。

〔一一〕独以额勒登额逗遛债事　原脱前一"额"字。耆献类征卷二二叶二六上同。今据纯录卷八〇九叶一九下补。

〔一二〕奏山东民李承诺呈控丁元明钻通伊子舒宁夺开煤窑　"诺"原误作"纳"。耆献类征卷二二叶二九上同。今据纯录卷一〇〇四叶四〇上改。下同。

梁诗正　子敦书

梁诗正,浙江钱塘人。雍正八年一甲三名进士,授编修。十年,充山东乡试正考官。十二年,上书房行走,充日讲起居注官,寻迁侍读。十三年六月,迁侍讲学士。十一月,丁母忧。乾隆元年,谕曰:"向来翰林丁忧者,有在京修书之例。梁诗正着来京,在南书房行走。"三年六月,补侍读学士。十月,充顺天武乡试正考官。十二月,迁内阁学士,充经筵讲官。四年正月,迁刑部右侍郎。五月,调户部右侍郎。五年闰六月,诗正父文濂年七十,奏请二品封典,上允所请,御制诗赐之曰:"旧日文章彦,熙朝卿贰班。重邀花诰宠,不异彩衣班。堂有槐三木,门如水一湾。更思跻寿世,希瑞遍尘寰。"十一月,转左侍郎。

六年三月,充皇清文颖馆副总裁。寻条奏:"变通二款:一、八旗闲散人丁,宜分置边屯,以资生业也。查旗人除各省驻防,与近京五百里,俱听屯种,馀并随旗。皇上至仁如天,凡为旗人资生计者,委曲备至,而旗人仍不免穷乏。盖生齿日繁,若不使自为养而常欲官养之,势有不能。臣谓非屯田不可。今内地已无闲田,兴盛二京膏腴未尽辟。世宗宪皇帝时,欲令黑龙江、宁古塔等处分驻旗人耕种,查办已有成议,未及举行。今不早为之所,虽现在尚可支持,而数百年后,旗户十倍于今。以有数之钱粮,赡无穷之生齿,使仅取给于额饷之内,则兵弁之开支,不足供闲散之坐食。欲增给于额饷之外,则民赋断难稍加,国用在所必需。待养者众,固无馀财给之;分户日繁,京师亦无馀地处之。

惟有酌派户口,散列边屯,使世享耕牧之利,以时讲武,且可充实驻防。一、绿旗增设兵丁,宜量停募补,以减冗额也。查现在各省马步兵饷,较康熙年间渐增至五六百万。在各营镇每处浮数千百名,不觉其多;在朝廷合计兵饷,则冗额岁不下数十百万。各省钱粮大半留充兵饷,其不敷者邻省协拨,而解部之项日少。向来各营多空粮,自雍正元年彻底清查,此弊尽除。是近年兵额但依旧制,亦比前有虚实之别。况直省要害之地,多满洲驻防,与各标、营、镇、协声势联络,其增设兵额可以减汰者,宜酌定数目,遇开除空缺,即停止募补。于将来营制渐有节省,而现在兵丁实无裁汰之苦。"奏入,上嘉纳之。十一月,管理吏部右侍郎。

　　十年,擢户部尚书。十二年,充文献通考总裁。十三年,调兵部尚书。十四年二月,晋太子少师。十一月,兼刑部尚书。十二月,兼翰林院掌院学士,命协办大学士。十五年正月,迁吏部尚书,教习庶吉士。五月,御史欧堪善疏劾诗正徇庇行私各款,谕曰:"欧堪善参奏梁诗正一折,朕召军机大臣、吏部堂官、掌院学士及该御史,面加询问。高山系梁诗正房师,至带领引见,吏部只据投供人员依次拟缺。大学士公傅恒因在军机处承旨,知其现在直隶修城,而该司以修城无案可稽,部选自遵成例,带领引见单内夹片声明。则高山之引见道缺,系该堂官公同办理,其不出于梁诗正一人瞻徇师生情分,不待辩矣。保举金烈一事,亦该堂官公同商办,其不由科甲[一]与例不符,曾于折内声明。梁诗正并将不合例之处,先期商之傅恒。及询欧堪善以金烈有无夤缘梁诗正形迹,令其回奏,据称并无可指。此二款虽有师生同乡之嫌,初无暧昧徇私实迹。至姚范、陈兆仑列入京察一等,则姚范人本平常,不堪超卓之选;陈兆仑前次京察一等,现系丁忧,并不在京供职。此则梁诗正不无偏徇,其翰林轮班引见,临期越次更换,每不过一二员,或因偶尔遘疾,亦事之所有。若如欧堪善折内所指,已有五员,此中不无高下其手。着问明更换情由,是否出自梁诗正之意,再行交部察议。梁诗正协办阁务,专领铨曹,其供职内廷,不过笔墨之事,初非格外加之宠任。若谓其招权纳贿,植党营私,则是伊福薄,不能承受恩典矣。且朕何如主,而大臣能恣行其胸臆乎?至小小瞻徇情面,则不独梁诗正,举朝大臣恐俱未能尽绝。且如张廷玉掌院几三十年,似此挽越引见之事,不知凡几,何以并无一人参奏?然即有其事,亦复何关政治?在梁诗正有此一二可议,即被参奏,得以知所儆省,未始非福,欧堪善之言,当以为感而不当以为怨也。"

时御史储麟趾疏参四川学政朱荃匿丧,上以询诗正,诗正奏对未晰,交部察议。寻议革职,命从宽留任。十二月,恩赏其子举人敦书荫生,分部学习。十六年,扈跸南巡,诗正父年八十,特晋一品封典,给假留侍旬月。十七年,疏请终养,赐以诗曰:"遗荣空合道,未老暂抽簪。甚悉忠勤意,宁知孝治心。欢承备钟鼎,迹异乐泉林。翻祝归朝晚,卿家庆倍深。"二十二年,上南巡,诗正迎銮,命在籍食俸。二十三年六月,丁忧。九月,特命署工部尚书。二十四年正月,调署兵部尚书。四月,命在紫禁城内骑马。八月,充顺天乡试正考官。二十五年七月,教习庶吉士。九月,实授兵部尚书、协办大学士,兼翰林院掌院学士,充经筵讲官。二十七年,充顺天乡试正考官。二十八年六月,[二]命为东阁大学士,兼管吏部尚书。十月,晋太子太傅。

　　诗正以次子敦书任贵州知府俸满,当来京引见,奏请留部,得旨,以户部郎中用。十一月,诗正卒。谕曰:"大学士梁诗正老成端重,奉职恪勤,侍直内廷,晋阶纶阁。方资简任,遽闻溘逝,深为轸惜! 着皇五子前往奠醊,并加赠太保,入祀贤良祠,赏给内库银一千两治丧。念伊子梁敦书尚未到京,寓次乏人,着派内务府司官一员前往经理丧事。应得恤典,该部察例具奏。"寻赐祭葬如例,谥文庄。二十九年,谕曰:"原任大学士梁诗正灵柩归里,沿途文武官弁在二十里以内者,着俱赴舟次治奠,并遣人护送,俾得稳抵故里,以示优恤。"四十五年,上追念内廷词臣资望最久者,莫如诗正及故刑部尚书张照,御制怀旧诗,列诗正于五词臣首。诗曰:"未可甘盘伦,只宜颜般等。信称馆阁材,句每有清警。践更既已深,遂亦丝纶领。一夜无病逝,入阁实未永。持身恪且勤,居家俭而省。内廷行最久,交接一以屏。不似张挥霍,故率称其冷。翻以是嘉之,吾岂蔽近幸?"

　　诗正子二,长同书,原任侍读。

　　次即敦书,由荫生分工部学习。乾隆十六年迁奉天府治中,奉旨留部,以员外郎用。十七年,补刑部员外郎。二十年,授贵州同仁府知府,二十四年,调遵义。二十八年,俸满,特命以户部郎中用。寻丁父忧,服阕,补户部郎中。三十三年,调吏部郎中。三十四年,授江苏常州府知府。三十五年,迁湖南岳常澧道。三十八年,调驿盐道。四十一年九月,迁福建按察使,十一月,调湖南;四十三年,调广东。四十四年,擢湖北布政使。四十六年,奉旨来京另用。四十七年二月,授左副都御史。五十年七月,迁工部右侍郎。八月,署兵部右侍郎。五十一年,卒。

【校勘记】

〔一〕其不由科甲　"甲"原误作"道"。<u>汉传</u>卷二二叶四〇上及<u>耆献类</u><u>征</u>卷二三叶三上均同。今据<u>纯录</u>卷三六五叶一二下改。

〔二〕二十八年六月　原脱"八"字。<u>汉传</u>卷二二叶四二下同。今据<u>纯</u><u>录</u>卷六八九叶五上补。按<u>耆献类征</u>卷二三叶四上不脱。

蒋溥

　　<u>蒋溥</u>,<u>江苏常熟</u>人,大学士<u>廷锡</u>子。<u>雍正</u>八年进士,改庶吉士,直南书房。寻特赐<u>廷锡</u>一等轻车都尉世职,命<u>溥</u>承袭。十年,丁父忧回籍,既葬,谕即来<u>京</u>供职。十一年,授编修。十二年,迁侍讲。十三年,迁左庶子,充日讲起居注官。<u>乾隆</u>元年,迁侍讲学士。四年,擢内阁学士。五年,授吏部右侍郎,寻转左。

　　六年正月,上虑各省督抚尚有积习未除者,命大学士、九卿留心访奏。<u>溥</u>密陈:"所闻各条:一、督抚各立门户,引用私人,公事从此推诿,又或外托和衷,营私瞻徇,姑容不职属员,贻害地方;一、督抚新任,必极言前任废弛,地方凋弊,以为日后卸过地,并见己振作,或前任升迁者,则曲为弥缝,摈弃者更吹索其疵;一、参劾属员,定例督参抚审,抚参督审,而承审各员惟论声势,如原审者已失势,则巧为开脱,若现在或要津,必附会锻炼,督抚亦瞻顾不问;一、督抚意旨易为属员窥伺逢迎,如昔年<u>河南</u>垦荒、<u>陕西</u>开井,只以迎合上司,奉行不善,闾阎滋累。"疏入,上多采纳,敕各省督抚毋蹈前辙。二月,兼署刑部左侍郎。六月,充<u>浙江</u>乡试正考官。试竣,疏言:"<u>直隶</u>场规,内帘设监试二,凡荐卷必由察核,以昭慎重。内帘每日供给,亦由票取验发。今<u>浙省</u>内

监试一,惟在闱旁观,不与荐阅事,供应悉主考票取分拨,不能专心阅文,请照京省场规办理。"下部议通行。七年二月,充经筵讲官。六月,疏言:"凡条奏发九卿会议,有主稿衙门酌定,或驳或准,会议日书吏诵稿一遍,以待公商。但其中原委曲折,一时难悉,请于定议前两日,将议稿传钞,俾各详勘至当,然后可剖晰畅言。至会议命盗案,刑部向不先定稿,惟俟议时平反。至不关人命之案,亦宜与各衙门一体先令主稿传知,庶为审慎。"下部议如所请行。

八年闰四月,命署湖南巡抚事,御制诗赐之曰:"简畀罗英俊,咨时切治安。江湖襟带地,风俗易移难。谷贱筹农苦,棉轻虑岁寒。承流敷渥泽,应共洞庭宽。"十月,实授湖南巡抚。九年三月,疏言:"永顺一府及辰州属之永绥、乾州、凤凰三厅,苗民贪暴之习未除;至宝庆府之城步、靖州之绥宁,苗峒狡恶者尤多。迩年臣宣布天恩,严禁兵役扰累,仍整饬武备,不得懈弛,苗民渐知守法。"谕曰:"御苗之道,首以不扰为要,次则使知兵威之不敢犯。此奏颇得之。"四月,奏劾按察使明德于巴陵县生员方宣点被盗一案,不细加研鞫,意存讳饰,下部议,革明德职。六月,劾驿盐道谢济世老病不能率属,敕济世勒休回籍。八月,疏言:"向例道、府、州、县政绩,听自造册申送,不免铺张失实。应将州县自注之册,令本管府、州核加考语,呈本道核转;知府、直隶州事实,本道转造;道员事实,两司转造:俱呈督抚查核。佐杂政绩,向不造报,或有任意纵肆者,请令该管州县造册送府州转送司道查察,呈督抚存案,不致有名无实。"九月,疏言:"苗峒旧设义学,令内地生员训导,恐不肖者混入滋事。地方官同教职慎选充当,具结通报查考。"俱下部议,从之。十月,疏奏同学臣甄别教职衰颓荒疏者十三员,咨部罢斥,上以办理甚是,各省督抚多姑息,将原奏钞出,寄付阅看。

先是,给事中胡定奏请湖南滨湖荒土,劝民修筑开垦,部议令该抚查奏。至是,溥疏言:"近年湖滨淤地筑垦殆遍,奔湍束为细流,洲渚遍加堵截,常有湖水冲决之患。现在沅江之万子湖、湘阴之文洲围,士民请筑垦。臣亲勘文洲围,倚山面江,四围俱有旧堤。今若就临江东西二港,建坝设闸,使水不入,则围内可垦田万亩,计费不过数百金,士民自愿兴工,已议举行。至万子湖四面受水,广袤八十馀里,费大难筑,并于上下游水利有碍。臣以湖地垦筑已多,当防湖患,不可有意劝垦。"上是之。十年,授吏部右侍郎、军机处行走。十一年,兼理户部侍郎事。十二年,充会典馆副总裁。十三年三月,充会试副总裁。四月,擢户部尚书。谕曰:"户部事务,头绪繁多。尚书蒋溥着专办部务,不必兼军机处行走。"十五年,晋太子少保。十六年,兼管三库。十七年,充文献通考馆正总裁。十八年,协办大学士,兼署礼部尚书,掌翰林院事。十九年,命偕汪由敦、董邦达修盘山新志。盘山在苏州,向讹为唐韩愈送李愿归之盘谷,而不知彼实在济源。溥等承辑新志,亦二三其说,而未归一是。上特为考证,以正其误。

溥工写生,有父廷锡遗法,每进呈,多蒙御题,有"师承家法间图出,右相丹青有后生"之句。二十年,兼署吏部尚书。二十三年,因秋审错拟原任湖南布政使杨灏缓决一案,奉旨严议,销去加一级,仍降一级留任。二十四年,授东阁大学士,兼管户部尚书。二十五年,充会试正总裁。先是,溥弟洲在山西布政使任内以罪诛,其无着帑项,溥奏恳分年代交。至是,特旨宽免。二十六年,卒。谕曰:"大学士蒋溥居心纯正,奉职克勤。简任纶扉,综理农部,兼领翰林院。久直内廷,谨慎小心,从无少懈。前因患病增剧,屡赐医药。朕亲临看视,尚冀就痊。兹遽溘逝,深为轸惜!着加赠太子太保,入祀贤良祠,并赏银二千两治办丧事,朕亲往奠醊,以示恩眷。应得恤典,该部察例具奏。"寻赐祭葬如例,谥文恪。

子楒,由编修历官兵部左侍郎;赐棨,现官户部左侍郎,袭一等轻车都尉。

官保

官保,满洲正黄旗人,姓乌雅氏。雍正十年,由刑部笔帖式擢堂主事。十一年,迁员外郎。乾隆五年,迁郎中。七年,授江南江宁府知府。十一年三月,总督尹继善奏官保不宜外任,诏以京员用。七月,补刑部员外郎。十三年,转郎中。十九年,改监察御史。二十年,迁刑科给事中,命巡视台湾。

二十二年二月,擢镶黄旗汉军副都统。五月,命往西藏办事。二十六年正月,授刑部右侍郎,十一月,转左。二十七年三月,调正黄旗满洲副都统。二十八年,以刑部侍郎兼管工部侍郎。三十年,调工部侍郎。三十一年四月,〔一〕复往西藏办事。先是,西藏粮务通判吴元澄私挪藏库银买运货物,亏空银万八千馀两,历任驻藏大臣俱失察。官保访知参奏,上命官保同驻藏大臣玛常革吴元澄职,在藏地审明正法,并遵旨查失察大臣驻藏职名,入奏。上嘉官保沿途留心,抵藏后即查出此事,实属急公,交部议叙,加一级。三十二年,授正红旗蒙古都统。三十三年六月,署理藩院尚书。七月,授刑部尚书,仍署理藩院事,兼正红旗蒙古都统。寻调正红旗满洲都统。十一月,兼署礼部尚书。十二月,充经筵讲官。

三十四年正月,署户部尚书。是月,协办大学士。二月,协理步军统领刑名,署理户部三库事务,命紫禁城内骑马。六月,上驻跸热河,命留京办事。九月,巡按兴平仓,奏言:"兴平仓新收漕粮粳米,八廒内三廒俱干洁,五廒米色较潮润,若不预筹,恐霉变亏折。查乾隆二十四年,江、浙漕粮偶被风潮,总漕杨锡绂奏准先行支放。今兴平仓新漕米色潮润,五廒请先支放以免亏缺,交仓场侍郎妥协办理。"得旨俞允。嗣经仓场侍郎实麟、黄登贤查验五廒内米色果灰暗潮润,上以总漕梁翥鸿不能查察,交部严加议处;实麟、黄登贤率行收仓,交部察议。寻议翥鸿降三级调用,实麟、登贤俱降一级留任。九月,命偕礼部尚书王际华、户部侍郎英廉总理平粜事宜。官保以西城面厂亏短,将监粜侍郎蒋元益参奏,并遵旨查中东南北四城面厂情形。嗣查奏北城麸面短少,曾经报出,中东南三城监粜大臣未能豫行查办,请与会同办理之御史一并察议。谕曰:"此案短少麸面,缘由北城据实报出,所办尚是。该城监粜大臣等免其交部。中东南三城未能豫行查办,自应察议,但官保等只知各城监粜之应与处分,不知北城早经报出,伊等不即妥办,以致屡生事端,其咎更无可辞。官保、王际华、英廉一并交部察议。"部议俱降一级留任。十一月,实授户部尚书。三十九年,调刑部尚书,兼议政大臣。三十

六年五月,充国史馆正总裁。六月,兼署兵部尚书。三十八年,
调吏部尚书。

四十一年正月,以患病,年逾八旬,请将内阁、吏部等事务俱
行开缺。谕曰:"官保宣力有年,尚能诚谨供职。今以老病恳请
解任,着以原官致仕。"三月,卒。遗疏上,敕部查应给恩典,照例
具奏。赐祭葬,谥文勤。

子万宁,现任贵州布政使;凝德,任独石口副将。

【校勘记】

〔一〕三十一年四月　"一"原误作"二"。满传卷四八叶四上及耆献类
征卷二四叶三六上均同。今据纯录卷七五八叶一七上改。

刘纶

刘纶,江苏武进人。乾隆元年,由廪生举博学鸿词试第一,
授翰林院编修。二年,恭修世宗宪皇帝实录,充纂修。五年,迁
侍讲。六年六月,充日讲起居注官。寻充陕西乡试正考官。九
月,授太常寺少卿。七年三月,迁通政司右通政,十月,转左。八
年,迁太仆寺卿。九年,在内阁批本处行走。十年,迁大理寺卿。
十一年,授内阁学士。十二年,命编词林典故。十三年,充武会
试正考官。十四年九月,署兵部侍郎,充续文献通考副总裁。入
直南书房。十月,充国史馆副总裁。十一月,擢礼部右侍郎,十
二月,调工部,兼理兵部。十五年,命军机处行走,充平定金川方
略副总裁。

十六年,土默特贝子哈木噶巴雅斯郎图不按原议年限,逐种

地人民,直隶总督方观承入奏,命纶偕贝勒罗卜藏、侍读学士麒麟保查勘。六月,合疏言:"出口民价典旗地者,应遵原议三年、五年限外撤还原主,嗣后不得私典。他如领地耕种为佃户,受雇力作为佣工,皆萍寄谋生,初无占地之意,应许暂行糊口。更有领地开荒之民,积累辛勤,始得成熟,与价典不同,俟年满日先还庄主所需自种之地,有盈给种,以偿前劳。市肆舍宇,定租价以息争端,留商贾工匠,以免驱逐游手。木头城、三座塔二处居人稠密,许照常居住,不得添增,于三座塔设巡检一,以资弹压。"从之。七月,充诗经馆副总裁。九月,丁父忧。十八年,补户部右侍郎。十九年正月,兼理顺天府府尹事。二月,充经筵讲官。

二十年六月,准噶尔平定军功,议叙加三级。七月,充平定准噶尔方略副总裁。十二月,浙江按察使富勒浑参奏调任巡抚鄂乐舜授意布政使同德勒派商银,命纶赴浙同浙闽总督喀尔吉善、两江总督尹继善会审。二十一年二月,覆奏鄂乐舜受银属实,拟绞候,同德并未知情,富勒浑诬参拟杖流。上以富勒浑所参重款已实,不应议罪,纶等定拟过当,下部议革职,奉旨宽免留任。四月,命专办部事,不必兼军机处行走。二十二年,教习庶吉士。二十三年,奉旨仍在军机处行走。

二十四年六月,奏言:"蓟州、宝坻等处蝻子萌动,臣等现在督捕。惟是一邑村落甚多,州县官事繁,未能周遍,派千总、外委同佐杂分捕,参将大员偕监司巡察勤惰,以示劝惩。"疏入,报可。闰六月,擢都察院左都御史。十一月,平定回部功成,议叙加三级。二十五年八月,充恩科顺天乡试正考官。十一月,命偕刑部侍郎伊禄顺赴西路勘将军嵩阿礼克兵粮、勒馈送等款,得实,论如律。二十六年五月，署兵部尚书。六月，教习庶吉士。二十七年，赐紫禁城骑马。二十八年五月，调户部尚书，仍署兵部，教习庶吉士。六月，命协办大学士。十月，加太子太保。二十九年，兼署刑部尚书。三十年，丁母忧。三十二年，补吏部尚书，协办大学士事。三十三年六月，兼署户部。十月，充经筵讲官。三十四年三月，充会试正考官。四月，以中式举人梁泉卷被勘，部议革任，得旨宽免。三十五年八月，充顺天乡试正考官。十一月，充三通馆副总裁。

三十六年二月，晋文渊阁大学士，兼工部尚书。五月，充国史馆正总裁。三十七年，充会试正考官。三十八年，卒。遗疏入，谕曰："大学士刘纶品行端醇，学问博雅。久直禁廷，简畀阁务。勤劳夙著，倚任方殷。今春患病，屡遣侍卫、御医存问诊视，复特赐人参，俾资补益。昨复沉剧，倍增厪念。兹闻溘逝，深为轸惜！着加赠太子太傅，入祀贤良祠。其任内降革之案，均予开复。赏银一千两，办理丧务。派皇十二子带领侍卫十员，往奠茶酒。所有应得恤典，仍着该部察例具奏。"寻赐祭葬如例，谥文定。

子跃云，现官礼部左侍郎。

清史列传卷二十一

大臣画一传档正编十八

于敏中

于敏中,江苏金坛人。乾隆二年一甲一名进士,授修撰。八年,充日讲起居注官。九年二月,迁左中允。七月,充山西乡试正考官。十二月,提督山东学政。十一年,迁侍讲。十二年九月,典山东武乡试。十一月,调浙江学政。十四年八月,转侍读。十一月,奏言:"浙省生员游幕在外,欠三考者七十馀人。请定限咨催回籍补考。"谕曰:"朕前降旨,生员欠考至三次以外者,皆行黜革。但念该省士子逾限尚系初次,且有七十馀人之多,伊等向来读书入泮,亦非容易,若尽行除名,情有可悯。着加恩免其黜革,勒限催回原籍补考一次;若仍借端规避不赴考者,即行黜革。"

十五年,入直上书房。十六年三月,迁侍讲学士。九月,充武会试副考官。十七年九月,转侍读学士。十一月,迁少詹事。十八年二月,迁詹事。七月,授内阁学士。九月,提督山东学政。十九年,擢兵部右侍郎,二十年二月,转左。七月,充经筵讲官。二十一年,丁本生父忧,奏请归宗持服。二十二年六月,起署刑部左侍郎。十一月,奏:"村庄道路设汛分防,或以阻远偷安,或以偏隅生玩。请令防兵昼则瞭望稽查,夜则支更巡逻,往来络绎,击柝相闻,俾征途倚以无虞,奸宄望而敛迹。并责成汛弁按季轮巡,统辖之副、参、游、都等员分年巡查。"下部议行。二十三年五月,以嗣父于枋在籍病故,奏请回籍治丧。二十四年正月,御史朱嵇劾敏中两次亲丧,朦混为一,恝然赴任。谕曰:"于敏中守制回籍,陈请归宗,原为伊本身生母起见。若非归宗,则于例不得受封,此亦人子至情。至回籍后,复丁母忧,伊闻命暂署刑部侍郎时,未经具折奏明,此一节原未免启人訾议。但于敏中才力尚可造就,刑部侍郎缺出,一时未得其人,是以降旨起用。凡遇宴会,不令预列,此正与从前用蒋炳、庄有恭为巡抚同一不得已之苦心,而该御史辄以侍郎、巡抚意为区别,岂外任封疆不妨从权,而内任部务竟不必需人办理耶?"闰六月,授刑部左侍郎,调户部右侍郎。二十五年,命在军机处行走,充方略馆副总裁。二十六年二月,充会试副考官。十一月,转左侍郎,仍兼钱法堂事,充经筵讲官。二十七年,命紫禁城内骑马。

三十年,擢户部尚书。七月,充国史馆副总裁。九月,谕曰:"于敏中之子于齐贤屡应乡试,未能中式。因念于敏中侍直内廷有年,仅有一子,年已及壮,着加恩照伊尚书品级,[一]赏给荫生。"三十三年,加太子太保。三十六年,协办大学士。三十八年闰三月,充四库全书正总裁。八月,晋文华殿大学士,兼户部尚书。九月,充国史馆、三通馆正总裁。十一月,命在上书房为总师傅,兼翰林院掌院学士。三十九年七月,内监高云从漏泄朱批记载,事觉,词连敏中曾向讯观亮记载及伊买地受骗具控曾恳敏中转托蒋赐棨办理等事。上亲诘敏中,敏中奏高云从面求转托,实无允从,并以未能据实劾奏引罪。谕曰:"内廷诸臣内监等差使,交涉事所必有,若一言及私情,即当据实奏闻。朕方嘉其持正,重治若辈之罪,又岂肯以语涉宦寺转咨奏参者耶?[二]于敏中侍朕左右有年,岂尚不知朕之办事,而思为此隐忍耶? 再高云从供有于敏中曾问及观亮记载若何之语,[三]于敏中以大学士在军机处行走,日蒙召对,朕何所不言,何至转向内监探问消息耶? 自川省用兵以来,于敏中书旨查办,终始是其经手。大功告竣在即,朕正欲加恩优叙,如大学士张廷玉之例,给以世职;乃事属垂成,而于敏中适有此事,实伊福泽有限,不能受朕深恩。于敏中宁不知痛自愧悔耶?[四]因有此事相抵,于敏中着从宽免其治罪,仍交部严加议处。"寻部议革职,诏从宽留任。

　　四十一年正月,金川平。谕曰:"大学士于敏中自办理军务以来,承旨书谕,凤夜殚心,且能巨细无遗,较众尤为劳勚。其前次过失,尚可原恕,着赏给一等轻车都尉,以示格外恩眷,着世袭罔替。"七月,充文渊阁领阁事。四十三年三月,充会试正考官。奏言同考官评阅朱卷,向用蓝笔,近科改用紫笔,紫与朱色近,设改易点乙数字,亦难辨别。内帘书吏缮写文移档案,并用紫笔,尤觉非宜,请仍旧例用蓝笔。"上从之。四十四年十二月,故。谕曰:"于敏中才练学优,久直内廷,小心谨慎。自简畀纶扉,办理平定金川军务,承旨书谕,懋著勤劳,因加恩列入功臣,特予世职,以彰优眷。恪恭匪懈,倚任方殷。前因其喘疾较甚,谕令乞假加意调摄,即派太医院堂官前往诊视,并赐人参,俾资培益,用冀速痊,复屡遣大臣存问。昨闻病势沉剧,倍增厪念,兹闻溘逝,深为悼惜!着加恩入祀贤良祠。应得恤典,该部察例具奏。"寻赐祭葬如例,谥文襄。

　　四十五年六月,敏中孙德裕讦堂叔时和挟制家产、拥赀回籍等事,上命大学士英廉严讯查办;并以时和先行回籍,或隐占敏中原籍赀产事,诏江苏巡抚吴坛查办。嗣吴坛奏时和吞占家产属实,请将时和发往伊犁充当苦差,其所侵银物,酌给德裕三万馀两,馀留充金坛开河费,允之。复以苏松粮道章攀桂曾为敏中觅匠修盖花园,吴坛奏议革攀桂职,发军台效力。谕曰:"于敏中受朕深恩,乃听本省地方官逢迎,为之雇匠盖房。若在生前,必当重治其罪。今既完名而殁,姑不深究,以示朕终始保全之意。至章攀桂逢迎乡宦,罔顾官箴,即发往军台,亦所应得,但尚未出赀帮助,亦姑不深究。章攀桂着革职,免其发往军台。"四十七年,诏以敏中孙德裕承袭一等轻车都尉,并加恩以主事用。五十一年,谕曰:"朕因几暇咏物,有嘉靖年间器皿。念及彼时严嵩专权炀蔽,以致国是日非,朝多稗政;复取阅严嵩原传,见其势焰熏灼,贿赂公行,甚至生杀予夺,皆可潜窃威柄,颠倒是非,实为前明奸佞之尤。本朝家法相承,纪纲整肃,太阿从不下移,本无大臣擅权之事。即原任大学士于敏中因任用日久,恩眷稍优,外间无识之徒,未免心存依附,而于敏中亦遂暗为招引,〔五〕潜受苞苴。然其时不过因军机大臣中无老成更事之人,而福隆安又年轻未能历练，[六]以致于敏中声势略张。究之于敏中亦止于侍直枢廷，承旨书谕，不特非前朝严嵩可比，并不能如康熙年间明珠、徐乾学、高士奇等；[七]即宠眷声势，亦尚不及鄂尔泰、张廷玉，安能于朕前窃弄威福，淆乱是非耶？[八]朕因于敏中在内廷供职，尚属勤慎，且宣力年久，是以于其身故仍加恩饰终，并准入贤良祠，以全终始。迨四十六年，甘肃捐监折收之事败露，王亶望等侵欺贪黩，罪不容诛。因忆及此事，前经舒赫德奏请停止，而于敏中于朕前力言甘肃捐监应开，部中既免拨解之烦，而闾阎又得粜贩之利，实为一举两得。朕以其言尚属有理，是以准行。讵知勒尔谨竟如木偶，为王亶望所愚，遂通同一气，肥橐殃民，竟至酿成大案。设非于敏中为之主持，勒尔谨岂敢遽行奏请？即王亶望亦岂敢肆行无忌若此？是于敏中拥有厚赀，亦必系王亶望等贿求酬谢，种种弊混，难逃朕之洞鉴。此案发觉时，设于敏中尚在，朕必严加惩治，虽不至如王亶望等之立置重典，亦不仅予以褫革而已也。因其时于敏中先已身故，不加深究，曲示矜全。但于敏中如此营私舞弊，[九]朕不为已甚，不肯将其子孙治罪，已属格外恩施；若贤良祠为国家风励有位，昭示来兹，盛典攸关，岂可以不慎廉隅之人，滥行列入？朕久有此心，兹因览严嵩传，触动鉴戒，恐无知之人将以嘉靖为比，朕不受也。于敏中着撤出贤良祠，以昭儆戒。"六十年五月，谕曰："昨国史馆进呈于敏中列传，朕详加披阅。于敏中以大学士在军机处、上书房行走有年，乃私向内监高云从探问记载，又于甘肃监粮一事，伊为之从中主持，怂恿开捐，以致酿成捏灾冒赈巨案。因此案发觉时，于敏中先已身故，不加追究。但于敏中简任纶扉，不自检束，既向宦寺交接，复与外省官吏夤缘舞弊。即此二节,实属辜恩,非大臣所应有。使其身尚存,必当从重治罪。今虽已身故,若仍令其滥邀世职,又将何以示惩? 于敏中之孙于德裕现官直隶知府,已属格外恩施,所有承袭轻车都尉世职,着即撤革,以为大臣营私玷职者戒!"

【校勘记】

〔一〕着加恩照伊尚书品级　原脱"着"字。耆献类征卷二七叶二下同。今据纯录卷七四四叶一六上补。

〔二〕又岂肯以语涉宦寺转咨奏参者耶　"耶"原误作"即"。耆献类征卷二七叶三上同。今据纯录卷九六三叶一八上改。按下文"何至转向内监探问消息耶"之"耶"字亦同。

〔三〕于敏中曾问及观亮记载若何之语　原脱"若何"二字。耆献类征卷二七叶三上同。今据纯录卷九六三叶一八上补。

〔四〕于敏中宁不知痛自愧悔耶　原脱"知"字。耆献类征卷二七叶三上同。今据纯录卷九六三叶一八下补。

〔五〕而于敏中亦遂暗为招引　"暗"原误作"时"。耆献类征卷二七叶三上同。今据纯录卷一二四八叶一四下改。

〔六〕而福隆安又年轻未能历练　"隆"原误作"康"。耆献类征卷二七叶五上同。今据纯录卷一二四八叶一四下改。按福隆安为傅恒次子,福康安为第三子。

〔七〕并不能如康熙年间明珠徐乾学高士奇等　"并"上原衍一"实"字。耆献类征卷二七叶五上同。今据纯录卷一二四八叶一四下删。

〔八〕淆乱是非耶　"淆"原误作"溃"。耆献类征卷二七叶五上同。今据纯录卷一二四八叶一四下改。

〔九〕但于敏中如此营私舞弊　"如此"原误作"于此等"。耆献类征卷
　　二七叶五下同。今据纯录卷一二四八叶一五下改。

程景伊

　　程景伊,江南武进人。乾隆四年进士,改庶吉士。十年,散
馆,授编修。十三年三月,充会试同考官,迁侍读。六月,大考二
等,迁侍读学士。十四年正月,命在上书房行走。十五年,丁母
忧。十八年七月,补侍读学士,仍在上书房行走。九月,充日讲
起居注官。十月,充武会试正考官,迁詹事。十九年,迁内阁学
士。二十年,擢兵部侍郎。

　　二十三年十二月,民人潘濬控天津盐商牛兆泰欠引地价银,
盐道王恺伯之婿张曾效持京札十馀封,为兆泰嘱托,经大学士傅
恒查奏各札与本案无涉。谕曰:"朕断不以寻常书札往来之故,
处分伊等。但侍郎程景伊札中有'承乏中枢,晨夕内廷,殊多旷
废。今秋未与木兰之役,稍得专心职业'等语,亦可谓无可致之
殷勤,诉中情之充诎者矣。大约小翰林辈方进本衙门行走,则以
入直内廷为捷径,及积久受恩满志,又以晨夕入直为苦。此即韩
愈所谓'丁宁婢子'者也。今程景伊自问兵部之事,朕果赖彼以
理乎?本不过旅进旅退、可有可无之人,伊岂不自知而腼颜为是
语乎?似此居心,安可授经皇子?着解退其上书房行走,俾其专
心部务,以观其作何尽职。"二十四年闰六月,调礼部右侍郎。七
月,乡试届期,八旗大臣子弟应试者,并不循例自陈,程景伊与礼
部尚书伍灵安等代为请旨,朦混具奏。部议革职,诏改革职留
任。十一月,以西陲大功告成,命祭告炎帝、虞帝陵。二十六年

九月,充武会试正考官。二十八年四月,奏言:"外帘官有年老抱病难胜任者,已派员帮办。嗣后请令该堂官开送时,将老疾者验明扣除。"上是之。十一月,充续文献通考副总裁。二十九年二月,疏言:"坛庙致祭,向例俱有撰定成文。其中亦宜因时变通,如本年三月祭历代帝王庙,皇上亲诣行礼;上年奉诏,庙易黄瓦,典礼攸崇,应请敕翰林院另拟祭文进呈钦定,以申昭格。"如所请行。三十年正月,署吏部侍郎。十月,授吏部右侍郎,兼署工部左侍郎。三十一年正月,调工部侍郎。十月,仍调吏部侍郎。

三十四年,擢工部尚书,充经筵讲官。三十五年,调刑部尚书。三十六年二月,调吏部尚书。三十八年八月,协办大学士。九月,充三通馆副总裁。十月,命紫禁城内骑马。十一月,充国史馆副总裁。三十九年十月,充四库全书馆总裁。十二月,覆勘各省乡试卷,奏:"四川头场首题'又日新康诰曰'六字,牵上连下,全无义理。即欲避熟趋生,以防雷同剿袭,何至如此割裂?请敕礼部定议,有似此命题小巧者,据实查参议处。"上是其言,下部议,四川考官罚俸如例。四十年,教习庶吉士。四十一年四月,上东巡回銮,驻跸黄新庄。景伊与在京大臣官员迎驾,未候召见,俱已退班。上以景伊系协办大学士,永贵系吏部尚书,二人既散,众人遂尤而效之,命交都察院议处。寻议降二级留任,上责都察院徇情,改为革职留任。四十二年五月,命景伊与修明史各本纪。十一月,谕曰:"前因四库全书馆呈进各书,每多稽缓,经总裁等议,设总校六员,分司校勘,各总裁仍随时抽阅,以专责成。本日召见程景伊,据奏:'应进各书,经总校阅看后,如总裁等全为检阅,不特耽延时日,且总校等转得有所推诿。若不将如何抽看之处,定有章程,亦非核实之道。此后总裁等于每十本内抽阅二本,黏贴总裁名签,其未经抽阅者,于书面黏贴总校名衔,如有错误,各无可诿'等语,所奏自属可行。嗣后四库馆校阅各书,即着照此办理。^{〔一〕}各总裁等务宜悉心校勘,毋致再有舛误。"十二月,充玉牒馆副总裁。四十四年十二月,晋文渊阁大学士,兼吏部尚书,暂兼管吏部事务,并充文渊阁领阁事,国史、三通馆总裁。是月,济宁州参革知州蓝应桂呈请捐复,景伊未详核情节,率标先行;侍郎和珅以应桂身为州牧,纵两婿冒籍,实属私罪,不应准其捐复奏参。谕曰:"程景伊于蓝应桂捐复一事,不与各堂官商酌,竟标先行,准其捐复,办理实属错误。朕姑不深究,着交都察院议处。"寻议降一级抵销。

四十五年正月,上南巡,命景伊留京办事。三月,教习庶吉士。五月,上回銮召见,景伊病后衰弱,温谕安心调理,勿勉强行走。七月,卒。谕曰:"大学士程景伊品行端醇,老成练达。历膺部务,懋著勤劳。简任纶扉,正资倚畀。昨因其抱恙未痊,特命加意调摄,并屡次存问,方冀速痊。今闻溘逝,深为轸恤!着派散秩大臣带同侍卫十员前往奠醊。应得恤典,该部察例具奏。"赐祭一坛,谥文恭。

【校勘记】

〔一〕即着照此办理　原脱"着"字。汉传卷三二叶一二上及耆献类征卷二九叶三上均同。今据纯录卷一〇四五叶二八上补。

梁国治

梁国治,浙江会稽人。乾隆六年举人。七年,考取内阁中书。十三年一甲一名进士,授修撰。十七年,充日讲起居注官。十九年十一月,迁国子监司业。二十一年五月,充广东乡试正考官。十一月,拣发广东以道员用。二十二年三月,补惠嘉潮道。二十五年十月,署粮驿道。二十六年十一月,卓异引见,命署理都察院左副都御史。二十七年六月,充江西乡试正考官。九月,提督安徽学政。十一月,擢吏部左侍郎,仍留学政任。三十年正月,调江苏学政。九月,两广总督杨廷璋、[一]巡抚明山参奏粮道王概浮收仓米,国治署任内亦有情弊,奉旨革职,并管仓家人一并解粤质审。嗣审系失察家人舞弊,已革职,毋庸议。三十一年二月,特授山西冀宁道。三十二年十月,擢湖南按察使。

三十三年九月,擢江宁布政使。三十四年四月,以失察署颍州府知府明福畏罪自缢,部议降一级调用,谕从宽留任。五月,奏:"外省督、抚、提、镇、藩、臬等,凡有奏事之责者,新旧交代,全凭文案。惟廷寄谕旨,事须谨密者,皆由内署密办,向不移交后任,无凭查核。请嗣后毋论正署,逐任交代。"下部议行。上以江宁等属钱粮未清各款尚多,谕令梁国治查奏。旋覆奏:"江宁之山阳、阜宁、清河、安东、铜山五县节年积欠三万至八万,为数较多。计自乾隆十一年起至三十二年止,未完积欠正杂款银共四十五万馀两,三十三年未完正杂款银十万一千馀两。缘自乾隆二十六年江宁分设藩司,节年均有偏灾,虽屡蒙恩蠲缓,其应征蠲剩,及熟田正杂银,因附近灾地民力未能充裕,或尽完本年新粮,积欠带完无多;或兼征口粮籽种,旧欠未能并输。即如三十三年分奏销核计征完积欠银十八万七千馀两,正杂项款又有未完银十万一千馀两。臣拟于三十四年秋成起,按各属旧欠多寡,酌量年岁情形，分年分限，设法带征，务期逐渐清楚，仍专立稽查积欠印册，按款按限随时稽查；督催交代时，仍将查办印册面交后任接办。"得旨俞允。

七月，擢湖北巡抚，奏请陛见，谕曰："且赴新任，不必来。湖北吏治不堪之极，汝应加意整顿；若循分供职，即属负恩，必不轻贷。"十月，特命署理湖广总督，兼署荆州将军。三十五年八月，疏言："湖北近年粜赈兼施，缺额谷五十馀万石。向例粜谷照市价，每石销银六钱五六分至七钱不等，赈谷每石例给银五钱。现在粜缺未买之谷，止五万馀石，赈缺未买之谷积至四十八万馀石，赈缺因水旱平粜，每岁举行。若因赈缺未补，势必下年不敢出易，赈贷愈形支诎。惟有筹平粜之盈馀，补赈缺之不足，通融妥办。请动支司库银二十万两，无论本省邻封，公平购买，其价不得逾每石六钱五分之数。如市价较贱，随时递减，仍以五钱开销。再向来平粜，仅照市价酌减，原未筹及盈馀，但青黄不接，较之新谷登场时，无论丰歉，价自相悬。请嗣后每逢平粜，务令核计上年买补原数目，于酌减外，每石盈馀银一钱，方准出粜。在小民买食已比市价较减，仓储可期足额。"上嘉之，下部议，令每石先发价银六钱，分给各州县购买，有馀缴还，不敷核实找给。三十六年正月，奏："查本案动给司库正项银二十万两，今按照市价所买谷石，应请据实即于所发正项内照数造册报部，毋庸另动别项，致启挪移。其例销之外，现存粜价盈馀，不敷拨补，即饬令各州县于青黄不接时，如谷价每石较买补时贵至一钱以上，即行酌减平粜。将盈馀留存一钱，同现存粜价盈馀清还原动正项，馀银俟将来买补。"奏入，报闻。六月，奏："德安府同知贾钟琪经吏部推升福建福宁府知府，该员才具中平，不能展拓，实难胜知府之任。但其平日颇属谨饬，奉职无过，可否准其以知府衔留任。"谕曰："据梁国治奏贾钟琪才具中平，〔二〕难胜知府之任，请饬部毋庸再选，自应如此办理。至将该员请以升衔留任，并不声明送部引见，则所谓知其一不知其二也。此等论俸推升人员，大率循分供职者居多，第因在任事简职闲，处分本少，是以俸满升迁较易，其中原未必有出色之员。〔三〕昨因推升知府内经该督抚验系堪胜任者，向令其出具考语。恐久之或滋弊端，曾降旨停其注考，令送部引见定夺。至此等不能胜任府缺之员，其人材较彼尤逊，若不送部引见，竟准以升衔留任。是庸材既得以藏拙，且省其正署交代往来跋涉之劳，安坐而得叨荣顶带，为若辈别开捷径，于事体殊觉非宜。恐衰朽无能者，并得藉以姑容恋栈，其弊更无所底止。嗣后各省推升人员，该督抚验系堪胜任者，仍遵前旨办理外，其不能胜任之员，亦着一体送部引见。或仍令回任，或留部另用，候朕临时分别降旨。其向例升衔留任，未免过优，应改照卓异人员例加一级，以示平允，着为令。"七月，疏言："江、浙等省赴汉口买铅，向例并不查奏。嗣后黔、粤等省每年应运汉口铅，俟一运完竣，请照京局之例，将各该省委员于何时运到，计若干斤；何时售买若干，并于何时运回，查明有无迟误，及偷盗短少等弊，一体奏报。"得旨："是，知道了。"

九月，调湖南巡抚。十月，奏："湖北施南府属之宣恩、来凤、咸丰、利川四县，自乾隆元年改土归流，设县分治。四年前督臣德沛奏准四县共酌取生员一、二名，附于首县恩施县学管辖。今每县童生各有三百馀名，利川至有五百馀名，请每县酌取入学七名,利川酌取八名,府学酌增一十二名教职,即于府学及首县、宜昌府各学裁拨廪增,俟人文再盛,另请增设。"下部议行。十一月,京山县民严金龙滋事,国治奏请同总督富明安前往查办。谕曰:"此系总督之事,汝应在省镇静,同往谬矣。"三十七年三月,以失察严金龙聚众滋事,部议降一级调用,谕从宽留任。三十八年三月,疏言:"湖南湘乡、安化二县煤矿,夹产硫磺。从前酌量存磺多寡,时开时禁。自乾隆三十五年封禁后,省局存磺无几。请将该二县封禁煤矿仍行开采,煤则听民买用,磺则官为收买。俟一二年后,酌量收积多寡办理。"奏入,报闻。五月,奉旨:"留心体察提督李国柱,据实奏闻。"国治覆奏:"李国柱实年七十七岁,见其精神壮健,营务颇为干练。办理赴川兵丁各事宜,均能克期料理。"奉朱批:"好,知道了。"又奏:"现在派兵赴川,并修理军装,配造火药,费用数倍常年,司库现存赏办兵差银十万馀两,可否照一年应扣各粮通行借给,仍分三年扣还归款。"谕曰:"梁国治所办甚是。兵丁调赴川省,一切修理军装、器械,均须垫办,情形不免拮据,自应酌剂,以示体恤。其湖北、陕、甘、云、贵、四川等省,俱有添派之兵,如有所存公粮不敷支用者,亦照湖南酌量妥办。着各督抚等实力查办具奏,该部即遵谕行。"又奏:"外省委署道、府、总兵、副将出缺,委署仅止咨明吏、兵二部。查道、府、镇、协署事,近或数月,远辄经年,若随时奏闻,庶不敢存代庖之见,于弹压官吏兵民,更为严肃。"部议从之。八月,疏言:"向例各营将弁自出征后,均听军营升用,本营缺出,仍系督抚照常拔补。是循资按格者,转得坐致升迁;而冒敌冲锋者,专待军营缺出,无以鼓励戎行。嗣后本营缺出,请与出征将弁一体轮升,令军营大臣随时知照各该督抚。"得旨:"所奏是,该部速议行。"

　　十一月,奉旨:"梁国治着来京,在军机处行走。"十二月,署礼部侍郎。三十九年正月,入直南书房。二月,命纂办日下旧闻考。六月,补户部右侍郎,辞免管理钱法堂事,八月,转左侍郎。十月,赐第一所。十二月,署经筵讲官。四十年四月,充殿试读卷官。四十一年十月,命紫禁城骑马。十一月,赐青狐端罩。十二月,充经筵讲官。四十二年二月,充四库全书馆副总裁。三月,京察,加一级。八月,充顺天乡试正考官。十一月,擢户部尚书。四十五年三月,京察,加一级。四月,叙平定金川功,得旨:"梁国治着加三级。"四十六年五月,教习庶吉士。四十七年二月,以定拟镇迪道巴彦岱收受馈送罪错谬,部议降三级,谕从宽留任。八月,加太子少傅。四十八年四月,京察,加一级。七月,协办大学士。四十九年七月,上以底店贼匪剿办净尽,梁国治等承旨缮写,巨细无遗,交部议叙。寻部议军功,加三级。五十年,与千叟宴联句,赏赉。五月,晋东阁大学士,兼户部尚书。五十一年二月,京察,加一级。

　　十二月,卒。谕曰:"梁国治学品端醇,小心勤慎。扬历中外,简直内廷,襄理机务。荐擢纶扉,方资倚毗。前以感患痰喘,屡遣御医诊视,并派御前侍卫丰绅济伦前往传旨存问,令其安心调治,以冀速痊。兹闻溘逝,深为轸惜!着晋赠太子太保。派皇十七子带领散秩大臣一员、侍卫十员,前往奠醊。仍赏给银一千两,俾治丧事。其任内降革、罚俸处分,均予开复。所有应得恤典,该部查例具奏。"寻赐祭葬如例,谥文定。

【校勘记】

〔一〕两广总督杨廷璋　“两广”原误作“广东”。碑传集卷二八叶一四
　　　上同。今据纯录卷七四五叶六上改。

〔二〕据梁国治奏贾钟琪才具中平　原脱“据”字。今据纯录卷八八六
　　　叶一二上补。

〔三〕其中原未必有出色之员　“有”原误作“皆”。今据纯录卷八八六
　　　叶一二下改。

　　嵇璜

　　嵇璜,江苏无锡人。父大学士曾筠,自有传。璜于雍正七年
钦赐举人。八年,中式进士,改庶吉士,散馆授编修。十二年,擢
右中允。十三年,转左谕德,充山西乡试正考官。乾隆元年,充
陕西乡试正考官,命南书房行走。三年,丁父忧。六年,服阕。
七年,擢左庶子,充日讲起居注官,寻迁翰林院侍读学士。

　　八年三月,转通政司副使。七月,迁都察院左佥都御史。九
年正月,奏:“督抚简阅标兵,只就趋走应对,定将弁能否;且有倚
为耳目,授以采访之权者。骄纵怠忽,废职之由。请钦派大臣前
往近省简阅,边省或于驻防将军、副都统内选派。再苗疆屯兵,
防范稽查,是其专责。乃漫无觉察,于有名案犯,既不能躧缉,又
食用诸费,皆取诸苗,且虐使之。伏祈敕谕苗疆督抚饬属整顿。”
得旨:“直隶、山东武备尚属整饬,着先派大臣由河南一路稽查上
下江一带,馀省候旨。”〔一〕又奏:“河工疏筑事宜,应浚毛城铺坝
分泄涨水,于顺河集等处开河引溜,至黄河岸因积水漫淹山冈,
老土冲刷颇多,宜修筑留。新黄河韩家堂各处,旧有口岸,以泄

盛涨。"议行。七月，奏："<u>直隶州县工役</u>，每为奸蠹包揽扣克，致工程不能坚实。目下以工代赈，若吏胥恣意中饱，于民艰尤无裨益。请严禁夫头包揽，务取无业贫民给散工价。"得旨允行。十二年正月，迁大理寺卿。十三年四月，授都察院左副都御史。六月，擢工部右侍郎。十四年十二月，调户部右侍郎，寻转左，充经筵讲官。

　　十八年十月，<u>江南黄</u>、淮并涨，上宣防八事："一、<u>铜山</u>下、<u>清口</u>上，河身宜挑浚也，<u>查决口夺溜</u>，河身必淤，应将<u>铜山</u>下及早挑挖；一、<u>高堰</u>等处石工宜修也，<u>黄河</u>入湖石工多罅漏，应趁冬春逐一修补，并加筑垣坡土戗；一、<u>归仁</u>堤岸隔断<u>睢</u>湖诸水，旧设三闸，相机启闭，应及时修补，以资障御；一、河流自<u>山东</u>入<u>江南</u>，由广而狭，闸坝减水，即古人疏分遗意，日久颓废，宜酌其可复者复之；一、<u>明</u>臣<u>刘天和</u>制平底方船，设二百斤重五齿铁耙于船杪，沿流拖浚，使沙不停积，河底日深，今<u>清口</u>上河身本浅，宜仿其法以浚之；一、<u>下河</u>向属<u>淮扬道</u>，事繁实难兼顾，应设分巡道以专责成；一、<u>江南黄河</u>险要在上游五厅，大溜至非埽无以御之，应于冬间办运分贮，随时接济；一、河工向设堡夫，应令厅汛官督率，于远处取土，不得近挖堤根，致多积水。又<u>南河</u>关键尤在五坝，治水之道，宣泄与堤防相表里。欲固堤防，宜讲宣泄之法。"疏入，下廷臣议行。适会钦差尚书<u>舒赫德</u>等奏请派熟谙工程之大员修理堤防，上命嵇璜偕工部侍郎<u>德尔敏</u>前往督修。十一月，奏："<u>高堰</u>工程有砖石之殊，年分有新旧之异。当因地制宜，修砌石工，堤外筑拦水坝，水深者一二丈，于堤身开槽修砌。俟新工过半，再拆旧石，至旧有砖工，现尽改砌石工，较砖倍重，应将桩木加

添。再旧修石堤止用石二进，石后用砖二进，砖与土不能固结，
一经风浪搜空易坍，现于砖石后加筑灰土三尺，以御冲刷。"报
闻。十二月，奏："串场河为诸水总汇，以闸门之深，较坝面之广，
尚虞来水多而出水少。请自石礓闸南六十里内建闸二，并将查
丈之古河间长七千三百丈、阔八丈，俾直达海口。其山、宝境内
泾、涧等河亦分泄，运河道并应挑浚顺利。"得旨："览奏俱悉。
俟绘图贴说奏来，益详明也。"十九年正月，偕大学士刘统勋等
奏："高堰、高涧、龙门、古沟四处深塘兜湾，实为顶冲。从前石工
外，俱有草坝，应修复以资保固。"报闻。三月，偕德尔敏等奏堰、
盱所需石料，挽运维艰。今将坍卸旧石搭用，并有根底坚固，只
须砌上截者，视原估可减四万馀丈。"上嘉之。闰四月，奏报堤工
竣，谕曰："高堰为全淮保障，所关甚巨。上年异涨冲刷，间段残
缺，朕心深为焦劳。念系石工，鸠役庀材，办理匪易。今自兴修
以来，未逾半载，刻期告竣，俾运道民生均资利益。诸臣各能体
朕宵旰忧勤之意，协力同心，克副委任，宜加优叙，以奖勤劳。侍
郎嵇璜等俱着交部议叙。"九月，充武会试正考官。十月，转吏部
右侍郎。

　　二十年二月，谕曰："朕昨因论臣工终养一事，降旨宣谕。今
日嵇璜、彭启丰各具折陈请终养，此奏若在降旨之前，出自伊等
至情迫切，固当曲体允从。兹特以面聆朕训，感发天良，则所请
乃导之自朕，而伊等本未尝有迫不及待之情。[二]此亦如礼部乡
贤在可准可不准之间，其去留朕得而权衡之，又当各视其人矣。
彭启丰才本中平，办理部务亦属竭蹶；且伊系内廷翰林，以文学
为职，而上年扈跸和诗，视前远逊，所学日渐荒落。着照所请，准

其回籍终养。嵇璜在诸侍郎中，才具尚可办事，且一时出两缺，亦未得其人，仍着照旧供职。伊面奏以去岁奉差南河，曾告假归省，现伊自差竣回京，已及半载，何前此默无一言，而今日于训谕之后，遂若是哑哑耶？适合昨所降旨，所谓情见乎辞，无可置辩矣。朕办理诸务，一秉大公，毫无成见，而确有定衡。恐不知者，以同请而去留各异，妄生疑义，将此宣谕中外知之。"十二月，以母病请假归，得旨俞允。二十一年，[三]江北淮、徐、扬等处被水，璜在籍奏请采买小麦，运江平粜，上从之。二十二年正月，[四]谕曰："吏部侍郎嵇璜前以伊母老病，恳请回籍。今询其母病现已痊愈，着前往南河为副总河，协同白钟山料理河务。伊父大学士嵇曾筠久任河工，见闻所及，谙练非难。伊母虽年近八旬，而常、淮带水，尽可轻舟迎养，固无异在家侍奉也。"上南巡，赐诗曰："淮、黄近多事，简畀冀堪胜。习矣吾知凤，佥惟汝尚能。母仪迎养便，父训熟闻曾。伫俟成功奏，忧心日所增。"并赐"奕世宣勤"额。

四月，谕曰："河工为运道民生所系，朕宵旰忧勤，时深廑念。兹者翠华南幸，于高堰、清口及徐州等处工程，亲临阅视，并与司河务诸臣详加筹酌。现今伏汛将至，且近河皆积歉之区，贫民甚多。以工代赈，于穷黎有益，而于工程亦易集事。白钟山身任总河，工务是其专责。但以目今时势所有应疏应筑事宜，同时并举，朕意分任大臣以专其事，当可速收实效。嵇璜前奏请于昭关添设滚坝一座，滚坝之下复开支河，南关旧坝改建滚水石坝，此项工程并一应支河，即着嵇璜率同何焻董其事。"六月，奏："淮、扬运河东堤减入下河之水，自邵伯以北者，归海之路，如草堰、刘庄、伍佑、新兴等场，皆得地势之宜，分注斗龙港、新洋港归海。但刘庄之大团闸至新兴之石磋闸，相距五十五里，应于伍佑场之沿洼口、蔡家港地方，添建石闸二，挑上下之支河，引归新洋港入海。至沿海港口，则射阳湖势太湾曲，泄水不畅，应挑通使径入海。又串场河以西，水道多淤塞，如泰州之孔家沟，盐城之冈沟河、皮家河三处，须疏浚深通；高、宝运河之东堤，原设十馀闸，年久倾圮，应折修以利启闭。此皆下河归海之路也。惟下河州县本系水乡，形如釜底，若高邮诸坝之水太多，盈科渐进，已不免于泛溢。查湖河之水，归海纡回而归江径直，多一分入江即少一分入海。瓜、仪一带，地势兜湾，泄水不畅。且山、盱五坝宽三百三十丈，盖以蒋家坝八十丈而归江闸坝只八十馀丈，来水五倍于去水。惟藉芒稻河为尾闾，须挑河筑坝，使湖河水势相平，然后将各坝开放，则湖水既减，可为容纳来水地。遇伏秋，五坝过水渐多，宣泄不及，方将高邮湖诸港放入运河，由车逻、南关二坝减泄，则归海之水自少，下河田亩可无虞。"谕曰："嵇璜奏湖河宣导机宜，并应疏应修各工一折，颇中綮要。运河减泄之水，归海路远，归江路近，然亦有不能归江之处，此皆南巡得之目击者。今分别缓急，因水利导，俾田亩资其灌溉，水涨不受淹浸，所言颇合朕意。但向来地方官各州县局守一隅，不能通盘筹画，而大吏又因循草率，惮于动帑兴工，每致临时竭蹶，节节补苴，迄无成效。今会全局而熟筹之，绸缪于先事，其中改纡为直，移远为近，浚浅为深，所奏应疏应修各工，具有条理，不必更行交部，着照所请，交与尹继善、白钟山、普福等，会同嵇璜于应动工时，次第兴举。所需帑项，照例分别动支。该督等当督率属员妥协办理，俾下河民生永有裨益。"八月,秋汛安澜,议叙加一级。

十一月,奏高邮运河东堤添建石坝工成,谕曰:"据嵇璜奏:'高邮运河东堤添建石坝已经完竣,并请酌定水则,如上游五坝过水渐多,车逻、南关二坝过水至三尺五寸,开放五里中闸;若车逻、南关二坝过水至五尺,再开放新建石坝。视水势之大小以为启闭,自无壅溃之虞'等语,所见深得蓄泄机宜。盖湖河水势,以五坝为来源,以江海为去路,而归江之路近于归海,况下河一带地本卑洼,必视归江诸闸坝实有宣泄不及之势,始可以次启放。今春南巡时,亲临指示,令将车逻、南关二坝常行开放,俾河水得以随时减泄,而又早辟归江之路以达其流,下河田亩遂获丰收。此已试之明效,自当酌定水则,以时启闭。着照嵇璜所奏,过水尺寸,立志坝旁,以垂久远。"寻奏高邮官河北澄子、南澄子均有浅阻,应挑浚;又坝下引河内滩嘴应砌;高、宝诸湖之支河宜加疏挑,腾空湖面,多留山、盱五坝过水地。朱批:"甚好,具见留心,应妥速为之。"十二月,因徐城增筑石工迅速完竣,议叙加一级。又奏:"车逻、南关坝脊高于高邮湖面二尺七寸,应将芒稻闸常年启放,则江湖脉络贯通,下河无虞淹漫。"上嘉其奏,二十三年五月谕曰:[五]"据嵇璜奏称'芒稻一闸,为诸湖入江之路,宣泄通畅,下河州县自可永免水患'等语,此实经理下河之要键。朕去春南巡时所谆切指示,令早辟归江之路者,正为此也。芒稻一闸,乃归江第一尾闾,向因淮南盐艘,皆由湾头河转运,必须芒稻闸门下版,方可蓄水遄行,以致不能启放合宜。前据该督等奏,闸东有旧越河一道,应令盐艘从越河直走金湾北闸,是泄水与运盐已自分为两途,芒稻闸自可常年启放矣。但终恐狃于蓄水运盐之习,仍不免因循观望。夫蓄水运盐,不过可省纤挽之劳,所费在富厚商人,而下河数州县之民生攸系。此其轻重,岂不较然耶?嗣后芒稻闸应永远不许再下闸版,俾得畅泄归江,则诸湖积水自可减退。[六]遇伏秋大汛,亦足以资容纳,而下河一带得永蒙乐利之休矣。该督等将此旨勒石闸畔,俾后来司事者知所遵守焉。"是月,[七]偕督臣尹继善奏报上下江水利工程全完,议叙加一级。九月,调礼部尚书。二十四年四月,请假归省,旋请在籍终养。

　二十五年八月,来京恭祝万寿。十月,归至清江浦,奏:"臣见河臣保护下河事宜,窃惟归江之路尚有应行筹办者。查运河东堤之金湾滚坝,口门宽四十丈,而尾闾仍归入六闸,河势易于淤阻。应请于金湾坝下开挑引河,并将董家沟淤浅疏挑以注江,则尾闾更畅。又查廖家沟、石羊沟、董家沟三坝,应改低三尺,以芒稻西闸为准,庶就下之势益顺。"谕曰:"此系卿在京曾奏之事,原以待明年南巡举行。今既改期,且督、河诸臣已有挑浚之举,则及时陈奏,实为允当。有旨交尹继善等勘议。"二十六年,来京恭祝皇太后万寿。二十九年十二月,丁母忧。三十二年,服阕,署礼部尚书,五月,实授。七月,授河东河道总督。八月,奏:"杨桥大坝为豫省第一要工,秸料堵闭,时虞渗漏。北岸河滩顺直,既不能挑引河以分溜,大坝迤东又遍地飞沙,不能建越堤,惟有将坝身里戗培厚,[八]以当重门保障。又从前堵筑杨桥漫口,系就郑中越堤头盘筑坝台进埽合龙,遂改越堤为临河大堤。该处土性纯沙,实难恃以无恐,应选择淤土帮筑里戗。"谕曰:"自应如是矣。但期帑归实用,久资巩固可也。"寻奏:"回空粮船已过济宁南下,月内可全出东省境。其济宁以上之蜀山、南旺、马踏、马场等湖水柜,应及时收蓄。现将出水斗门闸座,概行堵闭储水,以备灌输。至济宁上下运河东岸独山湖十八水口,亦次第堵筑,不使涓滴外泄。再微山湖现深一丈二尺一寸,较奏定水志多尺许,来春济运,甚为宽裕。"得旨:"览奏俱悉。"三十三年五月,谕曰:"前因彰宝折奏,有运河水势较小之语,而嵇璜亦曾奏及,当即传谕该总河,令其查明覆奏。随据奏到,四月初旬得雨五寸,各帮已衔尾遄行。乃今日仓场侍郎等具奏,又称济宁等处粮艘过津,前后脱帮,自一二日至四五日不等,情形迥不相符。此实近年希有之事。运河粮艘全赖诸湖水柜启闭应时,以利浮送,而先期酌量调济,尤系河臣专责。前此李清时经管有年,办理妥协,从未闻以湖水浅涩,致转漕或有濡滞。至春末夏初,雨水较少,亦北方常事。况今春已得雨数次,而粮艘脱帮,转致多稽时日若此。此岂藉口雨泽稀少,遂可以为卸责之计?况嵇璜到任以来,于潴蓄宣泄事宜,既已办理不善于前,及降旨询问,又复自行掩覆于后,是何意见,着嵇璜明白回奏。"寻奏粮艘脱帮,因员弁催攒不力,得旨交部察议。九月,授工部尚书。十一月,谕:"嵇璜现在来京,着专办工部事务,不必在南书房行走。"三十四年正月,因河东总督任内,未甄别佐杂,谕曰:"河东佐杂额缺,多至八十九员。嵇璜在任已及年馀,理应悉心澄汰,何至甄别无一人?明系膜视察吏,姑容瞻徇。嵇璜着交部严加议处。"部议降三级调用,补都察院左副都御史。五月,以会谳时刑部错拟罪名,随同画诺,降一级留任。三十六年,迁工部右侍郎。三十八年五月,擢工部尚书。八月,调兵部尚书。十二月,充经筵讲官。三十九年，充四库全书馆正总裁。四十年三月，充会试正考官。四月，出闱，未赴香山行宫候召见，部议降三级调用，得旨从宽留任。十一月，赐紫禁城骑马。

十二月，调工部尚书。时璜弟嵇璇官广西明江同知，因失察逃民出口，应议处，左江道秦廷基为请于督臣李侍尧，侍尧据实以闻，命抚臣熊学鹏严讯。奏入，谕曰："据熊学鹏奏到审明情节，则秦廷基袒庇嵇璇，实因畏惧尚书嵇璜，已自认不讳，殊出情理之外。业将审拟一折，交三法司核拟具奏矣。至嵇璜不过一尚书，且非朕深为倚任之人，何至即令外间畏惮？若朝中尚书声势即可倾动至此，则日在朕前之大学士舒赫德、于敏中又当如何？此必嵇璜好与外官交接，以致依草附木之辈，辄为瞻顾伊弟，以示迎合用情。虽此案审无嵇璜嘱托情弊，原可无庸深究，设有其事，必将嵇璜重治其罪，断不曲为宽贷。然身为尚书，竟令外省揣承意指，必其平日有以致之，可不知所愧惧乎？在廷大臣受朕恩眷，理宜小心谨饬，以副任用。即如于敏中、程景伊、王际华俱朕所亲信者，伊等亦必谨懔自持。看来汉尚书中，惟嵇璜不免与外吏稍通声气，前此裘曰修亦间或有之，然任事不久，未至为众所属目，是以不蹈过愆；而嵇璜现有此案，则显然昭著矣。若就嵇璜办事而论，较之王际华实有过之无不及，而小心谨慎之处，则远不如。朕所以于嵇璜不肯委以重任，且时加训饬提撕，俾知儆觉。诸臣等各抚心自问，朕所评论，果皆切当否乎？朕临御四十年，一切人情物理，何事能逃朕洞鉴？若内而大学士，外而督抚，不过二三十人，居心行事尚不能察见底里，其何以知人任使，抚驭海宇乎？幸当纪纲肃清之时，内外诸臣尚不敢稍有纵越,即有未能精白之处,亦不敢于朕前尝试,此即诸臣之福。稽璜嗣后惟当改悔思愆,深自敛抑,毋负朕教戒成全之意。"四十二年,京察,议叙加一级。四十四年十二月,兼翰林院掌院学士。寻调吏部尚书、协办大学士。四十五年,京察,议叙加一级。六月,教习庶吉士。九月,授文渊阁领阁事,兼国史馆正总裁。

　　四十六年二月,充三通馆正总裁。十二月,命管理稽察钦奉上谕事件处。寻谕曰:"本日据阿桂、李奉翰、韩鑅覆奏,稽璜前奏令黄河北流,仍归山东故道,其事必不可行。各折已批交该部知道矣。此事前据稽璜在热河面奏,朕揣度形势,以为其事势难行,是以迟回久之。更翻治河诸书,以博访众论,皆称黄河南徙,自北宋以来至今已阅数百年,未可轻议更张。即以现在青龙冈漫口情形而论,其泛溢之水,由赵王河归大清河入海者,止有二分;其南由南阳、昭阳等湖汇流南下,归入正河,仍有八分。岂能力挽全河之水使之北注?此事势之显而易见者。从前孙嘉淦亦曾有此议,究以形势隔碍难行,其说遂寝。今因漫口复决,是以降旨询问,阿桂等令各就所见据实覆奏,俱称揣时度势,断不能行。其词若合一辙。且称'始而南流八分者,今则全归江南,地形北高南低,水性就下,惟应补偏救弊,以复其安流顺轨之常。山东地高于江南,若导河北注,揆之地势之高下,水性之顺逆,断无是理'等语。或阿桂等揣合朕意,故为此奏,而稽璜尚为素悉河务之人,其前奏使河流仍归山东故道之语,亦必中有所见,即使其事难行,而其言为要工起见,究属因公。且治河之策,本应集思广益,正不妨博采周咨,以期询谋佥同,折衷至当。着大学士、九卿、科道等再行悉心妥协会议具奏。"寻议上,寝其事。

　　四十七年八月,加太子太保。十月,命在上书房总师傅上行走。四十八年,京察,议叙加一级。赐诗曰:"遣暇石渠旧迹披,西清广和绻然思。率登鬼箓嗟前后,只剩嵇山不动移。四句六如真弗舛,电光石火讶如斯。得存硕果喻君子,较彼韦平似胜之。"四十九年,璜子承豫官云南剑川州知州,以承办军米迟误革职,奉旨交部带领引见。寻谕曰:"该员系大学士嵇璜之子,念嵇璜年老,嵇承豫着加恩以主事用,令其就近侍养,毋庸再行引见。"九月,谕令每冬日出后进朝,详伍弥泰传。十一月,赐黑狐端罩。寻因河源纪略成,议叙加二级。五十年正月,入千叟宴。三月,四库全书成,议叙加二级。五十一年,京察,议叙加一级。时璜以精力衰乞休,赐诗曰:"愿老何须以老悲,古稀犹此日孜孜。盰宵未倦依然兴,尔我同庚可不思。一去已怜一为甚,再随应识再非宜。汉家灾异三公免,君合臣纲我弗为。"五月,上幸避暑山庄,命留京办事。十月,有疾,上遣御医诊视。寻愈。赐诗曰:"迩日筹瀛发率宣,重臣抡俊统军先。采薪喜愈谈前席,硕果权休称避贤。同阁四中今独在,悬车一发漫频连。却云庆八旬乞返,首肯同卿待戍年。"

　　五十四年,京察,议叙加一级。三月,以上书房行走诸臣旷班,谕曰:"书房设有总师傅,并不专司训课,其责专在稽察,与总谙达之于众谙达无异。师傅内有怠惰不到者,总师傅自应随时纠劾,方为无忝厥职。今该师傅等竟相率不到至七日之久,无一人入书房,其过甚大,而总师傅复置若罔闻,又安用伊等为耶?此而不严加惩创,又复何以示儆?嵇璜年老衰迈,王杰兼军机处行走,情尚可原,着从宽交部议处,刘墉等俱着交部严加议处。"

部议降二级调用,命改为降三级,从宽留任。五十五年四月,谕曰:"大学士嵇璜系雍正庚戌科进士,服官有年,精神矍铄。兹当庚戌会试已届周甲之期,与新进士先后同年,实系人文盛事。着照从前史贻直之例,重预恩荣筵宴,以为艺林佳话。"复赐诗曰:"木天希遇两恩荣,戌茂前庚逮后庚。祖节昔同唐真果,身阶今似汉韦平。可知袭庆缘修德,所喜力行不务名。黄阁重逢锡褒什,丝纶盛事纪皇清。"复谕曰:"内外文武大臣特恩赏紫禁城内骑马,用资代步,但年老足疾之人,上马亦觉艰难。如大学士嵇璜虽经赏马,仍恐难于乘骑,嗣后已经赏马之大臣,因有足疾艰于步履者,仍加恩准令乘坐小椅,旁缚短杆,用两人舁行入直,以示朕眷念大臣恩加体恤至意。"八月,上以嵇璜年届八十,赐诗曰:"诞日原当六月初,后移称庆实谦虚。还乡未可便从尔,恋阙依然尚悯予。赐马赐舆堪赞阁,曰来曰使未悬车。同庚待我归政后,南北应同林下居。"再赐"韦平锡庆"额,赐联云:"纶阁恩荣联后甲,杖朝风采耀长庚。"五十六年十二月,赐肩舆入直。五十七年,京察,议叙加一级。十月,谕曰:"嵇璜年逾八旬,精力不能兼顾,翰林院掌院学士事务,着彭元瑞管理。"

五十九年四月,谕曰:"据福宁奏保举堪胜知府之武定府同知嵇承群、曹州府同知陈文骏二员,并声明'嵇承群系大学士嵇璜之子'等语。外省保举,自应简拔寒畯,况前降谕旨,令督抚等各保举一二员送部引见,如该抚因一时乏人,即保荐一人,有何不可?且该省同知、直隶州知州不下十馀员,其中岂无一二才具堪膺方面之选者,而必须将嵇璜之子嵇承群登诸荐剡,殊属非是。大学士之子,朕所素知,如果才堪任使,原可量加酌用。即如阿桂之子阿迪斯现任侍郎,和珅之弟和琳前因办理粮饷军务,认真出力,荐擢尚书。然此皆朕特加简擢,并非因人保荐,始行用至卿贰也。朕临御五十九年,因材器使,一秉至公,大学士子弟从不准臣工等互相保荐,致启党援之渐。今福宁辄将嵇承群保奏,虽于折尾声明,究不免瞻徇情面。福宁着交部议处,嵇承群不准送部引见。"七月,卒。谕曰:"大学士嵇璜老成端谨,历练有年。简任纶扉,齿逾八秩。方冀长承恩眷,用资倚任。前因患病告假,即命皇八子带领御医亲往诊视。兹遽闻溘逝,深为轸惜! 着赏给经被,以昭饰终令典。加恩晋赠太子太师。派皇八子带领侍卫十员,前往奠醊,并赏给银一千两办理丧事。其从前降革处分,悉予开复。所有应得恤典,该部察例具奏。至伊家属扶枢南归,并着加恩照例遣官一员护送回籍,以示优眷。"寻赐祭葬如例,谥文恭。

子承谦,官翰林院侍读,先卒;承豫,现任兵部郎中;承闲,现任广东广州府同知;承群,前任山东武定府同知,丁忧起复,仍赴山东,今借补泰安府通判。

【校勘记】

〔一〕稽查上下江一带馀省候旨　原脱"江"字,又"省"误作"著"。耆献类征卷二三叶二四下同。今据纯录卷二〇九叶三下补改。

〔二〕而伊等本未尝有迫不及待之情　"本"原误作"正",又脱"尝"字。耆献类征卷二三叶二六下均同。今据纯录卷四八二叶三下改补。

〔三〕二十一年　"一"原误作"二"。耆献类征卷二三叶二七上同。今据纯录卷五〇九叶一下改。

〔四〕二十二年正月　后“二”原误作“三”。耆献类征卷二三叶二七上同。今据纯录卷五三一叶一五下改。

〔五〕二十三年五月谕曰　原脱“二十三年五月”六字。耆献类征卷二三叶三〇上同。今据纯录卷五六二叶一四上补。

〔六〕则诸湖积水自可减退　原脱“积水”二字。耆献类征卷二三叶三〇下同。今据纯录卷五六二叶一五上补。

〔七〕是月　“是”原误作“五”。耆献类征卷二三叶三〇下同。今据纯录卷五六二叶一九下改。

〔八〕惟有将坝身里戗培厚　“里”原误作“裏”。耆献类征卷二三叶三一上同。今据纯录卷七九五叶二三上改。下同。

伍弥泰

伍弥泰,蒙古正黄旗人,姓伍弥氏。其先巴赖都尔莽奈居察哈尔部落,太宗时来归,隶正黄旗,授头等男爵。崇德六年,随征锦州,阵亡,赠三等子。生哈岱,任内大臣,累叙战功,晋一等子,谥勤壮;生阿南达,官副都统,谥恪敏;生阿喇纳,官吐鲁番副将军,赠三等伯,谥僖恪,入祀贤良祠。

阿喇纳生伍弥泰,雍正二年十二月,由荫生袭三等伯。三年三月,授公中佐领。九年九月,擢散秩大臣。乾隆四年十一月,授正红旗蒙古副都统。十一年六月,授镶白旗蒙古副都统。十五年,赐伯号曰诚毅。二十年三月,授凉州将军,仍兼散秩大臣。十二月,奉旨:“伍弥泰着仍带将军职衔,前往西藏办事。”二十四年六月,代回,授正蓝旗蒙古都统。九月,授江宁将军。二十七年四月,奉旨:“伍弥泰不胜将军之任,着仍在散秩大臣上行走。"七月,奉旨协办伊犁事务。十一月,谕曰:"阿桂、明瑞奏哈萨克等贪得无厌,仍越境游牧,理应加以惩创。但自明瑞外,领队之伊勒图、鄂津、伍弥泰等,俱未为谙练军务。今授爱隆阿、伊勒图为参赞大臣,五岱为领队大臣,计伊等前抵伊犁,已届领兵驱逐之期,明瑞与爱隆阿、五岱分路前往,酌派伊勒图、鄂津、伍弥泰随行学习。"二十八年正月,奉旨往乌鲁木齐办事。八月,奏修筑精河屯堡告竣,请旨颁赐嘉名,寻赐名曰绥来堡。十一月,奏:"三屯种地兵丁,每兵粮地二十亩,现在收获米面十四石至十五石不等。应否将办理屯田官员及兵丁等加恩。"谕曰:"着照所请,官员等交部议叙,兵丁赏一月盐菜银两。"又奏玛纳斯精河桥梁现届农隙,应派兵乘时修造,报闻。二十九年八月,谕曰:"伍弥泰、李景嵩仍留乌鲁木齐,同五福办理屯田贸易事务。奏事时,伍弥泰列名在前。"十月,谕曰:"乌鲁木齐遣犯甚多,着伍弥泰加意约束。若少有疏懈,致脱逃滋事,惟伍弥泰是问。"三十一年九月,代回,命署镶黄旗蒙古都统,旋兼署正白旗汉军都统。

三十五年八月,授内大臣。十月,奉旨驰驿前往西宁办事。三十六年九月,奏:"洞库尔番人行囊被郭洛克贼人抢掠,除率兵追获外,尚有未获物料,续派兵夺还鸟枪、腰刀、马匹。"疏入,谕曰:"伍弥泰此奏甚属糊涂。洞库尔行囊既被郭洛克贼人抢夺,即当痛加诛戮。但杀贼一名,抢回什物,尚有未获牛只等物,显系隐匿未报。青海之人本怯懦无用,伍弥泰前此并未查明,又如此怠忽从事,甚属糊涂无用。着严行申饬。"三十八年正月,谕曰:"伍弥泰叩贺新年折于正月初三日始到。伊等岂不知至京程途,自应计算日期于正月初一日到京方是。乃迟至初三日方到,

甚不晓事。伍弥泰着申饬。"十一月,谕曰:"莽鹄赉驻藏六年有
馀,遣伍弥泰往换。伍弥泰驻扎西宁办事已满三年,照例遣人更
换。兹乏往藏更换莽鹄赉之人,派伊往换该处再驻三年,满六年
即行更换。伍弥泰抵藏后,凡奏事行文书衔,着伍弥泰列前。伍
弥泰接奉此旨,不必前来请训。"

　　四十一年七月,召还,擢理藩院尚书,兼议政大臣。九月,授
镶白旗汉军都统。十月,授绥远城将军。十二月,调西安将军。
四十三年,大学士公阿桂等议奏伊犁将军伊勒图请将屯田只身
兵三千陆续撤回,改为眷兵一折,奉旨着伍弥泰妥议具奏。十一
月,奏请令陕甘督臣于两省绿营内裁拨眷兵三千,分三年陆续往
伊犁驻扎。四十五年九月,奉旨照料班禅额尔德尼进京,赐紫禁
城骑马。十一月,回西安将军任。四十六年三月,谕曰:"据勒尔
谨奏兰州撒拉尔回匪苏四十三等抢据河州城,勒尔谨因兵力尚
少,现在屯兵狄道州,俟各路营兵调齐,即行进剿等语。现已传
谕西安提督马彪带兵二千名迅速前往。并谕西安将军伍弥泰、
宁夏将军莽鹄赉,各选集兵一千名预备。倘须调用,即令前往协
同剿捕。"伍弥泰等旋奏:"臣等于三月二十五六等日陆续带兵
前往。"谕曰:"据伍弥泰、毕沅等奏提督马彪已于二十五日驰驿
前往,并选兵一千分起迅赴河州。又伍弥泰现挑西安满兵一千
预备,亲自带兵接应。所办与昨降谕旨相合,甚属可嘉。"时大学
士公阿桂、尚书和珅先后奉命督师,上以阿桂、和珅未到之先,西
安至兰州一带需人调度,谕曰:"伍弥泰带兵前进,计此际已抵甘
省。所有一切调度,应办军需、粮饷各事宜,即着伍弥泰悉心经
理。并着传谕尚安就近即速驰赴,随同伍弥泰办事,仍将如何经

理之处,一面迅速覆奏,一面通知阿桂、和珅。"

寻偕马彪等奏初二日抵兰州,会同勒尔谨商酌追剿事宜。谕曰:"前此因未见勒尔谨奏报,恐有阻隔,而和珅又未能刻即到彼,是以传谕伍弥泰,令其筹办一切,原因彼时无人料理起见。今勒尔谨既到兰州,而和珅亦趱程前进,所有调度官兵及军需粮饷各事宜,自应仍令勒尔谨经理。一俟阿桂、和珅到彼,即会同商办。伍弥泰仍止专司带兵剿贼,俾事权归一,办理方有章程。"又偕勒尔谨、马彪等奏:"官兵于四月初八日分路,一由黄河南岸冲贼营,一由贼之东南山梁进。现在贼不过千馀,各路官兵云集,无难克期荡平。所有派出京兵四千,请停止。"上从之。寻奏西宁文报由平番抵省城北河桥虽经贼毁,渡船不至阻碍,逆回据华林山紧要隘口,俱派兵严防,军饷尽敷应用。"奏入,谕曰:"本日据伍弥泰奏新疆文报各折,于现在剿贼事宜,并无一语提及。勒尔谨则并未出名赍奏,殊不可解。此时官兵已逾一万,贼匪仅止千馀,何难一举歼净?自初八日后,在彼坐待何事?况兵贵神速,岂宜如此观望不前,竟欲待和珅到彼,再行商办乎?看来伍弥泰止知带兵前往兰州,其实毫无主见,不免意存怯懦,着传旨严行申饬。"寻命阿桂兼程前进,五月初二日,随阿桂在龙尾山架炮击贼,旋齐集华林山梁,尽据贼卡。六月十五日,阿桂督大军直逼华林寺,仍令伍弥泰驻龙尾山,以壮声势。首逆就戮,逆回平。

先是,马彪等遣投出新教回民海潮宗往贼营晓谕被羁,因降贼。至是,阿桂奏马彪遣该犯前往时,伍弥泰正在总办,并未据奏,请议处。谕曰:"阿桂奏此次官兵杀死逆党阿浑五人内,查出海潮宗一犯,系四月中旬<u>伍弥泰</u>、<u>仁和</u>、<u>马彪</u>遣赴贼营晓示,被留住,即称阿浑,与首逆同坐议事。<u>伍弥泰</u>等身任将军、提督,俱有奏事之责,既经遣人赴贼晓谕,又复被留未回,何以并未陈奏?甚属错谬。<u>伍弥泰</u>、<u>仁和</u>、<u>马彪</u>俱着交部议处。"部议革职,诏宽免。四十八年五月,命补授吏部尚书,协办大学士事务。七月,充上书房总谙达,寻授镶白旗蒙古都统。十二月,充经筵讲官。四十九年正月,上巡幸<u>江</u>、<u>浙</u>,命留<u>京</u>办事。七月,授东阁大学士。九月,谕曰:"朕年来寤寐,每日夙兴,原可于<u>养心殿</u>视事,诸臣自家入朝趋直,住居稍远者,其起身必当更早。大学士<u>嵇璜</u>、<u>蔡新</u>、<u>伍弥泰</u>俱着加恩,令其于日出后进朝;如遇风雪冱寒之日,即不入直亦可。其三品以上七旬之臣准此,以示朕优眷老臣之意。"五十年正月,入千叟宴。五十一年春,赐诗曰:"少长余一岁,看如长我年。依然可纶赞,何必说车悬?步履昨称蹇,精神今复痊。愿留二三老,作伴庙堂前。"

闰七月,卒。谕曰:"大学士伯<u>伍弥泰</u>老成端谨,奉职中外,扬历多年。简任纶扉,兼司旗务,实心宣力,倚毗方殷。兹闻直宿禁城,陡患痰疾,舆回私宅,即闻溘逝,殊深悼惜!着加赠太子太保。派散秩大臣一员,带同侍卫十员,前往奠醊。仍赏给银一千两,俾治丧事。其任内降级、罚俸处分,均予开复。所有应得恤典,着该部察例具奏。"寻赐祭葬如例,谥<u>文端</u>。

子<u>伍弥乌逊</u>,袭三等<u>诚毅伯</u>,兼佐领,任兵部侍郎、镶黄旗满洲副都统、<u>塔尔巴哈台</u>参赞大臣。<u>嘉庆</u>元年,缘事革任,其世职弟<u>景文</u>袭,三年卒,仍<u>伍弥乌逊</u>袭。

杨廷璋

杨廷璋,汉军镶黄旗人。世袭佐领。雍正七年,由笔帖式授工部主事,迁员外、郎中。十一年,迁广西桂林府知府。乾隆二年,迁左江道。十五年,擢按察使。二十年,迁湖南布政使。

二十一年,擢浙江巡抚。二十二年,上南巡,赐以诗曰:"监司经久任,自是悉民情。要以能倡率,宁惟贵洁清。艰难九年蓄,生聚五方盈。饥溺吾心切,勤哉抚恤诚。"谕曰:"西湖之水,海宁一带田亩藉以灌溉。今闻沿湖多有占垦,将来湖身日渐壅塞,海邑田亩有涸竭之虞,于水利民生均有未便。除已经开垦成熟者,免其清出外,嗣后不许再行侵占。"廷璋寻奏:"此项田地多碍水道,若仍准留,恐日渐淤塞。请概令开挖归湖,照苏堤式沿岸栽柳,以防侵占,根株盘结,亦可固堤。"上嘉之。二十三年三月,奏:"请仁和、钱塘、萧山三县江塘,照海塘例,以土十丈为准,按段编号立石。仁、钱二县江塘,除民房堤岸外,馀二十馀里,照海塘例,每二里设堡夫一建堡分防。"从之。九月,谕曰:"户部据杨廷璋咨,梁诗正现在丁忧,应否仍在家食俸,因为具奏请旨,甚属非体。现任官员遇有事故,尚即停俸,在家食俸者,自不待言。此非为节省,乃教孝之大经也。国家优眷臣工,特昭异数,梁诗正曾以尚书协办大学士,岂每岁必需较此俸入者?料梁诗正身为大臣,且现在苦块中,[一]必不至鄙陋见小若此!杨廷璋或据地方官之请,辄为咨部,则不惟不知大臣养廉之义,且独不为梁诗正稍留地步耶?杨廷璋不免有心徇情,着交部察议。"寻议降三级留任。二十四年三月,奏言:"台州府属太平县黄岩场沿海未垦沙涂，彻底清查，于适中地立界，迤南者归灶，迤北者归民，筑塘试种，户以百亩为率，分限起科，可得腴产十万亩。"得旨嘉奖。

四月，授闽浙总督。九月，奏："请酌改要地塘汛及巡哨章程：一、福州府属南湖北二十里螺洲、大头崎等处，滨临建江，向设中房汛外委一、兵二十四。今南洲已设专汛，请将中房汛留兵五名巡防，所裁弁兵于螺洲、大头崎各设塘汛一，分驻罗星塔东西港口，东岸专设塘房，将洋峙塘同石龙台兵八名，分驻乌龙江对岸，有后边塘改迁于峙口山与乌龙江汛对设。一、乌龙江、大头崎、流尾、新岐四汛，江面辽阔，巡船窄小，请将南台水师营大船四、崇新汛大船一，改驻适中之江边塘，令乌龙江把总一、崇新汛外委一、面岭千总一、山水寨把总一、峭门汛外委一，拨兵驾船巡缉。又面岭塘小桨船五酌裁四，闽清口塘小桨船二酌裁一，拨于胐头汛、后边塘、甘蔗塘、新设港口塘四处各一，馀拨还崇新汛，并将乌龙江等处原设小哨船移还南台水师营。一、游巡官兵分界，自闽安镇至乌龙江口属流尾巡船，自乌龙江口至大头崎属乌龙巡船，自大头崎至新岐属大头崎巡船，自新岐至芋原属新岐巡船，自流尾至南台大桥属江边塘巡船，各游巡会哨。一、驾驶巡船，应于罗星塔等前五塘汛水师兵内，酌派专司，并令教习兵丁，有练熟者，准于水师营通融考拔。"均从之。十一月，奏言："内地洋船赴番贸易，每冒混请，由臣饬属查明，换给的实姓名年貌执照，查对相符，方准放洋。回棹时人数缺少，即严究，勒限追回，以杜越贩偷漏。"谕勖其实力整顿。十二月，奏言："台湾谷贱妨农，内地歉收，民人每偷渡就食，查禁终难尽绝。不若酌宽米禁,内地米增,价必平减。应请往来台、厦之横洋船,准放米二百石,谷倍之。塘船准带食米六十石,米船自台湾鹿耳门口出收入泉州、厦门编号给照,开报米数,令商及船户呈验缴销。"如所议行。二十五年正月,奏:"请水师副将、参将照陆路例,不准本省人补本省缺。游击、都司、守备等官,照陆路守备例,以隔府别营缺题补。"部议允行。先是,督臣杨应琚因台湾地近生番,饬查勘验,按界挑沟,筑土牛以杜私垦。至是,廷璋奏:"请酌定章程:一、彰化县沿山番界车路、旱沟外,各有溪沟、水圳、山根为界。其无溪圳处,则挑沟、筑土牛为界。淡水厅一带,前仅于隘口立石,今酌依山傍溪,并挑沟堆土牛分界。一、彰化县沿边定例,番地听番自垦,如新截入彰化界内广福寮等十四处,并旧界内广福新庄等五处,及新旧界内兼有之再斗六一处,应照例还番耕管。但番黎少谙耕凿,佃民又迁移失业,今酌议除番民自耕田,均照产管业升科,惟柳树浦一处,该番得价卖出应入官,其广福寮等处,以各社通事土目为管事,以各垦户为佃人,照台例分别纳租,馀粟匀给众番。一、彰化沿边设隘寮十处,淡水设十八处,其守隘兵粮,彰化于该番社租粟内拨给,淡水向无租粟,各社旷埔未垦者尚多,应查出报垦,以资隘丁口粮。"疏入,报闻。二十六年三月,奏言:"凤山县属阿里港、诸罗县属斗六门地扼要,请将凤山县万丹县丞移驻阿里港,台湾县新港司巡检移驻斗六门。"从之。

　　五月,廷璋同福建巡抚吴士功奏参:"提督马龙图借用公项银,闻臣等察出往盘,将银数归补,应照知人欲告而自首例,减等定拟。"上责其办理错谬,于马龙图舞文掩饰置之不问,究系先出何人之意,着据实明白回奏。廷璋等覆奏:"定案时,杨廷璋主稿,而督参抚审,吴士功为政。"敕革士功职,发巴里坤效力;廷璋革职,从宽留任。又奏参黄岩镇总兵林洛受网户赃,派兵代为守网,致淹没兵丁,并捏报匪船掠劫,命革林洛职,定罪如律。二十七年,上南巡,赐以诗曰:"西粤昔开府,南闽今建牙。兼知亦旧制,胜任得卿嘉。政有群黎感,身无大蝱嗟。老成方倚赖,调摄意须加。"十二月,奏言:"湖州府藉太湖为尾闾,今乌程长兴所属泖港淤浅,请开浚宽深,俾归太湖港口。"诏如所请行。二十八年十月,加太子太保。十二月,授体仁阁大学士,仍留总督任。二十九年三月,奏言:"晋江县属之西仓,地处海滨,乾隆五年移驻同知一员,距县鸾远。请将同知移驻石狮街,较西仓更为适中。"从之。

时廷璋来京陛见,福建水师提督黄仕简奏:"厦门索出入船只陋规,文武衙门朋分收受,请简大员清查。"上命尚书舒赫德、侍郎裘曰修前往。寻查得廷璋令历任同知代购物件未经发价状,谕曰:"舒赫德等查讯道、府、厅、县,俱有与总督杨廷璋垫买物件银两。此项并非黄仕简前奏温泰所开总督一万、巡抚八千之本文,系属案外枝节。但既经讯出,自不应置之不问。舒赫德等应向温泰究诘一切收受实数。如果该督一万之数实无指证,而垫买之项,特系府、厅以陋规为之垫办。在该督原有应得之咎,朕亦不能为之回护,即审拟之大臣,亦安得谓之吹求?督抚等以上司而派属员,即已自干不合,况价值更有赔垫,情事既确,安得复贷其处分?现令该督回闽,舒赫德等可就近详悉核对,不难立见分晓。即杨廷璋亦不能稍存讳饰也。"六月,舒赫德等奏:

"仕简所开一万八千之单，属洋行所开，督抚衙门八千圆系行户年例贴费，其各员代廷璋买物贴价，亦系各员名下陋规，不在八千圆数内。"谕交部严加议处，解任来京候旨。寻议革任，奉旨从宽授散秩大臣。谕曰："杨廷璋令属员代买人参、珊瑚、珍珠等物，众供佥同，固已毫无疑义。若不加之惩创，则他省或致效尤滋甚，岂可为训？朕特念杨廷璋年齿就衰，平时尚能悉心任事，不忍遽加摈弃。此朕格外施恩，薄惩示警。"十月，授正红旗汉军都统。十二月，授工部尚书。

三十年六月，署两广总督。三十一年四月，小镇安土司怕怀隘外有被交趾攻散之沙匪窜入，官兵缉获。廷璋奏俟审明押赴隘上，照会该国王遣头人公同正法。未几，交趾夷目报该国隘口聚匪抢掠，现督兵擒捕，恳内地堵截。廷璋复奏闻，派将弁严守卡隘，不使外匪窜入。谕曰："杨廷璋此论似是而实非。交趾素属恭顺，谨守藩服，原不宜无故加兵。即其现在剿捕夷匪，并未干涉内地，亦不过拦其窜逸而止。设夷匪窜入隘口，自当协力擒捕，付彼处分，以示怀远之道。或交趾兵目藉缉匪为名，擅至边境滋扰，岂可轻纵不究，仅以驱逐出口了事？又或内地人犯逃匿彼境，即应向其索取；傥索而不予，即当声其罪而追摄之，又岂可置之不问乎？此等边地夷情，惟应审度事理之当办与否，因时制宜。若务为持重镇静之说，则养痈贻患，其弊有不可胜言者！将此通谕各督抚知之。"五月，琼州府岐黎纠众滋扰客民，[二]廷璋檄镇道擒捕治罪。奏："杜后患事宜：一、客民久居黎地，有田园庐墓者，自为一村，编保甲，立甲长，稽查约束；一、钱债非违例取息，令欠户清厘，重利盘剥者，追馀息充公，禁客民入黎放债；一、黎民交易,饬附近州县汛地设墟场,定期交易;一、令黎峒总管晓谕熟黎,普行剃发;一、贡木贡香,派总管黎头运送地方官,选买给价;一、凡出入黎峒之人,盘诘明白放行,遇催征钱粮公事,票差黎头,饬令交出,禁差役入黎滋扰。"得旨允行。七月,奏言:"镇安府属小镇安土司,原设土巡检,职微难以控制。应与归顺州湖润寨州同一并裁汰,改设镇安府通判,驻扎小镇安,整饬化导。宣化县那南寨与金城寨相近,并归金城巡检管理,即以那南巡检改为湖润寨巡检。小镇安之南陇连山地险僻,请于界连安南及土富州之那波、者赖、者欣等三村,各建卡拨兵;怕怀大隘近安南,为小镇安门户,应拨兵巡缉,添设把总一;打面梁壤接滇省,应将南燕山一卡移建,以资扼要。"部议允行。十二月,命赴永昌帮办军务。三十二年二月,奏言:"总督杨应琚疾已愈,臣遵旨仍回广东。"

三月,授刑部尚书。三十三年正月,命紫禁城内骑马。廷璋时年八十,御书"协中延庆"额赐之。八月,授直隶总督,加太子少保。十月,奏言:"正定县城西南近河,向筑堤坝,今秋滹沱骤长,逼城,应于斜角堤头增筑新堤五百七十六丈,至柏棠闸止,环抱御水;并拆修护堤埽坝,斜角堤东接筑挑水坝五座,河神祠前筑鱼鳞坝,俾河流仍复旧轨。"又奏言:"藁城县东北滹水汕刷,应自西北城角起,顺岸筑埽工三百六十丈,用桩苇埽镶筑坚厚,埽后加筑土埝,保护城垣。"又奏:"勘任丘沿淀情形,杨各庄等处极洼,水涨难泄,请改种稻田。文安大洼东面界连大城县,旧有堤埝,滹、滏盛涨,注子牙河,水高堤顶,宜加倍修筑。文安积水未涸,应于龙潭湾等处开堤泄放。"并从之。三十四年正月,请拨通仓米十二万石，分运各灾属平粜，诏加恩拨运通仓米二十万石，以为加赈粜借之用。四月，奏言："滹沱河故道由晋州之东张岔口东流，经束鹿之木丘、倾井等村，入深州，归衡水县，入滏阳县合流；岔河由束鹿之小王村至冀州，亦会入滏河。乾隆二十四年南徙，由束鹿西南之曹家庄等村，至宁晋县之营上村归滏河，以致旧河淤垫。束鹿向距河远，上年滹水涨溢，复行故道，木丘、倾井等村复成巨浸，河面宽深。间有应裁弯取直处，已开挑完竣，惟束鹿护城堤埝，年久坍塌，亟应修筑。"奏入，报闻。十一月，奏言："四旗厅现存米九千馀石，久贮虞致霉朽。热河厅应购米万三千馀石，定价每石一两。热河现在市价每石一两九钱九分，不敷采买。查四旗原买米价每石八钱四分，请将四旗现存米拨给热河，既无需增价，而四旗又可照原价稍盈，于兵糈帑项有益。"诏如所请行。三十五年春，上巡天津，赐以诗曰："总督而兼巡抚事，历来保定此抡贤。八闽威望原腾旧，三辅循声俾继前。练士安民惟要矣，疏河导淀尚勤旃。春巡本务兹殷示，供帐宁当谓力宣。"

闰五月，以北运河一带浅阻，请运通粮船配留天津北仓，命截留二十万石。七月，奏言："武清、东安、宝坻、宁河、永清、香河六县雨多被淹，贫民待哺甚殷。复请将被灾六分以上者，八月内先普赈一月，俟冬初再赈。并请照例兼用银米，其米即天津截留漕粮内动拨。"从之。诏再拨通仓米二十万石，部库银五十万两，以资分给。寻奏言各属常平仓谷尚未买足，今岁天津旧欠复经蠲免，各州县仓廒所存尚恐不敷，得旨再加恩拨通仓米二十万石，俾得宽裕赈给，贫民口食益资接济。九月，奏言："唐三营仓向贮米万二千石,乾隆四年热河总管巴图奏定五年一次照例除减耗车脚馀米运至热河喀喇河屯贮仓,搭放兵饷,仍将热河同知添买兵米,拨二千石运赴唐三营仓归款,五年后仍照前运至热河喀喇河屯仓,往返滋糜费,请将唐三营米于此次运交热河喀喇河屯之后,毋庸再为拨抵。将唐三营空仓归热河四旗二厅分贮,采买米谷。唐三营原设千总一、兵三十,移驻布达拉庙。"又奏言:"古北口为畿辅重镇,兵糈向藉口外贩运。应请拨热河厅谷六千石,四旗厅谷四万石,喀喇河屯谷一万四千石,运古北口,建仓存贮。并移驻满缺同知一员经理,停密云县采买兵米,即于古北口仓内动支。"并允行。十月,奏直隶各属需赈银约八十馀万两,又奏:"溥沱河向设岁修之项,河流南徙停止。今河又北徙,请仍拨项购料,随时修防。"奏入,报闻。十二月,奏言:"热河应买明岁兵米,时价稍昂,请拨八沟米运热河备用。俟来年价平,买补完仓。"从之。三十六年八月,奏言:"蒙古游牧地方,向禁民垦,而克什克腾旗隙地无碍游牧,蒙古兼可租牧养赡,请照土默特佃种收租例,除害游牧不准私垦,馀听自便。"廷议允行。

　　十月,授刑部尚书。十一月,恭遇孝圣宪皇后八旬万寿,廷璋与九老之列,奉旨赐入香山宴。十二月,卒。三十七年正月,谕曰:"杨廷璋久任封疆,老成历练。前因年逾八旬、畿辅事务殷繁,恐未能巨细周到,是以用为刑部尚书。见其精力尚未颓迈,于部务自可从容经理。乃于去冬偶感风疾,遽闻溘逝,深堪轸惜! 着加恩晋赠太子太保。应得恤典,察例具奏。"寻赐祭葬如例,谥勤悫。

【校勘记】

〔一〕且现在苫块中　"且"原误作"其"，又"在"误作"处"。耆献类征卷二二叶四六下同。今据纯录卷五七〇叶一三上改。

〔二〕琼州府岐黎纠众滋扰客民　"琼"原误作"崖"，又"府"误作"安"。耆献类征卷二二叶五一上同。今据纯录卷七六〇叶三上改。

永贵

永贵，满洲正白旗人，姓拜都。父布兰泰，官古北口提督，世袭云骑尉。永贵于雍正十三年，由笔帖式授户部主事。乾隆四年，迁本部员外郎。十年，迁郎中。十一年三月，授湖南辰沅永靖道。十二年三月，擢云南布政使。十二月，调浙江布政使。

十四年七月，署浙江巡抚。十五年十二月，疏言："行销浙盐之温州、台州、宁波等府，及江南所属松江府，向以地近场灶，私枭滋事，经督臣李卫奏明，发帑交地方文武官收买场灶馀盐，名为'帑盐'。嗣因武官领办较多，有浙江提标，松江提标，黄岩镇、乐清协、平阳协、宁海营等武职衙门经办盐务，责以巡缉稽查，由是商别疏销，从前立法未周，致有奉行不善。今条列八事：一、向来武职请领帑本，径赴道库支领，差弁给灶收盐，文武不相统属，不能随时稽察，恐启侵挪扣克之弊，嗣后除地方并无文职，及不领帑本各营，无庸置议外，其温州、台州所属之黄岩镇、乐清协、宁海营均会同该县具批，由道详准给领，寄贮县库，给灶时，营员会同盐大使，移县支领，核实给发，仍令各县场将收发银数报盐政各衙门，其帑商课程盐本外输等项，亦令会同征收起解支发；一、各营赴灶收盐，均令会同盐大使遵照官秤收发，仍按册报盐政各衙门，以杜私售浮收之弊；一、收发盐银各营，俱系副、参承办，仍归巡抚节制，惟黄岩镇系镇臣经理，应改委该镇中军办理，责成镇臣督察，其各处司廒巡缉收盐之弁，俱令详巡抚给发委牌；一、办帑盐银，应于岁底令各员会同盘查，其黄岩县帑盐系黄岩镇中营协办，宁海县长亭场帑盐系宁海营协办，均令台州府会同黄岩镇盘查，乐清县长林场帑盐系乐清协协办，令温州府会同温州镇盘查，其浙江、江南提标中营所办，责成两处提督，率同宁波、松江二府盘查，其温州、台州二府，令温处道、宁绍道盘查，崇明场令太仓州盘查，仁和场令杭州府盘查，青村、下砂、袁浦三场，令松江府盘查，但有挪移亏缺，将会办盘查文武各官分别参处着赔；一、各商请领盐引，每商以四百引为率，务令全纳课程，方准领运，完足前帑，再领后盐，其给发灶价，非实在无力穷户，不得预行借给；一、黄岩镇收发盐斤，照浙江提标例，令该镇委定弁目专司经理，广为销售，所卖引盐馀利，量给饭食公费外，馀归帑盐盈馀项下，报拨充饷，其欺隐侵蚀者，照侵盗钱粮例罪之；一、武职办盐地方，有失察私盐案，副、参等照兼辖官议处，委办备弁，照专汛官议处，其实力缉获私盐者，按所获分别议叙；一、各府协营所收经费，现令据实开报，其巡盐兵役虚糜廪禄者，逐一裁汰，分别应留应革，奏定章程，有浮收侵扣者，严参究处。”下部议行。十六年闰五月，实授浙江巡抚。

　　先是，上年浙省温、台等属偏灾，命照例蠲赈，永贵奏以知府金洪铨专办赈务；嗣因洪铨办理不善，永贵奏请勒令休致。总督喀尔吉善复奏洪铨玩视民瘼，应革职，留浙江效力赎罪。御史范廷楷亦以永贵徇庇洪铨劾奏。谕曰："金洪铨玩赈误公,非寻常阘茸之员可比。该抚仅请休致,实属瞻徇,是以朕见喀尔吉善之奏,即将该知府革职,留省效力,而传谕切责永贵者,不啻至再至三矣。且永贵办理未妥之处,不独金洪铨一事,其筹画灾赈诸务,种种张皇竭蹶,第以封疆重任,一时难得其人,且浙省现多被灾之处,骤易新任,反于办理赈恤之事无益。若循例议以降罚,使该抚与该督各存意见,转无补于救灾济民,是以姑从宽贷,惟于其果能实力妥协办赈与否,以定永贵之去留耳。"是年浙东各郡旱,永贵先后奏入,叠奉恩谕,暂弛海禁,以通商贩,截留本省及江苏漕粮八十万石,又借拨江苏、湖广、福建、江西米五十五万石,以资赈粜,并令江、浙二省就近报捐俊秀收纳本色、折色,以补仓储。十二月,谕曰:"浙省今年春旱,成灾本重,巡抚永贵竟至张皇失措,茫无定见,于附近之江南、江西、福建、湖广、山东等省,既已四出告籴不已,甚至欲委员远赴奉天采买米粮,且称赈粜所需,必得三百万石之数,方足以资接济。从来办理赈务,断无因一省被灾,遂欲竭数省之力以供其用者。故朕降旨训饬,乃闻永贵在浙竟至有心讳饰,将来于赈粜诸务,必欲多得撙节,则是该抚从前并非为民,总属为己。其意不过欲多得米石,遂可有恃无恐,纵事不竟行,亦得藉以谢灾黎,且以杜朕责、防人弹,封疆大臣岂宜如此存心耶? 然朕犹以为百姓起见,不妨姑留之,以观后效。今乃一变而有讳灾之意,是其办赈不妥矣。朕子惠元元,恫瘝在抱,一切政务宽严,时酌其中。至于赈恤灾黎,每不惜加恩格外,则十六年如一日,此天下臣民所共知者。若以永贵一人办理不善,竟至灾民失所,非朕勤求民瘼本怀,且使各省督抚闻风效尤,渐启讳灾之习。所关于民生休戚者甚巨,实难再为宽容,永贵着革职来京候旨。"

十七年正月,发往北路军营效力赎罪。四月,命办理粮饷。二十年十一月,上以其办理奋勉,赏按察使衔,署临洮道,仍命往巴里坤办粮饷事务。二十一年五月,赏副都统衔,兼参赞大臣。九月,命筹办西路台站。是年冬,厄鲁特宰桑达什策凌等煽乱,定边右副将军兆惠驻伊犁,由济尔哈朗赴特纳格尔,沿途剿贼。二十二年二月,永贵抵巴里坤,具以军中状闻。谕嘉官兵同心奋勉,赏永贵三等轻车都尉世职,寻赐玉鞢、荷囊、鼻烟壶。三月,偕兆惠等由额林沁毕尔罕路进剿。五月,领兵追贼扎那噶尔布尼玛至孟克图岭,未获,上训饬之。十月,协办军务,命署西安巡抚,未至任,诏往鲁克察克办理屯田事务。二十三年三月,以侍郎衔留军营办事。是月,奏派兵三千六百在乌鲁木齐、辟展、托克三、哈喇沙尔等处垦种,可收三万六百石,谕勖其亲往察勘董劝,并较量收成分数,酌筹来岁增兵垦种事宜。旋奏托克三增兵四百,哈喇沙尔增兵二千,又奏昌吉、罗克伦各增兵千五百垦种,从之。八月,授刑部侍郎。十月,奏辟展等处收获,较上年多六千馀石。除备续垦各处秄种外,馀谷三万五千八百馀石,足敷官兵口粮七百有奇。仍俟次年早收小麦、青稞接济。谕令悉心经画。时兆惠兵抵叶尔羌,需用马匹,诏永贵巡查台站,前至阿克苏,即留驻办理运送马粮事务。

二十四年六月,命回京。九月,行至库车,适布政使德舒解送回人为厄鲁特、玛哈沁所戕,永贵奏调率阿克苏兵搜捕,谕令与护军统领努三协歼逆党。十月,回部全平,命来京。二十五年六月，调仓场侍郎。十月，疏言："每岁漕艘抵通，必于石坝另换剥船，由五闸转运进京。自大通桥下至通州通水关，计四十餘里，从未大加挑浚，河身愈高，堤岸愈卑，雨大则冲堤溃岸，雨少则浅阻胶舟，漕运因之迟滞。虽每年岁修，终无实济，不如为一劳永逸计，大挑一次。嗣后岁修可省过半。"诏如议速行。十二月，授左都御史。

二十六年正月，命往喀什噶尔办事。六月，奏回部三十一城阿奇木伯克，请分别铸给印信；又奏择伯克子弟及回人可造就者，赏戴金顶，学习办事。俱从之。十一月，授礼部尚书。二十七年，授镶红旗汉军都统。二十八年二月，疏言："回部地亩取溉沟渠，有赫色勒、托庸、库森提斯衮等河，惟赫色勒布伊、提斯衮、汗阿里克三处分引图巴里克河之水，[一]尚不足用。请自赫色勒河东南浚渠四十餘里，引水入赫色勒布伊，以资灌溉。又查托庸河水湍急，冲刷地亩，派伯克等添建土石堤坝，并凿山石以弱水势。"报闻。五月，奏遣托木齐图等向霍罕额尔德尼索所占阿济北鄂斯等处地，额尔德尼遵约归还。上嘉其办理妥协，下部议叙，加一级。八月，还京。二十九年六月，充经筵讲官。

三十年二月，乌什回人滋事，命往哈什哈尔办事。八月，乌什平，命驻扎乌什办事。三十三年十月，署伊犁将军。十二月，调吏部尚书。三十四年十月，调礼部尚书。先是，厄鲁特有放马兵盗哈萨克马，转诬哈萨克一案，办事大臣巴尔品为人蒙蔽，任意审断。至是，奏请治罪。上以永贵既查出此案情节，不即奏参根究，饰词卸罪，殊属取巧，交部严议，降三级调用。三十五年四月，理藩院尚书增海奏凉、庄满洲兵丁应赔损伤马匹银两，永贵误将热河官兵俸饷坐扣,诏责仍交部严加察议。五月,谕曰:"永贵自署理伊犁将军以来,未能实心任事,所办哈萨克马匹一案,伊明知巴尔品被人蒙蔽,乃隐忍不奏,经朕降旨询问,始行奏闻。又凉州、庄浪兵丁应赔倒马银两,将并无干涉之热河官兵俸饷一并扣存,亦未据声明具奏。是以令伊来京,自应即予革职。但永贵平日尚属谨慎,不至竟当废弃,着加恩补授左都御史,革职留任,效力赎罪,不准戴用翎顶。"

闰五月,授镶黄旗汉军都统。八月,授礼部尚书,革职留任,准用顶带,不戴花翎。十月,署镶黄旗蒙古都统。十一月,充经筵讲官。三十六年五月,充国史馆副总裁。三十八年正月,署户部尚书。四月,署兵部尚书。七月,仍署户部。十月,命紫禁城骑马。四十一年正月,兼署吏部事。二月,回礼部办事,仍署吏部。四月,上巡山东旋跸,在京王大臣迎驾,未候召见而退,敕交宗人府、都察院议处。议上,上以宗人府议处王公等俱罚俸二年,而都察院于程景伊、永贵仅议降二级留任,实属徇情,改程景伊、永贵革职留任,仍议处都察院堂官。十二月,充玉牒馆副总裁。四十二年四月,恭逢孝圣宪皇后山陵礼成,命永贵暂署大学士,敬襄点主大典,署理礼部尚书。五月,补吏部尚书。七月,命在阿哥总谙达处行走,赏戴花翎。九月,管理礼部事务。

四十三年二月,礼部奏仪制司员外郎员缺,主事内别无合例拟陪之员,请以李漱芳题补引见。谕曰:"李漱芳在给事中任内,当山东逆贼王伦倡乱之初,即奏称系饥民聚处滋事。朕以所言如果有据,则地方官之讳灾酿乱,罪难轻逭,因谕大学士舒赫德于剿捕贼匪时,留心体访。嗣据舒赫德覆奏,〔二〕细查寿张等县收成俱八九分，且逆贼初时抢掠，各乡米豆粮食，所在多有。是饥民酿衅之说，实系荒唐。及贼党要犯就获解京，命军机大臣会同九卿科道，在刑部公鞫，各犯并无供有因灾起事者。朕集众亲鞫，复令李漱芳自向各犯讯问，亦无以灾对者。[三]是李漱芳前奏之妄，众皆晓然。伊又曾奏直隶亦有饥民，地方官在卢沟桥堵截，不令他往，而给事中范宜宾寻袭其说入告。因派侍郎高朴、袁守侗带同李漱芳、范宜宾前往良乡及黄村、东坝各处，并未见成群乞食流民。皆李漱芳所目击，实无人为之隐饰也。是李漱芳肆行妄言，悉属毫无风影，而造作无稽，转欲为贼捏词卸过，更不知其是何肺肠？即治以祖恶惑众之罪，亦所应得。但朕从不肯因言民隐事，加罪科道，然李漱芳心术如此，岂宜复居言路，为世道人心之害？范宜宾已革职发往新疆效力，而李漱芳从宽以主事改用已属格外加恩，且其时曾经明降谕旨，中外共知，永贵岂转未闻知？李漱芳现为主事已邀宽典，止宜令黾勉效力，以赎前愆，岂宜曲为宽徇，复为升用？昨永贵等奏将李漱芳充会试副提调，朕以不过礼部应办之事遂行点派，孰意永贵等竟以此试朕，见朕前日允其所请，今即请将李漱芳升补员外郎，并云无合例拟陪之员，冀李漱芳之必得。是永贵全不思李漱芳前此之罪由自取，一味心存回护，必欲令其迁官。员外之不已，势必复以郎中保题；郎中之不已，势必复行保送御史。此乃明季恶习，乃永贵竟敢以此等伎俩巧为尝试，其视朕为何如主乎？朕披阅礼部奏折，以其事必系永贵主意，及召见侍郎阿肃，不待询而伊即称为永贵所误。朕因永贵历任年久，是以用为尚书，乃伊见朕屡沛渥恩，渐无忌惮，竟以沽名取悦为事，其居心尚可问乎？永贵深负朕恩，着将所有职任悉行革退,并拔去花翎,加恩赏给三品顶带,自备资斧,前往乌什办事。永贵至乌什后,若不痛改前非,实心任事,必将伊在彼正法,以示炯戒。"三月,诏永贵所有轻车都尉仍留于本身。九月,奏请乌什地方照阿克苏例设立义仓,从之。先是,叶尔羌办事侍郎高朴勒买回众金珠宝石,不发价值,并私采玉石,为阿奇木伯克色提巴勒底所控,详见高朴传。永贵赴叶尔羌质讯属实,疏入,谕曰:"高朴贪婪无忌,罔顾法纪,实出情理之外,已另降谕旨将高朴革职严审,即于该处正法矣。吏部尚书员缺,仍着永贵补授。朕于臣工功罪,一秉大公至正。如高朴贪黩负恩若此,较伊父高恒尤甚,〔四〕不能念系慧贤皇贵妃之侄、高斌之孙,稍为矜宥也。永贵原因市恩李漱芳身获重谴之人,今办理此事,公正可嘉,因复加恩擢用。此诸臣所共知共见,祸福惟视其人之自取,朕并不稍存成见于其间。"〔五〕十月,赏戴花翎。十二月,授参赞大臣。

四十四年正月,回京。二月,授镶蓝旗满洲都统。九月,命紫禁城骑马。十月,充经筵讲官。四十五年三月,协办大学士。五月,调镶蓝旗汉军都统。四十八年五月,卒。谕曰:"协办大学士、吏部尚书永贵老成端谨,练达精诚。扬历中外,勤劳懋著。虽近觉精神稍衰,尚能照旧办事。遽闻溘逝,深为轸惜!着派散秩大臣带同侍卫十员前往奠醊。其任内降革、罚俸处分,准予开复。"寻赐祭葬如例,谥文勤。

子伊江河,袭职,现任山东巡抚。

【校勘记】

〔一〕汗阿里克三处分引图巴里克河之水　　"三"原误作"王"。耆献类征卷二五叶一九下同。今据纯录卷六八六叶一八下改。

〔二〕嗣据舒赫德覆奏　"据"原误作"后"。耆献类征卷二五叶二一上
　　同。今据纯录卷一〇五一叶三下改。

〔三〕复令李漱芳自向各犯讯问亦无以灾对者　"讯"原误作"询"，又
　　"灾"误作"是"。耆献类征卷二五叶二一下同。今据纯录卷一〇
　　五一叶四上改。

〔四〕较伊父高恒尤甚　原脱"高恒"二字。耆献类征卷二五叶二三上
　　同。今据纯录卷一〇六七叶三八下补。

〔五〕朕并不稍存成见于其间　原脱"并"字。耆献类征卷二五叶二三
　　上同。今据纯录卷一〇六七叶三八下补。

三宝

三宝,正红旗满洲人,姓伊尔根觉罗氏。乾隆四年翻译进
士,授中书。五年,袭世管佐领。九年,迁内阁侍读。十三年,随
尚书舒赫德往金川办理台务,军功加一级。十六年,授湖北驿盐
道。二十一年,来京,授户部郎中。二十三年,派往北路军营,经
理达什达瓦游牧。

二十四年五月,授直隶布政使,疏言:"州县承修工程,事竣
报销,奉部核减,国帑攸关,皆例应追缴之项。知府、直隶州为亲
临上司,例有督催之责。请嗣后州县等官名下有应追核减银两,
该管府州不即严催完解者,于揭参州县迟延之日,即将督催不力
之府州职名,一并开送,照督催交代不力议处。其顺天府四路同
知,所辖州县,与知府同,亦应责成照例议处。至各州县如升迁
降调、事故离任,令接任官查明其任内并无未完核减各项,出具

印结,入于交代案内。悦不行出结,将接任官照不行详查例议
处。"部议准行。二十六年七月,上巡幸热河,因桥道船夫俱未修
整齐备,部议降调,命以道员职衔往哈密办事。二十八年十二
月,回京。二十九年六月,授四川布政使,七月,调湖北;三十一
年,调湖南。三十二年,派查云南一切紧要军务。三十五年七
月,调贵州布政使。

　　三十六年,擢山西巡抚。三十七年九月,疏言:"西安将军富
僧阿奏西安兵移驻巴里坤事宜,移会各省。查山西巡抚向有亲
丁步粮四十分,经前抚臣诺岷奏请在太原驻防满洲、蒙古馀丁内
挑取四十名,给与支食,以资生计。又经前抚臣阿里衮以太原驻
防馀丁支食亲丁名粮,系作为养育兵丁体制,实为未协。应照部
咨将驻防馀丁原支山西巡抚亲丁随粮四十分裁汰,可否仰恳圣
恩,俯念太原驻防生齿繁盛,增设养育钱粮,俾其馀丁得资养赡。
第查晋省右卫养育兵每名月支银一两五钱、米一石二斗五升。
今裁随粮增养育,若即援数议设未免太优。查西安驻防养育钱
粮,每名月支饷银一两、粟米三斗,请仍按原额四十分之数,增设
养育兵四十名,每名即照向办月支银米例,遇折色之月给银三
钱,钱粮不致加增,而旗人均沐圣主养育之恩于无既矣。"照所请
行。三十八年正月,调浙江巡抚。七月,疏言杭州府属之海宁县
所辖民户四十万馀,额征地丁银六万五千有奇,岁完南漕米六万
三千零,兼有修防塘工事件,实属繁疲难兼三要缺。湖州府属之
安吉州所辖民户止八万四千馀,额征地丁银一万六千馀两,岁完
南漕等米,亦止六千馀石,实属简僻中缺。请将海宁县升为州,
安吉州降为县。又查海宁州城西北三十里之长安镇,商货毕集,

兼为严缉私盐、窃匪要地,离州稍远,必得专员弹压。请将该州州判移驻。"部议从之。

四十二年五月,擢湖广总督。十月,谕曰:"三宝升总督已在本年恩诏之后,应照巡抚职衔请封。念其平日办事,尚属认真,着加恩给总督封典。"四十三年十二月,疏言:"查阅营伍情形,衡州协副将海福年非强壮,不能振作,但出师金川,著有劳绩,若以旗员补用,尚能胜任。请给咨送部引见。又沅州协副将洪昌运年力渐衰,请勒令休致。"谕曰:"海福、洪昌运同系副将,俱年力衰颓,自应一并勒令休致。今三宝以海福身系满洲,请以旗员补用;于洪昌运则竟请勒休,显系偏护旗员,有心轩轾,非所以示公允。况海福在金川出兵,如果劳绩懋著,自必得受世职。该旗必照例办理,非查核军政之督抚所应议及者也。且三宝以满洲身任总督,于阖属满、汉官弁均宜一视,方足以饬营伍而昭劝惩。乃于满、汉副将一例两办,其何以使众心帖服耶?三宝着传旨严行申饬。"四十四年正月,授东阁大学士,兼礼部尚书,仍管湖广总督事。三月,奏:"湖北安陆府城外旧有富民河一道,年久淤塞。经署湖北布政使福川奏请借项兴挑,臣覆查此河备旱潦,通舟楫,商民两便。现当微旱后,贫民得佣糊口,自当遵旨妥为办理。"疏入,报可。

是月,调闽浙总督。四十五年五月,疏言:"浙江海塘老盐仓一带,柴塘四千二百馀丈,蒙圣主亲临阅视,谕令改筑石塘,实为万年经久之计。臣亲往覆勘,此时正遇大汛,现在柴塘足资抵御,沿塘各工俱属稳固,惟潮神庙前大盘头西'藏'字号起,柴塘朽腐,将尽,潮水临塘,殊关紧要。现在石塘采料兴建,尚须时日,应将此处赶紧镶修,筑塘百丈至柴塘四千二百馀丈,改建石工,自应筹度万全。现今柴塘既临大汛,未便更动,而退后多系田庐,臣与司道等面加筹酌,似应紧靠柴塘内下桩筑砌石工,以柴塘为外护,捍卫更为得力,民居亦属相安。俟秋汛后,择吉兴工。又谕旨指示应修海宁城之石塘内有工二十九丈,地势较高,两旁鱼鳞旧塘原十六层,其城东八里'文'字号至陈文港'密'字号百五十馀丈,地势稍低,两旁鱼鳞旧塘原十八层,今应各照旧层数,以期一律巩固。"谕曰:"前因浙江海塘改建石工,恐该处民或视柴塘为可废,任意拆毁窃用,致损城郭田庐,曾明降谕旨,令该督抚严饬地方文武各官,将现在柴塘照前加意防护,以为重关保障。将来石工告竣之时,亦可留为外卫。此旨尚未据三宝奏到。兹据三宝折内乃称与司道等面加筹酌,紧靠柴塘之内下桩,筑砌石工,既可以柴塘为外卫,则捍卫更为得力等语。三宝此折,与朕降谕旨相符,其是否曾经接奉前旨,着据实覆奏。"三宝寻奏:"前因石塘工巨,曾饬该管厅备悉心筹画。先据禀请从柴塘退后数丈建筑石工,须拆去民房八百馀间,殊非仰体圣恩、保护田庐至意。臣逐一履勘,似应于紧靠柴塘内筑砌石工。嗣于五月间恭读谕旨,杭州老盐仓一带改筑石塘,仍留柴塘以资保障。臣当即钦遵,饬地方文武将柴塘加意保固。"报闻。

六月,命来京入阁办事。八月,兼正蓝旗满洲都统。十月,充经筵讲官。四十六年正月,因王亶望在浙江巡抚任内声名狼籍,未行奏参,议革职,得旨从宽留任。四十七年四月,缮写清字雩坛祝版模糊,部议革任,诏宽免。十一月,在上书房总师傅上行走。四十八年,调镶蓝旗汉军都统。四十九年五月,随驾热河,以疾归。六月,卒。谕曰:"大学士三宝历任督抚,宣力有年。简擢纶扉,谨慎供职,方资倚任。此次扈从热河,因其遘疾,即遣太医诊视,并令回京调养。兹闻溘逝,殊为轸惜!其任内降革处分,均予开复。所有应得恤典,着该部查例具奏。"寻赐祭葬如例,谥文敬。

庄有恭

庄有恭,广东番禺人。乾隆四年一甲一名进士,授修撰,命在上书房行走。五年,充日讲起居注官,累迁侍讲学士。九年,迁光禄寺卿,寻丁父忧。十一年,特擢内阁学士。十三年,提督江苏学政。十五年正月,授户部侍郎,寻充江南乡试正考官。八月,仍提督江苏学政。

十六年,授江苏巡抚。十七年二月,疏言:"浒墅关向委佐杂四员协查,但未定更代之期,盘踞日久,弊窦丛生,且启劣员恋关旷职之端。嗣后请半年一代,着为定例。"得旨允行。十月,暂署两江总督。十一月,疏言太仓、镇洋沿海田庐,全赖海堤保障。雍正十年前抚臣高其倬议自宝山湖口港历镇洋、太仓、常熟至昭文之福山港,筑土塘三万四千七百馀丈。时因经费不充,仅于湖口港至刘河南岸沿边顶冲处,建土石塘工,馀至今未办。今岁七月,东北风潮,刘河以南,赖塘堤得无恙,以北颇至损伤。筑堤捍田,断难再缓。现据士民自请挑筑,但民力一时难集,若陆续兴修,又恐工程及半,遇伏秋大汛,不能捍御,仍弃前功,应接筑土塘九千四百七十馀丈。请酌借库银一万六千两,给绅士自募夫役,春融动工,官为鼓舞劝惩,务令汛前告竣。所借银按亩扣输,不过升米之值,二年即可完款。"诏如所请。初,有恭为江苏学政时,浙江人丁文彬者侦有恭出献所著文武记、太公望传等逆书,有恭以为病狂不究。至是文彬复挟其书至山东呈衍圣公孔昭焕,昭焕告巡抚杨应琚以闻,有恭自请治罪。上以有恭故纵逆罪,罚学政养廉十倍。

　　十九年,御史杨开鼎条奏江南收漕之弊,敕有恭覆奏。有恭疏言:"江南收漕,向为积弊渊薮,而苏州、松江、常州、镇江、太仓为尤甚。雍正中前抚臣尹继善竭力剔除,漕政为之一清。年久法弛,故智渐萌。臣到任后,同督臣鄂容安酌定条例,勒石漕仓,遇收期,饬粮道及各道府不时周巡,臣与督臣仍委员弁微服查访。胥吏稍犯,立拿严究。至杨开鼎所称需索不遂,借词米不如式,勒令晒晾筛飏。臣按此弊,官民皆可藉口,而偏信反得售奸。盖漕粮上供天庾,自应干圆洁净,倘不如式,非特盘验不符,粮道运官俱干参处,即朦混交纳,而不堪久贮,必致贻误仓储。粮户良顽不等,往往以青腰、白脐、潮嫩、杂碎之米,强交令换,即造作浮言挟制,自应分别察究,又不得但责官吏取悦刁民也。"上奖其所言公正。

　　二十一年,丁母忧,特命给百日假回籍治丧,于伏汛前至淮,署江南河道总督事。有恭奏:"泰兴县捐职州同朱晫主使毙命,按律应绞,晫呈请赎罪。臣业经批准,尚未结案。"谕曰:"庄有恭此奏,观之实为骇然,岂有入人死罪并未奏闻,擅自饬司准其收赎,至离任后始含糊具奏之理?现命尹继善等据实查办,其有无染指虽尚未定,然观其专擅妄谬如此,大失人臣敬事之道,已令其家居待罪。"寻尹继善及新任巡抚爱必达奏朱晫赎罪一案,有恭不遵成例遽行批准，专擅之罪百喙难辞；又有恭监试秋闱，察出张彀孙等贿谋联号，擅批议罚；又严凝裕斗蟋蟀事，有恭亦批罚赎，俱未奏其所罚银分贮江宁、吴县、泰兴等库，命革有恭职，解京治罪。二十二年四月，大学士、九卿拟有恭罪应绞，谕曰："庄有恭简任巡抚，办理地方案件，自有宪典可遵，乃惟以重罚为事。自朱曊一案而外，如张彀孙之联号，严凝裕之斗蟋蟀，不一而足。其意以为行之既熟，将来自可操纵由己，庄有恭自应案律治罪。然此案则实无赃私入己情弊，着从宽免死，发往军台效力。伊现有母丧，仍加恩准其回籍料理，事毕前往军台，不准捐赎。"六月，命戴罪署理湖北巡抚。

二十四年，调浙江巡抚。二十五年二月，劾："署杭州将军伊领阿、副都统刘扬达违例咨取轿役工食，经臣驳回，伊领阿等仍自乘用。"命革伊领阿、刘扬达职，有恭交部议叙，纪录一次。三月，疏言："海宁塘工宜乘此浮沙刷尽，分别修筑，又绍兴之南塘，嘉兴之台塘，并关紧要，臣于二月初赴山阴勘宋家楼工，系三江、曹娥二水交会之所，又适当潮汐冲刷，为南塘首险。前于二十一年改建石塘四百丈，现俱巩固，随由山阴至萧山之龛、长等山，越南大亹至海宁之中小亹、登文堂、葛罍诸山，按海宁南门外西过戴家石桥，工长二千一百六十丈，东至陈文港工长二千九百八十丈，虽石块参差残缺，然根址坚实，若一律拆建，无论费帑不赀，转恐不如旧工之固，无庸一概兴修。其必需修筑者千六百馀丈，现在分别加工，自陈文港东至尖山，下有韩家池柴塘四百一十丈，亦应一律拆修。勘毕后，臣即循海而北，由海盐至平湖，遍历乍塘。按海盐东临大海，南有台驻，北有乍浦诸山，山趾角张，县城以一面当潮汐冲城外石塘最为险要。上年八月,风潮稍大,塘工间有冲塌。臣已指示随时修补。至海宁应修建千六百馀丈,亦分缓急,臣就其残缺过甚者七百七十馀丈,作为要工,其馀察看潮形,以次接办。"谕如议行。六月,疏言:"自西塘至胡家兜,自胡家兜至海宁南门外,〔一〕三四月间潮退沙涨,计长十八里。臣前请办戴家石桥要工四百六十馀丈,既有新涨沙形,为之外护,应先就迤东工段攒办,再审量沙势分别缓急,庶帑不虚糜,工归实用。"奏入,上曰:"此佳兆也。应致祭海神,以昭灵贶。"九月,疏言:"陈文港缓修塘工十丈,照鱼鳞作法,逐层整砌。圆通庵前缓修塘十丈,仍照缓修作法,如式坚筑。廿里亭西缓修塘二十五丈,修整坦面,加用排桩,令紧贴塘身。"报闻。二十六年十一月,疏请浙江鼓铸,照福建例配用白铅,得旨嘉奖。十二月,奏言:"海宁西塘、老盐仓一带,经霉伏两汛,老沙汕刷,亟宜先事预防。先后拆镶二百丈,自霜降后,臣往来察勘,见柴石两塘交接之区,水已临塘。自此迤西,老沙仍多坍卸,请将接连前工之七十丈,上紧镶办。"报闻。二十七年春,上南巡,赐以诗曰:"己未亲为策士文,精抡蕊榜得超群。起行不负坐言学,率属偏能先己勤。鹤市旧声犹眷眷,龙山新政更殷殷。海塘正是投艰处,磐石维安勉奏勋。"

　　九月,有恭疏报海宁塘工竣,谕曰:"浙江海宁塘工最为紧要,今春巡幸,抵杭之次日,即赴老盐仓、尖山等处相度指示,饬令修筑柴塘,并建设竹篓坦水各工,〔二〕用资保护。今据庄有恭奏查勘工程,俱已陆续完竣,馀工并皆稳固。该督抚率各员攒办葳工,〔三〕甚属尽心,深可嘉予。庄有恭着交部议叙。"寻议加一级。十月，调江苏巡抚，谕曰："浙江海塘工程，庄有恭筹办甚属尽心，且现有查办灾赈事务，亦为紧要，其日行事件，照常交护抚索琳接办。惟塘工、〔四〕赈务，仍听庄有恭专司其事。苏、杭一水之地，案牍往还，本可无虞稽误。至熊学鹏抵浙，赈务自能妥办，若海塘工程，自不如庄有恭之轻车熟路。邻封伊迩，两抚应始终会办。庄有恭断不因已经调任，稍分畛域。"十一月，特免有恭学政任内应罚未完银六万馀两。二十九年九月，擢刑部尚书，暂留巡抚任。十二月，疏言松娄二江宣泄太湖，为东南水利第一。雍正五年大挑后，今三十馀年，江身浅窄日甚，又一切滨湖港道，菱芦充塞，淤占成田。若不及早疏治，一遇积雨，数郡平田可虑。臣按上自太湖入运口，下至松、娄水口，应分别开宽疏浚，昆山、新阳之外壕张家桥，青浦之黄渡镇应开月河，以资分泄。"诏可。三十年正月，协办大学士，仍暂留巡抚任。上南巡，赐以诗曰："重教任苏抚，近复擢秋卿。岂不轻车藉，要资法网平。跸途暂留扈，翰幄自归并。德政吴、松在，何曾让毕亭。"

八月，有恭劾苏州府同知段成功纵役诈扰累民革职，未及拟，有恭召还。十二月，两江总督高晋奏段成功因疟不能检点案牍，致家人娄赃，成功实未与知。上严饬之，令巡抚明德据实查奏。嗣明德奏段成功家人出票滋扰，成功不惟知情，且图染指。知府孔传炯、按察使朱奎扬明知成功假病，瞻徇未究，命革朱奎扬、孔传炯职，解部治罪。三十一年正月，高晋奏庄有恭原参即有段成功抱病朦混语，谕曰："庄有恭既访知段成功有出票娄索之事，具题参劾，岂有复信其捏病被朦之理？伊彼时若仍任江苏巡抚，决不肯如此姑息了事，亦不肯为此隐跃两可之语。其意不过以五日京兆离任在即,何必结怨,故留此罅隙。即使他日审出实情,伊可居救之不得之名,如得以捏病一节藉端开脱,即可解怨市恩。此等卑琐居心行事,尚得为纯臣乎?因令内阁检取原本阅对,则有'本官抱病,家人朦官舞弊'之语,并询问庄有恭,据称该司府等审究段成功家人等金供段成功时适患病,系伊等朦蔽所为。随据揭叙稿题参,未能即将段成功断非患病之处,明白指驳,实属错谬。此语更属取巧。庄有恭若果知其实系患病,则又何必严参?其所以严参者,盖恐后任参出,朕将问及,故不得不参而为之隐跃其词耳。庄有恭受朕深恩,特加擢用,乃敢为此巧于市恩之术,此非前任受尹继善局弄之过可比,[五]是有心欺朕矣。庄有恭着严加议处。"部议革职,命革去协办大学士。

　　嗣钦差侍郎四达得有恭授意朱奎扬、孔传炯有意从宽状,疏闻,谕曰:"此事实出情理之外,深可骇异矣!朕初意庄有恭因离任在即,巧于解怨市恩,尚外省所素有之恶习耳,是以前部议革任时,仅将其协办大学士革去。今阅此奏,则此案之上下相朦,实由庄有恭授意指使,以致知府、臬司扶同狡混,其居心欺诈若是,实非意料所及!庄有恭从前叠获重罪,皆经弃瑕录用,复加恩升授尚书、协办大学士,朕之施恩于庄有恭者,有加无已,苟稍有天良,自应实心图报。乃敢于参审重案,授意属员,巧为欺蔽,深负朕恩。此皆朕之不能以德感人,以明识人,深用为愧。若再姑息其过,[六]将来何以董正天下督抚哉?庄有恭着革职拿问,交军机大臣会同刑部严审定拟。其前在学政任内应罚未完银两,曾经加恩宽免,庄有恭如此丧心负恩,仍着追缴。"寻谕曰:"向来各省督抚办理案件,瞻徇欺朦,上下通同舞弊,习气最为恶劣。前湖北盗犯张洪顺一案,经朕澈底查办,严加惩治,以为各省督抚自应涤虑洗心,奉法惟谨。乃未及三年,不意又有罔上行私、毫无顾忌如庄有恭之甚者。可见各省督抚之锢习相仍,牢不可破。段成功诈扰累民,赃迹已著。庄有恭身任巡抚,不思秉公参究,转授意臬司、知府,令其委罪家人书役,巧为开脱,以遂其解怨市恩之计。居心欺诈,蔑法负恩,莫此为甚!若不痛加惩创,其何以饬吏治而正人心?今将伊革职拿交刑部,令军机大臣会同审拟。外间无识之徒,未必不以此案较之湖北案情为轻,而处之则同。不知张洪顺只系细民犯盗,爱必达等并非有意祖徇;乃因回护己过,遂将后案延搁,究未敢公然授意属官,乃属官承其意旨,相与颟顸了事耳。若段成功身为职官,索诈部民,情节可恶。庄有恭惟知官官相护,罔知法纪,于查参段成功时,辄先授意臬司、知府,令其从宽开脱,遂尔隐跃其词,以患病被朦参劾。若非朕留心详阅,洞烛其奸,则贪黩扰民之段成功,几至幸逃法网。是此案之挟私舞弊,实倡于庄有恭,其罪更浮于爱必达矣!且爱必达已经发遣伊犁,并不稍为宽贷。今朱奎扬、孔传炯供词俱在,案情历历如绘,稍有知识者阅之,尚能为庄有恭置一词乎?昨四达等奏到,即令军机大臣将朱奎扬等亲供,交庄有恭阅看。伊惟俯首认罪,并不置辩。其意不屑与属吏对簿,自为得体。不知实小人之尤,岂有如此重案听其含糊认罪,而遂可成信谳之理?因命军机大臣等复行传旨讯问,则又供朱奎扬等承审月馀,延挨观望,直至庄有恭自行访有款单,札司转府拘审,伊等始将家人书役索诈得赃各情弊具揭,又不将段成功自己标判厅卷回明送看等语。所供情节,亦系一面之词,难于凭信。即日朱奎扬等拿解到京,自可得其底里。设稍有支吾掩饰,亦何难加以严讯,使之水落石出耶?外省吏治敝坏,皆由督抚不能正己率属,上下和同,联为一气,以行其朦蔽欺诈之伎俩。各省皆所不免,而江南为尤甚。在伊等相习成风,恬不为怪,不思此等鬼蜮形迹,难逃朕之洞鉴。一经败露,惟有力加整顿,执法不挠,务在廓除积习,俾吏治肃清。该督抚等各宜猛省自爱,毋得以身试法。将此通谕各直省督抚知之。”

二月,大学士傅恒等拟有恭罪应斩,谕曰:“据审庄有恭及朱奎扬、孔传炯等供,核其情节,庄有恭并非袒护段成功,而于保举段成功之和其衷,则曲意为之瞻徇。盖和其衷为新任巡抚明德弟兄,恐事发累及举主,有碍颜面,遂尔心存瞻顾。上司属员,意会色授,各相喻于不言,因置段成功受贿情事,不复深加诘究,〔七〕妄冀含糊结案。外省上下和同,官官相护,积习最为恶劣。若不急为整饬,将渐启党援门户之弊,于世道人心,深有关系。庄有恭身为巡抚,属员视其趋向。自应依律问斩,着监候秋后处决。”八月,命赦有恭罪,补授福建巡抚。三十二年七月,卒。谕曰:“庄有恭已经病故,所有伊江苏学政任内未完银六万馀两,着加恩宽免。”

【校勘记】

〔一〕自胡家兜至海宁南门外　原脱“自胡家兜”四字。汉传卷二三叶
　　　一一下及耆献类征卷二八叶四上均同。今据纯录卷六一三叶二
　　　二下补。

〔二〕并建设竹篓坦水各工　“并”原误作“益”。汉传卷二三叶一三上

及耆献类征卷二八叶五上均同。今据纯录卷六七一叶一七下改。

〔三〕该督抚率各员攒办葳工　"工"原误作"事"。耆献类征卷二八叶
五上同。今据纯录卷六七一叶一七下改。按汉传卷二三叶一三
上不误。

〔四〕惟塘工　原脱"惟"字。汉传卷二三叶一三下及耆献类征卷二八
叶五上均同。今据纯录卷六七二叶三下补。

〔五〕此非前任受尹继善局弄之过可比　原脱"可比"二字。汉传卷二
三叶一六上及耆献类征卷二八叶六下均同。今据纯录卷七五二
叶一六下补。

〔六〕若再姑息其过　"其"原误作"使"。汉传卷二三叶一七上及耆献
类征卷二八叶七上均同。今据纯录卷七五三叶一六上改。

〔七〕不复深加诘究　"诘究"原误作"结怨"。汉传卷二三叶二〇上及
耆献类征卷二八叶九上均同。今据纯录卷七五五叶一二上改。

达勒党阿

达勒党阿,满洲镶黄旗人。父阿灵阿,任领侍卫内大臣、理
藩院尚书,有传。乾隆二年,达勒党阿由三等侍卫,袭其祖果毅
公遏必隆所遗一等子爵。五年,授镶黄旗蒙古副都统。六年,调
热河副都统,命御前行走。九年,擢奉天将军。十年,督办锦州
堤工。寻奏请每年春季统兵副都统赴旅顺操演水师,届三年奉
天将军查验一次。部议如所请。十三年四月,授刑部尚书,兼镶
蓝旗满洲都统,寻迁吏部尚书。十月,以从弟讷亲金川军营获
罪,请往效力,命随经略大学士傅恒赴军营,授参赞大臣。十四
年,凯旋,叙功,加太子少保。

十九年八月,授黑龙江将军。九月,从弟果毅公策楞北路军

营获罪,革爵,以达勒党阿袭。二十年正月,命率索伦、巴尔呼兵速赴北路军营,随大军剿准噶尔,授参赞大臣。在哨探兵队前进。五月,大军定伊犁,上奖达勒党阿奋勉,令回京,协办大学士。九月,命仍赴北路军营,授定边左副将军,偕参赞大臣哈达哈剿叛贼阿睦尔撒纳。十月,命率兵一千赴西路军营,掌定边右副将军印。寻谕曰:"据达勒党阿等奏称,闻西路大兵于明岁草萌时,再行进发。此奏甚属错谬。昨命达勒党阿领兵前往西路,哈达哈留驻北路。达勒党阿至西路时,一切会同商酌,速奏肤功,方合机宜。现在冬令,进兵较难,人人所知,然愈迟缓则贼愈固,办理更费周章。所谓兵贵神速者此也。将军大臣等倘因难退缩,何以鼓士气而振戎行!达勒党阿等所奏,朕因北路已停进兵,是以不行深究。若伊西路时亦出此言,必至摇撼军心,所关匪细,决不姑贷。"十一月,改参赞大臣。二十一年正月,以索伦兵八百赴珠尔都斯,迎定边右副将军萨喇尔,命驻特纳格尔办事。二月,奏言:"萨喇尔已抵吐鲁番,臣与台吉噶尔藏多尔济等即赴西尔哈阿济尔罕约会进剿。"诏奖经理合宜。寻以兵千赴安集哈雅侦缉阿巴噶斯贼众。四月,阿睦尔撒纳窜哈萨克,谕曰:"将军策楞等擒拿阿睦尔撒纳,事事舛谬,全无筹画。今西路专任达勒党阿,北路专任哈达哈。伊二人尚属勇往,着即领兵前赴哈萨克,务期擒献。"五月,授定边右副将军。时策楞借口粮乏,驻登努勒台,且令达勒党阿撤兵还驻。达勒党阿以兵已前进,粮又充裕,不听。事闻,奉旨嘉奖,革策楞职,即以达勒党阿为定西将军,并谕详察形势,并力擒剿。八月,达勒党阿统大军至雅尔拉,侦哈萨克二千馀贼伏山谷中,诱之出,奋勇督击,斩五百七十馀级，生擒十一人；复追至努喇，鏖战，斩三百四十馀级，生擒十人。阿睦尔撒纳易服遁。九月，捷闻，赐双眼花翎。哈达哈寻亦奏捷，奉旨嘉奖。

　　是时达勒党阿等纵被擒之楚鲁克、昭华什还，谕其汗阿布赉缚献阿睦尔撒纳，而楚鲁克等诡为阿睦尔撒纳乞命，请宽限，达勒党阿信之，按兵待，阿睦尔撒纳得脱走。闰九月，谕曰："阿睦尔撒纳背叛，策楞、玉宝带兵追缉，坐失事机，经朕饬催西北两路之兵，始克稍振军声。哈萨克汗阿布赉等望风奔溃，阿睦尔撒纳易服潜逃。然所获之楚鲁克等，两次纵回，传谕擒献，卒以限期相诳，达勒党阿等迟徊观望，为其所愚。逾月之久，贼踪愈远。朕早已料及，是以八月望前，即降旨令其班师。乃达勒党阿等于前奉到此旨之先，奏请暂回哈萨拉克地方过冬，俟明春再进。此不过强为之词耳，事断难行。仍谕令遵照前旨撤回。"又谕曰："前因达勒党阿、哈达哈效力军前，尚知奋勉，加恩赏给双眼花翎，以示鼓励。乃西北两路大员会合一处，反彼此推诿，各存意见，殊负委任。朕念伊等远行劳苦，不即从重治其罪，然亦无功可录，所赏双眼花翎，着一并缴还，不准戴用。"十月，命达勒党阿来京。十一月，谕曰："达勒党阿等前遣哈萨克楚鲁克、昭华什等往谕阿布赉，而留阿喇勒拜、杭吉勒图于军营为质，乃不加意防范，致阿喇勒拜等先后脱逃。续经拿获杭吉勒图，又不即行正法，仍复疏纵。着交部严议。"二十二年二月，诏革公爵及都统，降为副都统，以其从弟阿里衮袭公爵。八月，谕曰："去岁擒剿逆贼阿睦尔撒纳，进兵至哈萨克，西路以达勒党阿为将军，北路以哈达哈为将军。既未能擒获阿睦尔撒纳，又致阿布赉脱逃，本应治罪,朕意伊等未必有心偾事,不过为贼所愚,路远迟误之所致耳,是以从宽免其处分。后经询问在军营之侍卫官员,则咸称<u>达勒党阿追阿睦尔撒纳</u>,相距仅一二里,逆贼不及驮载,乃遣人托为<u>哈萨克</u>本欲擒献<u>阿睦尔撒纳</u>,惟待其汗<u>阿布赍</u>至,即便送来。<u>达勒党阿</u>堕其计中,专候擒献,并不督兵剿捕,且下令不许众兵前进。直至逆贼捆载脱逃后,方遣兵追逐。<u>哈达哈</u>则路遇<u>阿布赍</u>,既经后队官兵呈报,并不勒兵追捕。至<u>阿布赍</u>逃去,始尾追一次,以塞其责。众奏佥同。是<u>达勒党阿</u>、<u>哈达哈</u>之怠玩偾事,<u>显然可见</u>。因将伊等公爵革去,降秩示谴。今讯问拿获阿逆之佺<u>达什策凌</u>等,供称<u>阿睦尔撒纳</u>于去岁九月下旬,自败走地方潜回。又据<u>尼玛</u>供称,去岁大兵追及<u>阿睦尔撒纳</u>,我催促进剿,将军等候<u>阿布赍</u>擒献,以致脱逃。再<u>阿布赍</u>对面安营,我兵亦并不迎敌。直至逃去,始行追逐,旋即撤兵等语。与侍卫等所奏吻合。观此,则伊二人不惟不能用朕奋勇之官兵,反为逆贼等所轻视矣。[一]<u>达勒党阿</u>、<u>哈达哈</u>俱勋旧子孙,受恩袭爵,乃身为将军,专任讨贼,而因循观望,坐失事机若此,实出情理之外。且去岁撤兵时,伊等奏称'我兵距逆贼逃窜之地,速行亦需月馀。今于九月初撤兵,自<u>叶什勒椿集</u>行五十馀日,至<u>巴颜鄂拉</u>南之<u>哈萨拉克</u>地方'等语。今据<u>达什策凌</u>等所供'<u>阿睦尔撒纳</u>闻大兵既撤,于九月下旬回至<u>叶什勒椿集</u>,行二十馀日,[二]至<u>巴颜鄂拉</u>;又十五日,抵<u>哈萨拉克</u>东之<u>额布根塔尔珲</u>地方,共五十馀日'等语。设果如伊等所奏月馀程途,则阿逆复回亦必须两三月。且逆贼必确知撤兵之信方敢起程,果与我兵相去月馀,往返探听,又三四月矣。乃我兵则于九月初撤回,行五十馀日,始至<u>哈萨拉克</u>,

而逆贼则自九月尽起程,至额布根塔尔珲亦只五十馀日,何以如此之速耶?[二]则其被贼所欺,愈为显著。观阿逆今春即到额林哈毕尔噶,此即伊等因循推诿之明证也。况今岁阿布赉遇我兵三十馀人,一战即降;则去岁若稍肯奋勉,阿布赉早已投诚,将逆贼擒献矣。又伊等拥兵观望之明证也。再两路官兵会合后,自应连为一体,乃伊等竟于相见之次日,即分营行走,第三日即议及撤兵,有是理乎? 伊等即协力追剿,尚未知获贼与否,况复自分彼此,安能集事? 且知逆贼兔脱时,伊等俱系将军,若肯亲行,岂不胜于参赞大臣? 乃伊二人并不前往,止遣阿里衮一人领兵追逐,不知将军所司何事? 达勒党阿、哈达哈如此种种贻误,若不加罪谴,则国家之赏罚何在? 本当以军法从事,但达勒党阿本一糊涂无能之人,为贼所愚;而哈达哈每图安逸,遇事因循,尚非出于有心。且系勋旧子孙,似此坐失机宜,玷辱满洲,更何颜腼列班联? 达勒党阿、哈达哈俱着革职,发往热河披甲效力。”

二十三年十月,诏宥前罪,授三等侍卫。十二月,率西安驻防兵千赴军营。二十四年正月,搜捕沙喇斯玛呼斯逸贼。二月,大军剿回酋霍集占,上以达勒党阿及哈达哈历练,谕由巴里坤送马至阿克苏。八月,定边右副将军富德等大败霍集占于阿尔楚尔及伊西洱库尔淖尔,达勒党阿均在事有功,诏授二等侍卫。二十五年二月,卒于军营。

【校勘记】

〔一〕则伊二人不惟不能用朕奋勇之官兵反为逆贼等所轻视矣　原脱“不惟”二字,又“反”误作“且”。汉传卷三八叶六一下及耆献类征卷二七叶一一上均同。今据纯录卷五四五叶二二上下补改。
下同。

〔二〕行二十馀日　“二”原误作“三”。满传卷三八叶六二上及耆献类
征卷二七叶一一下均同。今据纯录卷五四五叶二三上改。按本
卷哈达哈传不误。

〔三〕何以如此之速耶　原脱“以”字。今据纯录卷五四五叶二四上及
本卷哈达哈传补。按满传卷三八叶六二下及耆献类征卷二七叶
一二上均不误。

哈达哈　子哈宁阿

哈达哈,满洲镶黄旗人,黑龙江将军傅尔丹次子。康熙五十
九年,授蓝翎侍卫。六十一年,改治仪正,累迁冠军使,兼公中佐
领。雍正九年,迁头等侍卫。十年二月,授镶蓝旗蒙古副都统。
闰五月,调正蓝旗汉军副都统。十一月,迁正蓝旗蒙古都统。

十一年,命率兵千往驻洪郭尔鄂隆。十二年,授领侍卫内大
臣,留军营。十三年,北路军撤调赴呼伦贝尔驻防。乾隆元年九
月,还京,授勋旧佐领。十二月,袭其高祖费英东所遗信勇公爵。
四年五月,授镶白旗汉军都统。十月,调镶红旗满洲都统。五
年,授工部尚书、议政大臣,兼都统如故。六年,署步军统领。七
年,命为御前大臣。寻晋太子少保。十年,兼銮仪卫掌卫事。十
一年,以后护误班,诏解领侍卫内大臣、御前大臣。十三年四月,
兼管光禄寺事。五月,因办理孝贤皇后册宝不慎,议革职,得旨
从宽留任。十二月,署兵部尚书及步军统领。十四年,奏访获纠
窃积匪及窝家七十馀名,分别枷责、发遣,报闻。十八年,疏劾郑

家庄城守尉长春保侵扣兵饷、官租，鞫实，论罪如律。

十九年，命赴北路军营，授参赞大臣。二十年二月，将军班第统大军剿达瓦齐，哈达哈奏以喀尔喀扎萨克台吉根敦等留防各汛，并管理新旧乌梁海牧、接收降众，而自统兵继进。六月，达瓦齐就擒，军还。阿睦尔撒纳叛遁，命哈达哈遣员往谕哈萨克汗阿布赍擒献。九月，复授参赞大臣，同定边左副将军达勒党阿进剿。十月，请率索伦、喀尔喀兵千馀先进，上奖其奋勉。寻诏定西将军策楞由西路进剿，以达勒党阿为参赞，哈达哈授定边左副将军，留屯北路形势地，为声援。十二月，奏言："臣现驻兵布延图，派满洲、察哈尔兵各五百，还驻乌里雅苏台，察哈尔兵二千驻扎卜堪，其索伦、喀尔喀、和托辉特兵七千馀，南自伊克斯淖尔，北至乌哈尔喀硕，分布防守。又布延图、科布多、多卜克尔、齐拉罕距乌里雅苏台各千馀里，兵丁往领钱粮，马力易疲。请将直隶、山东所运米径送各处，酌加运价，毋概贮乌里雅苏台。"上报可。

二十一年正月，诏由阿尔台进兵。四月，达勒党阿代策楞为将军，谕曰："策楞领兵擒拿阿睦尔撒纳，事事舛谬，全无筹画。今西路专任达勒党阿，北路专任哈达哈。伊二人尚属勇往，着即领兵前赴哈萨克，务期擒献。"时北路乌梁海叛遁，谕查缉事竣，驰会西路兵，毋观望。五月，申谕趣之。六月，特楞古特宰桑敦多克及固尔班和卓和克沁等，各携属潜约乌梁海同遁，途遇北路大军，诡乞降。哈达哈察其诈，斩敦多克，擒固尔班和卓等，尽戮贼众，谕奖其奋勇，授领侍卫内大臣，赐戴双眼孔雀翎。七月，大军至嵩哈萨拉克山，侦哈萨克贼千馀由巴颜山西行，击败之，复遣副都统衔瑚尔起、总管鄂博什、侍卫奇彻布等往追，斩百馀级，获马二百匹。是役也，哈萨克汗阿布赉实亲领队至，既败乃遁去，而阿睦尔撒纳亦为达勒党阿击败，潜遁去。两路军兵合，九月，遵旨撤兵。闰九月，上以哈达哈既遇阿布赉，不勒兵穷追，致脱走，饬缴还前所赏双眼花翎，不准戴用。十月，军还，在参赞大臣上行走。十一月，召来京。

二十二年正月，命往驻科布多，仍授参赞。二月，论疏纵阿布赉罪，诏革公爵及领侍卫内大臣，降调兵部侍郎，留驻科布多。三月，调乌里雅苏台办事。会副都统扎尔杭阿讦哈达哈前擒固尔班和卓时，获珍珠等物，匿不奏。事下参赞大臣舒赫德查讯，属虚，谕曰："此明系扎尔杭阿与哈达哈素不相能，为此倾陷之计。朕办理庶务，一本至公，岂肯以空言而即治人之罪？且哈达哈之罪并不在此，伊身为将军，带领大军，任意延迟，以致阿布赉脱逃，是其罪有应得。扎尔杭阿不以此具奏，反以全无影响之事有意倾轧，此风断不可长！着革职。"八月，谕曰："去岁擒剿逆贼阿睦尔撒纳，进兵至哈萨克，西路以达勒党阿为将军，北路以哈达哈为将军，既未能擒获阿睦尔撒纳，又致阿布赉脱逃，本应治罪，朕意伊等未必有心偾事，不过为贼所愚，路远迟误之所致耳，是以从宽免其处分。后经询问自军营回之侍卫官员，则咸称达勒党阿追阿睦尔撒纳时，相距仅一二里，逆贼不及驮载，乃遣人托为哈萨克，本欲擒献阿睦尔撒纳，惟待其汗阿布赉至，即便送来。达勒党阿堕其计中，专候擒献，并不督兵追捕，且下令不许众兵前进。直至逆贼捆载脱逃后，方遣兵追逐。哈达哈则路遇阿布赉，既经后队官兵呈报，并不勒兵追捕。至阿布赉逃去，始尾追一次，以塞其责。众奏佥同，是达勒党阿、哈达哈之怠玩偾事，显然可见。因将伊等公爵革去，降秩示谴。今讯问拿获阿逆之侄达什策凌等，供称阿睦尔撒纳于去岁九月下旬自败走地方潜回，又据尼玛供称'去岁大兵追及阿睦尔撒纳，我催促进剿，将军等候阿布赉擒献，以致脱逃。'再阿布赉对面安营，我兵亦并不迎敌，直至逃去，始行追逐，旋即撤兵。与侍卫等所奏吻合。观此，伊二人不惟不能用朕奋勇之官兵，反为逆贼等所轻视矣。达勒党阿、哈达哈俱勋旧子孙，受恩袭爵，乃身为将军，专任讨贼，而因循观望，坐失事机若此，实出情理之外！且去岁撤兵时，伊等奏称我兵距逆贼逃窜之地，[一]速行亦需月馀。今于九月初撤兵，自叶什勒椿集行五十馀日，至巴颜鄂拉南之哈萨拉克地方。今据达什策凌所供，阿睦尔撒纳闻大兵既撤，于九月下旬回至叶什勒椿集，行二十馀日，至巴颜鄂拉，又十五日，抵哈萨拉克东之额布根塔尔珲地方，共五十馀日，至巴颜鄂拉南之哈萨拉克地方。设果如伊等所奏有月馀程途，则阿逆复回必须两三月，且逆贼必确知撤兵之信，方敢起程。果与我相去有月馀，往返探听，又必三四月矣。乃我兵则于九月初撤回，行五十馀日，始至哈萨拉克，而逆贼即自九月尽起程，至额布根塔尔珲亦只五十馀日，何以如此之速耶？则其被贼所欺，愈为显著。观阿逆今春即到额琳哈毕尔噶，此即伊等因循推诿之明证也。况今岁阿布赉遇我兵三十馀人，一战即降。则去岁若稍肯奋勉，阿布赉早已投诚，将逆贼擒献矣。又伊等拥兵观望之明证也。再两路官兵会合后，自应联为一体，乃伊等竟于相见之次日，即分营行走，第三日即议及撤兵，有是理乎？伊等即协力追剿，尚未知获贼与否，况复自分彼此,安能集事? 且如逆贼兔脱时,伊等俱系将军,若肯亲行,岂不胜如参赞大臣? 乃伊二人并不前往,止遣阿里衮一人领兵追逐,不知将军所司何事? 达勒党阿、哈达哈如此种种贻误,若不加罪谴,则国家之赏罚何在? 本当以军法从事,但达勒党阿本一糊涂无能之人,为贼所愚,而哈达哈每图安逸,遇事因循,尚非出于有心,且系勋旧子孙,似此坐失机宜,玷辱满洲,更何颜腼列班联? 达勒党阿、哈达哈俱着革职,发往热河披甲效力。"

二十三年十一月,诏宥前罪,授三等侍卫。十二月,率西安驻防兵千赴西路军营。二十四年,率兵追捕沙喇斯、玛呼斯逸贼。二月,大军剿回酋霍集占,上以哈达哈及达勒党阿历练,谕由巴里坤送马至阿克苏。八月,定边左副将军富德等大败霍集占于阿尔楚尔及伊西洱库尔淖尔,哈达哈均在事有功,诏授二等侍卫。十月,卒于军营。

子哈宁阿,于乾隆二年授蓝翎侍卫,累迁头等侍卫。十九年,率绥远城、右卫兵二千馀赴北路军营,寻授宁夏副都统。二十年,命为西路领队大臣。二十一年四月,随定西将军达勒党阿进兵哈萨克,索叛贼阿睦尔撒纳,授参赞大臣。八月,赴伊犁,协同定边右副将军兆惠办事。十一月,降酋噶尔藏多尔济叛,哈宁阿随兆惠由济尔哈朗击贼,力战突围出。事闻,恩赏三等轻车都尉世职。二十二年二月,随兆惠侦击叛贼巴雅尔及扎哈沁牧于木垒、乌兰乌苏、科舍图,赐玉韘、荷包、鼻烟壶各一。六月,督理额琳哈毕尔噶台站。十月,赴珠勒都斯,接应都统满福及巴里坤办事大臣阿里衮之兵,同剿沙喇斯玛呼斯贼众。寻助总管端济布剿扎哈沁贼哈勒拜等。十一月,调正蓝旗汉军副都统,仍督理台站。奏言:"军营所需马,由硕琳阿毕尔噶一路解送,地气较寒,多霜雪,乏水草,不若由乌鲁木齐至吐鲁番,霜雪少,水草佳,远近亦相等。臣已行知巴里坤大臣及送马之员,改由此路。"得旨嘉允。十二月,袭信勇公爵,擢镶黄旗汉军都统。

二十三年正月,靖逆将军雅尔哈善统大军剿逆回霍集占,哈宁阿授参赞大臣。六月,围库车,击败援贼二千馀,霍集占纠众亲至,我军分路击,大败之,斩级千馀。霍集占负伤走。捷奏至,谕部议叙。既而疏报霍集占走入越城七日忽开西门渡鄂根河而遁,副都统顺德纳实疏纵之,应治罪。上以此次纵贼,虽由顺德纳,然雅尔哈善、哈宁阿身为将军及参赞大臣,所司何事,诏均革职,以兵丁效力。寻拿解来京。二十四年二月,谕曰:"哈宁阿以军行失律,解京鞫讯。据供词与雅尔哈善相符,且将雅尔哈善种种谬戾乖张、失机偾事情节,指陈如绘。夫雅尔哈善既为将军,而哈宁阿即其参赞,以将军罪状如此,为参赞者当以军国之计为重,据实参奏,乃隐忍贻误,又从而附和之,满洲世仆岂宜出此?且哈宁阿又非他人可比,自伊父哈达哈获罪,经朕加恩矜宥,并予以自效之途,伊苟具有人心,念及伊父,亦将倍加感奋;矧军旅重寄,三军之命系焉,顾因循玩视,可乎?核哈宁阿之罪,正与雅尔哈善等,应即正典刑,以肃军纪。第以参赞究属相助为理之人,前哈宁阿曾随将军兆惠由济尔哈朗力战而出,虽现在所犯情罪断难稍贷,仍念伊前劳,暂缓正法,着监候秋后处决,以示宽典。"十一月,谕曰:"用兵为国家要务,赏罚必期明允。为将军者,于一切军务,果能奋往直前,身亲战阵,何事不可成就?此内即稍有见识未到者,朕亦必加曲谅。若如雅尔哈善等在库车围困霍集占,如伊等严加防守,逆贼安能出走?且早已竣事。乃伊等并不亲临严饬,转似特开一路,令其脱逃,有此情理乎?故将雅尔哈善拿问,即行正法。参赞大臣乃协同将军办事之人,将军思虑所未及,参赞即应指陈,若不见听,即应参奏。哈宁阿为雅尔哈善之参赞,解到时亦应正法。但参赞职任较将军究属有间,是以将伊拟斩监候。揆之以理,此次秋审即宜予勾。因念伊父哈达哈现在军前,若有分外效力之处,尚可稍从宽宥。昨富德等领兵至巴达克山交界,遣使索取霍集占,当遣额尔登额时,达勒党阿、哈达哈岂不宜告请前往?与其遣额尔登额,何如伊等一行之为愈哉?况伊等皆获罪之人,朕加恩复用为侍卫,遣往效力,不但当感激朕恩,即伊自计亦当奋勉。乃竟以侍卫自居,与众为伍,不知愧耻,实出意料之外!此等大关系处,俱未计及,哈宁阿岂尚可曲宥耶?但朕念费英东,不忍将伊孙同众犯弃市,特加恩令哈宁阿自尽。着晓谕哈达哈及军营大臣官兵等知之。”

【校勘记】

〔一〕伊等奏称我兵距逆贼逃窜之地　“距”原误作“拒”。满传卷四五叶五七上同。今据纯录卷五四五叶二二下改。按耆献类征卷二七五叶一四下不误。

爱隆阿　　弟巴灵阿

爱隆阿,满洲正黄旗人,姓觉尔察氏。由前锋历迁侍卫。乾隆十七年,授正黄旗护军参领。二十年,擢黑龙江左翼齐齐哈尔副都统,寻调伯都讷副都统。

二十一年,授领队大臣,赴巴里坤军营。二十二年五月,偕参赞大臣富德追擒叛贼巴雅尔,至爱登苏,遇哈萨克阿布赉部众突出,与战数次,哈萨克既归附,予议叙。八月,自巴尔楚克至济尔哈朗,接续台站,搜剿贼于沙喇博和什岭,遇都尔伯特纳木奇游牧乞降,旋遁去。爱隆阿追及,杀千馀人,纳木奇遂纳款。九月,收厄鲁特宰桑乌鲁木游牧百馀户于察罕乌苏。十月,大兵撤回济尔哈朗,命爱隆阿办理军务,寻驻守济尔哈朗、巴里坤适中地。十二月,领兵策应阿里衮,追剿沙喇斯等贼。二十三年正月,随靖逆将军雅尔哈善进讨波罗泥都、霍集占。先是,爱登苏之战,侍卫奇撤布阵亡。至是,爱隆阿呈称前擒巴雅尔与哈萨克对阵,夺回奇撒布尸,富德未奏,定边将军兆惠奏言:"臣等查询富德,从前爱隆阿原报并无夺回奇撒布尸语。至擒获巴雅尔时,其领队行走之处,业已声明,蒙恩交部议叙。爱隆阿显系争功,请严议。"谕曰:"爱隆阿贪功讦告,理应从重治罪。但伊此次行走,尚为出力,加恩免其治罪。所有议叙,即着停止。"又谕曰:"爱隆阿以罗卜藏多尔济晋封王爵,伊但邀议叙,心怀不足。殊不思罗卜藏多尔济系蒙古台吉,爱隆阿何可相比? 今但停止议叙,已属加恩,前令其在雅尔哈善队内行走,此次进兵当知立功自赎,若不奋勉效力,必将伊从重治罪,断不宽宥。"六月,大兵围库车城,贼来援,爱隆阿等与战于戈壁,剿杀甚众。霍集占亲率贼赴救,爱隆阿等率吉林及索伦兵追败之于鄂根河,杀溺死者无算。御制回纛诗,有"是时实赖爱隆阿,率千骑至皆奇男。横冲截入乱回阵,斩将获丑如囊探"之句。

　　十月，随将军兆惠至叶尔羌城，率左翼后队兵与霍集占贼众接战时，靖逆将军纳木札尔将至叶尔羌，爱隆阿领兵截喀什噶尔路来援，并巡查台站，至托罕塔罕遇贼，剿杀百人。十月，授参赞大臣，与定边右副将军富德策应兆惠。二十四年正月，率右翼兵败贼于呼尔璊及叶尔羌河，[一]与兆惠合。二月，驻乌什，兼防喀什噶尔。三月，仍在领队大臣上行走。闰六月，兆惠奏言爱隆阿在军营颇效力，前议叙明瑞等遗漏，未及。得旨，补行议叙。寻给云骑尉世职。八月，随富德追剿霍集占于西洱库尔淖尔。十一月，巡查台站，值玛呼斯、宾巴等贼谋劫察罕乌苏台站，爱隆阿领兵追袭，剿获殆尽。事闻，谕曰：“爱隆阿一闻玛呼斯徐孽欲行抢掠，即领兵尽剿贼众。此次奋勉，更非寻常可比。盖大功既成，此等逸贼，并未责伊专办，即使逃脱，伊亦不至获咎。乃闻信即行，俾逆党不致漏网，而台站得以无虞，可谓急公任事。大臣官员等果能如此存心，何功不就？从前赏伊云骑尉世职，着加恩赏给骑都尉。”二十五年，凯旋，授正白旗护军统领，兼镶白旗蒙古副都统。二十六年，命图形紫光阁，御制赞曰：“将门杰种，拍张抚髀，受将军檄，力战全归。整师再进，贾勇陷坚。弟巴灵阿，尽节躯捐。”二十七年，叙平定准噶尔、回部功，授一等轻车都尉，兼一云骑尉世职。十一月，授伊犁参赞大臣。三十一年，卒。

　　子佛尔卿额，袭世职，现官二等侍卫。

　　巴灵阿由亲军校荐授三等侍卫。乾隆二十一年三月，迁二等侍卫、授察哈尔总管。三十二年二月，给坤督尔巴图鲁号，命赴巴里坤军营。寻授领队大臣。八月，在博罗齐搜剿厄鲁特贼众，遇伏，战殁，赐恤如例，给云骑尉世职。儒臣拟赞曰：“见贼辄

怒,如刺必拔。战博罗齐,矢石交戛。奋身挥突,竟殒贼中。既

脔叛首,祭以报忠。"

　　子永安,袭职,官贵州游击。

【校勘记】

〔一〕败贼于呼尔璊及叶尔羌河　"璊"原误作"瑞"。满传卷四七叶三
　　〇上及耆献类征卷二八七叶一六上均同。今据纯录卷五八〇叶
　　二五上改。

清史列传卷二十二

大臣画一传档正编十九

额勒登额

额勒登额,满洲正白旗人,姓栋鄂氏。父永常,官陕甘总督,授定西将军。额勒登额于乾隆六年授三等侍卫。十三年,随提督岳钟琪征金川,[一]列一等功,擢二等侍卫。十七年,晋头等侍卫。十八年,授镶红旗汉军副都统。

二十年,随征准噶尔。五月,领索伦兵千,渡伊犁河,与定边右副将军萨喇尔降宰桑、得木齐等。六月,领兵堵御达瓦齐。谕曰:"此次进兵,无折矢遗镞之劳,众俱降服,不应使达瓦齐反得逃遁。额勒登额等既豫先领兵堵御,或即将达瓦齐擒获,[二]亦未可定。如果远逃至布鲁特境,班第须词严义正,责其献出。"是月,霍集斯擒达瓦齐及其子罗卜扎,定北将军班第令额勒登额带兵接应。九月,扎哈沁宰桑鄂尔奇木齐背叛,命额勒登额相机擒获。时叛贼阿睦尔撒纳有属人叶克明安、宰桑扎木参等率所部来归，永常疑惧，挟其宰桑置军中为质，兼程却走。命革职解京治罪，并褫额勒登额职，在军营立功自赎。永常道卒。二十一年八月，阿睦尔撒纳逃往哈萨克，随定西将军达勒党阿往捕，屡与哈萨克接战，多斩获，复授头等侍卫。九月，捕贼于雅尔拉，哈萨克伏兵山沟，尽歼之，追贼至库尔默图岭。闰九月，命在领队大臣上行走。十月，授正蓝旗汉军副都统。十二月，授御前侍卫。

二十二年二月，随定边右副都统兆惠剿额鲁特叛贼。六月，至扎哈沁，败贼党巴哈蔓集，收其牲畜，又剿博罗通古贼众，败之。时将军等议撤兵至济尔哈朗，命随巴里坤办事大臣雅尔哈善在济尔哈朗至巴里坤适中之地驻守。寻因额鲁特贼党珲齐等乞降，纵之归，复叛。谕曰："额勒登额既将珲齐等传至军营，即应看守，乃转为贼所欺，令其复回。因而猖獗，致总管巴宁阿等遇伏阵亡，仍未能奋勇进剿。着交部严察议奏。"部议革职，谕曰："额鲁特朝降夕叛，众所深悉，而额勒登额受其欺诈，仓猝回兵，以致珲齐等脱逃。但额勒登额追剿扎哈沁贼众，颇知奋勉，着革去副都统，降为三等侍卫，效力赎罪。"二十三年二月，兆惠侦贼在额卜推河，饬额勒登额等合兵围之，生擒贼目达尔扎巴朗。额勒登额缘马踢伤胫，不能行，命回京调治。九月，以侍卫玛常、图伦楚等在巴里坤年久，派额勒登额往代。十一月，噶尔藏多尔济旧游牧昌吉等处，有藏匿之玛哈沁，额勒登额往捕，收获二十馀人。

二十四年正月，征回部，定边右副将军富德剿贼于呼尔璊，贼酋霍集占领骑五千馀迎战。富德张左右翼，令额勒登额等击之,转战五昼夜,贼溃。奏入,得旨优叙,仍擢二等侍卫。八月,富德追霍集占于阿尔楚尔,分兵为三,破之。贼退据高山,额勒登额等自山麓横冲贼巢,大破之,赐鄂尔楚克巴图鲁名号。九月,回部平,凯旋回京。二十五年五月,授镶黄旗蒙古副都统。二十七年三月,授公中佐领。五月,论平西域功,给骑都尉世职。九月,授武备院卿。十一月,授正黄旗护军统领。三十年四月,因疾致仕。六十年五月,卒。

子德昌,袭世职。

【校勘记】

〔一〕随提督岳钟琪征金川　"征"原误作"镇"。耆献类征卷二九四叶一〇上同。今据纯录卷三一三叶一三下改。

〔二〕或即将达瓦齐擒获　原脱"或"字。耆献类征卷二九四叶一〇上同。今据纯录卷四九一叶二上补。

巴图济尔噶勒

巴图济尔噶勒,厄鲁特人。乾隆十九年,以杜尔伯特部宰桑投诚,隶正黄旗蒙古。

二十年五月,大兵征准噶尔,达瓦齐拥众万馀踞格登山崖。巴图济尔噶勒与协领喀喇巴图鲁阿玉锡、新降宰桑察哈什以兵二十馀往探,乘夜冲入,大军继进,贼惊溃,达瓦齐遁。收大蒙古包及炮六,降其台吉二十、宰桑四,亲兵五百、兵四千馀。谕曰:"喀喇巴图鲁阿玉锡、巴图济尔噶勒、察哈什等遵令乘夜踹营,一鼓先登,所向披靡,尤为实力奋勉,俱加恩授为散秩大臣,加赏男爵,世袭。"八月,阿睦尔撒纳叛,阿玉锡奏:"巴图济尔噶勒党恶,执之。"谕归部管辖。十一月,厄鲁特侍卫丹津告讷默库欲逃叛,命办事大臣阿兰泰擒治,并将巴图济尔噶勒拿解来京。二十一年三月,巴图济尔噶勒将讷默库背叛情形据实陈奏,免其治罪,加恩授三等侍卫。五月,擢头等侍卫赴达勒党阿军营。十一月,达勒党阿奏其效力有劳,授散秩大臣。二十二年十月,解马赴济尔哈朗,命为领队大臣,授镶蓝旗蒙古副都统。十一月,在哨探队内行走。

二十三年,与侍卫鄂实围扎哈沁得木齐哈勒拜游牧,擒哈勒拜及其属,[一]袭执叛贼珲齐于尼勒喀河,尽收其游牧。四月,擒噶勒杂特宰桑特克勒特克,随将军兆惠等由伊犁进剿回部。五月,至善斯岭,招降布鲁特头人,并所属六十馀;又降阿勒巴齐鄂勒椿等,收其马驼、军械。八月,招抚塔拉斯布鲁特三百馀户。十月,谕曰:"巴图济尔噶勒原在富德队内,不必随往叶尔羌,即同巴禄领兵搜捕哈丹、阿巴噶斯馀贼,及沿途玛哈沁等。凡奏事行文,列名于次,不必受巴禄节制。巴禄与巴图济尔噶勒当和衷协力,以期集事。若能尽剿馀孽,并获哈萨克锡喇,则伊二人之福也。"十一月,命速赴富德军营。十二月,至伊拉里克,因马驼未至,兵皆负粮械徒行。巴图济尔噶勒奏将已到辟展之驼攒送,续到者速为接济,得旨嘉奖。

二十四年正月,兵至阿尔吉什时,逆贼霍集占党侵和阗,侍卫齐凌扎布请援,将军兆惠令巴图济尔噶勒与瑚尔起往击之。三月,到和阗,贼望风遁。侦贼骑七百馀屯踞博罗齐,乘雾直前冲击溃之,追越皂洼勒河,剿捕百馀,收回人四千馀户,抚定齐喇、哈克、克里雅三城,御制博罗齐行纪其事,诗曰:"博罗齐者邻和阗,贼回据险侦我军。先是围解黑水困,元戎遣救抢二臣。一为瑚尔起,吉林旧族世受恩;一巴图济尔噶勒,乃厄鲁特宰桑。其勇诚超群,同心协力速赴援。率军数不能盈千,途历戈壁不毛之地,负甲步进无俄延。哈勒哈什已垂陷,齐凌扎布驰来言。夜急行至伊立齐,时贼望风先逃奔。集兵拯哈拉哈尔,赖天大雾弥漫漫。乘雾直捣贼营后,伺怠奋勇攻中坚。斩将搴旗获辎重,孤城恢复馀俱安。昔薛延陀襘神能致雪,冀困李勣,终乃自毙焉。此雾或亦敌鲊答,翻为我用成功全。易云'天所助者顺',向犹未信今信然。持盈知足感帝祐,敢肆志讻能开边。"寻下部议叙,给云骑尉世职。

七月,霍集占弃叶尔羌遁,追及于阿勒楚尔。贼伏两山间,我兵分三队奋击,巴图济尔噶勒领左翼,自辰至午,贼大溃,追射杀千馀,生擒五十,夺炮械无算。贼逸入巴达克山界,巴图济尔噶勒与伊柱领兵八百于山后堵御,大兵尾至伊西勒库尔淖尔,贼据险守,我师整队发炮,树回纛,降贼万馀。巴图济尔噶勒以功赏戴花翎,给白金。九月,富德令侍卫赛音图等往巴达克山勒献霍集占,派巴图济尔噶勒驻兵六伦,以张声势。瓦罕伯克率户口降。二十五年,凯旋,赍银币,授内大臣。命图形紫光阁,御制赞曰:"杜尔伯特,部中杰骁。嘉其心直,授职本朝。凡与交战,义弗返顾。师济和阗,不孤恩遇。"嗣追叙平定准噶尔及回部功,加骑都尉世职。三十四年,授公中佐领。三十七年,卒,赐祭葬如例。

子二:长察克图,袭骑都尉兼一云骑尉;次普尔普,由侍卫随征金川,有功,授三等奋勇男,官护军统领,以剿台湾逆匪林爽文,奉旨给云骑尉,五十五年,卒,赐祭葬如例。

【校勘记】

〔一〕擒哈勒拜及其属　"哈"下原衍一"哈"字。耆献类征卷二八八叶一八下同。今据纯录卷五五八叶二〇上删。

和起　　子和隆武

和起,满洲镶蓝旗人,姓马佳氏。高祖阿音布,国初以军功授骑都尉世职。康熙六十一年,和起袭。乾隆四年,授盛京协领。十二年,授广东副都统。十四年,调宁夏副都统。十九年五月,命偕侍卫海福率宁夏兵千赴北路军营。

二十年正月,授宁夏将军。二月,定西将军永常劾和起等所率兵不及额,请议处。谕曰:"宁夏兵一千,原定于四月内前赴军营,后因归于哨探兵队内,令和起等催攒前进。伊等随将辎重留后,派兵百名守护,止领九百名巡行,尚属奋勉;且已具奏在前,非无故迟留者可比。〔一〕着从宽免其议处。"七月,以达瓦齐就擒,撤宁夏兵还,仍令和起统之。寻命偕提督豆斌为巴里坤办事大臣。十一月,以游击王国士运粮迟误,谕曰:"军营粮饷关系紧要,理应加意办理。何以王国士派委运粮半月仅行六台?必系仅派绿旗兵运送,以致如此迟误。和起等办理,甚属错谬。现在满洲及索伦、察哈尔兵丁调集巴里坤,若交伊等运送,不但行走迅速,且于运粮之便直抵军营,一举两得。况新降达什达瓦人众,此际应至巴里坤附近地方,伊等熟悉路径,与兵丁同运,更为有益。此皆和起等应行筹办之事，乃并未筹及，所司何事？着传谕和起、豆斌等，遵旨悉心办理。"十二月，定西将军策楞奏屡檄和起等将补给兵丁及甘州、肃州续到之马速解军前，至今未到。诏令明白回奏，并交部议革职，留军营效力。得旨，从宽留任。二十一年正月，特予开复。和起奏言："凉州、宁夏等处所解马疲毙过多，臣派员在巴里坤分收，俟膘壮挑用，仍先照数补解，以利军营。请将委员议处。"部议从之。

二月，给钦差大臣关防。五月，谕曰："和起在巴里坤办事，甚属黾勉。着驰驿来京，面聆训示，再往军营，同参赞大臣兆惠筹办一切事宜。"先是，达什达瓦所属宰桑讷默库、曼集、乌达瑚们都等自军营私回游牧，奉旨鞫治。六月，谕曰："现据和起将讷默库等擅回游牧之处讯明，复以伊等系新降之人，未谙法律陈奏，殊属错误。达什达瓦属人归诚以来，叠施厚恩，及派往军营效力，又与内地兵丁一体赏给制装银两，乃敢不遵法令，擅带兵回至游牧处，情罪甚属可恶。昨经和起等奏到，朕即降旨，令将讷默库、曼集等正法。其兵丁系听从指挥，加恩宽免。所以不将兵丁一并治罪者，特因伊等新降，姑从宽典。至宰桑乃领兵之人，岂得曲从宽宥？和起等审讯既确，复为此奏，其意惟恐讷默库等正法后，致达什达瓦属人心怀疑贰，妄生事端。果有此情，正当使知法律森严，不容轻犯。安得苟且姑容，以示怯懦？料和起尚不至此，此必出于锡特库之意。着传旨申饬，仍将讷默库、曼集、乌达瑚们都即行正法。"

十一月，辉特台吉巴雅尔叛，掠扎哈沁五百馀户，定边右副将军兆惠令和起率索伦兵百往剿，檄吐鲁番伯克莽阿里克及厄鲁特兵集辟展,而噶勒杂特宰桑哈萨克锡喇、布鲁古特台吉尼玛阴应巴雅尔,诡以兵五百会。和起望兵至,疑之,令莽阿里克往侦,绐告曰:"我兵也。"逾时尼玛等操戈前,莽阿里克自后噪,贼众蜂集,我兵仅百人,负重创,和起手刃数贼,股中枪,徒步转战,至夜力尽,死之。遗命索伦侍卫努古德、彰金布突出,[二]以所戴孔雀翎为识,往告巴里坤大将军兆惠,以闻。谕曰:"和起效命疆场,捐躯报国,忠节可嘉,深为悯恻!着照傅清、拉布敦之例,加恩赠恤。"上悯和起义烈,御制西师诗,有"奋勇沙场没"之句。寻追赠一等伯,赐祭葬,入祀贤良、昭忠二祠,谥武烈。赏一等子爵,以其子和隆武袭。二十三年,逆贼尼玛及其子就擒,命于和起墓前伏诛。

和隆武,初袭子爵,授三等侍卫。乾隆三十六年,袭佐领。三十七年二月,随护军统领明亮赴金川军营。七月,随大军由墨垄沟攻甲尔木山梁。十二月,大军分路进剿,和隆武为领队侍卫。时明亮等攻美诺喇嘛寺,和隆武沿河夹剿,贼溃后复合,尽戮之。夜克美诺各碉寨。三十八年二月,分攻纳围正面山梁。六月,海兰察剿贼于簇拉角克,五岱统兵援,和隆武为接应。七月,败贼于鸠寨,夺碉五十馀。八月,授镶蓝旗蒙古副都统。十一月,克复僧克宗。

三十九年正月,随富德攻克绒布寨正北之沃什山、摩格、孟格、哩格、穆尔德宗,进攻卡卡角。[三]是月,署古州镇总兵。三月,同奎林等裹七日粮,分队取斯第,贼迎拒,和隆武麾众力战,矢尽,以矛枪格斗,被创。事闻,奉旨嘉奖,赐玉鞢、荷包。六月,调随征正地。九月,攻克木什克第一碉,赐皮马褂。十一月,大军攻日旁,和隆武由周叟绕出其后,突入碉寨,贼惊溃,枪石不及施,短刃相搏,我兵沿山追剿,克战碉十馀,平碉二百馀。日旁贼歼焉。谕曰:"此次明亮等攻克日旁碉寨,探路筹画,均合机宜,而越险攻碉杀贼,全系和隆武功绩。伊父和起尽节捐躯,应有是子,深为嘉慰。着授为都统,以示优奖。"和隆武寻偕珠尔格德等剿谷尔堤一带碉寨,尽克之。谕曰:"此次攻得碉寨,又系和隆武带兵前往。似此屡次出力,实属可嘉。"四十年正月,授正蓝旗蒙古都统。四月,分攻得楞以南碉卡,复与奎林等由萨克萨谷进攻,追杀无算。六月,攻额尔替山梁石城,杀贼甚众,谕奖其奋勇出力。七月,贼据石真噶,和隆武与奎林乘运炮声器,分队突攻据之,贼奔溃。时将军阿桂一路兵直压勒乌围之顶,和隆武等张两翼亟进为声援。八月,贼恃札乌古险要,干丹、札木各寨悉众拒守,我兵出不意,夺路深入。和隆武沿河接应,夹攻。十月,由琅谷攻夺什札古。谕曰:"此次攻碉杀贼,官兵均为奋勉,而奎林、和隆武二人出力犹多。现在西路将领随将军阿桂,屡次克捷立功建绩者甚众,将来自应茂赏,而明亮北路久未能进,即此次亦不过寻常小胜,不能遽邀录叙。明亮、奎林、和隆武各宜奋勉立勋,岂可专让西路成功而不知奋励? 但进攻时当共度利害,筹及万全。"闰十月,克札乌古及耳得谷。十一月,克阿尔古。十二月,由达撒谷进攻,克荒子坪一带碉卡,复攻独古木,思满贼望风披靡。上以和隆武鼓勇先登,茂著劳绩,赐谕嘉奖。又攻甲杂官寨,围之,贼遁,乘胜克独松。四十一年四月,金川平,晋封三等果勇侯,赏戴双眼翎。寻命将本佐领,抬入正黄旗。四月,凯旋,赐御用鞍辔马一,及银币,命图形紫光阁,御制赞曰:"袭父恤职,少年老成。囊锥脱颖,竟善用兵。掠日旁寨,独擅伟勋。楚材继出,既怅以欣。"

四十三年四月,授宁夏将军。十一月,调吉林将军。四十七年,卒。赐祭葬,谥壮毅。

无嗣,弟和双额袭爵。

【校勘记】

〔一〕非无故迟留者可比　原脱"者"字。满传卷三八叶三六上及耆献类征卷三四九叶三八上均同。今据纯录卷四八二叶二〇上补。

〔二〕遗命索伦侍卫努古德彰金布突出　"金"原误作"全"。满传卷三八叶三九上及耆献类征卷三四九叶四〇上均同。今据纯录卷五三〇叶三七下改。

〔三〕进攻卡卡角　原脱一"卡"字。满传卷三八叶四〇上及耆献类征卷三四九叶四〇下均同。今据纯录卷九五一叶四下补。

高天喜　子仁　人杰

高天喜,甘肃西宁人。由行伍拔把总。乾隆二十一年,从征西路军营有功,擢保宁堡守备。二十二年正月,随参将迈斯汉援副将军兆惠于伊犁,路遇噶勒杂特贼百馀,天喜击杀之,获其驼马。闻兆惠被围,欲驰救,迈斯汉怯不进,巴里坤办事大臣雅尔哈善奏革迈斯汉职。上嘉天喜奋勇效力,命即代迈斯汉为参将。十二月,迁金塔协副将。二十三年三月,追击喀喇沁宰桑恩克图等于库陇癸山,乘夜携炮登,败贼众。谕部优叙。五月,擢西宁镇总兵,授领队大臣。

十月,随大军赴叶尔羌剿逆回霍集占。将军兆惠以贼辎重屯城南,取道城东往袭,留天喜督修黑水桥。师渡未及半,贼突遮。天喜闻兆惠陷阵中,亟舍桥冲入鏖战,遂与原任前锋统领鄂实、原任副都统三格、侍卫特通额俱殁于阵。事闻,谕曰:"高天喜奋勇杀贼,尽瘁捐躯,深可悯恻! 着照一品大臣例,赏给恤典。"寻赐祭葬,谥果义。入祀昭忠祠,恩赏骑都尉又一云骑尉世职。御制诗惜之,曰:"始由小校出从征,优擢奇雄至总兵。留后修桥耻苟活,复前入阵遂捐生。绿旗中止一人实,绝域外传千古名。裹血结缨宁让古,诗非奖勇奖忠诚。"二十四年,谕曰:"原任总兵高天喜随将军兆惠攻剿逆回,奋勇杀贼,捐躯效命,已加恩赐恤。念其家本寒微,自隶行间,以勤劳叠膺擢用,虽跻方镇,历任未久,其妻子之在甘肃者,尤宜格外优恤。着总督吴达善于藩库内赏给银一千两,以资养赡,仍不时加意照看。伊子应行引见时,即奏明送部,俟朕酌加录用,以示奖劳劝功之典。"二十五年,回部平,命图形紫光阁,御制赞曰:"爪牙之将,用不拘资。感予特达,效命何辞? 百战百进,义弗旋踵。怒则面赤,是谓血勇。"

天喜长子仁,于乾隆三十三年三月袭世职,授蓝翎侍卫。寻发本省,以守备用。十二月,补凉州镇标左营守备。三十七年,引见,请随征金川。谕曰:"原任西宁镇总兵高天喜,前在西路军营奋勉出力,临阵捐躯,勤劳可悯! 伊子守备高仁预保引见,奏恳四川军营效力。着交与温福,听候差遣。遇有都司缺出,即行补用。"寻授安西提标右营都司。三十八年,随剿昔岭及达札克角,屡败贼众。会木果木军营溃,仁赴援,战殁,赐恤如例,入昭忠祠。子<u>勇忠</u>,袭世职,候补游击。

<u>天喜</u>次子<u>人杰</u>,由武举于<u>乾隆</u>三十七年恩赐一体殿试,成武进士,授蓝翎侍卫。四十一年,发本省,以都司用。四十三年,补<u>安远营</u>都司。四十六年,随剿<u>撒拉尔</u>逆回于<u>华林寺</u>,^{〔一〕}力战被创。四十八年,迁<u>陕西</u>提标右营游击。四十九年,偕总兵<u>苏林</u>等剿<u>石峰堡</u>逆回,复被创。谕奖其奋勇,赐戴孔雀翎。寻迁<u>兰州</u>城守营参将。五十年,差赴<u>西宁</u>,被雷震,卒。子<u>勇臣</u>,荫千总。

【校勘记】

〔一〕随剿撒拉尔逆回于华林寺　“拉”原误作“纳”。汉传卷二七叶四
　　二下及耆献类征卷三五〇叶三三下均同。今据纯录卷一一二七
　　叶一六下改。

冯钤

<u>冯钤</u>,浙江桐乡人。父<u>景夏</u>,官刑部侍郎。

<u>钤</u>,<u>乾隆</u>二年进士,授主事,分吏部。十年二月,补主事。四月,迁员外郎。十月,擢郎中。十一月,授<u>湖南道</u>监察御史。十二月,奏除漕粮积弊,得旨允行。十四年,授刑科给事中。十五年,提督<u>福建</u>学政。十九年,擢<u>贵州</u><u>贵西道</u>。二十一年九月,迁按察使。二十二年十一月,调<u>安徽</u>按察使。十二月,迁<u>山东</u>布政使。

二十三年三月,擢<u>湖北</u>巡抚。四月,调<u>湖南</u>巡抚。六月,因<u>广东</u>仓平粜缺额,两广总督<u>陈宏谋</u>奏准拨运楚南谷石,<u>钤</u>议拨常平仓溢谷四十万石,运赴<u>粤东</u>,并请速为买补,以充积贮。如所

议行。七月，以两广总督陈宏谋委员至衡、郴、湘潭等处买谷，恐致民间米价昂贵，奏请于长、衡二府属贮谷内，照价即时拨给。得旨嘉奖。二十四年正月，奏："湖南长沙府属之浏阳县向设巡检一员，驻扎梅子园地方，离县止五十里。该县北乡永安市离县八十里，居民稠密，好勇健讼。请将梅子园巡检改移永安市，更名永安市巡检。又宝庆府属之武冈州向设州同一员，并无专管政务。查该州高沙市一镇离城六十五里，居民不下千户，商贩络绎，虽隶该州蓼溪司巡检巡查，不足以资弹压。州同驻扎州城实属闲曹，若移驻高沙市，一切俱归该州同查防，所有蓼溪司巡检另行移驻。查宝庆府属邵阳县之里田铺离郡城七十里，该地为赴省通衢，人烟辐辏，五方杂处。若将武冈州属之蓼溪巡检移驻该县里田铺，非惟贼匪等项可以稽查，抑且该州县解勘人犯亦得防范，于地方均有裨益。"下部议行。

三月，疏称："湖南为产米之乡，通省常平仓共存正额溢谷积至百四十馀万石，将来秋收谷贱，本省再议采买，陈陈相因，而势须拨协之邻省，每当需用之时，又未能即受协济之益。请于附近水次各属常平仓谷，动拨三十万石，运赴江南平粜。"谕曰："据冯钤奏：'请于湖南各属常平仓存贮项下，动拨三十万石，委员运赴江南平粜协济。'该省素称产米之乡，值兹米谷充裕，酌盈剂虚，邻境封疆大吏，办理正应如是。现在江省米价甚平，秋成亦属有望，尚非急需接济之时。然令米谷流通，俾各处仓储充实，于地方亦有裨益。着传谕尹继善，令其通盘熟计该省情形，应运至何处存贮，以备拨用；或不需拨用三十万石之多，即留一二十万石，其馀谷石另行碾米，于明岁漕船北上时，搭运至京。如果江南无需此项，即全数运京亦可。其自湖南运至江省事宜，即着尹继善咨商冯钤，妥协办理。"旋据两江总督尹继善奏称："江省连年丰稔，米价平减，无庸平粜，各属仓粮，亦上冬采买。此项米石尚非急需，应遵旨全数运京，于明年江、浙漕船搭运。"谕曰："江南既无需用米之处，所有湖南拨运谷石，若必运至江省交兑存贮，又于明岁漕船进京，殊多辗转。着谕冯钤将此项谷石即于本处碾米，于今冬漕船起运时，随便搭解，交通仓兑收，自较简便。"寻因湖南额设漕船不敷搭解，钤议将湖北漕船均匀搭配，装载起运，得旨允行。会值浙省歉收，浙江巡抚庄有恭奏请动拨公项银两，委员赴江、广采买米石；上以楚省有应行搭运赴通米十五万石，命就近兑交浙省委员领回备用。又谕曰："据冯钤所奏湖南常平仓尚多溢谷，且有节年加买谷石若干。楚省附近浙省水次各属仓谷内，再行酌拨一二十万石，合前运米石，自足敷该省接济之用，而于产米本地民食、市价均不相妨，最为妥协。该督抚等可即彼此会商，以济公事。"嗣因浙省止需二十万石，旋即照数兑交，委员领运回浙。四月，奏："湖南郴、桂两厂，向计产铅十六万斤，近年出产渐微。请于例买黔省白铅二十万斤外，增带二十万斤，以备缺乏。嗣后仍只运常例之铅，毋庸加带。"上允之。二十五年三月，奏："苗疆知府、同知等缺，向例五年俸满题升。嗣请于五年俸满后，核其政绩可观，地方安谧者，保题以升衔注册，俟再满三年，即行升用。但查苗疆人员既宽以八年之限，向例只用附近应升之缺，恐久任贤员，转不如腹地人员升迁之速。请嗣后苗疆应升之员，无论附近及应题、应选、应请旨之缺，俱准升迁。"下部议行。

二十七年十月,调广西巡抚。二十八年四月,奏:"粤西幹、卢二厂,开采年久,出铅渐少。请令湖南仍买黔铅,不必赴粤西购运。至粤东一省需铅无几,仍令赴买。"谕曰:"各省鼓铸钱文,并需铅斤应用。该抚虽因该省厂铅稀少,奏停湖南采买,而以同一总督所辖之广东,则又仍听购运,未免意存畛域,所奏殊未允协。且折内称将楚南二十八年所需白铅二十万斤,停其买运。是湖南需铅即在本年,此时谅已委员赴粤,又岂可听其徒手而回,致误该省鼓铸耶?着传谕冯铃,与陈宏谋彼此会商,通融筹办。将现在所存厂铅酌量配给,务令两省铸局均无贻误。至幹、卢二厂现在出产无多,或可于该厂之外,设法相度,再为开采,使铅斤益加充裕,更为妥协。"寻奏称粤西本省铅局,岁需白铅及应备湖南、广东二省采买,每年需得铅七十万斤,方可源源接济。现在幹峒、卢枞二厂,开采年久,所出递年减少。查二十七年湖南采买粤铅委员,甫于本年正月内,自粤起程运回。是湖南二十八年所需铅斤,尚可无须采买。至广东所需铸铅,若令一并停买,则须委员前赴汉口采买,既觉路远费繁,且为数无多。粤西尚有局铅七十万斤,可以缓买。现接准湖南巡抚陈宏谋札称:'湖南铸局尚有积存白铅一百五万八千馀斤,可供三年之用,本省尚有可开之矿,自此以后,不须采买粤铅。二十八年买铅之员,尚未起程'等语。除将广东所需铅斤,仍照原奏令其赴买,并饬各厂员加意督率厂工人等尽力开采,毋得透漏,以冀矿砂复旺;并令该府县相度形势,于该厂之外,另寻砂苗,设法开采。"报闻。八月,奏:"广西浔州府属之贵县、桂平二县额粮,拨解左江镇标协营兵食,向俱系煮熟谷米。缘该二县地气潮湿,生米贮仓,一经夏月,易霉蛀。但谷经煮熟,米必味淡力薄,自不若生米之力足而味甘。请将贵县、桂平自本年为始,照各属一律改征生米,民情亦便。"从之。

三十年三月,调湖南巡抚。十一月,调安徽巡抚。三十一年十二月,奏:"安徽庐州府属合肥县为南北通衢,一切解饷、解犯,络绎不绝,委护员弁,有顾此失彼之虞。请将庐州府照磨移驻合肥县之梁园地方,其照磨事务归经历办理。"寻部议裁照磨,改设巡检一员,驻扎梁园,从之。三十二年十月,奏:"常平仓谷遇有动用,例应随时买补。安徽一省,自乾隆二十六年后,节次灾赈动用及蠲免民欠口粮籽种,共缺额六十馀万石,除买补外,尚缺五十万石。本年颍州府属秋收丰稔,已拨司库银分发各州县采买。查本年安省沿江地方,间有偏灾,未经遇水各属,仍属丰收。现在含山县之运漕、桐城县之三河各镇,米谷聚集,价值平减,未便因偶有成灾,拘泥停买。"得旨嘉奖。三十四年二月,谕曰:"据冯钤疏参太和县知县郭世谊将重价购买之妾,馈送幕友史纬义,而史纬义即系该管之颍州府知府史鲁璠之族叔。该县巧为逢迎,该府有意徇庇,业经降旨一并革职严审究拟,并谕冯钤据实查办。"又谕曰:"冯钤题参太和县知县郭世谊荡检不职,该管之颍州府知府史鲁璠纵庇劣员一疏,史鲁璠身为方面大员,乃令族叔在所属署中作幕。是其上下通同、逢迎挟制诸弊,皆所不免。此等恶风,断不可不严加惩治。该抚冯钤平日岂毫无闻见,何竟不早为参处,直待史鲁璠告病详请解任后,始以一参塞责?外省徇庇属员陋习,每遇劣迹彰著,尚欲为之设法瓦全;即或知其事万难掩覆,不得已始以一挂弹章,藉名整饬,而其实不过隐售化大为小、化有为无之术。此等伎俩,岂能施之朕前?冯钤办理此案,有意取巧,故于事后纠弹,藉以掩其前此袒庇之咎。此而不加以严惩,则督抚等益以漠视察吏为得计,谁复知所警畏?冯钤着交部严加议处。"复诏解任听候部议,旋议革职发往军台效力。寻赎罪回籍。

三十五年八月,恭遇六旬万寿,钤赴阙祝嘏,特与按察使衔。十一月,卒。

张若震

张若震,江南桐城人,大学士张廷玉之侄。雍正元年,钦赐举人。六年,授浙江天台县知县。七年,升嘉兴府同知。八年,擢台州府知府。十年,迁盐驿道。十二年,超擢布政使。条陈海塘修防事宜,及清厘各属南漕积欠,均得旨允行。七月,谕曰:"浙江盐务渐不如前,若不留心整顿,必致废弛难理。程元章力量仅能勉强办理巡抚事务,不能兼理盐政。浙江布政使张若震年力精壮,实心任事,从前盐道任内曾经谙练,其办理亦属妥协。着伊兼管盐政印务,凡地方文武官弁,有关涉盐务者,准其举劾;若有作弊掣肘者,即着纠参。"乾隆元年,奏辞盐政养廉充公。旋以藩司事繁任重,力难兼顾,请解盐政任。谕曰:"两浙盐务,自来废弛。自李卫为浙江总督以来,留心整理,诸事妥协。及李卫离浙,程元章接任。其性办事迂懦,盐政渐不如前。是以皇考谕令布政使张若震兼管。前据张若震奏称'藩司之职,经管通省钱粮,头绪繁多,难以兼顾盐务;且缉私全赖官弁协力,未免呼应不灵,恐误公事'等语。张若震准解盐政之任,俾得专心职守。"二年二月，入觐，扈驾至易州，恭谒泰陵。召见行在，谕以不必入京，俟山陵礼成，即回本任。八月，疏请各省歉收，酌定遏籴处分，下九卿议行。四年，奏各省卫守备、千总，请照山东各省例，改归知府管辖。五年，奏："浙省地丁钱粮存留项下，支放官俸役食，向以钱一银九搭放造报，实属虚捏。请嗣后统以银数开销，不必作钱。"均下部议行。六年，奏："浙省沿海腹里地方，尚有新涨沙涂，堪以开垦。缘民灶夹杂，往往贫民垦种，灶户出而纷争，是以观望不前。请无论民灶，俱准开垦。以呈报在先为定，给与印照注册存案。"得旨俞允。七年正月，奏请归养，谕曰："汝奏固属应行，但巡抚新任，汝不便复换。俟秋冬间再奏。"七月，复申前请，谕曰："张若震以母老多病，屡请终养，惟情词恳切，准回籍养亲。"寻丁母忧。十二年，服阕。

十四年，授甘肃布政使，奏甘肃岷州、西和、秦州、秦安、礼县、成县、河州等州县，节年额征存仓馀粮，共二十四万石有奇。现无别项支用，除常平仓粮应仍旧积贮外，其西和、秦安、成、礼四县馀粮，应各留一万五千石，岷州留二万石，秦州留四万石，河州留三万石，馀均变价解司，以备豫买满兵粮草，及拨充兵饷之用。嗣后每岁额征及估兵食之外，总按额留之数存贮，馀于每年三四月间变旧存新。傥值歉收，毋庸变解。"报闻。十五年，调河南布政使。十六年，调西安布政使。十月，奏："请陕省墩台营房，照上下两江之例，酌定岁修银数，交兵丁自行修补，汛弁查勘不固者，惩革赔修。其岁需修费，令各州县于额设公费内，按二八月移交汛弁，转给兵丁修理。"如所请行。十七年三月，奏："请定原籍呈报丁忧之例，凡现任官之父母在籍病故者，家属呈报,及地方官详抚咨部,俱以五日为限,庶该员不得迟隐,而应题应选之缺亦无稽滞。"下部议行。七月,奏:"甘省地方辽阔,穷民多就山泽谋生,恐有奸匪煽惑愚民,请豫为稽防,其阅久封禁山场,不许奸民捏端开垦。"上韪之。

十八年,擢湖北巡抚。二十年,奏:"荆州府属江陵、监利二县,滨江田庐,全赖堤垸保障。该二县地方辽阔,均止县丞一员,堤务难周,应分员督办。所有江陵县堤工,请自松滋县上古墙一带,令虎渡司巡检管理;襄江直路一带,令潭湾司巡检管理。其荆江北岸等处,仍归县丞管理。监利县堤工,自北大兴垸起至永丰垸,令分盐司巡检管理;自莲花垸至吉老垸,令朱家河巡检管理。"均如所请行。又偕总督硕色奏:"浙江抚臣周人骥咨称浙省歉收,选商赴江、汉采买。恐湖北汉北地方江、浙商人同时采买,米价日昂,楚人亦受食贵之累。请将十八年楚北常平仓加贮谷四十万石,分饬各属碾米运至汉口,委员设局,听浙省官商买运。"上嘉之。二十一年,卒。

讷亲

讷亲,满洲镶黄旗人,领侍卫内大臣二等果毅公音德次子。雍正五年,由笔帖式袭公爵,授散秩大臣,命乾清门行走。九年,命为御前大臣。十年,授銮仪使。十一年,军机处行走。十三年八月,今上御极,迁镶白旗满洲都统,兼理内务府事务。十月,授领侍卫内大臣,命协办总理事务,仍兼都统。十二月,晋一等公。

乾隆元年,迁镶黄旗满洲都统。二年正月,迁兵部尚书,兼议政大臣。十二月,以总理议叙,赏云骑尉世职。三年正月,[一]

管理圆明园事务。二月,管理户部三库事务。九月,协办户部事务。会直隶总督李卫劾总河朱藻挟诈误公及贪劣各款,命讷亲偕尚书孙嘉淦往鞫,得实,革藻职,拟杖流。十月,同嘉淦疏陈永定河南北岸建筑闸坝事宜,语详嘉淦传。十二月,调本部尚书。四年五月,加太子太保。六年,左都御史刘统勋疏言:"讷亲职掌太多,任事过锐。"谕曰:"讷亲身为尚书,若于本部之事稍涉推诿,则模棱成习,公事何由办理?但所办未协之处,亦所不免。朕时加教训,戒其自满,年来已知恪遵朕训矣。今见此奏,益当留心自勉。至于职掌太多,如有可减之处,候朕酌量降旨。"

九年正月,命查阅河南、江苏、安徽、山东一路营伍,并验河工、海塘,便道查天津、河间赈务。二月,奏天津河间极次贫民,遵旨酌议展赈一月,从之。五月,奏言:"臣勘江南沿海塘工,旧有华亭石工长六千七百馀丈,俱稳固,新建宝山石工一千三百丈,系匠尺量建,较部尺为短,参差易滋弊窦。请较定颁发尺样。又塘身靠土一面,及贴里合缝处,俱与六面琢光之原估不符,应核减。馀金山、奉贤、南汇、上海各土塘离海稍远,已成桑田;且江南沿海地方平洋暗潮,水势较浙江稍缓,惟在该管官留心督率,相机守护,可保无虞。"又奏:"浙江潮向由蜀山之中小亹出入,其近海宁之北大亹、近萧山之南大亹,皆涨沙宽阔,杭、绍二郡共庆安澜。迨中小亹渐湮,大溜悉由蜀山北冲刷,浸溢为患。若浚通中小亹故道,减大亹溜势,上下塘工悉可安堵,即中小亹难遽开导,而潮汐衰旺有期,长落甚速,暴至固费,防护渐退,便可施工。若于险要处多建坦坡木石戗坝,俾挑水涨淤,实为捷法。至柴塘一带,但使沙益坚积,水不通流,不但不必改建石工,并可免抢险之费,是在相机经理,有备无患。"均议行。

七月,奏言:"阅过河南、江南、山东将军、督抚、河漕、提镇共十七标,惟南阳及苏松水师二镇兵最为生疏,馀优劣互见。请分别察议申饬。"从之。又疏陈:"洪泽湖归江之路,应浚盐河,以资输注;归海之路,应浚串场河,以资容受。天然二坝石工,高堰迤下二堤,俱可停。"下部议行。先是,山东巡按御史李敏第疏请南旺湖地准给贫民租种,命讷亲会同完颜伟议奏。至是,讷亲奏:"南旺湖在运河西,湖内高阜,悉可种,即遇汶水涨溢,退后俱属腴田。应将涸地令贫民租种。水大之年,免其纳租。再查前河臣议准于湖中截筑长堤,而内堤亦多高阜,请并给民种。原议圈筑处,停止。"又疏言:"外省应行政务,由督抚、司道行州县,行文出示,全无实济。前蒙世祖章皇帝谕督抚于岁终将奏行条款如何施行,及行之如何有效,具本题达。行之既久,复成具文。臣思州县各官,惟以簿书钱谷为事。其于户口之贫富,地土之肥瘠,物产之丰啬,民情之趋向,习俗之美恶,以及山川原隰,桥梁道路,漫不经心。条教之外,官与民既无馀事;纳课之外,民与官漠不相关。浮文常多,实意殊少。请敕下督抚令州县官遍经境内乡村确访,将何事当兴举,何事当整顿,行之有无效验,据实申报上司,即据为考核。岁终督抚据实折奏,毋庸汇题。似亦崇实效、去虚文、饬吏治、厚民生之一端也。"均议行。

十年三月,协办大学士。五月,充五朝国史馆总裁。寻晋保和殿大学士。七月,充经筵讲官。十一年十二月,充翻译考试官,又充玉牒馆总裁。十二年二月,充会典馆总裁。四月,山西刁民安邑县张远、万全县张世禄等,聚众抗官,命讷亲驰往,率同巡抚爱必达严勘,得实,治罪如律;并劾爱必达及总兵罗俊有亏职守,均请革职,在事官弁分别治罪:从之。初,闽浙总督喀尔吉善劾浙江巡抚常安贪婪,命大学士高斌等往审。十三年正月,高斌等议以常安失察家人勒索,请革职。上以所审情节不明,命讷亲往同查审,得实,解京治罪,论如律。时大兵征金川逆酋娑罗奔,总督张广泗久无成功。四月,命讷亲驰往经略军务。七月,讷亲奏言:“臣于六月初六日抵卡撒美沟军营,初九日往昔岭,相度贼巢山势。伏思贼人因险筑碉,故能以少御众。今我兵已逼其碉,当亦令筑碉与之共险,兼示以筑室反耕、不灭不休之意。”谕曰:“讷亲筑碉共险之策,阅之不得其解。夫攻守异用,彼之筑碉,原以自守,我兵自应决策前进,奋力攻取。乃转令攻碉之人,效彼筑碉,是亦将为株守之计耶?且碉不固则不足恃,碉固则必劳众力。若以筑碉之力移之攻取,破彼之碉以夺其所恃,不亦可乎?盖能克其碉而守之,犹属因利乘便之意。今因彼守险,我亦筑碉,微特劳费加倍,且我兵已深入贼境,地利气候素不相习,而守碉势须留兵,多则馈遗不继,少则单弱堪虞。贼酋凶狡,必狃我以持久。出我之不意,浮寄孤悬,客主之形既别,情见形绌,反覆之虑尤深。师老财匮,长此安穷,不可不熟计也。况将来金川扑灭之后,其地不过仍归之番。是今劳师动众,反为助番建碉之举,恐贻笑于国人,跃然于番部矣。不如速罢为宜。”

　　寻命传谕讷亲曰:“讷亲建碉之策,朕再四思维,不惟有所难行,亦且深为可虑。将谓得尺则尺,得寸则寸,以此为自固之计,独不思碉楼非可易成,即使能成,而我兵究以攻取为事。若再行前进,其将再建一碉耶?向后屡进不已,策将安出?且调集大兵,本图制胜,今不用以克敌,而用之建碉,必非所愿。以朕度之,此旨未到之先,势将中止,倘其意在必成,究属徒劳无益。朕一见此折,即不以为然。及问在京大臣等,亦皆以为不可。朕意张广泗老于戎行,岂有不知而亦随声附和?在张广泗未必不自谓任事经年,〔二〕未着成效,今既有经略肩兹巨任,发谋决策,经略裁之;是非得失,经略当之,而彼得袖手旁观,遂其推诿之计。如此,则所系更大矣。讷亲不可不知此意。况朕命经略前往,原以总挈大纲,以朕坐筹遥度于京师,不如可信之大臣亲履行间,察众人之情,就目前之势,相机指示,据实入告,尤为亲切。此朕命讷亲前往之本意也。至宣猷效力,仍当责之张广泗等,使各尽其长。即使朕亲行,亦不过调度指挥,而所重自在群策群力。从来耕当问奴,织当问婢。若论用兵熟练,朕必不肯谓讷亲优于张广泗,即讷亲亦必能知此。盖经略统领全军,众人之谋皆其谋,众人之力皆其力,岂必自出所见,方为己功耶?而朕更有深虑者,大兵聚久,变患易生。在固原平居无事之时,尚有一夫夜呼、仓卒四起之变,何况军中亲信仅满洲百数十人,其馀皆调发客兵,及土司蛮卒,本非世受深恩,为我心膂者。此浮寄孤悬,孰无家室乡里之思,而劳役不已,奏凯无期,版筑方殷,锋锐莫展。肘腋之虑,良可寒心。在部曲士旅,固不可不鼓其勇气,而锋镝之下,人孰甘心驱之太迫,变计生焉,倘有不测,岂不重贻西顾忧耶?此所为反复以思,而食不甘味,寝不安席。凡思虑所及,不得不备细告知讷亲,使悉知之也。金川之役,本不容中止,况任举之殁,失我大帅,如其置之不问,何以慰彼忠魂,雪我众愤?但忿兵亦将略所忌,自宜因时度势,以为进止,倘险地必不可争,或别有出奇制胜之善策,如古所称用间用术,或纵甘言,〔三〕或悬重购,使彼有内溃之机,然后可乘其敝。溽暑炎蒸,瘴疠毒虐,暴师日久,无刻不劳轸念。大学士起居,善自爱护;并传谕军中诸大臣将弁,其各慎重。"

闰七月,讷亲同张广泗请增调兵三万,于明年进剿。讷亲又奏言:"进剿事如秋间不能前进,应先期筹画加调官兵。臣思增兵转饷,需费浩繁,若酌留现兵万馀,据要害,相机攻击;其接壤土司,令各于本境自为防御,似狡寇亦能坐困。第久驻终非长策,若二三年后再集官兵,乘贼疲困,全锐进捣,自必一举成功。此二三年内,或机会可乘,擒获贼酋,亦未可定。若以迅奏肤功而论,仍不如明年接办之可速也。"奏入,严旨切责。寻讷亲同张广泗会奏进军情形,命传谕曰:"览所奏各折,几于智勇俱困。金川小丑,不意负固难于剿灭,遂至如此!官兵攻扑,进不能前,退不能守。即小小获胜,尚未伤彼皮毛,何况批郤导窾,得其要领,以成破竹之势。奏内所称逆番来岁口食不继,可以坐待其毙。我兵果能奋勇攻夺数处,贼必内溃。又称贼巢用度果否至于匮乏,究难臆度。既云'可以坐毙',又云'究难臆度',始终迄无定见;而所称来岁增兵三万,是否能奏肤功之处,亦非确有所见,必不可已之成谋。夫两军相持,兵力无必不能施之地。既已用兵,岂容撤退?古有裹毡缒险,衣草自蔽,种种奇策,以成大功者,独非于此等处施之乎?今乃欲待其自毙,自毙果有期可待乎?如果实有不能剿灭之势,何妨明言其所以不能之故,直请班师。今又未能确指其必不可胜,而欲以三万众尝试之,为此无可奈何之说。卿等身在戎行,目击情形,尚不能确有成算,游移两可,朕于数千里外,何从批示?何从传谕?且大兵有四万之众,贼止三千馀人,何以贼应我则觉有馀,我攻贼惟虑不足?日久悬望军营消息,而奏到乃复如是,殊非所料。卿等可将实在情形或增兵必可成功,或用兵势有不可,详悉审度,归于一是,迅速奏闻,勿为两歧之说。要知阃外之事,惟卿等专责,朕固不能遥制也。"

九月,召讷亲来京,撤回经略印,上召诸王大臣等面谕曰:"讷亲素未莅师,摧锋陷阵之事,实非所长。只以张广泗调集大兵,布置经年,当有成算。计经略抵营之日,正当告捷之时,便可筹办善后事宜,自属讷亲所优为耳。初不料讷亲至军,于彼处情形既未谙悉,将吏人等方且耸听经略之指挥,而伊并无奇谋异算,以悚动众心;且身图安逸,并未亲临行阵,士气因以懈弛。不思廷臣中平日受恩深重者,孰如讷亲?其应感激图报者,孰如讷亲?虽朕因伊体素弱,屡经降旨,令随时将息,此在朕体恤之道则然,然以满洲大臣当此戎马倥偬之时,孰不思同仇共愤,蒭此朝食?而讷亲乃因有此旨,辄安坐帐中,不亲临阵,朕犹待之数月;及见所奏,竟称兵士向碉放枪,伊自帐中望见火光。是从未奋勇督师矣,于理可乎?即谓大臣举动有关国体,当为意外之虞,固不可亲冒矢石,独不可临阵指挥,使士心踊跃乎?况意外之虞亦属未然之事,一何示怯至此!及朕严加饬谕,始前往督战,〔四〕即已夺碉据险,设早能如是,其克捷又岂仅此乎?且自古岂有开关延敌、坐获全胜之理?可见前此实由伊等顿兵不进,不能勇往出力,而非坚碉之必不可克也。讷亲既旷日持久,了无成绩,朕不得已欲召之回京,又恐于伊颜面攸关,屡次传谕询问,且宽其期以待捷音。诚使得朕此旨,而奋不顾身,则自闰七月以至于今,尚可有所剿洗,以盖前愆也。且独不思‘将在外,君命有所不受’。今命伊前往者何意?所办者何事?回京将何以报命?而乃一闻召入之旨,如获更生,并不请命留驻以待事竣,惟以入觐得以将实在情形陈奏、明岁再往军营为词。不知军营有何必须面奏之情形,又有何事为朕所未悉,仆仆往来,有是政体乎?大臣躬膺重寄,岂宜若是乎?满洲大臣身当军旅,又岂曾有是事乎?至傅尔丹、班第等同在军中,自列名请安而外,军中事宜从无一字奏及。因降旨询问,而讷亲即以傅尔丹等覆奏之词叙入折内。批阅之下,不知其孰为傅尔丹等之言,孰为讷亲之言?朕因思从前西北两路用兵大臣等习气,惟以折奏相倾轧,讷亲亲见其事,以此为戒,故不令傅尔丹等纷纷陈奏。后降旨询问,而讷亲并未覆奏,傅尔丹等亦至今默无一语,岂讷亲并未向伊等传谕耶?夫不使众人之鼓舌摇唇可也,而广思集益,理所宜然,今在己既无奇谋异策可以服众,而同事之人又不使之陈一谋、建一议,此何心也?若恐他人揭其所短,制之使不入告,则伊在军有何事畏人攻讦,而必不使人陈奏乎?且军务非他事可比,胜则虽欲斥其短而不能,不胜则人人指摘,欲掩之亦不得也。且廷臣中孰有能于朕前公行萋菲者乎?自朕临御至今,又曾有受人摇惑者乎?凡在大臣等皆不可存此心,而讷亲尤为不可。若谓朕屡次饬谕,或由军机大臣中有与讷亲不相能者,觊觎而倾陷之,于朕前为浸润之谮,则是伊等能排挤讷亲,安知将来又无人排挤伊等乎?即讷亲自思数年以来,曾有为所排挤,而朕不能觉察者乎?且朕于讷亲至军两月之久,见其漫无建立,始降旨督饬,而前后陈奏自相矛盾之处,不可枚举。在讷亲平日岂非能办事之大臣？朕亦初不以张广泗之老师糜饷,移其责于讷亲,而讷亲以第一受恩之人,诚不料其舛谬若此！今若按法以绳,人将谓讷亲平时宣力如此尚不能免,何以示劝？若委曲含容,人又将谓前此庆复之草率朦混,后此张广泗之稽迟舛谬,〔五〕朕则知之,而终于讷亲则不知,何以示惩？二者朕必居一于此。朕诚不能辞其过,亦实为抱惭。今观金川穷寇,以国家全盛之力,何患不能成功？今年不捷,不妨待之来年。惟是大臣如讷亲,其受恩非他人比,此次奉命经略,乃诸事错误一至于此,殊出意外！朕实难以措置。特降此旨,着讷亲明白回奏。"

寻命革讷亲职,赴北路军营,自备鞍马效力赎罪。谕曰:"讷亲身为大学士,膺此经略重任。前驻军营,漫无胜算;且身图安逸,并不亲临督阵,鼓励众心,转以建碉株守为长策。及传谕欲召取回京,伊并不计军情紧要,非克捷无以报命,而以面奏情形为辞,亟思回京。朕以国体攸关,宽期以待。伊复无敌忾之志,惟事迁延时日,以俟归期。至陈奏之事,矛盾舛错,不可枚举。与伊寻常之办事精详、急公黾勉,竟似出于两人。夫大臣谊均休戚,平时之眷待优隆,正欲其缓急足恃,能胜艰巨之任,为国分忧耳。若仅以任职勤敏为能,则朕假之事权,凭借威柄,苟非庸劣,皆可优为。即以操守而论,伊系勋封世禄,且数年以来,朕时加赏赉,非他人可比。纵馈遗贿赂,岂足以动其心？是苞苴不入,亦不得谓之洁清。惟于重大紧要之关键,方足以见报称之实心。今讷亲乃至于此,伊即不自顾惜,独不为朕用人颜面计乎？从前年羹尧、隆科多等在皇考时,恣肆妄行,事发之时,皆即按法治罪。朕自临御以来,以恩礼驭下。然即大学士鄂尔泰、张廷玉亦未尝不时加戒饬，使不敢纵，正所以保全大臣。至讷亲之受朕殊恩，廷臣无出其右，乃中外所共知者。十三年以来，所以教训成全，幸免陨越者，以其尚能承受朕恩耳。今伊福薄灾生，于此紧要关键处，乖张错谬，一至于此。朕反复思之，实无以自解。谕其负恩之罪，理应拿交刑部问拟。但观其退缩偷安之意，即就狱亦非所深耻。然在朕十馀年加恩眷旧，终不忍令其拘系图圄。着派侍卫鄂实、德山赍朕此旨，于途次传谕。奉到谕旨之处，德山即押讷亲前赴军营。所有前奏尚有面陈情形，即着伊缮折交与富成赍奏呈览。"

十月，诸王大臣等合词纠参讷亲负恩乖谬，请拿交刑部治罪。上命遵前旨行。翌日，谕曰："朕自御极以来，大臣中第一受恩者，莫如讷亲。金川虽云小丑，而老师糜饷，克捷无期。凡在臣子，皆有同仇敌忾之念。讷亲身为大学士，从前在京时，不过于军机奏到，随常办理，从未向朕奏及逆酋猖獗如此，将来作何了局，欲请身往视师。彼时傅恒即曾陈奏愿效前驱，朕以封疆大吏自能办理，不必特遣大臣；即应派往，傅恒亦不可居讷亲之先，未经俞允。及经略需人，因以付之讷亲。朕意以伊平日受朕如许厚恩，自知奋勉。乃起程之时，全不踊跃。彼其意以为军前调集大兵，指期克捷，胜则引为己功，即不胜亦可奉身而退。至朕用人颜面所关，国家军旅之重，皆所不计，其隐衷已不可问。及至军营，张广泗方观望不前，而伊复茫无成算，措置乖张。朕待之两月之久，而所奏到，乃请建碉与贼共险。不思以士卒攻讨之力，转使建碉资寇，是其第一谋画，既已贻笑众人矣。自是始有申饬之旨，然犹望其成功。而乃身图安逸，并未亲履戎行，竟敢奏称‘军士黉夜向碉放枪,伊在营中望见火光’。经朕督饬,始行前进。而近所奏阿利山之役,我兵屡次退回。因伊等在彼未至大奔,及伊等回营,我兵数十人即鸟兽散,将领不复相顾。观此情形,是众未奔而伊等辄已先退,又何怪士卒之望风溃散? 以受恩之满洲大臣,经略重务,偾事至此,尚何地可以自容乎? 至前后折奏,于所奉谕旨紧要情节,概不切实明白回奏,惟以浮词架空了事,竟有全未覆奏者。即同事之军前大臣等,经朕再三传谕,终不令其陈奏一字。朕因其久无就绪,不得已传谕询问,示以欲召回京,本欲激之使知愧奋,或有奏功之日,正以召之者促之。乃伊一得此旨,如获更生,即置军务于度外,托言有面奏情形,亟欲回京。试思有何不能言之情形而必待面奏乎? 此不过思家耳。以讷亲平日之心思智虑,且事朕十有三年,若谓任其经略无方,辄行退避,[六]竟不重治其罪,将视朕为何如主? 伊非不虑及此,而敢于遽请回京者,众人能知其故乎? 伊意中明知不称任使,朕必重治其罪,然治罪亦不过如庆复之革职家居,转得优游自逸。为嗣续计,向来赏赉丰厚,尽足自娱,而金川之役,傅恒必自请督师,朕亦必以此任相属,而彼地险碉林立,攻取维艰,即傅恒亦未必遽能奏绩,不过与伊相等;即能成功,亦傅恒之福命所有,与伊无所加损。如其不成,朕又必重治傅恒之罪,而眷念旧臣,伊必且复用。是治罪之条,乃伊所预料,即奉到前旨,亦无所悔惧。惟此旨洞鉴其肺腑,伊当俯首无辞,始悔其蓄谋之大谬耳。此正朕向所谓小聪明是大糊涂也。不如此,不足成其为讷亲,而众人之不能见及,即其逊于讷亲之处。是朕从前任用讷亲,原未为误也。何以言之? 若今不能烛照其隐微,治彼以罪而心犹不服,则是终为所误耳。朕临御群臣,尝有能肆其欺蔽而不察者乎?[七]至所称回京面奏情形,不知以经略之亲信大臣,奏折中何事不可备陈?如汉文不能尽者,则用满文;满文不能尽者,则用汉文。何虑朕之不能详阅耶?前已传旨,令缮折与富成赍回。着再传谕,令伊一一据实明白回奏,不得因见朕此旨,但知认罪负恩、奉职无状,浮词塞责。朕向因人材难得,欲栽培成就,得一二社稷之臣,为国家任事,此朕本意。即用讷亲为经略,无非欲满洲大臣历练戎旅,缓急足恃。朕已屡经宣示,岂有军旅重事敢于尝试耶?以朕平时之推心任用,讷亲即办事详慎,操守洁清,举不足言。使伊果于此等军机重务,能调度得宜,殚忠竭力,俾斯役早竣,纾朕西顾之忧,即有小过,何妨曲成。今讷亲负恩负国,一至于此,非朕所及料,亦岂国宪所可容?若以向日加恩之故,徇法曲宥,将来何以用人?是以降旨,将伊革职,发往北路军营效力赎罪。此伊自作之孽,非朕以喜怒为赏罚。即皇祖、皇考在天之灵,皆所默鉴。今诸王文武大臣合辞奏请将讷亲交部治罪,于法本无可逭。但须俟伊回奏到日,再行酌夺降旨。"

嗣讷亲兄两江总督策楞奏请严治讷亲罪。上曰:"自有处分,岂因人言而定耶?"会讷亲回奏至,谕曰:"讷亲所奏,更复浮混无耻,且皆诿过于张广泗。讷亲以经略大臣,军中调度,皆听指挥,功过无可旁贷,岂容一切推卸?在张广泗此番罪谴,本无可宽,但出之他人,尚为有词,讷亲则无可诿过。如折内所称各情节,讷亲身为经略,果实见其非,何难据实参奏?即一面参奏,一面提问,亦无不可。观其迟回不断,并非伊见不及此。盖以一参张广泗,则军中之事皆伊所仔肩,其责愈重,惟留以为卸过之地。将来即或无功而归，尚可借<u>张广泗</u>为之代任其责。居心若此，是岂受恩深重、实心任事之大臣所为乎？况伊折内所称自任举失事，即顿兵二十馀日，不敢前进。是其怯懦委靡，全无愧愤激励之意，咎无可辞。至所询伊并不亲身督战，在帐中坐观诸事，亦据一一俯认不讳，因奏请将伊交部严加议处。夫迟误军机，畏缩观望，设令<u>讷亲</u>处分他人罪状，有不问以斩决者乎？而自乃仅请交部议处，此岂降革所能了局者耶？且伊兄<u>策楞</u>昨奏称<u>讷亲</u>于国家军旅大事，如此负恩，为国法所不容，请拿交刑部严加治罪。是伊兄尚知其获罪重大，国法难容，而伊乃如此陈奏，则是伊全不以军务之轻重介意，非天夺其魄，丧心病狂，则目无国法，不畏三尺，辜恩负国，莫此为甚！此折着交部存记，尚有续降谕旨究问之事，俟伊覆奏到日，并请降旨。"

十一月，命拿问<u>讷亲</u>于所在地方拘禁。谕曰："<u>讷亲</u>从前奉命经略<u>金川</u>军务，退缩偷安，乖张贻误，已经降旨革职。因伊闻召令回<u>京</u>之旨，托言有面奏情形，故降旨令其将何事必须面陈，一一据实明白缮折，交<u>富成</u>转奏，不得仅以引罪泛词塞责。伊接到前后所降谕旨，稍有人心，回想十三年来受恩如此深重，今于军旅要务贻误至此，自必中怀愧悔，惭报无地，或恐惧失措，不能置对，尚不至于天良尽泯。乃朕阅伊回奏之折，哓哓万言，皆不过掇拾历来军营中奏报情形，非必须回<u>京</u>面奏之事，且称兵气之所以挫，贼志之所以逞，皆因去年<u>张广泗</u>并未深悉贼情、进退失宜所致；而又称<u>张广泗</u>并无推诿，尚可资其策力。恳请令与<u>岳钟琪</u>分路进剿。措词矛盾乖张，至此极矣！不思伊身为经略，<u>张广泗</u>既进退失宜，挫损兵气，自应即行参处。乃称既不谙军旅，而又奉旨以戎行责成<u>张广泗</u>。夫<u>讷亲</u>既为经略,不任戎行,则所经略者何事?岂不大成笑柄耶?其馀朕所指出安坐帐中,自示懦怯,师徒奔溃,身先回营。种种情节,皆自承不讳,而犹思留<u>金川</u>效力,俟军务告竣,始往北路军营,且妄思觐朕一面。窥其隐衷,因朕不即治其罪,暂停发往北路,降旨询问,是以转生希冀之念,犹欲迁延时日,觊望格外之恩,是不复知人间有羞耻事矣!君臣之际,相临以分,相接以情,人孰无过,苟事在可恕,情犹未绝,或量示薄谴,弃瑕录用,亦所常有。至于关系军国重务,赏罚不容稍假,朕亦断不肯为姑息之主。今<u>讷亲</u>所犯如此,更何晚盖之可图、桑榆之可收?即伊亦何颜再与朕相见耶?至伊所陈<u>金川</u>善后一折,尤为可嗤。伊在军前毫无寸进,以退缩失误军机,获罪罢斥,贼尚未平,何暇计及善后?其与古人所谓何不食肉糜者,又奚异乎?即其所谓善后事宜,亦撷拾朕前此谕及之事,此不过偶尔谈及将来或应否如此,尚在未定,军机大臣等皆共知之,而乃自以为献善后之计。吁,其可怪矣!<u>讷亲</u>受朕殊遇,位至大学士,如此辜恩负国,罪状难道,内省略无动念,此奏更出朕意想之外。伊既自出于顽钝无耻,朕亦不得复以待大臣之礼待之。此旨并<u>讷亲</u>原折俱发出,俾众共知之。"

又谕曰:"<u>讷亲</u>办理<u>金川</u>军务,乖张退缩,老师糜饷,经诸王文武大臣等参奏,朕谕令侍卫<u>富成</u>将伊于奉到谕旨处拿问拘禁,其举动言语,并令<u>富成</u>逐一据实陈奏。今据<u>富成</u>奏称:'<u>讷亲</u>云:"<u>番蛮</u>之事,如此难办,后来切不可轻举妄动。但此言,我如何敢上纸笔入奏?"'<u>讷亲</u>此语实为巧诈之尤!伊受朕恩一十三年,推心置腹,何事不可陈奏?如果贼径十分险峻,伊曾身同士卒尽力进攻，屡冒锋刃，犹不能克；再调劲兵更番前往，仍不能深入其阻，而供亿浩繁，徒糜帑项。则当以实在情形奏闻，请旨罢兵。况金川之事，自因其与泽旺构衅，涉及边圉，不得不发兵致讨。朕实非利其土地人民，轻起兵端。前后所降谕旨，皆讷亲同办之事。迨伊与张广泗久无成功，朕又屡次传谕，令其详悉斟酌，倘有不能殄灭之故，即可明言其所以然，直请班师，毋得含糊两可。且于伊奏折内批示云：‘岂有军机重务，身为经略而持此两议，令朕遥度之理？如能保明年破贼，增兵费饷，朕所不惜！若终不能成功，不妨明云臣力已竭，早图归计，以全始终。’讷亲以亲信近臣，膺阃外重寄，经朕如此谆切指示，亦当遵旨据实覆奏。朕岂有不加以裁酌，允其所请之理？且伊果肯侃侃直陈，则此局早已可竣，何用糜费如许物力！是今岁之稽迟，皆讷亲之贻误，更何可辞？又或虑奏到时，为军机大臣及办事司员所知，亦宜亲笔密缄，直达朕览，何得谓之不敢上纸笔入告？〔八〕此等紧要情节不敢入告，岂如伊历来折奏，摭拾浮言，自相矛盾者，转谓敷陈之道，当如是耶？夫面从而退有后言，乃人臣所当切戒。讷亲所称‘后来切不可轻举妄动’之语，军机大臣等能窥见其隐衷乎？伊之意，自知身名决裂，且无子嗣，计无所出，辄思以不必用兵之言，博天下迂愚无识者之称誉；而以穷兵黩武之名，归之于朕。此其心怀狡诈，实出意想之外！朕诚不料十三年以来，加以隆恩渥泽，而讷亲之忍心害理，竟至于此！或上天以此示朕，俾知用人之难耶？讷亲又云‘皇上只恐我胆大，我如何当得起！’讷亲退缩偷安，不敢冲锋夺险，实乃毫无胆量。朕方责其过于畏葸，过于胆小，何尝虑其胆大？昔伊祖额亦都冒险登陴，流矢贯胫，着于女墙之上,犹能负伤血战,不以为苦,为国家建立大功。今其孙委靡至此,实朕所不能解。又讷亲闻云梯兵过,辄云'此皆我罪。若我今年办理得妥,何致圣心烦躁,又令如许满人受此苦累?'此言尤为可骇! 满洲官兵,有勇知方,一闻调遣,无不鼓舞忭跃,〔九〕志切同仇,皆众人所共见。朕方深为嘉悦,〔一〇〕而讷亲乃以为受此苦累。伊从军营中来,为此浮言,摇惑众心,俾众人闻之,不知贼境如何险阻、如何艰难。此惟经略大学士傅恒忠勇奋发,金石同坚,不为所惑耳。兵丁一闻此言,勇往之气,有不至为消沮者耶? 明系伊自不能成功,而转忌他人之成功。故为此语,巧于离间众心,而不顾国家之大事。此其罪可胜言耶? 着将此旨晓谕中外知之。"

寻命尚书舒赫德驰驿逮讷亲赴军营,会同经略大学士傅恒、尚书达勒党阿严审定拟具奏。谕曰:"金川用兵以来,张广泗贻误于前,讷亲贻误于后。两人之罪状虽一,而其处心积虑各有不同。至于自逞其私,罔恤国事,则实皆小人之尤矣。今日接到富成所奏,讷亲明白回奏一折,其乖张舛谬之处,经朕所指出者,悉无可置辨。惟思求见朕面,不知伊尚有何颜见朕? 且求赴军营效力,伊曾为大学士,将欲效士卒奔走,犹得觊骁骑校耶? 其顽钝无耻实甚。观此,则张广泗乃刚愎之小人,讷亲乃阴柔之小人,自当偾事一至于此矣! 讷亲身膺重寄,退缩无能,早为张广泗所窥。任举败后,遂至一筹莫展,且恐固原兵丁生事,曲加重赏,转嘱张广泗弹压,而于张广泗之挟诈误公,又不据实陈奏,意欲留以为卸过之地。伊两人互相推诿,其过恶之刚柔异,而其心则皆不可问也。夫讷亲、张广泗在大臣中,皆练达政事之员,使不遇此等重务,均可拥高爵而历亨衢,优游终老,何至败露若此?可见人臣居心,惟当一秉至诚,使能公忠体国,自邀休佑;如其怀私自为,虽以讷亲之小心谨密,张广泗之熟娴军旅,而方寸一坏,天夺其魄,虽欲幸免而不能,岂不大可畏哉?讷亲、张广泗固不幸而遇此事,而朕因此而益见知人之难,则金川之事,未尝非上天昭示之深仁也。朕临御十三年,思与大小臣工共臻惇大之治,而水懦易玩,亦朕所深戒。岂肯曲法纵容,为姑息之主耶?伊等当此军国重务,而深负朕恩,实非意料所及。今特明正其罪,以彰国宪,乃朕赏罚无私、大公至正之道。”

十二月,张广泗既伏诛,谕曰:“讷亲自办金川军务以来,行事乖张,心怀畏缩,视士卒死伤,漠不动念,惟安逸是图,娱乐是耽,而于道路之险阻,兵民之疲惫,从未据实入告。今因军旅重大,不容久误,朕特命大学士傅恒前往经略,调遣满、汉官兵,飞刍挽粟,筹画多方。设令讷亲、张广泗早行奏闻,朕必加以裁酌,不至多此一番劳费矣。今朕于此事颇为追悔,但办理已成,无中止之势。即此而论,讷亲、张广泗误国之罪,可胜诛耶?讷亲、张广泗二人,乃军前之劳人惫卒所共切齿。张广泗虽经伏法,而士众尚未亲睹,讷亲若在成都,审明待报,未免往返稽迟,着舒赫德将讷亲带往军前,会同经略大学士傅恒,一面讯明,一面即将伊祖遏必隆之刀于营门正法,令军前将弁士卒共见之。”寻以大兵既撤,讷亲不必逮赴军营,即于所在正法。十四年正月,至斑斓山伏诛,命销去讷亲所得特加之一等公,仍以伊先世军功之二等公,令其兄策楞承袭。

【校勘记】

〔一〕三年正月　"三"下原衍一"十"字。满传卷四一叶三一上同。今据纯录卷六〇叶九下删。

〔二〕在张广泗未必不自谓任事经年　原脱"自"字。满传卷四一叶三七下同。今据纯录卷三一八叶三一下补。

〔三〕或纵甘言　"纵"原误作"致"。满传卷四一叶三九上同。今据纯录卷三一八叶三三下改。

〔四〕始前往督战　"始"原误作"如"。满传卷四一叶四二下同。今据纯录卷三二五叶五二三下改。

〔五〕后此张广泗之稽迟舛谬　"后"原误作"今"。满传卷四一叶四五上同。今据纯录卷三二五叶二六下改。

〔六〕辄行退避　"辄"原误作"概"。满传卷四一叶四九上同。今据纯录卷三二六叶四下改。

〔七〕尝有能肆其欺蔽而不察者乎　"尝"原误作"常"。满传卷四一叶五〇下同。今据纯录卷三二六叶五下改。

〔八〕何得谓之不敢上纸笔入告　"谓"原误作"为"。满传卷四一叶五七下同。今据纯录卷三三〇叶三下改。

〔九〕无不鼓舞忭跃　"忭"原误作"振"。满传卷四一叶五八下同。今据纯录卷三三〇叶四下改。

〔一〇〕朕方深为嘉悦　原脱"为"字。满传卷四一叶五八下同。今据纯录卷三三〇叶五上补。

杨应琚

杨应琚,汉军正白旗人。父广东巡抚文乾,自有传。雍正七年,应琚由荫生授户部员外郎。八年,擢山西河东道,寻调甘肃西宁道。

乾隆十年二月，甘肃巡抚黄廷桂疏荐，谕曰："杨应琚原系一能员，若能进于诚而扩充之，正未可量也。"十四年，迁甘肃按察使。十五年，迁布政使。十六年，擢巡抚。十七年六月，丁母忧。十月，命署山东巡抚。十八年六月，奏垦沂州府属荒地千三百馀顷。谕曰："当实力劝课，不可始勤终懈。"七月，疏言："兵器惟鸟枪、弓箭为要。其大刀、长枪，近则不如腰刀，远则不如枪、箭。今沂州、登州二营所设大刀、长枪兵额，现饬镇臣改习枪、箭，如愿兼习者听，庶收实用。"上是之。十一月，奏办运南河料物全竣，上奖其奋勉，着实授。

十九年三月，暂署河东河道总督。四月，调署两广总督。六月，奏粤省滨海澳港多歧，全赖捕盗防奸，护卫商旅。虽内河与外洋稍别，亦重在操舟及知风色、水性。如用篷用桨，缓急进退，及河流湾曲，横跃尾追，皆须练习。至外海战船，按期会哨，定有成规。但必于抢风趁水、看云审潮之法，一一习练，始能临事从容。现令切实督训，互相稽查，生疏立惩。"报闻。八月，实授。九月，奏出洋贸易，留番良民，概准回籍，下部议行。又奏："琼州悬隔海洋，平粜仓谷，不应照内地拘春末夏初之例，应视外洋米船有无随时开闭，并于船多价平时买补，以济兵食。"诏如所议。又奏："陆路弁兵多请改水师，意以外洋巡哨易于掩饰幸进，应不准改调。"得旨："此在行之实力得宜耳。"十月，奏："暹罗贡使殴伤通事，据国王审明属实，拟罚银两，现派船户及通事等呈报礼部，恳为转达。查属国陪臣无上交天朝大臣之体，咨呈原文发回，以婉词开导。嗣后无任陪臣越申。"上嘉其得体。十二月，奏:"粤西兴安陡河即漓江发源处,向因漓水纤细,于湘江内浚潭坝激水注漓以行舟,复循崖叠石造陡门以蓄泄,乃转运楚米通商之要道也。今坝塌土漏,湘水不能分注漓江,楚船至全州即不能进,于民食有碍。又兴安城下堤岸亦有冲刷,如遇大水,恐及城垣。至临桂陡河为下达柳州庆远溉田、运铅要道,向亦造陡束水无阻。今俱颓淤,田无灌溉。思恩采铅,解省供铸,转运维艰。现饬确估动帑修筑。"诏如所请。二十年正月,奏:"广东盐斤赖广西之米谷,西省又藉东省之盐斤,均为民食攸关。偶遇缺乏,即有淡食之虞。请预买馀盐二万四千包,分贮桂林、柳州、庆远、梧州等府,以资接济。"十月,奏:"廉州府属之钦州及珠场新乡二司巡检,水土恶劣,应改为烟瘴要缺。"均下部议行。二十一年十二月,疏言:"广东左翼镇自雍正元年移驻顺德,离海尚远。查镇属有虎门寨城,西南达诸番,东北通闽、浙,其城遥对老万山,兀立大洋,诸山罗列。自老万山至横档,两山对峙,中建炮营,尤为天生险隘。不特各省商民船必经,即外洋各国商船出入,断难渡越。是虎门实粤东门户。宜以左翼镇移驻,改为外洋水师缺,稽查洋艘,操练巡防,于海疆有裨。"军机大臣议行。

二十二年七月,调闽浙总督。十二月,奏绍兴属山阴之朱家溇为海塘顶冲,应添建石塘,从之。二十三年,加太子太保。二十四年四月,调陕甘总督。五月,奏兰、巩、平庆等府,二麦旱伤,仓储不敷支给,请给银两,俾民自买杂粮糊口。又奏陕、甘马现在最要,已饬用心牧养,阙额者设法购补。谕曰:"任重事繁之际,卿才尚足以当之,一切勉力可也。"闰六月,奏:"伊犁底定,驻兵屯田,必先筹画。查木垒一带,水泉疏畅,虽可垦地甚多,而气寒霜雪早降,与乌鲁木齐距远。特诺果尔、长吉、罗克伦等处,在乌鲁木齐一二百里内,为噶尔藏多尔济部落耕种处,地气暄和,宜树艺。拟于凯旋官兵内留五千名,以四千名分地垦种,以一千名备差。明年收获,即可运伊犁。至籽种农具,为屯田急需之物,应就招徕之商驼四百馀,按程给值转运。"谕曰:"所见已得大要,悉心为之。"七月,奏请以安西道移驻哈密,安西提督移驻巴里坤。又奏甘省薪价日昂,肃州东北乡鸳鸯池一带产石炭,距城七十馀里,采运转便,请借工本招商开采,从之。嗣命改补甘肃总督,驻扎肃州。九月,谕曰:"甘肃专设总督,原为西陲办理回部告竣之时,甘省幅员辽阔而言。今军务尚未告成,一切军需多由陕省运甘,未便遽照新制,转多掣肘。所有陕省事务,着杨应琚照旧管辖。"十月,奏:"库车回民,向例每户岁纳布一匹。近数年荒歉,棉子俱充食,种植乏赀。现购棉子二百斤,解库车给回民,令及时布种。"报闻。十一月,晋太子太师。二十五年二月,奏:"喀喇沙尔以西各台近水,多可垦地亩,原有回民居种。经逆酋扰害,以致空虚。今妖氛扫荡,悉归版图,应募民往居,及时开垦,并招集迁徙者复业。四月,奏叶尔羌附近地名巴尔楚克者,通喀什噶尔大路,亦有小路通和阗,泉裕土润,现召无业回民保聚耕作。又距阿克苏之多兰回民虽资畜牧,亦藉耕作,令在大路左近经理沟渠,听其垦艺。阿克苏、叶尔羌两处各派千总一员驻扎,庶千馀里长途,不至辽阔,而东西两城,声息相通。"俱得旨嘉奖。十二月,奏伊犁、阿克苏、叶尔羌应设兵备道三、总兵三,从之。二十六年三月,疏请撤南路台站,改归北路,哈密不必驻官,一切事宜交巴里坤大臣办理。辟展一带屯务,交乌鲁木齐大

臣稽查。所有哈密办事大臣永宁等应撤。谕曰："前南路设台，
原因捕剿逆回而起。此时军务全竣，仍归北路，其事原属可行。
至哈密无庸驻官之处，所见甚为纰缪。哈密乃新附各回部总汇
必由之地，将来安集延、巴达克山、布噜特等回人往来贸易，必得
特派统辖大臣，为之弹压料理，方能持国体而悉夷情。在随同驻
扎弁兵人等，或以为数众多，随宜减撤，固无不可，若将任事大臣
径行撤去，诸事一归巴里坤承办，无论道里纡远，鞭长莫及，且将
来该处经理之员，势必由督抚等派委，武则副将，文则道员，此等
不晓外藩事宜、中朝政体，非办理张皇，即因循推诿，有不损威失
驭者乎？杨应琚向知任事，何乃并不计及？其中或因永宁等在
彼办事，未免掣肘，因为此奏。封疆大吏似此心存畛域，岂朕委
任重寄之意乎？若永宁等果有徇私舞弊之处，何妨直参其人，不
可撤此一任也。"

　　二十七年六月，奏："安西府治向设在渊泉县，米粮食物，仰
给沙州。稽之志乘，汉、晋皆以沙州为敦煌郡，唐设沙州刺史，元
为沙州路，今为新设敦煌县。其地田沃土广，物产饶裕，远胜渊
泉，请以敦煌为附郭首县，府治军台均宜移设，较渊泉近百六十
里，可省挽运之费。沿途水草丰茂，于行旅亦便。"二十八年二
月，疏请乌鲁木齐副将改为总兵。四月，疏言："驻防凉州之满洲
兵，现移驻伊犁，凉州应留副都统一员，庄浪设城守尉一员管
辖。"俱允行。二十九年二月，奏陕甘督署，应遵旨移驻内地。三
月，谕曰："前因西陲办理军需，令陕甘总督驻扎肃州，以便调遣。
迄今大功久竣，新疆屯政已酌定章程，而该督仍驻肃州，距西安
会城较远，于腹地属员案牍控驭，转多隔碍。朕意若将总督移驻

兰州巡抚原署,则东西道里适均,不难居中节制,而甘肃巡抚亦可裁汰。当经传谕杨应琚,令其熟筹妥议。今据覆奏,与朕所见吻合。着将兰州巡抚衙门,改为督署,令该督移驻,兼管抚事,无庸更设巡抚。所有原设抚标,即改为督标。"七月,授东阁大学士,仍留陕甘总督任。八月,奏裁凉州同知,移设伊犁,三十年,奏镇番县改筑土城,俱议行。

三十一年正月,谕曰:"现征剿莽匪,一切军务均须调度得宜。[一]总督刘藻究系书生,未娴军旅,杨应琚久任陕甘,筹办军需事务,伊所熟谙。着调补云贵总督。"三月,疏言莽子时出为匪,养痈已非一日。上年莽匪之来,分为两道,一系贼目素领散撰所领,从左进,攻破九龙江,蔓延至猛混;一系孟艮应袭土司召丙之堂兄召散,纠合莽子从右进,攻破猛遮,与猛混之莽匪会合,焚毁村寨。刘藻意在含糊其事,[二]发兵又无纪律,致贼势日张。今官兵俱调齐,经总兵刘德成、华封分路夹攻,刘德成克复猛混,华封克复猛遮。现令干员稽查督催,务乘兵威直捣巢穴,尽绝根株。"四月,奏捣平整欠贼巢。七月,奏:"木邦土司具缅文呈请归附,现因瘴盛难行,俟九月内乞兵保护。查木邦为永顺各土司门户,若不乘机办理,恐迤西未能宁谧。已将调集之兵,密为布置。"谕曰:"乘机办理,亦属应为。但当鼓励戎行,大破绿旗虚伪习气耳。"又奏孟艮路通木邦,应暂留官兵弹压堵御。得旨:"万里以外,不可遥度,勉力为之!"九月,奏:"缅甸建城于阿瓦,又名三江城。由永昌往,有水陆三路可通,中所辖二十馀土司,惟木邦、蛮暮为伊门户。缅酋自瓮籍牙篡位,伊子孟洛、孟毒继立,诛求无厌,各土司解体。臣亲赴永昌,乘机妥办。"又奏副将

赵宏榜带兵八百,直抵新街。缅匪四五千乘船猝至,赵宏榜领兵
拒敌,杀贼甚众。缅匪又添二千馀人,宏榜与之相持两日一夜,
因兵少退回。"是时新街为缅甸所据,应琚信军营虚报,不言失
事。缅甸即莽子,先时军报分为二,以资掩饰,是后始只称缅甸
矣。十月,奏整卖、景线、景海各头目相率归诚。十一月,云南巡
抚汤聘奏杨应琚患病,奉谕令其加意调摄,伊子宝庆府知府杨重
毅往滇看视,并赏药丸、荷包。十二月,疏谢,并奏总兵朱仑进兵
楞木,杀贼四百馀。上以应琚病尚未愈,伊子按察使杨重英即由
江苏驰往永昌看视,并交应琚酌委查办事务。旋奏病体渐愈,赏
给玉暖手二、大小荷包六、珐琅鼻烟壶一。

　　朱仑之进兵楞木也,遇贼不奋击。贼诡求退兵,仑遂退至户
腊撒,复退至陇川,渐回内地。贼因尾后窜入,与万仞冈潜越之
贼合扰陇川。应琚闻缅甸乞退兵,促仑受其降,而贼已分路旁
轶,渡底麻江扰木邦。仑按兵不追,仍以虚词报总督。三十二年
正月,应琚据仑所报,奏曰:"官兵自上年十一月至十二月,剿杀
缅匪几及万馀。缅酋胞弟卜坑,并其领兵大头目,赴朱仑军营乞
降。据言屡被惩创,人人凛惧,情愿息兵归顺。至蛮暮、新街向
为中外贸易之区,恳俯准赏给贸易。"上严斥之,谕曰:"朕以缅
甸僻在荒陬,未尝有兴师勤远之意。因杨应琚阅历有年,〔三〕必
非轻率喜事者,故谕令量势熟筹,以定进止,该督自当慎之于始。
如木邦等实因众心畔散,窘急来归,固可就其已涣之势,设法招
徕,使其自成瓦解;亦应计及受降以后,如何抚驭绥靖,御其外
患,俾之永隶版图。若其间稍虑有棘手之处,原无妨拒而不纳,
此所谓可行则行、可止则止之要领也。乃该督辄前往亲受其降。

乃缅匪率众至蛮暮骚扰，以业经归附之疆，自不可听其蹂躏。既已发兵进剿，即当歼贼众，以卫降蛮。及遽听其头目一语，谓彼酋长乞降，转请给还已附之地，遂欲将就了局。方在交锋之际，并未制胜克捷，遽思歇手，尚复成何事体？杨应琚即未身亲军旅，前在陕甘总督任内，西陲耆定一事，朕如何运筹指示，岂竟毫无闻见乎？或伊赴滇时，本系病后，神志昏愦，误听绿营将弁，遂致办理贻误，亦未可定。此次开诚训谕，杨应琚当知感激自励，[四]毋得稍有隐饰，以速愆戾。"时提督李时升逗遛不前，甫至铁壁关，即退驻杉木笼，贼益纷扰。应琚旋奏猛卯边外缅匪数千，欲至木邦滋扰，提督李时升会同朱仑派兵迎剿，前后杀贼四千馀。谕曰："杨应琚前次轻信绿营诳语，报杀贼万馀，早知其必系虚妄，今又奏杀四千有馀。果尔，是我军威大振，贼当望风披靡，何以猛卯边境复容贼匪窜入，而兵并未闻有出境剿贼之事？其为欺饰，尤属显然。而前次所奏缅酋遣头目乞降之语，亦全系粉饰捏报。杨应琚办理此事，前后错谬之处，屡经开导指示，若再不知改悔，断不能曲为原贷矣。"二月，奏朱仑藐敌轻进，上斥其仍属虚词。三月，奏："误听虚词，办理舛谬，惟有痛改前非，不敢再有怠玩。"谕曰："赵宏榜新街小挫，自应鼓励戎行，前驱深入。杨应琚见事稍棘手，忧惶成疾，神志昏愦，军营重务，惟委之朱仑一人。李时升又不亲自董率，任其逞绿营虚张粉饰恶习，屡次诳报。杨应琚甘受其愚，以办理军务之总督，竟成军营报事之人，不甚可笑乎？李时升、朱仑实此案罪魁，业经革职拿问。杨应琚此次仍不将李时升、朱仑严行参处，种种错谬，均出情理之外。若仍令其复膺重任，贻误更大。杨应琚着来京。"旋革职。

　　四月,云南巡抚鄂宁奏监军杨重英现往普洱。谕曰:"前令杨重英驰往云南军营,其时杨应琚乖张荒谬各罪状,尚未昭著。朕念其或因病后心神失据,伊子杨重英令其前往襄助。乃该省竟称为监军,实为不谙事体。杨应琚以总督膺剿贼重寄,断无命他省臬司往监督臣之理;况杨重英又系其子,岂有以子而监父乎?杨应琚或以伊子奉命来滇,辄自引为荣宠,遂尔张大其词,不顾称名之妄,而所属各员转相传述,加以艳称,不可不亟为改正。现已令明瑞前往云南办理军务,杨重英着交与明瑞,以道府衔听差委。至杨重毅,前此谕令至永昌侍伊父疾,今已回省城,将赴湖南原任。杨应琚现在自取罪戾,虽罪人不孥,其子无庸一体坐罪。但杨应琚如此负恩误国,其子岂可仍旧服官,安享爵禄乎?杨重毅着革职,同杨应琚进京,有问讯之处。"应琚旋奏杨重毅杖毙原任腾越州知州陈廷献家人汪朝,〔五〕命拿交云南巡抚审鞫治罪。五月,鄂宁疏劾:"杨应琚轻率邀功,模棱偾事,又托名宽大,姑息因循,以致将弁兵丁毫无约束,贻误军务;及事机已坏,愈加掩饰,即如缅匪乞降一事,查缅匪连营陇川,绕出万仞关之后,并未穷蹙,何遽肯倾心纳款?至所称杀贼万馀,其时万仞关失守,我军防御不暇,兵气大挫,安有杀贼甚多之事?杨应琚前后檄调官兵共二万二千有馀,忽调忽撤,虚糜廪饷,驻守之地,并不详考情形,信口侈陈,明系掩饰一时之计。"得旨:"皆实在罪案,无可置辩者。"时李时升、朱仑俱逮系刑部,论立斩如律。闰七月,大学士等审拟应琚应斩决,命加恩赐令自尽。鄂宁奏杨重毅拟绞监候,十一月,正法。

　　三十三年二月,杨重英随将军明瑞进剿缅甸,明瑞战殁于猛育,重英为缅匪所执。六月,副将军阿里衮奏杨重英转据贼情,具呈军营。谕曰:"杨重英世受国恩,被贼拘执,不能捐躯致命,觍颜视息。杨重英之子,着拿交刑部。五十三年六月,缅甸奉表归顺,云贵总督富纲饬令其送还重英,上命不必向索。既而缅甸送还重英,富纲奏重英无从顺缅甸情事。得旨,杨重英之子杨长龄,着行释放。九月,谕曰:"原任道衔杨重英前在缅甸羁留二十一载,念其独居缅寺,并未娶妻生子,尚知顾惜名节,较之汉时苏武奉使外域,即在彼娶妇生子者差胜。现在缅甸款关投诚,奉表纳贡,业将杨重英送出。伊本系无罪之人,在途因病身故,殊堪悯恻!着加恩赏给道员职衔,以示轸恤。其子杨长龄早经加恩释放,着俟营厝事毕,交该旗带领引见。"

重英子长龄,现任三等侍卫,兼公中佐领。

【校勘记】

〔一〕一切军务均须调度得宜　原脱"得宜"二字。国传卷六叶一七上同。今据纯录卷七五三叶五下补。

〔二〕刘藻意在含糊其事　原脱"其事"二字。国传卷六叶一七下同。今据纯录卷七五七叶八下补。

〔三〕因杨应琚阅历有年　"历"原误作"涉"。国传卷六叶一八下同。今据纯录卷七七七叶一九下改。

〔四〕杨应琚当知感激自励　原脱"自励"二字。国传卷六叶一九上同。今据纯录卷七七七叶二三上补。

〔五〕原任腾越州知州陈廷献家人汪朝　原脱"知州"二字,又"朝"误作"潮"。今据纯录卷七八二叶七下补改。按国传卷六叶二〇上,既脱"知州"二字,又脱"汪朝"之名。

明瑞

明瑞,富察氏,满洲镶黄旗人,一等公富文子。乾隆十四年,由官学生袭世爵,授二等侍卫。二十一年四月,管理健锐营。五月,命以副都统衔赴西路军营,在领队大臣上行走。

时阿睦尔撒纳叛窜哈萨克,明瑞随定西将军达勒党阿追之,再与哈萨克战,多斩获。上嘉之,授副都统。二十三年四月,追击推素隆集寨逃人八十馀户,降之,歼其拒战者,收驼马、军器,得旨嘉奖。十一月,授户部右侍郎。二十四年三月,授参赞大臣、御前侍卫。寻谕曰:"明瑞自到军营,凡遇战阵,领兵奋勇行走可嘉,着加恩于现袭公爵,〔一〕加赏"毅勇"字号,授为承恩毅勇公。五月,随将军兆惠剿逆回霍集占于叶尔羌,叙功,赏云骑尉世职。八月,逆酋大小和卓木遁,率锐卒九百追及于和斯库鲁克山。贼众六千馀负嵋固守,奋击之,贼大败。寻复恃其马力来拒,阵斩贼五百馀级,生擒及伤窜者无算。谕交部从优议叙。十月,赏戴双眼花翎。二十五年,奉旨明瑞所得之云骑尉与伊弟奎林承袭,明瑞承袭一等承恩毅勇公,世袭罔替。二十六年,伊犁回部藏功,命图形紫光阁,御制赞曰:"椒室懿亲,年少志雄。谓可造就,俾学从戎。独出独人,既忠且壮。屡列宏勋,惬予所望。"五月,授正白旗汉军都统,寻转左侍郎。

二十七年三月,诏赴伊犁,九月,授领侍卫内大臣。十月,授伊犁将军。

二十八年三月,叙平定准噶尔及回部功,给骑都尉世职。

时哈萨克汗阿布勒比斯来索逃回伊犁之额鲁特。[二]明瑞以准噶尔已平，额鲁特等投回伊犁，乃其故土斥责之，并请敕下乌里雅苏台将军一体办理。谕曰："明瑞所办，甚为得体。从前虽无彼此不留逃人之言，但成衮扎布曾将自哈萨克逃出之额鲁特给回阿布勒比斯，遂欲援以为例。着传谕成衮扎布等，嗣后遇此等事，俱照明瑞等所办驳之。"先是，明瑞面奉谕旨，筹办塔尔巴哈台驻兵事宜。至是，奏屯田兵应驻雅尔城，留马兵三百照管贸易，馀马兵千二百，交领队大臣周围巡查。雅尔与伊犁多往返文移，请自额敏河沿至巴尔楚克、沁达兰设大卡伦三，各驻兵三十。其库克托木岭等处，酌安卡伦，则塔尔巴哈台一带声势相接。现今乌鲁木齐驻兵较多于巴里坤，请将二处办事大臣撤回，巴里坤提督移驻乌鲁木齐，总兵移驻巴里坤。奏入，诏以乌鲁木齐大臣移驻雅尔，馀如所请。二十九年四月，奏请伊犁添设理事同知，从之。十二月，疏言："雅尔等处驻兵屯田，所需军器，于绿旗兵内挑选匠作，购备物料；所有临时添加挽车辆之马，俱于牧群拨用。"报闻。

三十年二月，乌什小伯克赖黑木图拉等聚众五百馀，乘夜焚掠，据城为变。明瑞派副都统观音保往援，旋闻驻乌什副都统素诚自戕，即统兵进。时参赞纳世通先带兵至乌什之鄂托巴什，观音保至，纳世通派守隘口，[三]不令进剿，复行文止明瑞兵前进。明瑞虑观音保兵既拨防，其进剿兵半系回人及布鲁特，不可恃，仍统兵进。奏入，上以所办甚合，嘉之。三月，抵乌什。贼众二千馀来犯，明瑞与观音保等击之，夺炮台七，杀贼二百馀，负伤入城。山险城坚，明瑞设防困之。复遵旨查奏素诚狂纵激变，及纳世通凌辱回众,副都统弁塔哈掩饰兵败状,命尚书阿桂赴乌什传旨,将纳世通、弁塔哈正法。贼困守既久,谋夜袭大营,我军侦知之,预设备。赖黑木图拉中箭死,贼复推其父额色木图拉为阿奇木,〔四〕悉众死守。明瑞简巴图鲁兵六百馀,中夜携云梯分道潜往,薄其城,先登,东北隅贼未觉,梃刃交下,守陴贼惊窜,即举火继进,循城北至东北,毁其堞。天明,收军,仍逼城筑垒,断其樵汲。贼粮尽内溃。八月,疏报克复乌什城,上以所奏简略,敕明瑞、阿桂将入城擒贼情形逐一奏闻。寻会奏领兵筑垛围城,原充乌什商伯克沙布勒缚首逆额色木图拉及助逆要犯四十二人以献。磔首逆,〔五〕有名贼犯分别正法;其被贼拘及匠作妇孺万馀口,〔六〕分起解送伊犁。谕曰:“贼人戕我大臣、官兵,以死拒守。及长围久迫,始缚献首恶,希冀苟免诛戮。准以天理人情,岂复可赦? 惟尽以军法从事,始足申国宪而儆愚顽。今伊等既从事姑息,着将送往伊犁人等,即交伊二人养赡,交部即严加议处。”又谕曰:“素诚等苦累回人各情节,从前得之俘囚之口。今额色木图拉等正犯既经就获,理应严讯起衅缘由,及素诚所犯是否属实,使情罪确凿,以成信谳。乃伊等概置之不问,辄将贼党正法,有是理乎? 明瑞、阿桂此次办理错谬,不得不交部议处,以示惩创。其在事将弁兵丁,仍交部分别议叙。”部议革明瑞、阿桂职,诏从宽留任。明瑞寻奏酌留兵五百驻守,留原协领伊昌阿、侍卫舒明阿理工作,原御史忠德理粮饷,调巴里坤游击陈尧典理屯田。得旨,乌什事竣,满洲、索伦兵无须多驻,着留满洲兵一百名、索伦兵一百名。十月,会奏回部事宜:“一、阿奇木之权宜分;一、格纳坦之私派宜革;一、回人之差役宜均;一、都官伯克之补用宜公;一、伯克等之亲随宜节;一、赋役之定额宜明;一、民人之居处宜别;一、伯克等与大臣官员相见之仪宜定。"议如所请行。

三十二年,缅甸滋扰,总督杨应琚以措置乖方获罪。三月,命明瑞为云贵总督,兼兵部尚书、议政大臣,经理军务。六月,奏言:"永昌、腾越至顺宁、威远、普洱,沿边土境延袤二千馀里,旁途侧出,处处驻兵,即二三万众不敷分派。臣等酌议土境扼要总区,如迤东之九龙江,迤西之陇川,适中之黑山门,应各酌留一营,派土练固守,委妥员统领;选勇干马兵土练,不时远侦,遇贼随时剿逐。其小路令总区将弁派人时往游巡,庶防兵减而声势不分。至分路进剿,臣访由九龙江一带出口,至阿瓦贼巢,系由东转南折而西,隔越滚弄江下游倍远。新街水路为缅匪要地,必竭力守御。新街以东,俱石礁小涧,舟不能达。拟于新街上游,伐木造船,使木片沿江下,先声牵缀。大兵自永昌、腾越出口,以宛顶、木邦一路为正兵,馀临期相机或分两路,由猛密等处克期并进,丛杂僻径,随时出奇设疑,使贼疲于奔救,无暇他出窥伺,我军裹粮前进,较递运多节省。至奏折文报,黑山门、遮放以内,仍设台站,即于进剿官兵内选妥干勇壮数十,赍交黑山门转递。如经过外夷部落,有诚心向化者,再于其部落留兵设站递送。"上嘉之。

十月,授将军,管理总督事务。十一月,由宛顶、木邦进抵臼小,破贼寨前渡大叠江,锡箔卡以西击败贼伏兵,至蛮结,四山环绕,贼立十六寨防守,用湿木交排,实以土,环浚深沟,外密竖木栅,内立象阵伏兵。明瑞统兵居中,令领队大臣扎拉丰阿、李全踞其东,观音保、常青踞其西。[七]贼突出犯西队,观音保、常青奋力剿击,明瑞督本队兵并进,斩级二百馀,贼退保栅。乃留兵二千,令副都统伍三泰、音济图、达兴阿张两翼,以壮声势,分满洲、绿旗兵为十二队。明瑞首先进击,贼驱群象拒,明瑞目受枪伤,策马指挥,不少挫,官兵奋击,群象反奔,我兵毁栅进,无不一当百,逼第二栅,贵州藤牌兵王连攀栅跃入,纵横贼队中击杀十馀人,我军遂拥入,鼓勇剿杀,自申至戌,贼弃寨窜,斩级二十馀,生擒三十四人,获军械、粮畜无算。捷闻,谕曰:"明瑞秉性纯诚,才优干济。前者西陲之役,每身先士卒,效绩宣猷。昨岁来京陛见,方值缅甸滋事,前督臣调度失宜,因令节制云贵,并授为将军,领兵进剿。自任事以来,凡办理军营诸事,均能悉心筹画,动合机宜。近自木邦整队深入,于曰小地方统众毁栅。[八] 今行次蛮结,复亲冒矢石,歼贼因粮,摧坚陷锐,以致目受枪伤,犹鼓勇直前,克扬我武。自此酋众望风惊溃,刻日直捣贼巢,伫闻捷奏,朕心深为嘉慰。明瑞现在所袭之公,系承恩世爵,今既屡著殊绩,自应特沛恩施,用示优异。着授为一等诚嘉毅勇公,赏给黄带、红宝石顶、四团龙补服。所有原袭承恩公,着伊弟奎林承袭。"

十二月,师次革竜,地近天生桥渡口。贼豫毁两旁所植大木,于山顶立栅。明瑞令达兴阿率兵二千,仍由大路进,佯为夺取渡口之势;自督兵从间道绕至天生桥河上流,乘雾毕渡,进据山梁,贼众惊溃。我兵进至象孔,取道猛笼土司境就粮,遇贼,击败之。土司逃避,搜得窖米二万馀石,驻兵三日,趋猛密,蹦贼境数十里,屡战皆捷。旋由大山移驻小猛育,连攻贼营。时参赞大臣额勒登额顿兵旱塔,退回虎踞,避贼绕从内地小陇川缓行。巡抚鄂宁檄援，不应，贼侦知孤军，并力攻围，我兵火药粮饷俱匮，以疲马骡作三日粮。三十三年二月，明瑞令将领分队以次冲出，自冒矢石殿后，胸背被枪，阵亡。都统扎拉丰阿、护军统领观音保等亦殁于阵。事闻，上轸悼，特旨照班第例，从优议恤。御制挽诗曰："蛮结之捷鼓勇进，孤军深入心牵萦。屡催继援竟弗援，偾辕弩马诚堪惊。然犹因粮剿猛密，计当两路兵合并。谁料援师竟避贼，强弩未被鲁缟轻。[九]蜂屯蚁杂截归路，将军体恤诸孱兵。携数勇士独殿后，不虞中要害斯倾。嗟哉捐躯因为国，痛惜如失股与肱。双忠、双烈及双义，三逢斯四何为情？要当专祠表勋绩，俾尔千古存如生。恨缅事益难中止，雪仇大举期功成。"

四月，枢至京，上亲临奠醊。旋赐祭葬，谥果烈。谕曰："将军公明瑞夙秉忠诚，历著勋绩。昨命统兵进剿缅匪，身先士卒，屡挫贼锋。乃以悬军深入，而额勒登额等有心逗遛，后援不继。因于猛腊地方保护诸军，身留殿后，冲冒矢石，以受伤身殒。已降旨加恩优恤，并入祀昭忠祠，以酬忠荩。从前驻藏大臣傅清、拉布敦锄凶死事，曾敕建双忠祠，秩在祀典。兹明瑞勤事捐躯，义烈尤堪嘉尚。着循前例于京师特建专祠，举行岁祀。其先后阵亡之都统扎拉丰阿，护军统领观音保，总兵李全、王玉廷均予入祠从祀，[一〇]用慰忠魂。"嗣建旌勇祠，御书赐额曰"折冲抒荩"。四十四年，御制怀旧诗，列五功臣中。诗曰："凡经百馀战，战必先众军。不谓世家胄，而有如此人。读书知大义，挽劲鲜与伦。短身既精悍，谋略兼出群。功难偻指数，嘉贲匪因亲。征缅次猛腊，独入克捷频。恨愚忌功者，逍遥河上陈。力战绝后继，终焉捐其身。于尔无悔怨，于我增悲辛。不须读杜牧，谓过赵使君。"

　　子<u>惠伦</u>,袭一等<u>诚嘉毅勇公</u>世爵,官至奉宸院卿。

【校勘记】

〔一〕着加恩于现袭公爵　原脱"着"字。<u>耆献类征</u>卷三五一叶二二上
　　同。今据<u>纯录</u>卷五八三叶八下补。按<u>国传</u>卷一七叶一上不脱。

〔二〕时哈萨克汗阿布勒比斯来索逃回伊犁之额鲁特　原脱"时"字。
　　<u>耆献类征</u>卷三五一叶二二下同。今据<u>纯录</u>卷六九二叶六下补。
　　按<u>国传</u>卷一七叶一下不脱。

〔三〕纳世通派守隘口　原脱"口"字。<u>耆献类征</u>卷三五一叶二三下
　　同。今据<u>国传</u>卷一七叶二下补。

〔四〕额色木图拉为阿奇木　"色"原误作"巴"。<u>耆献类征</u>卷三五一叶
　　二四上同。今据<u>纯录</u>卷七三一叶五上改。按<u>国传</u>卷一七叶二下
　　不误。

〔五〕磔首逆　原脱"磔"字。<u>耆献类征</u>卷三五一叶二四下同。今据<u>国</u>
　　<u>传</u>卷一七叶三上补。

〔六〕其被贼拘及匠作妇孺万馀口　原脱"作"字,又"妇孺"误作"孺妇
　　女"。<u>耆献类征</u>卷三五一叶二四下同。今据<u>国传</u>卷一七叶三上
　　补改。

〔七〕常青蹑其西　"常"原误作"长"。<u>耆献类征</u>卷三五一叶二六上
　　同。今据<u>国传</u>卷一七叶四上下改。下同。

〔八〕近自木邦整队深入于臼小地方统众毁栅　原脱"近"字,又"栅"
　　误作"寨"。<u>耆献类征</u>卷三五一叶二六下同。今据<u>纯录</u>卷八〇二
　　叶七下补改。按<u>国传</u>卷一七叶四下"栅"误作"寨"而"近"不脱。

〔九〕强弩未被鲁缟轻　"被"原误作"破"。<u>耆献类征</u>卷三五一叶二七

下同。今据国传卷一七叶五下改。

〔一〇〕总兵李全王玉廷均予入祠从祀　"玉廷"原颠倒作"廷玉"。耆
　　　献类征卷三五一叶二八上同。今据纯录卷七八七叶一七下改
　　　正。按国传卷一七叶五下不误。

珠鲁讷

　　珠鲁讷，满洲镶白旗人，姓那拉氏。乾隆二十年，翻译举人。
二十一年，以笔帖式在军机处行走，迁吏部主事。二十四年，迁
员外郎。二十七年，调户部颜料库。三十一年正月，擢湖广荆州
右翼副都统，寻授礼部侍郎。五月，调工部，兼正黄旗满洲副都
统。十月，署户部侍郎，三十二年正月，兼署兵部。

　　八月，命为参赞大臣，驻雅尔。寻赴云南军营，统绿营兵四
千，驻木邦。土司瓮团自莽什率七百馀人来降，请于清水河招商
复业，珠鲁讷派弁兵弹压。十二月，摆夷环歇等五十人突出竹木
林，前锋瑚什布、把总姚俊击之，遂弃械降。珠鲁讷鞫得环歇等
为缅贼守城状，尽斩以徇。已而贼伏千家寨，劫我侦事兵，珠鲁
讷派巴图鲁侍卫色布腾、效力总兵索柱等乘夜搜捕，贼潜遁；派
色布腾渡大叠江锡箔城抵将军明瑞营，复令巴图鲁茂汉探锡箔
城抵松寨路，得旨嘉奖。将军明瑞建桥大叠江，兵得济。珠鲁讷
防贼潜毁，令参将王栋领前锋护军十、兵五百驻守，疏入报闻。
三十三年正月，疏言："自木邦至阿瓦城，呼桥、锡箔、结工、宋赛、
顺贵应设五台。锡箔邻江险要，派满洲兵四百、绿营兵三百，馀
四台派满洲兵二百、绿营兵二百。每台拨马六十，以壮声援。"上
嘉之。时珠鲁讷派索柱带兵千人驻天生桥、锡箔江等处，贼掩

至,参将王栋等接战两日。贼驱象运木造桥,[一]我兵冲击,贼乘势毁锡箔桥,索柱等退守葫芦口,贼肆扰木邦。[二]珠鲁讷派总兵胡大猷领兵五百迎击西山贼,守备龚田守领兵二百迎击东山贼,珠鲁讷率兵昼夜攻击。贼诡退缓我兵。[三]未几,贼焚游击福珠营,绿营兵溃。贼夜围中营,珠鲁讷手书奏,交笔帖式福禄突围出,旋自尽。

　　事闻,谕曰:"侍郎珠鲁讷以参赞大臣驻扎木邦,策应军营。因索柱领兵赴天生桥,遇贼退回,并弃锡箔桥梁不守,以致贼匪尾大滋扰木邦。珠鲁讷悉力拒守,御战相持,经十馀日。寻以所统兵丁俱系绿营,怯懦成习,见旁近小营失火,纷纷溃散。珠鲁讷独力不支,即于营内自尽。虽与临阵捐躯者相去一间,其情亦属可悯!所有应行优恤之处,该部查例具奏。"赐祭葬如例,命入祀昭忠祠。

【校勘记】

〔一〕贼驱象运木造桥　"象"原误作"众"。耆献类征卷三五一叶一六下同。今据国传卷一七叶一一下改。按满传卷四七叶三三下作"众",亦误。

〔二〕贼肆扰木邦　"肆"原误作"势"。满传卷四七叶三三下同。今据国传卷一七叶一一下改。按耆献类征卷三五一叶一六下"肆"作"乘势",亦通。

〔三〕贼诡退缓我兵　"诡"下原衍一"言"字,又"退"下衍"木邦"二字。满传卷四七叶三三下及耆献类征卷三五一叶一七上均同。今据国传卷一七叶一一下删。

德福

德福，蒙古正蓝旗人，姓巴鲁特氏。乾隆十三年，由前锋派往金川军营。十四年，撤还，授前锋校。二十年，从征达瓦齐。二十三年，随将军兆惠剿逆回霍集占于叶尔羌。师旋，叙功，赏给云骑尉世职。二十六年，授副前锋参领。三十二年，赴云南军营，赐戴孔雀翎，题补东川营参将。将军明瑞击贼于蛮结、猛育等处，德福均在事有功，迁腾越营副将。三十三年，擢鹤丽镇总兵。三十四年，偕侍卫巴朗、克车德等剿贼于猛戛，贼酋苗温等败遁，斩获甚众。寻随大军进攻老官屯，贼据寨以死拒，德福身先督战，被创，死之。经略傅恒以闻，谕曰："总兵德福身先士卒，奋勇捐躯，深为轸恻！着入祀旌勇祠。所有应得恤典，该部察例具奏。"寻赐祭葬如例，并命入祀昭忠祠。

子音德赫，荫都司，袭云骑尉。

觉罗雅尔哈善

觉罗雅尔哈善，满洲正红旗人。雍正三年，由翻译举人授内阁中书。十年，迁侍读。乾隆元年，迁御史。二年，兼公中佐领，寻授内阁侍读学士。三年五月，擢通政使。七月，疏言："各省谢恩陈情之疏违式，例由内阁交通政司转驳而不汇奏。此等章疏固非巨务，但既驳之后，应按月汇奏，以昭慎重。又题奏要务，贵详明勿遗，不必更为虚文。陈谢等疏，止期能达情愫而止，不得滥用浮词敷衍。"大学士等议行。

八月，疏劾御史邱玖华，言："玖华现参九卿及督抚等议事不

公一折,奉旨交议,越数日,臣闻外人传说玖华是日另有一折,请
将贤良祠大臣之子孙录用,交大学士密议。尚未覆奏,而玖华辄
向人传说。且玖华乃原任侍郎励宗万门生,宗万之祖杜讷即入
贤良祠者。玖华两折并进名为条陈公事,实欲起用宗万。"谕曰:
"朕思加恩贤良祠子孙者,不过因其家现无出仕之人,或给以虚
衔,或予以微秩,亦视其人材尚可录用,然后酌量加恩,以示优礼
耆旧之意。岂有身为侍郎之人,缘事获罪,因其父祖在贤良祠而
即可复用之理?[一]励宗万虽至愚亦计不出此。至参奏九卿议事
不公一折,实切中时弊。近日九卿办事,每多瞻顾废弛,如伊折
中所奏情节,诸臣见之,各当深自惭恶,倍加儆省。若更迁怒于
建言之人,则全不知愧耻者矣。朕意雅尔哈善向在办理军机处
行走,明系伊探听邱玖华折奏贤良祠之事,而反坐邱玖华以自行
宣泄之名,以博九卿之欢心。不然,必九卿中有一二不端之人,
欲中伤邱玖华,而示意于雅尔哈善,令其参奏;不然,纵邱玖华自
行宣泄,彼系疏远新进之臣,何以悉知交大学士密议尚未覆奏
耶?此风断不可长!所当究问明晰,以示儆戒。着庄亲王、平郡
王,大学士,九卿,詹事,科道,秉公严察议奏。"

寻王大臣等会勘雅尔哈善诬劾邱玖华属实,请革职,并与雅
尔哈善闲谈之右通政陈履平一并革职。谕曰:"朕览王大臣等所
议,全未尽心。据雅尔哈善原奏内,称邱玖华请将贤良祠大臣之
子孙录用,交大学士密议,尚未覆奏,伊辄向人传说。此数语究
系出自何人之口,并未究询明白,不知尔等所审者何在?又雅尔
哈善在尔等前供称陈履平向我说邱玖华另有请用贤良祠大臣之
子孙一折,[二]本意专为起用励宗万。我问此事大约是揣摩之

言,励宗万做过大臣,如何因此便得起用陈履平云。此事纷纷传为笑谈,如何是揣摩之言?夫励宗万身为侍郎,岂有因贤良祠大臣之子孙,便可复官之理?此朕前日所降之旨,而雅尔哈善捏称为与陈履平问答之词,藉为支吾之计,诈伪显然。若从前果有此语,则其心已疑而不信矣;既疑而不信,安得有此参奏之举?以此诘问,伊断无辩处。尔等并不置问,何也?王大臣等皆屡经审询重大案件之人,岂竟见不及此耶?乃将一传说浮话之陈履平与雅尔哈善一体议以革职,明系见朕严饬雅尔哈善,欲治其罪,而尔等遂迁怒于陈履平也。且雅尔哈善虽革文官,尚有武职;陈履平一经革职,便属齐民,轻重失伦,莫此为甚!王大臣等如此办事,殊非朕委任之意。姑念此案尚非必应澈底穷究之事,特降旨晓谕,俾各警省。雅尔哈善着革职,并将佐领革去;陈履平着交部议处。"四年,特旨授四川龙安府知府。五年,丁忧。六年,补江南松江府知府。七年,调苏州府知府。九年,迁福建汀漳道。十年,擢福建按察使。

十三年,署江苏巡抚。十四年,以题结私销制钱案宽纵,谕曰:"制钱为民用所必需,私铸、私销均干严例;而私销之罪浮于私铸,其难于缉获亦较私铸为甚。迩来钱价踊贵,皆私销之故。棍徒潜处作奸,形迹诡秘,地方兵役幸能跴缉而得之,良非易事。自应按律定拟,以挽其颓。今雅尔哈善具题上元县民陈彦章私毁制钱一案,虽按例拟以斩决,复为声明毁钱仅止二次,为数无多,情有可原。夫毁钱二次已属积惯,私销只图财利、罔顾法纪之犯,尚有何情可原,而乃欲为之祈宽重辟耶?雅尔哈善素有沽名邀誉之习,朕屡加训饬,毫不悛改。此疏尤为舛谬,着交部严察议奏。"寻议降调,得旨革职,从宽留任。十四年,疏言:"旌表节孝,所以正伦常而维风化。但各省题旌时,应为区别,果系节而兼孝,或能教子成立;或贫无依倚,艰苦自守;或毁形自矢,百折不回;奇节卓著,非寻常可比者,请旨特为建坊,入祠致祭。其循分守节以老者,准其汇题入祀,不另建坊。"上以所奏甚为有见,下九卿议行。十五年六月,疏言:"京口驻防兵粮,向拨丹徒漕米。雍正二年改令每石折银一两二钱。今米价渐增,购买未免拮据,其不便于旗兵,一也。丹徒产米不多,藉江、广客米接济。从前漕米拨兑兵粮,客米俱归民买。今兵民争购,米价日昂,其不便于居民,二也。京口运河本狭,商船云集。今丹徒漕船于本境停泊受兑,河身半为所占,商船守候多日,至由陆路盘运,其不便于商旅,三也。请敕照旧例,将京口驻防兵粮,仍给本色。"军机大臣议如所请。八月,奏钱粮完欠数,上以其向有沽名之习,训饬之。十月,雅尔哈善欲将经征未完不及一分之知县许惟枚等十一员尽参革职,咨会总督黄廷桂。廷桂因劾雅尔哈善,言:"惟枚等例止停升罚俸,且尚有初参、二参之别。今尽请革职,人必以为钦奉严旨,非巡抚本意,其居心殊属巧诈。"奏入,得旨严议应革职,诏从宽留任。十一月,命来京,署户部右侍郎。

十六年,授浙江巡抚。十八年,以承审江南提塘陈公绶传送伪稿与浙江提督吴进义一案,并不亲鞫,致牵合附会失实,部议革职,诏留任。十九年五月,命仍署户部右侍郎、军机处行走。十月,补兵部右侍郎,兼副都统。二十年七月,充经筵讲官。寻充平定准噶尔方略副总裁。九月,赴北路军营,授参赞大臣。

二十一年三月,命赴西路军营。五月,驻巴里坤办事。七月,奏徙布库努特降众于乌兰乌苏,[三]与前降之噶勒杂特人同牧。未几,绰罗斯降酋噶尔藏多尔济、辉特降酋巴雅尔相继叛,噶勒杂特人哈萨克锡喇等同时煽乱,降回莽噶里克亦附逆。雅尔哈善侦擒其党色梯巴勒氏于哈密,会莽噶里克子白和卓自京还抵哈密,亦遂执之。十二月,疏报:"和硕特降酋沙克都尔曼济无故徙牧,逼巴里坤,闻其与绰罗斯叛党扎那噶尔布通。臣派兵夜袭其营,戮之,并斩贼众四千馀,以杜后患。又派兵赴鲁克察克,擒剿莽噶里克。"谕奖雅尔哈善宣力军营,实心办事,给内大臣衔。二十二年正月,命来京。二月,调户部侍郎,兼镶蓝旗满洲都统。四月,复赴军营,授参赞大臣。六月,驻济尔哈朗,总办军务。九月,擢兵部尚书。十二月,总理屯田,寻移驻鲁克察克。

二十三年二月,命为靖逆将军,同参赞大臣哈宁阿等剿逆回霍集占。五月,大军围库车。六月,败援贼于托木罗克。寻霍集占由叶尔羌纠众亲至,我军迎击,败之,斩首千馀级。霍集占负伤遁,获其纛。谕曰:"逆酋霍集占率众数千亲援库车,大臣官兵等斩馘搴旗,逆酋负伤,仅以身免,深属可嘉!着交部议叙。但稍有不惬朕心者,当此贼人破胆,若能乘胜追逐,必获渠魁。夫我兵尚欲远攻叶尔羌、[四]喀什噶尔,以擒霍集占,罪人斯得,则各城望风款附。今霍集占自来送死,我兵既夺其纛,逆酋负伤仅免。此则擒贼之一大机会,且雅尔哈善等驻兵高冈以望形势,彼时虽不知霍集占亲来之信,而贼纛续经认识,又有俘获人口供词,若遣哈宁阿领兵追袭,逆酋未必即回巢穴,或被逼入沙雅尔、阿克苏,即移库车之兵并力攻击,与直取叶尔羌等城何异?若虑贼人出城追袭,则亦如剿杀援兵之例,更觉便于剿灭。乃徒以兵少坐失机会,朕甚惜之!"寻雅尔哈善等奏围城日久,请预筹撤兵事,谕严防御,毋畏葸。霍集占之败遁也,为我军所截,入库车城,溃围不得出。浃八日,副都统顺德讷请纵其出走,击之。霍集占遂夜引四百骑出西门,渡鄂根河而遁。雅尔哈善劾顺德讷疏纵罪,得旨:"顺德讷着革职,以兵丁效力。但此举虽顺德讷罪无可逭,雅尔哈善、哈宁阿身为将军、参赞大臣,所司何事?伊二人深负委任,俱着革职,以兵丁效力。"

八月,雅尔哈善复劾提督马得胜庸懦失机,请革职。谕曰:"前据雅尔哈善以逆回霍集占遁出库车,并未追捕,将顺德讷参奏;今又以绿旗兵暗掘地道,反为贼所觉,致焚死兵丁,且兵丁内竟有窃物私逃者,将马得胜参奏。可见军营调度乖方,全无纪律,已非一日。雅尔哈善坐视贼酋窜逸,顿兵城下,不异守株待兔。前后奏报情词矛盾,惟图左枝右梧,始参顺德讷以卸过,继参马得胜以诿咎,并无一语引罪。殊不思身任元戎,指麾诸将者,谁之责欤?此而不置之法,国宪安在?已降旨命兆惠前往库车一带,办理回部。兆惠至军营日,即将雅尔哈善等拿解来京。"

是月,奏克库车。谕曰:"雅尔哈善进兵库车,屡次失机贻误,前已降旨宣谕矣。今据奏库车贼酋阿卜都克勒木率众夜遁,所馀老弱出降。现在顺德讷往追,俟回营时,再行进兵。夫以八九千官兵驻守三月之久,俟贼酋逃去,城中穷蹙出降,始得其城。雅尔哈善其尚何颜以得城奏报耶?办理回部一事,从前因逆贼霍集占等系我兵平定伊犁时出诸厄鲁特拘禁之中,俾仍长旧地,而狼子野心,旋复戕害我副都统阿敏道,负恩肆逆,不得不行剿灭,而雅尔哈善在巴里坤办理沙克都尔曼济一事,颇能乘机奋勉，是以屡加优擢。今春进兵，即授为将军。伊既膺讨逆之任，自应倍加勇往，以擒获叛贼为务。讵意懈弛偾事，竟有出于意料之外者。前此霍集占亲率贼众来援库车，屡经挫衄，乃既不能擒获于临阵，复不能觉察于入城，一任其潜入潜出，并不措置，而徒以堵截之责委之顺德讷而已不预。至掘城一事，用绿旗谬计，复全听之马得胜，转致为贼所觉，横开一沟，伤我兵卒。种种坐失机宜，以如许兵力，围一弹丸之城，而贼首出入自如。不知统兵大帅身在何处？朕彼时观其情形，怠玩若此，早知库车城中为贼腹心拒守者，必将尽行狡脱，仅馀老弱而后得之，当即屡降谕旨，令其加意防守，勿致逃逸。今观所奏库车头目阿卜都克勒木领众夜遁，惟馀老弱出降，一一不出所料。可见雅尔哈善于霍集占脱逃时，不亲往追擒；马得胜掘城时，又不能躬行相度。及回众出降，尚不入城查阅，亦不急行进剿。数月以来，惟事坐守军营，老师糜饷，直待贼人兔脱鼠窜，相率尽出，而后得一空城以报命。且忝为大帅，不能身先士卒，致一切措置迟误，尽以委之他人，初无一语引罪，但知高坐帐中，以邮符奏报自任，若代他人传述者。则虽刍灵木偶，皆可胜任，何以复简用将军为哉？今虽得库车，而城中所存，率系饥疲残废，转须为之养赡，即得城亦复何用？且伊奏内沙喇斯、玛呼斯等厄鲁特，及自伊犁逃归回众，所有男丁不过一千馀名，〔五〕设贼党果止此数，岂能拒守如许之久？又称回众供出沙呢雅斯等五人，讯明正法。此五人者，既系阿卜都克勒木恶党，能钤制诸人，不令出降，即何难与之同窜，而必坐以待毙。所奏荒唐悖谬如此，谓无欺饰情弊，其谁信之？核其前后情罪，从来误事之臣，未有若是之甚者！夫赏功罚罪，国有常典。

雅尔哈善前办理沙克都尔曼济时,朕以其奋勉可嘉,即授为内大臣,并将伊子补授侍卫。今乖谬失律至此,虽欲为伊子曲贷,其如国法何? 已降旨兆惠等,将伊拿解来京治罪,伊子并着发往黑龙江当差。"

　　二十四年,逮至京,王公大臣遵旨会鞫,以雅尔哈善老师縻饷,失机偾事,请即正法。谕曰:"雅尔哈善以将军征讨回部,乃自进兵库车以后,种种玩误乖张,失机偾事,为从前行师失律诸臣所未有,是以将伊拿解来京。自军兴以来,昼夜旁午,事事皆朕亲理,委曲莫不悉知。即其罪状昭著,亦不待再加鞫讯,始抵于法。实因伊贻误军国大事,欲令大廷广众,服刑示儆,所以彰国宪而昭炯戒。乃朕逐款诘问,伊虽一一俯首无辞,而犹腼颜求活,竟自举达勒党阿、哈达哈之例,冀以披甲效力。岂知人世间不知羞耻之人,竟有至于此者! 试问伊获罪情节,与彼二人同乎? 即彼二人之从宽,亦出于朕耳,岂人臣所可视以为例乎? 雅尔哈善老师縻饷,安坐纵贼,前后情节,俱伊随时自行奏报,经朕一一亲览洞烛者。其恇怯因循、居心欺罔之处,实难枚举。然其罪之最不可逭者,一在霍集占窜入库车,则姑付之于不知,且宽其西逸之路,不即追捕,又明知顺德讷之玩贼养奸,不即参奏,直至赛里木降人供出,方以一奏委罪;一在库车贼党阿卜都克勒木等尚未尽去,即不力行督攻,授意顺德讷有得一空城亦可报命之语,此而不明正其罪,置国法于何地? 雅尔哈善罪案已定,着即行正法。"

【校勘记】

〔一〕岂有身为侍郎之人缘事获罪因其父祖在贤良祠而即可复用之理

原脱"之人"二字，又"父祖"颠倒作"祖父"。满传卷四七叶五一
上同。今据纯录卷七四叶一九上补改。

〔二〕另有请用贤良祠大臣之子孙一折　原脱"大臣"二字。满传卷四
七叶五二下同。今据纯录卷七五叶四上补。按下文"岂有因贤
良祠大臣之子孙"一句脱"祠"字，今亦补。

〔三〕奏徙布库努特降众于乌兰乌苏　"奏"原误作"奉"。满传卷四三
叶五六下同。今据纯录卷五一六叶六下改。

〔四〕夫我兵尚欲远攻叶尔羌　"欲"原误作"有"。满传卷四三叶五八
上同。今据纯录卷五六六叶一五下改。

〔五〕自伊犁逃归回众所有男丁不过一千馀名　"众"原误作"家"，又
"丁"误作"子"。满传卷四三叶六二上同。今据纯录卷五六九叶
一八上改。

觉罗纳世通

　　觉罗纳世通，满洲镶蓝旗人。由笔帖式授刑部主事，迁员外
郎。调户部，迁郎中。乾隆十九年，擢云南布政使。二十二年，
云贵总督恒文派属员购金，为云南巡抚郭一裕所劾。谕曰："纳
世通、沈嘉徵身居藩臬，遇督抚有此等事，乃并匿不以闻，惟事迎
合上司，毫不知愧，何以为僚属表率？着交部严察议处。"寻议革
职。十二月，授安徽按察使。二十三年四月，丁忧回京，命以按
察使衔往巴里坤办理粮饷。寻复命赴鲁克察克，办理屯田。九
月，以署章京巴颜德等追捕窃马贼未获，纳世通不严参，部议降
一级调用。寻丁忧来京，服阕，命补官日降一级留任。二十六年
七月，授工部右侍郎。十一月，兼镶黄旗汉军副都统。

二十八年正月，授参赞大臣，命赴喀什噶尔办事，谕以慎持大体，不可苟且塞责。二十九年三月，奏言："伊实罕伯克阿卜都喇伊木为逆贼霍集占等亲信，及大兵临城始降。降时令人赴外藩贸易，漏泄内地事，并通书霍罕，谋为叛逆状。命侍郎五吉往阿克苏，会纳世通审实正法。纳世通寻奏言："伊犁官兵至塔拉斯地方，为克特满图伯之布鲁特误杀。已令阿奇木伯克素勒坦和卓等向尼沙、玛木特呼里游牧，索人犯，令擒献治罪。"谕曰："伊犁果有巡查官兵为外藩戕害，明瑞岂有不知？即知之，岂不奏闻？此事尚未可信，纳世通等遽遣人查拿，殊属卤莽。纳世通奉到此旨，如所遣伯克尚未转回，即续派妥员将此事虚妄之处，详悉晓示，令素勒坦和卓等速回。"九月，奏言额尔德尼伯克往攻和济雅特、丕色勒，闻大兵前来，中途撤回游牧，现遣亲信回人潜入霍集占侦探。谕曰："额尔德尼伯克撤兵防范厄鲁特等，不过因阿卜都喇伊木交通事觉，恐大兵问罪，欲为守御计耳，岂敢图谋喀什噶尔？如果有此心，则从前阿卜都喇伊木潜通信息时，〔一〕何不统众相应？朕昨以阿卜都喇伊木罪状，敕谕额尔德尼伯克，伊得旨知已免其加兵，自然安守游牧。若纳世通等以全无影响之事，侦探张皇，恐喀什噶尔回众闻之，转启猜疑。着纳世通将此事姑置之，不必遣人往探。"寻复奏言："据遣往霍罕侦探回人所告，与从前来投之厄鲁特及霍罕贸易回人之言相似。今奉到颁给额尔德尼伯克敕谕，即派员外郎四十七、蓝翎侍卫官长保等恭赍前往，并预备赏给缎匹茶布等物。"谕曰："从前纳世通奏报额尔德尼情形，意涉张皇恇怯，朕屡经训谕。至所派四十七等皆未经练事体，恐贻外藩姗笑。今又预备赏赍，尤为非体。

此次敕谕，系加恩免罪，派人前往，尚当严词斥责，有何应赏之处？看来伊等从前相机办理，不过空言，非真有成算也。设额尔德尼果有侵扰内地之力，何不与阿卜都喇伊木协谋举事，而竟坐视其败露耶？且伊果欲内侵，非赏赍所能止遏；如其无力，则斥责又岂能偾事？办理边务大臣，岂可瞶瞶如此！纳世通等着严加申饬。"命副都统伯琨往喀什噶尔，协同纳世通办事。

十一月，纳世通奏言四十七等至霍罕，额尔德尼具奏章恳带回，又遣贸易人等投递呈文。谕曰："额尔德尼既有奏章，纵不亲身前来，亦应遣其头目赍送，乃仅交四十七代进；而纳世通遂为陈奏，殊乖体制。且回人性习狡黠，断不可示以柔弱。纳世通等嗣后办理外藩诸事，务知大体，不可存苟且塞责之见。"十二月，奏言："四十七等自霍罕回，告称额尔德尼迎敕甚恭，以不能亲身入觐，欲遣人代为赍奏，并因冬寒不及预办方物，俟来春料理起程。"谕曰："额尔德尼尚属恭顺，所奏亦合情理。但伊呈书纳世通，有云'我仇人甚多，嗣后有谗谤我者，祈将其人发来质对，以辨真伪'等语，虽属畏罪之词，究因阿卜都喇伊木罪状似未显著，致伊蒙冤不白者然。纳世通覆书，即应将审明各确据，逐一指出，并以大臣等欲进兵问罪，大皇帝天恩，念尔平日尚属守分，姑从宽免，降敕训谕，仍以严词斥责，伊自然知所儆畏。乃反云阿卜都喇伊木之事，业经蒙恩宽免，无须再述。是其意若以前事为歉然者，殊属非是。纳世通办理此事，始终怯懦，着严加申饬。"

三十年二月，乌什回人激变，副都统素诚自杀。谕曰："逆回戕害官兵，焚劫仓库，此固素诚等平时办理不善，以致滋事，而回人等敢行叛乱，断难曲宥。纳世通、额尔景额等务期大示惩创，〔二〕不可稍存姑息。”纳世通寻奏言：“臣至乌什，与弁塔哈合兵击败贼，派弁塔哈队内翼领良福领兵至巴什雅克玛、沙头两处卡伦，堵贼去路。”谕曰：“贼闻我兵陆续前往，必畏惧潜逃。今卡伦防范既严，纵有逃脱者，不过往布鲁特等部落，伊等焉敢容留？倘稍有抗违，可一并办理。”纳世通奏言：“臣亲领官兵进攻贼人西面，杀贼二十馀名。良福兵到，即令前往巴什雅克玛一带严防。臣率兵夺取城西山，杀贼三十馀名。贼自知罪重，据险死守。今伊犁兵将到齐，俟观音保到日，商选兵丁防守要害，乘机擒贼。又希卜察克布鲁特散秩大臣阿奇木冲噶巴什、布鲁特比阿瓦勒闻臣领兵前来，各领布鲁特兵随至呼什齐部落那喇巴图之侄亦愿随军效力，臣加奖谕，一体支给行粮。”上以布鲁特回人无给口粮例，命纳世通等还帑。三月，奏言：“乌什官兵现有一千八百馀名，已足敷用。伊犁事务紧要，将军明瑞无庸前来，止须拨马四五百匹接济。”谕曰：“明瑞系节制各城将军，遇此等情事，理应前往查办。纳世通行文阻止，甚属错谬。谅明瑞未必因此撤回，即一时所见未到，亦必作速再往。一切事宜，均遵照陆续所降谕旨办理，并传谕纳世通，朕命明瑞前往，不独藉壮军声，兼以查核起衅情节。即乌什平定，伊仍有应办之事，何必行文阻止？显系纳世通视办理乌什事甚易易，恐明瑞与伊分功。怀此忮心，何由集事？”纳世通又奏将副都统观音保所领兵拨往隘口堵御，得旨：“此奏尤属非是。观音保所领伊犁兵既属可用，乃不以之剿贼而置之闲地，岂恐观音保分伊等之功耶？将来明瑞到彼，如伊等和衷协助，自当一体叙功，若果此等小见，即幸而竣事，亦所不取。纳世通着传谕严行申饬。”明瑞寻奏言：“进剿兵丁半系回人及布鲁特，业经声扬进剿，复仓卒撤兵，沿途回人转生猜惧。臣今驻阿克苏、乌什之间，若办理已竣固善，或仍须协助，亦即赴援。"谕曰："明瑞所奏，甚合朕意。纳世通以与贼人攻战数次，尚未竣事。倘明瑞不行前往，更当若何？看来回人以耕种为生，既防其要隘，不能脱逃，而农时又失，自然内溃。今纳世通惟知急攻，与贼相持，受其诱敌之计，翻觉彼逸我劳。明瑞至乌什时，宜知所鉴。"

寻纳世通奏言："贼恃险死守，难于即克。俟明瑞至，会商进剿，务歼灭以安各城反侧心。"谕曰："纳世通此次所奏，愈觉不堪。明系始以办理乌什为易，虑及分功，今乃知其难，又复巧为遮饰，甚属无耻，至所称安抚各城，尤为悖谬。乌什业经反乱，尚何安抚之有？若指其馀各城，则现在回人俱感激朕恩，捐输口粮、牲只，领兵协助，又何待于安抚？盖纳世通方寸已乱，将效力回人俱视为敌国，尚可倚以集事乎？即如攻城一事，若克一城，又有一城，不得不急图进取。今死守者止此一城，自当俟其困极自溃，而纳世通等株守城下，兵疲力竭如此，是纳世通等全不晓事。此事惟明瑞是赖，一切俱自行决断，不可稍有推诿。"明瑞因劾奏："纳世通、弁塔哈接见领队大臣等官，体统甚尊，惟优待办事各员，即大伯克皆向伊等长跪，并多派回人服役。昨领队大臣观音保领兵赴援，纳世通即拨回人二百为官兵服役。乌什回人作乱，实因扰累所致。"谕曰："纳世通、弁塔哈、素诚俱受朕深恩，身为大臣，各驻专城办事。乃纳世通、弁塔哈平日妄自尊大，一听所属官兵凌虐回人。至办理乌什一事，纳世通领兵甫至彼处，始则恐明瑞争功，行文阻止；继复恳求援助，无耻实甚。彼时明瑞若竟行撤回,尚不知酿成何等事端?且正当抚辑未生事之回众,令其倾心出力之时,反拨给观音保回兵二百名,以备使令,是又具何肺腑?即此拨兵一节,其平日之任意苦累,更不问可知。纳世通、弁塔哈种种悖谬乖张,不可枚举。是乌什之始而激变,继而听贼猖獗,不能克日平定者,皆伊等卑鄙无耻,庸妄偾事所致。即传旨将纳世通、弁塔哈于军前正法。”五月,副都统伯琨奏:“纳世通在喀什噶尔时出行围,科派马匹,回人苦累;且妄自尊大,不常接见回部伯克,惟委信主事乌尔衮恣纵勒索。”谕曰:“各城驻扎办事大臣,俱深受朕恩,为一城统领大员,自应洁己率属,安抚回众。即偶尔行围,藉以操练官兵,原属可行,但只应带内地兵丁。至于回人俱以耕种为生,乃常派其出围,以致伊等废时失业,有是理乎?曾见内地大臣有带领农民行围者乎?再回部伯克俱系恩赏职衔品级之人,该管大臣固不可过于优容,亦不可任意陵贱。至官员等,尤非大臣可比,乌尔衮不过一主事,竟敢将散秩大臣、阿奇木殴辱,实出情理之外。此皆大臣等平日过于宠信所致。若不重治其罪,何以示惩?是以降旨将纳世通治罪外,并将乌尔衮等审明定罪。各城办事大臣,嗣后各宜守身洁己,善视伯克,一切事务,秉公办理,属下人员严加约束,毋令扰累回众,以纳世通为炯戒。

布鲁特寻缚献乌什间谍巴布敦等,讯供致变之由,与明瑞、伯琨所劾同。御制乌什战图诗,有曰:“巴布敦辞实可凭,周咨我众又堪征。哥舒翰既少恩甚,李大宜还耽乐仍。一死馀辜真尚有,两弩覃驾愧惟增。可同效节加优恤,用戒将来示创惩。”

【校勘记】

〔一〕从前阿卜都喇伊木潜通信息时　"时"上原衍"其"字。满传卷四
　　八叶一三下同。今据纯录卷七一八叶一二上删。

〔二〕额尔景额等务期大示惩创　"景"原误作"登"。今据纯录卷七三
　　一叶四下改。按满传卷四八叶一六上不误。

唐绥祖

唐绥祖,江苏江都人。雍正元年,由举人授河南封丘县知
县。二年,因生员罢考解任,审明开复。三年,补虞城县知县。
五年,迁归德府知府。六年六月,迁山东济东泰武道。九月,迁
山东盐运使。七年,迁山东按察使。十一年三月,召来京,以对
品京堂用。八月,授太常寺少卿。十二年三月,奏裁牺牲所满所
副一,增汉所副一,从之。乾隆元年七月,疏言:"学政选拔贡生,
率委任教官。旧例选拔,务在廪生文行兼优。今则附生及三等
生员概许入选,但取身家殷实、服饰鲜明、仪容修伟,士论遂有三
种取士之说。请敕选人品端方、学问优长,不得委任教官,以开
奔竞。"部议从之。三年四月,稽查左翼宗学。六月,授广西按
察使。

六年正月,署广西布政使。十二月,奏言:"官员赴任文凭,
粤西向例附便差赍送。嗣因各省文册造报过迟,吏部行令按季
专差赍送广西,往返万里,每季两人赍送,需费数百金,无从支
给。请将缴凭文册封入巡抚本箱,交在京提塘官亲投部科。"部
议允通行各省。七年十一月,实授。九年四月,广西巡抚杨锡绂
奏绥祖体虚多疾,请酌调内地。上素悉二人不和,谕锡绂所奏不

公。七月,署任巡抚托庸奏参绥祖擅动库项,假公渔利,纵属营私,敕革职,交托庸审理具奏。时锡绂陛见来京,上询知托庸所参各款,绥祖曾禀知巡抚通融办理。诏交两广总督策楞秉公审理。十年,策楞覆奏:"绥祖系向前而有担当者,[一]僚属多怨忌之。上年托庸署理巡抚来广西时,正值绥祖陛见赴京,乘间媒糵。托庸初任封疆,遽为题参,后知事皆因公,又奉旨改归督臣承审,虑及审虚,遂搜罗款迹以实原参。"得旨:"皆公论。"十一年正月,策楞奏所参擅动库项各款,事皆因公,历经详报督抚,并有先行奏明之案;其勒索巧取等款,均属子虚。惟托属员代购人参属实,应照不谨例革职。疏入,报闻。先是,广西铜矿二八抽课,馀铜官买,每百斤给价六两八钱。绥祖请增价十三两零。托庸既劾绥祖,因奏改三七抽课,馀铜听商自售,试办八月,不能有济,请仍加二抽课,而官买馀铜价增至十六两二钱。敕下部议革托庸职。四月,授绥祖山东按察使。

九月,授浙江布政使。十二年六月,奏言:"御史汤聘奏请严禁囤当米谷丝棉,部议允行,惟是杭、嘉、湖民以养蚕为事,官粮及一切日用皆藉此立办。间遇丝客未至,需用孔亟,向典质银,价长赎回另售,起息甚微。傥概禁质当,富者尚可待价,贫者当新丝初出,正值官粮追呼,奸牙短估,售则亏本,留则无措。是欲禁囤积而牙当反得遂其居奇。臣请除大贾囤积,仍实力查禁外,如有在数十斤以内,照当衣物例,分别多寡行息,庶商民两便。"奏入,命告抚臣酌中妥为之。十月,浙江巡抚常安参绥祖徇私狂悖。谕曰:"常安参奏唐绥祖各款,尚非赃私狼籍可比,而亟挂弹章,一似不可姑容者,安知非常安先闻被劾之信,因疑喀尔吉善访伊劣迹,必由唐绥祖开送,故摭拾倾陷,欲使两败俱伤以泄愤耶？但既有此奏,不可不详究,唐绥祖着解任,所参各款及有名人犯,交高斌会同顾琮察审定拟。"十二月,高斌等奏所参全虚,应开复。十三年三月,授山东布政使。

十月,迁江西巡抚。十四年四月,疏言："楚、蜀江流汇于九江,府城正当其冲,向筑护城石矶,拨费修治。今北岸陡涨沙洲,民请承业升科。但听民承业,必将筑埂修围,江流受其迫束,势必直趋南岸,府城虞有冲啮,请将新洲存为官洲,水盛任其漫流,冲复旧泓。傥壅聚成洲,即于北岸挑引河,俾江水分流,以杀其势。南岸石矶,不致受冲。"八月,奏:"沔阳州魏、蔡二河,中包二十七垸,为内湖外江宣泄要区,请于河口设石闸一,因时启闭,听民兴修。"疏入,均报闻。

是月,调湖北巡抚,暂署湖广总督。十六年正月,湖广总督永兴、布政使严瑞龙先后以绥祖巧诈营私、累商肥橐,列款纠参,得旨革职,交新任总督阿里衮审拟。三月,阿里衮以严瑞龙赃私参奏,命河南巡抚鄂容安赴楚会鞫。寻奏绥祖并无得赃分赃,惟纵容炉头私买铜铅添铸,属实,部议革职。议上,谕曰:"永兴、严瑞龙等奏参唐绥祖折内,有婪索邱鉴赃银,数至巨万一款,情罪最为重大,乃系此案关键。今既审无实据,则严瑞龙之恣恿,永兴驾词诬捏。永兴之轻信严瑞龙率入弹章之处,按律自应分别反坐。总因唐绥祖生平居心巧诈,器量不能容人。严瑞龙私意恐为其所制,而适值永兴之易被其愚,是以多方耸动,成此大案。着该抚将旨内情节分别定拟。永兴、严瑞龙罪状奏闻,唐绥祖婪索属虚,失察之罪本轻,所有原封家产,着查明给还,来京候旨,酌量加恩录用。"

六月,授山西按察使。十七年五月,奏:"介休县属张兰镇离县治远,商贾辐辏,县令办理竭蹶。静乐县固镇户口众多,民风较淳,应请将固镇旧设巡检移驻张兰,所有介休东乡、郝家堡、大小田堡、南贾、北贾等村,拨令就近管辖,定为要缺,拣选调补。"命下山西巡抚议。寻奏覆应如绥祖议,从之。十八年十月,授西安布政使。十九年九月,卒于官。

【校勘记】

〔一〕绥祖系向前而有担当者 "系向前而"原误作"向系最"。汉传卷二七叶四五上同。今据唐绥祖传稿(之二八)改。

阿思哈

阿思哈,萨克达氏,满洲正黄旗人。雍正四年,由官学生考授内阁中书,迁侍读。荐擢刑部郎中、军机处行走。乾隆十年,擢甘肃布政使。十四年,擢江西巡抚。十五年三月,疏言:"各营演放连环枪炮,止用火药,须将铅子装入演练,庶免临时仓卒。营马原备骑兵冲突,各营恐兵偷减草料,多委员朋喂,惟合操日令马兵骑射一二次,应令自喂,俾人马相习。至技艺惟当纯熟得用,步法架势不必朝更夕改。"上嘉其所言得要。

九月,调山西巡抚。十六年,疏报平阳府旱灾,未亲临抚恤,诏责之。十七年十月,疏报蒲、解等属被旱偏灾,平阳绅耆捐银解河东道库,为加赈之用。谕曰:"此奏殊属卑鄙错谬之至,朕实骇闻!直省偶遇偏灾,地方殷实之家乐善好施,或自出家廪积贮,或出己赀籴运米石,散给贫民。功令原所不禁,惟具数报官,量加优叙,以为闾阎任恤者劝耳,并非敛赀贮库,藉以助赈也。国家赈济蠲缓,重者数百万,少亦数十万,悉动库帑正项,从无顾惜。地方富户所捐几何,贮库助赈,殊非体制。此端一开,则偏灾之地,贫民既苦艰食,富户又令出赀。国家抚恤灾黎,何忍出此? 深负朕恫瘝一体之意。阿思哈着交部严加议处,所捐银两着发还,听该绅衿等自行办理。"复谕曰:"阿思哈不胜巡抚之任,着来京候旨。"寻部议革职。十二月,授吏部员外郎。二十年三月,命以布政使衔往准噶尔军营办理粮运。四月,擢内阁学士。七月,议叙军功,加一级。

二十二年,署江西巡抚。先是,江西军丁自归州县编查,殷实者多脱漏,贫者将屯田典卖,漕运几至贻误。阿思哈莅任,即设法清厘,以旧册详核各丁族谱,及保甲户册脱漏之丁,及新生之丁,登记无遗。至二十五年,奏:"查出军丁二十七万五千九百六十三,其典卖屯田,照直省分年减价回赎旗地例,查契核定银数,令原丁措赎,无力则责成领运之丁及同族同船,共赎回三百十一顷。又查出隐漏屯地九百二十五顷。查设屯原以赡运,而军丁散居屯地,皆照佃收租,[一]所入无多,每船十年大造,需费千两,每年运费数百两,皆散军户族津贴,屯田有名无实。臣酌将各船原有熟屯及赎回查出各田,酌增馀租十一万七千七百三十两,连原额租银一万二千八百八十七两,共十三万六百有奇。江西十四帮,存漕船六百三十八只,除九江、吉安、建昌、赣州等卫原有分贴费银,其馀均酌给馀租银,以为造船起运之费,并将赣卫馀租过多者拨济抚、饶等过少之卫,四年委员编查一次,军丁无虞脱漏,漕运藉裕转输。"疏入,报闻。七月,实授江西巡抚。十一月,江西学政谢溶生劾阿思哈婪贿派累,命尚书刘统勋、侍郎常钧会同两江总督尹继善往审,鞫实拟绞。二十六年,诏免罪,给三品顶带,往乌鲁木齐效力赎罪。二十八年正月,命往伊犁协同明瑞办事。六月,授广东巡抚。十一月,调河南巡抚。二十九年十月,疏言:"河阴县地僻事简,紧接荥泽,请裁汰归并荥泽县管理,增设巡检一,以资弹压。其原设教谕一,应改为荥泽县学。"下部议行。三十年三月,疏言:"绿营例由步兵挑马兵荐拔外委把总,步兵内有弓箭、鸟枪、藤牌、炮手等项,向例马兵缺出,止于弓箭马步兵内拔补,而鸟枪兵不与。是以兵皆弓箭、鸟枪兵多庸陋。请拨各标营马兵缺十分之二为马枪缺,如步枪纯熟,兼能马枪者,准拔补马兵,兼令学射。如马上枪射合式,即与弓箭马兵一体考补外委、把总,则上进有阶,各思努力。"从之。九月,疏言:"卫河运道在在浅阻,濬县三官庙、老鹳嘴等处,砂礓挺据河心,重船尤易疏虞。向于卫河上下筑草坝二十八,以束水势。前抚臣胡宝瑔奏请疏挖,并于浅处建草坝。臣查卫河发源辉县百泉南,至新乡县之岔河尖,与丹水合;又百五十里,经卫辉城北,为兑漕水次;又东北至濬县,会淇水入汤阴、内黄界,受汤河、洹河之水,至直隶大名县境,入临清河。夏秋水盛,无须草坝。冬令源涩,草坝亦属无益。[二]不若于上游先期蓄水,临时开放得宜。旧以河水兼济民田,有官渠、民渠之别。夫民田需水多在春夏,漕船起运则在秋冬,农工已竣,民田不须灌溉,正可济运。现饬府县督河员于九月望后起,至漕船出境止,暂闭外河以上民渠支港,使水归官渠,并将官渠下游闭闸潴水,[三]重运自可疏通。原建草坝之处应停止，凿去三官庙、老鹳嘴等处砂礓，其馀浮沙，饬汛员集夫挑挖，用刮板随船疏浚，使沙随水荡，以利漕运。”十二月，疏言："河工料物，向系沿河州县领帑，按亩派买，民多苦累。臣酌借司库闲款银，官为试办，代买代交，于七八月间委员照应办数目，赴附近产料地方照时价预给现银，约至十月各工开厂，委佐杂监同交兑，丞倅督察河员随到随收，不敢稍有浮冒。承办之员得以随运随交，惟运脚等项及新料虚松，应扣折耗，计每秸料一斤，除官价九毫，粮户应贴运费钱一文，较之往年不及十分之一。不数日闲贴费尽完，解司归款，料物比民办早完月馀。”疏入，均报闻。三十一年，疏言："办理地方公事，例取印结甘结，[四]稍不如式，即干驳换。府县多用空白赴上司衙门照写，每借端需索。查乡地邻佑等类，及在官之人，本身甘结，同乡官印结，原因其人别无可据，必须取结为凭。至各衙门事件，俱凭印文核办，结内不过摘取印文数言，末增‘所结是实’一语，岂印文不足凭，转以甘结为可信？至具题事件，既见之奏疏，又须加结送部，体制亦觉未符。请嗣后一切甘结，同乡官印结，例不用文者，仍旧取结；其具题事件，及详咨文移，于印文外加结者，悉停止，事归便易。”下部议行。三十二年六月，疏劾杞县知县蔡维英因办兵差，借端累民，上以阿思哈并不瞻徇，下部议叙。七月，审蔡维英拟杖，传旨申饬，改拟绞候。三十四年六月，迁云贵总督。八月，因河南巡抚任内办骡解滇，于定额外，多六百馀头，敕交部优叙。九月，阿思哈出铜壁关至蛮暮军营，具奏军粮马匹不敷情形。谕曰："前用阿思哈为云贵总督，以其曾在北路军营办事，诸务尚能谙习。乃伊甫至腾越，即奏该处办粮情形已存畏难之见,及至蛮暮所奏粮马事宜,专欲仰给内地,竟不知就所到之处实力筹办,一味取巧,豫占地步,不复具有天良,深负朕委任之意。阿思哈着革去总督,给副都统衔在领队大臣上行走,以观后效。"十二月,授吏部侍郎。三十五年,谕曰:"阿思哈来京召见,奏对时,仍申其粮马难于措办之说。及诘以彰宝到滇后何以购备转得充裕,而前任总督竟至束手无策,阿思哈始无辞以对。至诘以革职后如何效力之处,称会同大臣督率官兵攻战。其言更荒唐可笑!阿思哈既革职留营,即与兵丁无异。况以曾受国恩大员获罪,急图自效,理应冲锋杀贼,奋不顾身,乃犹腼颜附于大臣之列,不肯亲冒矢石,以巧遂其巽懦偷安之计,是诚何心?其渐染积习,甘于委靡无用,全无满洲勇往诚朴之气,又安望其改悔振作乎?即此一节,其心更不可问,而其罪更不可逭!仍着革职,发往伊犁,自备资斧效力赎罪。"三十九年五月,谕令回京,在军机章京上行走。七月,授左都御史。九月,大学士舒赫德剿山东寿张逆匪王伦,命偕额驸拉旺多尔济率健锐、火器两营兵千协剿。事平,下部优叙。寻以拉旺多尔济赴城北塔湾搜剿逸贼,阿思哈未经同往,敕部严察议奏。部议革职,诏从宽留任。十一月,赐紫禁城骑马。四十一年正月,署吏部尚书,旋署漕运总督,四月,实授。十月,卒,赐祭葬,谥庄恪。

【校勘记】

〔一〕皆照佃收租　"佃"原误作"田"。耆献类征卷一七二叶三四上同。今据国传卷五叶二上改。

〔二〕草坝亦属无益　"坝"原误作"填"。耆献类征卷一七二叶三五下同。今据国传卷五叶二下改。

〔三〕并将官渠下游闭闸潴水　　原脱"将官渠"三字。耆献类征卷一七
二叶三五下同。今据国传卷五叶三上补。

〔四〕例取印结甘结　　原脱"甘结"二字。耆献类征卷一七二叶三六上
同。今据国传卷五叶三上补。

清史列传卷二十三

大臣画一传档正编二十

明德

明德,满洲正红旗人,姓辉和氏。雍正十二年,由笔帖式补太常寺博士。乾隆元年,授寺丞。二年,迁步军统领衙门员外郎。三年,调户部缎匹库。五年,迁山东粮道。七年,授湖南按察使。八年,疏言:"督抚等遇刁民纠众抢劫之案,应查明是否地方官激变,严拿究办,以示惩创。不得藉此辄劾有司,徒长刁风。防汛弁兵亦宜协力查拿,不得推诿观望。"谕曰:"国家爱养斯民,惟恐一夫失所。偶遇地方歉收,未尝不筹画接济,而刁顽之民遂乘机抢夺,不可不重惩以示儆。乃督抚欲自讳其化导不力,禁约无方,止将州县推寻别故参劾,而于抢夺之案,朦混归结。又如汛弁兵丁类皆观望不前,亦岂设兵卫民本意?着各督、抚、提、镇严饬所属,一同实力查拿。如推诿,即严参议处。"九年四月,巡抚蒋溥劾明德刚愎自用,于巴陵县生员方宣点家被盗一案,意存讳饰,下部议革职。七月,授盛京礼部郎中。九月,授山东衮州府知府,十二年,调济南府。十三年,迁山东盐运使。十四年七月,上以川省用兵,山西军务络绎,必得干练之员以资任使,命明德调补雁平道。九月,调甘肃安西道。十六年,迁湖北按察使。十九年,擢四川布政使。二十年,调甘肃布政使,随总督黄廷桂往肃州办理军务。

　　二十一年二月,授山西巡抚。六月,奏言:"阳曲、太原、榆次、太谷、祁县、徐沟、清源、文水、交城、兴县等十县,四季征粮贮太原府理事通判仓,即供季支兵饷,例不停缓。今该厅已征之数,及从前节次买存米豆,足敷本年支放,现今暂缓。俟秋后催征。犹恐下年征支不继,仍难缓至秋成。查晋省溢额谷共五十馀万石,[一]各属现俱平粜,于此项谷价内酌拨买米三千石、黑豆六千石,以备垫支。嗣后定于秋收后开征,下年供支,则兵糈既属有备,输将亦得从容矣。"十二月,奏言:"新疆派调察哈尔、吉林等兵,奉旨将陕西粮运巴里坤,山西、归化城粮运陕西接济。窃计陕西若动拨榆林、延绥等处粮,由归化城存贮军需内运往归款,实属近便。如动拨西安、同州等处粮,应于联界之平、蒲、解、泽四府州属溢额谷内拨补,较为路近省费。"二十二年五月,奏言:"太平县史村驿明季因汾水阻隔,改设曲沃县蒙城驿,[二]其人夫仍留史村。汾河久西徙无碍,而一驿夫马分设未便,应仍并归史村驿。"诸疏俱如所请。六月,调补陕西巡抚。十月,前任山西布政使蒋洲亏空勒派,为巡抚塔永宁所劾。上以明德前与蒋洲共事,毫无觉察,并着革职拿问,命尚书刘统勋前往鞫实,洲正法;明德拟绞,特免其罪,发甘肃,交黄廷桂差委。二十三年,补甘肃凉庄道。

二十四年正月,授甘肃巡抚。二月,疏言甘省办理军需,钱价甚昂,四川、河南钱多,恳敕该督拨运三十万串来甘搭放兵饷,馀设厂平卖,市价自平,从之。四月,丁母忧,谕赏银千两办丧。先是,明德在山西巡抚任内,滥举属员杨文龙,部议降二级调用;又湖北按察使任内,盗案迟延,补官日降三级调用。至是,上以其连年承办军需,尚属出力,命署甘肃按察使。二十五年八月,授甘肃布政使。十一月,复任甘肃巡抚。二十六年二月,奏言:“嘉峪关左右边墙,旧系土筑,年久残缺。新疆遣犯逃越,稽查未密。请用节省运粮银万馀两修固。嗣后遣犯由关逃回,将游击交部严加议处。”又奏获巴里坤逃犯,即于该地正法。上俱从之。四月,疏言:“各省发遣巴里坤、哈密、安西三处之犯甚多,安西、哈密无屯,系赏兵为奴。现兵数裁减,巴里坤有屯田而粮少,遣犯俱难再发,应将续到者发辟展、乌鲁木齐屯所;二处上年丰收,非但有裨屯务,即各犯亦可得所。”又疏言:“甘肃地方辽阔,遣犯沿途投宿坊店,难以防范。应将各驿闲房修二三间为监房,并责分防文武官弁稽察,疏脱参处。”俱如所奏行。

二十七年五月,复调山西巡抚。九月,奏:“归化城五厅地方,除托克托城已设仓贮谷外,其归化城、和林格尔、萨拉齐、清水河四通判,应请每处增设常平仓谷三万石,动用司库耗羡银买贮。”又与河东盐政萨哈岱合疏言:“夏县白沙河居民,旧筑堰以护田庐,并为城垣保障。但土工不坚,应改石工。恐民力难胜,请动充公银七千馀两及修浚姚暹渠存项银四千两,令运司督州县修固。嗣后残缺,除北岸仍听民修外,南岸民少,应归河东渠堰岁修案内办理。"二十八年六月,奏:"大同镇所属各台,从前因系边境,设兵过重。今承平日久,城内兵宜量裁减,水泉营地方褊小,左有老营,右有偏关,均设大员重兵,相距甚近。请裁该营游击并兵百,将老营守备移驻管理,即隶老营参将辖。又裁灵丘路参将,以所属浑源营都司改补灵丘路都司,归北楼营参将辖;灵丘路守备改补浑源营守备,归新平路参将辖。"俱下部议,从之。是月,调补江西巡抚。十月,奏:"豫章书院公费不敷,九江、赣州两关平馀银,及各属城壕地租银,每年共三千馀两,除作巡抚衙门书役工食一切办公赏兵外,尚馀银千馀两,请归书院,佐士子膏火。"得旨允行。十一月,复调补陕西巡抚。

三十年正月,调江苏巡抚,未莅任,命署江西巡抚。五月,奏凶杀多命之案,请提至省城,承审官扣限两个月速结,下部议,载入例册。十一月,赴江苏任。三十一年七月,奏言:"江苏粮不敷食,常仰给于楚、蜀,苏州一带商民,每闭籴居奇。臣屡加劝谕,不使复蹈前辙。各属办案,疲玩成习,督催不使堆积,佐杂不得擅受民词,私作威福。该省襟江带湖,大海界连两省,劫盗尤多。臣饬属查拿,立破多案。崇明渔船出洋后,辄肆强劫。今于口岸增兵役严察。"上嘉其留心。时南汇、山阳两县民有伤父兄致死者,承审官误照过失杀问拟,明德亲提驳改,奏革原审各员职,并劾按察使李永书不胜任,请交部严议。谕曰:"向来督抚每于臬司审转案件,往往曲为徇隐,若明德之秉公持正,何患谳狱之不平允,吏治之不整饬乎?明德办理此事,甚属可嘉!着赏荷包六个,以示优奖。"又奏:"常熟县福山塘一河,为苏州等处入海要津,支港甚多,灌民田数万顷。乾隆二十六年浚后,迄今又淤,借拨司库银九千七百馀两,乘时再浚,于所灌民田,分两年征收归款。"从之。

三十三年二月,调补云南巡抚。时大兵讨缅甸。七月,与署总督阿里衮合疏言:"省城至永昌边界,道险运艰,请拨藩库闲款银三万两,分设攒修,两月可竣。庶军糈不致迟误。"又合疏言:"各隘口俱设兵,如奸民私贩出口,兵丁得财卖放,一并正法。失察官弁参革治罪,能拿获者重赏。"八月,又合疏言:"永昌、普洱沿边土司,以缅匪滋扰,田土多荒,有乏籽种、牛具者,请量借给,于明秋交米还项。"九月,又合疏言:"滇省铜厂三十馀,向系粮道专管。金银铅厂二十九,系布政司专管。而本地道府,无稽查责,耳目未周。请将各处厂务系州县管理者,责成本府专管,道员稽查;系厅员管理者,责成本道专管:统归布政使总理。粮道既不管铜厂,事务太简,将驿盐道所辖之云南、武定二府改归管理。"均如所请行。

三十四年三月,擢云贵总督。奏请牧养战马,分派武职大员管理。其棚槽草料等,仍令地方官备支。上严饬其推诿卸责。会副将军阿里衮奏将领等所用马,行至南抵坝地方,即已疲乏。诏责明德漠视军务,漫不经心,下部议革职,从宽留任。寻谕曰:"明德自擢任总督以来,办理诸务,皆不及从前实力奋勉,于养马一事,尤漫无经理,因循误公,岂宜令仍为总督?即留滇省,亦于公事无益。念伊从前在江苏,于地方情形尚属熟悉,着即降补江苏巡抚。"时永昌府知府赵佩以病告归,明德为代请。上以赵佩规避革职,自备资斧效力;明德遽为代奏,交部严加议处。又以明德不能催办粮饷,再下部严议,应革任。均得旨宽免,注册。七月,经略大学士傅恒等奏留明德协办军务,俟凯旋后,再赴新任。寻命署云南巡抚,专管台站事。十月,谕曰:"明德办理军需,粮马是其专责,屡经饬谕,始终不能实心出力。今据经略大学士傅恒奏,^{〔三〕}十月初一日已抵新街会兵,克期深入,而后队继进之兵尚未到齐。前屡谕明德令其设法催趱官兵迅赴蛮暮,何以至今尚未全抵军营? 即所运粮石,亦不能源源接济。办马一项,亦自安于无能,希图置身事外。可见其平日专事空言塞责,竟成疲玩痼习。着革去翎顶,加恩仍署云南巡抚,以观后效。"

三十五年,卒。

【校勘记】

〔一〕查晋省溢额谷共五十馀万石　"五十馀万"原误作"五万馀"。今据满传卷四〇叶二下及耆献类征卷一七六叶二上改。

〔二〕改设曲沃县蒙城驿　"驿"原误作"城"。满传卷四〇叶三下及耆献类征卷一七六叶二下均同。今据纯录卷五三九叶二九上改。

〔三〕今据经略大学士傅恒奏　原脱"据"字。满传卷四〇叶一〇上及耆献类征卷一七六叶六上均同。今据纯录卷八四五叶一四下补。

胡宝瑔

胡宝瑔,江苏青浦人,原籍歙县。乾隆二年,由举人授内阁中书、军机处行走。八年四月,迁侍读。

六月,迁福建道御史。七月,疏言:"直隶自被旱以来,迁移觅食者甚众。现蒙恩旨,先后运米五十万石备赈。请敕督臣遍行晓谕,俾土著之民静以待赈;其各处流民愿归耕而无力还乡者,酌量咨送回籍,使赶种春麦,不致田亩久荒,于来岁民食有益。"下直隶总督议行。九年二月,疏言:"近蒙皇上特命大臣查阅河南等省营伍,所以核训练而杜废弛,现在器械之坚脆,技勇之生熟,人数之虚实,粮马之盈亏,自难掩饰。惟是积玩之处,此时闻风,修整买补,势所不免,而不肖营员,或乘机借端苛派,或此后坐扣月粮,俱未可定。请令各督、抚、提、镇等严饬查参徇隐,一并严议。"诏如所请行。十年十二月,疏言:"山东衮、沂、曹等处及江南凤、颍、淮、徐、海一带被水之区,现经消涸,应乘时设法疏导,并劝谕农民引流赴垫,俾田不久浸,以便春耕。来岁蝻子,尤宜加意预防。"下两江总督议行。十一年,转户科给事中。十三年,迁顺天府府丞,寻迁府尹。十五年四月,迁宗人府府丞。九月,迁副都御史,命往河南会办傅毓俊控告张天重谋逆一案,审明毓俊诬陷,论罪如例。十七年三月,擢兵部侍郎,兼顺天府府尹。

十月,命署山西巡抚,十八年九月,实授。十月,调湖南巡抚。十九年,奏言:"郴桂二州铜铅各厂,因距州治远,不能兼顾,委员董理,一年更替。查厂中弊窦多端,一切铅锡铜斤,沙渣净色,抽课收煎,支解款目繁多,接手之员,必数月方讲求明白。此数月内已受欺朦侵漏之弊。请仿台湾、琼州例,令新员与旧员先期协办数月,以收驾轻就熟之益。"得旨允行。二十年二月,调江西巡抚。七月,奏请严查鄱阳湖船只,以靖积匪,上嘉之。二十一年三月,奏勘明广信府所属铜塘山无可垦之地,无可用之材,无可煎之矿,应请永行封禁。二十二年六月,疏言:"丰城堤工最要，除石堤官修外，其民修土堤，向俱按照图甲额设里夫。行之既久，黠者避役，贫者误工。乾隆十四年，改为折征，法虽稍变，役仍未均。今请略为更定，按田均提，俾贫民得免派累，业户共乐输将。至各乡距堤远近不同，一遇冲涨，势难迅集，而折银统归官办，则工有缓急，费有盈绌，俱可通局筹度。惟向年折征，别增圩长经收，弊端百出。今拟附漕粮征收，有田始有粮，有粮始有夫，毫无加累，圩长无从侵冒，工程乃可永固。"均如所请行。

是月，调河南巡抚。八月，疏言："河北济、沁等水俱归黄河之北，卫河最大，受淇、泉、汤、洹诸水，下合漳河，汇入直境，容纳有馀。治之之法，惟慎堤防而已，河之南，西则伊、洛、涧、瀍俱入于河；南则汝、光等属之水，会汝入淮；并陈、汝、开、归所属惠济、涡河等水，亦归江南之颍、亳入淮。惟夏邑、永城、商丘、虞城之水，独注宿州，由睢河入洪泽湖。四县并无山谷泉源，氾滥于平地，则见多；而归于睢河，仅属一线。且藉以刷淤睢河壅阻，则宿、灵以北，实被其患。四县之水，亦致倒灌。其入睢河之界，因为沙碛滩所遏，水大则冲激，小则停淤。前此屡议开凿，应听江南兴工；其在豫省境内者，连年河底停淤，应开浚宽深，以广容受。至地亩一片相连，并无沟塘，是以雨集则田皆积水，雨过则田皆漫水地多，旱种久浸辄伤。若弃积洼以为储蓄之所，更广疏横直小渠，节节引支入干，则宣泄易而水患可除，于农田有益。"谕曰："览奏，颇中肯綮，详妥为之。"九月，疏言："臣与钦差侍郎裴曰修等会勘豫省水道，计惟有先开干河，继开支河，再开沟洫。分别要工、次工、缓工，次第兴修。"十月，复偕曰修等疏言："豫省大干河有四：一、贾鲁，一、惠济，一、涡河，一、巴沟。巴沟亵百八十馀里,在商丘则名丰乐,在夏邑则为响河,在永城则为巴河。今拟丰乐以口宽八丈为率,响河十丈为率,其馀十二丈为率。至巴沟下口本宽十五丈,无庸加宽,底皆半之。其深处高下参差,取最洼者为水平,挑深以平为度。计上游宽倍旧河,下游加旧河之半,河底一律平坦,不至倒灌。此办理巴沟之情形也。惠济袤三百九十馀里,议挑之始,原以分贾鲁之势;既开之后,坡水汇注,愈下则汇入之水愈多,必需递加,方可注受河身。上游在开封之中、祥、陈、杞四县;下游在归、陈之睢、淮、柘、鹿四州县。今加宽自九丈至十五丈不等,底均三丈。柘城应凿沙礓九百馀丈,鹿邑之底以六七丈为率。此办理惠济之情形也。贾鲁舟楫往来,运济粮食,连年淤垫,渐至浅狭,彼岸顶冲,此岸淤成河嘴,更多阻塞。中牟以下,有惠济以分其流,无庸加宽。由朱仙镇以下,应截去河嘴,并砌筑决口,修理旧堤,面宽十二丈,底宽四丈。此办理贾鲁之情形也。涡河发源通许之青冈,至太康为燕城河,鹿邑以下河势深阔。但应增建月堤,鹿邑岳家庄以下,则益加收束,应加宽面十六丈,底八丈,[一]并凿沙礓五百馀丈,深如其旧。燕城上截,乃三邑南境之水,藉以宣泄。旧河仅宽二丈,今加宽至六丈、底二丈。燕城下截,虽宽而浅,亦一律挑深,俾可贯注。此办理涡河之情形也。其支河之应浚者,商丘之北沙河发源仪封,从考城至商丘,直达亳州之涡河。又洪沟河发源虞城之惠民沟,从夏邑之巴清河、老黄河,永城之减水沟,下入睢河。此二河为支中之干河,其馀应浚大小支河共三十四道。至支干各河所挑之土,即筑堤酌加硪夯,多设涵洞。再开工之始,均于河心安钉志桩,并立标记,于收工时核丈尺,以除诸弊。"得旨:"览奏俱悉。"二十三年正月，谕曰："豫省灾区，积困已久。朕特用胡宝瑔为巡抚，伊不辞劳瘁，实能仰体朕痌瘝在抱之意，而又能尽力调剂，以苏穷黎，甚可嘉也！着交部议叙。"部议加一级。七月，加太子少傅。上奖宝瑔及裘曰修遵旨治河，不惜工，不爱帑，不劳民，水用泄，土计方，上源下游，以次就治。见御制中州治河碑文。

二十四年九月，疏言："卫辉府通判缺，经臣奏准改归河工。查该通判尚有兼管盐务一项，长芦、河东盐包行运汲县，则系河北地方扼要之区，延津则系河南各州县门户之地，应分归二县稽查验放，以专责成。"从之。二十五年八月，疏言："卫河自雍正四年经前任河臣稽曾筠会同抚臣田文镜奏准，于汲县之高庙、下马营，淇县之宋村等三处，濬县之双鹅头等七处，汤阴之王家窑等四处，内黄之韦家村等十二处，增建草坝共二十六。并奏明因水势大小，分别停办、减办工料，于盐规项内支销。乾隆七年以后，未经修治，淤垫实甚。臣悉心相度，务俾一律深通。请自今年疏筑后，定为三年一小修，五年一大修。如当小修、大修之年，运河水足，仍停止，俟下次相机办理。"上可其奏。

十二月，调江西巡抚。二十六年八月，谕曰："河南现有堵筑杨桥堤工、经理赈恤之事，胡宝瑔抚豫日久，情形熟谙，着仍补河南巡抚。"十月，奏閺乡县革役马见龙持械拒捕伤差，业将首要犯先后拿获。谕曰："从来养奸诲盗，皆闾冗选懦之吏酿成之。朕留心整顿，胡宝瑔能体朕意，是以此案办理迅速如此。"十二月，疏言："贾鲁、惠济二河在中牟境内者，均逼近杨桥。黄水直下，合龙后，淤沙甚多。查贾鲁旧河已淤，复修不易，黄水初灌时，将河身逼而南徙，自郑州界至祥符之时家冈，仍入贾鲁故道，业已抽刷成河通舟，只须将分者截之使合，浅者疏之使深。再就两岸现有冲刷支沟，多挑渠港，俾民田积潦有归，并宽留河身，以资容纳；增筑堤堰，以杜旁趋。无须大工，自成天然河道。至惠济河自两闸至冈头桥，已淤断，且距贾鲁新河颇远，不便强之使通，而冈头桥距十里坡贾鲁河不过四五里，又有新冲河形，可因势利导，由冈头桥入惠济旧河，挑浚新淤，修补旧堰，并于十里铺建滚水坝一，则节宣有度，可以分贾鲁之势，而惠济亦归故道。"得旨："事半功倍，为之甚妥。"二十七年正月，上南巡，宝瑔迎驾于德州，御制诗赐之曰："九江迁古汴，因地藉贤才。资尔就熟路，为予抒干裁。浍川剔壅阏，田野辟污莱。善后方多务，钦哉更勖哉。"

　　八月，奏患痰疾，谕曰："胡宝瑔办事素能奋勉，今患病将及一月，以至形诸奏牍，决非偶抱微恙者，着传谕速即据实奏闻。"寻请解任，谕曰："此奏甚非朕之所望，惟须安心静摄，以慰厪念。"赐人参一斤，并命太医院慎选良医驰驿前往诊视。十一月，疏言："豫省地势平衍，恃以宣泄者沟渠，实与河道表里。臣于二十三年河工告竣，敬筹经久事宜，即将民田沟洫宜开，并每年加挑路沟及小港废渠，宜复胪列，奏蒙圣鉴。是年每一州县中所开沟，自十数道至一百数十道不等，长自里许至数十里不等，宽深自数尺至丈不等，皆足以资蓄泄。为度路沟，除驿路加挑外，凡商旅通衢，亦一律开沟种树，虽绵亘而分户承挑，民易为力。自是每岁或于春融，或于农隙，随时勘办。是以逐处宽深，鲜有水患。且各就地头出夫，贫富自均，就役亦便。皆令渠长、地保管理,不经胥吏之手,一无扰累。其民力难以全收之处,自应钦遵圣训,酌借口食。工多而地亩亦多,仍属众擎易举;惟工多地少,则须酌借。但岁修非比特兴大工,各州县额设公费,动给已足敷用,总期为之以实,俾小民蒙利而不致少累。"谕曰:"胡宝瑔奏现办豫省民田、道路、沟渠一折,经理甚为妥善。国家虽久停力役之征,而开挑沟洫,实为农田之利,通力合作,亦小民之所宜自为谋者也。今豫省每一州县开沟十数道至一百数十道不等,田沟固有业户,路沟亦傍民田。民间业佃就地施工,用力甚便,而其事易集,行之已有成效。直隶、河南地属接壤,着方观承董率所属仿而行之,实因利利民之道也。"

二十八年,卒。谕曰:"河南巡抚胡宝瑔干练老成,恪慎精敏。扬历中外,宣力有年。昨因旧疾复发,遣御医诊视,尚冀痊可。兹闻溘逝,深为轸惜! 着加赠太子太保、兵部尚书。应得恤典,仍着该部察例具奏。其遗折内请入籍江苏青浦县之处,并着照所请行。"寻赐祭葬如例,谥恪靖。

【校勘记】

〔一〕应加宽面十六丈底八丈　"宽面"原误作"面宽",又"底"下衍一"宽"字。耆献类征卷八三叶四〇上同。今据汉传卷二四叶五一上改删。

高晋

高晋,高佳氏,满洲镶黄旗人,大学士高斌从子。父述明,官凉州总兵。雍正十三年九月,高晋由监生授山东泗水知县,调任海阳、恩县。乾隆四年,迁陕西邠州直隶州知州。八年,迁榆林府知府。十年,迁榆葭道。十一年,调江南淮徐道。十二年,丁忧。十三年,授山东运河道。十四年三月,迁按察使。四月,署两淮盐政。十五年,迁安徽布政使,兼管江宁织造。

二十年,擢安徽巡抚。二十二年春,上南巡,亲莅河工相度,命高晋会同张师载等协办徐州黄河两岸堤工。[一]十月,奏言:"宿州、灵、虹等处浚河夫多,凤、颍一带灾区诸工并举,米价日昂。臣动工程银三万两购米运工,尚虞不敷,颍属河道将次兴修,更须多方接济。皇上念淮、徐、海工作,[二]截漕二十万石平粜,恳酌拨五万分济上江各工。"从之。十一月,会奏:"浚安河淤浅,以通尾间。分林子河入鲍家河,使安河进水之地有所分泄,更免壅遏。"上嘉之。详裘曰修传。二十三年三月,协理江南河工。四月,上江河工告竣,下部议叙。七月,加太子少傅。二十五年,奏言:"兴修水利,用存银十三万馀两,贮庐凤道库,备续办工程。又水利善后章程案内,岁拨司库匣费银三千两,交道库备岁修之用。查府、州、县仓库钱粮交代,例由道、府加结咨部。嗣后庐凤道到任,请照府、州、县例,限两月交代,藩司按限移催,接任员具册,由司加结转详咨部。如逾限及交代不清,照例参处,并责成藩司,每年将庐凤道库委员盘查结报。"如所议行。

二十六年三月,迁江南河道总督。五月,奏:"高、宝、兴、泰积年被水,恩允将高邮之南关、车逻等坝封土三尺,于金湾坝下挑新河泄水归江,洪湖运河之水不致漫坝,东注高、宝、兴、泰,可免西来水患。惟是下河州县支河汊港,及田间积水,俱汇入串场河,北至盐城县石礴、天妃等闸归海,骤难消涸,是下游被淹,应杜其来源,而本地积涝,亦当筹其去路。查范公堤绵亘六百馀里,串场河自南而北,向建石闸十八,均有引河泄水归海。嗣因洪湖水由高邮各坝东注,下河形如釜底,水未到闸,地亦被淹,是以不暇计及闸下之引河。今南关等坝既已封土,金湾又开引河,经始既有成规,善后必归全局。现在盐城之石䃲、天妃闸引河由新洋港归海,泄水甚畅。兴化之白驹、青龙、八社、大团等闸引河,由斗龙港归海,颇资宣泄。迤南之丁溪、小海,[三]迤北之上冈、北草堰、陈家冲等五闸,未及挑浚,请将丁溪、小海二闸引河浚通,再开一引河汇入王家港归海。上冈、北草堰、陈家冲三闸引河浚深,再开一引河汇入射阳湖归海。俾散漫之水裁湾取直,汇归海口,数州县积水节节流通,小民见水消涸,必合力挑沟筑圩,蓄泄兼资,沮洳渐成沃壤。"诏妥协办理。

　　二十七年二月,授内大臣。三月,疏言:"湖河之水,以五坝为来源,以江海为去路。运河归江,自邵伯以下,向设湾头闸、壁虎桥、凤凰桥、西湾坝、东湾坝、金湾六闸,宣泄湖水,由盐河归廖家沟、董家沟、石羊沟,芒稻闸分流下注。查金湾坝引河紧接六闸,地居上游,由董家沟下注最捷,惟滚坝宽五十丈,河身宽十五丈,河底八丈,未能畅达。金湾六闸旧有盐河,由芒稻闸汇金湾坝水入江,去路甚畅。今金湾滚坝既挑新河,六闸金门应量为展宽,又东湾滚坝于乾隆二十二年落低三尺,西坝应一体落低,挑深河头,以导水势。六闸盐河旧为归江水道,设南、北、中各二闸,河头筑堤,分三路汇归一处,应留北二闸以济盐运,南、中二闸之底稍高,滚坝过水迟滞,应添建石坝三十丈,接长闸下土堤,酌挑引河,则高、宝湖水归江,宣泄益畅。"上是之。十月,疏言:

"山阳、海州沿海设苇荡左、右二营,岁征荡柴二百二十五万束,参将一、守备二、船务守备一,督弁兵采运,各厅济工,法诚善也。秋冬开采,新正装运,额设采割兵千四百名,浚柳石船五百七十,船兵千三百馀名。五六两月载左右营荡柴,陆续交工。该管武弁于额料款项册不能稽查细密,兵目沿途盗卖,淮扬、淮徐二道各经管黄、运湖河工程,未能兼顾。河库道驻清江,与苇营柴运之河相近。请就近改归兼管。"如所议行。二十八年,加太子太傅。二十九年四月,疏言:"清口以上桃、宿等厅专受黄水,清口东坝以下淮、黄合流,至云梯关迤东归海。仰遵圣训,将清口东西坝展宽,俾湖水畅注,不致由五坝旁泄。惟山安、海防二厅北岸之五套,南岸之陈家浦溜势,坐湾将成顶冲入溜之势。厅营请帮筑旧堤,接添鱼鳞越堤。臣查云梯关外近海,与其筑堤束水,致添新工,不若于旧堤上首作斜长子堰,约漫滩水,汇正河入海。尾闾宽阔,于就下之势益畅。"谕曰:"高晋奏筹办云梯关黄河下游情形一折,所见甚是。云梯关一带为黄河入海尾闾,平沙漫衍,原不应设立堤岸,与水争地。而无识者好徇浮言,或以清口泄水分数较多,遇海潮盛时,或不免意存顾虑,因有子埝堤防之议。殊不知清口畅泄,其收利下河州县者,不可数计。至云梯关附近,不过阜宁、安东二邑所辖地面。以此衡彼,其轻重大小,不待智者而知。即令一时偶值盛涨,所漫溢者不过百分之一二耳。高晋当守其定见,既知下游之制防,一切毋庸置议,益可信清口之展放无难,永远力持,于水利民生大有裨益。"

三十年,迁两江总督,仍统理南河事务。三十一年正月,奏审苏州府同知段成功纵容滋扰案,谕曰:"高晋具题审拟段成功纵容家人书役诈索累民一本内,称‘该员因患疟昏迷,不能检点案牍,家人龚玉等婪赃各款,该员均未知觉’等语,所办甚属错谬。明系承审之员有意开脱,冀图从轻完结耳。高晋自擢任总督以来,甫经审办参案,即意存瞻徇,巧为尝试。此等伎俩,岂能逃朕洞鉴?江南吏治废弛已久,现在正当督抚更换之时,高晋尤宜加意整顿,力矫积习,何竟敢于姑息朦混若此!看来,必出自朱奎扬之意。朕知朱奎扬素非善类,高晋遂堕其术中,漫无觉察耳。本应将该督交部严加议处,第念高晋新任总督,初次获咎,且在总河任内尚能实心任事,姑从宽宥。此后若再不知改悔,必不能为之曲贷也!高晋此事实属昏愦糊涂,负朕恩矣,着传旨严行申饬。此本已交内阁掷还,该督另委贤员秉公确审,务得实情以成信谳。若尚回护,希图了事,朕必有另办之法,可惜朕造就高晋之恩矣!”命侍郎四达会同审讯。寻讯出成功实有染指情弊,上以高晋初审办时,听属员袒庇开脱,交部严加议处。成功复以前任阳曲县亏帑案,上司代为弥补,鞫实抵罪。十月,奏督抚文移请俱用紫花印,将布政使旧用紫花印之例停止,得旨俞允。三十三年正月,奏言:“江南武乡试,上下江巡抚轮赴江宁主考。但驻扎较远,请归总督就近考试。”从之。十月,奏:“河工未备事宜:一、河库钱粮应盘查。河库道于工料准销后,岁报具题库存银数,河臣盘查。[四]并不保题。请每年四月奏销后,及新旧道员交代,河臣赴库盘查,督臣核实保题。一、洪泽湖救生桩银宜核减。湖遇风涛,致虞覆溺,岁支上下江耗羡银各五百两,购桩签钉湖边,以广救济。近年全湖归清口,湖滨多浅滩汊港,如裴家场、太平河皆可泊。请查勘停修,其必须存留者,核估详办。"诏如所议行。

十二月,署湖广总督,兼摄荆州将军事。三十四年二月,仍回两江总督任。三月,兼署江苏巡抚。十月,疏陈采办滇铜,上以江南通洋甚便,敕筹办洋铜鼓铸。寻奏言:"臣遵旨折中定价,收买小钱,改铸制钱。请即以应发洋商铜本银收买。查宝苏局岁用铜铅点锡共九十二万一千六百斤,今收买废钱既多,应即以抵补额用铜铅之数。小钱质粗性脆,以铜铅点锡,均匀搭配黑铅,试铸即可一律光润。除铜铅锡入炉镕化,准折耗,统计废钱百万斤,较专用洋铜节省盈馀钱万一千馀串。再查苏局每年应铸二十八卯,额需用铜四十六万八百斤。现在商人应交铜斤,收存废钱,及在途滇铜三十万斤,共铜一百四十万斤,每年配用二十馀万斤,足供七年之用。民间未尽小钱,又展限三月,微特滇铜可停,即所办洋铜亦可缓。"上嘉之。三十五年,兼署漕运总督。三十六年五月,晋文华殿大学士,兼礼部尚书,仍留两江任。八月,上以高晋明练河防,诏会同侍郎裴曰修、总督杨廷璋筹勘永定河,葳事后,诣阙恭祝孝圣宪皇后万寿。十一月,赐青狐端罩,命紫禁城骑马。是月,回总督任。四十年七月,河东河道总督姚立德奏请蜀山湖收蓄伏秋汛水,工部以向例于十月煞坝,收蓄汶河清水议驳。上以十一月水落归漕,汶水渐微,不足备来年济运,命高晋会同立德、山东巡抚杨景素确勘议奏。九月,会奏:"蜀山湖周六十五里,在汶河南、运河东,素名水柜,济南北运。临汶有永定、永安、永泰三斗门,临运有金线、利运二草闸,用资蓄泄。乾隆二十八年,运河道李清时详请酌定秋伏汛内收水,以尺八寸为度。缘湖东北只马庄一泉入湖,全赖收蓄汶水,始敷全漕应用。此历年筹办济漕之章程也。必俟十一月始收清水,诚如圣谕不足存潴济运。查蜀山湖为第一水柜,向定九尺七八寸,不无过拘,请以一丈一尺为率。"从之。

　　四十一年,总河吴嗣爵奏黄河两腮淤高,中间沟槽窄狭,洪湖运河淤垫。现在清口开挑引河,带水捞挖,恐于事无济。命高晋同萨载筹酌覆奏,五月,奏言:[五]"康熙初年,黄河海口积沙横亘二十馀里,黄河从东北纡回入海。河臣董安国创筑拦黄大坝,另辟马家港口,去路不畅,转致上游易溃。康熙三十八年拆拦黄大坝,仍由故道入海,即今之大通口是也。查该处海水、黄水交接,西岸接生淤滩,南岸遂有新淤尖、尖头洋之名,北岸有二泓、三泓、四泓之名。现今海口逾远,近年黄水倒灌,致通湖引河淤垫,清水不能畅出。清江、淮安一带,运道停沙,清口以外,黄河两腮垫高。上年秋间,丰、砀南岸丁家集外滩民堰刷塌,溜向南趋,黄水从毛城铺滚坝旁流,徐州以下,铜、沛、邳、睢、宿、虹、桃源,黄河水缓沙停,惟有浚清口以内通湖,引河停淤,使清水畅出,与黄河汇流东注,并力刷沙,则黄河不浚自深,海口不疏自治。[六]查向年通湖引河五道,畅注御黄,鲜有倒灌。今年湖水未能畅出,遇黄水盛涨,力不相抵,必致倒灌。一经倒灌,引河复淤,非特不能刷沙,黄、运两河仍不免淤垫。须于冬春湖水消时,依傍各引河宽长丈尺两头,煞坝挑深,并将清口东西坝址移下一百六十丈,在平城台建筑,使清水源远流长,山口之势有力,于陶庄迤上积土之北,开引河一道,使黄水绕北下注,清水畅行,至周家庄会黄东注,不独可免倒灌,而二渎并流,攻刷黄河两腮浮淤,及海口积沙,均可渐次刷深。下游深通,则黄河上游可免停淤,且洪湖无壅,堰圩砖石工程常资稳固,惠济祠埽工更可化险为平。"得旨:"此奏皆合机宜形势,是治淮、黄一大关键。届时妥为之。"是年冬,入觐,以高晋年七十,御书"钧节延禧"额赐之。四十二年八月,奏丰阳厅属唐家湾倒勾引河,泄黄河盛涨,由毛城铺石坝下注,历洪河、睢河,〔七〕汇归洪泽湖。每年伏秋大汛,徐城水志长至一丈一尺五寸,始开放减泄。查倒勾引河居徐城上游,距二百里,徐城水志长至一丈一尺五寸,上游水已逾志。迨辗转开放,徐城水志已不止一丈一尺五寸矣。奔腾下注,以致洪、睢二河壅遏,临河之萧县、宿州、灵璧每致被淹。与其减于既涨之后,莫若泄于未涨之先。应请嗣后水志以唐家湾为准,俟长至九尺五寸,即将倒勾引河草坝启放,杀其盛涨,由毛城铺及时分泄。"上善之。

四十三年四月,赴浙会同巡抚王亶望相度海塘,详亶望传。七月,命赴豫堵筑仪封漫口,高晋筹于漫水口门,分东、西坝堵筑,就旧有顺堤河,于十八堡外滩起至翟家庄,开引河透入旧河,并浚旧河淤,以畅水势,堵筑十八堡缺口,拦顺堤河水归新开引河,切去十六堡口门对岸滩嘴。奏入,报闻。九月,时和驿漫口,风暴刷深,全河溜注口门。高晋请交部议处,得旨宽免。十月,以徇隐高朴盗卖官玉,部议革任,诏免之。十二月,时和驿八堡漫口合龙后,仪封新修埽工蛰陷,请交部严加议处。谕曰:"时和驿、仪封两处,本应同时合龙。前此高晋等因时和驿水深沙活,施工稍艰,而仪封溜势平缓,办理较易。即先将仪封堵闭,亦属乘便巧办、先完一工之意。如果经理得宜,俾无后患,未为不可。今新修埽工,复因溜掣湍激,致有蛰塌之事,则工作原未稳固可知。高晋等督办何事？责无可辞。着交部严加议处。"部议革任，诏仍免之。寻会奏仪封漫水由顺堤河夺溜，直达考城。其仪封十五堡以上，堤外尚有淤滩，至十六堡漫口逼近河身，土性松浮，口门上下刷深，河身北高南下，引河在北，非将河水涌高，不能掣溜北趋注正河。但河水一经涌高，坝工难免蛰裂，须将引河再深三四尺，正河底接挖深沟六百馀丈，将两坝进埽筑实，〔八〕金门两旁边埽加宽三四丈，口门收至二三丈，时多压厚土，俟涌河挑深，水势涌高，开放掣溜后，再将坝工堵筑，则合龙时水势平稳，可期巩固。"得旨："宜妥速为之。"

　　是月，卒。四十四年正月，谕曰："大学士管两江总督高晋，品行端醇，材猷练达，老成敦朴，体用兼优。由州县荐陟封疆，宣勤奉职，扬历多年。自简界纶扉，仍管两江总督，秉公持正，董率有方。其兼管南河事务，亦能经理得宜，深资倚任。昨以豫省漫口工程紧要，特令驰赴工次，督办堵筑事宜，近据袁守侗等奏其染患痰咯之症，不能眠食，即派乾清门侍卫布彦达赉带同太医院堂官陈世官驰往诊视，〔九〕并谕安心调养，以冀速痊。兹闻溘逝，深为轸惜！着仍派乾清门侍卫布彦达赉驰驿前往奠酹，并加恩入祀贤良祠。其任内革职、降级、注册之案，俱着开复。所有应得恤典，仍着该部察例具奏。"赐祭葬，谥文端。三月，上制怀旧诗，列五督臣中，诗曰："从来擢督抚，德才量并重。以此下僚中，百不一二中。自知县起者，臻斯必超众。晋也实其人，故悉下情洞。更兼习河务，要任久倚重。乃以治河决，来豫屡稽功。愤懑因致疾，不起诚堪痛。历历怀旧臣，中外资经综。而予未歇肩，吁俊期与共。"

子书麟,官至湖广总督、协办大学士;广厚,官至湖南巡抚;
广兴,刑部侍郎。

【校勘记】

〔一〕命高晋会同张师载等协办徐州黄河两岸堤工　"载"原误作
　　"诚"。耆献类征卷二五叶二五上同。今据纯录卷五三五叶二三
　　上改。按国传卷九叶九上不误。

〔二〕皇上念淮徐海工作　"海"下原衍一"道"字。耆献类征卷二五叶
　　二五下及国传卷九叶九上均同。今据纯录卷五五〇叶三二上删。

〔三〕迤南之丁溪小海　"海"原误作"梅"。耆献类征卷二五叶二六下
　　及国传卷九叶一〇上均同。今据纯录卷六三七叶二一上下改。
　　下同。

〔四〕河库道于工料准销后岁报具题库存银数河臣盘查　原脱此二十
　　一字。耆献类征卷二五叶二九上同。今据国传卷九叶一二上补。

〔五〕命高晋同萨载筹酌覆奏五月奏言　"覆"原误作"復",又脱"五月
　　奏"三字。耆献类征卷二五叶三一上同。今据国传卷九叶一三
　　上改补。

〔六〕并力刷沙则黄河不浚自深海口不疏自治　"刷"原误作"剔",又
　　"口"误作"以"。耆献类征卷二五叶三一下同。今据国传卷九叶
　　一三下改。

〔七〕历洪河睢河　原脱"历睢河"三字。耆献类征卷二五叶三二上
　　同。今据国传卷九叶一四上补。

〔八〕将两坝进埽筑实　原脱"两"字。耆献类征卷二五叶三三上同。
　　今据国传卷九叶一五上补。

〔九〕太医院堂官陈世官驰往诊视　陈世官之"官"原误作"佝"。耆献

类征卷二五叶三三下同。今据国传卷九叶一五上改。

李侍尧

李侍尧，汉军镶黄旗人。高祖李永芳，天命三年，[一]以明抚顺所游击投诚，屡立战功，授一等伯，世袭，自有传。曾祖释迦保，祖祈天保，皆袭爵。父元亮，累官至户部尚书，谥勤恪，入贤良祠。

侍尧于乾隆元年授六品荫生。八年，补印务章京。九年，授副参领。十三年十月，迁参领。十一月，调印务参领。十四年，擢正蓝旗汉军副都统。十七年六月，授公中佐领。十二月，调热河副都统。二十年五月，[二]擢工部右侍郎，兼管镶白旗汉军副都统。六月，调户部右侍郎。

十一月，署广州将军。二十一年三月，劾前将军锡特库等废弛马政，空额五百馀，得旨，锡特库交部严议。广州驻防汉军甲兵三千，谕以千五百出旗，转补绿营兵缺，实以在京满兵千五百。侍尧奏绿营未建兵房，请将从前水师营空房给出旗兵住，谕如所请。六月，奏："满洲、汉军驻防各半官制兵额事宜：一、满洲、汉军各设协领一，原设汉军参领八，请改为汉军佐领。应添设满洲佐领八，其防御、骁骑校各裁八员，即将所裁俸支给新添佐领。一、水师旗营甲兵应于壮丁内各半挑补，水师营协领请作为满缺，佐领、防御、骁骑校等官缺，亦应各半挑补。一、汉军笔帖式三，请裁一，以一作满缺。一、汉军清字员外郎八，请裁四留四缺，挑补满洲。一、汉军原设领催三百二十，请裁八十，汉军、满洲各设百二十。并请设前锋百五十、委署前锋校十二，应支银米,将议裁官兵俸饷抵给。一、额设炮手三十名,请裁六,与弓、铁匠均各半补。一、绿营步粮八百分,请酌留四百分,补留旗壮丁,馀四百分俟缺出,扣归绿营。"部议从之。

七月,署两广总督。二十二年十月,奏:"广东各州县买补仓谷,将上、中、下三等谷兼买充数,开上价报销。至借粜时则于应碾米者用上谷,应借粜用中、下谷。"谕曰:"所奏甚悉情弊。上、中、下三谷,碾米多寡迥殊。若听其将中、下谷石混开上谷价值,而以借粜为销谷地步,仆役之获利益多,而穷民之受亏益甚。广东既有此弊,他省谅亦不能尽无。着传谕各督抚,嗣后买补仓谷,当严饬州县亲自碾试,务得上谷。其该管官盘查,并当一体碾试,不得徒以额贮数符,遽行出结。傥有徇隐,即令分赔。"又奏广东制钱有搀和古钱,并吴逆伪号钱,请查禁。谕曰:"前代废钱,流传至今,已属无几。该省搀和行使,相沿已久。若尽行查禁,转使吏役得以借端滋扰。如唐、宋、元、明之旧钱,不妨仍听民便。至伪号钱文,仍当严行禁革。着该督抚等出示晓谕,所有利用等伪号钱文,准民间检出,官为收换。如系小钱,则两文换制钱一文,小民自当踊跃从事。所换伪钱,即供鼓铸之用。"十二月,疏言:"广州驻防更换满兵,其出旗汉军兵旷米及扣缺官俸米,共截存万四千馀石,可平粜以便民。"谕如所议行。二十三年,奏守备张彬佐禁村民演剧,被民人聚众殴伤,现饬审是否村民违禁演剧,恃众逞凶,抑或该守备寻衅滋事。谕曰:"据所奏,似欲以官民计较曲直,殊未得惩创恶习之意。地方莠民恃众逞凶,不畏官兵,至公然肆行殴辱,刁悍已极。无论该弁巡查禁谕,本系职守当为,而刁民辄行抗拒,固当痛加惩治;即或有滋事情弊,召侮有由,自当不论曲直,先治匪棍,然后徐议劣弁,以饬官方,庶刁悍之徒稍知畏惧。"

　　二十四年正月,实授两广总督。五月,劾碣石镇总兵书德侵挪公帑,玩视巡洋,谕严鞫,论罪如律。九月,奏外洋夷船到粤,请禁带丝出洋,从之。十二月,奏:"防范外商规条五:一、洋船销货后,应饬依期回国,禁止住冬;一、洋商馆毋许汉奸私行交易;一、内地行商,毋许借洋商赀本;一、洋商毋许雇内地厮役;一、洋船泊处,守备一员督同弁兵防范。"下部议行。二十五年正月,奏:"粤海关外洋商船出入,向于正税铅钞外,另有官吏家人通事巡役等规礼,以及分头、担头等项银,从前私收入己。后经奏报归公,则例内仍胪列前项名色,请删除统列归公银若干,省城大关及海洋各口,向有书役、家人等饭食、舟车等费,势难裁汰,亦备列则例内,请于归公造报外,另刊应支条款,送部按年核销。"下部议行。四月,疏言:"粤东左翼总兵既改外洋水师,应照碣石南澳二镇例,一体巡洋。"谕如所请行。广西贵县僮民韦志刚滋事不法,先经巡抚鄂宝请褫知县石崇先职,〔三〕上以事系知县查出,命暂停革职。侍尧寻奏先经面谕该县体勘,始行查报,得旨,将崇先逮问。旋审明志刚实无阴谋不法事,崇先妄事猜疑,率行混禀,应照溺职例革职。谕曰:"石崇先既非避重就轻,如鄂宝原奏,亦并未姑息养奸如李侍尧所云也。在石崇先不过以韦志刚恃符武断,情似谋逆,不及详悉体究,遽行通禀,诚不免冒昧;而鄂宝惟恐李侍尧先行入告,致落人后,故飞章参审;李侍尧复以鄂宝已经奏闻,又故甚其词,为'面谕体勘'之语。今水落石出,不能科韦志刚以谋逆之罪,乃反坐该县以率报之愆,而督抚如不预焉者，属员皆有人心，何以使之折服耶？即此一事观之，则该督抚二臣之不能和衷共济，已可概见，此特其一事耳。设两省地方公务，俱如此各怀意见，岂足以鼓励人才，振肃纲纪？将朕所忧于二臣者，又不仅在于此事之虚实矣。在韦志刚虽无谋逆情事，其恃强豪横，恶迹累累，拟以发遣，自所应得；知县石崇先革职之处，俟该部议覆时，另降谕旨。着将此旨传谕李侍尧、鄂宝，嗣后务宜痛加省改，固不可一味和同，亦不可各挟私意。总以一秉虚公，破除习气，副朕委畀封疆至意。"十一月，请加征粤海关补平银，经户部议驳。谕曰："所驳甚是。此项银两，如果扫数起解，自足敷该部兑收。是以向来从未有短少，挂批案件，何至近日遽有不敷部收之处？看来，该关起解纵未必短少，而解员中途滋弊，谅所不免。着李侍尧嗣后起解税银，应慎选谨饬之员管解，仍留心查察，勿令滋弊。傥有侵蚀，即行严参示惩。"二十六年正月，授户部尚书。十月，承袭勋旧佐领。十一月，授正红旗汉军都统。二十七年，京察，加一级。

　　二十八年五月，授湖广总督。七月，奏："湖北丞倅佐杂各员，遇委署差遣，本任不另委员署理。现饬藩司，凡有委署出差者，另委接任，以专责成。恐他省亦有此积习，请敕部通行查禁。"从之。又奏："已革武昌府知府锡占任内有未买仓谷一万石，将谷价交存江夏县库。及查奏销册，锡占原报实贮，并无'未买'字样，且其中缺数颇多，尚有发各属代买未经交足者，并有属员事故谷竟无着者，司道俱以实贮无缺结转。现委员查锡占缺谷实数，勒限清交，并饬司将通省仓谷澈底盘查。"上嘉之。八月，奏湖广盐价过昂，已查出抬价病民商人，依律惩治，请酌中定价,作为限制。谕两淮盐政高恒赴楚会议。寻奏请按淮商成本酌加馀息定制,谕曰:"所奏允协,如所议行。从前湖广盐行之弊,总由不按淮商成本,折衷定价,是以汉口各商从中意为低昂,甚至抬价赊欠侵吞,种种作奸,而场商弯远阻碍,[四]不得不受其挟制。今高恒遵旨前往,李侍尧与之协力清釐,将成本核定,加以馀息,明定限制,清理皆得其平,鹾政可以永行无弊。"十月,加太子太保。十一月,疏言:"两湖各营,如宜昌镇,洞庭协,汉阳、荆州、常德、岳州等营,原设水师战船巡哨,未定章程。现分饬各镇、协、营分定管辖水道里数,责各将备督率巡防。中有地方辽远,兵船较少者,酌量抽拨。"上可其奏。二十九年六月,奏湖南各营千总、外委请归督臣考验拔补。七月,奏:"湖南辰州府属乾州同知及凤凰营通判,分驻苗疆。前因红苗滋事,每厅拨给标兵百、把总一;又宝庆府同知,亦议给标兵百、把总一。今苗民向化,所拨弁兵,请裁。"均下部议行。八月,疏言:"州县造报词讼,仅止开列事由,巡道往查,亦照所报呈送,馀皆隐匿,以致无从查验。请嗣后责道府详查报册,如有未经造报之案,提卷察核,果无枉断延搁,仍照造册遗漏请参道府扶同徇隐者并处。"上嘉其奏,交部议行。又请仍复楚省驿站赴口买马例,从之。

是月,调两广总督。三十年三月,奏督抚同城者,如遇水旱偏灾,及勘收城工事,抚臣前往查办,解审案件归督臣审办,从之。又请改琼州水师副将为海口营参将,左营都司改守备,又左翼、碣石二镇标右营游击改都司,仍照旧巡洋,雷州协副将改雷州营参将,并裁中军都司,以左营守备兼管钦州。土瑶错杂,幅员较广,所设游击,请改参将。下部议行。五月,广西右江镇总

兵李星垣婪索土田州知州岑宜栋银两，[五]谕侍尧严鞫。寻鞫
实，定拟具奏，谕曰："李侍尧审拟李星垣婪索土知州岑宜栋银两
一折，定罪甚属失当。李星垣始向岑宜栋索借银二千两，因一时
难以措应，辄将营中现存买补谷价一千五百两，令其预领，俟秋
间买谷交仓。旋令家人张同收取入己侵用，以库贮买谷官项，假
冒预发之名，巧为腾挪，私充欲壑，非监守自盗而何？李侍尧并
不按应得之罪定拟，乃引索借所部财物律，拟以绞候，转似于本
案加重科断，错谬已极。即其家人张同等承李星垣意指，两次向
岑宜栋勒索六百馀金，情均可恶，亦不应仅以杖责完结，已交部
另行核拟矣。李星垣系该督保举堪胜总兵之任，今其赃罪败露，
犹欲为人回护，意从轻减。李侍尧着传旨申饬。"寻奏请交部严
加议处，部议革职。侍尧于六月丁艰卸任，奉旨，补官日降三级
调用。九月，命署工部尚书，所降之级带于新任。三十一年正
月，署刑部尚书。七月，因两广总督任内失察粮道张曾受贿，部
议革任，得旨，着于现任内降二级，从宽留任。三十二年三月，上
以侍尧服制将满，命回两广总督任。三十三年正月，奏请各标协
营伍守粮缺出，必将兵丁有无子弟确查考补，不得以外来无籍人
入伍，报闻。七月，劾潮州镇总兵明达逼勒守备甘廷亮垫发赍折
路费，不准领项归款，致廷亮自缢。命褫明达职，交侍尧严审。
旋奏明达审无逼勒致死情事，查该员任内曾侵用马价，拟罪如
律。八月，户部奏验兑粤海关税银短少，命侍尧详查覆奏。寻奏
请嗣后税银照依解部兑收法马收足，即以原封批解，毋许鞘外另
备添平，部议如所请。十二月，袭二等昭信伯。

　　三十四年，大军征缅甸，命侍尧传檄暹罗，如缅酋窜入，一体

截擒。旋奏:"暹罗现为甘恩敕窃据,其人系彼国乱臣,不宜传檄移会暹目莫士麟素恭顺,臣作为己意,檄令移会暹罗各夷目,密侦缅匪窜入境内擒拿具报。"上可其奏。三十五年二月,奏:"粤东民多偷渡台湾,请于出口处发循环印簿,责成地方官逐日盘验登记,按月呈缴。"报闻。五月,奏守备杨春榜至参将王希曾署禀事,忽自戕,请将希曾解任讯究。上以案内疑窦颇多,侍尧并不亲提研鞫,饬之。寻奏查王希曾于杨春榜冒销工程银,不行纠举,反侵收工料银入己,致酿人命,拟戍。十一月,奏审拟丰顺县奸民朱阿姜潜谋不轨,请革知县吴兰毅职,并自请交部严议。上以该犯等纠党结盟,事经两月,知县不能先期访获,革职未足示儆,命将兰毅拿交刑部治罪;侍尧督拿首夥要犯妥速,从宽免议。三十七年三月,奏运库公费充裕,请拨十万两解交藩库充饷,下部议行。十一月,广州将军秦璜、副都统恒泰彼此讦奏,命褫秦璜等职,发侍尧查审。寻奏恒泰病故,据秦璜劾称,以马价馀银私抵倒毙马匹,讯无染指情弊,恒泰参秦璜加收房租及受贿挑补额缺等款,属实,拟罪如律。三十八年,晋武英殿大学士,仍留总督任。

　　三十九年六月,奏安南内讧,现饬粤西镇道严防夷兵窜入,得旨褒嘉。十二月,入觐,命紫禁城骑马,赐黑狐端罩。四十年十月,奏审办广西高明县民潜赴安南滋事案,查取失察职名,按其月日,将前署明江同知稽璇开参,左江道秦廷基忽赴粤东谒见,先为游说,希欲通融。前据太平府知府程大治、宁明州知州康坦岳倒提月日,开送前任同知邹锡彤职名,及指驳行提,复令州役甘华顶冒串供,[六]种种舞弊,请将廷基等革职,稽璇解任,审讯。谕嘉其秉公,交部议叙。十二月,兵部咨粤东纠党结盟案,不数月多至五起,应照例加重议处,武职虽协拿,从前究属宽纵,未便即予免议。侍尧奏员弁既经协拿,若因破案多不准免议,[七]必致暗为消弭,凶徒转多漏网,请将协拿员弁照例宽免。谕曰:"所奏是,已于折内批示矣。地方武弁,平时不能约束稽查,致匪徒纠党结盟,屡经犯案,自应示以重惩。如果实力查拿,有犯必惩,则藏奸自少。即所属地方犯案较多,若知上紧缉拿,功过原可相抵。设仍予以议处,转致各员弁自顾考成,暗为消弭,于惩治奸匪,整饬吏治,均属无益。李侍尧此折为挽回积习起见,所奏甚是。然亦惟该督向来董察属僚,不事姑息,朕所深信,始可为此言,若他人未可轻为仿效也。此案着照李侍尧所请行。"四十一年二月,奏:"嘉应州斩犯蔡老三临刑未经杀死,带伤脱逃。奉委监刑之长乐县知县薛闳等未亲往,遽报斩讫。次日获犯正法,请将薛闳等革职拿问。"谕曰:"此事殊堪骇异,实为从来未有。处决重犯奉委之知县,及该营游击,并不亲往监刑,委之吏目、千总微末员弁。黑夜行刑,并不亲验首级,致重囚临刑脱逃,复敢捏报斩讫,实出情理之外。其行刑之兵丁黄仕荣显有贿嘱情弊,不可不严讯重惩。即镇道等所报次日寻获正法之处,亦恐难以凭信,并当严密访查,勿使凶恶要犯,得以潜踪漏网。所有知县薛闳、署游击刘永惠、吏目郑兆骥、千总刘骏俱着革职,拿交该督抚,同行刑之兵丁黄仕荣一并严审明确,从重定拟具奏。总督李侍尧、巡抚德保及该管提、镇、道、府,着一并交部严加议处。"寻奏饬委护惠潮嘉道康基田赴嘉应查验该犯尸首,处斩属实,并究出兵丁黄仕荣于行刑时受贿全尸情节,仕荣拟斩,请旨即行正法。拟薛闳等罪如律。部议革侍尧任,得旨宽免。

四十二年正月,因缅酋悔罪投诚,吁请还人纳贡,命大学士阿桂往滇董其事,调侍尧为云贵总督。谕曰:"云贵总督现在办理此事,为最要之缺。各省总督老成有识,能办大事,实无出李侍尧之右者,是以将伊调补。李侍尧到滇,将诸事妥为经理。至开关通市以后,所有内地民人出口及严禁沿边百姓,不许前往茂隆厂生理,〔八〕诸事已详悉面谕阿桂。李侍尧晤阿桂时,即可问明一切,悉商为之。既定章程,阿桂即可回京,而实力永久查办,则惟李侍尧是赖。"三月,京察,议叙加一级。因缅目孟幹入关禀称象众未到,还人纳贡,请暂缓。四月,偕阿桂等奏:"孟幹等言词反覆,现檄谕缅酋以苏尔相、杨重英在内地不足轻重,送还与否,无关紧要,以折其居奇之心。"上嘉其深合机宜。又奏请禁止土人出关侦探,并得旨褒嘉。是月,命阿桂回京。缅甸寻送出苏尔相,讯供解京,仍檄送还杨重英。六月,奏缅匪绽拉机禀请释回孟幹等,并未提还人进贡,严谕来差传知绽拉机,俟送还杨重英,奉表贡象,不但遣回孟幹,并准开市,嘉其所办尤合机宜。又奏:"三十三年征缅甸在木邦殉难之原任永北同知胡邦佐、广南府经历许景淹因辗转行查,迄今十年未具题,请赐旌恤。"上可其奏,下部议行。四十三年正月,奏:"把总李有贵在蛮墩盘获进关奸民潘起,腾越州人,潜赴缅地,今进口为贼探信,讯供解京。"上褒奖之,寻谕曰:"缅地水土恶劣,实非可用武之地。即或该处有可乘之隙,亦不肯兵出无名,兴师涉远,朕自有定见。李侍尧在滇一载,已熟悉缅地情形,且其平日阅历年久,遇事亦知慎重,自不肯稍涉喜事，轻举妄动。若缅甸内讧已成，上下瓦解，其头目纷纷投出，能深悉其底里，实在唾手可取，则又机不可失。李侍尧当酌量为之。"六月，奏永昌、普洱等府界连缅甸，每岁派兵五千五百，在张凤街、三台山、九龙江等处防守。揆度边情，实不值如此办理。请于杉木陇设一大汛，拨腾越镇标兵五百；千崖设一小汛，拨南甸左营兵二百，令各本营员弁轮驻巡防。又虎踞、铜壁等关，即于杉木、千崖两汛分兵驻守，毋庸多派官兵滋费。"下廷臣议行。

　　时滇抚裴宗锡以滇铜不敷额运，奏请调剂，命侍尧悉心筹画具奏。十一月，请裁炉座，并查明炉欠，分别着赔。谕曰："所奏仍未能善体朕意。如将有着无着之项概令摊赔，仍不脱从前陋习。着传谕李侍尧等，将旧有厂欠之项，详细核查，其有着者若干，即将炉户勒追。如逾限不交，查明家产抵补，未完之项，即于经手原放之员名下着追。无论现任、在籍，亦俱勒限追缴。如不能完，即将家赀、田产查封抵补，庶不敢迟回观望。其从前实系无着之项，查明若干，即据实开单奏明，候朕核定，降旨豁免。朕此次清厘，专在剔除积弊，即或应免无着之项稍多，亦所不惜。李侍尧不得存帑项为重之心，畏首畏尾，复涉含糊，致负朕谆切训谕之意。"四十四年，奏滇省堕欠盐款，由于盐斤无着，因勒限于本岁奏销前，不准丝毫短缺。现任各员向井灶收买馀卤，赶煎趱补，半年内盐已足数。谕曰："滇省堕欠盐款，情弊相仍，历久未能厘剔。今李侍尧知致弊之由勒限赶办，不及半年，而应存盐数业已颗粒无亏。可见事在人为，果能实心查办，积弊自即肃清。"

　　四十五年三月，原任云南粮储道海宁向军机大臣诉侍尧贪纵营私状，奏闻，命尚书和珅、侍郎喀宁阿查办。和珅等寻奏，查讯侍尧供认收受道府等官馈赂各款不讳。谕曰："李侍尧身为大学士，历任总督，乃负恩婪索，盈千累万，甚至向属员变卖珠子，赃私狼籍。如此不堪，实朕梦想不到。不特朕用人颜面攸关，即各督抚闻之，无不惭愧痛恨矣！李侍尧着革职拿问，交和珅等严审定拟具奏。"命禠所袭伯爵，以侍尧弟江西提督李奉尧袭。五月，拟侍尧斩监候，下大学士九卿议，改斩决；复下各直省督抚议。十月，谕曰："各省督抚核拟李侍尧罪名一案，〔九〕业已到齐。李侍尧以大学士兼管总督，受恩最深，乃敢营私败检，骄纵妄行，实出意料之外。核其情罪，非仅如彰宝之因病任性，纵家人勒索供应者可比；较之从前恒文、良卿贪婪骫法，致罹刑宪，情节实约略相等。惟恒文等甫任督抚，即肆意婪赃，平日又无出力办事之处；李侍尧则身任总督，二十馀年，如办理暹罗，颇合机宜，缉拿盗案等事，亦尚认真出力。且其先世李永芳于定鼎之初，归诚宣力，载在旗档，尤非他人所可援比。是以前于尚书和珅等照例定拟斩候，大学士九卿请改立决，朕复降旨令各督抚等各抒己见，确议具题，原欲以准情法之平。兹各督抚大率以身在局中，〔一〇〕多请照大学士九卿所议，而闵鹗元则以李侍尧历任封疆，干力有为，为中外所推服，请援议勤、议能之文，稍宽一线具奏。是李侍尧一身之功罪，原为众所共知，诸臣中既有仍请从宽者，则罪疑惟轻，朕亦不肯为已甚之事。李侍尧着即定为应斩监候，秋后处决。馀着照大学士九卿原拟行。"

　　四十六年三月，甘肃撒拉尔逆回苏四十三滋事，特旨赏侍尧三品顶带,并戴花翎,赴甘肃总办军务。四月,陕甘总督勒尔谨获罪,命侍尧管理总督事。时大学士公阿桂奉旨剿办逆回,闰五月,侍尧奏:"现调满、汉屯土兵,臣抵省后,查核军糈颇裕,尚有陆续报运者,计算足敷储备之数。"报闻。又偕阿桂奏贼于华林山筑卡,我兵奋击,克之,得旨嘉赉。先是,上以甘肃私收监粮折色,明系捏灾冒赈,命阿桂会同侍尧详查具奏。六月,奏甘肃捐监归兰州总办。自开例即收折色,并未买粮归仓,盘查出赈,俱属虚文,捏冒侵吞属实,请旨将前任藩司王亶望任内假捏结报之历任道、府、直隶州革审。命将前任兰州府知府蒋全迪、皋兰县知县程栋革职,拿解兰州审讯。此外各员交吏部查明曾任兰州道及首府、首县者,一体革职拿问,其馀各道、府、州、县加恩免其提讯。是月,歼毙贼首苏四十三。七月,逆回平。

　　寻偕阿桂奏冒赈舞弊之司道以下各官,现据兰州府知府陆玮等将浮冒银数,〔一〕及馈送上司各款,逐一供认。八月,谕曰:"甘省私收折色一案,骫法营私,弊端百出。已将首先倡议侵冒分肥之勒尔谨、王亶望、王廷赞、蒋全迪等分别明正典刑矣,至此案大小各员通同侵蚀,自应按律问拟,以彰国宪而警贪婪。但人数较多,若概予骈诛,朕心有所不忍,着传谕阿桂等,将各该犯所有侵冒银数,其有二万两以上者,俱当问拟斩决;二万两以下者,入于情实;其一万两以下各犯,〔一二〕亦应问拟斩候,请旨定夺。所有应行定拟案犯,俱着赶本年勾到以前具奏,毋致延缓。"是月,阿桂赴豫督办河工。九月,侍尧奏请将冒赈二万两以上之程栋等二十员正法,馀分别定罪有差。又奏:"兰州城西南两面,均山高于城,逆回在华林山凭高下击,城守兵无可遮蔽。且该处人烟辏集,屋宇直接城垣,易于攀攻。请西自外城安定门起,由拱兰门迤东至风神庙止;〔一三〕又自通远门东南角起,由迎恩门至广武门北角止,添建城垣,西南两关厢居民,劝谕迁移撤屋,以留火道。华林山应筑营堡,移督标右营官兵驻扎。"得旨,如所议行。

四十七年三月,奏:"皋兰等三十四厅、州、县,亏缺库项八十八万八千馀两、仓粮七十四万一百馀石。核册档,自雍正年间至乾隆二十年以前,即有亏欠银,自数十两至千馀两;粮自数十石至四五百石。二十年后,亏缺日甚,多者至万馀石。上司捏结报题,致州县毫无忌惮。现今查出二十年至四十年亏项,积至四十二万,俱系挪新掩旧。今四十年后,自总督以至州县,俱治罪抄产无可追赔,其四十年溯自二十年之累任各官,应照任内亏空之四十二万拟定成数,加倍赔补,有无力完缴者,入通案各员名下分赔,其尚有八十二万馀,请于臣及司、道、府、厅、州、县养廉内摊赔。"谕曰:"仓库正项银两,竟敢任意侵欺。即令加倍赔补,亦所应得。但念历年已久,各州县辗转接收,较之折捐冒赈,昧良舞弊者,尚属有间。其滥行出结保题之各上司,咎止失察,着加恩将亏空四十二万之数,照依原单,按其在任久暂,照股分赔,毋庸加倍赔补。至该督所称其馀尚有八十二万馀两,未便竟归无着,请于现任总督及司、道、府、厅、州、县各员养廉内摊扣三成,陆续归补等语。甘省积弊相仍,为从来未有之奇事。此等劣员,既经冒赈殃民,又复侵亏正帑,实属罪无可逭。昨已将闵鹗元等交军机大臣,〔一四〕会同英廉等详加核奏,降旨分别办理。至李侍尧、福崧等办理此案,澈底清查,尚属实心。即现在道、府、州、县各员,多系新任,若令摊扣养廉,办公未免竭蹶,且恐将来转有藉词赔累,复致亏缺之弊。并着一体加恩免其分赔。此次宽免后,若再有亏缺,一经查出,断不能为之曲贷也。"四月,奏亏空案内,查有节年民欠未完籽种口粮银一项,除节次邀恩豁免外,尚有应征积欠仓粮二百万石有馀,折银三十万两有馀,请分年带征。谕曰:"甘省地瘠民贫,朕前节年加恩出借缓征,用纾民力。在小民感激朕恩,自无不踊跃输将。但念该省每遇偏灾,动项赈恤,多为劣员等侵蚀冒销,闾阎未得普霑实惠,甚非朕惠养黎元之意。今该省积弊已除,所有此项积欠银两,着加恩全行豁免。"五月,命给予现任品级顶带。八月,加太子太保。四十八年三月,请增甘肃冲途州县养廉,下部议行。四月,因奏参洮河厅同知李天植承修筑工折收料物一案,未将失察之知府附参,部议降二级调用,得旨,宽免留任。六月,奏河州改协为镇,巩、秦二营向隶固原提标,请改归洮岷协专辖,下部议行。

四十九年闰三月,广东监生谭达元控总商沈冀川敛派公费,[一五]馈送前督臣李侍尧,经钦差尚书福康安审讯,照因公科敛所属财物例定拟。谕曰:"李侍尧久任封疆,素能办事,是以加恩复行录用。自简任陕甘总督以来,于剿捕逆回、查办监粮二事,尤能认真出力,而地方诸务,亦俱实心整顿。其令总商科敛公费,购买物件,与枉法受财者有间,所用公费银两,议令按数赔缴,亦足蔽辜。李侍尧着加恩免其治罪,从宽改为革职留任。"四月,奏:"肃州、安西等处雇车出口,向例每百里给价一两六钱,经乌鲁木齐都统海禄查奏,止给一两。续经核奏,每百里给六钱。应查历任报销浮冒各员一体查办。但此项车价,原系照例给价,其咎在明知例价有馀,不行呈出,尚与舞弊有间。可否罚令加倍赔缴,免革职治罪。"上可其奏。

是月,甘肃盐茶厅小山逆回田五等聚众滋事,谕侍尧会同固原提督刚塔迅速剿捕。寻奏带同臬司陈步瀛前往筹办,谕侍尧应以速以严。寻奏田五窜回小山,虑勾结各处新教,现密饬附近州县,及河州、西宁回族较多地方,留心防范。谕曰:"此案田五等复敢倡设新教,纠众滋事,究系从前李侍尧未能歼绝根株,以致复萌馀孽,自难辞办理不善之咎;而此时紧要关键,总以安抚旧教为主。"侍尧旋奏:"拿获田五等家属,并夥贼多名,解盐茶厅收禁。臣即驰往审办。"谕曰:"据奏田五等家口已被拿获,李侍尧亲往审讯。所有田五踪迹及起事缘由,均无难澈底根究。着李侍尧于审明后,即将现获各犯,分别凌迟斩枭,一面奏闻,一面正法。"五月,奏贼匪至打喇赤,复回扑盐茶,恐劫家属,调固原兵弹压。命侍尧速遵前旨,将所获贼夥犯属审明。寻奏:"田五中枪伤,在马营自戕,馀匪窜徐家沟,添派官兵痛剿。又据贼供,意欲回抢盐茶,约人内应。已将供出各犯密拿收禁,随将田五等家属正法。"谕曰:"李侍尧等办理此案,甚属妥速。且盐茶厅拿禁贼犯及犯属甚多,昨经降旨,令该督等先行审明,即将各该犯正法,以绝贼人窥伺抢救之心。今李侍尧于未奉谕之前,业已筹虑及此,将各要犯四十九名即行正法,与朕所降谕旨符合。足见其能办事,本应即予优叙,但此案究系李侍尧前此查办新教未能净尽,平日又疏于防范所致,功过两不相掩。李侍尧着交部议叙。"侍尧奏:"贼匪扑靖远城,经官兵击退。臣现已驰抵靖远,贼窜窝石山梁。因大雨,军装火药潮湿,俟天晴进兵。"谕曰:"此时李侍尧在靖远驻扎,不过筹办粮草事务,可以委道员等代办。李侍尧当前往马家堡,督率调度,较之刚塔一人在彼,呼应更为得力。况盐茶监禁贼回家属俱已正法,其靖远内应回民亦经按名拘获正法。贼匪现退入山内,自不能复至靖远滋扰。即或拼命回扑,官兵正可就其出时,半路截杀,更易为力。现在贼所据马家堡前、左、右三面俱系深沟大河,官兵严密围攻,已如釜底游鱼,〔一六〕困守空山,食尽计穷,自不能长久占据。惟堡后靠山踞险,防其别寻路径,或由山后逸出。该督等不可专意在前攻围,疏防后路,〔一七〕致贼人或乘间窜逸。”

李侍尧旋奏马家堡贼翻后山遁,上以侍尧安坐靖远,并不亲往调度,严饬之,谕部停其议叙。时贼匪窜西巩,上虞驿路梗塞,令设法安置邮传。贼又遁马营街,侍尧亲赴军营,由安定一带贼踪较近处驻扎。谕曰:“李侍尧既知亲往办理,即当星赴马营街打仗处所,与刚塔等面商妥办。乃仅于贼踪较近之处,逗遛驻扎,是何言耶? 着再传旨严行申饬。”时通渭县之石峰堡先有贼接应。上以侍尧屡失机宜,命大学士公阿桂、尚书福康安驰往督师。侍尧寻奏:“贼自马家堡窜后,刚塔徒事尾追;及至西巩,贼复遁马营街,恐与石峰堡贼会合。臣兼程赴安定堵御。”谕曰:“折内措词,皆隐隐参奏刚塔。总督与提督,平日虽属平行,至行军之时,一切皆应听总督调度。如李侍尧亲往打仗处所督办,刚塔仍然怯懦不前,原不妨据实参奏。乃该督惟知安坐观望,逗遛靖远,及贼已远飏,惟知以落在贼后归咎刚塔。试思伊不又落刚塔之后乎?”寻奏通渭城陷,西安副都统明善阵亡。上以侍尧办理不善,致各路贼蔓延勾结,严饬之。侍尧奏贼据石峰堡,飞札领队大臣五岱派兵堵截。谕曰:“李侍尧既虑及贼人侵扰后路,即应星赴打仗处所,与五岱等面商办理。且贼已南窜,安定一带,驿递往来均无阻碍。有何必须该督亲身在彼料理之事,乃仍于该县安然遥驻,惟以札致了事,其故实不可解。"又奏盘获贼探徐璠成,究出通贼之犯数十,[一八]随拿到京。据供欲往兰州、河州,勾合新教。上以兰州省会重地,河州尤系回民巢穴,饬侍尧严防。

时因奉节次饬询谕旨,逐款覆奏。谕曰:"从前甘省苏四十三因新旧争教,地方官办理不善,致酿事端。小丑跳梁,立时扑灭。经朕节次降旨,令李侍尧将通省新教回民,当不动声色,密行查办远遣,断绝根株,以靖边疆而安良善。查办新教,系李侍尧分内专责,经数年间,该督只查拿一二人,奏明办理。乃为时无几,遂有固原所属小山回民田五等聚众谋逆之事,攻城掠堡,伤害官兵。因令李侍尧查明贼人起事根由,据奏靖远城内回民于本年三月十五日众新教回人齐集礼拜寺,将田五纠众谋逆情节告知,约令临期内应等语。是贼人多系新教,久蓄逆谋,公然于县城中齐集纠约,李侍尧安坐省城,毫无闻见。其从前查拿一二回匪,不过藉以塞责,而其并不实心查办,已属显然。迨贼首田五就毙,馀党窜入马家堡,刚塔等带兵追赶。李侍尧惟知株守靖远城审办贼犯家属,而于一切攻剿机宜,竟视为非伊总督应办之事,只委之提督,以致军营统摄无人,贼匪乘间翻山而遁。经朕再四训饬,李侍尧始行移驻安定,仍与刚塔等军营相距遥远,彼此信息,只凭文札往来。行军之道,有如此之玩延怯懦者乎?且各处从逆贼匪,一经拿获,即当审明立时正法。乃据奏盐茶、靖远、安定地方尚有未审未办之犯,此等回匪为逆,有何疑难耽搁？李侍尧无非藉以迁延观望,远避贼锋,巧为卸过地步。是其避重就轻、豫存文饰之见,岂能逃朕洞鉴？真所谓欲盖弥彰也。此事李侍尧既玩愒于平时,又畏葸于临事,遂致贼势蔓延猖獗,到处勾通。李侍尧之罪,实无可逭。李侍尧着革职,暂留甘省带罪效力,办理军需事务,俟剿贼事竣后,再降谕旨。"时西安将军傅玉奏石峰堡地本险要,上年五月新教回人重加修葺,约期起事。谕福康安抵甘省,速将傅玉所奏情节,详细查明具奏。如果有心隐匿,即将李侍尧拿解热河。六月,伏羌告警,侍尧带兵亲往剿捕,得旨:"李侍尧此时竟宜专力剿办伏羌之贼,牵缀其势,勿使窜逸勾结,[一九]则福康安在东路剿办石峰堡贼匪,尤易为力。"

福康安奏侍尧玩愒贻误诸罪状,遵旨拿解热河讯问。谕曰:"李侍尧久任封疆,历练地方事务,数十年受朕恩眷最深。迨调任云贵总督后,有收受厂银等事,一经发觉,即将伊革职拿问治罪。核其情节,虽非近年王亶望、陈辉祖、国泰、郝硕等之贪婪贿赂、败检营私者可比,但其簠簋不饬,已隳名节而损廉隅。其时汇内外臣工之奏,将李侍尧加恩暂缓典刑。适因甘省有苏四十三之事,需人办理善后事宜,一时总督骤不得人。李侍尧究属明白能事,是以复将伊补授陕甘总督。朕于李侍尧破格加恩,原欲其倍加策励,查办邪教,安靖地方,以赎前愆。李侍尧稍有人心,宜如何感激奋勉,仰答朕恩。乃本年回民田五于小山起事,李侍尧并不亲带兵丁设法剿捕。彼时尚得以审办贼党、筹画军饷为名。迨贼于马家堡翻山逃遁,伊仍逗遛靖远,军营统摄无人,贼人遂肆行窜逸勾结。[二〇]经朕于五月十二、十三、十四等日,屡次饬谕,始行驻扎安定,仍距贼众遥远,以致贼党蔓延,到处煽诱,攻城掠堡,扰害良民。是李侍尧之畏葸迁延,实为失机偾事。贼人于四十六年即已修理石峰堡,上年五月又加葺治整固,且田五阴谋不轨,公然纠众聚集礼拜寺,商同谋逆,一切旗帜、号衣、帐房、器械,种种齐备,足见逆谋已有三四年之久。李侍尧安坐省城,竟同聋瞆,是其豢贼养痈,酿成事变,李侍尧之罪百喙难辞。此事办理始终贻误,使李侍尧平日如勒尔谨之庸懦昏愦,尚不能曲宥其罪,况李侍尧在各省总督中素称明白能事,人所共知。朕之弃瑕录用,亦因其尚有才能,冀其感恩出力,乃竟于地方大事贻误若此,朕更不能曲为之解,抑且深自引咎愧恨也。所有福康安参奏李侍尧之处,俱系实在情节,谅伊亦无从诿卸。着将原折交留京王大臣,会同大学士、九卿、科道核议,定拟具奏。"七月,留京王大臣定拟斩决,命随从之王大臣等覆核,请照原议。谕曰:"李侍尧本应依拟即行正法,但念本省因有不逞之徒,滋事扰害,致本省总督即罹典刑,转恐启刁风而滋厉阶,非所以遏寇虐、靖边疆也。从前苏四十三滋事时,将勒尔谨革职拿问,交廷臣核拟斩决。彼时亦曾加恩改为监候,后因该省折收监粮案发,是以赐令自尽,原不因苏四十三之事。今李侍尧玩误因循,其罪虽浮于勒尔谨,但念其历任总督多年,于地方事务尚属谙练通晓,至军旅本非其所娴。着从宽改为应斩监候,秋后处决。"五十年十月,谕加恩释放。十二月,命署正黄旗汉军都统,赐紫禁城骑马。

五十一年三月,署户部尚书。五月,湖北江陵县民蒋鲁玉控知县孔毓檀侵蚀赈银,命侍尧前往查办。寻审明毓檀无侵蚀情弊,但上年领到银谷,先放附近各处,其较远处所至本年正月始放,致灾民情急呈控,请革职,发往军台效力。谕革毓檀职,免治罪。是月,命署湖广总督。十月,参奏前署孝感县知县秦朴任内有县民刘金立等向族姓借贷不遂,纠众抢劫,旋有并未被抢之革生梅调元因虑被累,邀同居民杨维智等,殴毙金立,捉获帮抢之刘大幺等二十三人,活埋于查家山。地方官讳匿不报,请旨革职严审。得旨,褫秦朴职,拿交刑部治罪,前总督特成额等并逮问。旋命实授湖广总督。是月,置调元等于法。又查奏黄安县知县陈玉、兴国州参革知州温有光办赈多侵渔,谕革陈玉职,同已革知州温有光一并严审定拟。寻审明,论罪如律。

五十二年正月,入觐。时台湾奸匪林爽文事起,命侍尧为闽浙总督,抵闽后,驻扎蚶江,前总督常青赴台湾督办军务。二月,奏驰抵泉州,饬属碾米解贮厦门等处接应,并防范内地各隘口,上嘉之。三月,奏:"筹办军粮、器械,在厦门、澎湖者,径解台湾府城;在泉州者,由蚶江解鹿仔港。再,匪徒私立天地会既久,若将内地从教民人澈底究办,恐致惊扰。现豫为访察存记,俟逆匪办竣,与缘坐家属之在内地者一同办理。"又奏:"南路官兵克复凤山,北路贼自闻风震慑。如凤山无须重兵弹压,尽可专注北路。"均报闻。又疏劾提督黄仕简、任承恩分剿南北两路各有牵制,谕常青渡台,将黄仕简撤回厦门候旨,逮问任承恩。侍尧旋奏:"军营各提镇彼此观望,南路黄仕简现请添兵,常青欲向北路会剿,已无兵可带。若俟咨会到日,恐调集迟误,现飞咨粤省令派将弁兵丁克日起程。"得旨:"筹办甚为周到,动合机宜。"又奏:"台湾自贼匪滋事以来,大兵仅属困守,黄仕简等皆以兵单难于远捕为辞。"命俟仕简抵厦门,并逮问,详仕简传。谕侍尧至厦门。[二一]饬粤省官兵趱程前进,并备船随到随渡。四月,奏林爽文在大里杙筑堡拒守,难民附船入口者,兵役藉稽查勒索。得旨,事竣后,当严查处治,以示惩儆。时常青咨调征兵七千,侍尧以海疆各营存兵,未便再拨,请调浙兵,上韪其言。又奏粤省二起兵自海澄县水路赴厦门,行至屿仔尾被盗行劫,请将海澄县知县侯谨度等革职,留于地方协缉,总兵罗英笈等一并交部议处,得旨,均革去顶带,暂行留任督缉。侍尧奏:"臣由厦门回泉州,向蚶江料理配渡。据台湾道府请发银米各十万,各路接济乡勇,并赈恤难民。经臣驳饬,命将该道府请发银米,速行照数运往,以备接济,并以所见错谬饬之。"又奏漳浦、平和一带有械斗案,已咨提臣蓝元枚暂留漳浦办理。得旨:"蓝元枚已授为参赞,其漳浦匪徒,即着李侍尧前赴该处督办。"时鹿仔港难民亟须抚恤,侍尧筹买番薯并拨米委员解往。谕曰:"李侍尧以鹿仔港难民嗷嗷待哺,酌筹赒济事宜,是李侍尧知过能改,并不稍存回护,惟不及朕先见之速耳。所奏采买番薯一万斤,并拨米二千石,为数恐不敷用。着该督酌量情形,多为豫备,陆续采运,以资口食。"五月,奏闽省内地各营存兵无多,请将浙兵配渡进剿。谕曰:"现在台湾额兵、征兵,临阵伤亡者不少,所有缺额,何不趁此时即在内地召募充补,使兵数足额?巡捕既资充裕,而该处游手好闲之徒,亦可收归卒伍,更为一举两得。"

　　时漳浦械斗案应往审,谕侍尧察看情形,如不必亲往查办,即在厦门、蚶江一带往来照料接济军需。又谕曰:"李侍尧驻扎厦门一带,照料官兵配渡,迅速办理军需粮饷,均能先事豫筹,源源接济。着交部议叙。"六月,奏漳、泉会匪甚多,风闻逆首遣人勾结，须豫防范。拟再调浙兵二千到泉州、厦门驻扎。谕曰："所虑甚是，自当如此办理。至漳、泉一带会匪甚多，贼首林爽文遣人勾结之说，虽得自风闻，不可不留心防范。总以静镇为要。至该督拟调浙兵二千名到泉州、厦门驻扎一节，浙兵向来怯懦无用，即调驻漳、泉，亦不得力，徒劳跋涉，更致虚縻，且需时日。朕闻闽人素称犷悍，且游手无藉者更多，不若即在闽省就近召募，俾食钱粮，以充营伍。伊等自必乐从，可以一呼而集，较之浙兵，既属勇健可恃，且游手无藉之徒，亦可收以为用，不致为匪，实属两有裨益。"又奏："贼据笨港，解往粮饷、火药，恐被邀截。现拨缯船二，令营员带领水师枪兵分驻鹿耳门、鹿仔港，弹压防护。"谕曰："此事最关紧要，朕未及降谕旨，令该督加意防范，而李侍尧一闻笨港有失，即能虑及于此，若能沿海一带要隘，保守无虞。将来大功告成时，此亦李侍尧之一功也。"

七月，奏："前派缯船尚单薄，现饬海坛、金门二镇调缯艍船各一，[二二] 拨沿海枪兵防范。至内地营伍未查明缺额实数，应先约略募补。"命侍尧广行添募，毋庸拘定原额。八月，奏："洋盗行劫官运米船，有不抢米石止抢军器者，请照从前办海澄县劫案例，将该地方文武革去顶带，留本任勒限缉拿。"谕曰："李侍尧督饬所属员弁，务须上紧设法勒限查拿务获，并拿获盗犯时，亲行提讯是否系海洋劫盗，抑系贼人夥党之处，严切根究，务得实情。"时蓝元枚奉旨带兵往盐水港剿贼，侍尧奏："盐水港距鹿仔港较远，恐元枚带兵南行，贼潜至鹿仔港滋扰，现移咨令从陆路进攻大里杙等处。"谕奖其所筹实合机宜。寻以台湾剿捕事未竣，命福康安为将军，代常青督师，谕侍尧将应用军需，妥为核算,俾十馀万官兵无致乏用。九月,奏:"内地台湾转运夫价,请照金川口内、口外例,增给价值,其海运船只,事前守候,事后回空,亦请暂给口粮。"得旨:"折内所奏各款,姑照所请行,李侍尧当明喻朕意,安心筹办军务要件,其寻常细事,无庸豫为将来地步也。"寻奏蓝元枚卒于军,飞檄总兵李化龙留鹿仔港驻守,总兵普吉保由西螺进攻斗六门。〔二三〕十一月,加太子太保。奏:"接奉发交常青谕旨,恐常青宣露,致府城人心惶惑,拟节录发寄。"得旨:"深合机宜,殊得大臣之体。着赏戴双眼花翎,以示优眷。"十二月,总兵罗英笈督率兵役在金门洋面拿获前在海澄县屿仔尾地方行劫粤省兵船之黄突等十二犯,又获累劫军米拒伤兵丁之何片等三十七犯,均审明恭请王命正法,命赏还英笈顶带。

　　时福康安劾提督柴大纪,又侍郎德成自浙回京,面奏大纪贪黩状,上以侍尧有心徇隐,申饬之,命据实查参。五十三年正月,奏大纪贪劣各款,并自请交部治罪。谕曰:"李侍尧此次办理照料渡兵,拨运粮饷、火药等事,尚为出力。原欲俟藏功之日,给还伊原袭伯爵,乃于柴大纪贪纵不职之处,经朕节次降旨询问,李侍尧知难隐饰,始行具折陈奏。似此有心徇隐,更忍辜负重恩,李侍尧不应出此。前已晋加宫衔,赏戴双眼花翎,已为侥幸,岂可复膺懋赏?并着交部严加议处。"部议降三级调用,得旨从宽留任。二月,林爽文就擒。奏:"上年各营新募兵,原系暂备差遣。今贼首就擒,福康安移师南路搜捕庄大田,军务克期告藏,征兵即可归伍。若将新兵全裁,办理未免太骤,现通饬各营以新兵补旧额。至各营募兵多寡不同,并饬新兵较少营分,遇缺出即于新兵较多之相近各营移补。"报闻。旋获庄大田,台湾平。上以侍尧照料过兵,运送粮饷妥速,交部照例议叙。又奏军务告竣,各省拨运米未入境者,应行截留停运,从之。

三月,命查明台湾被害各官平日居官及死事情节具奏。寻奏:"彰化县知县俞俊到任未两月,闻贼警,亲往查拿遇害;又理番同知长庚、署同知王隽,〔二四〕凤山县知县汤大奎居官并无劣迹,均死事,应请议恤。至台湾府知府孙景燧,〔二五〕台防同知刘亨基,台湾县知县程峻,〔二六〕署诸罗县事董启埏、唐镒在任虽久暂不同,俱以贪黩酿变,虽被害,不应给予恤典。"疏入,上嘉其公当。四月,挑拨台湾换班戍兵,命侍尧于兴化、延平、建宁、邵武各营均匀派拨,毋专派漳、泉两郡兵。是月,赏还原袭伯爵。八月,谕建福康安等生祠于台湾,侍尧居福康安、海兰察之次。复命图形紫光阁,列前二十功臣,御制赞曰:"以恒入觐,命往闽疆。战固老矣,谋猷允长。渡兵济饷,井井有方。不误军储,其绩孔臧。"十月,疾,命侍尧子侍卫毓秀前往省视。是月,卒,赐祭葬,谥恭毅。

子毓秀,仍袭伯爵。六十年正月,因侍尧前在云贵总督任内,与厂员通同偷减钱法,褫毓秀袭职,以奉尧子三等侍卫毓文袭毓秀爵。

【校勘记】

〔一〕天命三年 "三"原误作"六"。耆献类征卷二六叶一上同。今据高录卷五叶一六下改。按国传卷一四叶一上及本书卷七八李永芳传均不误。

〔二〕二十年五月 "十"下原衍一"五"字,又"年"下脱"五月"二字。

耆献类征卷二六叶一上同。今据纯录卷四八九叶八下改。按国传卷一四叶一上不误。

〔三〕请褫知县石崇先职　"先"原误作"光"。耆献类征卷二六叶三下同。今据纯录卷六一〇叶八上改。按国传卷一四叶三上不误。下同。

〔四〕甚至抬价赊欠侵吞种种作奸而场商鸢远阻碍　"赊"原误作"馀"，又"场"误作"扬"。耆献类征卷二六叶五下同。今据国传卷一四叶四上改。

〔五〕婪索土田州知州岑宜栋银两　原脱"银两"二字。耆献类征卷二六叶六下同。今据纯录卷七三七叶一〇下补。按国传卷一四叶四下不脱。

〔六〕复令州役甘华顶冒串供　原脱"州"字。耆献类征卷二六叶八下同。今据纯录卷九九九叶一五下。

〔七〕若因破案多不准免议　原脱"破"字。耆献类征卷二六叶九上同。今据纯录卷九九九叶一五下补。

〔八〕不许前往茂隆厂生理　"理"原误作"事"。耆献类征卷二六叶一〇上同。今据国传卷一四叶七下改。

〔九〕各省督抚核拟李侍尧罪名一案　原脱"罪名"二字。耆献类征卷二六叶一二下同。今据纯录卷一一一六叶四上补。按国传卷一四叶九下不脱。

〔一〇〕兹各督抚大率以身在局中　"中"原误作"外"。耆献类征卷二六叶一三上同。今据纯录卷一一一六叶五上改。按国传卷一四叶九下不误。

〔一一〕兰州府知府陆玮等将浮冒银数　"玮"原误作"纬"。耆献类征卷二六叶一四上同。今据纯录卷一一四〇叶三三上改。按国传卷一四叶一〇下不误。

〔一二〕其一万两以下各犯　原脱"以下"二字。耆献类征卷二六叶一
四上及国传卷一四叶一〇下均同。今据纯录卷一一三九叶一
〇上补。

〔一三〕请西自外城安定门起由拱兰门迤东至风神庙止　"西自"原颠
倒作"自西"，又脱"东"字。耆献类征卷二六叶一四下同。今
据国传卷一四叶一一上改补。

〔一四〕昨已将闵鹗元等交军机大臣　"鹗"原误作"鹗"。耆献类征卷
二六叶一五下同。今据纯录卷一一四〇叶三四上改。按国传
卷一四叶一一下不误。

〔一五〕控总商沈冀川敛派公费　"川"原误作"州"。耆献类征卷二六
叶一六上同。今据国传卷一四叶一二上改。

〔一六〕已如釜底游鱼　"鱼"原误作"魂"。耆献类征卷二六叶一八上
同。今据纯录卷一二〇六叶二四下改。按国传卷一四叶一三
下不误。

〔一七〕疏防后路　原脱"疏防"二字。耆献类征卷二六叶一八上同。
今据纯录卷一二〇六叶二五上补。按国传卷一四叶一三下
不脱。

〔一八〕究出通贼之犯数十　"犯"原误作"万"。耆献类征卷二六叶一
九上同。今据国传卷一四叶一四上改。

〔一九〕勿使窜逸勾结　原脱"窜逸"二字。耆献类征卷二六叶二〇下
同。今据国传卷一四叶一五下补。下文有"肆行窜逸勾结"一
句不脱。

〔二〇〕贼人遂肆行窜逸勾结　原脱"贼人遂"三字。耆献类征卷二六
叶二一上同。今据纯录卷一二〇九叶二七上补。按国传卷一

四叶一五下不脱。

〔二一〕并逮问详仕简传谕侍尧至厦门　原脱此十三字。耆献类征卷
　　二六叶二三下同。今据国传卷一四叶一七下补。

〔二二〕现饬海坛金门二镇调缯艍船各一　原脱"艍"字。耆献类征卷
　　二六叶二一下同。今据纯录卷一二八七叶二五下补。按国传
　　卷一四叶一九上不脱。

〔二三〕总兵普吉保由西螺进攻斗六门　原脱"吉"字。耆献类征卷二
　　六叶二六上同。今据纯录卷一二八八叶一二下补。按国传卷
　　一四叶一九下不脱。

〔二四〕署同知王隽　"隽"原误作"鼎"。耆献类征卷二六叶二七下
　　同。今据纯录卷一三〇六叶一七上改。按国传卷一四叶二〇
　　下不误。

〔二五〕台湾府知府孙景燧　原脱"燧"字。耆献类征卷二六叶二七下
　　同。今据纯录卷一三〇六叶一七上补。按国传卷一四叶二〇
　　下不脱。

〔二六〕台湾县知县程峻　"峻"原误作"竣"。耆献类征卷二六叶二七
　　下同。今据纯录卷一三〇六叶一七上改。按国传卷一四叶二
　　〇下不误。

周学健

　　周学健,江西新建人。雍正元年进士,改庶吉士。三年,授
编修,充一统志纂修。七年,丁父忧。十三年五月,充四川乡试
副考官。九月,提督福建学政。乾隆元年,迁侍讲。二年,迁右
庶子。四年正月,充三礼馆纂修。三月,迁侍讲学士。六月,转
侍读学士。五年二月,充日讲起居注官。六月,迁少詹事。十二

月,迁内阁大学士,充三礼馆副总裁。六年二月,署刑部侍郎,充明史纲目副总裁。三月,补户部右侍郎,[一]仍兼署刑部侍郎事。

七月,命往山东查办御史玛升参私票盐价一案,寻奏:"东省私收票价实无其事,即票商亦无立窝价名色。惟是票盐地方充革无定,遂启攘夺之端。现在商湖淄川票地,系济东道张体仁子侄冒充,居官牟利,不可不戒。"又查奏给事中马宏琦劾兖州府知府沈斯原挟嫌诬揭滕县知县李鳝讳盗,并向属员借银有据。俱下部论罪如律。时衍圣公孔广棨参曲阜令孔毓琚营私枉法,学健遵旨鞫问。寻鞫实毓琚多收税银及扣禁卒民壮工食二款,拟杖徒,从之。十月,调刑部右侍郎。十二月,陈奏:"捕治老瓜贼各条:一、贼所居本籍,该地方官获一名者议叙,其夥党有曾同行窃案,并跟随学习;尚未同行者,必逐名搜捕,分别办理究处拿获,将本地方官议处,邻佑地保治罪。一、窝家必尽究,无使漏网,承问官草率结案,照盗案删去窝家例议处。一、老瓜贼均系谋财害命,较随行夥盗并未伤人者,情罪已重,无论曾否下手加工,但系知情同行,皆立决。一、塘兵自日入至二更,自五更至天明,上下汛轮番传旗,沿途巡查,遇行客护送前行,如停卧即责革汛弁并参。一、凡道路无主尸身,系老瓜贼谋害者,文武官俱照盗案勒限缉拿,或避重就轻,混以是雠非盗立案者,照讳盗例议处,仍于发觉时通行严捕,无使疏脱。"下部议行。

七年三月,命往上下江会同督抚查办灾赈水利事务。三月,合疏言:"铜市有石林、黄村二口,黄水冲刷,灌淹民田。应坚筑土坝,砌石帮护。沛县缕水堤决口,应自华山起至斜堤止,堵筑坚实。再于金陵镇迤下尾闾,疏浚深通。砀山县小神湖上流有堤河一,受河南虞城潦水,由朱家洼归湖;又大沟一,由纪家洼归湖,湖尾全藉马家沟宣泄俱急,宜修浚。邳州沂水河堤冲决六处,应补筑。山阳县西民田滨白马湖,应筑堤捍御,建涵洞。阜宁敦墅湖南通射阳湖,为泄水要道,宜去积淤。以上六州县工程,应先兴举。至海州蔷薇河泄沭阳上游山水,及青伊湖积潦,年久淤塞,散漫为害。河尾旧闸颓废,不能启闭,均应浚修。"下部议行。四月,疏言:"凤、颍、泗三属,赈后又借给两月口粮,固可宽一时之急,但积歉之区,元气未复,秋成征完,难免追呼。请将所借改为加赈免征。"从之。八月,上下江复被灾,命偕直隶总督高斌往,同督抚办理。寻合疏言:"向来乐善好施人等定有议叙之例,只就本有职衔,量予叙用,并加级、纪录等款。今请仿其例,量为扩充,准各省急公人员出赀备赈。原有职衔者,酌予即用议叙;无职衔者,量出赀多寡,京职自中行评博以下,外职自同知以下,分别议叙,予以即用,俾得邀荣仕宦。自必踊跃捐输,而穷黎均沾惠泽,于赈恤大有裨益。"下部议行。

八年四月,署福建巡抚。十二月,疏言:"闽省督、抚、将军标兵每各会标一次,需赏银一千两。又驻防八旗兵,每冬演放火炮,需彩红银八十两,向于耗羡存公项内支给。后总督郝玉麟以耗羡应支养廉,入不敷出,将此项裁减。操演为国家巨典,海疆要务。查现有寺租归公银,恳拨给应用。"得旨允行。九年,署浙闽总督。十一年,加太子少保。十二年正月,疏言:"采买台郡馀粟,民运便于官运。凡商民由内地赴台买谷者,呈明漳、泉地方官,取结赴厦门同知领照;由台运谷赴厦门者,呈明台郡地方官取结,赴台防同知给照。出口进口,均行盘验,听赴漳、泉府属公平粜卖,其地民食可倍宽裕。"从之。九月,授江南河道总督。

十三年闰七月,缘事获罪,命往直隶城工效力赎罪。八月,江西巡抚开泰奏于学健原籍查出兖沂曹道吴同仁贿嘱学健荐举书札,鞫实拟斩,奉旨赐自尽。

【校勘记】

〔一〕补户部右侍郎　"户"原误作"刑"。汉传卷一八叶四六下同。今
　　据纯录卷一三九叶五上改。

鄂昌

鄂昌,满洲镶黄旗人,姓西林觉罗氏。父鄂善,任笔帖式。雍正六年,鄂昌由举人授户部主事。七年,擢陕西宁夏道。十年,迁甘肃布政使。十一年三月,署陕西巡抚。十一月,疏言:"前准部咨,令西凤二府,邠乾二州属,拨米运肃州军营,而不及同、华、耀三州,官民劳逸不均。请三州及各属县一体碾运,分远近定起运日期,庶分任无难。"得旨俞允。

十二月,授四川巡抚。十二年五月,奏言:"酉阳宣慰土司冉元龄老病,以庶子广烜捏报嫡长请袭,土民以广烜加派贪暴,吁请改归内地。查酉阳与楚、黔接壤,风俗无异内地,应改土归流,以顺民情。"廷议如所请行。十一月,条奏:"改隶道、府、州、县各事宜:一、川东道属之顺庆府改隶川北道,川北道属之绵州改隶松茂道,松茂道属之资州改隶永宁道,夔州府属之新宁县改隶达州;一、川东道原管榆关税务,就近归重庆府管理;一、嘉定、潼川二直隶州,俱升为府治,设知府、通判、经历各一,附郭各增置

一县,设知县、典史各一,并原属各县俱归府辖。改州学正为新县教谕,州训导为新县训导。"下部议如所请。寻定嘉定附郭县曰荣山,潼川附郭县曰三台。十三年正月,四川总督黄廷桂列款纠劾鄂昌不职诸款,上命刑部侍郎申珠浑会同新任四川巡抚杨必蕃审讯。嗣申珠浑等以鄂昌枷毙人犯,容隐旗人,并审案宽纵,受属员银币等物,俱属实情,革鄂昌职。谕曰:"朕览申珠浑等查审鄂昌一案,其中多有避重就轻、瞻徇隐漏之处。鄂昌以户部司员简用监司之职,不次超擢用为四川巡抚,乃负朕擢用之恩,又玷伊叔鄂尔泰颜面,论情理均属可恶。着革职拿解来京,交部将折内查审不到处,另行严审定拟具奏。"刑部逐款驳讯,鄂昌认罪不讳,拟杖徒,遇赦免。

乾隆元年,上命查八旗降革大员,特旨令鄂昌在批本处行走。二年,授直隶口北道。四年,调通永道。六年,迁甘肃按察使。八年,疏言:"西安布政帅念祖奏准藩、臬三年陛见,藩司行者以臬司署篆,臬司行者以藩司署篆。藩、臬为钱粮刑名总汇,一人兼办,恐多丛脞。且两司多会审会议事件,一人意见不周,无从参酌,难免徇私误公之弊。请嗣后不必互署,督抚临时酌委道员署理,以昭职守。"部议:"道员有堪委署之员,即令署理;倘道员内不得人,而该司倘能兼摄,亦即委摄办。"上允之。时山西客民梁玥等在肃州属高台县被劫,杀知县伍升堂,妄拿张林等六人,锻炼定案,拟斩绞。肃州知州陈世芳率转鄂昌,鞫知张林等被诬,立剖其冤,并勒限缉获正凶单四、王进才,置之法。甘肃巡抚黄廷桂以鄂昌平反得宜、缉凶实力入奏,得旨嘉奖。

九年九月,迁广西布政使。十月,疏言:"定例承审案件,如

印官奉调入闱,及会审、会勘,俱准限内扣除公出日期,承缉、承
追、承查俱不准扣除。嗣奉部咨,查造交代照承查之例。臣思交
代之案,本官不能在外办理,实与承审之案相符。如公出概不准
扣,恐相距遥远处,往返耽延,两月正限已迫,出结则仓库盈虚未
知,稍迟则上司结报又不容缓。请嗣后交代案件,如奉调入闱及
檄委会审、会勘等事,公出准照承审展限。"部议奉调入闱,准扣
公出日期,馀仍旧例行。十一年五月,署广西巡抚。时直省地丁
钱粮,奉恩旨轮年蠲免,是年轮免广西。鄂昌以桂、梧等府、州属
官田银米及桂平等府、州学租银米,查照湖南城步、绥宁入官田
租之例,请免十分之三,使农民均沾恩泽,得旨俞允。八月,奏请
以原任大学士鄂尔泰入祀广西名宦,上以鄂尔泰系鄂昌之叔,题
请入祠,明系私心,且称赞太过,降旨切责。十二年四月,遵例自
陈,并奏广西布政使李锡秦久任广西,[一]堪膺封疆之寄。谕曰:
"上年广西巡抚托庸参劾布政使唐绥祖,原属过刻,经两广总督
策楞审明,革托庸职。因一时不得其人,即令鄂昌署理巡抚,而
用李锡秦为布政使。适李锡秦在京,朕召见时,伊痛贬托庸之
劣,而极称鄂昌之优。今鄂昌即举李锡秦自代,其能免党同朋比
之嫌乎?嗣后督抚不得举本省藩臬,着为例。"广西向设炉十,铸
钱配放兵饷。鄂昌以厂铜不敷,奏请购滇铜百万斤,每年领运十
五万斤,为鼓铸之资;又请增炉二,同原炉开铸,补从前缺卯,以
资兵饷。奏入,上嘉奖之。十三年三月,疏言:"广西各厂铜,前
奏准照旧二八抽课,馀铜每百斤给价银十三两,收买一半,馀应
商售。部议俟试行一年后,将各厂采铜有无旺盛,题明办理。今
期满出铜未旺,实有不能核减之势,请仍给价收买。"部议不准,

特旨照所请行。闰七月,调江苏巡抚。九月,调四川巡抚。十一月,调甘肃巡抚。十四年四月,疏言:"宁夏、宁朔、〔二〕灵州、肃州等州县,地处边陲,积贮宜充,应增建仓廒,请动帑兴修。"下部议行。五月,署甘肃提督。十五年,署陕甘总督。

十六年八月,调江西巡抚。先是,云南总督硕色奏滇省传播伪撰尚书孙嘉淦本,肆行诬谤,逆犯未获,请敕各省通行严缉。十七年正月,鄂昌以广饶九南道施廷翰之子施奕度传钞伪稿,请解廷翰任审究。诏革职,令鄂昌审讯具奏。鄂昌偕按察使丁廷让查审未实,竟以施奕度等附会成狱。上以鄂昌于办理之始,不能实力根查,致各犯串供狡饰,辗转株连,实在根源毫无着落,特命军机大臣等将施奕度等犯解京覆讯。经军机大臣详细研鞫,立为申雪,其案内彭祖立等犯,分别提解省释。十一月,命鄂昌解任,来京候旨。十八年正月,谕曰:"各省传钞伪稿一案,关系风俗人心者甚大,不可不力为整饬。乃各省督抚惟任属员取供,以致辗转蔓延,久迷正线,而江西尤甚。即如施廷翰案内施奕度,江西承审各官草率错谬,及到江南总督尹继善亦不能审出实情,几认为捏造正犯。经朕命军机大臣审明昭雪,而千总卢鲁生在江西两次到案,俱被狡饰脱漏。经军机大臣细加穷诘,始将千总卢鲁生及守备刘时达传稿情节,逐层究出。既不能推卸传稿实情,又不能供得稿来历,情竭词穷,始将其会商捏造,种种奸伪情节,并将会稿条款,逐一默写,及其造谋起意,于破案后商同借线掩饰情由,一一吐露。着大学士、九卿等会同军机大臣再行详细研鞫,定议具奏。此案查办之始,若竭力根究,自可早得正犯,乃粗率苟且,江西舛谬于前,江南迷误于后,均难辞咎。江西近在同城，几于网漏吞舟，厥罪较重。鄂昌及丁廷让俱着革职拿问，交刑部治罪；尹继善着交部严加议处。"嗣经廷议按律拟鄂昌、廷让杖徒，得旨从宽免罪，着发往军台效力。

十九年闰四月，上以甘肃存贮官茶，拟运北路军营备用，命鄂昌前往办理。五月，授甘肃巡抚。时大军议征准噶尔，命鄂昌办理军需。七月，疏言："官兵自嘉峪关前赴哈密，沿途多戈壁，缺水草，已檄弁兵相度开井，并饬安西道文绶督卫弁及哈密粮员多备草束，运贮各站，官兵到即遄行。"上嘉之。十一月，疏言："臣自嘉峪关至西安，查询米价日增，肃州挽运出关，车户众多，口食拮据。本地兵民亦购买维艰，冬末春初，价必更昂贵。请安西一厅五卫各仓存贮小麦，出粜万五千石，以平市价。又请于甘、凉、肃三府常平仓内筹拨仓粮六万石，酌量各处情形，分别平粜，民食军需，均有裨益。"俱如所请行。

二十年三月，上以逆犯胡中藻所作坚磨生集诗词悖逆治罪，鄂昌于广西巡抚任内，与胡中藻唱和，命革职，拿解来京，经大学士九卿严审，按律定罪。五月，谕曰："鄂昌身系满洲，乃在巡抚任内，与逆犯胡中藻唱和。见其大逆不道之辞，不但不知愤恨，且引为同调，丧心已极。是以将伊拿解来京，廷鞫之下，伊亦俯首无辞，惟称万死而已。至伊从前身获重罪，但令坐台，已属宽典，而于伊署中查出诗稿书札，其所作塞上吟一编，则种种怨望，不一而足，但未至如胡中藻之大肆讪谤耳；而于鄂容安之差往军营，则云'奈何奈何'。满洲旧俗遇有行师，[三]必踊跃争先，以不预为耻，不谓竟有此等败类也。又与大学士史贻直札稿，内有'玉成佳器'之语，朕不知所指。召问史贻直，则据奏曾经致书

通候,并未有所请托。今讯之鄂昌,则供称史贻直致书与伊,有
'河道之缺已补,甘藩之任尚悬,望鼎力玉成'等语。史贻直为
伊子请托于前,又不据实陈奏,以图掩饰。本应重治其罪,念其
迩年尚属勤慎,从宽以原品休致,勒令回籍,闭户家居。鄂昌负
恩党逆,核其情罪,必应肆市,方足蔽辜;但伊尚能自知罪状,一
一供认,而于史贻直嘱托书词,毫无隐讳,致朕得明正官常。着
从宽赐令自尽。"

【校勘记】

〔一〕广西布政使李锡秦久任广西　"秦"原误作"泰"。满传卷三八叶
　　二三下同。今据纯录卷二九一叶六上改。下同。

〔二〕宁朔　"朔"原误作"翔"。满传卷三八叶二四上同。今依地理沿
　　革表页一〇六改。

〔三〕满洲旧俗遇有行师　原脱"满洲"二字。满传卷三八叶二八上
　　同。今据纯录卷四八九叶三下补。

吴士功

吴士功,河南光州人。雍正十一年进士,改庶吉士。乾隆元
年,散馆,改吏部主事,荐迁郎中。

四年,迁监察御史,巡视南漕。五年五月,疏劾漕标游击田
三省贪婪,得旨,交总督郝玉麟鞫实,拟罪如律。十二月,巡视南
城,奏言:"各省督抚奏请带往人员,雍正六年谕令俱着回京请旨
另用。近部院大臣简用督抚,有奏请将所属司员带往,以道府等
官题补。若为地方起见,未到任之先,于该省地方情形尚未深

悉,何由知道府等缺,必伊带往之人,方克胜任?若为人才起见,果系廉干,可胜任道府之员,无难据实保奏,不拘省分,皆可量才酌用,何必以伊所奏之人带往?伊该管省分自行题补,督抚纵公正无私,而于随带人员托为心腹,寄以耳目,恐滋偏听之弊。安知到省属员不私相交结,希为先容,以取悦上官?请嗣后仍照旧例,概行停止。"下部议行。

六年,御史观音保奏参士功等徇庇南城指挥郭从仪,敕都察院会同吏部查奏。寻奏郭从仪违制用刑,士功等即行指参,并无徇庇,得旨,观音保降二级调用。三月,御史仲永檀奏向来密奏留中,事多泄漏,上敕王大臣询问,永檀举出士功奏参尚书史贻直。谕曰:"留中密折,宣泄于外,伊既举出吴士功奏参史贻直一件。查上年吴士功果有此奏,现交王大臣查询。"翌日,又谕曰:"朕谕旨一道,御史吴士功奏参尚书史贻直一折,目今姑且不究。着与二人阅看后,封贮内阁。若伊等将来不知悛改,再有过犯,将此取出,一并从重处分。"

七年,授山东济东泰武道。八年九月,丁继母忧。十二年,服阕,补直隶大名道。十二月,调山东兖沂曹道。十三年正月,调湖南粮道,山东巡抚阿里衮奏留办理赈务;寻复以士功端方练达,熟悉民情,奏留山东。闰七月,诏调山东粮道。十四年,迁山东盐运使。十九年,迁陕西按察使。十月,以办理军务台站,议加一级。二十一年,调湖北按察使。二十二年三月,以前在陕西办理马匹,议叙加一级。七月,上以豫省灾赈平粜需米,敕下江西、湖北巡抚,在该省相近河南各州县仓贮内,酌拨运交豫省收贮。其动拨谷数,即将本年应运漕粮截留归款。士功时护理湖北巡抚,奏:"湖北本年额征应运漕米十五万一千一百馀石,遵旨截留归款。楚地潮湿,米难久贮,请以一米改收二谷还仓,本年既经截漕,所有随漕征解银,除应给减歇丁船等项米折银两,并折色月粮外,其馀无需支解各款,及节省漕粮水脚,共银四万一千九百馀两,请即为拨运豫米之用。豫米现即开运,先借支司库公项,俟各属解到截漕银,照数归款。"疏入,报闻。

是月,迁陕西布政使。十月,护理陕西巡抚。十一月,奏:"宜君、榆林、葭州、怀远、府谷、神木、靖边、宁远各州县,先旱后潦。督臣黄廷桂奏拨宁夏米麦五万石,分赈怀远、靖边等县。自宁赴陕,中阻黄河,沿边早寒河冰,即难挽运。臣先期饬催早运抵陕,其奏拨绥德、米脂、清涧,吴堡四州县米二万石,协济榆林、葭州,山路崎岖,冰雪载途,更难驮运。苍黎待哺孔亟,臣饬添雇骡驼赶运,俾早沾实惠。"谕令竭力妥为之。是月,调直隶布政使,奏:"藩库银钱交代,新任接收出结,督抚盘查保题,定例綦严,但日久视为具文。请嗣后抚藩离任,奏请陛见之日,即将在任库项曾否挪借、有无亏空之处,另折附奏。其或在任不久,调补远省,资斧不足,欲借库项者,一并据实陈奏。新任抚藩接印后,亦于交代限内另折奏闻,仍照例出结保题,则挪借积弊可除。"上以所奏简而易行,着为例。二十三年三月,仍调任陕西,护理巡抚印。未几,擢福建巡抚,谕俟新抚钟音到陕后,再赴福建新任。四月,奏:"延安府兵糈,向例各县民运交府仓,分防弁兵赴府支领。山高路远,往返五六百里,民运赴府,费倍正供。兵领回县,耗费过半。查甘泉、宜川、延川、延安俱驻弁兵,请将四县民粮各在本县征收,支给本县汛兵。"从之。六月,奏:"陇州、汧阳县跬步皆山，岁征屯豆五百四十九石零，乡民赴城完纳，往返需费不赀。现今积豆万馀石，本地营汛既不动用，邻封难资协济，商贾不愿贩籴。与其坐视霉烂，莫若改征折色。请于二十三年为始，每石改征银六钱五分，解司充饷。旧存豆石，籴银报部。"从之。

八月，莅福建任。二十四年四月，奏："私铸钱文，质有铜铅之别，宜按钱数多寡定罪。乾隆九年刑部议准福建按察使王廷诤条奏，私铸铅钱不及十千之犯，照例声明，请旨发遣。二十二年，九卿定议私铸铜钱不及十千者，照情有可原免罪减等例，改发巴里坤等处种地，蒙恩俞允。查闽省有私铸铅钱不及十千之犯，从前未与末减，概拟绞监候。伏思铅钱非铜钱可比，不久即成无用。其中已停复铸者，情罪较重，仍拟绞候。其偶然私铸铅钱不及十千，较私铸铜钱不及十千之犯，情罪更轻。请照例发遣给官兵为奴，俾垦田效力。"如议行。六月，奏缉获南洲巨盗刘良福等十八人、附近窃匪七十馀人。谕曰："闽省地属海疆，民风素悍。南洲滨水，向有积匪，恃为渊薮，正当力为惩创，以除稔恶而卫商民。该抚等能董率属员，设法缉捕积盗，不能漏网，深属可嘉。"下部议叙，加一级。八月，与总督杨廷璋奏请酌改南洲塘汛及巡哨章程，详见廷璋传。十一月，奏："闽属械斗，皆由地方官遇有民词，不早审结，酿成命案。臣发给册式，令各州县将审结谳语，挨日填注，按月册报。臣随时驳正，记其优劣。一载以来，群知奋勉，案件随到随结，可免拖累滋事。"上嘉之。十二月，奏："闽省九府二州积年平粜常平缺额谷三十一万八千六百馀石，已买足还仓。台湾府属积年平粜未买谷十五万二千一百石，令如数买补。又收捐监谷，积贮加多，而浙西歉收，来春需粜济民食。臣酌拨台湾十万石，听浙江招商运贩，因风汛不便，先以内地沿海府县谷拨给，俟台湾谷运到还仓，一转移间，无妨于闽，有益于浙。”谕曰："此汝认真妥办所致，可嘉也。"二十五年二月，奏："寄居台湾，皆闽、粤海滨民人。前任巡抚鄂弥达奏请有立业台湾愿入籍者，准其呈明给照，搬眷入台。嗣经督臣郝玉麟以流寓民眷均已搬取，奏请于乾隆五年停止。十二年，督臣喀尔吉善复奏请定限一年后不准给照。迄今十有馀年，禁绝往来，愚民多冒险偷渡。臣于一年中，盘获偷渡民人二十五案，男妇九百九十名口，分别递回原籍。已经发觉者如此，其偷渡在洋被害者更不知凡几。伏思内外民人均朝廷赤子，向之在台为匪者，悉只身无赖，若既报垦立业，必顾惜身家，各思保聚。请嗣后在台立业，良民有的属在内地者，许先在台湾该管厅县册报眷口姓名、年岁，移原籍查覆，到日该管道府给路照回籍搬接过台。其内地的属有欲过台完聚，先由内地该管州县造册，移明台地确查，覆到详请给照过台，责成厦门同知及汛员遇过台眷口，验明人照相符放行。如人照不符，滥行给照，汛员文武官失察，徇隐者参处。庶良民不敢侥幸行险，地方官自顾考成，防范严明，海防民生均有裨益。"下部议行。三月，奏偕提督、镇臣率文武官，缉获行劫马头山盗犯林成功等及夥犯五千馀人。谕曰："汝等文武如此和衷协力，何愁地方不安靖也？甚属可嘉！"

五月，条奏："稽查滨海渔船事宜：一、渔船应取船主澳保甲结也。嗣后渔船赴县领照，先取族邻澳保甲结，令船主开具年貌、籍贯，出具不敢为匪甘结，核明入照，并取十船连环互结存案,查验放行。一、渔船出口逾期不还,应责澳甲船主查报也。查渔船例于三月中旬、四月下旬出口,至五七等月回棹;九月十月出口,年底回棹。向多逗遛滋事,应责令澳甲船主先向进口渔船查明,未回渔船现泊何处,因何未回,禀地方官移营押回。澳甲船主不禀,分别治罪。一、渔船带货应行稽查也。渔船捕鱼为业,非比商贾贸易,即偶有携带,应令赴置货地方汛口验明给单。如单外携带多货,沿海汛员查出,移县查明来历。一、商渔船只应于帆樯大书名号也。嗣后应令各船于帆樯,照原编字号,书'福建某府某县某号船户某人',或'商船户某人',大书深刻,令远望了然,便于稽查。如无帆樯字号,或与船照不符者,根究擒捕,庶匪舟无从溷迹。"谕曰:"立法可谓详明,行之尤宜实力。"又奏:"泉州府属惠安县,西北环山,东南面海,所辖良兴、梅峰、仙塘、竹溪等十二铺,延袤四十里,去县治远。请移仙游县白岭司巡检驻良兴铺之前涂。"部议允行。寻以闽俗械斗,多大族欺凌小族,疏请敕部定议,如两造各恃人众致伤多命者,照例入情实;其族小户丁少被大姓欺凌凶殴,情急抵御者,照寻常斗殴拟缓决;其恃强纠众欺凌小户,复毙多命,仍拟情实。部议驳。谕曰:"刑部议驳吴士功条奏械斗案件请分别户族强弱办理一折,部臣所见甚是。闽省地处海滨,民风刁悍,聚众械斗,最为向来恶俗。该抚身任封疆,正宜执法锄奸,务在安善良而移风俗。乃欲将族大族小分立科条,使械斗者得以趋避其词,而司谳者因而高下其手。是欲博莠顽之浮誉,而不知守弼教之常经。法司所指,伊尚能置喙乎?吴士功自任巡抚以来,办理事件,时露沽名习气,非明切训示,恐日久竟成痼疾,悔之已晚。试思朕慎持国宪,臣工内有能条奏敷陈,巧为尝试者耶? 着传谕该抚,令其刻自提撕,慎毋故智复萌,自贻伊戚。"

二十六年正月,总督杨廷璋劾提督马龙图挪用存营公项银,命解龙图任,交廷璋会同士功严审定拟。五月,会奏严鞫龙图借用公项银,已于委员盘查时归补,应照知人欲告而自首例,减罪二等拟杖徒。谕曰:"此案马龙图于未经查参之前,预为弥补,据实检举,谓之自首,尚属有因。今闻败露,始多方攒凑抵项,且将登记数簿扯毁焚烧,另造私册掩饰。则于先侵后吐之外,又增一舞文之弊矣。此而谓之自首,凡前此所办侵贪重案,历历可数,谁非于发觉后冀图挪补卸罪者? 何不皆以自首贷之,有如此失出之理乎? 方朕御极之初,此种伎俩尚不肯为其所愚。今临御二十六年,办理案件,一切情伪知之熟矣,乃欲以三尺之童不能售其欺者,竟敢于朕前尝试,将视朕为何如主乎? 从来外省参案,例称督参抚审,此案立意必先出自吴士功,而该督杨廷璋遂因而附和之耳。独不思博虚名而弛法纪,朕岂能置之不问者? 吴士功纵不自惜,杨廷璋又何为自以身命徇之乎? 此案断无两人一口同声之理,[一]究系先出何人之意,着该督抚据实明白回奏。"寻覆奏定案系杨廷璋主稿,而督参抚审,吴士功实为主政,有往来商榷原札可核。谕曰:"吴士功身为巡抚,以提督大员营私舞弊,此何等重案,乃敢妄逞伎俩,欲从中高下其手,且明目张胆,冀于朕前直售其欺,居心尚可问乎? 即据札内所称,幕友援引例文云云,欲杨廷璋酌定之处,尤堪骇异。杨廷璋、吴士功为封疆大臣,即马龙图亦提督大臣,岂有二人胸中竟无定见,悉借幕友主张,此语岂可腼颜告之同官,奏之君父者? 其曲意斡旋,不问可知。况原审内有事前弥补之说，朕核参将姚应梦供内，该犯定媳送聘，借银五百两，曾于养廉项下扣清。此项银两于未经奏参之前，预为弥补，尚可自称事前；至买办燕窝等银一千馀两，俱系盘查时攒凑抵项，且扯毁数簿，以私册掩饰，其为事败假捏，更何待言？如此而犹欲以自首脱罪，有是理乎？朕临御二十六年，历事不少，人之情伪，素所洞悉。吴士功本系张廷玉用人，其生平貌为直戆，而城府甚深，亦众所共晓。第以其人尚小有才，且历外任年久，巡抚缺出，一时不得其人，因而擢用。乃伊一得志，又以闽省去京稍远，即肆无忌惮。即如伊向因与张廷玉甚厚，未免有得罪史贻直之处，今又与史奕昂修好，以冀解释前恨。则其人之居心邪正，亦从可知矣。朕本欲为之隐恶扬善，而伊乃敢显为此揽权尝试之计。此而付之不问，朕又将何以用人？吴士功着革职，发往巴里坤，自备资斧效力赎罪。"

　　二十七年四月，谕曰："据杨廷璋、德福奏查闽县民杨魁等假控伪宝敕书承袭世职一案，先经呈投抚标效力，原任巡抚吴士功身为抚臣，敕书既经目验，何以懵然不省，抚署内又岂无档案可以查核，一任恶犯玩弄若此，其所司果何事耶？着传谕巴里坤办事大臣永宁等，面诘吴士功，令其据实奏覆，并令自揣应得处分，即行赎罪自效。"五月，永宁等覆奏士功称罪无可逭，年已就衰，情愿捐银赎罪，交直隶藩库修理城工。谕曰："吴士功历任大员，身罹罪谴。若于斥退之后，即得优游事外，则虚縻廪禄，不思奋勉者，转自以为得计。且此辈历任所得养廉，无非国帑民膏，捐赀赎罪，情法亦属允协。豫省现有应修城工，即系伊桑梓之地，此项赎罪银两，即交与河南巡抚胡宝瑔，收存藩库，以为办理城工费用。吴士功着加恩准其回籍。"三十年九月,故。

子玉纶,官至兵部右侍郎,以曾任福建学政,声名平常,降授检讨。

【校勘记】

〔一〕此案断无两人一口同声之理　原脱"一口"二字。汉传卷三二叶五九下及耆献类征卷一七四叶三四下均同。今据纯录卷六三四叶一二下补。

刘藻

刘藻,山东菏泽人。初名玉麟,由举人任观城教谕。乾隆元年,荐举博学鸿词,授检讨,改今名。四年,迁右中允,累迁侍读,命在上书房行走。五年四月,授太常寺少卿。五月,迁右通政。

六月,迁左佥都御史。十月,疏言:"今岁圆明园工作未息,此不过少加补葺,且徭役不出于民力,取资无损于府库,视前代饰台榭之观者,度越何啻万万!但臣愚以为浮靡之渐,不可稍开。乞皇上慎始虑终,为天地惜物力,为国家培元气。来岁诸工,酌量停减,用以持盈保泰,绵亿万年无疆之福。"疏入,上嘉纳之,下部议叙。十一月,迁通政使。六年四月,擢内阁学士。八月,充顺天乡试正考官。十二月,提督江苏学政。七年,条奏:"现行三事:一、训导年老者勒休;一、府、州、县考试童生,廪保出结认识;一、禁止迎神赛会。"报闻。八年二月,因淮安、高邮生员闹赈,部议降三级调用。三月,特授宗人府府丞。先是,藻被议,在扬州候代,候选运判吴家龙之孙之黼以文求教。及藻行,馈笔墨及糟鲥鱼,受之。中途发视,得银四百两,藻交两淮运使朱续晫发还。事闻,谕曰:"如此方不愧四知也!"四月,请终养回籍。十五年五月,谕曰:"原任宗人府府丞刘藻因闻皇长子定安亲王之丧,来京面请朕安,并请赴丧次即谒。刘藻系奏明在籍终养之员,离京千有馀里,即具折差人请安,未为失礼;而伊于孝贤皇后大丧,及此番皇长子丧事,俱亲赴阙廷,深知君臣一体、休戚相关之大义。伊在上书房行走,才及数年,尚有不忍恝然之谊,以视张廷玉之身为第一大臣,自朕在书房即侍讲读,继入为长子师傅,行走至三十年之久,而漠然无情,惟知自便者,与之并较,其相去何如也!刘藻曾任内阁学士,缘事降调,着仍给予内阁学士原衔。伊母年老在堂,需人侍奉,天气亦渐炎热,着赏人参二斤,刘藻即行回籍终养。"二十一年,服阕,来京,授陕西布政使。

二十二年三月,擢云南巡抚。十二月,疏言:"滇省各属应征之麦,向俱折米,惟永北、鹤庆二府征麦,请即以麦造报,不必仍称折米。"上是之。二十四年,疏言:"维西协不敷兵米,于丽江、鹤庆、剑川三府州额粮内,轮年运借。查丽江府属巨甸、石鼓等五村,距府四五站不等,由府至维又八站,劳民费帑。各村俱有通维路较近,请开征时,委员赴该处征收,就近径运维西,脚费既省,编氓亦免远累。"二十五年,又言:"省、临二局加卯鼓铸,请以馀息补铜价,不致多费帑金;以钱文济厂民,复可早归鼓铸,公私两便。"均如所请行。二十六年,暂署云南总督。二十八年六月,署贵州巡抚。十月,加太子太保。疏言:"贵州按察司司狱署,距司监里许,而司监侧即贵阳府经历署,请两易居之。"十二月,又请停买川铜,照旧在滇采办,从之。二十九年二月,奏言:

"贵州大计,应本年三月补行,若不先期赶办,新任巡抚图尔炳阿到任,势必又请展限,未免稽延。臣已咨会总督吴达善秉公注考具题。"谕曰:"贵州大计,该抚刘藻于图尔炳阿未到之先,即将补行大计,先期赶办,于激扬大典不致稽延,封疆大臣能如此实力奉行,官事何难整顿?所奏甚可嘉尚!着交部议叙,以示奖励。"六月,授云贵总督。三十年,疏言:"永昌、顺宁二府地处极边,年来木梳野匪与缅甸所属木邦构衅,木邦又与耿马土司毗连。由木邦至滚灵江一带,隘口应设卡防守,共需练兵四百五十名。请于各土司就近派拨。"诏如所请。又言:"州县平粜仓谷,遇价贵不能买补,例准以所收监粮抵额。但附近州县不准通融办理,滇南跬步皆山,通都大邑,米多不敷,必须减价多粜,至秋成价不能平,又无监粮可抵,而偏僻州县,粮价本平,监粮或陈陈相因。臣等会筹,与其拘泥成例,不若令价贵不能买补之处,据实详报。查附近州县有馀监粮拨运抵补,庶仓储不匮而红朽无虞。"诏可。是时莽酋不法,侵扰猛捧诸土司边境,谕严搜剿,毋姑息。

三十一年正月,调湖广总督。是月,奏报:"饬副将赵宏榜、参将苏国富赴孟连、耿马剿逐莽匪,侦木匪踪迹,镇臣乌登额赴滚灵江口相机扑灭。臣遵旨于普洱、思茅各隘往来调度。"又奏言:"由小猛仑进攻九龙江、橄榄坝诸寨,多斩获。惟参将何琼诏、游击明浩派赴整控江防御,冒昧渡江,遇贼败殁。"寻奏琼诏等未死,现已回营,请治贪功轻进之罪。谕曰:"该督办理此案,情节甚属含糊纰缪。何琼诏、明浩等委赴整控防堵莽匪,前至猛往遇贼败逃,又复谎报身死,此其法所难宥处。该督乃奏称冒昧前进,致失事机,是伊等反觉可嘉,何罪之有?夫伊等所谓贪功轻进,并非实情,不过绿营虚诳欺饰故智耳。况该督所讯供词,于紧要情节,全未问及;即如该督初报何琼诏等俱殁于贼,及伊家人呈缴关防时,即应详究其是否打仗阵亡,抑系窘迫毕命,或回营后畏罪自戕,以定功罪。乃惟任弁兵张皇谎报,信为实事,一切概置不究。及何琼诏等陆续逃归,又不究从前谎报情由,治以畏葸退缩之律,尚信其一面虚词,谓系轻进失事,其何以申军律而惩欺罔乎?又如何琼诏等所供‘架着藤簰扑杀’,并称‘莽子刀戳其马,连马滚跌入江’之语。试思马上岂能使用藤簰?此等支吾欺饰,难以欺三尺之童者,而刘藻竟坐受其朦混而不觉,不更可笑乎?且前折称明浩等因兵器皆驮载行装,猝遇贼人,不及措手,以致败衄。而此次折内称两相对敌,因火药已尽,势不能支。前后自相矛盾。该督于此等吃紧关键处,全不悉心根究,何愦愦乃尔!刘藻本属书生,军行机宜,非所娴习,故朕不肯责伊以所不能;至于调度赏罚诸事,尚可力为筹办,乃于审讯此案情节,竟舛谬若此,岂堪复胜总督之任?刘藻着降补巡抚,交部严加议处。现令杨应琚前往接办军务,杨应琚未到之先,刘藻须实力经理,若稍存五日京兆之见,以致贻误事机,必更重治其罪。”寻议革职,留滇效力。

三月,巡抚常钧奏刘藻自刎,气息仅存。谕曰:“此事实属大奇!刘藻办理莽匪一案,种种错谬,不可胜举。朕因其本系书生,不娴军旅,所以加恩保全者倍至,始而调补总督,继而降为巡抚。及至审理何琼诏一案,以失律脱逃之人,反以冒昧轻进定罪,乖舛已极。且进兵忽调忽撤,全无纪律,始降旨革职,留于军营效力,以示惩儆。然所办亦止于此,并未有将伊治罪之意。前后所降谕旨,中外共所闻知,原不屑以军务大事于伊过为吹求。刘藻自当倍加感激,于杨应琚未到之先,督率将弁,益加奋勉,以期军务速竣,方不负朕始终矜全恩意。乃正当进兵决胜之际,竟无端忽尔自戕,实出情理之外。刘藻身任封疆,现在统兵进剿逆匪,所属将弁俱视其指挥,乃无故轻生,军行要务,将欲委之于谁?若非朕豫令杨应琚前往接办,则军务兵弁竟无统属,或因而军心惶惧,偶失机宜,岂不贻误国家大事?刘藻既统官兵,即与主将无异,如前者兆惠、明瑞于喀喇乌苏被围时,势悬呼吸,若伊等彼时略无主见,畏葸捐躯,则全军将不可问,又安望其成大功乎?设使刘藻因调度未协,军行或有失利,遂致抱惭毕命,情尚可恕。现在猛笼等处俱已克复,猛歇、猛混诸路亦俱攻破,正宜乘胜剿灭贼巢之时,有何窘迫,竟至于此?无论屡次降旨传谕,并未有加伊重谴之语,即使果欲将伊治罪,则国宪所在,为大臣者亦当静俟成命,以伏刑诛,又岂可效匹夫之见,预办一死以逃法网?刘藻尚系读书明理之人,岂于君臣大义全未讲明耶?从前朕于刘藻曲从宽典,实系格外矜全,今伊无故自刭,罪愆实由自取,不可不加以严惩。现据奏刘藻尚未气绝,杨应琚到普洱时,可拨医速为调治。伤痕平复,即传旨拿问,将因何自刭之故,详悉严讯奏闻,明正其罪。”常钧寻奏刘藻身故。谕曰:“刘藻前在云南总督任内,办理莽匪一案,张皇失措,种种错谬,继复畏葸自戕。是伊系已经革职应行治罪之员,将来旅榇回籍,止可如常人归葬,不得听其家腼颜建立墓碑,书刻原任总督及历官事实,欺诳乡愚。着传谕山东巡抚崔应阶知之。”三十二年,巡抚鄂宁奏言："缅甸本莽瑞体之后，乾隆十八年木梳头目瓮籍牙逐其酋莽打喇而自立，夷人遂呼缅甸为木梳，或呼缅子，或呼莽子，本非二种。"御制缅莽诗，有"刘藻畏事恶称兵"之句。

彰宝

彰宝，满洲镶黄旗人，姓鄂谟托氏。乾隆十三年，由翻译举人，授内阁中书。十八年十月，授江苏淮安府海防同知。二十一年，迁徐州府知府。二十二年，署直隶口北道。二十三年，调甘肃平庆道，寻诏留口北道任。二十四年，迁贵州按察使。二十五年七月，迁湖南布政使，十月，调江苏，二十六年，调江宁，兼管织造关税。

三十年正月，擢山西巡抚。时苏州府同知段成功诈赃事发，上闻成功在山西阳曲县任内亏帑，上司代为弥补，谕彰宝详查。三十一年二月，彰宝以成功亏空离任时，徐沟等三十二州县代交万六千七百有奇，巡抚和其衷给五百两，布政使文绶等俱知情覆奏。命革和其衷、文绶及按察使蓝钦奎、前任冀宁道富勒浑、前任太原府知府刘墉职。命侍郎四达会同彰宝严审鞫实，和其衷、段成功论斩，文绶、刘墉免死，发往军台效力，代交州县分别降革，蓝钦奎、富勒浑已革职，应毋庸议。四月，疏言："州县仓库，管钥自操，平粜谷价，采买盈馀，及寄贮暂发等项，不入正项盘查，易启挪动情事，不若提入司库，使州县有征解钱粮之责，无久贮钱粮之弊。"俞旨报闻。十二月，归化城同知珠隆阿推升员外郎，彰宝咨部请留，大学士傅恒等劾奏，上责彰宝徇庇，下部议革职，诏留任。初，察哈尔右翼牧厂有馀地，属山西丰镇厅，彰宝同直隶总督方观承、察哈尔都统巴尔品会勘，〔一〕可垦者二万三千馀顷。三十一年六月，彰宝言："游牧旧厂东西广二百馀里，南毗连民地，北至海。牧界广十数里至四十五里不等，平芜广衍，土厚地肥，即山坡涧侧，亦可节取耕种，迤东尤肥。泽五顷，划为一分，分给五人，人百亩。现认垦万九千五百六十顷零。臣拟就佃民聚居设村庄八十馀，俾就近安耕。丰镇厅属高庙子原巡检，辖迤东一带，增设巡检一，辖迤西；其北界毗连蒙古游牧处，筑埂凿堑，以别经界。新设村庄十馀里建汛房一，拨戍兵五，适中驻守备一，总辖操防。"疏入，报闻。三十二年三月，疏劾太原镇标中军游击卢武略于新镇臣台布莅任前，假修署札派各营银，署总兵敬善欲遏之，始退还；又于台布阅城两次，备八轿，台布亦即乘坐。诏革武略职，台布撤还员缺，即以敬善补授。先是，安邑知县冯兆观揭河东盐政达色派累商人，及受赍礼门包。三十三年正月，命侍郎四达会彰宝审实，并得运使吴云从因被四达纠参，嗾冯兆观揭禀状，达色论死，云从、兆观治罪如律。

是月，彰宝调山东巡抚，二月，调江苏。六月，两淮盐政尤拔世奏缴本年提引征银，谕曰："此项银两，历来盐政并未奏明，显有朦混侵蚀情弊。且自乾隆十一年提引之后，每年二十万至四十万不等。以每引三两计，应有千馀万两。着彰宝会同尤拔世详查。"寻查得前任盐政高恒、普福，运使卢见曾藉端侵肥状，俱伏法。又得前任监掣同知杨重英勒诈商银事，论如律。十二月，兼署两江总督。三十四年正月，奏言："前抚臣明德奏将松江粮道移苏州，该道向驻常熟，距不百里，海疆门户，用资弹压，应毋庸移。"诏可。三月，丁母忧。六月，命驰驿往云南，署理巡抚。

时大兵进剿缅匪，九月，署云贵总督明德奏彰宝抵永昌督运军粮，增数倍，诏议叙，加一级。十月，谕曰："彰宝简用巡抚，甫经到滇，即赴永昌、腾越一带，催督军储，甚为奋勉，即着署理云贵总督。"寻命驻扎老官屯，筹办军务。三十五年正月，谕曰："彰宝甫到滇省，督办粮马诸务，俱能妥速经理。及擢用总督以来，亦颇实心任事，着加太子太保衔，以示优奖。"四月，疏言："永昌沿边绵亘千馀里，山深径僻，在在可通。应于土司内曩宋关、缅箐山、陇川、龙陵、姚关及顺宁府之篾笆桥诸厄要处，设总卡，拨千把总各一，兵三十，驻扎巡查。现留土司之汉奸，饬查，勒回籍，并行十家连环互保法。"诏实力督率。五月，奏贵州调拨兵间有老弱，现加甄汰。谕曰："此事殊为骇听。前以滇省绿营恇怯不堪，难期振作。黔兵较为得力，因谕令募选赴滇，即挑补额缺，可资训练。乃其中仍有老弱无用之人，是与滇兵何异？彰宝身为总督，两省皆系所辖，既见有此充数之兵，即应一面奏闻，一面将原办大员据实附参，乃仅视同寻常，以甄别汰除为词，并无一言劾奏，甚属因循姑息。彰宝着交部议处。"寻部议革任，诏免。十二月，疏言："沿边永昌、顺宁二府，生齿日繁，米价踊贵。常平仓贮无多，不能因时平粜，倘遇急需，势必远购，更多糜费。请于保山、腾越二州县加贮谷二万石，龙陵厅六千石，永平县八千石，顺宁府万石，云龙州六千石，缅宁厅三千四百石。"诏如所请。三十六年，再请保山县增贮谷三万石，腾越州二万石，龙陵厅万石，报闻。

三十七年，奏云南巡抚诺木亲才识不能展拓，兵制营伍皆未校阅，上召诺木亲还。三十八年三月，奏获逃兵杨先荣，审系顶冒,咨部请示,部覆照例办。上曰:"随征兵丁借名顶冒,已犯欺公之罪,至中途又弃械潜遁,较之正身脱逃,则尤罪上加罪。一经拿获,自应速正典刑。揆之情法,更无疑义。乃彰宝转以非系正犯,游移其词,咨请部示,该督系专办督缉之人,且屡经谕令上紧侦探,毋任久稽显戮。今于已获重犯,心存宽纵。若此,无怪滇省逃兵历年未获者尚多,至一百五十馀名,皆此等姑息之恶习,有以酿成之也。该督向来尚能办事,何以近来惯惯至此?令其自行议罪。"寻彰宝自请罚银万两,命宽免。四月,奏车里宣慰土司刀维屏逃匿,〔二〕请裁土缺,设专营。谕曰:"所见甚是。车里土司设立之初,原因其率土投诚,授以宣慰之职,递传四辈。前此莽匪之扰,该土司刀绍文懦弱无能,躲避获罪,虽经革退,仍令其子承袭,已属格外施恩。今刀维屏无故弃地潜逃,实系自行灭绝,断不应令其再袭。并据该督查十二猛各土职,〔三〕俱非颁给印信号纸土司,若于此内选择一人升袭,未必遽肯受其钤制,自应将车里宣慰土司即行裁汰,改设专营,移驻都司等官带兵镇守,兼辖十二土弁,于边境夷情,更为得要。至该土司所属夷民,或有仿照川省屯兵之例,量给口粮,令其一体当差,伊等自必共知感奋出力。应行事宜,着彰宝详悉妥议具奏。"七月,彰宝议于九龙江立专营,设都司一、中军守备一、马步兵五百,分左右哨,哨设千总一、把总二、经制外委千总一、外委把总二,归普洱镇辖。裁景蒙、元江二营兵补新营,裁景蒙营守备一为新设都司,裁元江营守备一为新设守备;再裁两营千总一、把总四、外委千把总五补两哨,仍增设千总一、外委千总一。土司旧属夷民内选土练五百为屯兵,土司私庄八改屯田,设百户五,于叭目内择充。

皆议行,钦定营名曰普安。十一月,实授云贵总督。

三十九年三月,彰宝奏患病,温旨慰问,并遣侍卫隆安带太医驰往诊视。五月,请解任,允之。十一月,署总督图思德劾彰宝勒索保山知县王锡供应银四万馀两,致亏空兵粮。上命侍郎袁守侗驰驿往查,并敕云南巡抚李湖回奏,得实,诏革彰宝职,拿交刑部,拟斩监候。四十二年,故。

【校勘记】

〔一〕察哈尔都统巴尔品会勘　"巴"原误作"色"。满传卷四八卷四四上及耆献类征卷一八一叶四○下均同。今据纯录卷七六五叶四上改。

〔二〕车里宣慰土司刀维屏逃匿　"刀"原误作"刁"。满传卷四八叶四八下同。今据纯录卷九三四叶二四下、二五上改。按耆献类征卷一八一叶四三下不误。下同。

〔三〕并据该督查十二猛各土职　"二"原误作"三",又"土"下衍一"司"字。耆献类征卷一八一叶四三下同。今据纯录卷九三五叶二五上改删。按满传卷四八叶四九上"二"字不误,但仍衍"司"字。又下文"兼辖十二土弁"句中之"二"字原亦误作"三",今改正。

裘曰修

裘曰修,江西新建人。乾隆四年进士,改庶吉士,散馆授编修。八年,擢侍读学士,充日讲起居注官。九年,迁少詹事。十二月,充湖北乡试正考官。十三年,迁詹事。十四年四月,命祭告南镇会稽山。十一月,命南书房行走。十五年六月,充浙江乡试正考官。十月,迁内阁学士。十六年八月,迁兵部右侍郎。十二月,充江南乡试正考官。十七年,署吏部侍郎。十八年六月,充浙江乡试正考官。九月,调吏部右侍郎。十月,署户部侍郎。十一月,充经筵讲官,寻充会典馆副总裁。十九年三月,以察议侍郎张泰开保举瞻徇事不实,部议革职,奉旨从宽留任。十月,调户部右侍郎。

先是,胡中藻逆诗案发,供天津道张绍渠之弟绍衡曾述曰修言坚磨生集已有人进呈,上面询曰修并无此语,命提拿张绍衡质讯。嗣绍衡供此语得自裘曰修属实,曰修执奏如前。二十年五月,谕曰:"此事面面质对,其言出自裘曰修,已无疑义。若谓裘曰修有意通信,何难密札胡中藻令其并行销毁灭迹,而乃假诸张绍衡之口,此固不然。但从前查办胡中藻诗集,朕原特交蒋溥密办,事阅数年,裘曰修同事内廷,偶尔闲谈,亦情理所有;而张绍衡向胡中藻说及,原在未经发觉之前,俱出无心,于胡中藻本案初无关涉,自可无庸办理。乃裘曰修面承询问,坚执以为并无此言。是以将张绍衡提拿质对,俾此事水落石出,而裘曰修以业经讳饰于前,因即遂非于后。今既供证确凿,则裘曰修面欺之罪,实无可逭。着交部严察议奏。"六月,议革职,寻命授右中允。十一月,迁侍讲。十二月,授吏部右侍郎。二十一年二月,充经筵讲官。四月,军机处行走。七月,以宣化庄头吴土望控生员孙礼等垦荒断渠,命曰修偕总管内务府大臣德保往勘,所垦地与渠水并无碍,饬令分垦,毋牵混。

九月,恩赏分户部饭银每年五百两,命赴巴里坤办理军务。

十二月，奏言："肃州备用之马，多多益善。此次解送五千匹，若不敷用，西安满洲营可得千馀，绿营可得三千，臣已嘱巡抚卢焯预备。俟臣抵肃，商之督臣黄廷桂，如有拨调，即行文令续解，可应时无误。又西安现运米送巴里坤，若令晋省解肃之驼带运，亦可销减脚费。"得旨允行。二十二年正月，奏言："西陲地广，回民不下数十部落，而厄鲁特人介处其中。当策妄阿喇布坦时，恣杀掠回民，切齿已久。是以从前我师所至，辄争先效顺。此次进剿厄鲁特，必窜逸，或阑入回地。臣闻伯克额敏和卓为回部知名之人，受恩最重。请颁敕令彼宣谕诸回部，以我兵所诛惟厄鲁特，且为尔回部除害，若有窜入境者，能擒而杀之，一体赏赉，勿被煽生疑惧。"谕曰："大凡此等外夷，我力胜则彼不招而自来；若我力竭，虽详谕百端，彼之观望自若。卿所言虽亦一策，徐徐度之可耳。"

　　五月，裘曰修还京，命往山东、河南、上江会勘水道疏浚事宜，谕曰："朕此次南巡，亲莅河工，相度险要，指授在工诸臣，并特派侍郎梦麟会同总河白钟山疏荆山桥一带，总河张师载、巡抚高晋协办徐州府黄河两岸堤工，其徐州护城石工，则委之副都御史德尔敏；下河诸工，则委之副总河嵇璜；六塘河以下各工，复委之侍郎梦麟：分任责成，各有专属。凡以为积岁被灾群黎，筹疏泄之方、捍御之策者，宵旰靡宁，冀收实济，业经屡颁明旨矣。近据山东巡抚鹤年奏报山东之金乡、鱼台等州县，未涸地亩尚有一千馀庄。因思此方积潦，再经伏雨秋霖，将益苦泛滥，而上江之宿、虹、灵璧等处，河南之永城、夏邑等处，在在皆有积水，计漫溢地界，不下数百里。此其受病，非一朝一夕骤至蔓延。盖其始皆由于地方官漫不经心，偶遇水灾，不急为筹度，日复一日，因循酿害。积水日益增，淹地日益广，以至高下田庐，尽成巨浸。及至受害既深，自非大动帑项，厚资工力不能奏效，而大小各官又莫能深悉受害之由，确得祛患之术，惟恐议疏议筑，亏帑贻累，遂尔嗫口束手，坐视其民为鱼，而莫展一筹。现今水患已不可胜言，若不及时澈底筹办，将来其何所底止耶？此亦朕南巡未了之事，着侍郎裴曰修驰驿前往山东、河南、上江现在积水各州县，往来周视，宽以时日，熟察情形，咨询舆论，勿惮再三。其在山东者，与鹤年会商；在河南者，与图尔炳阿会商；在上江者，与高晋会商。其地方官有熟习水道之员，听其酌量差委，务在通盘筹画，无分疆域，凡可以登民衽席，计安全而谋乐利者，果归实用，毋惜多费帑金。朕痌瘝一体，南顾畴咨，辗转忧勤之意，皆诸臣所共悉，其深体而共勉之，以副委任。"

六月，曰修由山东查勘至河南，七月，由河南至上江。八月，偕安徽巡抚高晋奏筹宿州、灵璧、虹县疏浚事，言："宿、灵璧、虹等处每年所以被水之由，缘豫省虞、夏、商、永四邑之水毕汇宿州，所恃以宣泄者，惟睢河之一道。上游毛城铺等处减泄之黄水，累年浸灌，水过沙停，积渐成淤。至上年天然闸、峰山四闸陆续开放，而毛城铺至本年四月底，始行堵闭，黄河直流，已经一载。是以徐溪口一带竟成平陆，睢河上段之在宿州者，现已全行淤垫。睢河既淤，豫省诸水及宿州四境山水散流漫衍，达于徐溪，灵璧则有斗沟、拖尾河、沱河，虹县则有苟家沟、岳家河，须一律疏浚；虹县又有潼河，受水极大，向由林子河经归仁闸以东之涵洞入安河。今林子河淤已久，亦宜舍旧图新，从潘家山南之徐家冲开通，以达董家沟，归安河，入洪泽湖，较为径捷。凡此皆宿、灵璧、虹三州县积水情形，就臣等所见酌拟之办法也。至乌雀岭、董家沟、安河系虹县、泗州、宿迁、桃源四州县错壤，须会同办理。董家沟在宿迁境内，已全淤，安河则界桃源、宿迁、泗州三州县，亦间浅阻。金锁镇、刘李埝、田家集、陡门等处，上下八十里，为入洪泽之咽喉，尤为紧要，皆须逐段开浚。必此处较上游深通，而后睢河一带之水，顺流直下于洪泽。施工次第，当由此起。现行文下江督抚诸臣，确勘详估，及时办理。惟是下游之下复有下游，洪泽一湖以清口为出路，前蒙皇上指示河臣，将草坝拆卸以畅其流，江南官民皆仰颂圣明照烛于数千里之外。但每岁系应期开放，俾上游之水随来随去，则来者虽多而去者能速，不致壅阏于一时。"谕曰："裴曰修等奏会勘宿、灵璧、虹三州县积水情形，于该处水势之来源去路，颇为明晰。所言历年受病之由，及目前利导之法，已具得其要领，前曾降旨令在事诸臣将勘明工程，及时办理。现奏宿、灵璧、虹等处疏浚各工，应兴举者即行兴举，不必会商往返，致稽时日。朕为百姓生计，并不惜费，惟期用之于实，永远消患而已。总之，侍郎裴曰修，梦麟，河臣白钟山、嵇璜、张师载，并各该督抚，受命同事，只如一人，原无分此疆彼界。所见既确，即应一力担承，务期岁前竣事，始于河工有裨，而不误明春耕种为要。至毛城铺为睢河上游，欲睢河之无淤垫，计惟有坚闭毛城铺，苟非盛涨，不得开放。设不得已，如今岁之自行漫溢，即当于断流之后，将淤沙尽力挑浚。若少因循，则今年淤一尺，明年即淤二尺，河身垫高，节节阻碍，年复一年，其淤更甚。故逐年挑浚深通，是为要务，河臣当永久奉行。其睢河下游皆达于洪泽湖,而洪泽湖以清口为出路。前经指授河臣,于汛前将草坝拆卸,俾得畅流,已有成效。嗣后即以此为成法,不待盛涨,一遇水势涨发,随时酌量拆卸草坝,预为泄水之地。从前惟恐运河水少,故须蓄以济运;今则惟恐其多,情形迥异。此所当因时审度,不可执一而论者也。向来河员习气,欲保堤工,则以开毛城铺为长策,至于下游之清口则又墨守旧规,惮于拆卸草坝,以致出水不畅,启闭两失,河工日就败坏,而沿河州县岁受其灾。河臣能如此等肯綮处,恪遵所示机宜,以时蓄泄,当无后艰。所有现议应开支河,赶办竣工,去累年淤阻泛滥之积患,〔一〕不特宿、灵璧、虹等州县渐有起色,上游豫东诸积水皆有所归,民生利赖,所关甚巨。诸臣其共勉之!”

九月,曰修由颍、亳一路复至河南,偕巡抚胡宝瑔奏筹豫省疏浚事,言:“黄河以南之水,巩县以上俱入于黄,至荥泽以下,北阻大堤,南则连山横亘,诸水所经,惟以正东及东南两面为去路。正东则上江宿州之沮睢河也,向因沙滩、徐溪口等处梗塞,致省城之巴河、响河、丰乐河皆无出路;下阻则上淤,并此诸河在在淤垫。干河既淤,一切沟渠又无出路。此商、虞、夏、永四邑频年水患之由也。东南一面,则以江南颍州府之阜阳、太和、亳州等州县为出路,淮水之大,本能宣泄,而两省犬牙相错之处,浅阻亦多,豫省之水濡滞而不下,则豫省先受其患,极涨而溃,奔流四溢,其患又且及于上江。此开封、陈州迤下及于归德之柘城、鹿邑,汝宁迤下及于西平、上蔡,频年被水之由也。今睢河砂礓一带,业奉旨兴挑,颍、亳一带,臣曰修前与高晋会勘,东面、东南面去路无阻,然后中州诸水可得而治。臣等博采舆论,谓宜先开干河,继开支河,继开沟洫,分要工、次工、缓工,次第兴修。东面之干河,在商丘为丰乐河,在夏邑为响河,在永城为巴河,实系一河,而旁受惠民沟、睦邻沟、毛家河、虬龙沟、歧河、民便沟诸水。河身既狭,加以日久沙淤,深不过四五尺,宜大加挑浚。东南面之干河,大沙河为最,即古颍水,堤岸残缺,应补筑。次则开封之贾鲁河,即古汴水,自尉氏以下,周家口以上,宜一律挑浚。又惠济河自杞县以下,尤淤阻,涡河自鹿邑以上,漫口甚多。并干河之当挑浚者。此外如永城之漕沟,夏邑之毛家河、小引沟、观音阁引河、白河、三岔河,虞城之惠民沟,商丘之北沙河、大涧沟,鹿邑之清水河,汝宁府之洪河、汝河,宜遍加挑浚,一律通流。所挑工即以加帮两岸之堤。但一经漫水汕刷,便成决口。拟于河身最狭及沙松溜急处,普加碨夯。臣等通盘筹画,由引河以达于支河,由支河以达于干河,其不能归河者,于田间多作沟渠导引,或洼地听为泽薮,以资停蓄,总使源源之水,既下注无虞,而潢污野潦,亦有所约束,而不至于散漫。”得旨,如议速行。

　　是月,曰修复至山东,偕总河张师载于济宁上下查勘;寻偕巡抚鹤年奏言:“馆陶、临清等州县滨运河两岸,向有民埝,以御涨水而卫田庐,因系民筑民修,仅堆填浮土,不及碨夯坚实。今年两河骤涨,直注东省,致旁决甚多,虽经堵筑,水落后残损坍塌处,亟应增培高厚。若仍责之民修,不免虚应故事。恳恩准照直隶永定河堤工之例,每夫日给米一升,仍责成地方官,督令实力修补。”诏如所请。十月,偕新任巡抚蒋洲奏言:“山东水道应疏浚处,兖州为要,曹州次之,皆缘微山湖积水不消,致宣泄无路。臣曰修与前抚臣鹤年于六月间,相度地形,奏开伊家河。今臣到工,复将原估十丈河头,再展宽数丈,使湖水建瓴而下,则济宁、鱼台、滕县、峄县以及江南之丰、沛二县地亩,可普行涠出。至水消后,更有应办者,就兖州言之,鱼台县有旧运河一道,界微山湖西面,上接济宁之牛头河,金乡之涞河、柳林河,应一并挑浚。使下游直接江南荼城十字河头,[二]而脉络贯通;上游则济宁、金乡以下各州县汇注之水,皆有去路,而水患可除。又泗河自济宁姚安庄以下,河身愈下愈狭,至今泛溢未消。白马河则中段之董家口,与泗河相接,狭不能容,致淤阻。应将二河之尾挑浚,俾两河分流,消纳亦易。商河系泗水分支,[三]向有金口闸建涵洞二,今淤塞入河底,来路既壅,去路亦断。若将涵洞改建水闸,杨家坝亦改建石闸,用板启闭,则上下通流,节宣有制。洸河合流入马场湖,每多旁溢。查济宁之兴文镇以下,旧有河形,年久淤塞,亦应行挑浚。就曹州言之,则应分二道,其西南自豫省之延津、滑县、封丘,直隶之长垣、东明等处,坡水漫溢而来,是以明代筑太行堤时,即沿堤开河一道,名顺堤河,顺轨东流。自微山湖水涨,此河不能下达,致多淤垫,应疏浚。其东北则曹、范、寿张、阳谷等处,上承濮州、定陶各坡河之水,从沙河、赵王河入运。今岁水势异涨,运河为其顶阻,倒漾而上,遂多淹漫。现于八里庙增建滚坝,此处正当沙、赵二河之冲,于地势最为得宜。总使平槽之水济运有馀,而泛涨之时消减亦易。再查沂、沭二水,皆为干河,沭河至江南经沭阳县入海,[四]尚属安流;沂河入江南之骆马湖,多淤阻:应一并疏通,以除水患。"谕曰:"览奏俱悉。朕正虑及沂州府属每被水灾,奏内有疏通骆马湖语,宜速相度妥办。"

又奏山东运河情形,言:"南阳以下至韩庄闸水势未消,臣等

亟思措置之方,于来源去路并加讲求。查南旺旧制原系三分南
行,七分北上。今则北少南多。现于分水口两岸,接长南坝,收
短北坝,俾顺势北行。再将何家坝减低二尺,放入北运,则南下
之来源已少,于粮艘回空后严闭南闸,尽放北闸,暂使汶水全往
北流。俟伊家河放水,运河下段堤岸尽出,凡不能施工之处,可
次第兴修,庶明岁重运遄行,不致迟误。至南旺以上,水势已消,
各工段及时修筑。”谕曰:“恐汝等分身不及,今又遣刘统勋前
往,专司运河一切工程。此奏可与之妥酌为之。”是月,曰修复至
上江,偕高晋奏言:“颍州府属地势平衍,北高南下,各河道均以
淮河为归宿,达洪泽湖,只以积年上下淤阻,遂多漫溢。今豫省
既将上游疏浚,安省应一体筹办。其在豫省连界应浚者,亳州之
两河口及三道河、涐河,太和之茨河、明河,商丘之大沙河,均照
豫省宽深丈尺兴工。本境应浚者,亳州之宋阳河,霍丘之高塘河
及茨河、涐河下流,其堤岸均一律修整。”谕曰:“接连豫省之河,
应较豫省加宽,方可容受也。”又言:“宿州上承豫省及下江萧、
砀诸水,又洪湖受毛城铺减泄之黄水,来源甚多。查睢河冲出之
南北二段,既经估挑,其上段正身地居中夹,若并加开浚,三河并
行,以中段接洪湖减泄之黄水,以南段接豫省永、夏诸水,以北段
接下江萧、砀诸水,均顺其自然之势,使分途下畅,至毛城铺为睢
河上游,仍恪守圣训,坚闭毛城铺,非盛涨不得开放。其横坝引
河,悉心筹办,务于河道民田,两无妨碍。又宿州旧有运粮沟二
道,大半淤阻,若将此二沟挑治,并浍河下游淤浅处一律疏浚,增
建石闸,以时启闭,既可分新冲南段之水以通浍河,而由浍入淮
粮船,从此直达宿城,既增上游泄水之区,又资往来运送之便。

两岸民田积涝,均可分泄。”谕曰:“所奏皆善,可妥协办理。”

　　寻调户部右侍郎。十一月,奏言:“全淮俱入洪湖,而去路又以清口为咽喉。叠奉谕旨,令来岁及早多拆东西草坝,以畅其流。今值初冬束坝蓄水之期,向来口门只留十八丈至二十丈不等,收束太紧。今拟酌留三十丈,则湖水畅出,且今岁多出一分,来年可多受一分,于宣泄有益。”谕曰:“甚合机宜,欣慰览之。”又奏言:“上江诸水开通后,归安河以达洪湖,自归仁集下至陡门出口之路,芦苇丛生,淤垫较甚。上游数百里东下之水,至此皆为所格,连年患由于此。惟是水面弥漫,无从扎坝。若概用罱工,不但天寒艰于入水,亦且芦根纠结,罱具难施。查沿湖一带,渔船颇多,募四五百只掘取芦根,兼捞淤土,为力较易。尾闾疏通,则壅遏之患可减。至安河河头亦有应为筹计者,查归仁集外奎河、潼河、柏家河、〔五〕林子河、罗家河水俱入安河,来水既众,咽喉尚属狭隘,宜开董家沟一路。又勘得归仁堤迤下,旧有涵洞,年久湮塞,拟再开通。又分林子河一支,由此经行,则安河进水之地亦有所分,而壅遏无患。”诏如所请。

　　十二月,曰修复至河南,偕胡宝瑔奏言:“开、归、陈三府之丰乐河、响河、巴河、涡河、惠济河、贾鲁河,为诸河之干,现已陆续工竣。其支河三十馀处,有应续议挑浚者,臣等再加履勘,如商丘之两沙河,虞城之范家堤、〔六〕遂平县之石洋河,上蔡县之柳堰河、泥河、小茅河,新蔡之三岔口,〔七〕各相机疏筑,中州全省水患,可冀无虞。”上嘉允。二十三年四月,上江河工告竣,曰修与协理河工安徽巡抚高晋俱蒙恩议叙,御制诗有“尔晋惟方伯,曰修汝亮工”之句。六月,奏言:“偏灾地方,虑粮食短少,例免米豆税以招商。但既经免税，必设法稽查，始则定地给票贩米，继则沿途照票放行。既售又须回票注销，胥役在在需索，较照例所纳之税增倍；且票中填明往售之地，中途虽有善价，不得随便他售。商贩却顾不前，致灾地米粮稀少。是欲通商而商反以为累，欲便民而民转受其不便。请照旧收税，商免守验，需索米豆，自然流通。"诏九卿议奏，允行。七月，京师米贵，命发官米减价平粜，以曰修等董其事。奏言："今岁市价较往年倍增，若减价太多，恐奸徒乘机居积，适滋弊端。臣等酌议，每石减百文，先行试粜。数日后，市价稍平，粜价以次递减，并将平粜钱交库为搭放兵饷用，不必发五城易银，庶吏胥不得高下其手。"从之。十月，充方略馆副总裁。

　　十二月，以天津民人潘濬控盐商牛兆泰案，词连曰修与兆泰寄书事，谕曰："裴曰修与盐商牛兆泰系属姻亲，寄书可也，而使盐道之婿，持书寄盐商，虽无嘱托之言，明有嘱托之意，军机行走之人，尤当以慎密防闲为要，此何为者耶？裴曰修不必在军机处行走。"二十四年六月，江南飞蝗延及山东，命偕内阁学士海明往勘。寻奏蝗起自海州，其扑捕不力之地方官，治罪如律。闰六月，充江西乡试正考官。十一月，赐曰修继母郝氏"八旬衍庆"、生母王氏"七秩连祺"额。二十五年二月，命偕侍郎伊禄顺赴甘肃清查军需。九月，授仓场侍郎。十月，奏言："每年漕艘抵通，必至石坝换剥船，由五闸转运入京。此一带河道，自大通桥以下至通州之东水关，长四十馀里，淤积既久，河身愈高，遇雨大则冲溃堤岸，闸水尽泄，雨水微弱之年，则又浅阻胶舟，漕运阻滞。查每年修堤挑浅，名为岁修，与其逐年劳费，不若为一劳永逸之计，大加挑浚。嗣后可节省过半。"允之。

二十六年七月，河决杨桥，命赴河南同巡抚常钧查勘灾赈，并疏泄事宜。曰修奏言："豫省河水漫溢，当先求堵御，次筹疏泄，黄水归槽，沟渠始能料理。至灾区宜先行抚恤，但有司拘于成例，以查明申报上司，委员监放，然后给发，饥民迫不及待，致填沟壑。应请一面查点，一面给放，无俟汇齐造册，所全实多。又粥厂为惠最溥，有司恐聚集贫人生事，往往阻格不行。不知各县俱设粥厂，则彼境之人不入此境，又于一县中分东、西、南、北四乡，则自然散布，不致丛挤，在官费不甚巨，而饥民实赖全活。"上可其奏。八月，奏言："南北两岸漫口，虽有二十馀处，办料尚易，惟杨桥决口宽数百丈，必料物云集，方可藏事。查河工定例，每料百斤价银九分，仍自运到工。此次决口大工，请酌增价一倍，使附近料物源源而来，远者亦不致闻风退阻，大工可速就。"谕曰："所见得要，如所议速行。"

是月，钦差大臣刘统勋、兆惠驻杨桥督工，曰修查勘下游，至颍、亳一带。九月，奏言："黄河既断正流，由贾鲁、惠济二河下灌，倘下游不能容纳，又生旁溃，则为患滋大。臣查贾鲁、惠济二河所受黄水，多有通连之处。其断续堤埝缺口为出水之路者，则留资宣泄；其为河水灌入者，则概行堵御：俾顺势而下，导之中流，不致复生决裂。"又言："豫省决口，上流未断，江南颍、亳一带种麦无期，此时粮价尚平，冬春恐致腾涌。请一概赈恤，给与折色。其颍属所贮仓粮，俱留为来春粜借之用。此数州县粮价不昂，则河南光州、固始等出米之乡，俱可尽留本省，于灾黎有益。"上报可。曰修寻返杨桥，勘南北两岸各工，奏言："曹县漫口,关系东省运河。今大河正流,直冲北岸,将来汛水一发,仍虑新堤难保。臣阅视河心老滩,已成崖岸,河形为其所逼,是以偏趋,必当挑浚挽留,俾河行中道。应于杨桥决口工毕,详加估办。"报闻。十月,奏言:"沁水出五龙口,沿河而下,较黄水浊色减,而性之湍悍过之。加以丹水从北来,其力更甚。今岁异涨,堤不能制。大干东流,至怀庆府城从北门灌入,复绕城至寻村冲开决口,夺溜南趋,不由故道,致武陟一带被浸,决口大小不等。亟应补筑高厚,以防来岁汛水。查沁水堤埝,惟武陟县境之木栾店系官工,馀皆民修。此次工大费巨,请借帑兴工,以纾民力。"又言:"被水最重之州县,民人有避赴邻境者,闻赈来归。请查明户口居址,一体赈恤。"得旨嘉允,谕曰:"裴曰修办理豫省灾赈将竣,且闻伊子裴麟病故,伊母年高,未免转增倚闾之望,着令其回京任事。"十二月,豫省河工告竣,交部议叙,御制中州治河碑文,[八]有嘉其"不惜工,不爱帑,不劳民;水用泄,土计方,上源下游,以次就治"之语。是月,丁忧回籍。

　　二十八年二月,谕曰:"直隶连年积水未消,现虽多方宣泄,终不如豫省之妥善。从前河南疏浚河工,皆系侍郎裴曰修协同办理。此时裴曰修服制将阕,着即驰驿来京,督办直隶水道沟渠事务。"赐诗曰:"水由地中行,南北势殊异。南土勤沟洫,鲜害而多利。北方尽平衍,利少害常致。率旱涝偶逢,畎浍总弃置。比年夏秋涝,乃见洪波积。蒿目乏良方,屡命疏消试。覆称海不受,是诚无别计。嗟嗟我灾黎,视尔频受沴。相与待天时,益用增惭愧。发帑与截漕,十求一二济。廉知天津坝,泄潦实迟滞。重臣令驰巡,惰吏亟抵罪。导宣入海河,涸坏已耕暨。水大釜底形,难较津南倍。即今此愁旱,而彼仍望霁。然尽一分力,庶获一分惠。绣衣分督浚,渐有可耕势。此均治标策,未为探本义。豫省及上江,往年祲每逮。梦麟与汝修,承旨克奏绩。驰驿召来京,斯实为民基。投艰非夺情,宁宜顾浮议。轻车汝其覆,宣防汝其志。集思见毋执,周视陈毋避。委输必源寻,下酾求高自。功要在人为,守株兔安企。孰急宜先图,孰缓宜后治。孰壅宜剔觳,孰泽宜让弃。代赈防中饱,举事怀抑堙。勉汝永逸谋,副予勤求意。"四月,署吏部侍郎。六月,上又以直隶、山东界生蝗,命偕尚书阿桂董办扑捕事宜。寻奏言:"吴桥、宁津、乐陵、南皮、盐山、庆云、海丰等县滨河近海洼处,甫经涸出,湿热所蒸,蝗蝻蠕动,现饬各州县分路扑捕。又直隶之有运河,犹南省之有长江,各水皆由此入海,每有宣泄不及之患。务将减河廓清,并多求出路,以益畅达。"报闻。七月,奏督捕沧州、静海、霸州、文安等处飞蝗,复谕竭力毋忽。九月,曰修奏查办直隶河渠事竣,请假回籍迎养。谕曰:"睢河久未疏浚,应豫为筹画。着裴曰修于归途之便,即会同高晋等查勘办理。"十月,曰修奏言:"勘办睢河必厚蓄清水,以刷淤泥,方为挈要。各闸随宜启闭,遇应开黄疃闸则堵南服河头,应开西流闸则堵北服河头,使水汇入睢河,力足冲刷,庶无淤积之患。"上嘉纳之。十二月,奏言:"睢河原系沙积淤不过黄水之时,但值清水盛涨,两岸亦不无坍塌。是以两旁淤沙停积,河底浅滞。应查明段落,择其浅狭者,疏令宽深。再南北二河口,于秋冬水弱时,筑坝堵截,俾两河清水全归睢河。至四月水长,仍启坝分泄,于蓄泄似属合宜。"诏如所议行。

　　二十九年三月,福建提督黄仕简据参将温泰言,总督每年受厦门洋行陋规一万圆,巡抚受八千圆,具疏劾奏,命曰修偕尚书舒赫德往查。四月,会奏起获洋行底簿,查出道、府、厅员与总督垫买物件等款,请革职,并将巡抚定长解任质讯。是月,舒赫德传旨,命曰修暂署福建巡抚事务。谕曰:"道府等既有收受陋规之事,自应如此办理。定长即有应得处分,不过失察及保举非人,何必遽行解任? 着传谕舒赫德等,就案悉心分别妥办,毋事张皇急遽,转致畸重畸轻。"五月,曰修以汀州府知府高霶于长汀县钟惟启私铸之案,未亲审奏,请革职。谕曰:"高霶谳牍未及躬亲,虽有不合,按例处分,其罪尚不至竟行褫职。况该员正在俸满引见,何难于给咨送部,随折声明,候朕临期甄别,不必汲汲纠劾若此。裘曰修摄篆伊始,未免意存风力,而不知其事实不值如此一办也。高霶仍着送部引见。"曰修等寻奏:"黄仕简所劾受一万、八千之数,属虚。洋行年例,督抚衙门实有八千圆领办燕窝、呢羽贴费。其各参员代总督杨廷璋垫买价银,俱系各员名下陋规,属实。"奉旨:"黄仕简率臆具奏,本应议处,但所奏尚属有因,从宽免其交部。杨廷璋交部严加议处,着即解任回京候旨。"七月,谕曰:"前黄仕简参奏厦门洋行陋规,朕以此案关系督抚婪索多赃,实堪骇异! 非澈底根究,无以肃法纪而昭惩创,因命舒赫德等前往查办。舒赫德等自应向温泰究诘原单所开总督一万、巡抚八千之数,实在有无收受确据。如彼毫无指证,然后逐层研究,递及道、府、厅员勒索陋规、垫买物件各情由,方合谳案重轻先后。乃舒赫德等初至闽省,置原参一万、八千之陋规虚实于不问,仅从起获底簿,将属员代买物件枝节推寻。所办未得窾要,竟似朕差伊等赴闽专为查访督抚过失。毋怪乎杨廷璋前此

之不能允服,转疑舒赫德等有意吹求也。节经朕降旨示以端绪,
伊等详悉研讯。黄仕简据温泰所开督抚收受陋规数目,全属子
虚,惟究出属员等代购物件一节,自应分别办理。朕前命舒赫德
赴闽时,曾面谕以此案如果督抚婪赃属实,必当重治其罪。定长
或有应行质讯之处,即可传旨将伊解任听审,其巡抚印务,令裘
曰修暂行署理。原以封疆大臣受恩深重,设罔顾国宪,贪黩公
行,则其身家性命尚不能保,更何有于一官?若黄仕简所参既无
确据,定长惟发价购买燕窝、呢羽等物,亦系沿习旧例,初无不可
轻贷之处。则从前舒赫德之遽令解任,尤为误会朕意矣。此案
舒赫德等查办,入手未得关键,节经训示更正;及审明定谳,则杨
廷璋之罢斥总督、解退阁务,及定长之从宽仍留原任,皆视其所
自取。恐中外之人未能深悉此中就里,特将案情原委,明白宣谕
知之。”

　　十二月,署仓场侍郎。三十年正月,迁户部左侍郎。五月,
兼管顺天府尹事。六月,充经筵讲官。三十一年二月,充会试副
考官。十月,谕曰:“江南淮、徐支河一带,所有官修河堤,前经特
派裘曰修等查办,距今为时已久,且韩家堂现办漫口,其下游支
河汊港,不无淤垫,亦应酌量疏浚。着派裘曰修、高恒前往,会同
高晋悉心查勘。至淮、徐河道或有毗连山东、河南地方,并着一
并阅看。”十一月,奏言:“豫省各河自乾隆二十二年开挑后,每
岁照善后章程,于农隙时查勘疏浚,堤岸亦随时培补。现无淤垫
残缺,至归德一带,涡河上游,并各支河大局,均与初办相符。且
有加深之处,两岸堤工亦皆完固。”报闻。三十二年七月,迁礼部
尚书,仍管顺天府尹事。闰七月,奏言:“京师因雨路泞,通州交

仓馀米商贩等,艰于挽运,是以上月米价稍昂。请将八月甲米移前数日支放。"上从其言。八月,调工部尚书。三十三年八月,调刑部尚书,寻丁忧回籍。三十四年,谕曰:"裘曰修丁忧回籍,已一年有馀,着补授刑部尚书。俟伊葬事完竣,来京供职。"三十五年四月,仍兼管顺天府尹事。五月,刑部改拟贿纵参犯一案,佐领额尔图、骁骑校孟忒初拟发遣枷杖,得旨,令按律改正,再拟绞立决。谕曰:"此案前因该将军傅亮定罪过严,漫无区别,是以降旨交刑部另办。乃该堂官意存宽纵,概以发遣枷杖完结。经朕面加训饬,令其按律改正。今又于定律绞候之外,加以立决。则所谓过犹不及,均非情理之平也。"

闰五月,命督捕武清、东安一带飞蝗,谕曰:"裘曰修等奏在永定河武清、东安连界扑捕蝗蛹,忽见飞蝗南来,渐往西北。周元理即带领员役尾追,视其所落之处扑打,自应如此办理。至折内又称府尹窦光鼐前往迤南一带,照飞蝗往来方向寻觅,所办甚属错谬。裘曰修平日尚属晓事,如即亲往查勘,当不至为人朦蔽。今既目击情形,自应迅赴蝗起处所,查明贻误之地方官,参奏治罪,而留窦光鼐在彼督捕,方合事理。乃竟安坐武清等处,仅听窦光鼐前往一查塞责,全不知实心任事,已属非是。至折内称'将来或于隐僻无人之河淀等处查得'一语,尤为取巧。其意不过以隐僻河淀,寻觅难于周到,隐为玩误劣员预留地步。此等伎俩,岂能于朕前尝试耶?着交部严加议处,仍着即往迤南一带切实根究,倘于起蝗处所之讳匿不报州县,复为徇庇开脱,裘曰修能任其咎乎?"寻命降补顺天府府尹,部议照溺职例革职,奉旨,带于新任。十二月,调工部左侍郎,仍管顺天府尹事。三十六年二月,命赴沧州一带会同直隶总督杨廷璋查勘运河情形,奏言:"现今闸座高出河面数尺,口不甚宽,兼有闸墙间隔,水势不免壅滞。应改用减水石坝,并将坝底龙骨石拆低一尺,则河水不待平槽,即可预杀其势,并疏下流引河,至岐口归海处一律深挑。至捷地闸形势兜湾,将来改坝,应移近河边,裁曲就直,以顺水性。至减河每年遇水后,往往受淤,必须节节疏通,使水得顺流达海,方无旁溢之患。"上从之。是月,补工部尚书。六月,命南书房行走。七月,充经筵讲官。八月,仓场侍郎瓦尔达等奏河道淤积久,请挑浚以利漕,命曰修等会同办理。九月,谕曰:"直隶被水之处,顺天所属者居多。裘曰修于近京水利情形,较为谙悉,着往来调度查勘,总司其事。"三十七年正月,谕曰:"永定河、北运河等处督办工程,着裘曰修协同直隶总督周元理董率各员,妥协办理。"二月,奏言:"直隶河工需用雇夫钱,请照京城发兑官钱例,许办工各员一体交银领买。"从之。四月,奏言:"治河之道,挑浚为要。汛水未发之先,既发之后,逐段详勘,一有新淤,即当乘时急办。惟水中嫩淤,人夫不能站立,难以施工。请设立浚船,给之器具,人夫可于船上用力,而所挑之土即以入船,运至两岸,实为事半功倍。"诏如所议行。又言:"直隶诸水千支万派,总由三汊河为入海之路,运河西岸则大清河会永定而出子牙河,会三支黑龙港而出,全资西岸叠道诸桥穿连而东,汇入海河。今东岸自南仓以下,改为叠道,俾盛涨时可径达堤塌河淀,不专恃海河一道为出路。但西岸向只十一桥,今陆续增建九处,多其出路,上游不致受害。至格定一堤,原为隔别清浑而设,查子牙、运河自庄儿头以下渐清,其来路甚远,而出口只有大红桥一,实为太逼。是以向来于格淀之尾闾王家河、俞家河各建一桥,与清河通流。然两桥口面过水有限,两面冲激,堤工不能经久,每岁徒费增修,莫若自当城以下,改为叠道,水大听其自漫,水小仍于行人便利,并酌增涵洞数座,不专恃王家河、俞家河两桥,则出水畅顺,而子牙下流澄清之水,亦不致受淤。"得旨:"诸凡皆妥。"

寻以审拟雄县知县胡锡瑛盗卖仓谷及科敛一案,意涉宽纵,部议销加一级,免其降级。六月,奏言:"向来河官只讲筑堤,不言浚河。不知治河不外'疏''筑'二字,而筑不如疏,其理甚明。直省之弊,近水居民与水争地。如两河之外,所有淀泊,本以潴水,乃水退一尺,则占耕一尺。既报升科,即呈请筑埝。有司见不及远,以为粮地自当防护,堤埝直插水中,水从决口而入,被淹更甚。请敕所司于一切淀泊,毋许报垦升科,并不得横加堤埝。则凡水皆有所归,不致壅遏为害。"上是其言,降敕严禁。寻兼管仓场侍郎事。十一月,命偕瓦尔达往盛京查勘民典旗地,奏言:"此项地亩,奉旨动帑回赎,俾出典旗人不失旧业,受典民人照旧出得价,圣恩至为优渥。臣等酌议,自回赎后,原业旗人果能自种,准其撤回。原佃民有欠地租者,地方官代催,抗不给者撤地,另行招佃。如旗人不能自种,原佃民并未欠租,不能遽行撤回,致佃民失生计。"诏如所议行。

三十八年二月,充永乐大典总裁。闰三月,充四库全书馆总裁。四月,曰修患噎症,遣医诊视,寻请解任调理。上以钱陈群昔患此症,因年老允其告归。今曰修甫逾六旬,不当如陈群之引退,赐诗以慰之。诗曰:"腹因废食减便便,何事投医未霍然。欲乞冰衡权解职，可忘芸席共研篇。卿云效力正长日，我则怜材未老年。不忍养疴例<u>香树</u>，还希<u>香树</u>例全痊。"是月，命加太子少傅。五月，卒。谕曰："工部尚书<u>裘曰修</u>品学端醇，才猷练达。入直内廷，屡膺使命，宣力年久，倚任方深。今春偶患噎嗝，特遣太医院堂官诊治；复常遣御前侍卫前往看视。比因病体加剧，奏请解职，未允所请，并赐诗示慰。昨又降旨，晋加宫衔，俾其舒心摄养，以冀速痊。兹闻溘逝，深为悼惜！着加恩派散秩大臣一员，带侍卫十员，往奠茶酒。所有在任革职、降级之案，俱着开复。应得恤典，仍着该部察例具奏。"寻赐祭葬如例，谥<u>文达</u>。

四十年，恩授其子<u>行简</u>为内阁中书，准其一体会试。

【校勘记】

〔一〕去累年淤阻泛滥之积患　原脱"患"字。<u>汉传</u>卷三〇叶二一上及<u>耆献类征</u>卷八五叶九上均同。今据<u>纯录</u>卷五四四叶三一上补。

〔二〕使下游直接江南茶城十字河头　"城"原误作"陵"。<u>汉传</u>卷三〇叶二九下及<u>耆献类征</u>卷八五叶一一上均同。今据<u>纯录</u>卷五四九叶三一下改。

〔三〕商河系泗水分支　"商"原误作"府"。<u>汉传</u>卷三〇叶三〇上及<u>耆献类征</u>卷八五叶一一上均同。今据<u>纯录</u>卷五四九叶三二上改。

〔四〕沭河至江南经沭阳县入海　原脱"经"字。<u>汉传</u>卷三〇叶三一上及<u>耆献类征</u>卷八五叶一一下均同。今据<u>纯录</u>卷五四九叶三四上补。

〔五〕柏家河　"河"原误作"湖"。<u>汉传</u>卷三〇叶三四下及<u>耆献类征</u>卷八五叶一三下均同。今据<u>纯录</u>卷五五一叶三〇上改。

〔六〕虞城之范家堤　"范"原误作"苑"。<u>汉传</u>卷三〇叶三五上及<u>耆献</u>

类征卷八五叶一四上均同。今据纯录卷五五三叶三七上改。

〔七〕新蔡之三岔口　"口"原误作"河"。汉传卷三〇叶三五上及耆献
　　类征卷八五叶一四上均同。今据纯录卷五五三叶三八上改。

〔八〕御制中州治河碑文　"文"原误作"又"。汉传卷三〇叶四〇下
　　同。今据本卷胡宝瑔传作"御制中州治河碑文"改。按耆献类征
　　卷八五叶一七上不误。

钱维城

钱维城,江苏武进人。乾隆十年一甲一名进士,授修撰。十
三年五月,散馆,列清书三等。谕曰:"历科进士殿试一甲第一
名,即授为修撰,二名、三名授为编修,至散馆时并无所更易。伊
等因已授职,遂自甘怠忽,学业转荒。即如今年散馆,修撰钱维
城考列清书三等,编修庄存与考列汉书二等之末,其不留心学
问,已可概见。但钱维城系派习清书,或尚非其所素习,着再试
以汉书,候朕阅定;庄存与不准授为编修,则此后一甲之人皆有
所警而专心问学。若有仍考列三等者,其例视此。"越日,谕曰:
"昨因钱维城考列清书三等后,试以汉书,虽诗句有疵,〔一〕赋尚
通顺,着仍留修撰之职。"八月,迁右中允,入直南书房,充日讲起
居注官。十五年二月,擢侍讲学士。九月,转侍读学士。

十六年,擢内阁学士。十七年,疏言:"勾到大典,一笔之下,
事关死生,不容偶误。勾到时,刑部堂官及内阁学士俱有手折,
请于遵旨论定后,大学士执笔,即各将手折内所开本名,裂纸寸
许为记。勾毕外出,持折互校,庶查核有凭。即偶有遗误,不难
立请更正。"报闻。十九年三月,充会试副考官。五月,教习庶吉

士。二十年八月,给假回籍省亲。二十二年正月,授工部侍郎。九月,充武会试正考官。二十三年,奉旨分理五城平粜事宜,疏言:"东、中、南三城木厂距仓近,西、北两城木厂距仓远。向来车价俱同,车户每惮远就近。请酌厂地远近,定车价之多寡,即以东、中、南三城之多,补西、北两城之少,庶运费无增而挽输踊跃。"诏如所请速行。二十四年,充江西乡试正考官。二十六年,调刑部左侍郎。二十七年九月,疏:"请申明律例二事:一、律载残毁他人死尸,及弃尸水中者,杖一百,流三千里;其弃而不失者,减一等。此系发冢本条,注云尸设在家在野未殡葬者,若已殡葬者,则以开棺见尸论。以残毁常人未埋之尸,与发掘坟墓者有间。故以次递减,罪止流徒。皆蒙上文发冢见尸而言。乃各省谋故斗杀命案,遇有弃尸灭迹之事,辄援此律声明弃尸轻罪勿论一语,据为成例。遂有临时杀死窃劫之盗贼,在律本应勿论,或愚民累累将尸移弃,问刑有司因其本罪勿论,转专治其移埋弃尸之罪。臣思此事人犯所杀者,原系罪人,故宽其擅杀之罪;乃杀死罪人例得勿论,即移弃勿论之尸,反至流徒。是为本小末大,引用牵混。请嗣后移弃律得勿论,盗贼之尸及奸所登时杀死奸夫,并一切格杀持杖拒捕之罪人等案,凡有弃尸者,不得援引此例。其非律得勿论者,仍照本律定拟。一、例载本夫有服亲属,皆许捉奸,如登时杀死奸夫奸妇者,并依夜无故入人家已就拘执而擅杀科罪;若非登时以斗杀论,例于亲属杀奸,分别登时、非登时,皆照本夫加一等定罪。此各指奸夫未曾格斗拒捕者而言。若一有拒捕格斗,则无论本夫与亲属,皆当依罪人拒捕论。然则律所云亲属捉奸非登时杀死以斗杀论者,正引罪人不拒捕而擅杀以斗杀论之律文，所载甚明。乃各省问拟，有援擅杀论者，有直以斗杀论者，虽斗杀之与不拒捕而杀，同一拟抵，而情罪判然。甚至持杖拒捕之奸夫，反以谋故斗杀分别拟议。是杀拒捕之奸夫，反重于不拒捕之奸夫，尤为舛错。请将亲属杀奸，非系登时者，悉拟罪人不拒捕而擅杀之律，以斗杀论定拟；其有拒捕一依罪人拒捕之律科断。"下部议行。

寻授浙江学政。三十四年四月，疏言："本年考取内阁中书，部议于会试荐卷及朝考未用人员内挑取，但荐卷一项，挑取字画须凭墨卷，其省分坐号榜发后，不难查知，恐易滋弊。请于揭晓日，主考房官出闱，知贡举及内监试等将荐卷查出，墨卷逐一弥封用印，即日奏派大臣阅取若干卷，候朝考后挑选，带领引见，钦定名数，以次录用。"诏如所请行。五月，因覆拟广东民何长子奸污幼女，致母服毒身死一案，率拟绞候，部议降一级调用，奉旨从宽留任。十月，命赴贵州同湖广总督吴达善查审威灵州知州刘标亏帑一案，巡抚良卿明知故纵，授意弥补，并与按察使高集交通馈法；又前任贵州巡抚方世俊、粮道永泰曾婪索刘标贿赂：各论罪如律。三十五年闰五月，维城将旋京复命，适古州党堆寨逆苗香要胁众肆劫，复偕吴达善及巡抚宫兆麟等往剿，戮贼甚众。六月，香要就擒，谕部议叙。三十七年，丁父忧回籍。

维城工绘事，所进画册，多蒙御题。是年，维城卒。谕曰："原任刑部侍郎钱维城学问素裕，才具亦优。侍直内廷，勤劳夙著。今春以父忧回籍，因宿疾未痊，遽闻溘逝，深为轸惜！着施恩加赠尚书衔。应得恤典，该部仍察例具奏。"寻赐祭葬如例，谥文敏。四十年，恩授其子中铖为内阁中书，准其一体会试。

【校勘记】

〔一〕虽诗句有疵　　“虽”原误作“惟”。汉传卷二八叶四五下及耆献类
　　征卷八八叶二九上均同。今据纯录卷三一四叶三六上改。

清史列传卷二十四

大臣画一传档正编二十一

任举　子承恩

任举,山西大同人。雍正二年武进士,六年,拣发陕西,以守备用。七年,署延绥镇伯林堡守备。寻调赴巴里坤军营,驻防应援有功。十一年,补宁夏镇安定堡守备。乾隆元年,调宁夏镇标营守备。追叙前功,纪录二次。三年,署城守营都司,六年,实授。七年,迁固原提标左营游击。

十一年十一月,署城守营参将。十二月十八日,中营卒童文耀、贾世忠等借名索粮,纠左、右、前、中各营卒,夜劫提督许仕盛,右营卒张文才等内应,夺南门入,毁辕门栅,攻署门,未破。举闻哗,即单骑赴鼓楼,掌号站队,贼惧,退,掠市。举驰追击,手刃贼十馀,擒四十馀。时所领仅五十人,馀党窜出南门,分攻东、西两门。举急登东城奋击,西门亦经右营游击铁保放枪,惊散。

事定,总督庆复以闻。谕曰:"固原提标兵丁不法,纠众抢劫。事起仓猝,游击任举单骑直前,奋勇救护,擒获多人,方得解散。甚属可嘉! 中军参将冯天禄现在纠参,所遗员缺,即着任举补授,以旌勤劳。"

十二年十月,奉命驰驿赴金川军营,听总督张广泗调遣。寻擢西凤协副将。举至军前,即同总兵许应虎、副将高宗瑾、参将买国良,于十二月初九、初十日设伏,用炮攻色底贼碉,连中二百馀炮,圮一角。守备孔如鳞毙贼番数十,因炮力小,不能毁碉,将撤兵。贼百馀突出,遇伏败匿,二十三日五更撤营。贼又蜂拥至,遇伏,杀二百馀,始溃。十三年正月,广泗以贼径歧险,分路进兵,檄调固原提标兵二千,令举驰往带领。二月,谕曰:"金川军营诸将,多系办理瞻对之人,庸懦欺蒙,已成夙习。今另用任举等,皆未从征瞻对,无所掣肘,自能鼓励勇往。"广泗亦奏言:"在川镇将忠诚勇干,无出任举右者。现在令率汉、土官兵三千四百馀,径登昔岭,夺贼碉卡,据要害。"寻奏署重庆镇总兵。

五月初七日,举同候补参将王恺自牛厂启行,至素可呢山大雪,初八日开路,过撤乌山,驻昔岭之东楚地,遣兵五百据山梁,夺碉,十二日,举直抵昔岭山梁据之,山北二里许,木冈孤峰壁立,为昔岭一带贼碉及纳喇沟二处总路。贼于隘口连数大卡,并砌石城,直官兵垒。十三日晚,举潜发土兵八百,顺沟下督攻木冈卡。贼登山救护,举于山梁连发十馀炮,穿卡,贼悉窜。十五日黎明,遥见昔岭山下及卡撤右梁沟内烟起,则前发土兵已毁石达喇第四碉,擒番众二十馀,击毙十馀。十五日,密派官兵由山沟抄截山梁中腰卡,是夜雨如注,枪炮声不绝。我兵已登中峰,夺山梁,袭取木冈迆西中腰卡凡五,擒斩无算;又乘胜夺卡二,举随遣兵千直抵昔岭中峰,据守。十七日,督攻木冈寨,较中峰倍高峻,我兵用钩镰枪矛刺毙贼番十馀,鸟枪毙贼甚众。时总兵哈攀龙一路兵马,被松林所阻,不得进。广泗令攻纳喇沟,抄出昔岭中峰之右,与举兵合攻昔岭北。攀龙与副将刘忠等至,举先于岭上及岭南对贼卡扎营既定,随用炮击圮木冈大石城,贼乘夜补葺,我兵亦夜施枪炮不绝。二十三日,潜发土兵百五十攻卡,汉兵百伏截石梁卡路,令东峰官兵遥作扑攻势,至夜用炮上击,土兵蛇行躐木城,用挨牌遮护,多带干柴备焚。适大雨,火绳尽湿,伏兵无援,为乱石所伤,未克。二十六日,举亲抵昔岭阅视营盘之左,有得思东、木达沟,乃卡撒、昔岭两路军营粮路攸关,为碉阻,同卡撒总统冶大雄于二十八日五更焚木达沟一带贼碉。举至中峰调度,围得思东大碉三,断其水道,用斧进斫,贼滚岩遁,得大碉一、小碉二,乘势夺路,躐木达碉。

　　六月初九日,攻克昔岭沟底石城水卡。十三日,同攀龙及副将唐开中、参将买国良斫木,步步为营。十四日,分兵三路,攀龙由右面架梁堵御,开中、国良由左沟穿林登攻木城,举等由中直扑石城。十五日,举与开中攻石城东,攀龙攻其南。十六日黎明,齐进,石城坚甚,我兵奋攻,多斩获。忽贼三百馀自西南林内突出,举挥兵御,被创,战益力,复为枪中要害而卒。攀龙入林捕贼,斩三十馀,收举尸还。经略大学士讷亲疏奏。时已奉旨实授举重庆总兵,谕曰:"署总兵任举统兵进攻昔岭石城,身自督战,奋勇直前,多所斩获。乘胜追杀,致被枪伤阵亡。伊前在参将任内,值固原兵变,以单骑手刃乱兵,解散贼党,捍御全城,安抚百

姓,劳绩已为懋著。故特擢用副将,命往金川军营,领兵攻剿,所
向克敌。现已补授总兵官,深望凯旋之日,录功优叙,以旌殊勋。
孰知伊感朕知遇,奋勇捐躯,深堪悯恻! 考之典礼,以死勤事者
祀之,本朝特建昭忠祠,用享疆场效命之臣。任举着入祠从祀。
所有恤典,照提督例给予。伊子亦照提督例,给与荫袭。"又谕
曰:"朕闻讷亲另折所奏,任举捐躯报国,毕命疆场,不禁为之泣
下! 在伊等忠愤激发,固已甘之如饴;而朕以小丑跳梁,用良臣
于危地,思之殊堪悯恻! 虽经交部从优赐恤,以慰忠魂;而事后
之虑弥切,现在凡有进止,更宜因时度势,郑重筹办,不宜徒事奋
往,以廑朕怀。"闰七月,兵部议恤,加赠举都督同知。赐祭葬,入
祀昭忠祠,谥勇烈。

伊子二:长承恩,荫都司;次承绪,恩赏京营千总,累迁巡捕
营游击,救中、西市火,被伤,卒。

承恩于二十四年授三等侍卫。二十九年,授福建陆路提标
游击。三十五年,迁江南六安营参将。四十年,迁河标左营副
将,寻调漕标中军。四十四年,迁山东兖州总兵,四十八年,调江
南寿春镇。四十九年二月,擢江南提督,赐戴孔雀翎。四月,调
福建陆路提督。五十二年三月,台湾逆匪林爽文纠众滋事,承恩
自请往剿。与水师提督海澄公黄仕简互相观望,不进,命革职拿
问来京治罪。四月,谕曰:"此次台湾逆匪林爽文等纠众滋事,朕
命黄仕简带兵剿捕,任承恩亦奏请前往。朕意即以任承恩不应
同赴台湾,亦恐水师非其所辖,呼应不灵,未免掣肘,转于剿捕无
益。但因任承恩业已登舟配渡,多一人或可得一人之益,是以未
令转回。讵意二人抵台湾后,并不亲临行阵,定期会攻,一南一

北,互相观望。果不出朕所料,以致贼匪蔓延,迄今未能扑灭。其玩延贻误,厥罪维均。即或黄仕简因年老患病,不能亲身带兵,及任承恩到彼后,不能不零星堵御,抑或贼匪众多,兵力实不敷剿捕之处,伊二人早应随时据实直陈,候朕指示筹办。乃伊等并无一字奏及,是其种种贻误,实无可置喙。而黄仕简系水师提督,台湾乃其专辖,现在剿捕事宜,又经朕特交督办,乃安坐郡城,漫无筹画,伊尚如此畏葸因循,更无怪任承恩之意存推诿,其罪视任承恩尤重。任承恩既经革职拿问,黄仕简亦难宽宥。昨已降旨将黄仕简撤回内地。伊到厦门时,着李侍尧即传旨将伊一并革职,拿交刑部治罪。若论黄仕简、任承恩贻误紧要军务之罪,均应按律即行正法。朕办理军务,信赏必罚,[一]而于畏葸退缩者,尤必重加惩治。故能纪律严明,将士用命,所向克捷,底绩成功。今黄仕简、任承恩诖怯贻误,若在他人必当正法,但念黄仕简年老,又系病后,且伊从前办事尚属黾勉,受恩最久,所有公爵系伊祖所立功绩,自应承袭,即照黄仕简从前原奏,令伊长孙黄嘉谟承袭。至任承恩系任举之子,任举前在金川出兵时,打仗受伤阵亡;其次子又以巡捕营游击因救火受伤身故,亦无子。承恩现无子嗣,若将承恩正法,是任举临阵捐躯,竟至绝嗣,朕心实有所不忍。黄仕简、任承恩到部时,自当照例定拟具奏,然均可加恩贷其一死。"嗣承恩到部拟罪如律。十一月,特恩免其勾决。

五十三年二月,谕曰:"前年台湾逆匪滋事,任承恩年力强壮,非黄仕简可比。且伊自行陈请前往台湾剿捕逆匪,更当加倍奋勉,力图自效。乃亦安坐鹿仔港,与黄仕简互相观望,并不临阵奋勇杀贼,律以逗遛之罪,应按律正法。但念任承恩之父任举前在金川出兵阵亡,伊弟承绪又因在京营供职,救火伤毙,无子,皆属殁于王事。任承恩又现无子嗣,若即行正法,使捐躯效命之臣,竟至绝嗣,朕心亦有不忍。设使任承恩尚有子孙承祀,断不宽贷。上年朝审勾到,并经格外加恩免其一死。但若仍令永禁图圄,则伊父任举终不能有后,殊非朕轸念劳臣之意。现在台湾已届藏事,着加恩释放。但伊身获重罪,经朕曲加恩宥,全其躯命,若仍腼颜安居辇毂之地,有何面目对人? 着勒回原籍,闭户思过,以示法外施仁至意。"五十五年十月,因恭祝经坛,兵部带领引见,奉旨以巡捕营参将用。

【校勘记】

〔一〕信赏必罚　原误作"赏罚必信"。汉传卷二一叶二八上及耆献类征卷三四八叶一三上均同。今据纯录卷一二七八叶一二上改正。

温福

温福,费莫氏,满洲镶红旗人。翻译举人。雍正六年,补兵部笔帖式。九年,派往北路军营办事。十二月,撤兵回京。乾隆五年,迁兵部主事。八年,迁员外郎,在军机处行走。十年,迁吏部郎中。十一年六月,调户部银库郎中。十二月,擢湖南布政使。十四年,调贵州布政使。十九年,办理平远州民陈新序哄堂案,草率完结,奉旨革职,自备资斧于乌里雅苏台办理粮饷,效力赎罪。

二十三年三月,命署内阁侍读学士,赴定边将军营办事,四月,实授。时将军兆惠统兵至库陇葵山,有宰桑恩克图等,率二百馀户据山险,我兵乘雾夜击之,温福同副将高天喜携大炮登山奋击,贼俱毙。十月,随大兵剿贼叶尔羌。二十四年,奉谕:"据将军兆惠等奏称,侍读学士温福打仗,手受枪伤,颧骨受鸟枪擦伤,且于诸处奋勉效力,温福着加恩补授内阁学士。"是年,回部平,奉旨议叙军功,加六级。二十五年,回京,授镶红旗汉军副都统。二十六年,授仓场侍郎。二十七年,特赏给世袭云骑尉。三十四年,授福建巡抚。三十五年五月,授吏部侍郎,在军机处行走。七月,授理藩院尚书,寻署工部尚书。八月,兼正黄旗蒙古都统。

三十六年八月,奉旨授副将军,统兵剿金川。时大兵分三路进,温福率兵二千馀,由瓦寺之巴朗拉,提督董天弼由甲金达援达木巴宗。总督阿尔泰由约咱攻僧格桑。十一月,奏言:"阿尔泰、董天弼于六月间一闻金川据革布什咱、小金川围鄂克什之信,即分西、南两路夹击,尚非失计;而董天弼忽改由木坪,是以明正侵地虽经克复,而贼酋得悉众固守约咱,以拒我兵,且西路兵经董天弼带往木坪之外,现在福昌处只留千馀分守各隘,馀兵无几,以致不能进攻。臣思此事办理之始,所以兼从南路进者,原因金川据革布什咱,是以就已到官兵于此进剿,然道远本非正路,当以西路为正兵,且此路原系从前剿金川之地,其小金川巢穴即各营驻兵之所。今南路自章谷进攻,而西路自北直进,取其中坚,前后夹攻,使贼腹背受敌,不难殄灭。以臣愚见,南路现集兵八九千名已不为少,木坪一路虽再添兵,亦属无益。查西路由汶川出口,除山神沟、巴朗拉之外,自必尚有可进之路,奋力夹攻,似可得力。"奏入,谕奖所见已得要领,伫候捷音。寻谕军机大臣曰："办理小金川一事，温福以西路与贼巢最近，欲于西路进攻，自为扼要之见。但形势亦不可不为审度，贼匪所以拒守巴朗拉者，原因攻围鄂克什，遂于要隘设筑碉卡，扼我援兵。贼既倚为负嵎之势，即幸藉大炮力，攻破一碉，贼即乘其残垒复筑，势岂能层层攻击？若于用炮之外，令士卒轻冒矢石，傥稍有挫损，更不成事体。此时南路既有重兵，西路复添兵力，僧格桑自必守此两路，[一]不暇他计。朕意总以为攻取要策，必当避其碉卡，越道而进，使贼人失其凭恃，官兵得以乘间捣虚，方为制胜之道。着温福悉心筹办。"

　　是月，授武英殿大学士。复谕曰："温福现已驰至巴朗拉，扼其要害。但其地山岭险峻，并与贼巢相近，碉卡又多，该处所有川兵不及二千，且汉兵土练遇事俱不足仗，万一稍有退阻，仅存温福所带之满兵二百名，其势未免单弱。温福前奏至彼察看，事机如刻难少待，即就现有之兵奋力前进，但亦不可不详审形势，明于彼此进退之机，方可进攻。若锐意深入，兵力不充，贼人既无所畏惧，且恐约咱、甲金达两路同时会剿，更不足以壮声援。温福务当善体朕心，加意慎重。董天弼两路惟恐其懈于急攻，温福一路则惟恐锐于轻进，廑念相同，而于温福尤甚。"十二月，奏攻巴朗拉贼抗拒情形，得旨："温福等带领官兵攻打巴朗拉碉卡，杀贼颇多，殊属实心任事。惜其时兵数无多，而绿营士卒又皆懦怯，不克成功。温福何罪之有？仍着交部议叙。"又偕参赞伍岱等攻巴朗拉三昼夜，歼贼数百，生擒十二，破大碉六、小碉二。得旨："温福等以满洲官兵在前，绿营官兵在后，昼夜攻打，甚属奋勉，实堪嘉予。以此声势，贼人自必胆落，不日即可集勋。温福着赏给小荷包二对。"三十七年正月，取达木巴宗，拨兵分据南北山最高处，所得石碉悉焚之；复分兵由别斯满、玛尔瓦尔济两路夹击。大军由中路进攻，至斯底叶安贼寨，获碉卡百馀，歼贼二三百，上嘉之。三月，奏攻克资哩贼寨阿克木雅。六月，奏克东玛贼寨。七月，奏攻得固卜济山梁碉卡。十月，奏攻得路顶宗及喀木色尔大小卡寨五十馀，碉房三百馀。十一月，奏据博尔根山梁，并攻得玛觉乌寨落。上以簇拉角克、那拉觉等处贼碉林立，与我兵后路相通者甚多，温福等宜善为防范。又奏攻得达克苏山寨碉卡，并附近明郭宗一带山梁、山沟，及沿路碉卡，移驻大营，侦道，以图直攻美诺。十二月，奏攻得公雅山，皆有旨议叙。是月，授定边将军。旋奏攻得明郭宗，谕曰："温福督兵进剿，攻克贼巢紧要门户。从此直捣美诺，自可迅奏肤功。温福着交部议叙。"又以由帛噶尔角克攻得布朗郭宗，复进克底木达，擒僧格桑之父泽旺解京，得旨，交部从优议叙。是年二月，〔二〕劾额驸色布腾巴勒珠尔偏徇参赞伍岱等款，诏革伍岱职，遣戍伊犁；色布腾巴勒珠尔坐削爵。

三十八年二月，奏攻得功噶尔拉等处。三月，奏攻得昔岭碉卡，嗣因冰雪深厚，屡攻未能前进，移营木果木，分兵守隘口。贼占大营后路，劫炮局。六月，温福率众御之，中枪阵亡。先是，温福参奏侍卫乌什哈达等私离汛地，上虑其轻躁偾事。谕曰："伊等不遵将军号令，固不得谓之无罪。但温福即劾乌什哈达，亦觉过当。乌什哈达理应看守所占之地，遣兵寄信，温福不应将信带回，此其罪也。但乌什哈达亦曾攻碉夺卡，今弃山冈而能复行占据，亦可以抵罪。温福平时口吃，在朕前奏事尚不达其意，性又颇露急躁。官兵不知其如此，必谓将军性躁，兵众难堪；又因不能即克地方，心中烦躁，不论地险雪深，一味催迫官兵，如此办理，恐失军心，不可不戒也。”至是，果失事。奉旨："温福仓猝遇变，临阵捐躯，着赏一等伯爵，世袭罔替。入祀昭忠祠，并赏银二千两治丧。其应得恤典，仍着该部察例具奏。伊子永保，着即承袭伯爵。"七月，复谕曰："前闻温福在木果木军营遇变捐躯，赏给一等伯爵。嗣据刘秉恬奏，初九日未时，忽有客民二三千并匠役人等，奔赴登春，询称：'木果木炮局已被贼人抢劫，大营四门关闭，客民无所依倚，因各散回。初十日，贼番悉众拥至，断绝大营四门水道，绿营兵溃散，遂至失事'等语。是温福军营民散在前，兵溃在后，实系温福不能先事豫防所致。营中炮火系三军之命，若闻贼绕布朗郭宗之信，早派精兵严守后路，防护炮局，何至为贼抢劫；而客民匠役数千，亦当收之营内，为彼护持，即备人数以壮军威，亦无不可。断无坚闭营门，听其散去之理。既示贼番以弱，且至摇惑军心，则温福之仓皇失算，其死皆由自取。今复据海兰察、富勒浑等查奏，温福军营阵亡文武大小各员，多至数十，而将弁兵丁之未出者三千馀人。此皆温福乖方失事，以致折将损兵，使其身尚在，即当立正典刑，以申军纪，岂可复膺五等之封？所有赏给伯爵，着销去，但念其究系阵亡，仍着交部照例议恤，其应得何世职，即令伊子永保承袭。"旋部议给骑都尉兼一云骑尉，与原有之云骑尉，应归并为三等轻车都尉，四十一年三月，撤销。

　　子勒保，历官至大学士，以功封威勤伯；永保，官至两广总督。

【校勘记】

〔一〕僧格桑自必守此两路　"此两"原误作"西"。耆献类征卷二二叶
　　　三九下同。据纯录卷八九六叶五上改。按国传卷六叶五上"两"
　　　字不误，但脱"此"字。

〔二〕是年二月　"是"原误作"三十七"，与上文重出。耆献类征卷二
　　　二叶四一上及国传卷六叶六上均同。今据纯录卷九〇三叶一六
　　　上改。

董天弼

　　董天弼，顺天大兴人。由武进士授四川提标前营守备。乾
隆十三年，迁马边营都司，随征瞻对、金川，有功。十七年，迁峨
边营游击。二十二年，迁提标中军参将。二十四年，授维州副
将。三十年，金川土舍郎卡与丹坝构兵，天弼偕游击宋元俊往
勘，郎卡乞还所掠人口，退卡卡角，〔一〕坼毁穆尔津冈碉卡，事平。
十月，迁松潘镇总兵。三十三年，擢提督。三十四年，郭罗克贼
番阿玉、楚扣等途劫喇嘛诺彦绰尔济，枪伤三人，上命天弼查办。
寻以未获要犯，苟且息事，申谕之。

　　三十五年四月，小金川土司泽旺逆子僧格桑乘隙攻鄂克什
土司色达克拉，围官寨。八月，天弼赴达木巴宗，饬小金川与鄂
克什息兵。僧格桑退墨穆尔、吉日、古鲁地方，色达克拉以官寨
粮尽，求徙达木巴宗。天弼与总督阿尔泰议留把总一、兵二十及
土练四百分驻之。三十六年六月，逆贼僧格桑复围鄂克什之达
木巴宗、木耳宗资粮，并据瓦寺、巴朗拉。天弼由打箭炉驰赴西
路，调省标及松、维等营官兵备剿。七月，天弼抵卧龙冈，〔二〕贼

已据巴朗拉,筑碉卡为久守计,且断我兵进剿路。上以天弼迁延坐待,意存推诿,申谕之。八月,阿尔泰造皮船渡河,天弼议袭山神沟以解鄂克什围,且言木坪之甲金达、杂谷之曾头沟,可分兵进。寻由山神沟至德尔密,克石碉七,斩贼数十,馀赴岭窜,并据毕旺拉。天弼遣土练四百驻毕旺拉,贼乘雾雨来犯,守碉土兵惊溃,失所得碉卡。天弼疏请治罪,谕曰:“董天弼所请交部治罪之处,且可不必,得失乃行兵之常。董天弼前此进兵,尚属勇往。此时带兵本少,不敷调拨。阿尔泰又不早为筹拨接应,以至于此,且看如何奋勉,以定功罪。再不努力,则获罪滋重矣。董天弼于番地情形,稍为谙悉,着驰往阿尔泰军营会商进剿。”

时天弼以德尔密、毕旺拉已失,达木巴宗被困久,带兵五百由木坪之尧碛,顺山而下,并咨阿尔泰派汉、土官兵二千随剿。谕曰:“此行颇勇往,看汝如何以功抵罪耳。”十一月,攻甲金达对面山梁,克碉卡二,天弼以鄂克什牛厂为贼来路,分兵歼守厂贼二十馀,遂据之;乘胜上下攻击,贼溃遁。木坪、鄂克什及三土司交界要隘,皆为官兵所获。未几,贼复袭夺牛厂,上以天弼深染绿营恶习,谕曰:“董天弼在甲金达山梁逗遛不进,牛厂得而复失,前在德尔密时得卡不能固守,及由山神沟至木坪、〔三〕尧碛,纡绕程途,致贼酋得以处处预为准备。是小金川之事始终由阿尔泰、董天弼贻误所致。今阿尔泰已经革职,董天弼厥罪维均。董天弼调度乖方,终无可辞,已有旨将董天弼革去提督,留于军营当兵。如再退缩玩误,即在军营正法。”寻命拿解成都监禁。十二月,天弼改由蒲松冈小路进攻,抵达木巴宗,贼由对河南山突犯,我兵击败之,鄂克什土司得出,遂克木耳宗。谕曰:“董天弼自办小金川以来，屡次失机，且敢捏词讳饰，其罪实无可逭。是以前有旨将伊革去提督，以兵丁留于军营效力赎罪。如尚不知悛改，即拿解成都监禁，请旨办理。今伊于十五日攻解达木巴宗之围，并收复鄂克什各寨，克木耳宗等处。〔四〕此次官兵奋勉，必系常保住带领满洲兵丁鼓勇直前，因而绿营知所观法，是以稍有起色。但董天弼究系在事出力，朕不肯竟置之不论，已传谕温福等宥其一死，仍留军营效力赎罪。"寻提督阿桂奏天弼于军营事务尚属经练，请代总兵和邦额管理火药军械。

三十七年二月，将军温福偕阿桂克资哩，饬天弼率兵五百驻旧营。四月，起补副将。五月，总办资哩、卧龙冈防范督催事。寻擢总兵，命统兵赴曾头沟。天弼由曾头沟至梭磨官寨，梭磨土妇请以兵一千援剿。八月，赏戴孔雀翎。九月，天弼领兵至堪卓沟，上命鄂宝催攒粮运，天弼遂由纳云达入贼境五十馀里。贼筑石卡拒，官兵奋勇剿杀，遂据登格山梁，复由郭噶尔抵咱吗山梁，攻穆阳冈、木丫山梁，克石卡三十馀、木城三，杀贼百馀。上以天弼奋勇攻剿，甚属可嘉，下部议叙。十二月，奏报攻克大板昭、木丫寨，获卡十六、大碉三十六，因言如意坝北曰喀尔萨尔，应分兵防范。疏入，谕曰："董天弼奏攻克大板昭、木丫寨等处情形，若于温福未至布朗郭宗之前，〔五〕督兵攻破贼寨，自当优叙劳绩，乃温福于初十日晚攻克布朗郭宗，十一日早攻克底木达，擒获泽旺；而董天弼所奏攻克大板昭等寨，则系十一、十二两日。此乃贼众闻知大兵已得布朗郭宗等处，势难复拒，因而畏罪逃窜，董天弼不过得其空寨，而折内尚铺张派兵剿击，欲居克获之功，总由沾染绿营恶习，务为粉饰，言之能无汗颜？朕于军营功过，悉皆核实,岂为此等虚词所惑?惟所称'诱贼出卡,土兵堵截卡门,贼不能退,惊惶被戮'等语。此等土兵尚属出力,着温福等查明,量加奖赏。又据奏'如意坝北地名喀尔萨尔,亦为通金川要路,且系我兵后路,现在分拨布置防范'等语,〔六〕此事甚有关系。昨温福奏令董天弼驻守布朗郭宗,已允所请,并谕令刘秉恬驻美诺,率同经理。着温福传谕董天弼,务须实心妥办,勿再稍萌虚伪故智,以致贻误干咎。"寻授领队大臣。

三十八年正月,仍命为四川提督。二月,谕天弼带兵七百驻丹坝。天弼偕总督刘秉恬合疏言:"布朗郭宗一带,美卧沟、曾头沟、玛尔珰、大板昭、喀尔萨尔路通金川西南,簇拉角克沟尤为接壤,除将温福所留官兵分驻各隘外,梭磨至丹坝七八站,丹坝至绰斯甲布军营又五六站,贼匪潜行。请添调川兵一千六百,以一千赴美诺分拨布朗郭宗等处,以六百赴丹坝分派要地,防护粮饷。"上从之。三月,上以总兵五福赴丹坝,命天弼驻布朗郭宗。六月,天弼退居美诺小营,贼乘虚夜袭底木达、布朗郭宗等处,皆失守。谕曰:"昨据阿桂奏,接准刘秉恬初二日来札称,〔七〕昨夜三更,贼袭底木达等处,董提督现往官寨,未知下落。可见董天弼毫无准备,遂尔乘势滋扰。今复据刘秉恬奏,该处被贼,竟由董天弼不在官寨驻守严防,另立小营,以致贼人窥觇空虚,乘夜肆其抢占。董天弼之怯懦玩误,实为罪不容诛。昨已降旨将伊革职拿问。据报现在不知下落,即或事急自戕,或竟为贼所害,亦属死有馀辜。其子并应查拿交部治罪,所有原籍及任所赀财,从前曾加恩赏还者,仍着严行查抄,以示惩儆。"八月,刘秉恬疏报天弼失事时,夜由小营驰守底木达碉寨,途遇贼,右胁中枪,死。下部知之。

子联毅,乾隆三十五年举人,以天弼驻守贻误,发往伊犁效力,年满,四十六年,恩赏内阁中书。五十五年,任淮安府同知,卒。

【校勘记】

〔一〕退卡卡角 原脱一"卡"字。汉传卷二九叶三〇上及耆献类征卷三五二叶二一上均同。今据纯录卷九五一卷四下补。

〔二〕天弼抵卧龙冈 "卧"原误作"眠"。汉传卷二九叶三一上及耆献类征卷三五二叶二一下均同。今据纯录卷八九〇叶一九上改。按下文"总办资哩卧龙冈防范督催事",亦可互证。

〔三〕由山神沟至木坪 原脱"至"字。汉传卷二九叶三二下及耆献类征卷三五二叶二二下均同。今据纯录卷八九八叶九下补。

〔四〕克木耳宗等处 "处"原误作"语"。汉传卷二九叶三三上及耆献类征卷三五二叶二三上均同。今据纯录卷八九九叶四五上改。

〔五〕若于温福未至布朗郭宗之前 原脱"未"字。汉传卷二九叶三四下及耆献类征卷三五二叶二三下均同。今据纯录卷九二三叶三一上补。

〔六〕现在分拨布置防范等语 "拨"原误作"据"。汉传卷二九叶三五上及耆献类征卷三五二叶二四上均同。今据纯录卷九二三叶三二上改。

〔七〕接准刘秉恬初二日来札称 原脱"接准"二字。汉传卷二九叶三六下及耆献类征卷三五二叶二四下均同。今据纯录卷九三七叶七下补。

哈国兴

哈国兴,直隶河间人。父攀龙,官贵州提督。国兴由乾隆十七年武进士,授三等侍卫。二十年,发往云南以游击用。二十三年,补督标右营游击。二十八年,迁东川营参将。

三十一年,缅甸匪目召散等据孟艮肆扰,国兴由大猛养分剿。寻会击贼于楞木,进攻猛卯,身督战,被枪,伤齿及右臂。总督杨应琚以闻,赐戴孔雀翎。三十二年正月,署腾越营副将。时副将赵宏榜以偏师失利于新街,四月,国兴率兵抵蛮暮,侦新街贼无备,驰击之,贼望风遁。十一月,随将军公明瑞攻克木邦,复偕侍卫莽克察等,击斩守隘贼六十馀。十二月,擢楚姚镇总兵。三十三年五月,陛见,命在乾清门行走,赉银币。九月,还军营,调普洱镇总兵。十月,擢贵州提督,留军营。三十四年四月,赴铜壁关外野人山督造战船。十二月,谕曰:"哈国兴自进剿缅匪以来,甚属勇往出力。今在老官屯办理军营诸事,尤为妥协。且伊于边务夷情,素所熟悉,令其整理滇省营务,于地方更觉有益。着调补云南提督,并加太子少保衔,以示奖励。"

三十五年四月,谕来京陛见。先是大军之围老官屯也,缅甸头人诺尔塔以其酋懵驳命,遣人叩军营乞降,经略傅恒,副将军伊勒图、阿桂令国兴出见,谕遵三事:一、奉表贡,一、不敢再犯边,一、送还内地人。缅甸誓如约,乃请旨撤兵。至是,我兵既撤,缅甸贡表弗至,且留我持檄往谕之都司苏尔相,而诺尔塔复诡言国兴曾许给还木邦、猛拱、蛮暮三土司。六月,国兴至京,命不必在乾清门行走。谕曰:"哈国兴昨岁在老官屯,于缅匪遣人投诚时,自不免存迁就完事之见。至诺尔塔所称哈国兴许给土司一节,询之哈国兴,坚称并无其语。在贼匪一面狡词,固难执以坐哈国兴之罪;而哈国兴所称并未许其给还之处,现在无可对质,亦难深信其有无。伊于绿营粉饰积习,未能悛改,若仍令回滇办事,于边防要务无益。但念其屡次领兵打仗,颇属奋勉,尚不至竟予罢斥。现在贵州古州镇总兵余大佐尚未到任,[一]其员缺即着哈国兴降补,以观后效。"九月,副将军阿桂奏请冬间派兵袭击缅甸,上念国兴在滇年久,熟悉边情,命仍赴云南军营。三十六年五月,谕曰:"哈国兴之弟国泰现任云南千总,着加恩令其来京,以巡捕三营千总用,俾得就近养亲。"寻调国兴云南临元镇总兵。三十七年五月,谕曰:"哈国兴在滇,现无紧要事件。此时官兵进讨小金川,正需大员统率。着哈国兴驰赴温福军营。"六月,授西安提督,辖陕、甘从征兵。寻命偕总兵董天弼由曾头沟一路径取底木达、布朗郭宗。温福等奏言:"国兴熟于带兵,请令别由策卜丹径取美诺,其曾头沟一路,专委天弼。"七月,又奏:"国兴由阿喀木雅山沟绕出玛尔迪克山梁,详察形势,以策卜丹林深径狭,不便取道。臣等已令率兵二千往助海兰察攻玛尔迪克。"诏可。

会贡噶山左有贼千馀,谋劫粮,国兴等驰往击,贼败匿。甫旋,玛尔迪克林内贼突出,复击败之。谕奖其历练戎行,随机救应,赏荷包四。八月,设伏于贡噶山梁,斩贼百馀,并搜箐,夺其碉卡。九月,贼叩国兴营,请降,且献鄂克什地。国兴饬令将南北两山美美卡、木兰坝及玛尔迪克并献出,始许其降。越日,贼果尽撤各栅,国兴以兵入鄂克什旧寨,贼退守路顶宗。十月,金川逆酋索诺木禀送前随参将薛琮进剿被留之外委臧儒等至国兴营,且言劝僧格桑出降。温福以闻,谕曰:"索诺木所投哈国兴禀帖,尚欲貌托恭顺,阴逞奸狡,不宜仅付之不答。竟当作哈国兴之意,给与回檄,谕以索诺木与僧格桑狼狈为奸,拒守要隘,抗拒官兵,迹已显著,何得佯为恭顺,冀图朦惑?况墨垄沟未出官兵甚多,岂容以一外委,遂谓送出官人,妄思宽宥?大兵声罪致讨,必须先擒僧格桑,次擒索诺木,以申国宪而靖边庭。僧格桑即逃至金川,自可克日就擒,无藉索诺木之献出。且索诺木即为法所必诛,又何能代人施此诡谲?本提督奉命随征,惟知奋勇杀贼,力缚凶渠,断不能为贼诳言所惑,俾贼酋知狡恶罪状,不能掩饰。"寻谕将薛琮等前在甲尔木山梁扑碉被金川截断后路各罪,增入檄文。时国兴同海兰察等以兵五千驻贡噶山,谋攻策卜丹,因冰雪未进,命撤还路顶宗协剿。路顶宗山麓有巨沟,沟之源为南山,于是海兰察绕出山后,侍卫额森特由小径接应,而国兴直越沟攻碉,大军继进,遂克路顶宗及喀木色尔寨,先后破卡五十馀座、碉三百馀间,俘获甚众。谕奖国兴等奋勉出力,下部议叙。十一月,由喀木色尔北山攻穆拉斯郭大寨,进据兜乌山巅,与总兵马彪等合兵,尽夺附近碉卡。寻克额尔莽木栅,又率兵千渡河,由南山鄂尔济仰攻夺各寨,随大军进剿明郭宗,别以兵袭击公雅山,克之;复克木尔古鲁贼寨,并夺据嘉巴山麓,下部议叙。十二月,廷议于平定小金川后,分兵三路讨金川。谕曰:"哈国兴虽系绿营汉员,于领兵进剿之事,曾经练习;且原在乾清门侍卫上行走,与满洲大臣无异。副将军丰昇额一路,即着哈国兴为参赞大臣。将来或止须两路,则丰昇额、哈国兴等即随将军温福军营,以备临时分兵之用。"

是月,随大军克明郭宗,焚其念经楼,整兵进取日果尔乌谷山麓,直压美诺贼巢,谕部优叙,又谕曰:"哈国兴之子哈文虎,兵部带领引见,现已加恩用为守备,发往四川。可传谕哈国兴,着其益加感奋。"国兴寻随大军攻克布朗郭宗,僧格桑遁金川,我军直抵底木达,僧格桑之父策旺出降,小金川底定。国兴病卒,谕曰:"哈国兴自前岁征剿缅匪以来,颇属勇往。[二]上年调遣四川西路军营,擢任提督,带兵攻剿,叠著劳绩。是以加恩授为参赞大臣,并将伊子用为守备。现在小金川荡平,正值进剿金川需人之际,倚任方殷。遽闻溘逝,深为轸惜!着赏银一千两,存恤其家,并加赠太子太保,以示悯劳饰终至意。应得恤典,该部仍察例具奏。"寻赐祭葬如例,谥壮武,入祀昭忠祠。命图形紫光阁,御制赞曰:"中土回人,性多拳勇。哈其大族,每出将种。向略趱拉,屡举险要。中道病殂,成功未告。"

子文虎,由父荫恩授守备,赴四川军营,补陕西提标右营守备。三十八年,木果木阵亡,入祀昭忠祠,恩赐其弟文彪为千总。

【校勘记】

〔一〕古州镇总兵余大佐尚未到任　"大"原误作"天"。汉传卷二七叶五一下及耆献类征卷二八六叶一七上均同。今据哈国兴传稿(二八)及纯录卷八六二叶一〇上改。

〔二〕颇属勇往　"往"原误作"壮"。汉传卷二七叶五五下及耆献类征卷二八六叶一九下均同。今据哈国兴传稿(二八)改。

庄存与

庄存与，江苏武进人。乾隆十年一甲二名进士，授编修。十三年五月，散馆，考列二等。谕曰："历科进士殿试一甲第一名即授为修撰，二名、三名即授为编修，至散馆时，并无所更易。伊等恃已授职，遂自甘怠忽，学业转荒。即如今年散馆修撰钱维城考列清书三等，编修庄存与考列汉书二等之末，其不留心学问，已可概见。但钱维城系派习清书，或尚非其所素习，着再试以汉书候朕阅定，庄存与不准授为编修，俟引见时，朕酌量其人材，或以部属，或以知县，或归班选用。则此后一甲之人皆有所警而专心问学矣。若有仍考列三等者，其例视此。"十六年五月，引见，仍授编修。

是年，恭逢孝圣宪皇后六旬圣寿庆典，特开乡会恩科，命于次年春举行乡试。十二月，充湖北乡试副考官。十七年六月，大考二等，升侍讲，寻入直南书房。十八年六月，擢翰林院侍读学士，充湖北乡试正考官。九月，提督湖北学政。二十年四月，迁少詹事。六月，擢内阁学士，兼礼部侍郎。二十一年，充浙江乡试正考官。九月，提督直隶学政。二十二年，奏："直隶冒籍生员，自首改正，每学多至五六十名，少者十五六名，尚有未经查出者。恐此后有将本身入学姓名，令兄弟子侄顶替，甚或卖与各省童生顶名呈首，或本人自首于北，而他人顶替于南。若但据自首改回，弊恐不少。请将冒籍各生，暂停南北岁科两试，定限一年，着落本身自首，即据所首姓名三代籍贯，一面咨礼部存案，一面行该省取具父师亲族邻里切实甘结，地方官加具印结，方准咨回该省学政入册。如查有假冒顶替，照例办理。首明虽限一年，咨查需日，己卯乡试应停收考录送。"下部议行。

二十三年二月，存与考试满洲、蒙古童生，因不能传递，各童生拥挤闹堂，经御史汤世昌奏参，命革存与职。寻谕曰："庄存与于考试童生闹场一案，既不能奏参于前，及朕面召询问，又不据实陈奏，是以将伊革职。但各童生喧闹，究因该学政办理尚属严密，不能传递之故，今既审明情节，而该学政竟因此罢黜，殊非惩创恶习之意。庄存与着带革职，仍留内阁学士之任。"又谕曰："朕以满洲、蒙古童生皆世受豢养之人，乃不知遵奉教约，恣效外省恶习，此于八旗风俗大有关系，不可不严行根究。乃派出查审之大臣等，于案内情事并未严行穷究，而议罪之处又不允当，所审皆旗人，故不能不掣肘；而朕岂肯一任其意存瞻徇，而颟顸了事耶？当经亲临覆试，随获挟带如许之多，因复亲加鞫讯，务得实情，而童生海成系包揽传递、首先倡议闹场之犯，一闻覆试，辄将闹场时带出之卷，倩人补作，捏饰投递，希图狡脱，已属刁顽。至在场放鸽传递、包揽受贿各情，业经罗保等供证确凿，乃于朕前又复挟仇诬陷和安，肆其狡狯，抗不吐实，及加严讯，而狂悖无礼，竟有'何不杀之'之语。满洲世仆中有如此败类，断不可留矣！因降旨将伊正法，其附和闹场之罗保、和安，即得奚讷，并搜出怀挟，又复强辩之讷拉善，俱发往拉林种地。至随从闹场及夹带草稿字片之乌尔希苏等四十人，本应如议发遣，但既经训责示惩，俱从宽令其在旗披甲，永远不准考试。满学教授旺衍系专管伊等之人，临时已不能约束，而大臣等询问，伊尚模棱含糊，不肯吐实，着发往热河披甲。此次庄存与所录尚属秉公，而交卷之人非闹场之人可知,着加恩仍准作生员。"

寻奏请酌减各直省乡试官卷中额,谕曰:"前据庄存与条奏各直省乡试官卷,应酌减中额一折,随经蒋溥奏请将官卷裁去,一并归入民卷,均交大学士、九卿议奏矣。朕昨敬阅圣祖仁皇帝实录内载上谕,令大臣子弟另编字号,考试取中,既已肃清弊端,又不致有妨孤寒进取。恭览之下,仰见皇祖慎重科名,嘉惠士子。立法之始,本为防弊,而彼时诸臣奉行者,不无偏袒子姓亲族之见,含糊具奏,分定中额,未免过多。遂使以怜恤寒畯之意,转成侥幸缙绅之路。揆之情理,实未允协。此议减、议裁者所由来也。朕思中额贵有限制,而立法务在均平。嗣后各直省乡试官卷,于现在定额中,斟酌公当,大省二十名取中一名,中省十五名取中一名。边省官卷本属无多,不妨稍宽其额,每十名取中一名。[一]如此办理,则官卷既免滥取之弊,亦不致有妨孤寒。不必去官卷之名,而于制科取士兼收并采之道,庶为平允。其如何酌量妥办,无致偏枯,并着大学士、九卿详议具奏。"旋议定直隶、江南、浙江、江西、福建、湖广等大省官生二十名取中一名,三十一名取中二名;山东、河南、山西、广东、陕西、四川等中省十五名取中一名,[二]二十三名取中二名;广西、云南、贵州等小省十名取中一名,十六名取中二名。顺天乡试,满洲、蒙古、汉军照小省取中。南北贡监照中省取中,不及额者归民卷。从之。又奏:"磨勘旧例内笔误二三字停会试一科,与字句偶疵不妨宽贷一条,前后互异。请嗣后字句疵谬,罚停会试一科,笔误无关弊窦者免议。"又奏:"场内经题,向例同考官先拟,考官书签掣用,请嗣后令考官自拟,以杜同考官代士子豫拟经题之弊。"均如所议行。

四月,擢礼部右侍郎。二十四年四月,奏各省优生赴京朝考,请照考试续后拔贡不拘人数之例,一体办理,从之。闰六月,丁父忧。二十七年正月,服阕,补内阁学士。三十三年,命在上书房行走。三十六年三月,充会试副考官。六月,充浙江乡试正考官。三十七年,命教习庶吉士。三十八年,仍补礼部右侍郎。三十九年,提督山东学政,寻调河南学政。四十一年,丁母忧。四十三年,服阕。四十四年六月,署礼部左侍郎。十月,补礼部右侍郎。四十九年二月,转礼部左侍郎。五十年八月,命偕礼部尚书德保重辑律吕正义。

　　五十一年正月,上以存与年力就衰,予原品休致。五十三年十月,卒。

【校勘记】

〔一〕边省官卷本属无多不妨稍宽其额每十名取中一名　原脱此二十
　　一字。耆献类征卷八八叶三五下同。今据纯录卷五五七叶二一
　　下补。按国传卷五九叶一四下,不脱。

〔二〕陕西四川等中省十五名取中一名　原脱"陕西四川"四字。耆献
　　类征卷八八叶三五下及国传卷五九叶一四下均同。今据纯录卷
　　五五八叶一一下补。

　张泰开

　　张泰开,江苏金匮人。乾隆五年,授内阁中书。七年进士,改庶吉士。九年,命在上书房行走。十年,散馆,授编修。十一月,迁中允。十二月,迁侍读。十一年,充日讲起居注官。十二

年正月，迁都察院左佥都御史。十一月，授内阁学士。十四年，授礼部侍郎。十五年，提督顺天学政。十六年，调工部侍郎，仍留学政任。十八年九月，调礼部侍郎。十月，在上书房行走。十九年二月，国子监学录缺员，吏部、九卿所保举人引见，上以泰开所保之邹志伊系同部侍郎邹一桂之子，显有瞻徇同官情弊，交部严议，革职。四月，特旨给编修衔，在上书房行走。

二十年三月，上阅胡中藻坚磨生诗钞悖逆，泰开重师门，罔顾大义，为之作序，出赀刊刻，命革职，部议罪如律。谕曰："张泰开本一庸懦无能之人，其出赀刊刻由被勒索，序文又系胡中藻自构。张泰开着从宽免其治罪，即行释放，仍在上书房行走，效力赎罪。"九月，授编修。二十一年十月，诏免泰开从前罚俸。二十二年七月，充日讲起居注官。十月，授通政使，命为上书房总师傅。二十三年十二月，授左副都御史。二十五年三月，充会试副考官。二十六年五月，提督顺天学政。十一月，授刑部侍郎。二十七年四月，调礼部侍郎。十一月，奏言："宣化府向系科岁并试，边方文风朴陋，士子试后即各营别业，三年再考，始理旧业，文理荒疏，学臣岁试甫竣，复接科试，竭力搜罗，难于足额。请三年两次分考，勤加训励，文风士习，均有裨益。"下部议行。二十八年，授左都御史。二十九年十二月，充经筵讲官。三十一年正月，擢礼部尚书，命在紫禁城内骑马。三十二年四月，命以礼部尚书专管左都御史事。五月，实授左都御史。

三十三年六月，以老病乞休。谕曰："张泰开在上书房行走有年，颇著勤慎。兹年逾八秩，因病乞休，着加恩赏给太子少傅、礼部尚书衔，准其休致回籍。"御制诗饯之，曰："年过悬车又一

旬,南旋嘉与锡恩纶。飘萧白发三千丈,启迪青宫二十春。安得
苏仙授梅橘,真成疏傅理归轮。梁溪水是还乡水,愈疾应知速倍
神。"三十九年九月,以疾卒,赐祭葬如例,谥文恪。

德保

德保,索绰络氏,内务府满洲正白旗人。曾祖都图任六库郎
中,署总管内务府大臣。圣祖仁皇帝赐姓石。

德保,乾隆二年进士,改庶吉士,散馆授检讨。九年十月,充
顺天乡试副考官。十一月,充日讲起居注官。十年五月,入直南
书房。三月,充会试同考官。十一年,擢侍讲。十二年,充山东
乡试正考官,提督山西学政。十三年,转侍读。十四年,条奏:
"学政事宜:一、永济凤台俱大学,祁县、交城、清源、浮山、黎城、
陵川、万泉、榆社、〔一〕武乡、乐平俱中学,均训导一员;潞城、宁
乡、怀仁、山阴、灵丘、广灵、马邑俱小学,皆训导、教谕二员,请永
济、凤台添设教谕一员,祁县、交城、清源、浮山、黎城、陵川、万
泉、榆社、武乡、乐平训导俱改为教谕一员,潞城、宁乡、怀仁、山
阴、灵丘、广灵、马邑只留训导一员,其教谕七员裁。一、士子最
重经学,请于岁科正考日,除诵习御纂诸经者,另期摘条发问外,
仍摘本经一段,开明起止,令各生童默写卷末,错落多者,生员不
准前列,童生不准入泮。一、四等生员录遗无名,与五等诸生一
例对读。"〔二〕下部议行。十五年六月,迁右庶子。八月,调山东
学政。十一月,擢翰林院侍讲学士,寻升内阁学士。十七年,迁
工部侍郎,兼总管内务府大臣,仍直南书房。十八年九月,上以
德保射箭生疏,命革去侍郎,专在内务府总管行走。十月,谕不

必在南书房行走。

二十六年，授正黄旗汉军副都统。十月，充经筵讲官。十一月，授吏部侍郎。二十七年，奏："从前旗人崇尚朴实，不事奢靡，遇奉差随围，争先恐后，衣服食用，皆知撙节。今凡有派差随围出兵人员，俱蒙赏给官马、帮贴银两，仍不免窘迫者，皆因不顾生计，鲜衣美食，妄行糜费。访得八旗当差人等前往正阳门外戏园、酒馆，以数月之用度，供一时之糜费，于风俗人心，大有关系。昔世宗宪皇帝因八旗渐改旧习，不守本分，曾经严加惩创。皇上轸念旗员，不令在前三门外居住，实恐习染奢靡，先事防闲至意。但因循日久，不免仍蹈故辙。请嗣后仍照旧例交八旗大臣、步军统领衙门不时稽察，违者官员参处，兵丁责革。再查八旗官兵服式，前经世宗宪皇帝定有章程，今罔知旧制，服饰越分，请交礼部将前定章程刷印传示，俾各按品级服用。"得旨，如所请行。二十八年三月，充会试副考官。五月，教习庶吉士。

三十年，管理国子监事，充江西乡试正考官，提督顺天学政。十月，奏："江西大省向分十四房，易、四书、三诗、五春秋、礼记各一，除书、春秋、礼记卷数不甚相远，毋庸更改外，惟易一千七百馀卷，诗四千五百馀卷，易经四房，每房分校四百馀卷。[三]而诗经五房，每房分校九百馀卷，多寡悬殊，请易经裁去一房，添入诗经，则多寡适均，校阅较易。"从之。三十二年，丁母忧，百日期满，补吏部侍郎，仍兼管内务府大臣、正黄旗汉军副都统。三十四年，调镶黄旗满洲副都统。三月，充会试副考官。十一月，兼翰林院掌院学士，管理盛京官学事。[四]

十二月，授广东巡抚。三十六年二月，兼署两广总督。九月，奏："军械必须坚利适用，未便任滋朽坏。查粤东西两省镇协，刀皆纯铁，无钢，枪杆用沙木，围圆不过一寸，即通饬另制。各营军装册内另有盈馀一项，零星破坏，存留日久，竟同弃置。甚至移抵作新，希图侵冒。现令将冗设朽坏者，分别销毁变价，傥清理后混请另制，即参处着赔。"上嘉之。三十七年二月，奏各州县征收田房契税，统限奏销前解司，迟延将各州县罚俸一年，府州罚俸六个月，勒限解足，侵亏照例治罪追赔，直隶州应解契税，逾限不解，照州县例参处，道员照知府例查参，下部议行。五月，奏："同知直隶州推升知府，因不胜府缺，仍留原任。同知有督捕水利之责，分防要地者，与州县无异。至直隶州知州身膺民社，兼辖属员，设怠惰自甘，公务必旷，请嗣后三年限满，递加考察，旷职者勒令休致。"上是其言。三十八年二月，奏："原设桨船十，粤东内河营汛次已极周密，兼有左翼镇属桨船不时巡缉，抚标桨船例止每季轮派守备一员、千总三员分巡，各带兵三十名坐驾桨船，与镇营各船互相声应，四只尽足敷用，馀皆有名无实，应裁。"下部议行。九月，奏："本年湖广督臣陈辉祖咨会拨解川饷，于七月十六日限行六百里发递，八月二十四日始到，迟至三十馀日，缘向来接递公文，逾限不分紧缓，均照迟延公文议处，例止罚俸，各员遂不经心。请嗣后照管驿州县接递各省限行六百里公文，若不依限驰递，查明逾限最多者，照扣阅公文迟延例，一律参处。"议行。

四十一年正月，丁父艰，百日期满，署吏部侍郎。十月，署福建巡抚，寻奉命暂署漕运总督。是月，谕曰："姚立德奏各省重运漕船，向系冬兑冬开，次年得及早过淮，五月全入台庄。回空于九月初亦得全入临清闸河，[五]总无迟逾之事。近年以来，兑开既迟，长途不能攒赶，年复一年，回空亦未能依限归次，不无阻浅守冻之虞。前与阿思哈面商，意见相同。兹阿思哈病故，恐冬兑冬开之例，仍不能实力奉行。请敕谕有漕各督抚，责成各粮道妥协办理等语。所奏甚是，各省漕粮冬兑冬开，自属正办。迨后开兑迟缓，实系历年因循所致，虽催趱尚无贻误，究不若照例于冬月开帮之为暇豫。目下正届收兑漕粮之期，若能于今岁冬间办定章程，嗣后即无难递年遵办。着即传谕有漕之各督抚，一体实力妥办。其江苏、安徽、浙江各省粮艘，务令岁内全数开行；其江西、湖广各帮亦须将回空之船迎催归次，必于正月内埽帮前进，毋至迟延。至德保业已起程，着传谕令前赴济宁与姚立德面商熟悉，实力妥办。"十一月，奏："本年各省回空粮艘，于十月二十八日全出台庄闸河，为时稍迟。现在分途催趱，江苏、安徽、浙江各省粮艘，务令岁内开行；其江西、湖广各帮，檄行各粮道迎催归次受兑，亦于正月埽帮前进。"报闻。十二月，奏："漕船开兑日期，向由州县自定，每致稽缓。现檄行各粮道，州县收漕一有成数，即定期开兑，各遵定限埽帮前进，并严禁运丁揽装客货，逾违参处。再帮船行走，向藉等候同帮为词，现通檄随带随行，不得等候稽延。至漕粮首重米色，漕运全书内开到淮查验米色，潮杂不纯，及亏折之米，有结者旗丁赔补，未出结者县帮各半均赔。例意未免两歧，请嗣后到淮米色，查系原兑平常，将征兑州县无论已未出结，严参议处，着赔补；运道府及监领各员弁，一并参处。中途搀和，及不能勤加风晾，过淮后米色霉暗，仍照定例办理。"报闻。

四十二年三月，奏："德州卫左帮、济宁卫任城帮军船承兑豫粮，本无军田，又无津贴，每船止赡军银十两，且水次在河南，造船在山东，完工赴豫受兑抵通，回空守候，诸多拮据。若将左、任城二帮照例改为自备旗丁，毋庸押空守候，可省长途费用，亦可免大遭赔累。"下部议行。又奏漕标试用卫千总，多至百馀员，例押空满运留标，千总遇缺间补。查通漕千总繁缺共六十一，每年限次轮补，不过数员，馀皆需次候补，应照吏部覆准广东省分发佐杂人员，无论年限准回原籍之例，准其告假回籍，如情愿往来，亦照部议由原籍督抚给咨赴淮。"下部议行。

七月，谕曰："据巡漕御史敦岱奏，临清守备万世通同东昌卫千总王祖夔，[六]统率丁舵衙役人等，至临清闸，喝令众人将闸板拉起，放进回空船八只，致重运粮艘顶阻八时等语。实属不法，运河设闸蓄水以济重运，其回空船只，例应俟重运粮船全行出口，方准进闸。乃该守备万世通欲将赴次改造之空船，强行进闸，因闸官阻止，辄同千总王祖夔率领丁舵人役，将闸板拉起，放进空船八只，任意妄行，不可不严加惩儆。着传谕德保会同姚立德即速查明，据实参革究审，定拟具奏。敦岱折并钞寄阅看。"寻奏现督全漕过德州，不日即抵天津，俟趋叩阙廷后，回至临清，会同河臣姚立德严审定拟具奏。谕曰："昨据德保奏称督催全漕，不日即抵天津。俟趋叩阙廷后，回至临清，审拟守备万世通擅起闸板一案，已于折内批示，令其不必来京，即回临清速审此案矣。计德保回至临清审拟抢闸一案事毕，即应催攒回空抵次，筹办明年漕务。现在鄂宝所办川省军需奏销诸事，未能即竣，其赴总漕新任尚早，一切漕务仍系德保专责。况德保于上年冬间甫经出京,又何必沿袭押运旧例即请陛见耶? 着传谕德保,即遵照此旨妥办,仍将万世通擅起闸板一案,速行会审明确,定拟具奏。"又谕曰:"前因守备万世通抢闸滋事一案,已谕令德保速赴临清,会同姚立德、国泰严审定拟矣。此案万世通押带回空漕船过闸,胆敢不候重运北上,辄行擅起闸板,放下空船,致稽重运,情罪固重,其闸官崔体渊庸懦无能,擅离闸所,以致闸夫散去,咎亦难辞。德保等审明时,自当即行按律定拟,以示惩儆。至各闸虽设有闸官专管,必有道厅等官兼司统辖,当漕务紧要之时,各该员不应驻宿河干,往来稽察弹压乎? 此次万世通抢闸之事,德保原参有据上河通判洪世仪详报等语,是该通判即系该闸兼管之员,定案时自当予以处分,即统辖之道员亦当有应得之咎。着传谕德保等,查明定例,一并参处,并此后如何严定章程,[七]令其稽察,不致生事,亦当一并议奏。"旋奏请将万世通等论罪如律。又奏"东省北自临清,南至台庄,共四十九座闸,临清板闸为自北往南进闸之始,各省漕船应行打造者,俱系随闸搭放,但未明定章程,以致争抢越帮,令粮道先查每帮确数,饬于临清板闸塘内,乘空分塘,每起进闸不得过五只,船尾粉书'赴厂打造'字样,各闸验放时,遇船连檐行走,令于河面稍宽处停让,不得碍纤争行,致阻重运。嗣后如仍有抢闸等事,将兼管厅员照约束不严例降一级调用,统辖道员照失察例议处,闸官故意留难揩勒,照例参办。"下部议行。

九月,奏:"近年粮船每报失风,江河水势浩瀚,闸河水性急溜,猝遇风浪,人力难施。内河遇有风暴,原可随时防范,定例粮船失风,运弁罚俸一年,押运厅员罚俸六个月,船只多寡,并无区别。请嗣后江、浙帮船在镇江口以内，江西帮船在鄱阳湖以内，河南、山东、湖广至临清闸以北，失风一二只及船米无亏者，仍照例议处；三只以上，运弁降一级调用，押运厅员罚俸一年；五只以上，运弁革职，押运厅员降一级留任，旗丁各予满杖，枷号一月。其进瓜洲、仪征口以至淮安，均系内河，俱照北河例办理。"十月，奏："漕标下左营都司、右营游击，向来止用钤记。该二营经管军马钱粮，隔省驻扎，文檄均关紧要，请一体颁给关防。"均如所请。十一月，奏："入秋以来，天气久晴，直隶、山东河道浅滞，临清至韩庄闸回空漕船，行走未能迅速。江西九江后吉安二帮于十一月初一二日渡黄，初三日东北风过大，河水陡落，杨家庄头水仅深一尺五寸，连日风雪，双金闸迤上俱已冰冻，邳、宿一带亦间断冻阻。臣驰赴河口，拨派兵夫，设法疏通，天气正寒，随敲随合。至初九日，风色略转，水势稍增，冰冻尽力敲通。十一、二、三、四等日，加紧渡黄，其邳、宿一带，飞咨各州县照料。现在未渡黄者，尚有九帮共船三百六十八只。"得旨嘉奖。又奏"邳、宿、桃源境内冻阻，各船一律开通。安福、抚州二帮船于二十四日渡黄，至二十七日尾帮全渡，二十九日均过淮南下。本年江西回空漕船，较往年迟至十馀日。该省粮船居通漕之尾，约岁前抵次，仍可跟接湖广帮船前进，无误新漕。"谕曰："德保奏'十一月初间双金闸一带天寒冰冻，回空漕船稽阻南下。当饬文武员弁上紧敲打，一律开通'等语，所办尚好。但据称未渡黄河之回空漕船，尚有江西船九帮，虽云今岁河冻较早，而回空漕船至十一月初间未渡黄者三百馀只，已较往年稍迟。其适值冻阻，究系行迟，非尽关寒早也。且现在正届冬月开兑之期，而江西回空漕船

阻滞黄河以北者，尚有如许，不致有误开兑否？着传谕德保，即
速查明江西帮船是否在路稽延，遂致回空较晚，及此等船只回抵
江西水次，是否不误今冬开兑之处，据实覆奏。仍饬押运员弁，
将回空各船迅速催攒前进，毋再稽迟。仍将各船于何日全行渡
黄趱进之处，一并覆奏。"十二月，奏："本年漕船自通回空南下，
实因直隶、山东河道水势浅弱，每日仅过一二帮。出山东境，适
天寒冰冻，渡黄较迟，尚无稽延情事。"报闻。

　　四十三年二月，奏请江南扬州卫三，浙江杭严头、杭严二三
帮千总改为繁缺，在外拣调，长淮卫宿州头、苏松镇海卫前、浙江
台州卫后、三帮千总改为简缺，归部铨选，下部议行。四月，赴福
建巡抚任。六月，署浙闽总督。八月，奏漳州府知府姚棻调补福
州府，汀州府知府景昌调补漳州府遗缺，以台湾海防同知邹维肃
补用。谕曰："前因福州府知府缺出，曾降旨令该督抚于通省知
府内拣员调补，遗缺将邹维肃补授。今据德保奏请将漳州府知
府姚棻调补福州府，而以汀州府知府景昌调补漳州府，所办非
是。福州府虽闽省首郡，事务较繁，但督抚皆驻省会，又有两司、
各道同城，即或遇有要务，首府就近禀承，易于办理。至漳郡滨
临海疆，民俗刁悍，最为难治，其繁要数倍于福州。朕因素知姚
棻能事，前次漳州缺出，特从湖北调任该郡，实系因地择人，岂可
轻于更调？虽据称漳州近年以来，风气渐淳，究亦未足深恃；万
一地方有事，又岂德保之所能料乎？今德保请以姚棻调补首郡，
而以景昌调任漳州，何不即将伊调补福州乎？着传谕德保，如姚
棻等尚未调定，即将景昌调补福州府，其汀州府员缺，即着邹维
肃补授。如彼此业经更调，自难复行改易。着德保留心试看，如

景昌到漳州后,不能如姚棻之经理得宜,即一面仍将姚棻调回漳州,将景昌调回福州,不得稍有回护。"

九月,擢礼部尚书。十二月,赏戴花翎。四十四年正月,兼署吏部尚书。三月,署翰林院掌院学士,教习庶吉士。十二月,命纂音韵述微。四十五年三月,充会试正考官。四月,奏会闱分卷,请照旧例只令房考回避本省试卷,至公堂分十八束送内帘签掣,不必将'至'字'公'字区分两项,下部议行。十一月,兼署都察院左都御史。四十六年正月,兼管太常寺事。三月,充会试正考官。五月,充纂办日下旧闻考总裁。旋充上书房总师傅,拣选赞礼郎,与例不符,议革。四十七年正月,谕曰:"嗣后坛内补种树株,着御前侍卫德保帮同礼部尚书德保于静明园、清漪园培养之树内移往,一律补栽。"四月,谕曰:"常雩大典,朕亲诣行礼。凡在坛执事诸臣,胥应共矢恪恭。坛内一切礼器,于朕未经斋宿之先,礼部、工部、太常寺等官,豫行派员周视,均宜敬谨安设。诚以敬天大典,小心昭事之忱,大小臣工所当共懔。乃本日朕行礼时,见坛内悬挂天镫仅止二盏,又更衣幄次所设坐褥亦不整齐,郊坛大典,朕亲诣行礼,尚如此草率不敬,若遣官恭代,更不可问矣。其罪甚大,非寻常错误,交部议处者可比。德保着革去顶带、花翎,仍带革职,从宽留任。十年无过,方准开复。"五月,上御殿受朝,西班官一员由甬道走入东班,监礼御史等并未查参,德保系都察院堂官亦未奏参,部议罚俸一年;又以社稷坛内树株未经芟修,交部议处,镌一级。九月,暂署兵部尚书。十月,谕曰:"前经降旨派皇子同总师傅等编辑明臣奏议一书,原因明季朝多秕政,廷臣谠言直谏者亦不乏人,特令广为蒐采,裒集成编,自应考订朝代前后,按次编录,方于时事得失,原委了然。今阅书内体制乖舛,总师傅等不详加厘正。着交部严加议处。"十一月,谕德保不胜总师傅之任,着回原衙门办事。十二月,得旨,赏还顶带、花翎,仍革职留任。四十八年二月,总司营建辟雍。四十九年,充会试正考官。五月,兼署都察院左都御史。五十年,与千叟宴。三月,谕经理修葺直隶昌平州明代陵寝。

　八月,总办乐律全书,谕曰:"古乐以宫、商、角、徵、羽为五音,合诸变宫、变徵则为七音。今之乐犹古之乐,何以乐部所奏乐章,仅以五、六、工、尺、上等字为音,而问之宫、商、角、徵、羽,则茫然不知为何事? 近偶阅张照所奏论乐札子,辨晰颇详。其所谓五、六、工、尺、上即宫、商、角、徵、羽,甚合古意。因复取律吕正义再加参核,本属相合。因思今之五、六、工、尺、上,古之宫、商、角、徵、羽,名虽异而实则同。声音之道,原欲避俗趋雅,今反援雅而归于俗,甚非道也。况郊庙乐章,格天歆祖,正朝御殿,敷政临民,钟虡元音,自应用古制为节奏。今乐部所定乐章,俱取便注工尺。揆之名义,殊乖庄雅。但相沿已久,若猝令乐工等改习宫、商、角、徵、羽,则心手俱所未娴,其势亦有所难。朕意俗用工、尺,与宫、商、角、徵、羽、变宫、变徵字样皆令兼知,〔八〕则不但郊庙朝廷倍彰庄雅,而以此潜移默化,渐复古音,未始非返朴还淳之一道。再古乐中琴瑟与金石并重,近来乐部奏乐,琴或闲能操缦,而瑟则竟属虚陈。即业儒之人虽偶有学琴者,已非古调。至于瑟,则未有能鼓者。是瑟之为道久已失传。夫八音迭奏,琴瑟相宣,岂容偏废? 向来乐部奏乐,俱因笙笛声壮,琴瑟声细,为其所掩。丝不如竹,古已有其语。是以乐工等,罕有娴习者，殊非八音咸备之意。从前励宗万为太常寺少卿时，寺丞张乐盛编辑坛庙乐章，励宗万为之作序。维时已有律吕正义一书，而张乐盛所编书内，乐章并不仿照兼注宫、商，辄专注工、尺，励宗万又不为订正，所谓不学无术，不可与言乐，亦安能窥律吕正义之博洽赅备耶？然律吕正义一书，卷帙既繁，剖析又极精微，乐工未易领会。德保系礼部尚书，太常寺、乐部皆所总理；庄存与则礼部侍郎而兼管乐部。着德保、庄存与向武英殿咨取律吕正义刻本一部，将律吕正义书内每字下骈注宫、商、角、徵、羽及五、六、工、尺、上字样，着摘出令乐工按书演习精熟，并着将琴瑟二乐，饬令乐舞生一体用心娴习。盖黄钟为万事根本，五音十二律还相为宫，而所谓三分损一、隔八相生之说，其义原可贯乎今之工、尺。盖黄钟生大吕，至半大吕而又生黄钟。夫黄钟，宫也，以宫、商、角、徵、羽、变宫、变徵之位言之，则为七；以其相生之数言之，则为九。此隔八之说所由来也。如岁时有八节递嬗，而岁时成矣。今之五、六、工、尺、上、四合、合字音之终也，而即以生五、生生不穷，自为循环。所谓贞下起元声音之道，与政通也。着德保、庄存与悉心讲求检阅，于律吕正义一书取要节繁，辑为简要一编，会同军机大臣酌定，缮写进呈刊发。再律吕正义中原有御制补笙诗六首，骈注工、尺、宫、商字样，着一并入编，颁发学宫肄习，以示作乐崇德、协律同和之至意。"

五十一年十一月，命紫禁城骑马。十二月，谕曰："朕披阅朱载堉乐律全书，所论音律算法，称引繁赜，但其中较律吕正义一书，疏漏歧误之处，正复不少。盖乐律算法，义本相通，必须讲求贯串，以期画一。即如乐律以黄钟为本，而尺度之长短，视絫黍为准,但黍有纵横,亦有大小颗粒。若用纵黍则较长,若用横黍则较短,其大小颗粒亦如之,原难定以为准也。是书所论横黍百粒,[九]当纵黍八十一粒之说,尚为牵强。又书中所载乐谱内,填注五、六、工、尺、上等字,并未兼注宫、商、角、徵、羽字样,未免援古入俗。自应仿照律吕正义逐细添注,方为赅备。盖古乐皆主一字一声,如关关雎鸠、文王在上等诗,咏歌时自应以一字一音,庶合声依永、律和声之义。若如朱载堉所注歌诗章谱,每一字下辄用五、六、工等字,试以五音分注,未免一字下而有数音,是又援雅正而入于繁靡也。即以琴瑟而论,上古操缦,亦系一字一音,后世古乐失传,而制谱者多用钩擘、扫拂等法,以悦听者之耳,遂使一字而有数音,几与时曲俗剧相似,更失古人审音知乐,能使人人声入心通之意。且如殿陛所奏中和韶乐,从前未免沿明季陋习,多有一字而曼引数音者,听之殊与俗乐相近。经朕特加釐正,俾一字各还一音。目今朝会大典,钟虡铿鏘,备极庄雅,业经载入律吕正义,彰彰可考,独不可融洽贯通乎? 着交管理乐部算法馆之皇六子,及德保、邹奕孝、喜常会同精核朱载堉所载此书,分门别类,务将乐律全书较律吕正义疏漏歧误之处,分别各条,公同详晰订证。如书中凡例体裁,逐加考评,载于提要之后,[一〇]以垂永久,以昭厘定。"五十三年八月,充顺天乡试正考官。

五十四年正月,谕曰:"朕于元旦临御太和殿受贺,见东边第三四班内有越至甬道上行礼者。本日据鸿胪寺堂官奏,请将排班之引赞官阿勒精阿交部议处,并自请交部;而纠仪之御史百庆、范衷参奏折内,则称'系蒙古台吉等行礼错误,请敕交理藩院查明议处'等语。朝贺大典,鸿胪寺设有引赞官员,御史复有纠仪之责,理应敬谨排定,以肃朝班。乃行礼各官内,竟至有越上甬道者,该管官员所司何事? 而御史百庆等尚复腼颜委之蒙古台吉等,以卸其不能稽察之咎,尤属非是。百庆、范衷、阿勒精阿俱着革职,尚书德保系管理鸿胪寺大臣,咎实难辞,着革去翎顶。其馀鸿胪寺都察院堂官,〔一〕俱着交部严加议处。"

是月,卒。谕曰:"德保因元旦朝贺官员行礼,越至甬道,未能先事督饬,是以革去翎顶。但念其宣力年久,兹闻溘逝,着加恩赏还翎顶。"嘉庆四年五月,谕曰:"礼部尚书德保在上书房行走有年,学问优长,着加恩追谥,并予祭一坛。"谕祭文有"如松柏之后凋,蔼如春日;无茑萝之肯施,介比秋霜。"碑文有"茫乎莫知其岸,度本怀清;狷者有所不为,操惟履正"之句。盖褒其实也。赐谥文庄。

子英和,现官协办大学士、户部尚书;孙奎照,现官刑部右侍郎,奎耀现官通政使司通政使。

【校勘记】

〔一〕榆社　"榆"原误作"馀"。耆献类征卷八二叶二七下同。今据国传卷一一叶七下、八上改。下同。

〔二〕四等生员录遗无名与五等诸生一例对读　原脱"无名"二字,又"诸"误作"青"。耆献类征卷八二叶二八上同。今据国传卷一一叶八上补改。

〔三〕诗四千五百馀卷易经四房每房分校四百馀卷　原脱此十九字。耆献类征卷八二叶二九上同。今据国传卷一一叶八下补。

〔四〕管理盛京官学事　“事”上原衍一“生”字。耆献类征卷八二叶二
　　九上同。今据国传卷一一叶九上删。

〔五〕全入临清闸河　“闸河”原误作“开行”。耆献类征卷八二叶三〇
　　上及国传卷一一叶九下均同。今据纯录卷一〇一九叶一〇下改。

〔六〕千总王祖夔　“千总”原误作“守备”。耆献类征卷八二叶三二上
　　及国传卷一一叶一一上均同。今据纯录卷一〇三六叶二三上下
　　改。下同。

〔七〕并此后如何严定章程　“如何”原误作“何以”。耆献类征卷八二
　　叶三三上及国传卷一一叶一一下均同。今据纯录卷一〇三七叶
　　三〇下改。

〔八〕皆令兼知　“知”原误作“之”。耆献类征卷八二叶三八上同。今
　　据国传卷一一叶一五上改。

〔九〕是书所论横黍百粒　原脱“所论”二字。耆献类征卷八二叶三九
　　下及国传卷一一叶一六下均同。今据纯录卷一二七一叶三上补。

〔一〇〕逐加考评载于提要之后　“考”原误作“详”，又“提”误作
　　“从”。耆献类征卷八二叶四〇上同。今据纯录卷一二七一叶
　　四上改。按国传卷一一叶一七上不误。

〔一一〕其馀鸿胪寺都察院堂官　原脱“都察院”三字。耆献类征卷八
　　二叶四〇下及国传卷一一叶一七上均同。今据纯录卷一三二
　　〇叶三下补。

周煌

　　周煌，四川涪州人。乾隆二年进士，改庶吉士，散馆授编修。
六年，充山东乡试副考官。七年，充会试同考官。十二年，充云
南乡试正考官。

二十年十二月，诏偕侍讲全魁册封琉球中山王尚穆。寻迁右中允。二十一年，迁侍讲。二十二年，复命奏渡海泊舟姑米山，遇风祷天妃灵应事，请加天妃封号，别颁谕祭文，与海神并祀，下部议行。以随往兵丁在琉球滋事，失约束，部议革职，上念其出使外洋，遭遇风险，从宽留任。纂辑琉球国志略，呈览，嗣命武英殿排印颁行。二十三年三月，大考二等，准其开复。十二月，迁左庶子，命在上书房行走。二十四年，迁侍讲学士。二十五年，充福建乡试正考官。疏言："闽闱旧设十二房，因易经卷少，议裁一房。今查诗经卷及四千，同考四员，未能分校裕如，请增一员，以复旧额十二房之数。"部议从之。二十六年，擢内阁学士，提督江西学政。三十一年，擢刑部侍郎。三十二年，调兵部侍郎。三十三年，提督浙江学政。三十八年五月，命偕侍郎永德往四川会讯璧山县民控武生邓贵榜勒派侵冒案，十月，复命会审蓬溪县生员黄定献控知县借军需勒派案，俱鞫虚，议罪如律。四十四年二月，充四库全书馆总裁。十二月，擢工部尚书。四十五年三月，充会试副考官，以中式前列试卷语意粗杂，磨勘大臣奏请应议，部议罚俸。九月，调兵部尚书。

四十六年八月，煌赴热河行在，带领武职引见。时川省查办啯匪，上召煌询之，煌据所见闻奏对。谕曰："文绶办理啯匪一案，平日不能督率文武属员缉捕，以致窜入楚、黔邻境，已屡经降旨严饬，并降为三品顶戴，从宽留任，令其督缉。兹据周煌奏，川省啯匪近年每邑俱多至百十馀人，常川骚扰，并有棚头名号，戴顶坐轿乘马，白昼抢夺，如入无人之境。通省官吏罔闻，兵民不问，甚至州县吏役身充啯匪，如大竹县衙役之子，号称一只虎等语。可见啯匪肆行不法,已非一日。文绶身为总督有年,乃漫不经心,致令养痈贻患,甚至白昼抢夺,拒捕伤差,公然无忌。若不及早严办,将来党羽日多,安知不酿成苏四十三之事?此时务须痛加惩创,尽绝根株,以戢凶暴而靖地方。"并谕新任四川总督福康安防护煌原籍村庄。四十七年二月,命在上书房为总师傅。十月,以办理名臣奏议草率,交部议处,寻免之。十一月,谕曰:"周煌不胜总师傅之任,着回原衙门办事。"十二月,命在紫禁城内骑马。四十九年,调左都御史。

五十年正月,以病乞休,上念其奉职有年,小心勤慎,诏以兵部尚书致仕,加太子少傅衔。四月,卒。谕曰:"原任左都御史周煌由翰林荐擢正卿,在上书房行走有年,老成端谨,奉职克勤。今春遭疾,陈请解任,曾晋秩太子少傅,加兵部尚书衔,准其回籍调理。前两次只迎道左,特亲加存问,谕令加意调摄,以冀痊可。兹闻溘逝,深为轸惜!着加恩晋太子太傅。派散秩大臣带领侍卫十员往奠。所有任内降革处分,俱予开复。应得恤典,该部察例具奏。"寻赐祭葬如例,谥文恭。

子兴岱,现官内阁学士。

窦光鼐

窦光鼐,山东诸城人。乾隆七年进士,改庶吉士,散馆授编修。十三年正月,充会试同考官。六月,大考四等,罚俸一年。八年,擢左中允。十五年,充山西乡试副考官。十六年,迁翰林院侍读。十七年二月,擢侍读学士。六月,大考一等,擢内阁学士,入直南书房。充湖北乡试正考官,旋提督河南学政。十八年,丁母忧。二十年,服阕,授左副都御史。

寻提督浙江学政。二十二年,上南巡,有临海县训导章知邺以光鼐不准进献诗册,欲图讦告,经光鼐访闻奏参,谕传赴宫门考试。旋以该训导诗词鄙俚,且检阅呈内有"西陲用兵,久稽成功,情愿从军"等因,命革知邺职,派侍卫伊德解往辟展军营效力,[一]赐光鼐诗曰:"两浙山川常毓秀,诸生月旦汝司文。从来士习民成俗,勖彼行知尊所闻。见外发中务清正,涵今茹古去纤棼。曰公似矣曰明要,吁俊纡予一念殷。"

二十六年八月,九卿秋谳会议,光鼐以广西省犯追贼殴毙之陈父悔不宜入情实,贵州省犯逞凶毙命之罗阿扛不宜入缓决,两议具请刑部。奏入,谕曰:"昨刑部奏九卿会审将广西陈布统案内之陈父悔改入情实,[二]而窦光鼐立意两议之处,具折奏闻,已有旨传谕该堂官等,令其虚心持正定议,不必彼此徒事争执。今复据奏称窦光鼐将本案故杀之陈布统并欲改入缓决,并将贵州省罗阿扛一案牵引比拟,并钞录原签附折具奏。会谳大典,理应虚公核定。果有拟议未协,不妨平心商榷,务归明允。即使意见不能强同,原可两议具请,候朕酌夺。今观窦光鼐议帖,因己见参差,竟至以笔舌忿争,哓哓不已。此等习气在前明弊政时,视为固然,以致各立门户,大坏朝政;今当纪纲肃清之日,一切案牍,朕无不折衷裁处,窦光鼐岂得逞臆侈滕口说,致乖政体? 但签内称刑部删去黄父亦亦赴村探听一节,[三]则系本案是否窃贼要据,招册何以不入? 又罗阿扛一案,何以定议缓决,与前案轻重不符? 以窃贼杀人而议缓,何以服守禾杀贼而改实者?[四]朕观窦光鼐虽不无气质用事、口舌纷争之失,而刑部先后两奏,迹似豫为张本。其中情节曲直，亦或有不足服窦光鼐之心者。着将此折交与大学士来保、史贻直，协办大学士梁诗正，将两案审拟各原稿，详悉确核，秉公定议具奏。"来保等议以陈父悔系随众加殴，应改入情实，而陈布统之有心毙命，与罗阿扛之无心斗杀，均应悉如部议。且刑部称此二案窦光鼐业已画题，何得又请改拟奏上？上命光鼐明白回奏。寻奏："陈布统、罗阿扛两案异议处，本系签商，并非固执，因会议时言词过激，致相牴牾，刑臣遽将签出未定之稿先行密奏。臣未能降心抑气，与刑臣婉言，咎实难辞，请将臣交部严加议处。"谕曰："此事在刑部以两议未奏之案，节次具奏，诚未免有先发制人之意。但国家会谳大典，窦光鼐竟气质自用，甚至纷咷谩骂而不自知。设将来与议者，尤而效之，于国宪朝章尚可为训耶？是刑部有所不合，究不若窦光鼐之甚。窦光鼐着交部严察议奏，刑部堂官着交部察议。窦光鼐折并发。"部议降三级调用，命销去降二级，仍降一级留任。

十月，奏："事主擅杀窃盗律止杖徒，近来各省问刑衙门，多以窃盗拒捕而被杀，比罪人不拒捕而擅杀，皆以斗论。遂于律应斩决斩候之贼犯，致有轻纵而例得勿论，及罪止杖徒之事主，并拟绞抵，殊非禁暴之意。应请各遵律例及新准御史蒋嘉年条奏贼犯持杖拒捕，捕者格杀之，不论事主邻佑，俱照律勿论例画一办理。"下部议行。十二月，谕曰："朕前此南巡，有浙江临海县训导章知邺，以学政窦光鼐不准进献诗册，妄欲捏词叩阍，经学政等访闻奏参，当令革职。命侍卫伊德带往辟展效力，俾伊悉知军营情形，果如所言否。比因军务久竣，此等无知之人，别无可效用之处，因传谕安泰查伊在彼果能痛加惩警，安分悔过，即传

旨加恩,令回籍。如有违犯字迹,即一面看守,一面奏闻,另降旨
定夺。乃据查到,章知邺笔札记载,丛杂乖张,如妄引关帝、文
昌、鬼神梦呓之谈,已足为人心风俗之累,然其词不过止于荒诞;
至所著讨奸邪窦光鼐一篇,则竟捏造悖逆之言,一皆托诸窦光鼐
之口,伊转为之加以驳诘。是其居心奸险,计图栽害。此等如鬼
如蜮伎俩,岂能逃朕洞鉴乎? 窦光鼐不过一庸懦之人,且现在居
官,断不敢为此。即使窦光鼐果有此言,亦初未必笔之于书也;
而章知邺则已明目张胆,公然列之于著录,实恶逆之尤! 着将该
犯章知邺即于辟展地方正法示众,以儆奸顽。并将此通行传谕
知之。”二十七年三月,奉旨:“窦光鼐识见迂拙,不克胜副都御
史之任,着以对品另用。”十一月,命署内阁学士,告祭南海。二
十八年,充殿试读卷官。

二十九年,授顺天府府尹。三十二年,丁父忧。三十五年三
月,服阕,补原官。五月,奏:“童生冒籍,必交通廪生;廪生之优
劣,惟凭教官申送:易滋弊窦。查府丞一官,承办事件无多,应责
成实心查核,其入籍满二十年者,令族亲邻佑各具甘结;如查察
不实,将具结人一并治罪。再审问时,例派满、汉御史,遇可疑
者,饬该县确查详覆,不实例处该县,如未经驳查,事后发觉,将
该御史一并议处。冒籍既清,应试者少,其有事故不及与县试
者,应照乡试录遗之例,于按临之先,府丞移会御史,汇齐补考,
不符取额,宁阙毋滥。”下部议行。闰五月,因武清、东安二县飞
蝗蔓延,不能率属搜捕,奉旨降为四品京堂,仍交部严加议处。
部议上,命于补官日,降三级,从宽留任。六月,奏:“武清等处蝗
蝻,业经查捕净尽,新授府尹裴曰修现赴天津捕蝗,谨差官赍送

印信。适闻三河、怀柔二县俱有飞蝗，拟即日往捕。"得旨，准其前往。复奏："近京州县，旗地多于民地，请嗣后捕蝗，令民人佃种旗地者，一体拨夫应用。"朱批："所奏是，着照所请速行。"寻谕曰："前据窦光鼐奏民人佃种旗地之户，请一体拨夫扑捕蝗蝻一折，因其所奏近理，即批交部照所请行，并谕地方偶遇捕蝗，不独旗佃与民田通力合作，即大粮庄头亦应一体派拨。其直隶向来作何办理，着杨廷璋查明具奏，及派往捕蝗之侍卫索诺木策凌等回京，询其实在情形。据称所到之处，不独旗佃出夫办公，即王公所属旗人，亦悉协力捕蝗等语。旋据该督覆奏，自方观承任内设立护田夫一项，不拘旗民均令出夫，现仍照旧办理，因节次令窦光鼐明白回奏。窦光鼐坚执臆见，谓询之三河、顺义两县，及东路同知，皆云旗庄并不出夫，即周元理亦有旗庄不肯借用口袋之语，哓哓置辩。因复降旨杨廷璋，令将所奏情节再行覆查。今窦光鼐到京回奏，则以前次所设护田夫未经奏明，〔五〕不能一体遵照为词，其说支离更甚。试问总督旧定章程，通行阖省，顺属官民岂独不遵条教，府尹亦岂得诿为不知？况窦光鼐所指三河、顺义二县即系府尹所辖，如有司阳奉阴违，自当随时参劾，即无此例，而府尹奉差捕蝗，亦理应派夫护田，其有佃户人等倚恃旗业声势，不受约束，窦光鼐目击其情，无难询明何人庄业，列名指参，即内如大学士傅恒、尹继善，外如总督杨廷璋，推而上之，以至亲王等，皆无可畏忌。窦光鼐若早据实举出，朕必且深为嘉予，并将袒庇庄佃之王大臣严加议处。乃并不能指实一人，而徒硁硁胶执不已，于事何当？其意不过欲借题发挥，逞弄笔墨，妄以强项自命，冀见许于无识之徒。且以总督杨廷璋既不无瞻徇旗庄,即承旨之军机大臣有旗产者,亦未免意存袒护。以此曲为解嘲,自文其过。此等伎俩,岂能于朕前尝试乎?因令窦光鼐随军机大臣进见,面为询问,伊亦自称在三河、顺义不行指名具奏,实属无能,难以再为支饰。近京旗民交涉事件,在国家初定鼎时,或有旗人强占民田,及将各项差派专委居民承办者。今阅百数十馀年,屡经整饬,政纪肃清,无论旗庄各户不敢不安分守法,即王公大臣亦不敢怙势庇佃,欺压平民,自图诡避差役,而国家法在必行,又岂肯听其纵放礼法,稍为曲徇乎?朕办理庶务,一秉大公至正,中外臣民宜无不共见共知。即此事之是非曲直,适就前后事理为衡断,并未尝豫设成见,而窦光鼐偏执邀名之隐微,亦不能逃朕洞鉴。特为明白宣示,将此通谕知之。”七月,奏:“护田夫之法,有不可行者。查原议三家出一夫,免其门差。臣按册计之,大、宛二县,约出夫七千五六百名。此数千人,巡捕半年,荒废本业,衣食无资。造册免差,胥吏必缘以为奸。且捕蝗宜众而时速,若按三家一人之例,必至缓不及事。臣谨上捕蝗事宜数条:一、人夫不必预设,但查清保甲,临时酌拨;一、必用村庄近地之人,方得实用;一、本牌头按村之大小,酌设每县不过数十人;一、各村田野,令乡地牌头,劝率田户,自行巡查;一、蝗蝻生发,一面报官,牌头即率居人齐集往捕,扑灭者赏,隐匿者治罪;一、器莫善于条拍,宜豫制以便应用;一、蝻子宜开沟围逼,用土掩埋;一、收买之法,止宜用之老幼妇女,若强壮之人,总以直前追捕为得力。”谕曰:“据窦光鼐回奏,派拨旗庄人夫一事,请将顺义县知县王述曾、三河县知县周世澐解任,[六]并传东路同知刘峨、北路同知张在赴军机处质问等语。所奏胶执支离,尤属不晓事理。此次直属拨夫捕蝗,无论地方官原系循照旧规,旗庄民田均匀派用,即如窦光鼐所云旗庄之夫或不到场,难而较迟。据此已足为均派之明验,更何事晓晓置喙?虽该督杨廷璋查询时,该同知、知县等稍为迁就其词,亦属情理所有,于事本无关紧要。若因语言传述参差小节,遽令两县、两厅同时解任,徒致旷废公务,殊属无谓。设因此归案赴质之故,并将窦光鼐褫职对簿,又复成何政体?且亦不值如此张大其事。至窦光鼐另折所称护田夫一项,以若辈尽力巡查,且至荒废本业,复为鳏鳏过计,以衣食无由取给为虞,所见更为迂鄙。护田夫之设,不过令于蝻子萌生时,各随本处田地搜查,或遇蝗蝻长发,会力扑捕,并非使之长年株守田畔,于三时农业概行抛荒也。即如设兵防守汛地,亦第于汛内轮番侦逻稽查,又岂责其终日登高瞭望,方为斥堠?若如窦光鼐之论,直是跬步难行,有不闻而失笑者乎?窦光鼐前此覆奏,惟知因事借题,造作尘腐空文,自为解嘲地步,今又将派夫一节,连篇累牍,铺张条奏,而于事体之可行不可行,全无理会。其拘墟輵轇之处,正复不胜指摘,犹且始终坚执臆说,牢不可破。向固知其仅一硁硁之小人,毫无能为,乃不意执迷纰缪若此,且以空言折辨,互相指斥,渐成门户,乃前明陋习,此风断不可长!窦光鼐着交部严加议处。"八月,革职。十二月,谕曰:"窦光鼐前因捕蝗一事,照部议革职,但究系拘钝无能,尚无大过。所有通政司副使员缺,着加恩令其补授。"三十八年四月,擢光禄寺卿。六月,迁宗人府府丞。八月,稽查右翼宗学。三十九年,命告祭吉林等处。四十五年,充福建乡试正考官。

四十七年五月,授浙江学政。四十九年,上南巡,赐诗曰:

"士习民端首,风方系厥司。况兹文盛处,所重行修时。熟路轻车试,迪人克己为。前车应鉴已,自力尚勤思。"五十一年正月,擢吏部右侍郎。是年,查办浙江亏空。四月,光鼐奏:"浙江各州县仓库亏缺,未补者多。盖因从前督抚陈辉祖、王亶望贪墨败露时,督臣富勒浑并未澈底查办,只据司道结报之数,浑同立限,遇有升调事故,辄令接任之员出结,办理颟顸。臣闻嘉兴府属之嘉兴、海盐二县,温州府属之平阳县亏数皆逾十万。当查何员亏缺,分别定拟。去岁杭、嘉、湖三府歉收,仓内有谷可粜者无几。浙东八府,岁行采买,惟折收银两,以便挪移。"奏入,上嘉其公正,命尚书曹文埴、侍郎姜晟前往,会同巡抚伊龄阿澈底清查,严参办理,又命光鼐会同查办。五月,奏:"仙居、黄岩等七县,前任知县亏空数目,多至累万,全未弥补,以致后任不敢接收交代。永嘉县知县席世维借生监谷输仓备查;平阳县知县黄梅借亏空名色,科敛累民,丁忧演戏,殊非人类;仙居县知县徐延翰监毙临海县生员马寞,殊干法纪。再藩司盛住上年进京,携赀过丰,外间颇有烦言。又督臣过往嘉兴、严、衢,上下各地方供应浩繁,门包或至千百。"奏入,上命大学士阿桂由南河驰驿赴浙江督办。寻覆奏查办过海盐、桐乡、嘉兴等六州县仓谷,有缺数百石至百馀石者,惟桐乡县仓内实无储谷,所有之谷借自社仓,又借米三千石开报平粜,[七]掩饰一时。再查范公塘堤工,向派各州县承修,请嗣后责成海塘大员督率海防同知承修。再于沙滩地多栽芦苇,三年之后以苇易柴,取用甚便。上命阿桂、曹文埴等逐一核办。谕曰:"据阿桂奏查询仓库情形,及窦光鼐所称,盛住上年进京,携带过丰各节,已于折内详晰批示。如窦光鼐原奏永嘉、平阳二县借谷勒派之事,阿桂面询该学政,系何人告知,该学政不能记忆姓名。是窦光鼐既欲于朕前见长,又恐得罪众人,实属进退无据。至所称盛住进京携带银两,及总督收受属员门包各节,询之该学政,亦不能指实。阿桂等传询盛住,则因上年进京时,有应解参价银三万九千馀两,盛住自行装匣携带。到京后,即赴广储司兑交有案。是盛住携带银两,系属官物,岂可指为赃私之证?而窦光鼐因见所带银匣数多,遂疑盛住私赍,若如此疑人,天下竟无一清廉之官矣,尤为可笑。至总督藩司收受属员门包馈送,事关大员婪索,若无确据,何得率行陈奏?乃询问该学政,毫无指实,是竟系信口诬人,若窦光鼐欲诬人谋反,不论其实有无,将人治罪,有是理乎?此案若非朕特派阿桂前往查办,则窦光鼐与曹文埴等争执攀引,即经年之久,办理亦不能完结,更复成何事体!今阿桂与曹文埴等公同面询,逐层驳诘,俱确有可据,窦光鼐竟不能复置一词。现复檄调嘉兴府属州县质询,自可无难得实。至富勒浑家人在粤,招摇滋事,及在浙省有无勒索门包之处,阿桂现在提集富勒浑进京时经过之嘉兴、严、衢各地方官到省,剀切开导,令其据实供出,该州县等知事难掩饰,自必和盘托出,所办尤为得其要领。"

七月,阿桂等奏查明永嘉、平阳等县实无挪移勒派之事。平阳县知县黄梅丁忧演戏一节,查系该县为伊母庆九十生辰,于演戏之夜,痰壅猝故。谕曰:"据阿桂等奏,查明黄梅为伊母演戏庆寿,伊母于是夜痰壅身故。是其演戏在未丁忧之前,况伊母年已九旬,风烛无常,猝然身故,亦属情理所有。此事关系名节,窦光鼐辄行入告,并不确细访查,若此事果实,则真如原奏所称行同禽兽,不齿于人类矣!该学政不顾污人名节,以无根之谈,冒昧陈奏,实属荒唐!窦光鼐着饬行。"闰七月,复奏前任仙居县知县徐延翰监毙生员马真,各上司展转狥庇,并未审出实情。谕曰:"朕详阅此案情节,马真身为生员,伙合匪徒陈天河、邵能文等,向各僧寺吊纸图谢,又嫌谢钱数少,诬首赌博,复与僧人斗殴,实属胶庠之败类,其罪亦应满徒。该县徐延翰将马真掌责收禁,并无不合,至马真在监病故,屡经验明确实,系死于病,非死于伤。其徐延翰倒填详报月日,又不关传尸亲,眼同相验收殓,规避讳饰之咎,实所难辞。将来议处,尚不止于革职,亦足以服尸亲之心。乃窦光鼐必欲加该县徐延翰重罪,将奏折与曹文埴阅看,声言:'汝办理此案,若不将徐延翰照故勘滥禁治以重罪,我必将汝奏参',并令告知阿桂、伊龄阿等语。是其袒护劣衿,偏执己见,不自知其言之狂妄若此。设如所言,将来劣生必致武断乡曲,目无官长,适足以成恶习而长刁风,尚复成何政体耶?又窦光鼐覆奏平阳县知县黄梅母丧演戏,系阖邑生童所言;及平阳县亏空,自黄梅始。该员以亏空之多,久居美缺,纵令伊子借名派索滥用,而抗不弥补,且指阿桂等于议处亏空一案,轻重失平。夫阿桂等业将乾隆四十三年以后历任各员,[八]拟以革职,暂行留任,按照在任月日分赔,勒限一年不完,照虚出通关律治罪。黄梅之罪,亦与他州县相仿。若独予从重,不特无以服其心,天下有此办事之法乎?至所奏母丧演戏一节,前经查明,系本年正月黄梅为伊母庆九十生辰演戏,伊母一时痰壅,适于是夜猝故,而窦光鼐尚固执前言。夫人子即忤逆不孝,母丧不知悲哀,亦断无迫不及待,于母死之日,演戏为乐者。况黄梅之母,年已九旬,风烛无常,于演戏之时,猝然身故,亦属情理所有。此事关系名节,古云善善欲其长,恶恶欲其短。窦光鼐系读书之人,亦何必污人名节,致禽兽之不若耶? 据称派往之司员海成为地方官所朦,今伊竟亲自赴平阳县访查,如果能查明,自当另办。若至生事,陵夷地方官,是伊自取咎耳。且阿桂、曹文埴、伊龄阿屡蒙任使,皆系素能办事之人。朕之信窦光鼐,自不如信阿桂等。即令窦光鼐反躬自问,亦必不敢自以为在阿桂等上也。今窦光鼐之固执己见,哓哓不休者,以为尽职乎?[九]以为效忠乎? 且窦光鼐身任学政,校士是其专责,现当宾兴大典,多士守候录科,平阳去省往返二千馀里,该学政必欲亲往访查,而置分内之事于不办,殊属轻重失当。且其固执辩论,意在必伸其说,势必蹈明季科道盈廷争执,各挟私见,而不顾国是之陋习,不可不防其渐。窦光鼐着交部议处,并将此通谕知之。”又谕曰:“前据窦光鼐奏,平阳县知县黄梅丁忧演戏一事,该府范思敬曾面禀前抚福崧,以接任之员,不受交代,俟查明严参。又该员亏空之数甚多,抗不弥补,调任温州府方林亦尝赴省揭参等语,当即降旨询问福崧。兹据福崧奏称,在浙时并未闻有黄梅丁忧时演戏之事,该府范思敬亦未面禀。至亏缺一案,时刻严催,仅据该府方林等以催迫太甚,诚恐有累闾阎,禀请展限,亦未据揭报等语。是此事范思敬等从前并未具禀福崧,何以窦光鼐称曾禀福崧,竟似福崧亦知其事者然。[一〇]窦光鼐惟以先入之言为是,不加详查,率行诬攀渎奏,其意何居? 着将福崧原折发与窦光鼐阅看,令其据实明白回奏,勿再仍前固执,自干咎戾也。”部议以光鼐祖庇劣生,擅离职守,例应革职。

　　抚臣伊龄阿参奏光鼐于未到平阳之先,差人招告;既到,则招集生童,发怒咆哮,用言恐吓,并勒写亲供,锁拿书役,用刑逼喝。谕曰:"生监把持唆讼,学政方为约束之不暇,而窦光鼐乃招告于未到之先,逼吓于已到之后,咆哮发怒,纷纷若狂,实属大辜厥职。若生监等因此挟制官长,颠倒是非,适足以长恶习而助刁风,而窦光鼐执意妄行,竟欲以生监笔据为验。是其举动乖张眘乱,朕亦不能为之曲庇矣。窦光鼐科分较深,学问亦佳,从前未经升用,即因其性情偏执,遇事辄挟私见,是以迟迟耳。近念其学问尚优,历俸最深,仍用至侍郎、留学政之任,理宜安分守职,承受朕恩。乃于浙省一案,执辩不休,无故陷人于悖逆名节有亏之事。今复招集生监,逼令指实,[一]而置目前录科之事于不办,徒令阖省生监守候多时,几误场期。如此,若再姑容,则何以为旷职生事者戒? 窦光鼐着交部议。"部议革职。伊龄阿复奏光鼐在平阳县城隍庙多备刑具,追究书吏生监平民,一概命坐;及由平阳回省,携带多人,哓哓执辩。谕曰:"此事之始,朕因窦光鼐为该省学政。适该省有亏空之案,因令就所见闻陈奏。此朕明目达聪、兼听并观之意耳。即使所言不实,亦只系风闻入奏,断不以此遽加之罪。今伊所称黄梅丁忧演戏各款,皆节外生枝,况业经阿桂等审系窦光鼐误听虚诬,朕亦未加之谴责,窦光鼐当知感激朕恩,安静供职,乃现届宾兴大典,多士在省城守候录科,伊竟亲赴平阳咆哮生事,而置目前录科之事于不办,是以将伊革职。此窦光鼐自贻伊戚,其罪并不在于言事不实也。兹复据伊龄阿奏,窦光鼐回省时携带丁忧典史,及生监等多人,以为证佐,且言不欲作官、不要性命等语。看来窦光鼐竟系病疯,是以举动颠狂若此。伊于黄梅丁忧演戏一节，始则误听人言，欲以忤逆不孝之事污人名节；今赴平阳访系此事属虚，复言黄梅任内另有别项款迹，以实其说。如此乖张督乱，不但有乖大臣之体，且恐煽惑人心，以致启生监平民人等讦告官长效尤滋事之风，不可不严行惩儆。仅予革职，不足蔽辜，窦光鼐着拿交刑部治罪。"

光鼐寻奏："臣亲赴平阳县，绅士民人呈送五十年派捐田单二百馀张，供称知县以弥补亏空为名，计亩派捐，每田一亩捐大钱五十文，给官印田票一纸，与征收钱粮无异。又呈送供票九张，共计大钱二千一百千文。四十四年、四十七年两次勒捐富户，自一百馀千至三十、五十千不等。每岁采买仓谷并不给价，有飞头、印票、谷领、收帖各名色，[一二]该县在任八年所侵吞谷价与勒捐之钱，计赃不下二十万。且于颁赏老民钱及廪生廪饩亦未给发。至其母丧演戏，缘欲缓报丁忧，借演戏以便催粮家人窃物外逃，事遂泄漏，邑人皆知。今将田单、印票、飞头、谷领、收帖、催帖、借票，各拣一纸进呈。"谕曰："前据伊龄阿奏，窦光鼐回省携带生监多人，以为质证。举动颠狂，且恐煽惑人心，启讦告抗官之渐，是以降旨将窦光鼐拿交刑部治罪。今观窦光鼐所奏，又似黄梅实有勒派侵渔之事，且有田单、印票、借票、收帖各纸，确凿可据，岂可以人废言？前因浙省勒限弥补亏空，恐该州县中有不肖之员，藉端勒派，扰累闾阎，屡降旨饬禁。今黄梅借弥补勒令输捐，既已勒捐仍不弥补，以小民之脂膏肥其欲壑，婪索不下二十馀万。似此贪官污吏而不严加惩治，俾得网漏吞舟，不肖之徒转相效尤，于吏治大有关系。若窦光鼐果有贿买招告，及刑逼取供各情节，一经质讯得实，则其获戾更重。今观其呈出各纸,此事不为无因,又有原告吴荣烈等随伊到杭,愿与黄梅对质。若朕惟阿桂、曹文埴、伊龄阿之言是听,而置此疑案,不明白办理,不但不足以服窦光鼐之心,且浙省现值乡试,生监云集,众口藉藉,将何以服天下舆论?此事关系重大,不可不澈底根究,以服众惩贪。阿桂现已起程,在途接奉此旨,仍着回至浙江秉公审办。此时窦光鼐业已由浙起解,阿桂于途次遇见,即将伊带回浙省,以便质对。此案若止派阿桂,伊受朕深恩为大学士,自不肯心存回护,但究系原审之人,着添派闵鹗元会同审办。闵鹗元系科目出身,久任巡抚,办事认真,且籍隶浙江,见闻更为真切,自当秉公,无所回护。该抚现在江宁监临乡试,着布政使长麟驰驿前往,[一三]代办监临事宜,闵鹗元即回至苏州,候阿桂经过时,一同驰往,务将窦光鼐折内所奏勒派贪黩各款,逐一根究。其称黄梅缓报丁忧,借演戏以便催粮,似非人情所有。且此案内紧要关键,亦不止此,阿桂、闵鹗元总须将黄梅勒捐派累实在情形,审讯明确,且窦光鼐进呈田单、印票、飞头、谷领、收帖、借票各件,俱系黄梅勒派勒借及采买仓谷不发价值、虚填收领确实凭据,窦光鼐进呈者,不过每样各检一纸,其存留浙省者甚多。以此观之,则伊龄阿不免为属员所欺矣。此事却有关系,欺伊龄阿尚可,朕与阿桂可受其欺乎?必应审明,朕不回护,惟有大公至正而已。闵鹗元亦应如此。阿桂等到彼,止须就此各项字帖,并吊齐控案,逐款根究,即无难水落石出。况票内一半钤有官印及伊私用图记,断非捏饰,黄梅如果有种种劣迹,即应审明定罪,以儆奸贪,不可颟顸完结,致滋物议也。"

九月,谕曰:"前因浙省仓库亏缺,不能依限弥补,特派大臣前往查办。并因窦光鼐为该省学政，闻见较切，因令就所闻见，据实陈奏，此朕兼听并观之意。嗣据窦光鼐覆奏浙属之嘉兴、海盐等县仓库亏缺，浮于报明之数，并以平阳县知县黄梅丁忧演戏，列款入奏。朕以其不避嫌怨，曾褒其公正。迨阿桂等查明该省亏缺，较原报之数有减无增，所参黄梅款迹谓系窦光鼐误听人言，实无其事，而窦光鼐执辩不休。且据伊龄阿两参，窦光鼐自赴平阳，招集生监，逼写亲供，咆哮生事。其时朕以此案业经阿桂等审明，窦光鼐固执己见，聚集生童招告，恐煽惑人心，致启讦讼之风。窦光鼐不得为无罪，是以将伊革职拿问。此政体国法必当如此办理，非朕之憎窦光鼐也。嗣复据窦光鼐将黄梅贪黩款迹，逐一查出，并将借票、捐单呈览，赃款确凿，是其言并非无据。而阿桂等前此在浙查办，竟为地方官瞒过；伊龄阿又复听信属员一面之词，受其怂恿，遂尔冒昧参奏，不可不澈底根究。因即降旨将窦光鼐宽释，令阿桂带同窦光鼐回至浙江，并派闵鹗元会同前往查办。兹据阿桂等将黄梅在任婪索各款，严切审讯，黄梅勒借吴荣烈等钱二千一百千文，又侵用田单公费钱，暨朋帖采买钱一万四千馀千文，而于原报亏缺谷价仅弥补四千馀两，仍未依限补足。是窦光鼐所奏，惟黄梅匿丧演戏，及侵用廪生饩粮，并短发老民银两三款属虚，馀三款已为确实。是伊从前冒昧固执之咎，尚属可宽。现在陆锡熊已出学差，所有光禄寺卿，着加恩令窦光鼐署理，即行来京供职。至黄梅于乾隆四十三年调任平阳县，在任八年，种种贪黩营私，历任上司漫无觉察，实难辞咎。但四十三年以后浙省督抚，如王亶望、陈辉祖俱已另案治罪，法无可加，惟福崧在巡抚任，已历数年，乃于此等劣员觖法侵贪,并不据实参奏,岂可复膺封疆之任？前任藩司盛住所属州县钱粮,是其专责,伊在浙较之福崧尤为最久,亦复置若罔闻,姑容阘冗,是盛住亦不应仍任织造。伊等现交部严议,自系革任革职,难逃宽宥。福崧着先革去翎顶,盛住亦着革去翎顶,俱着来京候旨。至伊龄阿于黄梅婪索一案,虽非其任内之事,但轻听属员之言,两次将窦光鼐冒昧参奏,是其错谬,已自请交部严加议处,着在任听候部议。其馀失察之各上司,俱着交部查取职名,分别严加议处。朕办理庶务,一秉大公至正,总期案情核实,从不稍存成见,诸臣功过,惟视其人之自取。除将阿桂等审拟一折,交军机大臣会同行在该部核议具奏外,将此通谕知之。"寻奉旨,阿桂、曹文埴、姜晟、伊龄阿俱着交部严加议处。

十月,授宗人府府丞,仍署光禄寺卿事务。十二月,部议光禄寺供奶饼缺额,降一级留任。五十四年四月,充殿试读卷官。六月,擢礼部侍郎。奏安徽学政编修徐立纲人品声名平常,询督臣书麟、抚臣陈用敷有据,降立纲以司务、博士等官用。是月,充浙江乡试正考官。八月,提督浙江学政。五十五年,奏:"近年文体渐靡,皆由肆习讲章,读坊刻时文所致。臣通饬各学讲求传注,反诸身心,[一四]体验圣贤立言之旨,以前辈文为楷式,以易、诗、书、三礼、春秋左传、史记、前后汉书、五代史及昭明文选、唐宋大家古文,汇为月课,分月注册,考课功过。"上嘉之。五十七年五月,擢左都御史。十一月,命在上书房总师傅上行走。五十八年四月,充殿试读卷官。五十九年八月,充顺天乡试正考官。十二月,充经筵讲官。

六十年三月,充会试正考官。四月,谕曰:"朕办理庶务,往往天牖朕衷,几先洞烛。本年会试榜发,第一名<u>王以铻</u>,系<u>浙江</u>人,^{〔一五〕}第二名<u>王以衔</u>,亦系<u>浙江</u>人。朕批阅之下,以各直省应试举子,不下数千人,岂无真才足拔?<u>王以铻</u>、<u>王以衔</u>同籍联名,俨然兄弟,恰居前列,殊觉可疑。兹据钦派大臣将覆试各卷分别等第进呈,第二名<u>王以衔</u>覆试列在二等第四,^{〔一六〕}高下尚不相悬;其<u>王以铻</u>竟列在三等七十一名。朕亲加披阅,疵类甚多,派出大臣校阅,甚为公当。且据磨勘大臣奏称,<u>王以铻</u>会试中式之卷,第二艺'参也鲁'比内,用'一日万几一夜四事'等字样,于先贤身分,尤为引用不切,似此肤泛失当之卷,何以拔置第一?且所拟策题,纰缪处甚多。该考官等于抡才大典,漫不经心,殊非慎重衡文之道。<u>窦光鼐</u>人本拘迂,不晓事体,朕夙闻其于文艺一道,^{〔一七〕}尚能留心讲习,是以派为正考官,不意其糊涂错谬,一至于此。且初九日主考出闱覆命,召见时,<u>窦光鼐</u>不特奏对不明,跪起兼至倾跌,是其年老昏愦,岂可复膺风宪之任?除副考官<u>刘跃云</u>、<u>瑚图礼</u>及荐卷不当之同考官等,即照<u>和珅</u>等所请交部严加议处。馀着照所拟分别办理外,<u>窦光鼐</u>着即解任,听候部议。"寻予四品衔休致。九月,卒。

【校勘记】

〔一〕派侍卫伊德解往辟展军营效力　"辟展"原误作"巴里坤"。<u>耆献类征</u>卷八七叶八上及<u>国传</u>卷五八叶一上均同。今据<u>纯录</u>卷六五〇叶七上改。

〔二〕广西陈布统案内之陈父悔改入情实　"布"原误作"希"。<u>耆献类征</u>卷八七叶八下同。今据<u>纯录</u>卷六四三叶一九上改。按<u>国传</u>卷五八叶一下不误。下同。

〔三〕但签内称刑部删去黄父亦赴村探听一节　"亦"原误作"防"。耆献类征卷八七叶九上及国传卷五八叶一下均同。今据纯录卷六四三叶一九上改。

〔四〕何以服守禾杀贼而改实者　"守禾"原误作"乎未"。耆献类征卷八七叶九上同。今据纯录卷六四四叶三下改。按国传卷五八叶一下不误。

〔五〕则以前次所设护田夫未经奏明　"设"原误作"奏"。耆献类征卷八七叶一二上同。今据纯录卷八六三叶二三下改。按国传卷五八叶四上作"说"，亦误。

〔六〕三河县知县周世澐解任　"澐"原误作"云"。耆献类征卷八七叶一三下同。今据纯录卷八六四叶二三上改。按国传卷五八叶五上作"沄"，亦非。

〔七〕又借米三千石开报平粜　"借"原误作"将"。耆献类征卷八七叶一六上及国传卷五八叶六下均同。今据纯录卷一二五五叶三上改。

〔八〕乾隆四十三年以后历任各员　"后"原误作"前"。耆献类征卷八七叶一八上及国传卷五八叶八上均同。今据纯录卷一二六〇叶二下改。

〔九〕以为尽职乎　"职"原误作"孝"。耆献类征卷八七叶一九上同。今据纯录卷一二六〇叶三下改。按国传卷五八叶八下不误。

〔一〇〕竟似福崧亦知其事者然　原脱"者然"二字。耆献类征卷八七叶一九下及国传卷五八叶九上均同。今据纯录卷一二六〇叶二八上补。

〔一一〕逼令指实　"逼"原误作"遍"。耆献类征卷八七叶二〇上同。

今据纯录卷一二六一叶五上改。按国传卷五八叶九下作
"遍"。亦误。

〔一二〕有飞头印票谷领收帖各名色　原脱"飞"、"印"、"收"三字。耆
　　　献类征卷八七叶二一上同。今据国传卷五八叶一〇上补。下
　　　文即有"印单飞头收帖",亦可佐证。

〔一三〕着布政使长麟驰驿前往　"麟"原误作"龄"。耆献类征卷八七
　　　叶二二下同。今据纯录卷一二六一叶三八上改。按国传卷五
　　　八叶一一上不误。

〔一四〕反诸身心　"反诸"原误作"及"。耆献类征卷八七叶二五上
　　　同。今据国传卷五八叶一二下改。

〔一五〕第一名王以铻系浙江人　原脱此十字。耆献类征卷八七叶二
　　　五下同。今据纯录卷一四七六叶一九上补。按国传卷五八叶
　　　一三上不脱。

〔一六〕第二名王以衔覆试列在二等第四　"等"下原衍"次"字,又脱
　　　"四"字。耆献类征卷八七叶二五下同。今据纯录卷一四七六
　　　叶一九下删补。按国传卷五八叶一三上不误。

〔一七〕朕夙闻其于文艺一道　"夙"原误作"风"。耆献类征卷八七叶
　　　二六上同。今据纯录卷一四七六叶二〇上改。按国传卷五八
　　　叶一三上不误。

常青

　　常青,佟佳氏,满洲正蓝旗人,江西巡抚安图子。乾隆六年,
由宁良郡王府亲军充三等护卫。十年,迁头等护卫。十四年,擢
长史。十八年,授德州城守尉。二十一年,授镶红旗蒙古副都
统,调盛京熊岳副都统。二十四年,调西安副都统。二十六年,

调察哈尔副都统。以审办护军朋楚克札布毙妻案，迟延未结，部议降二级留任。三十一年，调归化城副都统。三十四年正月，将隐匿盗马贼犯之骁骑校三济题补佐领，部议降二级调用，得旨，改为革职留任。寻以失察库银被窃，部议革任，谕宽免，仍注册。十二月，授正蓝旗满洲副都统。三十五年，[一] 调察哈尔都统。三十九年，误拿王启云为山东逆犯王伦党，奉旨严饬。四十七年，授杭州将军。四十九年，调福州将军。

五十一年六月，署闽浙总督。七月，奏查究泉州府知府郑一桂供前督臣富勒浑调任两广过泉，曾备金叶交富勒浑家人殷士俊馈送。谕曰："郑一桂馈送富勒浑金叶时，富勒浑已离闽浙总督之任，乃犹如此逢迎馈送；则其在任时，必有通同交结纳贿营私，不止郑一桂一人馈送之事，不可不澈底查办，以成信谳。此时常青现署总督，当以雅德为戒。属员有无似此馈送款迹，即据实严查覆奏，毋得少涉瞻徇，致有不实不尽。"闰七月，奏查出富勒浑家人李世荣需索站规，谕钦差大学士公阿桂归案办理。八月，奏："诸罗县捐贡杨光勋与弟监生杨功宽因争家产启衅，纠党立会，欲图械斗泄忿，经知县董启埏会营访拿，复率众持械夺回就获匪犯张烈。现据台湾道永福拿获首犯杨光勋等，并馀犯五十三名，饬臬司李永祺前往会办。"谕曰："台地远隔重洋，非内地可比。此等匪犯，尤属不可轻纵，必须按名拿获，速正刑诛，勿使蔓延疏脱，方为妥善。"十月，实授闽浙总督。十二月，奏龙溪、南靖二县界之狮头山，有匪徒陈荐纠党潜匿，不时出山抢劫。经漳州镇道督兵役搜捕，尽获之，解省严究置法，得旨褒嘉。

是月，彰化县匪徒林爽文滋事，常青奏："据署淡防厅程峻等禀报,彰化城陷,知县俞峻死之。臣飞咨水师提臣黄仕简,领兵由鹿耳门进,派副将丁朝雄等带兵听海坛镇总兵郝壮猷调遣,由闽安出口,至淡水进。都司马元勋领陆路提标兵,赴鹿仔港堵御。臣往驻泉州,会陆路提臣任承恩居中调度。委金门总兵罗英笈赴厦门弹压。"谕曰:"台湾地隔重洋,民刁俗悍,屡次滋事。今有彰化县贼匪林爽文等纠众骚扰,杀害官长,攻陷城池,尤为罪大恶极,不可不痛加歼戮,以示惩创。贼匪幺麽乌合,黄仕简到彼,督率该镇道尽力堵剿,无难立就扑灭。但恐馀党四散窜逸,或偷越内渡,常青、任承恩现驻蚶江一带,着严饬沿海口岸地方文武员弁,实力巡防,最为紧要。常青、徐嗣曾等总须不动声色,妥协办理。若因外洋遇有此等案件,该督抚纷纷调遣,迹涉张皇,转致内地民人心生疑骇,殊有关系,该督抚务宜处以镇定也。"又奏:"据侦探守备林登云禀,贼匪已到竹堑地方,北路一带悉被占踞。郡城急须保护。现在任承恩统兵由鹿耳门继进。"谕曰:"此等奸民纠众滋事,一经黄仕简到彼,自必望风溃散。任承恩本不应前往,今既已渡台,亦不须拘泥回任。常青仍只须驻扎蚶江、厦门一带,调度策应。此时总以静镇内地为要。"〔二〕五十二年正月,奏:"贼陷诸罗,经台湾镇总兵柴大纪堵剿。林爽文系漳州人,匪徒率隶漳籍,难保无内外勾连情事。臣惟豫设机宜,倍加严重,并与漳州毗连之广东潮州等境,移会两广督臣防范。一面督催渡台官兵协力进剿。"谕曰:"常青此次所奏派兵剿捕各事宜,较前稍有主见,略知镇定。但折内称:'逆首林爽文系漳州人,其附从之人率皆籍隶漳属,其中难保无内外勾连情事'等语。此等匪徒纠众滋事,无论何处民人,从贼者即系伙党,自应按名骈戮。若漳、泉民人乡勇果能应募拒贼,出力堵御防守,即系良民,自应加以奖赏,不应豫存歧视,稍露形迹,转致漳民心生惶惑,恐别滋事端。"又奏鹿耳门为台地咽喉,须厚集兵力,庶可近护郡城,远赴攻剿。现添派督抚二标兵千,檄原任闽安协副将徐鼎士带领,又调福宁镇各营兵千,檄游击延山带领,由鹿耳门进,交黄仕简调度。上以其过于张皇,饬之。寻谕曰:"台湾奸民林爽文等纠众滋事一案,该督常青于剿捕逆匪一切调度堵御机宜,办理尚属镇静。现在水陆两提督业经渡台会剿,该匪自无难立时扑灭。惟是海疆重地,将来善后事宜,均须妥协筹办。常青系初任总督,恐未能料理裕如。李侍尧着调补闽浙总督,常青着调补湖广总督。俟李侍尧到闽接印后,常青即来京请训,再行赴任。"

常青奏台湾守备陈邦光带领义民,由鹿仔港抵漳,贼出抵御,邦光击败之,擒伪帅杨振国等,歼贼百馀,随入城护卫受困兵民,同回鹿仔港固守,并将杨振国解泉听审,报闻。旋奏讯明杨振国等情节,解京审办。谕曰:"所获匪犯,朕意本欲令其解京。今该督于获犯审明后,即请解京审办,并镇静办理各事宜,皆与朕意适合。不意常青竟能如此,实属可嘉。此时该督惟应督率弁兵,悉心调度,以期迅速蒇事。朕必加恩嘉奖,更不必以调任萦心,稍存疑畏,转于剿捕无益。"时黄仕简、任承恩先后渡台,分南北两路进剿。常青督饬内地各海口严查,以防窜逸。谕曰:"常青于办理善后事宜,自不如李侍尧之谙练,而督率搜捕,则常青为优。着李侍尧抵闽后,即驻扎蚶江;常青即亲自渡台,督同黄仕简统领官弁,将窜入内山贼党,尽数搜捕,务净根株。仍不得因追捕贼匪，或致扰动生番，方为妥善。"又谕曰："常青已调任湖广总督，今以钦差前往督办；一切题升调补，若专俟本省总督李侍尧办理，则所统将弁等见常青不能专主，或心中以为即奋勉出力，亦不能即邀拔擢，未免稍生懈怠。着传谕常青现在台湾将弁被贼戕害，多有悬缺未补者，常青到彼，即应于剿贼弁兵内，核其实在出力者，官则酌予升擢，兵则拔补千把，一面具奏，一面知会李侍尧，俾有事权，以便策励将士。"

是日，柴大纪等奏请添兵，谕曰："常青到台湾后，务须察看情形。如果必须增添兵力，即一面具奏，一面咨会李侍尧，于附近各营，再拨二三千名，速渡台湾，俾资策应。"时侍尧奏调粤兵四千，一由厦门赴鹿耳门，一由蚶江赴鹿仔港。谕曰："常青处所有之兵，尚未免单薄。着传谕李侍尧，如粤兵尚未分路配渡，即檄令全赴鹿耳门，直抵台湾府城，俾常青处兵力壮盛，足资调遣。如业经分路配渡前进，着常青于粤兵将抵鹿仔港者，亦即调来合为一处，常青亲带勇往将弁径赴大里杙贼巢，鼓励弁兵，务将首恶林爽文一鼓擒获。其馀贼众，不难扑灭净尽。"四月，抵台，劾黄仕简、任承恩迁延观望，拥兵自卫；郝壮猷守凤山，贼至弃城走：请分别治罪。谕逮任承恩，撤回黄仕简，置郝壮猷于法，授常青为将军。旋奏贼攻府城，率兵勇击退。谕曰："贼匪竟敢攻犯府城，常青亲率官兵乡勇，临阵多有斩获。此时粤东兵丁陆续到彼，常青得此，自可鼓其精锐，迅速进攻。所有该道府请发银十万两、米十万石，即着李侍尧速行照数运往，以备接济。并着常青就近先行酌量，如有多馀兵糈，或米或谷，赏给贫民，务使不致逃散，方为妥协。"又奏府城外之桶盘栈、草店尾、柴头港三处，地最冲要,侦知贼匪将犯府城,豫派游击蔡攀龙等带兵扎营,贼连次进扑,率兵勇出城,歼戮无算。贼目庄锡舍悔罪投诚。谕曰:"此次贼匪有攻犯府城之信,常青豫先设法防堵,于桶盘栈等冲要地方,豫派游击蔡攀龙等各带兵分扎营盘,相机堵剿,筹画调度,俱合机宜。逮贼匪分路攻犯府城,常青率官兵乡勇迎捕截杀,斩获甚多。常青年逾七旬,尚能如此勇往督战,朕心深为嘉奖。伊系年老之人,宣力海疆,无亲子在旁侍奉,殊堪系念。着伊子刑部笔帖式喜明赏给三等侍卫,驰驿前往台湾省亲,并将赏给常青之御用玉扳指等件,即着伊子带往,以示优眷。常青感激朕恩,益思奋勉勇往,迅能剿除贼匪,永靖海疆,朕必格外加恩。"五月,奏:"林爽文潜回大里杙,臣应直攻北路,但南路贼匪庄大田等众不下万馀,若遽统兵北向,不惟凤山等处被扰,亦恐乘虚来犯郡城。须剿尽南路,然后乘胜北趋。"上韪之,谕部优叙,部议加三级。

六月,奏剿贼南潭,歼六百馀,投诚之庄锡舍擒伪军师番妇金娘,请解京审办,留锡舍军营效用,命赏给锡舍守备。又奏:"各路征兵云集,现派副将丁朝雄等守府城,统兵往凤山南路搜剿。"谕曰:"据常青等奏统领官兵起程进剿一折,据称先往凤山南路一带贼人分踞之处,堵截围拿。但折内又称'庄大田等恃众鸱张,仍敢于离城二三十里之外大穆降等处聚众'等语。贼匪敢于附近府城各处聚众占踞,觊窥伺大兵已出,乘虚滋扰,虽常青等派有副将丁朝雄等带领官兵,足资堵御,究不免有后顾之虞。常青先应将城外贼匪搜捕围拿,将贼首庄大田设法擒获,肃清肘腋,方可乘锐前驱。"寻奏:"进剿凤山,出城未十里,有贼三路兜围官兵,击退之。又连夜纠集抗拒,现在贼势蔓延。前调官兵不敷进剿,请厚集兵力,命大员前来督办。"上以派大员前往,迹涉张皇,谕添兵会剿。又谕曰:"常青本由都统、将军,甫经简授总督,更事未多。今自到台湾后,一切调度,尚能妥协,已出人意料之外。但伊究竟年逾七旬,精神未能周到。昨奏请派一大员到台湾督办军需,〔三〕其意未必非自揣难以胜任,欲朕另简大臣前往督办军务,不可不豫为筹及。"命陕甘总督福康安前往督师,谕曰:"常青现在台湾督办军务,其湖广总督之任,虽经舒常署理,而常青系正任,自有应得廉俸等项。但闽省既不支给,而湖广又不便专差赍送,该将军在台湾一切用度,何所仰给? 着李侍尧将常青应得湖广总督分例廉俸,即在闽省库内按数给支。"常青奏:"贼党犯府城,经丁朝雄等击退;又扑桶盘栈,官兵齐赴接应,歼贼数十,乘胜追捕,杀伤甚众。庄大田在南潭,遣伙匪千馀,焚劫茑松等处,官兵驰剿,又枪毙二百馀。现在大营距府城未远,势将犄角,无后顾之虞。"得旨嘉奖,赏双眼花翎,命直趋南潭会剿。七月,奏贼冒雨扑大营,复攻桶盘栈,官兵御之,歼百馀。谕曰:"常青等奏到情形,是伊等尚扎营驻守。因贼匪仅一百馀人,不及十分之一,未能乘机进剿。此次添调各兵,计粤省先行调兵二千,及李侍尧挑备兵二千,此时均可前抵台湾。此外添调兵丁,尚须时日。常青等断无坐待株守之理。前曾谕令该将军等统领侍卫章京将备,径往南潭,擒拿贼首庄大田。设馀贼奔救,即可聚而歼戮。该将军是否即行派拨直趋南潭,若察看情形,可以如此办理,业已前往,固属甚善。但贼匪出没无定,甚为狡狯,若因常青等统兵前往南潭,贼匪即纠合伙党,绕截后路,亦不可不虑。

该将军等务须加意防范,或派奋勉将弁断后,使我兵首尾相应,不致被其抄袭方好。"

常青奏盐水港、笨港均有贼抢占,以绝粮饷,诸罗势甚危急,添派总兵魏大斌等率师堵御,仍照料郡城南北两面,以及鹿耳门要口。谕曰:"贼人狡计,系因大兵俱在府城,诸罗一带兵势单弱,故作窥伺府城,以牵缀官兵,使常青等不能远离该处营盘,而其意实欲断我粮道,攻逼诸罗。常青此时竟宜先往北路,或于总兵、副将内择其奋勇可恃者,酌拨一员,令其固守营盘,而常青等竟拣选精锐亲自带领,直趋北路,前至诸罗,会同柴大纪并力擒渠捣穴。或再分派劲旅,将盐水港屯占贼匪悉力歼除,打通粮道,此为上策。"常青奏贼扰盐水港等处,当派魏大斌等带兵应援,讵南路贼匪闻郡城北面有警,纠众七八千围大营三面,又犯桶盘栈,官兵分路奋击,败之。谕曰:"南路贼匪,将官兵牵缀,狡黠显然。是常青等在府城结营,株守无益,竟当遵照前旨,直趋北路,会合攻剿为是。"时魏大斌剿贼失利,派游击田蓝玉赴援,上以零星派拨,无济于事,饬之。旋谕曰:"本日询问常青赍折差弁饶成龙,据称'将军扎营,在小南门外十里之桶盘栈地方,自五月二十四日以后,与贼人打仗数次。因贼人四路抵御,未能前进。贼目庄大田所踞南潭,距桶盘栈营盘只有五里'等语。常青等自驻扎台湾,已经数月,其桶盘栈营盘,相距南潭不过五里。该将军等早应统领大兵,将贼目庄大田先行剿除。乃惟知结营自守,似此肘腋之间,任其逼处,竟不思乘势攻剿,实不可解。前以为南潭离大营尚远,故屡次谕令该将军等酌留官兵固守营盘,亲统大军舍南趋北,与柴大纪、蓝元枚会同进剿。此时如尚未启行,该将军等即行带领官兵,速将五里外南潭屯聚之庄大田,痛加剿洗,以清肘腋。"

八月,命福康安为将军,谕曰:"朕特命福康安前往更换常青,并非因常青办理军务大有贻误,实因常青年逾七旬,军旅之事本非素练,恐日久因循,不能办理完结。是以特命福康安前往接办,以期迅速蒇功。福康安未到之前,常青接奉此旨,不必心怀疑惧,转致遇事茫无主见。遇有可进之机,仍当督率将弁相机进剿。傥此时能将逆首林爽文擒获,固属甚善;即逆首尚在稽诛,而贼目庄大田若能擒获,官兵已操胜券,即着该将军由六百里驰奏。"寻奏南潭贼攻大营,派侍卫乌什哈达等击败之,因雨后路滑收兵。旋又督兵由少岗、嵌脚、北势三路进剿南潭,沿路斫伐密箐,贼不能藏伏,悉出抵御,枪毙者甚众。三路军合剿,直至南潭,毁草寮数百间,贼窜,因天晚,山径逼仄,不便深入。上以庄大田既在南潭,即应奋力追获,乃屡以遇雨收兵,传旨严饬。又奏军中染患暑湿,庄大田探知消息,仍复屯聚,若舍南趋北,恐附郡贼夥窃发,安业各庄不无惶惑。上以贼人探知军中染患,系常青机事不密之咎,又不统兵北向,不免蹈黄仕简覆辙,申饬之。常青奏督率总兵梁朝桂等剿贼南势庄,多斩获;并奏据新授陆路提督柴大纪咨报,诸罗围急,粮饷铅药俱罄,即派副将蔡攀龙等领兵救援。谕曰:"常青若能先将南路贼匪悉力歼除,贼目庄大田拿获,固可稍赎前愆;否则速统大兵,乘其新到锐气,直趋北路,前抵诸罗,亦尚可补过,即属常青之福。若惟知株守郡城,坐视柴大纪被贼围困,致有疏虞,则是常青罪上加罪,恐不能当此重戾也。"

　　九月，奏："大兵赴援诸罗，行至三坎店，有贼抵拒，击败之。旋据留守郡城之总兵梁朝桂报，贼从南潭、中洲一带来犯郡城。臣折回夹击，贼稍却，旋又四路拦截，道梗，不能北向。"谕曰："常青且将南路屯占贼匪剿杀，以清后路。"十月，贼犯大营东南，率梁朝桂等迎击，转战至大河溪边，歼贼二百馀。谕曰："常青在府城驻守，虽未能前进，但一切调度，尚俱妥协。又闻知诸罗、盐水港两处被贼滋扰，先后派兵接应。且伊在府城，亦经屡次与贼打仗。是常青虽属年老，尚能料理军务。且福康安到鹿仔港后，由北路统兵进剿，其南路及府城一带，亦须有大员驻扎督办，应令留驻府城，督率剿捕。"十一月，奏："附近府城贼庄，渐次剿尽。近日南路民人随营效力者众，拟广招义勇数千，廓清南路，以便往救诸罗。"上以常青带兵南路，不如先救柴大纪为是，谕与福康安会合进攻。又奏同江宁将军永庆等三路进攻，在竹篙厝等处歼贼甚众，山猪毛社义民尤趫捷，获炮一，生擒贼目张招。得旨嘉奖。又奏："总兵普吉保已攻开月眉庄等处，离诸罗五里，饬令与柴大纪并力固守，俟福康安到鹿仔港，协同扫穴擒渠，并分饬弁兵严防海口，毋使贼抢船远遁。又多备札，谕令熟识番情之诸罗生员刘宗荣等密往大武陇后山，结番社通事土目，防贼窜匿。"上嘉其所办妥协。时福康安统兵渡台，授常青福州将军，留办善后事宜。十二月，奏派侍卫雅尔强阿等剿贼府城小南门、大北门外，并堵御府城沿山要隘；又令永庆等稽查海口，并饬台湾道永福晓谕远近庄民，概许输诚复业，即令踪迹庄大田，共相擒献。谕饬防海口，截庄大田窜逸为要。五十三年正月，奏庄大田藏匿南子坑，该处系凤山县属，现派丁朝雄相机前进,开通凤山道路,设法擒拿。上责其敷衍陈奏,传旨严饬。又谕曰:"前因常青初至郡城,调度一切,尚为妥协。且伊年老,尚能亲自带兵打仗,是以赏戴双眼花翎,以示奖励。今半载以来,株守郡城,毫未出力,念其尚无大过,业经补用福州将军。伊自当照将军职分,戴用单眼花翎。"

时福康安劾柴大纪贪劣状,谕曰:"常青在闽年久,擢用总督,亦有年馀。柴大纪平日骫法侵渔,废弛营务,常青岂无所闻?乃竟无一字奏及,殊属昧良辜恩,有心徇隐。常青着革职,交与福康安一并严审,据实具奏。"是月,爽文就擒,福康安移师南路,擒获庄大田。台湾平。谕常青现已革职,所有善后事宜,毋庸交办。五月,福康安奏柴大纪贪黩不法,讯之,常青自认徇隐不讳,请交部治罪。谕曰:"常青于柴大纪贪黩不法一案,徇隐不奏,前曾降旨将伊革职,交福康安审讯。经福康安奏请交部治罪,固属咎由自取。但念常青由将军简用总督,在任未久,即值台湾逆匪滋事,非富勒浑、雅德历任年久,因循贻误,讳饰祖庇者可比。其到台湾后,于柴大纪种种劣迹,固易访查,但彼时正值办理军务,其不即查参,亦属可原。且伊年逾七旬,带兵驻守郡城,保护无虞,功过尚可相抵。常青着加恩免其交部治罪。俟到京后,候朕酌量加恩,另降谕旨。"七月,命署镶红旗蒙古都统。五十四年正月,授礼部尚书。五月,上幸避暑山庄,命留京办事,兼署吏部尚书。七月,授镶蓝旗汉军都统。八月,赐紫禁城骑马。十二月,充经筵讲官。五十八年,卒。谕曰:"常青现在病故,所有伊名下应交未完官项,着加恩免其赔缴,以示轸恤。"赐祭葬,谥恭简。

子喜明,官至乌里雅苏台将军。

【校勘记】

〔一〕三十五年　原脱"五"字。耆献类征卷八六叶二四上同。今据纯
　　录卷八七五叶一二上补。按国传卷一三叶一上不脱。

〔二〕此时总以静镇内地为要　原脱"内地"二字。耆献类征卷八六叶
　　二六上同。今据纯录卷一二七一叶二九下补。按国传卷一三叶
　　二下不脱。

〔三〕昨奏请派一大员到台湾督办军需　原脱"军需"二字。耆献类征
　　卷八六叶三〇上同。今据纯录卷一二八三叶九上补。按国传卷
　　一三叶四下不脱。

袁守侗

　　袁守侗,山东长山人。乾隆十四年,由举人授内阁中书。十
八年,在军机司员上行走。二十年,迁侍读。二十一年,迁吏部
文选司郎中。二十六年,迁监察御史,旋授浙江盐驿道。

　　二十八年,迁广西按察使。二十九年,奏议章程:"一、军遣
重犯,宜一体酌拨也。桂林、太平、柳州、庆远、浔州、思南、郁林
等府州,安置江西、湖北、湖南、河南、广东、四川、福建、云南、贵
州九省军流新例,将直隶各省积匪改发云南、两广烟瘴,充军人
皆凶悍,聚多滋事。请将发广西烟瘴军犯分拨泗城、镇安二府,
宁明、东兰二州,庶桂林等处军犯减少,易于约束。一、疏脱重犯
之长解,宜监候充发也。定例,押解斩绞重犯兵役,审系依法管
押,偶致疏脱,照例减等问徒。但长解等专差管押,较短解更重。
请嗣后重犯脱逃,百日限满不获,短解仍照律问徒。长解羁禁,
另选干役同长解亲属侦缉,一年内获者,审无贿纵情弊,照律拟

徒。限满无获,问拟满流。一、书役帮伙,宜立法稽查也。各衙门书役,原有定数。近惟典史捕役充革,上司有册可稽。其馀贴写帮差,任意滥收,招摇勒索,请通饬各省,量公事繁简,定贴写帮役多寡。将现有书役分别汰留,册报上司存案,违者参处。"九月,又奏言:"卓异官员,向由府司道保荐,督抚具题;如藩、臬、道、府甫经莅任,适逢计典,皆照例出结,非慎重举核之道。请嗣后司、道、府到任已三月者,照例出结,否即概行停止。如前官已核定,即将册结列衔交接任官,用印代详,题本内声明,庶保荐益昭慎重。"均下部议行。三十一年,丁父忧。三十四年,服阕,诏留京以三品京堂用,仍在军机司员上行走。七月,补太仆寺卿。十二月,擢吏部左侍郎。

　　三十七年二月,调刑部侍郎,命往云南会同巡抚李湖查办宜良县知县朱一深揭布政使钱度贪婪案,鞫实抵法。三十八年五月,兼署礼部右侍郎。九月,诏在军机大臣上学习行走,寻充方略馆总裁官。三十九年七月,兼管顺天府事。十月,命往云南鞫保山县知县王锡因供给原任总督彰宝亏空兵粮案,拟罪如律。十二月,调吏部侍郎。四十年八月,敕偕侍郎阿扬阿往查贵州镇远府知府苏墝揭督、抚、藩、臬祖庇同知席缵案,暂署贵州巡抚。寻奏墝闻被劾信,图先发制人;总督图思德参墝浮征婪索属实,应即行正法。闰十月,赴四川审松冈站员冀谷勋侵蚀军需银米案,鞫实抵罪。四十一年二月,以办理金川议叙。三月,擢户部尚书,命往四川审办富德多用赏号银案,即押解来京。富德家人在途滋事,上以守侗系专差承审大员,交部严加议处,部议革职,诏留任。十月,命紫禁城骑马。十一月,赏黑狐端罩。四十二年,调刑部尚书。四十三年三月,命同侍郎阿扬阿赴甘省盘验州县捐贮监粮实数,结报无亏。七月,诏同两广总督高晋赴豫筹堵仪封漫口。四十四年正月,守侗奏言遵兜袖法,筑两坝头,以期回溜分入引河。寻会筹漫水口门,分东西两坝堵御,就旧有顺堤河,于十八堡外滩起,至瞿家庄开引河,达入旧河;浚旧河淤,以畅水势。筑十八堡缺口,拦顺堤河水归新开引河,切去十六堡口门对岸滩嘴。谕实力为之。复以引河头去口门稍远,奏开引沟三百馀丈,直达引河。上嘉其办理便捷,以图内拟开引河向南,恐纡溜不能得势,朱笔向北改直标识。寻覆奏:"仪封坝工蛰塌,因将届堵合时,以数丈口门容受全河入袖之水,堤根刷深成槽,势难挽令北趋。今用遵兜袖法,让出口门,由外越向东北镶筑,逼开溜势坝头,不致着重。从前将西坝头赶镶平整,原有边埽五丈,一律镶高。又于边埽外占出三丈旧坝台十丈,复外筑成新斜坝台八丈,台后俱帮宽加厚,新筑坝之埽渐次镶出两面兜收溜处,自挑向北趋,至新开引沟。原因引河距口门太远,迤西旧有沟槽,与新斜坝挑溜处相对,即于此兴工挑挖。嗣因西首露有滩嘴,复切去三十二丈,稍向东南,诚如圣谕仍恐溜未能得势。今遵图内标示,阴将西首淤滩切去四十七丈,俾沟口愈向西北开宽,溜势到此更可吸水下注。"疏入报闻。四月,授河东河道总督。

　　十二月,护理直隶总督。赐诗曰:"督军兼理抚民事,责器重资特简诸。中外久经勤扬历,淀河并赖善防疏。葺修行馆犹馀事,保障京畿慎匪舒。幕府一年凡两易,抡材宅牧益愁予。"四十五年十月,奏言:"北运河筐儿港修筑减水石坝,已逾八载,迎水出水各水工,年久冲坏。请拨通永道库银三万两,购料鸠工,务于汛前修竣。"下部知之。四十六年二月,守侗母吕氏年七十,赐御书匾额,并大缎。五月,以永定河北岸头工,堤长险要,奏请移原防南堤九工之武清县丞驻北岸防护,从之。八月,谕曰:"袁守侗从前差往甘肃盘查监粮,称属实贮。今据阿桂等查奏,情节已属失实,着交部严加议处。"部议革职,诏从宽留任。十一月,丁母忧。四十七年九月,谕勘浚伊家河,以疏山东积水。十月,奏:"勘伊家河,自微山湖口起,至江南梁旺城入运河止,计六十馀里。乾隆二十二年挑泄湖水,河头河尾俱宽深,惟中间自善庄桥以至北花山桥迤南杨家楼止,[一]长七千二百四十五丈。因王家河口及万年桥一带河底多砂磴,伏秋水发,淤积沙停,河距运河八闸近,必挑深方资分消。应浚深至八尺为率,其两岸过狭处,一律展至六丈。得水桥座应拆,改东西岸缺口应堵筑。"谕速行办理。寻署理直隶总督。

　　四十八年五月,卒。谕曰:"直隶总督袁守侗端重笃实,才守兼优。扬历中外,宣力有年。简任畿封,正资倚畀。近闻其病后痰喘未止,屡经谕令加意医治。昨据奏请解任,因命御前侍卫丰绅济伦前往看视,谕其安心调理,以冀速痊。今闻溘逝,深为轸惜!着加恩晋赠太子太保,入祀贤良祠。任内降革处分,俱予开复。应得恤典,该部察例具奏。"赐祭葬,谥清悫。

【校勘记】

〔一〕自善庄桥以至北花山桥迤南杨家楼止　原脱"庄"字。耆献类征卷一八二叶四下同。今据纯录卷一一六七叶三〇下补。

陆燿

陆燿,江苏吴江人。乾隆十七年举人。十九年,考授内阁中书。二十八年,迁户部主事。三十一年,迁员外郎。三十三年,迁郎中。三十五年八月,选云南大理府知府,以亲老改补近省。十二月,调山东登州府知府。三十六年,调济南府知府。三十七年二月,以新选山西老营堡巡检巨野县吏员赵义之子汝栋顶父名投验领凭,经盘诘讯供,在监畏罪自缢。该管官防范不严,奉旨交部严加议处,部议降一级抵销。

八月,擢甘肃西宁道。九月,谕曰:"据徐绩奏新授西宁道陆燿禀称,蒙恩逾格擢用,不敢以亲老道远为词,恳请给假一月,送母至京居住,即行赴任。陆燿既因母老,不能远涉长途,该员在东省已历年馀,于地方诸务较为谙练,若即留于东省补用,[一]诚属两便。陆燿着调补山东运河道。四十年,擢按察使。四十一年,以平阴县捕役诬良殴毙县民事,部议降一级调用,奉旨从宽改为革职留任。四十二年,上东巡,恩旨开复降革处分。四十三年闰六月,擢山东布政使。十二月,奏亲母陈氏年老多病,请解任回籍终养。谕曰:"据陆燿奏'亲母陈氏现年七十九岁,久患痰症,入冬以来,病势转剧,非臣亲身调护,则昼夜不宁;而以此牵怀,必致公私两负。恳恩解任侍养'等语。所奏自属实情。伊母生长南方,水土相习,若回籍调治,或可就痊。陆燿着准其解任,俾侍母南归,以遂其依母奉养之情。"四十六年十一月,丁母忧。四十七年九月,以前在山东藩司任内失察仓库亏空,部议革任,奉旨,陆燿着于补官日,免其革任,仍注册。十二月,以兴修山东运河堤工,谕曰:"前任山东布政使陆燿曾任运河道数年,熟悉河务。现在将届服阕,着即前往山东,会同沈启震,将应行修理各事宜,妥协照料,实心筹办。"四十八年,命署理山东布政使,四十九年四月,服阕,实授。

七月,擢湖南巡抚。五十年正月,奏:"湖南省岳麓、城南两书院,肄业者多,额设膏火有限,请将从前积存息银三千两,交商行息,以充膏火。"报闻。寻奏:"定例,官员父母年七十以上,家无次丁,或年至八十以上,虽有次丁,俱准呈请终养。盖朝廷用人,首重于孝,孝于家而后可望其忠于国。人子出仕有年,其父母先已迎养在署,自可朝夕承欢,公私兼尽。若父母初未随任在外者,不肯言归,转出求仕,致使垂白倚门;或明知桑榆已迫,强令跋涉相随,于名教大有关系。恳祈敕下各直省督抚,不论现任及试用人员,凡亲年八十以上,及独子之亲年七十以上者,通饬呈明终养。"上是之,下部议行。三月,奏:"岳州府属之临湘县向定为冲繁难要缺,在外拣选调补。今查该县幅员不广,军民交涉事件,自清釐屯田后,各知遵守章程,部选之员,堪以胜任。请改归部铨选。"〔二〕部议如所请行。四月,以山东藩司任内秋谳会审失入一案,失出十案以内,部议销加一级,再降一级留任。是月,奏邵阳县知县鲁大治于县民田贡告因奸致卜陈氏自缢身死案,不悉心研鞫,辄将无辜之田文胜拟罪,致田文胜之弟田学胜忧忿自尽,请褫大治职;宝庆府知府永柱于所属偏听枉断,不能觉察平反,致田学胜自尽,尸属呈报时,复批县详查,致尸身发变,请将永柱交部严议,并声明永柱现在告病。上以"该府于所属命案瞻徇玩忽,现在审办未经完结,自应归于议处案内办理,

何得准其告病？着将陆燿交部议处"。部议降一级留任。六月，
奏："湖南社仓本息谷及前抚臣刘墉奏令湘阴等四十五州县劝捐
谷十二万，节经前抚臣李世杰等催缴。臣到任后，复勒限严催。
仅据耒阳等一十五州县照数收齐，其馀未足数者一十七处，并有
全未交收者十三处，如湘阴、巴陵、武陵等县滨临江湖，地多硗
瘠，桂阳、泸溪、辰溪等县介在山僻，家鲜盖藏，若执前捐数目，责
令全完，则民间未沾借贷之益，转受追呼之扰。请以现在上仓谷
数造报，未收者停止催缴。"上可其奏。

　　是月，因病奏请解任，报允。旋卒。

【校勘记】

〔一〕若即留于东省补用　"若"原误作"著"。耆献类征卷一八三叶一
　　下同。今据纯录卷九一六叶二上改。

〔二〕请改归部铨选　"归"上原衍一"简"字，又下脱"部铨"二字。耆
　　献类征卷一八三叶二下同。今据纯录卷一二二八叶二二上删补。

　　鄂宁

　　鄂宁，满洲镶蓝旗人，姓西林觉罗氏，大学士鄂尔泰第四子。
乾隆十二年举人，十八年，补户部笔帖式。二十二年，迁户部主
事。二十三年，迁员外郎。二十四年，调银库员外郎。二十八年
九月，署正红旗汉军副都统。十二月，署镶红旗满洲副都统。二
十九年三月，补户部郎中。十一月，擢礼部侍郎。三十年三月，
补正红旗汉军副都统。七月，管理钦天监事务。九月，署理藩院
侍郎。十月，潘家口监督赫达色、五岱违例征收多伦诺尔木植税

银，朦混报部。上命鄂宁偕楞勒木济往讯，得实，赫达色拟斩，五岱革职。鄂宁等随奏请潘家口税务归张家口监督管理，每年春秋二次监督亲赴河口稽查；又潘家口所属小口六处，均在永平府属，距张家口较远，应归通永道征收：部议从之。三十一年二月，授湖北巡抚。七月，奏言："湖北宝武库每年额办湖南铜十万斤。今准部议停，现供铸不敷，请买汉口商铜。"下所司知之。十二月，调湖南巡抚。

　　三十二年二月，调云南巡抚。三月，至普洱办理军务，赏戴花翎。四月，奏言："滇省产铜，凡可开矿厂，不限远近，俱准开采。三十一年，督臣杨应琚奏：'请止许距厂四十里内开挖，遵行在案。'今旧厂年久矿稀，限地势有难行，请仍旧例，无论远近，均听开采。"诏如所议行。是时，大兵剿缅甸，云南总督杨应琚奏报多不实，命回京，以明瑞补授云南总督，并谕鄂宁查明杨应琚欺饰错谬之处具奏。鄂宁疏言："去年普洱事竣，贼匪退回，若绥辑得宜，必不敢跳梁窥伺。杨应琚轻听人言，以为机有可乘，遣副将赵宏榜等涉兵夷境，贼势蔓延，始调兵堵御。迨楞勒木合剿失机，致贼从万仞关突入，杨应琚并不据实奏报请罪。又缅匪突入陇川，设计诈降缓兵，杨应琚辄行入奏，未几，即有猛浪之扰。至所奏节次杀贼几及万人等语，楞勒木之战，贼未退去，及万仞关失守，我军防御不暇，安有杀贼甚多之事？前后檄调官兵，朝令暮更，忽调忽撤，虚糜廪饷。"得旨："鄂宁所奏皆实。杨应琚偾事失机，着革职，交刑部治罪。明瑞未到之先，总督印务，鄂宁暂行署理。现在一切军营应办之事，悉心筹办，务期妥协。"鄂宁旋奏言："缅匪由整卖、景线一带窜入孟艮、打乐，势将占据猛遮、猛浪,官兵退守九龙江,恐贼分路滋扰。请于贵州南笼、威宁等镇调兵三四千接应。"谕曰:"此说无益,且恐众人闻之,转生惊疑。鄂宁此时惟当按兵不动,示以镇静,不可稍涉张皇。况边外瘴疠已盛,亦不必复令将士冒触前进。俟明瑞到彼,相度时势,克期进剿。"五月,缅甸攻木邦,截夺军粮,官兵退至龙陵。鄂宁请将提督扬宁、[一]总兵索柱治罪,得旨:"伊等到军营甫半月,暂行宽免,以观后效。"六月,奏言:"九龙江外附近之猛浪、猛笼等要隘,分兵防御,馀驻茨通接应。其户老坡、孟连、龙陵等处缺乏秄种之户,分别抚恤,量给秄种,并劝土民广为播种。现在运到米石,即贮茨通备用,并于思茅多贮,陆续转运。"上嘉纳之。七月,缅匪潜渡小猛仑,窜入九龙江。[二]鄂宁奏劾总兵德保畏葸退缩,撤兵退回思茅,命拿解德保来京问罪。十月,谕:"明瑞现在统兵进剿缅匪,鄂宁驻扎永昌,滇省营务,皆须该抚代办。所有各镇协营一应公事,俱听其节制。"十二月,奏言:"现于杉木笼防兵及永顺镇标在城兵内挑马步兵六百,驻扎虎踞关,专递文报,并可为大兵声援。又官军沿路赍粮未敷,请将永昌所属土司采买之米,运六千石至虎踞关存贮。"谕曰:"猛密进兵所过程途,须安放军台,以资运给。应照木邦一路安台之法,沿途派兵分置。"鄂宁奏言:"大兵进至老官屯,攻取贼人木城,马脯子地方为咽喉要区,应派兵驻扎,令就于虎踞关现驻兵内拨三百,杉木笼驻扎土练内拨二百,留虎踞关听用。自老官屯前进,沿途安台,于附近永昌之提标大理城守营调兵一千,拨往安置,附近腾越之缅箐原驻防兵三百馀,黄林冈驻防兵四百馀,亦酌拨为安台之用。"

三十三年正月,参赞大臣额勒登额等由老官屯撤出旱塔,贼尾袭我后,至砖桥,又由猛密冲出,我兵击败之,贼逃新市街。鄂宁奏:"新市街路通铁壁关,防守宜严。现自员果树至虎踞关择扼要处,分兵驻守,至虎踞关、铁壁关亦应分兵专驻。并饬杉木笼、黄林冈、缅箐等处管领防兵守备,勤加哨探,实力严防。"奏入,谕曰:"今明瑞已悬军深入,额勒登额等只以守地为词,并不继进,其罪已不可问。汝不将额勒登额、谭五格之逗遛无能查参,而反处处添兵防守,亦可谓不知事体轻重矣。"〔三〕鄂宁奏贼由小路绕过木邦,据锡箔桥,官兵撤回木邦,已调滇兵三千赴援,复分旱塔兵数千接应,并调贵州兵二千备拨,上是之。二月,奏:"木邦道路不通,明瑞大兵驻大山。臣屡催额勒登额前赴宛顶接应。"时额勒登额顿兵不进,明瑞以无援战殁。旋奏劾额勒登额、谭五格为猛密一路官兵统领,乃于老官屯久驻,既不能攻克贼栅,退回旱塔后,令前赴军营应援,飞催七次,尚未往抵木邦,坐失事机,实为罪不容诛。额勒登额等寻治罪,详明瑞传。谕曰:"鄂宁自调任滇抚以来,一切筹画军营,具见实心经理,实不愧为大学士鄂尔泰之子,朕心深为嘉悦。着加恩赏给内大臣衔,并赏荷包四个,以示优眷。"

　　时续办进剿缅甸事宜尚书舒赫德授参赞大臣,赴云南,鄂宁旋擢云贵总督。四月,舒赫德、鄂宁奏:"滇省非四达之区,马匹米石,购办实难,且道路险窄,夫马缺乏。臣等悉心计议,贼匪虽屡抗我颜行,皆自救其死,未敢稍犯内地,必有留为求作天朝仆隶地步之心。臣等密访得实,或可仰邀恩赦。"得旨:"此奏甚属乖张,鄂宁自简任滇抚以来,诸事尚知奋勉。今筹议此事,何以前后如出两人?招致缅匪一事,实系何人起议?据实覆奏。"五月,鄂宁奏:"臣由永昌回省时,闻缅夷有赴明瑞军营乞降之语。询问提督哈国兴,据称缅匪狡诈,不可信。舒赫德复语臣云:'进剿缅匪,猝难成功。若缅匪投降,或是机会。'臣实误听舒赫德之言,妄行入告。"谕曰:"舒赫德、鄂宁二人所见乖谬相等,并交部严加议处。鄂宁着革去内大臣衔,亦不必戴翎。"寻议革职。谕曰:"鄂宁此事尚由听信舒赫德之言,不能力为主持所致,而鄂宁之最难辞咎者,则在檄额勒登额进援不应,而不身赴军营督办。在额勒登额乖张决裂,其事本非意料所及。但鄂宁以满洲总督,且系鄂尔泰之子,目击大军深入,而援师又任催罔应,即亲赶赴旱塔一路,相机策应。朕方嘉其能知缓急机宜,深得大臣之体,岂有转责以擅专之理?乃鄂宁不知出此,而惟以难离永昌藉口。试问鄂宁果能统众直进,则身当前路,贼人何由绕道窥伺永昌?设云贼众甚张,其势竟可逼近内境,则鄂宁虽株守永昌,于事亦复何益?此事理所易晓,非委畀封疆重寄者,所当力图报效者乎?今虽事属既往,而其原委不可不明白宣示,以训将来之封疆大臣也。鄂宁既于筹画军务,不能确有所见,所有云贵总督事务,亦难望其胜任。第念伊前在湖北等省,于内地巡抚事务,[四]尚能黾敏办理,鄂宁着降补福建巡抚。革职之案,带于新任。十年无过,方准开复。"

三十四年正月,疏言:"闽海关税,乾隆三十一年、三十二年,因税额短缺,将军明福将次年洋税提补。又三十二年至三十三年,将届报满时,新将军常在亦提取下届洋税充额。明福实始作俑,而常在竟敢踵行,请派大臣审理。"得旨:"即交鄂宁审讯,明福、常在俱着解任,所有将军印务,鄂宁即行暂署。"二月,以失察奸匪,降一级留任。四月,谕曰:"鄂宁前在云贵总督任内,办理军务,俱未妥协,是以降补福建巡抚,以励后效。昨闻户腊撒地方,去年有被缅匪滋扰之事,令副将军阿里衮等查奏。今据奏到,则上年二月因额勒登额退兵绕道潜行,致贼尾随之,窜入户腊撒地方,抢掠滋事。经副将王振元禀报,鄂宁将此等情形竟敢匿不奏闻,颟顸了事,其获罪甚重,岂可复任封疆?鄂宁着革职,赏给三等侍卫,往云南军营,自备资斧,效力赎罪。此系朕格外加恩,鄂宁若不感悔,实力奋勉报效,必当重治其罪。"并谕曰:"鄂宁查办闽海关一案,〔五〕经久不见审结,意其必有遇事吹求之处。着崔应阶秉公查奏。鄂宁如尚未审明,即着崔应阶审拟完结。闽浙总督崔应阶鞫明福等得实,奏言:"鄂宁办理此案,不敢稍为宽纵,亦不过于苛求,尚属秉公,据实办理。"得旨:"鄂宁以内地民人被缅匪掳去,欺饰不奏,其罪不在此矣。"寻以云南巡抚任内失察呈贡县知县杨家驹科派累民,部议降二级留任。十二月,谕曰:"督、抚、藩、臬系统辖大员,与专司稽查者尚属有间,可稍从宽贷。所有前任巡抚鄂宁,着仍降三级,赏给二等侍卫职衔。"

三十五年三月,降蓝翎侍卫。七月,卒。

【校勘记】

〔一〕提督扬宁　"扬"原误作"杨"。耆献类征卷一七九叶三五下同。今据纯录卷七八五叶五上改。

〔二〕窜入九龙江　原脱"九"字。耆献类征卷一七九叶三五下同。今据纯录卷七九一叶一四上补。

〔三〕亦可谓不知事体轻重矣　原脱"轻重"二字。耆献类征卷一七九叶三六下同。今据纯录卷八〇二叶二六上补。

〔四〕于内地巡抚事务　"内地"原误作"地方内"。耆献类征卷一七九叶三八上同。今据纯录卷八一三叶二五下改。

〔五〕闽海关一案　原脱"海"字。耆献类征卷一七九叶三九上同。今据纯录卷八三二叶九上补。

宗室莽古赉

宗室莽古赉,正蓝旗人,不入八分镇国公扬福之子。雍正五年,授三等侍卫。十三年十一月,授宗室侍卫什长。十二月,授协办班领事务章京。乾隆三年二月,授侍卫正班领。五月,晋头等侍卫。七月,授镶白旗汉军副都统。十月,调正蓝旗满洲副都统。

五年正月,命往西宁办理青海事务。五月,奏:"青海二十九旗各扎萨克,例于每年六七月齐集察漠陀罗海查审事件,设宴会盟。从前奉旨,准噶尔夷使进藏,将青海沿途经过驻扎之蒙古酌量搬移。今查察漠陀罗海乃由东科尔进藏必经要路,未便使二十九旗与之齐集一处。现今夷使尚无进藏确音,俟六七月间,如无信息,仍循例传集会盟。倘夷使于是月内已到,则须俟彼从东科尔起身,计程可渡木鲁乌苏后,再行传调。"六年四月,奏:"青海蒙古贸易,定例由西宁镇属之东科尔,如赴西宁禀报公事,亦由彼行走。是东科尔乃青海蒙古往来聚会要区。惟准噶尔夷使往藏熬茶,亦在此地住歇贸易,若仍听青海蒙古往来,则与夷使居住咫尺,事恐未便。倘因夷使在彼,暂停青海蒙古往来,伊等多资易货养生,且遇禀报紧要外事,亦难禁止。更兼西宁一府,民间食盐,向无引商通运,全资青海盐接济贸易,未便暂停。查西宁边口东科尔外,尚有南川、黑林二口,原系蒙古往来大道,相距东科尔八九十里及百馀里不等。现饬各扎萨克转传所属,凡遇贸易禀事,径进南川等口,俟夷使起程后,仍在东科尔贸易。"上嘉之。八年二月,青海多罗郡王额勒德尼等具呈理藩院,称:"莽古赉在任三年,办理青海事务,众心悦服。恳转再留三年。"得旨允行。寻莽古赉奏称:"换班办理西边夷务,不止青海一处,傥届更换之期,尽行呈请留任,殊属非理。设办理稍有未协,以为留任,可求;去任,亦可求;甚有关于边防国制。请仍扣期更换,以杜将来之弊。"奏入,谕曰:"此奏非矣!彼之所奏,亦出于情愿耳。"又奏:"番人米拉等三十五人,被郭罗克番贼抢夺牛马牲畜,糊口无资。请将应纳贡马,暂免二三年。"从之。十年,调正白旗满洲副都统,旋授镶红旗护军统领。二十二年六月,授正蓝旗满洲副都统。十月,命赴伊犁北路军营,在参赞大臣上行走。

二十三年五月,随定边将军成衮札布领兵赴布延图,追剿舍楞贼众。二十四年,因追捕玛哈沁塞布腾等,办理迟延,致塞布腾投入鄂罗斯,命往西藏办事。三十五年四月,奏请将呼毕勒罕伊什达木巴拉布赉邱记仍行赏给达尔汗号。三十六年二月,奏西藏所属阿克苏地方三十九部落,应交贡马银三百馀两,请照四川例蠲免。均如所请行。三十七年,奏兵丁徐明如雇觅唐古特妇人,致伊夫杜华服毒身死。谕曰:"徐明如系驻藏兵丁,胆敢将唐古特妇人雇觅来家,经年共处,与宿娼无异。该管大臣并不严行禁止，疏懈之极。着交部严加议处。嗣后兵丁雇觅妇女，永行禁止。"三十九年，回京，授正白旗满洲副都统，旋赏戴花翎。四十年八月，调盛京副都统。十二月，袭奉国将军。四十四年，授陕西宁夏将军。四十六年三月，陛见，上询以操演事务，莽古赉面奏，将军任所，每月操演六日，均派章京等阅看。谕曰："各省将军、副都统，除管理兵丁外，有何承办事件？每月但操六月，已属旷职，何至六次仍不亲临阅看？嗣后操演兵丁，均宜亲往阅看。若仍派章京，朕必从重治罪，着通行晓谕知之。"

是月，撒拉尔回匪苏四十三等犯河州，命莽古赉选兵一千名，预备调用。莽古赉奏请酌给兵丁治装银两，上以其于此等细事过于留心，则紧要事件必致贻误，饬之。时大学士阿桂督师进剿，令莽古赉守龙尾山梁接应。六月，苏四十三伏诛，捷闻，交部议叙。四十七年八月，凉州副都统图桑阿奏请凉州添兵一千，庄浪添兵五百，上命莽古赉议奏。旋奏："凉州原额兵不过一千，庄浪不过五百，若加倍添补，未免过多。凉州酌添兵五百名，庄浪酌添兵三百名，并请凉州酌添佐领、防御、骁骑校各二员，并庄浪酌添佐领、防御、骁骑校各一员。"从之。四十九年四月，固原新教回人田五等聚众滋事，莽古赉带兵驻隆德，请俟总督李侍尧到时，再行进剿。谕曰："莽古赉身为将军，既带兵前至隆德，该处现有贼匪滋扰，伊即当相机剿捕，何得复称与李侍尧商办？其年迈无能，于此可见。着传旨严行申饬。看来该将军在彼，甚不得力。旺沁班巴尔系宁夏副都统，现带同阿拉善蒙古兵赴彼协剿，莽古赉俟旺沁班巴尔到时，即将所带宁夏满兵交伊带领，速回镇守。"时陕甘总督福康安率兵从底店进剿，命莽古赉催趱干粮、火药、铅弹。五月，石峰堡逆回平，得旨，交部议叙。旋调杭州将军。五十年，卒。

子来灵，袭奉恩将军，缘事革退，以孙新瑞袭。

海禄

海禄，蒙古正蓝旗人，姓齐普齐特氏。由前锋于乾隆二十年，随领队大臣莽阿纳出师伊犁。二十一年，随定边右副将军兆惠驻济尔哈朗。二十四年，委署笔帖式。六月，随副将军富德攻叶尔羌。七月，攻伊西洱库尔淖尔，均在事有功。八月，奉旨，赏给噶卜什海巴图鲁名号，并赏戴花翎。二十七年，擢三等侍卫。三十年，经参赞大臣尚书永贵奏请，派往乌什办事。六月，随领队大臣鄂津在乌什剿贼，得头等功，奉旨擢二等侍卫。三十四年，随永贵往伊犁办事。九月，随鄂津差哈萨克。

三十五年，随征缅甸。三十六年，调赴金川，带兵四百，攻斑斓山及斯当安，俱有功。三十七年三月，攻日耳寨。六月，攻固北济山梁。九月，补镶黄旗前锋参领。十月，克路顶宗、喀木色尔等寨。十一月，攻明郭宗沟内碉卡。十二月，副都统海兰察由布喇克取明郭宗，海禄带兵接应。三十八年正月，谕曰："陕西固原镇总兵员缺，着海禄署理。"六月，木果木师溃，海禄从美诺赴巴朗拉固守。八月，定西将军阿桂奏美诺失守，请褫海禄职，得旨，从宽留任。十月，由资哩南山进攻，夺获阿喀木雅山上碉一。十一月，进抵路顶宗，山陡峻，夜半潜入贼巢，歼贼三十馀，滚崖死者相枕藉，遂拔路顶宗；督兵进攻明郭宗，克之，直抵美诺寨，贼惊溃，获大炮十馀、米粮百馀石。谕曰："署总兵海禄攻剿明郭宗,奋勉出力,着加恩实授固原镇总兵。"又奉谕革职留任之案,准其开复,其各任养廉,照旧支给。三十九年正月,随阿桂由萨尔赤鄂罗山进剿,又偕署兴汉镇总兵保宁攻克登石碉卡。二月,从喇穆喇穆迤西进,获石卡一。三月,攻得斯东寨贼巢。六月,攻色溯普山梁,拔之。得旨,议叙,加功一等、纪录二次,又加功三等。七月,攻喇穆喇穆山梁,占据日则丫口要路,又攻该布达什诺木城,连克碉寨。议叙,加功三等。十月,攻逊克尔宗,贼出伏兵,冲击之,贼溃。旋偕副都统富兴进至达尔沙朗,攻克大碉五,并克伊格尔玛迪等碉卡。十一月,偕副都统乌什哈达夺罗卜克鄂博沟内碉寨。十二月,攻克格鲁克古山梁,议叙,加功三等。四十年正月,攻康萨尔,督兵跃鹿角濠进,直抵碉根,贼窜。二月,攻克勒吉尔博山梁。三月,乘胜剿沿河群泥等处,大破之。四月,大兵攻木思工噶尔丫口,海禄以兵接应,歼贼甚众。五月,攻克迈过尔山梁,议叙加功一等、纪录二次。复同乌什哈达攻丫口左木城、石碉,拔之。七月,从舍图柱卡分攻巴占各寨,官兵攀林援石,从山腰斜上,遂夺据毗色尔,进攻章噶大碉,克之,并夺木城一。闰十月,同襄阳镇总兵官达色攻黄草坪,贼奔溃,占其地。十二月,调补直隶天津镇总兵。旋领土兵抢获兜窝碉卡,复将莎罗奔甲尔瓦沃杂尔所居之拉布咱占夺取,又同副都统书麟等攻则朗噶克,焚噶尔噶木、[一]勒乌、果木得克、聂乌等贼寨。四十一年,金川平,凯旋,入紫光阁筵宴,赏银五百两、大缎十二匹。四月,策功,海禄加功三等,奉旨列入功臣画像,御制赞曰:"资哩、美诺,皆树奇绩。夺毗色尔,攀林援壁。固资众力,率先以亲。自定酬庸,命镇天津。"六月,给骑都尉世职。十月,擢云南提督。

四十六年,入觐,抵湖南,闻萨拉尔回苏四十三叛,奏请前往协剿。六月,贼占华林山,领侍卫内大臣海兰察等在卡外设伏,令海禄带兵策应。七月,同海兰察等攻华林山正面,多斩获。旋进至华林寺,毁贼巢,贼窜濠内,官兵歼之。逆回平,仍回原任。四十八年六月,谕曰:"乌鲁木齐都统事务,着海禄由云南驰驿前往署理。"四十九年正月,奏参镇西府兼摄宜禾县事祥泰采买兵粮,浮开价银,并擅动库项,借给当商取利各款,奉旨,革审,议祥泰罪。又奏瑚图斯地方,私开金厂,恐聚众滋事,请禁止。谕曰:"古城迤北瑚图斯地方,逼近土尔扈特游牧,与内地不同,岂容聚集多人,在彼私开金厂?海禄能留心访察,委员前往,将该犯等按名拿获,办理认真,实属可嘉!海禄着交部议叙。"加三级。又奏参迪化州知州观成将经费银动用一千三百馀两,私助甘省派往出口听差人员,镇迪道保年率行咨请,交部分别议处;其挪移之项,应着观成赔补。奉旨着照所请行。三月,奏:"乌鲁木齐各属运送饷鞘、茶封遣犯,及拨运粮石等项,历任各员于运价每多浮销,请分别着追;又奏管屯都司朱纬于播种麦地及屯地亩数,含糊不报,显为秋收时交兑粮石朦混地步,请革朱纬职。查从前议定屯田章程,收成十二分以上,功过相抵;十五分以上,官员议叙,兵丁给赏。新疆地本膏腴,若督率有方,每岁均可得二十分以上。缘累任提臣办理漫不经心,是以提标中左右营节年俱只报十五分以上,似宜酌量加增每兵收获细粮十五石以上,功过相抵;二十石以上者,议叙赏给;二十四石以上者,从优议叙赏给。"报闻。闰三月,奏:"乌鲁木齐所属交收粮石,应照数归公,将外加斛面及淋尖、跌斛等弊严行禁止。从前各厅、州、县并守备以上管屯大员，剥下营私，互相通融，请交部议处。"副都统图思义、提督彭廷栋等降调有差。[二]又奏："吐鲁番厅供支满营兵粮不敷，应采买。查从前采买，弊窦多端，必须确核时估，不使毫丝浮买。请嗣后一体奏闻办理。"上是之。四月，奏："筹画裁汰经费一折，查巴里坤总兵档房杂费，应行裁减者，岁省银九千六百馀两。一、过往官兵，盐菜等项宜总归哈密驻扎大臣随时据实支领，由台车运送，无须开销运脚；一、奇台、济木萨解交迪化州买补仓粮一项，现在仓粮足敷备贮，毋庸买补，每年约扣粮价银七千五百馀两，各厅、州、县房租、地课、牲税每年约收银二万八千馀两，二项共三万五千五百馀两，解交迪道库，足敷该处办事大臣、司员、笔帖式养廉、盐菜、红白赏项，及军台、驿站、修补农器、车辆，一切支领，所有内地拨解经费银二十万馀两，应停止；一、各属采买冒销侵亏及私开金厂案内，查抄变价，共杂项银七万二千六百馀两，亦请解道库备用。其节年所剩经费银四十馀万两，应解交伊犁作为正项。"下军机大臣议行。又奏："乌鲁木齐宜照内地编保甲，加意盘诘。再各属官厂挖金民人，并驮贩口粮货物等客民，应令地方官给照票以防奸匪。"议行。又奏奇台县知县阳桑阿冒销运脚，侵蚀租税，共银八千五百馀两，并革任迪化州知州观成挪移库项，亏短二万七千馀两，俱审明抵罪。又奏："台湾匪犯，向例拨入乌鲁木齐铁厂效力。此等械斗案犯，赋性犷悍，聚集易于滋事。请拨巴里坤等处给兵丁为奴。"上嘉其言。

是月，调补乌什参赞大臣，授镶黄旗汉军都统。十月，调镶蓝旗汉军都统。先是，海禄在乌鲁木齐都统任内，奏哈密至精河等站酌设台车一百五十辆，又奏从前雇用商车一辆，每百里价银一两六钱，请减去银一两，照六钱核算，并将从前报销车价各员，按每两六钱例勒限追赔。至是，谕曰："雇用出口车辆，从前给价稍优，俾小民运费之外，略得盈馀，以资糊口。相沿日久，视为固然。海禄请减去银一两，并将历任经手各员一体革职治罪之处，所奏未免过当。前已据乌什办事大臣绰克托奏，喀喇沙尔以西戈壁颇多，车辆甚少，若照新定六钱之例，实难雇觅。请照从前一两六钱银数支给，而塔尔巴哈台办事大臣惠龄亦复咨请到部。是新定车价省减过多，各该处势属难行，纷纷咨奏，自系实在情形，理应通盘筹画，核实酌中定价，方可行之永久。"陕西总督福康安奏："新疆办事大臣均称口外雇车，若照六钱咨给，实有不敷。且设立官车，抽拨兵马挽运，必致兵丁技艺生疏，营马瘦乏，运送各项银鞘，必致稽迟，不若雇车便易。"上命军机大臣议定雇车价值，嘉峪关以北一两二钱，以南一两四钱，其造车工料银，着海禄赔交。十二月，福康安又奏，新疆各处屯田，频年增加收成分数，致兵丁竭蹶，究于边政无裨。谕曰："新疆屯田日辟，岁获丰登。原定赏罚章程，伊犁每兵收获细粮至十八石，乌鲁木齐每兵收获细粮至十五石者，官员议叙，兵丁加赏。嗣经海禄奏准，古城、吉布库二处须报至二十四分，济木萨须报至二十分。[三] 如再能加增，方准从优叙赏。其意虽为裨益仓储，多收粮石，急于见长，但地方土有肥瘠，水泉亦有盈绌，在地肥水足之处或可丰收，而地瘠水少之区鲜能及额，以致屯员顾虑处分，虚报分数，兵丁惧干责处，赔累多端，殊非朕体恤兵丁之至意。着交伊犁将军及新疆各处办事大臣，各按该处实在情形，酌定屯田收成分数，另行妥议具奏。至本年乌鲁木齐所属屯田,收成有不及分数者,屯员兵丁均毋庸照新增之例议处责惩。"将军伊勒图等奏准,仍照旧定屯田章程办理,又奏停海禄所奏遣犯派入铁厂捐赀效力例,仍遵向例办理。五十年九月,谕降补副都统、伊犁额鲁特领队大臣。

五十一年,授伊犁参赞大臣。五十二年十月,劾将军奎林任性乖张,毁弃佛像,辱骂职官,非刑致毙罪人,及听情得受遣犯高姓银两,纵令回籍;又于哈萨克市易羊只,采买布匹,滥受馀价银三千两各款。上命乌鲁木齐都统永铎查核,据实陈奏。十一月,谕曰:"据海禄奏参奎林各款,现在查讯,已有证据数款。奎林着即革职,拿解来京审讯。"五十三年二月,谕曰:"朕以奎林受恩深重,身为将军大员,乃率意妄行,甚至听情受贿,侵蚀价银,殊堪骇异! 而海禄所参各款,询之伊犁回京人员,已有数款指实,遂深恶奎林。曾面谕军机大臣等,若审明奎林赃款属实,必将奎林即行正法,断不肯因其系孝贤皇后之侄,稍为宽宥。因降旨将奎林革职拿问,并谕令永铎、海禄等访查奎林有无别项款迹,续行参奏。嗣据永铎查奏:'奎林为人倨傲嗜酒,性情躁急,实所不免。其原参内毁弃佛像,及将罪犯断折手足抛入河内,并用重枷致毙等款,奎林曾有是事,俱尚为整饬地方、惩治凶恶起见;至于得受遣犯赃银,侵用布匹馀价银两,及秽言詈骂职官,实无其事。'并据该处领队大臣等,佥称奎林并无向各营索取银物之事,惟海禄曾向额鲁特总管私行换马一百馀匹,而海禄续奏奎林之折,于原参款迹,语涉含糊挽回,已自相矛盾。现在奎林业经解到,海禄率领干证亦已来京,特命诸皇子、军机大臣会同刑部将各款逐一研讯,并令海禄与奎林当面质对。据奎林供认毁弃神像、致死有罪遣犯等款属实；其罚出高姓银两，及将布匹买换羊只馀价，俱属留充公用，修补城署，添买马匹等项，皆有经手官员册案可凭。质之干证各员，确凿有据；即询之海禄，亦不能指出奎林丝毫入己款项。其为挟嫌诬捏，情节显然。兹军机大臣会同该部定拟具奏，将奎林照擅杀罪人律问拟满杖，海禄照诬告人死罪未决律问拟杖流，固属按律办理；但海禄系原参之人，今所拟罪名较奎林为重，恐外间无识之徒，以朕于孝贤皇后之侄有所偏倚，而承审之大臣等，又多与奎林熟识，且不无心存迎合，将奎林曲为宽纵，而于海禄有意从严，或致妄生议论。自应将奎林、海禄一律定拟，以示平允。因念伊二人俱曾带兵出力，尚属有用之才，不忍令其终于废弃。但奎林乖张任性，岂可复任将军？海禄着革职，免其杖流，俱罚令在上虞备用处拜唐阿上效力行走，以赎前愆而观后效。伊等当差，如果勤勉出力，将来尚可加恩，酌量弃瑕录用，或令随围约束兵丁，可资得力。奎林、海禄二人当倍加感愧，痛改前非，无负朕格外矜全至意。”三月，本旗奏将海禄军功议叙骑都尉世职敕书交部销毁。旋奉旨补授蓝翎侍卫，擢山海关副都统。

五十四年正月，谕曰：“广东提督员缺，着海禄补授。”六月，调福建陆路提督。五十六年二月，卒，赐祭葬如例。嘉庆四年，奉旨，海禄子希朗阿袭骑都尉，六年，补授散骑郎。

【校勘记】

〔一〕焚噶尔噶木　“焚”原误作“闻”，又上“噶”误作“克”。耆献类征卷二九二叶二〇下同。今据纯录卷七九九叶二〇下改。

〔二〕副都统图思义提督彭廷栋等降调有差　"副都统"原误作"领队大臣","义"误作"德",又脱"廷"字。耆献类征卷二九二叶二二上同。今据纯录卷一二〇三叶四上改补。

〔三〕济木萨须报至二十分　"济"原误作"满"。耆献类征卷二九二叶二四上同。今据纯录卷一二二〇叶一六上改。

清史列传卷二十五

大臣画一传档正编二十二

黄仕简　子秉淳

黄仕简,福建平和人。由曾祖黄梧率众投诚,封一等海澄公,准袭十二次;梧子芳度,复以阃门殉难,准世袭罔替:俱有传。

仕简于雍正八年袭爵。乾隆九年引见,谕曰:"海澄公黄仕简着赏给资治通鉴、康熙字典、上用紬缎,仍令回籍。伊系功臣之裔,朕深望其成立,以继家声。在籍之日,勤勉学习,间至督抚衙门,聆其教导。俟可以来京效力之日,再行奏闻请旨。"十六年,上南巡。二月,在苏州接驾,请当差。谕曰:"黄仕简奏请当差,情辞恳切,甚属可嘉!然伊系公爵,用以提督、总兵,方为允称。但看来年纪未壮,若在京赏给差务,未免路途遥远,盘折多有不便。着总督喀尔吉善再为教导学习,俟才识堪以胜任之时,奏闻请旨。"三月,赏戴花翎。十九年,授浙江衢州镇总兵。二十三年四月，丁母忧。二十四年，命署湖广提督军门，二十五年，服阕，实授。九月，调广东提督。

二十八年，调福建水师提督。二十九年三月，奏："厦门商船云集，相沿索取陋规，每船花边银一千五百圆不等，督、抚、将军、提督及道、府、州、县、中军等官，各有收受。今据提督中军参将温泰开送清单，事属确凿，仰恳简派大员赴闽澈底清查。"朱批："嘉悦阅之！汝可谓知恩，朕亦可谓知人。"五月，命尚书舒赫德等往讯，寻奏督抚并无收受陋规事，属员惟代购物件属实。上以仕简所奏，尚属有因，免议处。八月，调广东提督。三十二年，调福建陆路提督。三十三年，陛见，命在乾清门行走，复授其子黄秉淳为蓝翎侍卫。三十四年，以失察古田县奸民萧日安为匪，降一级留任。十二月，调水师提督。三十五年正月，以浙江衢州镇任内失察嘉兴县陆天馀传习邪教，降一级留任。二月，奏："漳浦县民在诏安地方谣言惑众，拿获匪犯蔡乌强等，搜出伪札。据供漳浦下会村李阿闵与平和县朱姓谋不轨，阿闵给与札付，令纠伙。现获供出各犯。臣随赴漳浦、诏安严拿馀党。"朱批："好！已调汝水师矣。此次闽省水师，[一]云南出师者竟不堪，已有旨谕崔应阶及汝，汝宜勉力整饬。"三月，奏："在梅子坑获李阿闵，审明该犯因贫苦起意，纠人抢劫，先约蔡乌强入伙，辗转纠集多人，并捏造朱振兴姓名，希图煽惑。经漳浦县获蔡乌强，阿闵闻风脱逃。臣亲往缉，坚供朱振兴姓名系捏造，并无其人。现经督臣亲提严讯。"疏入，报闻。三十六年，因福建省甄别年满千总过少，降三级留任。三十七年六月，疏言："臣标五营，每营额兵九百六十，内前、后二营战兵各四百六十、守兵五百，与营制符合，中、左、右三营全属战兵。缘前任福建水师提臣万正色于康熙十八年，在湖南岳州带战兵三千，来闽援剿海氛，即拨入提标中、左、右三营，奏准仍给战饷。彼时为忧远涉积劳起见，迨各兵陆续开除，就闽召募，应照例分别战、守，方无歧异。请将中、左、右三营战兵照前、后二营例，减去战额五百，改为守兵，即将各营内考技艺稍次者，尽数改补。如不足，俟五营出有战缺，通融援补，另募守兵足额。"议行。三十九年十月，兵部奏降革处分，奉旨准开复。四十四年十二月，陛见。四十五年正月，上南巡，扈跸出京，赏黄马褂。三月，回任。是年，恩诏加一级。

四十七年十月，奏台湾有漳、泉二府民人械斗，流匪乘机抢杀，把总林审被戕，亲赴台湾督拿。谕曰："如此办理方是。此案关系重大，黄仕简一闻报，即带兵渡台查办。迅速完结，自当交部议叙。着传谕黄仕简即督同将弁等，勉力将首伙各要犯严拿务获。"十一月，谕曰："黄仕简奏抵台查办漳、泉民人械斗一案，先后拿获要犯多名，恭请王命正法。各于犯事地方，传首示众。尚有未获各犯，现在查拿务获解审等语。[二]所办甚好。同日又据雅德奏到，看来此案先后获犯及办理情形，已有八九成，未必致更生事端。但尚有未获聚众首伙要犯、杀官重犯等，现在曾否就获，并此外馀党，不可不尽行搜缉务获，以净根株。着传谕黄仕简、杨廷桦澈底根查，将未获各犯，逐一擒获，永除后患。"四十八年正月，奏先后拿获台湾械斗刁民及杀害汛弁首伙要犯二百馀名，分别置法。台湾宁帖。命交部议叙，加一级。谕曰："据黄仕简奏：'督拿械斗刁民，及杀害汛弁首夥要犯，先后共拿获二百馀名。现在民人并无再敢互斗滋事，台湾所属，均属宁帖'等语。

所办甚好,已交部议叙矣。此案未获馀党,及焚抢流匪,仍着黄仕简、杨廷桦上紧逐一严加捕获,审办完结。黄仕简不可因台地现已宁帖,稍存将就了事之见。"旋奏:"遵旨查台湾府知府苏泰于漳、泉刁民械斗,并不速捕严惩,辄出示谕和,实属姑息贻误。"谕曰:"漳、泉械斗一案,前经雅德具奏,称该府苏泰前往面加晓谕,各庄民遵依允服一折。朕即虑及该府或竟不知事体轻重,有央恳和息之事,因谕令黄仕简等查明据实奏参。今据黄仕简等查奏,苏泰果有劝和出示情事,竟不出朕之所料。是苏泰罔顾大体,姑息养奸,非寻常玩延贻误可比。苏泰着革职,拿解刑部治罪。"二月,奏会同台湾道杨廷桦续获械斗人犯二百六十名,现赴诸罗起事处,严拿馀匪。谕曰:"据黄仕简奏:'会同杨廷桦亲赴各庄,连日搜捕,前后拿获各犯二百六十名,将审明起意纠党,焚庄抢杀各要犯,先行正法示众。现在漳、泉人心帖服,各属宁谧'等语。所办实属可嘉,已于折内批示矣。台湾刁民械斗一案,黄仕简一闻禀报,即带兵渡台查办,将首伙要犯拿获多人,陆续审明正法,地方宁静,办理甚属妥速。前已降旨交部议叙。着再赏给黄仕简上用荷包,以示嘉奖。"

又奏:"访闻凤山县属小冈山地方,有匪徒倡乱,随往搜查,并无踪迹。嗣据该县知县徐英禀报,盘获形迹可疑之林弄、陈虎二名,研鞫并无证据。"谕曰:"诸罗、彰化二县奸民不法,聚众械斗。甫经严拿重治,乃又有奸匪竖旗。可见台湾诸事废弛,刁风未息,不可不严拿究办,从重惩治,以靖海疆而安良善。至所称形迹可疑之林弄、陈虎二名,是谁见其可疑,有何形迹。如果审明此二人并非竖旗奸匪,即应问此二人,或素有仇人挟嫌,藉端陷害，严切开导讯问。从此根究，或可得实。何以折内全未奏及，而但云毫无证据乎？黄仕简等查办奸民聚众一案，甚为妥速，今审办此事未免疏漏，着即督饬所属，勒限严拿奸匪竖旗之人，务获解究，不得以查无踪迹将就了事。"〔三〕三月，谕曰："据黄仕简奏拿获凤山县编造逆词、竖旗图抢之首伙各犯，〔四〕分别办理一折，着交三法司核议速奏。至此案首犯陈虎等，经凤山县知县徐英因该犯形迹可疑，即行拿获，尚属能事。现在正有查办之事，未便令其引见，着加恩加一级，以示优奖。俟该县任满调回内地时，着奏闻请旨。"六月，偕杨廷桦奏台湾兵丁杨祜、曾笃等因挟彰化县民林文韬纠众抵制夙嫌，曾笃设计成擒，杨祜用刀剜瞎文韬右眼，拟杨祜等罪如例。谕曰："此案兵丁杨祜、曾笃屡次纠人挟嫌争殴，并用刀剜瞎林文韬右眼，实属凶横不法。且林文韬等素被兵丁欺凌，希图抵制，该处小刀会即由此而起。是杨祜等实为此案罪魁，自应从重定拟。乃黄仕简等仅照寻常争殴折伤人肢体者一律科断，殊属轻纵。黄仕简、杨廷桦着交部议处。"寻议销去加一级，免降调。十一月，奏："访闻台湾淡水属奸民林淡等焚烧毙命，事隔两月，营员未曾具报。现将讳匿玩延之副将左瑛，移督臣题参，并嘱镇臣柴大纪到台督办。"上是之。

十二月，入觐，赐双眼花翎、黑狐端罩。四十九年正月，命在御前侍卫上行走。上南巡，仍扈驾出京。三月，回任。五十年正月，与千叟宴。五十一年正月，因失跌，请解任调理。谕曰："据雅德奏，福建水师提督黄仕简自上年失跌，染患风疾，乍瘥乍发，心神恍惚，气体虚弱，一时恐难全愈。已委福宁镇总兵何俊前往厦门，帮办水师提督事务。并据该提督具奏患病情形，恳请解任调理等语。黄仕简久任水师提督，经理妥协，而查办械斗一案，尤著劳绩，方资倚任，今因失跌，染患风疾，朕笃厪念，着赏给人参二斤、高丽清心丸二十丸、御用大荷包一对、小荷包二对，用示恩眷"并谕令"该提督加意调养，不必开缺，以冀就痊。至该提督宣力年久，偶患风疾，固不忍即令开缺，但海疆重任，关系紧要，若该提督在任总理营务，仍不免劳勤精神，朕心更有所不忍。现在雅德已委何俊前往代办水师提督事务，厦门距漳州不远，该提督自揣于病势有益，不妨与雅德商酌，竟行回籍调理，即令何俊暂署提督事务。并着雅德将该提督近来病势如何，曾否痊愈，迅速覆奏，以慰悬注。"

二月，奏："台湾淡水同知潘凯赴猫里社相验，中途被贼戕害，并毙跟役十馀人。现调官兵船只军火器械，如系生番逞凶，当力疾渡台督剿。"谕曰："朕闻有黄仕简五百里奏报，恐伊病势加剧，深为轸恻。及披阅奏折，乃系此事，转觉慰幸。但官员竟被杀害，不法已极！不可不严加究治。如系刁民谋害，装点生番形迹，即严拿首从各犯务获，严审确情，立正刑诛，毋使一人漏网。若系生番所杀，即带兵搜捕，速拿正犯严办，以儆凶顽。黄仕简一闻信息，即力疾前往，甚属奋勉可嘉。"续奏接镇道等咨报，同知潘凯系生番杀害，即督官兵渡台进剿。谕曰："福建水师提督黄仕简，于查办生番一案，一闻禀报，即力疾前往督办，实属奋勉出力，殊堪嘉奖！着加太子太保衔，以示优眷。"旋奏："同知潘凯系被直加未南及目怀二社生番杀害。臣渡台后，会同镇道督兵分投剿捕，先后杀获凶番首级三十八，中枪落崖身死者百数十，业将二社巢穴剿洗。"谕曰："生番胆敢戕害官役，实为凶横不法。黄仕简等闻信后，即渡台剿捕，奸戮无遗，办理甚为妥速。俱着交部议叙。"旋议加一级。九月，奏诸罗县民杨功懋等兄弟因争财起衅，纠众立会。经台湾镇道饬属查获匪徒张泮等十四名，石溜班汛把总陈和拿获张烈解县，行至斗六门，突被数十人持械夺犯，陈和被戕。即督饬文武员弁严拿。据镇臣柴大纪等报称，陆续拿获首从各犯杨功懋等五十三名。谕曰："杨功懋等衅起家庭，胆敢私立会名，结党聚众，经把总陈和拿获匪犯张烈；复敢夺犯戕官，实属不法。所有现获之首从各犯杨懋功等五十三名，着常青、黄仕简等审讯明确，一面具奏，一面将首要各重犯，即在该处正法示众。"

十二月，台湾逆匪林爽文滋扰，黄仕简奏带兵由鹿耳门飞渡进剿。谕曰："黄仕简甫经病愈，一闻匪犯滋事之信，即带兵渡台，殊属奋勉可嘉！着赏给荷包等件，以示优眷。并着于办理搜捕诸务外，仍加意调摄，勿过劳勤。至贼匪幺麽乌合，黄仕简到彼，督率该镇道尽力堵剿，无难立就扑灭。"时陆路提督任承恩奏带兵渡台会剿，谕曰："此等奸民不过幺麽乌合，上年台湾即有漳、泉二处匪徒械斗、滋扰等案，一经黄仕简带兵前往督办，立即扑灭。今林爽文等结党横行，情事相等，即使该提督病后，精神照料未能周到，[五]亦只可添派能事总兵一员协剿。任承恩本不应前往，今已渡台，亦不必拘泥回任，务须会同黄仕简分路夹攻，以期克日藏功。"五十二年正月，谕曰："昨据徐嗣曾奏称，黄仕简到台后，开炮打死贼匪二千馀人，贼俱星散，奔逃内山等语。内山系生番巢穴，贼匪被官兵追剿，穷蹙逃窜，或将所掠财物，贿结生番，容留藏匿；或恃其人众，胁制生番，尤不可不预行筹办。

现在水陆两提督带领多兵,自当乘此兵力搜剿歼除,勿令贼匪得以逃匿负嵎。"又谕曰:"黄仕简抵台,迄今一月有馀,尚未据奏报剿贼消息,即待厚集兵力,克期进攻,亦应将贼情随时奏报。乃至今总无消息,所办何事?看来黄仕简于剿捕事宜不能得力,着常青即速渡台,督同黄仕简等剿捕。"旋奏:"臣于正月初四抵台,先督兵守御郡城。十二日金门、南澳、铜山等标兵续到。遣海坛镇郝壮猷率同副将丁朝雄等领兵往南路,恢复凤山,又遣台湾镇总兵柴大纪率同参将潘韬等带兵往北,恢复诸罗、彰化。臣同台湾道永福带兵在南北处策应。"谕曰:"前据常青奏,彰化县城久经陈邦光等收复,其凤山等处亦经柴大纪等分路剿捕,郡城已无事矣。何以黄仕简折内仅称派委总兵等分赴南北二路进剿,恢复县城?竟似该处情形全未知悉者。看来黄仕简竟是安坐郡城,并不亲赴各该处督率剿捕,大属非是。提督为专阃大员,领兵是其专责。黄士简深受朕恩,现带兵剿贼,虽系病后,理宜奋勉出力,乃于剿捕事宜,奏报迟延,全不得行军要领,该提督所司何事?着传旨严行申饬。"旋奏:"台匪滋事,其间迫胁随行者不少,经臣檄示民人,凡被胁者速行解散。"谕曰:"黄仕简所奏,非是。此等办法,或因起事之初,兵少贼多,为一时权宜之计,则可;若军威壮盛,自当趁此兵力,荡洗贼巢,勿使转留馀孽。若党羽既散,将来如何按名究办?况大兵一撤,贼伙散而复聚,岂不更烦兵力?此皆平日伊等将就了事之见。此次林爽文等纠众滋事,即由从前姑息养痈所致。今该犯等肆逆至此,岂可不歼戮净尽,以绝根株?"

二月,奏据北路总兵柴大纪克复诸罗,林爽文潜回大里杙,现在相机擒拿。上以其迁延观望，再行严饬。又柴大纪奏仕简派同剿贼之参将潘韬兵丁三百名，留驻郡城自卫。命常青查明，据实奏参。三月，奏："总兵郝壮猷现已克复凤山南路冈山、仑仔顶各处，系贼薮，臣飞遣官兵往捕。又淡水之新园等处贼势猖獗，飞咨郝壮猷派兵往剿，并令游击郑嵩赴援。查各路贼势，虽叠被官兵剿戮，馀匪尚东徙西奔，必须分头剿捕，除净根株，不遗馀孽。"谕曰："黄仕简奏报剿洗南路贼匪、克复凤山县城一折，其所陈功案俱系罪案，折内既称南路之冈山、仑仔顶等各处俱系贼薮，势甚猖獗，亟应一举扑灭，何不亲率弁兵前往剿捕？乃惟添遣官兵，飞檄该镇将等进攻。似此东堵西御，疲于来往，适足为贼所轻。幺麼草窃，自然毫无顾忌，日聚日多。至游击郑嵩等分路进攻凤山，收复城池时，伊仍安然坐守，又不亲往，是诚何心？又折内称'官兵叠次剿贼，馀匪东徙西奔，四处皆有贼踪'等语。黄仕简并不亲剿贼巢，将首逆擒获，致贼夥蔓延团结，乃尚称除尽根株，不留馀孽。伊试自思，数月之久，所办何事？贼势尚如此鸱张，惟与任承恩互相推诿，非伊二人贻误而何？尚腼颜为此语乎？黄仕简、任承恩始终贻误紧要军机，其咎甚重，必须拿问。常青到台湾后，先将伊二人摘去花翎，令其由北路回至内地厦门，并着李侍尧于任承恩到后，即行委员解京。黄仕简留厦门候旨。"

时新授闽浙总督李侍尧渡台湾，奏南北两路提臣互相推诿，复命将任承恩革职拿问，仕简到厦门时，一并传旨革职。旋李侍尧又奏仕简驻守郡城，不能督率剿捕，以致贼匪啸聚。谕曰："本日李侍尧奏到，并钞录海防同知杨廷理原禀，据称'贼匪滋事以来,大兵仅属固守,皆以兵单难于远捕为辞。黄仕简驻守郡城,致贼匪啸聚'等语。昨经降旨,将任承恩革职拿问,尚以黄仕简年老有病,仅令革职,撤回内地。今伊等如此贻误,则二人厥罪维均,黄仕简亦难稍为宽宥。着李侍尧一俟黄仕简回厦门,即传旨一并革职,拿交刑部治罪。"四月,常青奏:"臣到台湾,遵将钦奉上谕付仕简阅看,并询以剿贼机宜。仕简言语不清,步履艰难,病惫属实。接见在城员弁,访问现在贼势,与该提督等从前咨报迥殊。请将仕简等治罪。"谕曰:"昨已降旨,将黄仕简撤回内地,俟伊到厦门时,着李侍尧即传旨将伊一并革职,拿交刑部治罪。若论黄仕简、任承恩贻误紧要军务之罪,均应按律即行正法。但念黄仕简年老,又系病后,且伊从前办事,尚属黾勉,受恩最久,所有公爵,系伊祖所立功绩,自应承袭,即照黄仕简从前原奏,令伊长孙黄嘉谟承袭。"六月,谕曰:"台湾逆匪林爽文纠众滋事,黄仕简驻守郡城,任承恩安坐鹿仔港,仅派委将弁等,零星打仗,彼此观望迁延,以致贼匪日久,未能扑灭。贻误军机,较郝壮猷之遇贼退避,弃城潜逃者,厥罪维均。本应一体置以重典,因念黄仕简年老患病,且伊从前办事,尚属奋勉,受恩最久。是以贷其一死,未即在台湾一律正法,仅令常青将黄仕简革职拿问,解赴行在。今据常青等委员将仕简解到,令军机大臣讯问,伊供认各罪,情甘重典。但供词尚有支吾狡展,避重就轻,难以凭信之处。已降谕旨,令常青、蓝元枚等查明,据实覆奏。黄仕简着交刑部严行监禁,俟常青查明到日,若伊二人既贻误于前,又复巧饰于后,是即不知朕恩,仍应照律治罪。"十月,命大学士、九卿等会同严审定拟具奏。

寻奏黄仕简业将贻误军机自行供认不讳,请依统兵将帅致误军机例,拟斩立决,奉旨从宽,改为应斩监候,秋后处决。十二月,谕曰:"本日勾到朝审官犯,内黄仕简究系老年抱病,一闻逆匪滋事之信,即力疾渡洋,犹知以公事为重。其按兵株守,漫无筹画,实由老病昏愦,尚非出于有心,是以姑从宽典,免其勾决。但溺职辜恩,致逆匪负嵎猖獗,该处兵民受戕者不少。今剿捕事务尚未完竣,皆伊之罪。兹虽曲加恩贷,已属格外从宽,未便即行释放。黄仕简仍着革职监禁。"五十三年二月,谕曰:"前年台湾逆匪滋事,黄仕简因循延玩,贻误事机,核其情罪,本应按律正法。但念伊祖父世有劳绩,而黄仕简向来办事尚属奋勉,此次带兵渡洋,因循玩误,究因老病昏愦,尚非出于有心。是以上届朝审勾到时,从宽免其勾决。现在台湾已届蒇事,黄仕简着加恩释放,勒回原籍,[六]闭门静居思过,以示法外施仁至意。"五十四年,卒于家。

子秉淳,乾隆三十二年,授蓝翎侍卫。三十八年,授江南督标中营都司。四十四年,擢湖南沅州协副将。四十八年二月,谕曰:"福建提督黄仕简之子黄秉淳现任湖南沅州协副将,平日于营伍诸事,是否能留心整饬,量其才具,将来堪胜总兵与否之处,着传谕舒常,秉公据实覆奏。"谕曰:"据舒常覆奏,黄仕简子秉淳气体薄弱,步箭骑射,未能出色,是以从前保列二等。[七]又称'总兵大员,有整饬将弁之责,不仅以本身技艺为长。若以黄秉淳办事才具,将来尚堪胜总兵之任'等语。所奏两歧,不无观望之意,殊属非是。仍着传谕舒常,究竟黄秉淳平日办事若何,是否能胜总兵之任,并现任沅州协副将是否

不形竭蹶,令其另行详悉覆奏。"七月,谕曰:"前据舒常覆奏:
'沅州协副将黄秉淳于训练操防各事宜,俱能实心办理,营务
亦颇整饬,其才具尚可胜总兵之任'等语。黄仕简之子黄秉
淳,才具既可胜总兵之任,自应给咨送部引见。现在黄仕简奏
请陛见,已令其于腊底到京,黄秉淳亦应于彼时来京,可以顺
便见伊父黄仕简。着传谕舒常届期给与黄秉淳咨文,〔八〕令其
于十二月到京引见。将此谕令知之。"四十九年,擢河南南阳
镇总兵。五十年,调江苏狼山镇总兵。五十一年,卒。谕曰:
"据李世杰奏,狼山镇总兵黄秉淳病故。黄秉淳系黄仕简长
子,今患病身故,黄仕简闻之,自必伤感。但修短有数,亦属无
可如何。且黄仕简病愈未久,亦不可过于悲悼,勉自节摄,以
慰厪注。着赏给黄辫大荷包一对,以示体恤。至黄仕简办理
海疆,甚属出力,所有公爵,应令何人承袭之处,着黄仕简自行
酌量,或于伊诸子中选择一人,或令其长孙承袭,均听黄仕简
之便,酌定具奏,朕当俞允也。"

　　奏准以长孙嘉谟承袭。五十五年,兵部带领引见,奉旨:"黄
嘉谟着在头等侍卫上行走。"嘉庆四年五月,命为散秩大臣。十
月,授浙江温州镇总兵。

【校勘记】

〔一〕此次闽省水师　原脱"闽省"二字。耆献类征卷二九一叶二六上
　　　同。今据纯录卷八五二叶一二上补。

〔二〕现在查拿务获解审等语　原脱"解审"二字。耆献类征卷二九一
　　　叶二七上同。今据纯录卷一一六九叶一九下补。

〔三〕不得以查无踪迹将就了事　原脱"将就"二字。耆献类征卷二九
　　一叶二九上同。今据纯录卷一一七五叶八下补。

〔四〕竖旗图抢之首伙各犯　原脱"伙各"二字。耆献类征卷二九一叶
　　二九上同。今据纯录卷一一七七叶九下补。

〔五〕精神照料未能周到　原脱"照料"二字。耆献类征卷二九一叶三
　　二上同。今据纯录卷一二七一叶二八下补。

〔六〕勒回原籍　"勒"原误作"饬"。耆献类征卷二九一叶三六上同。
　　今据纯录卷一二九八叶九下改。

〔七〕是以从前保列二等　"前"原误作"优","二"误作"三"。耆献类
　　征卷二九一叶三六下同。今据纯录卷一一七六叶二〇下改。

〔八〕着传谕舒常届期给与黄秉淳咨文　"着"原误作"随"。耆献类征
　　卷二九一叶三七上同。今据纯录卷一一八五叶三上改。

蓝元枚

　　蓝元枚,福建漳浦人。祖廷珍,由行伍官至福建水师提督,
以平朱一贵功,授三等轻车都尉世职,赠太子少保,谥襄毅,自有
传。父日宠,官福建铜山营水师参将。

　　元枚由世职随标学习。乾隆三十一年四月,部议回避本省,
奉旨发往广东,以外海水师参将补用。三十三年七月,补海门营
参将。三十五年七月,擢龙门协副将。三十八年正月,因拿获潜
匿安南贩卖夷盐之逃军赵元荣等,调澄海协副将。十月,擢福建
台湾镇总兵,十二月,调金门镇。上以元枚籍隶闽省,命抚臣钟
音留心察看,有无瞻徇情事。三十九年八月,钟音覆奏,元枚熟
习海洋情形,考拔弁兵粮缺,尚属秉公,无徇私瞻顾事。四十年

六月,丁母忧。四十三年七月,补江南苏松镇总兵。四十七年五月,署江南提督,四十九年四月,实授。

五十二年正月,台湾逆匪林爽文滋事。上以元枚籍隶福建漳州,兵众所悉,于该处情形,自能熟谙,谕令元枚即驰驿前往泉州,署理福建陆路提督,即驻扎蚶江一带,接应一切事宜。二月,奏:"驰抵福州,随访探台匪情形,自官兵渡台后,纷纷溃散。但恐四方窜逸,逃入内山,与生番勾结,搜捕更稽时日。臣抵泉后,当与督臣常青等实力查拿。"谕曰:"内山虽系生番巢穴,但贼匪穷蹙无归,或以贿结,或以势胁生番,容留藏匿。将来大兵撤后,潜出滋扰,尤属不成事体。该提督等务须乘此兵力,[一]上紧搜捕,俾尽根株,以靖海疆。"初八日,奏驰抵泉州,查鹿仔港及北路之䲜艋等处,皆有官弁率同义民,各相保护。报闻。时水师提督黄仕简、陆路提督任承恩分路进剿,观望迁延。三月,命常青前往督办,将黄仕简撤回厦门,任承恩革职拿问,元枚授福建水师提督。[二]四月,授参赞,带兵前赴常青处会剿。上以鹿仔港逼近贼巢,最关紧要,命元枚带闽兵二千,径由蚶江配渡,前赴鹿仔港,赏戴花翎。二十九日,总督李侍尧奏,札致元枚,访察吴姓、林姓械斗,即俘山社民许朴等抢夺各案。

时鹿仔港惟总兵普吉保一人防堵,上以"普吉保到任未久,于地方情形未能熟悉,且不通闽省语音,不如元枚之籍隶漳州,熟谙情形,较为得力。着元枚速赴鹿仔港,无庸在漳浦留滞。"五月,谕曰:"续到之浙兵二千名,应令由蚶江配渡,前往鹿仔港,交蓝元枚带领。至蓝元枚受朕深恩,授为参赞,且目击黄仕简、任承恩观望迁延,自获重谴,料伊亦不敢复蹈故辙。但该处现有兵三千八百名,驻扎日久,未免师老气衰;而浙省兵丁素性脆弱,朕所素知,临阵打仗,不能得力。且鹿仔港逼近大里杙贼巢,最关紧要。若此时蓝元枚到彼,即领兵进剿,直攻贼巢,无论浙兵柔懦,万一稍有挫损,军心为其动摇,固属不成事体;即幸得胜仗,贼匪败退,势必溃逃四散,窜入深山。蓝元枚所带之兵,断不能搜剿擒截。常青带领大兵到彼时,办理转形费手。所谓欲急转缓,于事无济。朕意蓝元枚到鹿仔港,只须会同柴大纪、普吉保整顿兵力,或往前移驻彰化县城,作为进攻大里杙之势,以牵缀贼势不能往南,而慑伏其瞻顾;或能会合柴大纪、普吉保,先将南北通衢斗六门、大武陇等处之占据贼匪,合力剿除,使常青率领各项奋勇官兵,廓清后路。乘胜直趋北路,全无阻挡,专力直捣贼巢,自无难一举葳功。行军之道,缓急先后,贵于审度机宜,权衡悉当。有欲速而反迟,似缓而转急者,所谓行军贵机变也。"二十日,奏浙兵已到蚶江,即配船候风放洋。谕曰:"元枚带领浙兵,前抵鹿仔港,固不可冒昧向大里杙贼巢进攻,但诸罗、彰化、斗六门、大武陇等处,南北通衢,皆为贼人占据。元枚至彼,当会合普吉保整顿兵力,先至诸罗,帮同柴大纪设法歼擒,以便常青将南路贼匪除净。再由中路、北路进抵大里杙,不致中途少有阻挠,方为上策。"六月,奏:"二十日到鹿仔港,随于二十三日密会普吉保,于四更进兵,前往柴坑仔、大武陇,直攻贼巢,斩获甚众。"上嘉之。二十五日,奏:"诸罗、彰化道路梗塞,近海民人分逃鹿仔港。臣随亲至街市,慰谕抚恤,稽查难民勇壮者,挑作义民,给发口粮,以资战守。又彰化、淡水交界之大甲溪、岸里社近大里杙,该处义民、熟番不肯从贼。现差弁晓谕,令其攻迫贼巢,分掣贼势。"上嘉其所办甚合机宜,谕曰:"参赞蓝元枚,自抵鹿仔港以来,一切调度合宜,打仗得胜。伊系蓝廷珍之孙,伊祖父从前剿办奸民朱一贵,收复全台,奋勇克捷,威声久著。今蓝元枚在鹿仔港统兵进剿,能继家声,实为可嘉!着赏戴双眼花翎,以示优眷。"七月十五日,奏鹿仔港四面受敌,贼匪出没无常,兵力不敷,恳再调福建兵二千、广东兵三千,以备剿捕。命李侍尧等照元枚请添兵数,挑备拨往。寻奏约会柴大纪带兵直趋斗六门,奋力攻剿。谕曰:"此举略见奋勇,自应如此办理。"

八月初一日,奏:"彰化等处贼匪屯聚,多系被贼迫胁,业经逐细开导,示以杀贼自效,皆纷纷投出。七月初三日,贼焚烧阿栋社,臣带兵堵杀。又于埔头庄、大肚溪等处剿贼,俱得胜仗。"初九日,奏:"自二林进攻西螺,焚毁条圳塘、中浦厝等处贼庄,臣族人蓝启能自山内漳浦蔃携眷逃出,询以熟识山路,即令随同剿贼。"谕曰:"蓝元枚虽调派官兵,分路攻剿西螺贼匪,兵威较为振作。但尚未能统兵前进,擒贼首贼目,大加斩获,本不应加以赏赉;但伊族人蓝启能等男妇七十九人,因所住地方,离贼巢不远,恐贼匪逼令从贼,各带家属从小路投出,又蓝任等三人被贼拦住,杀死拿去蓝湖等三人,眷属十一口不知下落。蓝任等三人俱着加恩赏恤。至蓝元枚所奏到之蓝启能等,若能熟识山路,即令随同剿贼。其中如有曾经从贼者,仍请查明正法等语。则所办尤为公当,可嘉之至!蓝元枚着赏给缂丝蟒袍一件、御用大小荷包,以示奖励。至蓝启能等挈其老弱逃出,诉其畏贼迫胁,自属实情,如有熟悉该处路径者,正可用为眼目向导,令其随同征剿,更为得力。且既自行投出,亦当遵照前旨,令其自新。从前有无从贼之处,可以无须追究。"十一日,李侍尧奏移会元枚从陆路进攻大里杙、斗六门等处。谕曰:"蓝元枚急需乘此军威壮盛,贼匪溃散之时,一面妥为招抚,一面速赴北路,将斗六门等处剿杀,廓清道路,前抵诸罗,与柴大纪会合一处,直抵贼巢,以期一鼓成擒。"十七日,奏分路遣弁晓谕迫胁贼众,及防范海口各事宜。谕曰:"前以蓝元枚杀退西螺贼匪,拟即统领官兵,相机剿捕。又伊族人蓝启能等,在彰化投出,恳求安插,所办尚为妥协。方以蓝元枚系本省人,统本省官兵,可资倚任,是以加恩奖励。蓝元枚自应倍加奋勉,速图奏绩,且前因兵力单弱,奏请增添,业据李侍尧奏到粤兵、漳兵,皆经陆续配渡闽洋,自已早抵鹿仔港。该参赞正应乘其锐气,鼓勇前进,以期迅速集事。今阅所奏情形,止系遵旨晓谕被胁贼众,防范海口各事宜;且据称台湾南北道路被贼阻隔,往来文报不无迟滞。是则更应速领官兵前往剿杀,打通道路,乃既未前往进剿,而于作何调度会合之处,亦并未陈奏。看其光景,竟系株守鹿仔港,一筹莫展矣。即云持重,亦不应惴怯迁延若此! 前任承恩在鹿仔港时,心存观望,束手无策,以致旷日持久,贻误机宜,是以降旨革职拿问治罪。蓝元枚尤非任承恩可比,若复蹈前辙,观望不进,则蓝元枚获罪尤重,不可不慎。着先传旨严行申饬。前因徐鼎士拟由大甲分兵攻击大里杙之北,并约令蓝元枚从鹿仔港进兵大肚溪,以期里应外合,俾贼人腹背受敌,捣其巢穴。因谕令蓝元枚即从大肚溪进兵夹击。不知徐鼎士此策知会蓝元枚否? 如蓝元枚接奉前赴诸罗之旨,已领兵自北而南,固属甚善;否则,急应带兵赴大肚溪,会同徐鼎士,夹攻大里杙贼巢,机不可失! 蓝元枚务须加倍奋勉,力图自效,勿再因循迟缓。”

时贼围诸罗两月,元枚未发兵救援,上训饬之,谕曰:“现在诸罗被围甚急,蓝元枚若能进兵大肚溪,与徐鼎士夹攻大里杙贼巢,使林爽文回顾巢穴,有所牵缀,则围困诸罗之贼,自当渐渐解散。柴大纪可以捍卫无虞,亦是一策。若未能前进,蓝元枚亟应亲统官兵,速赴诸罗接应柴大纪,毋得稍有迟缓。”九月初五日,奏:“现在整顿兵力,咨会大纪,夹攻斗六门。至大甲溪、岸里社之义民、熟番,声势亦属联络,可以带同杀贼。”谕曰:“诸罗被贼围困,望救甚切。经柴大纪两次请兵往援,该参赞自应带兵,星速前往策应。鹿仔港距诸罗甚近,该处被贼围急,蓝元枚岂有不知之理? 况屡有旨,催令自北而南,接应诸罗。计此时蓝元枚早应接到,何以折内未曾提及,又不速往援应,乃转称现在咨会柴大纪? 该处此时正在被围望救,焉有馀力,与蓝元枚会合夹攻斗六门之理? 且蓝元枚折内,既称大甲溪、岸里社义民、熟番声势联络,该处路途颇平,可以攻迫贼巢;又称斗六门系贼要隘,势在必争,当多带官兵,先扎西螺,进攻斗六门,以便长驱直进,即应酌定机宜,令普吉保驻守鹿仔港,该参赞亲自带兵前往,痛加剿杀,以图进取。乃既不由大肚溪进兵,与徐鼎士会攻,又不赴斗六门奋力攻击,歼除屯占贼匪,救援柴大纪;而于大里杙贼巢,又称官兵若攻剿太急,贼人势必抵死守御,一时恐难破。是元枚竟系中无定见,株守鹿仔港,徒拥兵自卫,并无寸进。若鹿仔港果有贼匪攻扰,蓝元枚不能前进,犹得有所藉口。该处现在并无贼匪滋扰,而蓝元枚处添调官兵,又已厚集,乃一味株守,瞻前顾后,并不挪移尺寸耶? 看来,蓝元枚明知诸罗被围甚急,拥兵不救,徒以大肚溪、斗六门等处,辗转推托,以掩饰其株守坐视之罪,岂能惑朕? 蓝元枚之祖蓝廷珍,以一总兵带兵渡台湾,剿除贼匪,七日之内,克期奏绩。朕轸念前劳,是以将蓝元枚屡加拔擢,用至提督;又以伊系本省人,必能深悉贼情,畀以剿贼之任,授为参赞,并赏戴双眼花翎。自应加倍奋勉,效法伊祖,克继家声,方为无负委任。今自到鹿仔港后,迟回观望,一筹莫展,即所称晓谕生番,令其擒贼献功等事,皆不过藉词支饰,以为占脚地步。蓝元枚受朕深恩,何得恇怯委靡若此! 若再仍前观望,按兵不动,则蓝元枚即为任承恩之续,况尤非若任承恩尚可推兵少也。着先传旨严行申饬。"初六日,奏:"臣于七月二十二日染疾,至二十五日复又猝受风寒,渐觉疲困。八月初八日,闻贼由竹子脚、大肚溪、柴坑仔三路来犯,仍力疾带兵堵御,回营愈觉精神不支。现在漳州兵已到一千三百馀,广东兵一千五百馀,兵力已足,正当剿灭首伙之际,焉敢抱痾恋栈? 已将一切官兵,移交普吉保管束,飞咨将军常青,速拨大员前来经理。自请罢斥效力,交部治罪。"谕曰:"蓝元枚自到鹿仔港后,办理一切,尚属奋勉。后因其拥兵观望,并无寸进,又不亲往援应诸罗,节经降旨饬谕。今蓝元枚既称患病,难以支持,然犹在番仔沟、竹子脚等处打仗,力疾堵杀贼匪。如果病证属实,其情殊可怜悯! 现已颁赏大小荷包,以示轸念。福康安到彼,即传旨赏给。"

十八日,卒。谕曰:"福建水师提督蓝元枚,于台湾逆匪林爽文纠众滋事以来,[三]屡经统领将弁,奋勇直前,剿杀逆匪,并筹画一切,皆有条理。特降旨授为参赞,以示奖励。昨据蓝元枚奏,染患痢症,屡次力疾统兵,前往堵剿,复降旨赏给大小荷包,用昭体恤。方冀速就痊愈,迅奏肤功,以承恩叙。兹据<u>李侍尧</u>奏,<u>蓝元枚</u>于八月十八日病故,闻之深为悯恻!<u>蓝元枚</u>着赠太子太保,并赏银一千两,以示朕轸念勤劳、优恤戎臣之至意。所有应得恤典,着该部察例具奏。”又谕曰:“<u>蓝元枚</u>业经加恩赠太子太保,交部议恤,并赏银一千两,以示轸念。所有应袭轻车都尉加一云骑尉世职,着伊长子<u>蓝诚</u>即行承袭,仍俟百日后,该督咨送到部,带领引见,用示优恤勤劳、有加无已之至意。”寻赐祭葬如例,谥襄毅。

【校勘记】

〔一〕该提督等务须乘此兵力　原脱“提”字。<u>耆献类征</u>卷二八二叶一一上同。今据<u>纯录</u>卷一二七四叶八上补。

〔二〕元枚授福建水师提督　原脱“福建”二字。<u>耆献类征</u>卷二八二叶一一下同。今据<u>纯录</u>卷一二八三叶一下补。

〔三〕于台湾逆匪林爽文纠众滋事以来　原脱“纠众”二字。<u>耆献类征</u>卷二八二叶一七下同。今据<u>纯录</u>卷一二八八叶一五下补。

　　福隆安

　　<u>福隆安</u>,满洲镶黄旗人,大学士忠勇公<u>傅恒</u>之子。尚<u>和嘉公主</u>,授和硕额驸。<u>乾隆</u>二十三年,授御前侍卫。二十六年三月,兼管光禄寺。四月,兼管奉宸苑。七月,掌銮仪卫事。三十三年二月,擢兵部尚书、军机处行走。三月,兼议政大臣。四月,调工部尚书。三十四年正月,授御前大臣,署总管内务府大臣。九

月,署理藩院尚书,赐紫禁城内骑马。三十五年,兼步军统领。七月,管理藩院事。十月,授领侍卫内大臣,袭一等忠勇公爵。三十六年,疏言:"马兵例准乡试,又可在营升拔,是一人而兼两途。请将籍隶大、宛两县兵丁,与武童一体应试,取中武生,再准乡试。"部议从之。三十七年四月,署镶黄旗满洲都统。

五月,散秩大臣衔阿尔泰、总兵宋元俊参奏:"四川总督桂林在卡丫军营,约令参将薛琮间道夹击金川贼。桂林略一进攻即退,并将护军统领明亮、副都统铁保撤回,薛琮以粮尽救不至,战殁,全军尽覆。桂林捏饰具奏,与铁保终日酣饮,将备罕得见面。现在军营修房居住,勒取供应,令提督汪腾龙交银总兵王万邦,赎取金川所遮官兵。"命福隆安往审。六月,奏审无酣饮勒派事,桂林所居有预备贮米板屋三间,无不见者。薛琮告急,即令宋元俊往援,惟官兵伤损,不即查奏,属实。至赎取官兵,系户部司员汪承霈闻有巴旺、布拉克底土兵送出迷失官兵信,告知桂林,取银五百交汪腾龙备赏,后未见送出,仍将银取回。其王万邦给宋元俊札,捏写收银赎人,系为宋元俊所愚。请分别治罪。谕曰:"宋元俊、汪承霈均着革职拿问,同桂林一并解赴行在候讯。至王万邦初为宋元俊所愚,一经诘讯,即吐实情。此案得以明确,情尚可原。且伊领兵打仗,颇为勇往,免其革职治罪。明亮、铁保、汪腾龙已降旨革职,铁保仍遵前旨留任,在军营效力。"未几,元俊议革职,仍留军营;桂林得旨发往伊犁效力赎罪。福隆安又奏言:"贼番踞守碉楼木寨,时出伺我兵举动,军营事应谨密,方可乘其不备。已申明纪律,整肃军容,以杜贼番窥伺。"又言:"臣沿途查看山险路遥,挽运维艰。打箭炉等处虽贮粮万馀,而军营存粮无几,不能克期赶运。阿尔泰年迈,请令陕甘总督文绶往章谷等处督运。"得旨,调文绶四川总督。三十八年闰三月,充四库馆正总裁。四月,加太子太保,授正白旗满洲都统。

三十九年四月,御史李漱芳劾福隆安家人蓝大在金陵馆酗酒滋事,鞫实拟罪,部议革福隆安职,诏留任。十月,疏言:"鸟枪为行军利器,八旗专操会操,演习九进十连环,所向无前。各省绿营鸟枪,请照火器、健锐二营进步连环式,一体演习。"下部议行。四十一年正月,调兵部尚书,仍管工部事务。二月,金川平,叙功,加三级,命图形紫光阁,御制赞曰:"父定复叛,子尝愧之。是用稽首,躬请出师。留于左右,俾习规画。颇有嘉谋,协予广益。"七月,兼文渊阁提举阁事。十一月,充国史馆正总裁。四十二年四月,暂署吏部尚书。四十二年,锦州副都统德福劾协领福神保藉差敛钱,命福隆安查办。寻奏讯福神保敛借商银,交将军弘晌所设差局,帮贴差费公用,弘晌并未入己。但以宗室大臣,见小滋弊,请交宗人府会同刑部治罪。福神保等发乌鲁木齐效力,馀分别杖责。得旨:"弘晌讯无染指,亦未授意派敛,着加恩以散秩大臣效力赎罪。"

四十四年三月,直隶总督周元理奏办井陉县民李馥等敛钱告官、梁进文抗官殴差案,步军统领衙门缉获案内逸犯,供知县周尚有苛敛侵肥各款,命福隆安同刑部侍郎喀宁阿、钱汝诚会鞫,尚有派累属实,抵罪;周元理以徇庇劣员,革职。四十七年四月,上躬诣雩坛行礼,谕曰:"常雩大典,朕亲诣行礼,坛内一切礼器,均宜敬慎安设。乃本日朕行礼时,[一]见坛内悬挂天镫仅止二盏,又更衣幄次所设坐褥亦不整齐。郊坛典礼,朕亲诣行礼,尚如此草率不敬,若遣官恭代,更不可问矣! 其罪甚大,非寻常错误可比。工部堂官罗源汉等近因福隆安患病,精神不能周到,遂各委蛇袖手,而派出司员等亦俱息忽从事,以致种种玩误,不可不严示惩儆。福隆安若照常办事,遇有此等错误,其处分必较诸人加倍。姑念患病属实,着加恩免其革职,仍罚其公俸十年。

四十八年五月,留京办事。十一月,上阅朝审招册,疑赵文达殴毙夫役张二案,命覆讯。谕曰:"前阅本年朝审情实招册内,赵文达殴死夫役张二一案,忽疑其或有顶凶情节,因询之和珅、福康安、福长安,俱不能深悉其中情伪。因派阿桂、和珅、福康安、刘墉会同刑部堂官覆讯,该犯等始犹坚供前情,及研鞫再三,据供实系福隆安管事家人富礼善主使责打,赵文达听从动手,属实。此案既据审明,可见从前刑部堂官司员不能尽心推鞫,复令查检原案。初供系福隆安署步军统领时移送刑部,其原咨内本有'家人富礼善喝打'之语,[二] 乃刑部定案时,赵文达挺身直认,证佐匠役等亦随同指供。司官既不严诘,而发堂官审拟时,该员等亦意存观望,不肯深究,颟顸了事,以致富礼善脱然事外。福隆安病体至今未愈,被家人始终瞒哄,竟无见闻,而刑部堂官不加驳诘推求,未免有意瞻徇福隆安情面。刑部堂官实咎无可宽,所有该堂官及主稿随同画押之司官等,俱着交部严加议处。至福隆安于此案虽原报本有富礼善之名,及后改供,亦实不知情,但致令刑部堂司官意存观望,实由平素特朕恩以致人畏,即其过也。此案若赵文达已经勾决,不特福隆安获咎更重,即阿桂等亦不能无罪。兹幸究出实情,未致枉纵。其情节尚可稍从宽减,福隆安着罚公俸十年,仍交部严加议处。"部议均革职,奉旨:"福隆安病后精神虚弱,致被家人瞒哄,前已罚公俸十年,着加恩改为革职留任。刑部堂官降为三品顶带,仍带革职留任;承办司员分别降调革职。"

四十九年闰三月,卒。谕曰:"尚书额驸公福隆安醇良谨饬,勤慎小心。综理部务,宣力有年。昨岁因旧症复发,屡经给假调理,赐药赐医,方冀年力尚强,可以渐次平复,倚畀正殷。近闻病体加剧,即令伊子丰绅济伦驰驿回京省视。兹遽闻溘逝,深为悼惜! 着皇八子亲往奠酹,并赏给内库银五千两,派金简经理丧事。任内降革处分,概予开复。前次伊家奴犯罪,伊自请罚公俸十年之处,亦加恩宽免。应得恤典,该部察例具奏。"〔三〕寻赐祭葬如例,谥勤恪。

子丰绅济伦,袭一等忠勇公爵,现官御前侍卫、副都统。

【校勘记】

〔一〕乃本日朕行礼时　原脱"朕"字。耆献类征卷九三叶三三上同。
　　　今据纯录卷一一五四叶八下补。

〔二〕其原咨内本有家人富礼善喝打之语　"喝"下原衍一"令"字。耆
　　　献类征卷九三叶三四上同。今据纯录卷一一九三叶七下删。

〔三〕该部察例具奏　原脱"该部"二字。耆献类征卷九三叶三五上
　　　同。今据纯录卷一二〇二叶一下补。

桂林

桂林,满洲镶蓝旗人,姓伊尔根觉罗氏。父鹤年,官两广总督。桂林由廪生捐主事。乾隆二十五年,授工部主事,荐迁郎

中。三十三年,迁山西河东道。三十五年,迁山西按察使。三十六年三月,擢户部侍郎,在军机处行走。九月,命往四川办理军务。桂林至成都,以山路崎岖,民夫背运军粮,动以千数,弹压抚绥,只建昌道白瀛一人,难以分理,请增委干练佐杂,按程巡查丞倅督站员,散给口粮工价,知府总司其事。议如所请行。十一月,奏言:"清溪县南至打箭炉,军粮柴弹多堆积。缘运价俱承办各员垫给,藉口迟延,酌支打箭炉同知库贮银八千两,给站应用。俟司库银到归款。"得旨嘉奖。

旋授四川总督。是月,小金川头人在卡外投文呈送礼物,桂林檄列其酋僧格桑罪状,斥回。谕曰:"僧格桑跳梁肆恶,抗拒官兵,非深入擒渠,不足以示惩创。今看所投文禀,词意鸱张,赍禀头人自应即时拘执,严行根究,庶得贼巢确实情形,攻剿亦易为力。乃故纵回巢,而所办檄谕,意类调停,并不辞严义正。桂林着严行申饬。"十二月,督兵复约咱,斩贼百馀级,生擒六人。谕曰:"桂林等奏攻得约咱贼寨,办理大有起色。可见事在人为。桂林能实心奋往,遂见实效。前已授伊总督,似此方克副朕恩眷。"又奏攻克约咱东山梁大碉一、众碉四、石卡二十馀,上嘉之。复请添调黔、陕兵五千,谕曰:"桂林等十一月二十日即攻得约咱,距此次拜折之期,已逾两旬,何以至今尚无信息? 看来,桂林竟自静住约咱,专待续调之兵,方拟前进,殊昧兵贵神速之道。桂林一路已有兵练八千馀名,[一]虽云分防各处要隘,何至用五千馀名之多? 前次阿尔泰等分派过多,以致存兵太少,不敷进剿之用。桂林到彼,何以不知另为调度,仍令以有用之兵,置之无用之处乎? 前此桂林统兵夺取约咱,并续得东山梁碉卡,颇知奋勉,使贼人受创胆寒。我兵若乘胜进攻,贼必望风股栗,易若摧枯,而官兵新胜之后,正当励其锐气,及锋而用。今乃逗遛不进,坐致老师。不知师老则志瘅,[二]桂林未曾经历行阵,而于事理所在,亦可筹度而得,岂伊一经擢用后,遂不复黾勉自励耶?温福攻得巴郎拉,带兵直进,已得制胜之势,且其地距美诺亦止一百五六十里,是该处为进攻正路,较南路为尤要。所带仅有黔兵三千,亦不可无精锐接续。现已飞谕舒明阿,即带陕、甘兵二千名,由维州取道,赶至温福军营应用。其馀三千名,令赴约咱一路,以供桂林应用。桂林须力图奋往,毋再迟延干咎!"旋奏令总兵宋元俊等设伏喇嘛寺深林,桂林及阿尔泰等督兵逼卡丫,元俊击斩贼九十馀级,克木城、石卡、碉寨,获刀矛、鸟枪,乘胜占据寺东墨尔多山梁。谕曰:"一切布置合宜,欣慰之至!于无意中用汝,竟能得力,亦赖半载在军机处,日听朕训也。"

三十七年正月,攻克卡丫。越日,复攻克郭松、甲木、噶尔金,毙贼无算,获碉房、石卡甚众。奏入,谕令益当奋勇前进。二月,攻克噶尔金之后山梁,一面袭阿仰,由墨沟进取达乌,上嘉之。又奏言:"索诺木添兵助恶,总以求赏革布什咱为辞。今若差人宣谕,则复成绝望,必预作准备,或竟收革布什咱民人,尽换金川番,悉力严防,办理更难。臣意与其会攻于事后,莫若迅发于几先。两酋朋比为奸,正以我现剿小金川,不能兼办金川,是以从中滋扰。此时索诺木自必注意西南两路,所占革布什咱地,不能分驻多人。若乘索诺木兵力未备,革布什咱人心未定之际,相机而动,正可抚剿。并询之宋元俊,亦称革布什咱被金川侵占,番众勉强服从。果迅发大兵,俾金川猝不及防,自可先行收复。随遣守备陈定国赴巴旺、布拉克底，与革布什咱交界处，察金川番情动静。臣与元俊分兵五路进攻，约将军温福等合击。"三月，桂林令革布什咱投诚头人旺勒丹等，潜约其戚加珲尔为内应，夹攻，收复革布什咱寨落七十馀里，招抚番民甚众；并令元俊、定国带绰斯甲布土兵据甲尔垄坝，俾金川四面受敌。谕交部议叙。

是月，报元俊率兵赴默资沟，攻吉地，断其水道，烧毙贼番百馀，进剿丹东。桂林复以东山梁、墨垄沟悬崖路窄，积雪未消，贼严守难越，督饬缓施枪炮，暗伏山脚岩洞中，俟贼防稍懈，即乘机夺隘。谕曰："桂林奏复革布什咱之吉地官寨，及默资沟地方，所办俱好。默资沟虽已占据，阻其应援，而甲尔垄坝又预约绰斯甲布派兵堵截，[三]自不虑索诺木之复来争夺。但宋元俊所统兵练甚多，莫若趁贼人防守未定之先，乘胜直捣其巢，并将索诺木擒获。果能将金川剪除，其馀各土司，自更畏威守法，方为一劳永逸。桂林当酌量情形，随机妥办，总以动出万全为要。至另折所奏墨垄沟山岭一带，拟将枪炮暂缓施放，饬令各兵密于岩洞藏伏，贼番防御久而必疏，我兵即可乘机夺隘。所办甚合机宜，亦属出奇制胜之策。"旋奏："臣等察看扎哇寨山梁下有沟，内立碉卡。若过此沟，更可进攻阿仰。随令侍卫、游镇由东山梁、墨垄沟山岭攻击，以张声势，弁兵潜赴扎哇寨山梁，缒崖设伏。臣等督率弁兵，由东山梁、墨垄沟两路奋攻扎哇寨，伏起，贼惊窜，克沟内大碉一、石卡二十一。别遣参将常泰环攻克哩，革番内变头人安帮等迎献所杀金川贼级，都司李天贵等围沙冲，革番从内占据碉房，金川贼进退无路，我兵痛歼之。党哩、沙冲地尽复。"四月，又奏英泰等攻克达乌官寨，上嘉其调度深合机宜，赏御用玉鞢。

是月，又奏攻克格乌、巴桑及那隆三处山岭，元俊攻克丹东及觉拉喇嘛寺，杀头人三，[四]番众百三十馀，革布什咱地尽复。陈定国所调绰斯甲布兵，檄暂驻交界候调。谕曰："革布什咱之地，全行收复，办理颇为迅速。惜所筹未能妥合。前遣陈定国往绰斯甲布调令发兵占据甲尔垄坝，该酋业已发兵；今既尽得革布什咱之地，正当乘胜进剿金川，攻其不备。乃宋元俊饬令绰斯甲布番兵暂驻界上，听候调遣，失此极好机会，甚为可惜。又折内奏称该地当人心初定，应于要隘处驻守官兵，以资防范等语。桂林所见亦误，革布什咱之地久为金川侵占，今官兵收复，节次歼其防守番众甚多，又杀其头人三名，索诺木岂有不知？况闻索诺木已将帮助小金川之贼兵撤回，必系知官兵复侵其地，惧而自防，尤当乘其未备之时，出其不意，先发制人。今宋元俊办理既错，桂林即应就近申饬，不当听其坐守观望。桂林在军营节次所办事务，悉能妥协，惟此一节，则不免失算。昨又传谕文绶备调兵三千名，兵力不为不厚。温福、桂林当竭力相机妥办。"旋奏攻达乌东岸山梁，及甲尔木侍卫六十一、参领普宁、参将薛琮阵亡，自以画策未周，请交部治罪，诏免。

五月，元俊与原任四川总督阿尔泰劾桂林冒昧发兵，伤弁兵六百馀人，复于四月初六日夜，逼薛琮同侍卫、将备等领汉、土兵三千馀，从墨垄沟进，绕至前敌山梁接应夹攻，初六日，桂林始将副都统铁保、提督汪腾龙等撤回。[五]薛琮粮尽请援，始令都司广著前往，贼已据险，全军尽覆，脱出仅二百馀名，及巴旺、布拉克底、明正土民数百。桂林虚词陈奏,又在卡丫修房居住,勒取属员供应,与铁保、汪腾龙终日酣饮,在营将备罕得见面。密令汪腾龙交总兵王万邦银五百,赎取所遮官兵,以图掩饰。得旨,革职拿问,命额驸尚书公福隆安往审。寻审明所劾皆虚;惟官兵伤损,不即查奏属实。至赎取官兵,系户部司员汪承霈闻有巴旺、布拉克底土兵送出迷失官兵信,告桂林,取银五百,交汪腾龙备赏。其王万邦给宋元俊书札,捏写收银,向金川赎人,系为宋元俊所愚。请分别治罪,详福隆安传。谕曰:“前据阿尔泰、宋元俊会参桂林乖张欺罔,至有将银向金川赎取迷失兵丁之事,因将桂林革职拿问,特派福隆安驰往军营勘问。旋据审明,桂林并无造房居住、骄纵不法各款,至薛琮告急禀至,桂林即派宋元俊赴援,其发银赎取兵丁一节,系司员汪承霈及知州曹焜以闻有巴旺、布拉克底土兵寻觅官营迷失之兵,颇为出力,是以向粮员取银备赏,曾经禀知桂林支发,非欲赏金川之人。并审出宋元俊构陷串饰情节,则桂林尚非法所难贷。但其在军营内,日亲曲蘖,止图己身安逸,不能与士卒同甘共苦,而北山梁伤损官兵,亦不得谓之无罪。着加恩发往伊犁,自备资斧,效力赎罪,交与舒赫德,令在印房学习当差。”

三十八年七月,诏给三等侍卫,着往四川军营办理粮运。奏言:“粮运程途,须兼资土司乌拉。此时达木巴宗一带存粮充备,将军阿桂令分运接济,饬由美诺赴章谷。章谷存米,毋庸运赴南路军营。缘南路进剿,皆以章谷为后路。章谷存贮有馀,则转运军营自易。”三十九年正月,奏言:“明亮移驻附近章谷之格藏桥,由巴旺、布拉克底进兵,一切供运,若取资章谷,缓不及济。

查巴旺布寨距临卡三站,系适中之地。已令李世杰运贮米千二百石,俟大兵进后,再将巴旺布存运赶运临卡。"奏入,均报闻。

四月,奏言:"科多至僧格宗深箐僻远,〔六〕请将僧格宗所需粮石,改由南路章谷运交附近僧格宗等处,就近支领。"上是之。六月,奏言;"僧格宗一带山险,前横大河,我兵营卡不能濒河安设。贼凭高滚石放枪,我兵仰攻,不能得势。令僧格宗、科多一路防兵移驻河南,贼无从肆其鬼蜮。"上从之。四十年四月,授头等侍卫。九月,授四川提督。

四十三年,授两广总督。四十四年,广西桂林、柳州二府旱,桂林恐谷价昂贵,奏:"预拨备用广东平粜谷十万石,分贮水次各州县,酌量动拨。"奏入报闻。十二月,卒。谕曰:"两广总督桂林才具优长,办事敏练。简任封疆,正资倚任。忽闻溘逝,深为轸惜!着加太子太保衔。任内处分,并着开复。应得恤典,该部察例具奏。"寻赐祭葬如例,谥壮敏。

【校勘记】

〔一〕桂林一路已有兵练八千馀名　原脱"练"字。耆献类征卷一七七叶一四下同。今据纯录卷八九九叶三三下补。

〔二〕不知师老则志隳　原脱"志"字。耆献类征卷一七七叶一四下同。今据纯录卷八九九叶三四下补。

〔三〕默资沟虽已占据阻其应援而甲尔垄坝又预约绰斯甲布派兵堵截　"虽"原误作"既","阻"误作"但",又脱"而"字。耆献类征卷一七七叶一六上同。今据纯录卷九〇五叶一八下改补。

〔四〕杀头人三　"杀"原误作"贼"。耆献类征卷一七七叶一七上同。

今据纯录卷九〇六叶一二上改。

〔五〕桂林始将副都统铁保提督汪腾龙等撤回　"将"原误作"与",又
　　　"撤"误作"饬"。耆献类征卷一七七叶一八上同。今据纯录卷九
　　　〇八叶二五下改。

〔六〕科多至僧格宗深箐僻远　"科"下原衍一"布"字。耆献类征卷一
　　　七七叶一九上同。今据纯录卷九六〇叶二上删。下文有"僧格
　　　宗科多",可证。

谢墉

　　谢墉,浙江嘉善人。乾隆十六年,圣驾南巡,墉由优贡生召
试第一,赐举人,授内阁中书。十七年,会试中式进士,改庶吉
士。十九年,散馆,授职编修。二十二年,因撰拟原任闽浙总督
喀尔吉善碑文,措词失当,奉旨交部严加议处,部议降二级调用。
二十四年九月,谕曰:"原任编修谢墉前因撰文讹错,部议降调,
现未得缺。念其事非大咎,时历二年,着加恩准其开复。"十二
月,命在上书房行走。二十六年,充会试同考官。二十八年,充
日讲起居注官。二十九年十二月,迁侍讲。三十年四月,擢右春
坊右庶子,充福建乡试正考官。十一月,迁翰林院侍读学士。三
十二年十月,迁内阁学士。十一月,丁父忧。三十五年二月,服
阕,赴补。闰五月,补原官,仍在上书房行走。三十六年十月,命
教习庶吉士。三十七年四月,充殿试读卷官。三十八年五月,授
工部侍郎。八月,转左侍郎。十二月,充经筵讲官。三十九年,
授江苏学政。四十二年二月,奏廪生有恃符滋事,经地方官详请
戒饬被责者,遇出贡之年,应扣除另选,陪贡考充,下部议行。十

月,任满回京。

四十三年正月,调吏部左侍郎。三月,以随同尚书永贵指名保题主事李漱芳,议革职,谕从宽留任。是月,充会试知贡举,奏填榜、放榜应饬原派之副都统同入聚奎堂弹压,得旨嘉允。四十四年,充四库全书馆总阅。是年,充江南乡试正考官。四十五年三月,会试充知贡举,奏:"本科房官刘绍锦丁父忧,礼部移会到臣,惟时试卷未誊送,即知会内帘出闱。因思考官有应行守制之事,若文到至公堂在送卷之先,原不妨知会内帘;若已经阅卷仍令出闱,难保无漏泄情弊。应请嗣后凡在十五日以后者,文到礼部,暂行押住,如届十三四等日,礼部文到时,以已未送卷为率,酌定移知内帘与否。"下部议行。是月,调吏部右侍郎。四月,恩诏开复处分,旋充国史馆副总裁。五月,充殿试读卷官。

十一月,署广西全州知州彭曰龙因纵令革役复充,褫职赴部,呈请捐复,议与大学士公阿桂不合,因见议不准捐复之山东商河县教谕侯华案,对较时,侯华案未呈堂,阿桂疑有请托,经奏闻,饬军机大臣传集查询谢墉,并细核两案情节,其不准彭曰龙捐复一节,尚属平允。复传讯侯华案,坚供并无嘱托,但谢墉身系堂官,于侯华案不能避嫌,彭曰龙案既有所见,商诸各堂不允,何妨两议具奏。乃始而争执辩论,继复依违画诺,请交都察院议处。寻议降调,谕从宽改为革职留任。四十六年,充会试正总裁,复充殿试读卷官。四十七年,转吏部左侍郎。四十八年,充江南乡试正考官,旋授江苏学政。四十九年,上南巡,赐诗曰:"江、浙均为文物乡,非鸿博此任难当。虽然尚藻岂其疐,必也穷经以是囊。雅正清真兹已解,抹涂剿袭亦应防。士风淳则民风顺,敦化宁云虚饰庠。"五十年四月,奏:"提督蓝元枚咨营属武生陈南图滋事误操,汰革名粮,交学收管。查武生在营滋事,若准咨回本学,是营伍去一惰兵,学校增一武劣,殊非整饬胶庠之道;且恐在营效力之武生等,罔知警畏,于营伍亦有关系。臣即饬学将该武生斥革。请嗣后在营武生,遇有过犯,准营员径行按律办理,一面咨学臣斥革。"朱批:"此奏是。"下部议行。

五十一年十一月,任满旋京,召询赈济及湖河水势情形,命据实条奏以闻。寻奏:"偏灾赈济,请除钱米统用银两,其银由藩司印封颁发州县,按户散给。银在五十万以上,请派近信大臣一员前往查察。又湖河水势,全赖以清敌黄。访闻向来洪泽湖蓄水刷沙,足资抵御。近年黄水过强,湖身日渐淤高,有'昔如釜今如盘'之说。请酌加疏浚。"谕曰:"据谢墉奏赈济暨水势情形一折,朕详加披阅,内有'碍难施行者,如所称赈济,除去钱米,统用银两,按照户口,定为一次给发'等语。自古救荒,本无善策,惟平时于常平社仓详悉讲求,务期积贮充盈,以备歉收赈恤之用。盖荒岁收成失望,米粮价值自必昂贵。小民嗷嗷待哺,非散给米谷不足以充饥。朕轸念穷黎,每遇各省奏报偏灾,不惜千百万帑金,加恩赈恤,仍恐各该省仓贮不敷给赈,屡经降旨截留漕粮,并谕各该督抚于邻近丰收省分,设法采买粮石,运往灾区,源源接济。所以筹画民食者,无微不至,而银米兼放,原属不得已之计。若如谢墉所言,除去钱米统用银两,则小民计口给银,所得无几,势必不能于谷贵之时,市易升斗,以资养赡,且灾歉之区,米难购运,是名为赈饥,而于小民生计,转无裨益。又所称赈银在五十万两以上者,请派近信大臣一员前往查察等语。地方办理赈务,原难保不肖官吏侵渔中饱,惟在督抚司道督饬所属,层层周密稽查,自不致滋生弊端。若再简派大臣前往,是该督抚皆不可信矣。如果派往之人公正实心,于事不为无益,而一省州县乡村,亦必不能分身周历。设其人于外省情形不能熟悉,徒生枝节,转致掣肘纷更,甚或扶同瞻徇,一味模棱。地方官徒增酬应之烦,而于赈务究不能查出弊窦。是简派大臣仍属有名无实,此皆揆之事理,断难准行者。其馀所言,或有可采。仍着大学士、九卿详议具奏。”

五十二年三月,谕曰:“据谢墉条奏,洪泽湖淤垫日高,前之如釜者,今已如盘,请加疏浚一折,经大学士、九卿议驳在案。兹李世杰等奏,洪泽湖水下注,清口畅出。因将原折交与谢墉阅看。据称‘本未谙悉河工,前年在江苏接见王兆棠,〔一〕言及洪泽湖日渐淤高,是以据传说之言具奏。本年王兆棠陛见来京,复与讲论,仍如前说’等语。前年湖水甚少,清口不能畅出,朕屡训谕筹画,以期济运御黄。仍即以盈虚消息,事理之常,朕虑及必有盛涨之事〔二〕亦预行谕饬该督等,加意防范。上年湖水大涨,果不出朕之所料。是上年清水短少,实是意中所知。谢墉既未亲至其地,目击情形,何以率行入告? 现在洪泽湖水势日长,清口畅出,已非如盘之明验。谢墉复称得之王兆棠所言,而本年王兆棠来京陛见,经朕面询该处情形,亦奏称清水畅顺,并未有淤垫如盘之说。谢墉身为卿贰,王兆棠究系司员,体制所关,自不屑令其来京面为质对。但谢墉既有此说,不可不详加核办。着该侍郎自行前往洪泽湖,会同李世杰等周围履勘,测量湖中深浅,实在有无淤垫,秉公据实具奏。”

墉往勘,知所奏错误,同督臣<u>李世杰</u>等会折覆奏,自请议处。谕曰:"据<u>谢墉</u>、<u>李世杰</u>等奏,会勘<u>洪泽湖</u>水势,深至八九丈及十丈不等,浅者亦在一二丈之间,实无淤垫。<u>谢墉</u>前此未经身履其地,乃以传闻不实之言,率行陈奏,恳交都察院议处等语。<u>洪泽湖</u>水前年因上游<u>河南</u>、<u>安徽</u>等省雨泽稀少,<u>淮</u>流未能畅发,以致湖中存水较少。当今谕令<u>毕沅</u>前往<u>桐柏山</u>疏浚<u>淮</u>源,虔诚祈祷。上年朕即以盈虚消息,事理之常,<u>淮</u>水必盛涨发,令该督加意预防。自去年以来,湖水充裕,自由<u>河神</u>默佑,来源旺盛,得资济运。<u>谢墉</u>所奏,乃系前年水短情形,且治河如聚讼,原无定论。该侍郎得自传闻,据以入告,尚非无因。兹既勘明水势深通,并无淤垫,所有自请议处之处,着加恩宽免。"

五十三年七月,谕曰:"本年三四月间,据<u>阿桂</u>奏,外间传有'<u>谢墉</u>抽身便讨,<u>吴玉纶</u>倒口即吞'之语。朕即以<u>阿桂</u>若仅奏<u>谢墉</u>声誉不好,伊二人前在吏部时原有龃龉,而<u>吴玉纶</u>则并无芥蒂,其言似非无据。学政为抡才所关,既闻有舞弊营私情事,安得置之不办?随降旨令<u>李侍尧</u>、<u>闵鹗元</u>各将<u>谢墉</u>、<u>吴玉纶</u>在任声名究竟如何之处,就近访查,据实具奏。旋据<u>闵鹗元</u>奏,'<u>谢墉</u>初任<u>江苏</u>学政,声名实属平常;其复任时,尚知悔过,颇为谨饬'。而<u>李侍尧</u>则称'<u>吴玉纶</u>在学政任内声名狼籍,至今<u>闽</u>省士子犹怀忿恨。上年因<u>吴玉纶</u>条奏科场该省之人,无不传为笑柄。以<u>吴玉纶</u>即系作弊之人,如何亦说防弊。但事隔年久,实无凭据'等语。适<u>吴玉纶</u>在<u>热河</u>扈从,随即面加询问。据称因伊曾条奏西监应行补捐一事,是以为众所怨。昨<u>谢墉</u>带领引见,来至<u>热河</u>,亦面加询问。据奏,伊因考试过严,未免取怨于人。及诘问以因何有‘抽身’、‘倒口’之语,伊二人则皆奏‘系寄园寄所寄小说所载陈言,想系怨之者因而附会’等语。办理科场本当严密,如果恪遵成法,自矢洁清,士心正当翕服。即或有被遗之人,为之散播谣言,亦何至憎兹多口! 至吴玉纶条奏捐监,系四十六年之事,而其简放福建学政,已在四十八年以后,相隔甚久,尤为两不相涉。若云出自寄园寄所寄,则古今书籍所载陈言甚多,何以不取而附会他人,独于谢墉、吴玉纶二人曲加附会,不谋而合? 但此事既经闵鹗元、李侍尧就近查奏,并非无因,即将伊二人革职,交刑部审讯治罪,亦不为过。姑念阿桂所奏,究系传闻,而李侍尧等亦皆因事隔年久,查无确据。朕从来不为已甚,何必遽兴大狱? 但伊二人俱系大员,朕特简学政,乃声名如此平常,朕甚愧焉! 谢墉、吴玉纶何以复胜卿贰之任? 均着降为内阁学士,其职不过专司批本,并无应办紧要之件。伊二人学问尚可,是以特予从宽降补,此皆朕格外矜全。伊二人务当痛自愧悔,勉为湔濯,如再不知悛改,必加倍重治其罪。”

五十四年,京察,上以谢墉声名平常,交部议处,部议革职,奉旨:“谢墉学问较优,在上书房行走多年,革职从宽留任。”三月,上书房行走旷班,谕曰:“谢墉在学政任内,声名平常,本系获罪之人。前京察议处时,经吏部议以革职;念其学问尚优,是以从宽留任,仍令在上书房行走。伊更当知过感奋,乃仍复偷安,七日不到,更属有乖职守。着降为编修,不必复在上书房行走。着在武英殿修书处效力赎罪。”五十六年,命仍直上书房。六十年正月,得旨:“谢墉年力就衰,着以原品休致。”四月,卒。嘉庆五年二月,谕曰:“原任侍郎谢墉在上书房行走有年,勤慎供职。

朕自幼诵习经史,系原任侍郎加太师衔奉宽授读,及长,而肄业习诗文,蒙皇考特派谢墉讲论,颇资其益。兹因谢墉在学政任内声名平常,是以皇考将伊降为编修。但念谢墉究系内廷旧臣,学问优长,且在上书房供职时,并无过失,着加恩追赠三品卿衔,该部照例给予恤典,以示朕眷念施恩至意。"并赐祭葬如例。

子恭铭,乾隆五十二年进士,改庶吉士,散馆归班,呈请改补八品京官。嘉庆五年九月,谕曰:"本日谢墉之子恭铭前来行在接驾,例应选补国子监学正、学录及司务等官。但念谢墉在上书房授读有年,伊子谢恭铭着加恩以内阁中书补用。"

三子锡桢,由考职主簿充四库馆续办三分全书总校。乾隆五十二年,钦赐举人。嘉庆三年七月,遵川楚例,捐纳双月郎中。五年四月,在实录馆行走。七年十二月,高宗纯皇帝实录书成,议叙,以本职即用。八年十一月,铨授户部山西司郎中。

【校勘记】

〔一〕前年在江苏接见王兆棠　"王"原误作"汪"。耆献类征卷九一叶四下同。今据纯录一二七七叶一五下改。下同。

〔二〕朕虑及必有盛涨之事　原脱"朕"字,又"事"误作"时"。耆献类征卷九一叶四下同。今据纯录卷一二七七叶一五下补改。

钱载

钱载,浙江秀水人。乾隆十七年进士,改庶吉士。十九年,散馆,授编修。二十二年三月,充会试同考官。二十三年三月,大考二等。七月,充功臣馆纂修。十二月,署日讲起居注官。二十四年五月,充广西乡试正考官。二十五年三月,充会试同考官。七月,命以原衔充日讲起居注官。十月,充续文献通考纂修官。十一月,迁右春坊右中允。二十六年五月,迁侍读。八月,擢右春坊右庶子。三十年闰二月,擢侍读学士。六月,充江南乡试副考官。三十一年三月,充会试同考官。十月,擢詹事府少詹事。三十三年四月,以开送试差赞善路斯道年力就衰,上责其瞻徇情面,交部议处。寻降二级调用,得旨,革职从宽留任。十一月,稽查左翼宗学。十二月,擢詹事府詹事。三十六年十月,充武殿试读卷官。三十八年十月,擢内阁学士。三十九年六月,充江西乡试正考官。四十年七月,入直上书房。十月,充武殿试正考官。四十一年五月,提督山东学政。四十二年,差满,命仍在上书房行走。四十三年六月,教习庶吉士。十月,充武殿试读卷官。四十四年六月,充江西乡试正考官。四十五年正月,奉命祭告陕西、四川岳渎及历代帝王陵。三月,擢礼部左侍郎。六月,充江南乡试正考官。十一月,谕曰:"江南省第一名顾问卷,头场四书文三篇,纯用排偶,于文体有乖。钱载着交部议处。"部议降二级留任。

十二月,奏考证尧陵应在平阳,不应在濮州。经大学士、九卿议驳,载又具折奏辨。谕曰:"前据钱载奏考证尧陵应在平阳,不应在濮州。经大学士、九卿议驳,该侍郎又具折奏辨。朕因复交原议大臣再议,经大学士、九卿等奏请将该侍郎所奏濮州属虚、平阳属实之处,仍毋庸议,已降旨依议矣。经生论古,反覆辨证,原所不禁。但既形之奏牍,并经廷臣集议,即不当再执成见。况该侍郎奏称黜吕不韦门下客浮说之讹。[一]夫吕不韦即不足取,亦尚不可以人废言,况其门下客所著之书,所谓'悬之国门,千金不能易一字'者,岂能谓之不足据乎? 且其时去古未远,或尚有所承述。今乃欲以数千年后虚揣之词,遽行翻驳,有是理乎? 至其覆奏,大要以郦道元<u>水经注</u>证濮州尧陵之虚。不知<u>水经注</u>所称,今<u>成阳</u>西有<u>尧陵</u>者,〔二〕实道元当时所亲见。该侍郎转据为辨证,尤属自相矛盾。至其覆奏内,有'原奏只辨<u>尧陵</u>之有无,未尝敢一字涉及改祀'之语,该侍郎两次具折之意,既欲考证虚实,即为改祀起见,否则又何用如此喋喋为耶? <u>钱载</u>本系晚达,且其事只是考古,是以不加深究。若遇朝廷政治,亦似此哓哓不已,朕必重治其罪。即如<u>明</u>季诸臣,每因遇事纷呶,盈廷聚讼,假公济私,始则各成门户,继且分树党援,以致无益于国政,而国事日非,不可不引为炯戒! 着传旨申饬。"

　　四十六年,礼部恭拟壬寅年正月祀祈谷坛日用次辛,上训饬之,下部议应革职,加恩宽免,详<u>曹秀先</u>传。二月,充会试知贡举。四十七年四月,常雩,以悬镫及更衣幄次陈设不备,奉旨交部严加议处。部议革任,得旨宽免,详<u>德</u>保传。四十八年三月,休致。五十八年,卒。

　　<u>孙昌龄</u>,己未科进士,改庶吉士,现任编修。

【校勘记】

〔一〕况该侍郎奏称黜<u>吕</u>不<u>韦</u>门下客浮说之讹　原脱"黜"字,今据<u>纯录</u>卷一一二一叶一二上补,按<u>耆献类征</u>卷九一叶二六上作"斥"。稍异。

〔二〕今成阳西有尧陵者　"成"原误作"咸"。<u>耆献类征</u>卷九一叶二六上同。今据纯录卷一一二一叶一二下改。

阿肃

阿肃,满洲镶白旗人,姓伊尔根觉罗氏。乾隆十九年进士,改庶吉士。二十五年,散馆,授检讨。二十六年,迁司经局洗马。二十八年,大考四等,仍降检讨。二十九年,迁侍读。三十年,充日讲起居注官。七月,充山西乡试正考官。三十一年三月,充会试同考官。三十二年四月,擢詹事府詹事。三十三年四月,开送试差赞善路斯道年力衰迈,上以其瞻徇,交部议处。部议降二级调用,得旨,改为革职留任。九月,命提督福建学政。三十四年五月,失察古田劣生钟超伦等滋事,部议革任,谕从宽免其革职,仍注册。

三十五年九月,请复原名考试之例,疏称:"旧例,凡举贡生监犯事,情罪较轻,斥革后,能改过自新,准其原名应试。令地方官查明申送提学,即准收考。诚恐州县官吏冒滥申详,难保无弊,请嗣后该州县官于结案时申明,通详督抚、学政、藩臬批饬存查,方准收考;其未经通详批准者,不得径详学政收考,庶有稽查。"下部议驳。谕曰:"部驳甚是,依议。阿肃系满洲翰林,初授以学政之任,理应实心办事,整饬士习。今所奏缘事斥革举贡生监原名应试,名为严核,而意欲从宽,多为收考地步。若伊不谙成例,此奏出于旁人怂恿,则是为人所愚,不应糊涂至此。若阿肃冀以此奏取悦于众,则有意沽名,尤为不合。着交部议处。"部议革任。十一月,谕曰:"前据阿肃条奏,缘事斥革之举贡生监,于结案时,详报学政,预为收考地步,殊乖整饬士习之意,降

旨交部议处。今经部议降一级调用，阿肃系革职留任，又革任注
册之员，无级可降，请即行革任。核其情罪，尚可不致褫职，而学
政则不宜复留，着加恩以詹事降一级，来京候旨。其从前革任注
册之案，补官日一并带于新任。"三十八年九月，奉上谕："阿肃
遇有侍讲缺出，即行补用，并着在日讲起居注官上额外行走。"三
十九年三月，命在上书房行走。四月，授光禄寺卿。十月，擢都
察院左副都御史。四十年三月，充会试副考官。四十一年五月，
迁礼部右侍郎。十一月，兼署兵部侍郎。四十二年八月，充顺天
乡试副考官。四十五年五月，兼公中佐领。十一月，调吏部
侍郎。

　　四十八年正月初七日，阿肃家夜演影戏，乳妇王朱氏乘间谋
害阿肃幼子，经军机大臣会同审拟具奏。谕曰："军机大臣会同
刑部审拟吏部侍郎阿肃家乳妇王朱氏谋害伊子一案，供词内有
正月初七日二更时，合家俱听影戏之语。朕以是日系斋戒，且值
忌辰，阿肃家不应演唱影戏，指出询问。随据军机大臣奏请将阿
肃交都察院严加议处等因。本年新正初二三日，即逢时享斋戒
之期，朕虽未亲诣行礼，值斋戒日内，并不听演音乐，初五日方始
幸丰泽园筵宴外藩。阿肃身为侍郎，岂有不知？乃竟于斋戒日
期内，伊虽在外，任听家中演唱影戏；即据称为娱侍伊母，亦岂不
可稍缓数日，至元宵令节耶？阿肃乃满洲侍郎又系翰林出
身，[一]何至不知体制，昏愦若此！且本日召见阿肃，询及此事，
并加慰问，云：'伊子垂死而得活，将来或尚可成器。'伊竟毫无
感恩惶悚之意，竟同木偶。看来，阿肃全系沾染习气，非无心过
误可比。阿肃着交部严加议处。"旋议革职，谕曰："阿肃系满洲

侍郎,于斋戒忌辰之期,任听家中演戏,非寻常错误可比,着革去侍郎。第念在上书房行走,尚属勤慎,加恩赏给翰林院侍读学士,在上书房效力行走,[二]兼公中佐领。”四十九年,充封朝鲜国王世子副使。五十年,擢内阁学士,兼礼部侍郎,充文渊阁直阁事。五十一年八月,充顺天乡试副考官。五十四年,因上书房旷班,命褫阿肃职,仍在上书房效力行走。旋授光禄寺少卿。五十七年,卒。

子富连,候补笔帖式。

【校勘记】

〔一〕阿肃乃满洲侍郎又系翰林出身　原脱“又系翰林”四字。耆献类
　　征卷九二叶九下同。今据纯录卷一一七二叶一三下补。

〔二〕在上书房效力行走　原脱“效力”二字。耆献类征卷九二叶一〇
　　上同。今据纯录卷一一七四叶一〇上补。下有“仍在上书房效
　　力行走”,可证。

陆锡熊

陆锡熊,江苏上海人。乾隆二十六年进士,归班铨选。二十七年,圣驾南巡,召试一等,授内阁中书。二十八年,补缺。三十年,充山西乡试副考官。三十三年四月,京察一等,加一级。六月,充浙江乡试副考官。十二月,擢宗人府主事。三十五年,充广东乡试正考官。三十六年三月,充会试同考官。五月,擢刑部员外郎。是年,恭遇覃恩,加一级。三十七年三月,充会试同考官。十月,擢本部郎中。

　　会开四库全书馆,命司总纂。三十八年八月,谕曰:"办理四库全书处将永乐大典内检出各书,陆续进呈,朕亲加批阅,间予题评。见其考订分排,具有条理,而撰述提要,粲然可观,则成于陆锡熊、纪昀之手。二人学问本优,校书亦极勤勉。纪昀曾任学士,陆锡熊现任郎中,均着授为翰林院侍读。"十二月,补缺。四十年二月,擢右春坊右庶子,旋授翰林院侍读学士。闰十月,充日讲起居注官。四十一年,充文渊阁直阁事。是年,恭遇覃恩,加一级。四十二年四月,京察届期,王大臣等验看,引见,奉旨准其一等。四十三年,议叙四库馆纂办诸臣,奉旨:"陆锡熊等虽已加恩擢用,但纂办各书,均为出力,着赏给缎匹、笔纸墨砚,以示奖励。"四十五年五月,京察届期,王大臣等验看,引见,奉旨准其一等,谕以应升之缺题奏。六月,授光禄寺卿。八月,命稽察右翼觉罗学。是年,恭遇覃恩,加一级。四十六年四月,谕曰:"四库全书总目提要现已告竣呈览,颇为详核。所有总纂官纪昀、陆锡熊,着交部从优议叙。"部议加一级、纪录三次。四十七年五月,转大理寺卿。七月,撰四库全书表文进呈,得旨奖赉。十月,因四库馆进呈原任检讨毛奇龄所撰诗说一书内,有字句违碍,总纂官未经签改,得旨,交部议处。部议降调,谕从宽留任。四十八年十二月,丁母忧。五十年,四库全书告成,议叙加一级、纪录二次。五十一年六月,服阕,补光禄寺卿。九月,提督福建学政。

　　五十二年二月,迁都察院左副都御史,留学政任。三月,四库全书处呈续缮三分内,有李清所撰诸史异同一书,语多妄诞,总纂官未经掣毁,命交部严加议处。部议革职,得旨改为革职留任,八年无过,方准开复。六月,谕曰:"前因热河文津阁所贮四库全书,朕偶加批阅,其中错谬甚多。因派扈从之阿哥,及军机大臣等,复加详阅,并令在京之阿哥及大学士、九卿等,将文渊、文源二阁所贮书籍,一体校阅。今据和珅等阅看各书,[一]讹舛不一而足。此内阁若璩尚书古文疏证一书,有引李清、钱谦益诸说,未经删削;并黄庭坚诗集注,有连篇累叶,空白未填者,实属草率已极。着将承办之总校、分校官,交部议处。现据纪昀奏,请将尚书古文疏证内各条,遵照删改,陆续赔写;并请将文源阁所贮明季、国初史部、集部及子部之小说、杂记诸书,自认通行校勘,凡有违碍,即行修改。仍知会文渊、文津二阁详校官,画一办理,再行赔写抽换,务期完善等语。从前办理四库全书,系总纂纪昀、陆锡熊专司其事。朕因该员等纂辑订正,著有微劳,不次超擢,数年之间,晋阶卿贰。乃所办书籍,竟如此荒谬舛错。如果从前缮写时,誊录率意脱落遗漏,自不难将已邀议叙现任民社各员,斥革治罪。但此等讹谬,该誊录等惟知照本缮写,势不考订改正,而纂校各员则系有专司考订之责,自必未经寓目,该员所办何事? 其咎实无可逭。今纪昀自认通行覆阅,明末各书复请将看出应换篇叶,自行赔写,交部议处;而陆锡熊则因现出学差,转得置身局外。是使纪昀一人独当其咎,转令现在派出之大小各员分任其劳,不足以昭平允。着将文渊、文源、文津三阁书籍,所有应行换写篇叶,及装订挖改各工价,均令纪昀、陆锡熊二人一体分赔。”五十三年二月,因上年福建甄别教职数目过少,下部议处,部议革任,得旨宽免,仍注册。

五十五年正月,任满回京,奏请前往盛京详校文溯阁书籍。九月,奏:“所有书籍业经分阅各员全数校毕,覆行核签亦已竣事,其中错落偏谬各书,随时缮写改正。此外漏写错写应行另缮之本,俱即自行赔写完妥。"报闻。是年,恭遇覃恩,开复降革处分。五十六年二月,命稽察左翼宗学。十二月,奏:"全书卷帙繁富,屡校即屡有改正。文渊文源两阁经纪昀等覆校,中间缺落舛讹尚多。所有文溯阁全书,亦应一体覆加详核,俾得益增完善。一交新春,臣即起程赴盛京核办。"报闻。五十七年,抵奉天省城,旋卒。

【校勘记】

〔一〕今据和珅等阅看各书　"书"原误作"处"。耆献类征卷九六叶八下同。今据纯录卷一二八二叶一七下改。

海兰察

海兰察,满洲镶黄旗人,姓多拉尔氏,世居黑龙江。

乾隆二十年,以索伦马甲从征准噶尔。初,辉特台吉巴雅尔来降,既受封,继从阿睦尔撒纳为逆,大兵追急,遁入塔尔巴哈台山中。海兰察奋力穷追,射之坠马,生擒以归。叙功,赏额尔克巴图鲁号,擢二等侍卫。寻迁头等侍卫,命在乾清门行走,授职骑都尉加一云骑尉。绘像紫光阁,御制赞曰:"烈风扫枯,迅其奚难。亦赖众杰,摧敌攻坚。于塔巴台,射巴雅尔。是其伟绩,勇鲜伦比。"二十五年,命归入满洲镶黄旗。

三十二年五月,随征缅甸。十二月,大兵出虎踞关,海兰察率轻骑先驱,至罕塔,遇贼,射毙三,擒七,遂薄老官屯,斩级二百;又设伏歼贼四百,贼袭营,援却之。次年十二月,师出万仞关,败贼于戛鸠江。三十四年,授镶蓝旗蒙古副都统。是年十月,大兵复薄老官屯,攻贼于锡箔,毁其木栅。贼谋劫左哨,急击之,追戮其大半,生缚两人归。明年,撤兵,命与总兵哈国兴留防边隘。三十六年,调镶白旗蒙古副都统。会大兵征金川,命由滇赴西路军营。三十七年六月,参赞大臣丰昇额攻美美寨,[一]海兰察至,合力奋击,克之。进剿玛尔迪克。七月,败贼于策卜丹。八月,贼于贡噶山左,思绕截粮饷,海兰察驰御,斩级百。十月,攻路顶宗及喀木色尔,获卡寨五十、碉三百,歼贼数百,得旨嘉奖,擢正红旗蒙古都统。又从色木僧格山前进,至格实迪。十一月,从山后夺取玛觉乌大寨,仰扑布喇克及扎喀尔寨,得碉卡九十。十二月,进逼明郭宗,突入寨门,焚其转经楼,直捣美诺。小金川平。得旨,授参赞大臣。

　　时大兵分三路进剿金川,海兰察随将军温福由功噶尔拉入。三十八年二月,趋昔岭,道经苏克奈,夺卡二,与领队大臣额森特会,又夺碉卡五。凿冰开路,一日抵木果木,与昔岭接。昔岭多贼碉,其扼要大碉十。三月,海兰察与额森特分攻第九、第十碉,往来冰雪中,力战克之。佯撤兵,贼众下追,伏起,殪二百人。上以官兵不避枪石,海兰察尤为奋勇,命交部优叙,加三级。第五碉尤坚厚,海兰察昼夜运炮轰击,歼贼甚多,碉随破。闰三月,移攻达扎克角山。四月,由达扎克角山梁夺获得斯东寨,随攻大木栅,贼屡从旁抄截,力战御之。时奉谕指示地图,海兰察复往攻功噶尔拉山口,多斩获。五月,仍攻昔岭贼巢,造炮台,与贼峰等,痛歼贼众,上嘉之。

　　六月初七日,后路贼陷底木达,占据附近登春碉寨,海兰察驰御,贼退。正据要地严守,闻大营报警,疾趋木果木,至则将军令撤昔岭兵。初十日,大营陷。海兰察令领队大臣富兴整兵出,自殿后,夜半至功噶尔拉牛天畀营,令撤功噶尔拉兵。十一日,率所撤兵,令额森特等开路,自与富兴、普尔普、牛天畀殿。是夕屯崇德。十二日,至美诺,与领队博清额、五岱、和隆武合,固守美诺、巴朗地方。随开通副将军阿桂等后路,驰奏请罪。谕曰:"此时海兰察已与刘秉恬、富勒浑会合一处,惟当示以镇静,即将美诺至明郭宗一带,办理周密。其馀各紧要处,应开通者迅速开通,应剿杀者尽力剿杀,总须占住小金川鄂克什地方,整顿兵众,鼓励士气,以期另办。阿桂闻贼猖獗,自必统领大兵撤回杀贼。只须阿桂与海兰察等会合,大局即定。"时留五岱共守美诺,贼屡冲突,均战退。大营撤出,绿营兵多溃散。海兰察请遣回怯卒,免摇乱新兵。奏入,上韪其言。海兰察探知南路兵尚屯僧格宗,阿桂方驻营当功噶尔拉,分兵千令额森特由南山往迎,又令普尔普以三百兵逻巡鄂克什诸隘口。上以海兰察驻扎美诺,清釐地方,剿杀贼众,办理接续台站事务,皆合机宜,褒奖之。

　　七月,美诺、明郭宗俱失守,海兰察退保日隆,上责其驻守美诺,不能设法御贼,遽至失守,原不能无罪;若更有率先奔逃之事,着阿桂至日隆时,讯明据实参奏定罪。八月,阿桂抵日隆,奏:"海兰察当兵溃时,尚能前后拦截,并未偕懦卒溃窜。惟平日不能申明军律,咎实难辞。"疏入,得旨:"革去参赞,降为领队大臣,仍革职留任。其本任养廉及应得分例,不准支给。俟另有奋勉出力处,再予开复。"是月,命阿桂为定西将军,分道再举,海兰察偕领队常青、普尔普、保宁等带兵八千,由达木巴宗北山,取道分三路进,将斯达克拉、阿噶尔布里、硕藏噶尔山梁同时占据。十一月,至色布色尔,仍分三路下压,夺别斯满大小十馀寨。又同富兴等将帛噶尔角克、底木达、布朗郭宗等寨,先后攻获,大兵复据美诺。上以海兰察奋勉可嘉,所有革职留任之案,准其开复;本任应得养廉分例,并着照旧支给。

　　三十九年正月,阿桂分队三,海兰察领第一队,自明郭宗进谷噶山发枪毙贼哨,又与保宁带兵二千,由喇穆喇穆横梁绕八十馀里,攻最高之登古山,取之。登古山对峙曰罗博瓦山,亦贼中奇险处。二月,普尔普顺山梁进,海兰察绕出山后,由石罅跃登。贼凭高下压,海兰察正鏖战,额森特、保宁至,合力迎击,贼少却。复分队冒死冲突,立殪数十人,馀负矢遁,乃还,取罗博瓦前山,逼第三、第四峰,应弦毙贼。额森特攻第二峰,普尔普攻第一峰,俱克之。上以罗博瓦为贼险要门户,攻取时,海兰察尤出力,授为内大臣。三月,从第四峰下抢石卡三,歼贼百,随攻克得斯东寨。四月,与阿桂议从日尔巴当噶绕截喇穆喇穆后路,贼乘雨雾于山坡立两碉,海兰察率兵毁之。五月,于喇穆喇穆后山助领队乌什哈达筑栅,贼屡从林箐来犯,偕额森特合击,贼披靡。六月,攻色溯普,贼设大碉六,左右应援。额森特克左两碉,乌什哈达克右一碉,海兰察独克中三碉及附近卡寨。七月,抵色溯普,南崖石壁陡滑,官兵手足攀援上,将东西峰碉寨贼剿杀殆尽。又从喇穆喇穆山麓,乘胜攻日则丫口,取战碉数十、平碉百、木城五、石卡五十。上以海兰察不避险隘,每攻必克,尤为超轶出群,下部优叙,加三级。

　　时贼坚守该布达什诺木城,海兰察绕至山沟左,额森特从山

沟右抄截,与领队官达色中路兵并捷,遂进围逊克尔宗。谕曰:
"海兰察倡率官兵,攻夺险要木城、碉卡,痛杀贼人,洵属超众。
前给额尔克巴图鲁,今改赏绰尔和罗科巴图鲁名号,并赏银三百
两。现大兵已围逊克尔宗,其益加奋勉,迅奏肤功。"八月,从逊
克尔宗峰脊,偕额森特等分左右上攻,登碉顶,纵火焚其寨落。
风大作,火炽,毁平房、碉卡二百馀。又旁抄逊克尔宗西,直逼贼
寨,官兵踊跃,有竖梯上者,有凿墙进者,有从缺处跃入者,贼穴
地匿,不敢出。得旨嘉奖。九月,取逊克尔宗水碉,断其汲道,乘
势攻官寨,贼枪石如雨,海兰察左颊伤。时额森特已取逊克尔宗
右第一寨,海兰察带兵逼第二寨下,跃入,剿杀殆尽。谕曰:"海
兰察伤甫平,复仍带兵攻夺坚碉,尤堪嘉奖。着阿桂记册,俟攻
得勒乌围,一并议叙。"十月,据默格尔山梁及密拉噶拉木,克大
寨一、石碉四。山后为凯立叶官寨,亦乘势取之,复授为参赞大
臣。又从默格尔西,带兵下压布拉克森,进攻格斯巴尔,焚寨落
数百。又与领队乌什哈达等取达尔扎克寨,凯立叶附近碉卡净
尽。谕曰:"参赞海兰察屡经奋勉超群,此次破碉歼贼,亦属出
力。海兰察着在御前侍卫上行走。"十一月夜,度山沟,进格鲁克
古丫口,崖谷壁立,天明,官兵登者六百,贼并力拒,夺二碉,压至
桑噶斯玛特,即从陡乌当噶山进克沙木拉、渠什尔得等寨。复督
兵攻克革什戎冈及作固顶贼寨,横越山沟、山梁,直压河岸,获战
碉寨落不计数,遂与丹坝官兵合。上嘉其功,下部优叙,加三级。
十二月,抵桑噶斯玛特山,贼于碉外设木城遮护,官兵从栅缝射
入,或拔栅木击之,毁其城,杀贼数十。乘势攻战碉,歼毙尤众。
　　四十年正月,从康萨尔分路进剿,取大碉九、石卡十五,并据

山沟碉寨。二月，克甲尔纳寨，并取沿河斯莫思达大碉、木城、石卡。三月，攻勒吉尔博寨，海兰察克山麓碉二，贼从噶尔丹寺来援，击败之。四月，将军阿桂派往宜喜，会同明亮察看进兵路径，约期会攻。上以海兰察往来相度，深合机宜，赏大缎二。随分兵千，偕福康安赴宜喜，先取甲索贼碉，进攻得楞山冈，均克之。又焚萨克萨谷大小寨落数百，西北两路兵合。五月，攻上下巴木通大碉二，海兰察冒枪石，扳开木城，克之。乘势将色尔外、安吉、达佳布等寨攻获，直抵噶尔丹寺，焚之。有旨嘉将军、参赞调度有方。六月，从荣噶尔博山梁攻巴占寨落，贼恃险拒，连攻未克。七月，议从舍图枉卡绕截，海兰察督兵进，遂据昆色尔山梁，并果克多战碉攻获，进至拉枯喇嘛寺及畜则大海。又攻章噶大碉，克之，合诸路兵压勒乌围贼巢。海兰察从托古鲁逾沟直上山梁。八月，取隆斯得寨三，并分地设伏，夜半，遂克勒乌围。命交部优叙，加三级。

九月，整兵直攻噶拉依。初从达思里正路入，恐贼豫防，改从达乌达围进。海兰察绕至莫鲁古上，连夺噶克底、绰尔丹等寨，又克西里山梁，并科布曲诸碉。十月，攻达噶，从中路入，令两翼兵从旁抄越，克两坚碉，下压雅玛朋寨。闰十月，据黄草坪，官兵筑栅，断贼援。贼又起木城一，海兰察带兵潜绕木城，自上压下，克之。谕曰："海兰察每遇攻碉夺隘，俱率众先登，所至克捷，功绩尤为超众。将来奏凯策勋，必当格外加恩优锡。海兰察亦当努力为之。"十一月，分路攻奔布鲁木，乘夜潜抵山峰下，焚贼木城，官兵拥上，贼溃，遂据西里正寨。议叙，加一级。又克舍勒固租鲁寨四，进攻雅玛朋正寨，从中路设伏，偕普尔普等尽占附近寨落。十二月,克勒隈勒木通石碉,筑栅至科布曲。海兰察冒枪石进,歼贼甚众,乘胜克索隆古、得木巴尔、们都斯等寨。上以参赞等劳绩多,下部优叙,加三级。贼又于布哈尔下积木潜伏,迎拒官兵;海兰察分兵三路并进,立时攻开,遂取奇石矶。又派兵将库尔纳、额木里多各寨及巴斯科官寨剿尽,优叙加三级。四十一年正月,克舍齐雍中两寺,海兰察先至,扼噶拉依河岸。寻偕福康安、普尔普等截噶拉依右,夺获大石卡,移炮进轰官寨。二月,逆酋索诺木同众头目,出寨就缚。金川平。有旨封海兰察为一等超勇侯,赏戴双眼花翎。凯旋,上幸良乡城南,行郊劳礼,赐御用鞍辔马一。御紫光阁,饮至,赏缎二十端、银千两。阁上绘像,列前五十功臣。御制赞曰:"射巴雅尔,超授侍卫。荐至都统,参画军计。坚碉险砦,无不克登。勇而有谋,封侯实应。"四十三年,授领侍卫内大臣。四十五年,补公中佐领。

四十六年三月,甘肃撒拉尔回匪苏四十三争立新教,聚众破河州,据华林山,屡犯兰州城。海兰察奉命驰驿往。四月,抵兰州,率兵剿龙尾山,奋击之,贼伏穴中死守。时大学士公阿桂至,令海兰察总理营务。五月,偕明亮、额森特等分左右翼上扑,贼遁。海兰察射毙多贼,复从龙尾山逾沟,猝上华林山,贼骇,倾穴出,佯退;贼率众来追,还兵击之,贼不敢近。闰五月,率阿拉山马兵绕华林山西南,潜伏,突出壕截贼,歼之。又率屯练兵取贼卡四,弃马步战,受枪伤。上悯其劳,谕阿桂抚慰之。贼坚守为负嵎计,海兰察单骑至五泉山,审度贼情,还向华林沟暂伏,侦贼归巢,急起疾攻,遂克之。颁赐嘉奖。六月,入贼营,焚其帐房、板屋,贼退保华林寺,官兵逼寺立栅,尽歼贼众,以贼渠首级传示各回民,贼平。谕曰:"此次剿灭撒拉尔贼匪,海兰察甚为奋勉,着将伊子安禄授为三等侍卫,以示鼓励。"四十九年四月,甘肃逆回复私起新教,聚众滋事。上命海兰察驰驿往。五月,授为参赞大臣,同尚书福康安等会剿。时贼屯底店,海兰察带巴图鲁侍卫等潜探贼径,遇贼,迎击之。寻分兵进剿,贼败遁,歼贼百。六月,由双岘小路至贼巢,周视地势,立卡进逼。七月,围急,贼思扑卡窜,海兰察豫伏于隘,痛歼之,遂破石峰堡,擒贼魁张文庆等。得旨,擢其子安禄为二等侍卫,在乾清门行走;又赐骑都尉世职,即以安禄袭。五十年十二月,赐紫禁城骑马。

五十二年,台湾逆匪林爽文围嘉义县。七月,命海兰察为参赞大臣,偕将军福康安往剿。十月,渡鹿仔港,登岸后三日,率巴图鲁二十人至彰化县之八卦山,视地形,见贼于山上筑卡,跃马先登,贼拥至,发箭殪数贼,馀惊遁。上以海兰察甫抵台湾,即能用少击众,谕奖之。十一月,由笨港开通道路,同福康安援嘉义,分队五,沿途搜剿,由仑仔顶、仑仔尾逼至牛稠山,贼万馀阻溪固守。海兰察越溪抢上山梁,攻克贼栅,贼遁,追至大排竹,尽焚贼蓁,抵县城,围解。谕曰:"海兰察前在金川,屡著劳绩。今复身先士卒,攻透重围,又带兵出城,往来剿杀,实属勇略过人!应晋封公爵,赏给红宝石顶、四团龙补褂,用旌勋绩。海兰察系索伦人,屡立功勋,叠加拔擢。今特被殊恩异宠,亦足令该处人员共知鼓励。"寻授为二等超勇公。十二月,剿城西大仑庄及海岸贼,又焚城东兴化店及员林贼庄,督兵直剿北路。时贼屯中林,尤剽悍,海兰察冒枪石驰杀,克之。其大埔林、大埔尾等庄贼俱溃,收复斗六门,抵水沙连,贼已遁。寻踪搜捕,飞箭中乘马执旗贼目,生擒之，直攻大里杙巢，歼贼目数十、贼党二百，贼首逃入番社，即由内山平林仔搜至集集埔贼砦，前阻大溪，海兰察策马径渡，洗其砦，追十馀里，至浩淮角，焚草蘩千。又剿小半天山贼寨，海兰察亲巡边界，从东势角山峰转出狮子头、打铁蘩及鰕骨、合欢诸社，至极北之炭窑，搜获贼匪馀党。五十三年正月，生擒贼首林爽文于老衢崎，俘献京师。上念海兰察功，亲解佩囊赐之。二月，兵至南路，由湾里社剿大穆，降水底蘩等处贼党，追至极南之瑯峤，自山梁排队抵海岸，执凶渠庄大田，磔于市。台湾平，谕曰："海兰察屡次督兵，甚为奋勇，而筹办一切，俱能井井有条。着再加赏紫缰并金黄辫珊瑚朝珠，用示优异。"又命于台湾郡城及嘉义县并建福康安、海兰察等生祠塑像，又绘二十功臣像于紫光阁，御制赞曰："勇弗知书，谋胜智士。匹马弯弓，贼不敢视。欲致活口，射令勿死。进爵锡服，言难尽美。"

五十六年，廓尔喀贼匪滋扰后藏。十一月，上仍以福康安为将军，海兰察为参赞，率巴图鲁侍卫及索伦兵千往征之。十二月，自西宁出口，五十七年三月，抵后藏。四月，驰赴拉子，催趱粮运。闰四月，抵第哩浪古，与福康安分往绒辖、聂拉木，详察地势。定计由济咙进兵，遣四队乘夜进。海兰察偕阿满泰等由中路仰攻，黎明，夺贼前碉；贼守后碉，不出，官兵毁旁垣入，短兵接，杀贼目三、贼兵二百，生擒十馀人。乘胜抵玛噶尔、辖尔甲山梁，山下有红旗贼目，率贼蜂拥上，我兵暂伏，至山半，横冲贼阵，夺旗杀贼，贼且战且退。海兰察疾驰下，迎头截击，凡杀贼目七、贼二百馀，生擒三十。海兰察马足中枪，经福康安奏入，谕曰："海兰察与贼接战，马匹受伤，幸未颠蹶。实赖上天护佑，为之额手虔谢。特赏给行幸常佩护身佛一尊,以为诸事吉祥佳兆。海兰察临阵勇往,是其素性,但身为参赞,所关甚重,以后接仗时,固当督率士卒,鼓锐直前,然究宜加意持重,不可轻于冒险,此必当谨遵训诲也。"时进攻济咙官寨,海兰察与台斐英阿督索伦骑兵往来冲击,自丑至亥,克之,斩级六百,生擒二百,颁赐嘉奖。由济咙进至索喇拉山,下有石卡,大军直前,贼弃卡奔,追至热索桥,贼急撤桥,攻之不及。因趄退,密令阿满泰等东越峨绿山,从上游潜渡,转扑桥卡,贼骇,坠河者甚众。正路官兵乘势渡,遂据热索桥,进至密哩顶,越崇山数重,抵旺噶尔,深入百七十里,不见贼。旺噶尔西南横亘一河,河岸北名旺堆,南名协布噜克吗,迤东为克堆寨,贼各筑卡拒守。大兵至旺堆,贼扼河抵御,不得渡,仍留兵牵缀,密从上游缚木渡,直薄克堆寨,出贼不意,大败之。旺堆正路兵亦济。六月,督兵自协布鲁由噶多东南越雅尔赛拉山,昼夜遄行,至博尔东拉前山,见贼木城三、卡七,转从山颠绕压卡上,与阿满泰上下夹击,拔其城卡,乘胜追至玛木拉,杀伏贼百馀人。上嘉之,交部议叙,加一级。结营雍雅山,贼酋具禀乞降,斥之。七月,进攻噶勒拉山,三路并捷,乘胜穷追,上堆补木山,夺其卡,由堆补下山,为帕朗古横河,贼扼桥拒官兵,夺桥渡,驰上甲尔古拉山,贼来扰者,往来迎击,皆败之。凡接战两日夜,越大山二,克木城四、大小石卡十一,夺据大桥一,戮贼目十三,毙贼六百,生擒十七。贼酋畏惧乞降,有旨许纳款,班师。九月,海兰察晋封一等公。

　　五十八年三月,卒于家。赐谥武壮。时十五功臣图像成,御制赞曰:"勇而有谋,侍卫荐公。索伦巨擘,黼衣赐龙。图形四番,福禄鲜比。旋终于家,矜惜无已。"又谕曰:"海兰察由行伍出身,在戎阵多年,其接战次数,不可胜记。实不愧宣力之臣。兹病卒于家,非阵亡者比,例不入昭忠祠。但念军营奋勉,曾受多伤。着加恩亦入昭忠祠,以示轸念功臣之意。"

子安禄,袭公爵。嘉庆四年,随征教匪,在四川开县枯草坪地方剿贼,阵亡。十二月,得旨,着安禄之子恩特贺莫扎拉芬承袭一等超勇公。六年十月,卒。命安禄之弟三等轻车都尉兼三等侍卫安成承袭,现任二等侍卫。

【校勘记】

〔一〕参赞大臣丰昇额攻美美寨　原误一"美"字。今据纯录卷九一〇叶一四上补。

普尔普

普尔普,蒙古正黄旗人,姓额尔特肯氏。父巴图济尔噶勒,本额鲁特人。乾隆十九年,以都尔伯特部宰桑来降,入正黄旗蒙古。随征四部于和阗,立功,官都统,自有传。

普尔普由闲散于二十九年授蓝翎侍卫,在乾清门行走。三十三年正月,迁三等侍卫。二月,随征缅甸。三十六年七月,擢御前侍卫,寻授公中佐领。三十七年九月,命领额鲁特兵赴金川西路军营,交定边右副将军温福委用。十一月,大兵攻取达克苏贼碉,普尔普夺据山卡,断贼来路。十二月,随参赞大臣丰昇额攻明郭宗,贼弃碉遁。奉旨温福一路,派普尔普为领队侍卫。寻偕头等侍卫巴雅尔攻克明郭宗南寨,赏副都统职衔。三十八年正月,进攻噶尔拉,取道丫口,尽占贼番卡寨,得旨褒奖。三月,攻昔岭,偕副都统海兰察等力战,克要路贼碉二。谕曰:"此次官兵不避枪石,尽力攻剿,均属可嘉。其中海兰察、额森特、巴雅尔、乌什哈达、普尔普、马全、阿尔纳素尤为奋勇出力,着交部从优议叙。"十一月,复偕海兰察等分兵攻斯达克拉、阿噶尔布里、硕藏噶尔山梁,克之。寻攻色布色尔山梁,击败贼番,克碉座十馀。谕曰:"罗博瓦为贼酋紧要近捷门户,屡经阿桂等相机进剿。今复将其山峰全行占住,歼贼甚多。皆由阿桂调度有方,将领等奋勇直前,海兰察、普尔普、额森特等尤为奋勇,故能所向克捷,实属可嘉! 阿桂着加授太子太保,海兰察授为内大臣,普尔普、额森特授为散秩大臣,以示奖励。"嗣贼劫副将常禄保营,普尔普分兵两翼进击,贼败遁。五月,绕喇穆喇穆贼营后,与海兰察合攻,歼贼十馀,被伤,窜者甚众。六月,攻色溯普,多斩获。七月,攻喇穆喇穆北面,潜上山梁,贼惊窜高碉固守,发炮击毙甚众。旋攻东面第一贼碉,射中红衣贼目一。又攻该布达什诺,拔木城二。均得赏御用黑狐冠。

三十九年二月,由罗博瓦山梁进,见碉外有伏贼,歼之。三月,克罗博瓦第一山峰,得旨嘉奖。八月,贼劫外委王世贵、钟新所守卡,普尔普与二等侍卫副都统职衔乌什哈达往援,贼溃,奉旨普尔普着给一等功牌一个。九月,攻逊克尔宗,受伤一处。十二月,攻舍图旺,断逊克尔宗去路。四十年六月,攻克占抢修木栅二十六,直据荣噶尔博第八峰。七月,攻章噶,偕侍郎台斐英阿、土舍尔都拉后山,获寨落二十馀。八月,攻贼贮铅药之隆斯得寨,拔之。寻偕台斐英阿等攻克勒乌围,赐什勒玛咳巴图鲁名号。闰十月,进取阿襄曲、强达巴,连克大碉三、木城四。十一月,抵西里山峰,大兵仰攻,贼越碉窜,普尔普带兵追蹑,多杀伤。旋抵舍勒固租鲁,[一]克碉一、寨二;又攻克开布智章贼寨一。十二月,克萨尔丕及阿结占寨,尽据勒隈勒木通及科布曲一带山梁,普尔普斩获甚多。四十一年正月,贼退据雍中喇嘛寺,大兵分三队,普尔普由右进,贼惊窜。寻合兵围噶拉依贼巢,同海兰察等垒卡截其右,克之。金川平,捷闻。得旨,普尔普着赏给三等男,世袭罔替。复命图形紫光阁,御制赞曰:"父是日碑,子非弄儿。命往剿贼,尽力无遗。金戈铁衣,冰山雪窖。能入能出,敌不敢校。"四月,郊劳礼成,赐御用鞍辔马一。五月,授正红旗护军统领。六月,兼正白旗满洲副都统。七月,赏戴双眼花翎。四十二年十月,调镶白旗护军统领。四十三年正月,扈跸谒泰东陵,离营住宿,经御前大臣福隆安等奏参,奉谕普尔普着革去御前侍卫护军统领,并拔去双眼花翎,加恩在副都统上行走,仍罚副都统俸一年。五月,授管理健锐营大臣。六月,命在乾清门行走。四十六年三月,因侍卫玛达里误班,不行揭参,退出乾清门。四十九年九月,授正白旗护军统领。

五十二年八月,奉谕授领队大臣,随将军福康安赴台湾剿逆匪林爽文。十一月,大兵由鹿仔港进,普尔普由茅港尾剿诸罗至郡城一带屯聚贼匪。十六日,遇贼四五千人,击败之,追奔二十馀里,杀贼三百馀,生擒二十馀。复带兵疏通郡城大路,奋勇冲杀,贼溃奔三功店。诸罗县围解,奉旨从优议叙。嗣大兵克斗六门,普尔普带兵沿十四甲山一带搜剿。二十五日,大兵克大里杙。十二月初四日,克集集埔,普尔普偕总兵普吉保等攻克草岭贼卡,得旨交部议叙。<u>爽文</u>逃<u>小半天山</u>顶。[二]十八日,大兵分三队,<u>普尔普</u>同<u>海兰察</u>等由前山进,贼抵死拒。山路险恶,<u>普尔普</u>率所领<u>广东</u>兵及屯练降<u>番</u>,攀木栅,奋勇先登,贼溃,<u>爽文</u>潜匿<u>里社</u>、<u>埔尾</u>等处。<u>普尔普</u>偕<u>普吉保</u>等由内山木栅入于西北面截剿。二十四日,大兵于要路追杀,<u>普尔普</u>由<u>朴仔离东山</u>进,徒步穿林箐,杀贼无算。五十三年正月初四日,擒<u>爽文</u>,遂进军<u>瑯璚</u>,追剿贼目<u>庄大田</u>。十九日夜,贼潜劫营,<u>普尔普</u>于<u>大武垅隘口</u>,带兵冲杀百馀,生擒七十馀。二十一日,由<u>东势庄</u>往北面内山搜剿。二月初二日,谕于<u>台湾</u>郡城及<u>嘉义县</u>建生祠,事见<u>海兰察</u>传。初五日,<u>大田</u>就擒,<u>台湾</u>平。奉旨,<u>普尔普</u>给予一等功牌。四月,谕曰:“此次剿捕<u>台湾</u>逆匪,大功迅速完竣。其带兵出力之巴图鲁侍卫等,昨已降旨交<u>福康安</u>查明劳绩懋著者,奏明交部,查照功牌酌给世职。内<u>鄂辉</u>、<u>舒亮</u>、<u>普尔普</u>三人,俱系大员,奋勉出力,朕所素知,即着军机大臣会同该部查明<u>鄂辉</u>等三人节次打仗劳绩,查照应得功牌,酌量议给世职,以示酬庸延赏至意。”

寻遵旨议<u>普尔普</u>加一云骑尉,并前所得三等男为二等男,准其承袭一次,仍将原得之三等男,世袭罔替。五十五年三月,卒。子<u>托布济图</u>袭。

【校勘记】

〔一〕旋抵舍勒固租鲁　“固”原误作“图”。<u>耆献类征</u>卷二九二叶一六下同。今据本卷<u>海兰察</u>传改。

〔二〕爽文逃小半天山顶　原脱“天”字。<u>耆献类征</u>卷二九二叶一七下同。今据本卷<u>海兰察</u>传补。

富勒浑　花尚阿

富勒浑，满洲正白旗人，瓜尔佳氏。由鸟枪护军校，于乾隆六十年委署鸟枪护军参领。嘉庆五年二月，补副鸟枪营护军参领。闰四月，发往湖北，以参将补用，随领队大臣明亮剿办青号贼匪。七月，贼匪窜赴郧县，总兵孙清元追剿至分水岭，贼由文峪河窜往陕西白河县境，因遇官兵截剿，仍由郧县鲍家店、黄龙滩、花果园等处回窜。时明亮绕道截杀，行抵房县，富勒浑随湖南沅州协副将佛凝，奉檄带兵驰往防堵。行至花果园，遇贼接仗，毙贼三百馀人。次日，后股贼众继至，佛凝力战阵亡，富勒浑奋勇剿杀，复歼贼数十人。贼拒战益力，富勒浑身受重伤，遂殁于阵。时湖北候补都司花尚阿与富勒浑并力转战，同时阵亡。事闻，得旨："富勒浑、花尚阿着照例议恤，均荫云骑尉世职，袭次完时，各给恩骑尉世袭罔替。"富勒浑子希兰都袭，花尚阿子乌尔衮保袭。

花尚阿，梅楞氏，满洲正黄旗人。

勒尔谨

勒尔谨，满洲镶白旗人，姓宜特墨氏。乾隆十年翻译进士。十五年，授刑部主事。十八年，迁员外郎。二十年，授直隶天津道。二十三年，调甘肃宁夏道。二十七年，调甘肃道。三十一年，迁山东按察使。三十二年，疏称各省府、州、县官迎送上司，违例远出，请交部严议，容隐之上司，一并议处，下部议行。三十三年，迁陕西布政使。三十六年，擢陕西巡抚。

　　三十七年六月,授陕甘总督,疏请移西安、宁夏满洲兵各千,驻巴里坤,拨京兵分补西安、宁夏额。复奏请由京拨驻凉州满洲兵千、庄浪兵五百,移西安副都统一员,驻凉州,军机大臣议行。八月,赏戴孔雀翎。三十八年二月,疏言:"巴里坤兵民子弟赴肃州考试,往返四千馀里,请岁、科两试考,学政按临肃州前封题,发巴里坤道员局试。其武童外场镇道会考,将册卷封送学臣,按额取进,并暂令该同知约束。俟人文日盛,再请设训导行廪增出贡等事。"谕曰:"自平定西陲以来,关外耕屯日辟,生聚滋繁。其秀民并知蒸蒸向化,弦诵相闻,渐成乐土。前已议准办事大臣所奏,于乌鲁木齐等处专设学额。今巴里坤复请照例取进生童,将来人文日盛,即当建置胶庠,使遐方文德诞敷,声教广被,实从来所未有。惟是该处民居稠密,闾井殷繁,兼之属国来王,征轺辐辏,实为边陲一大都会。今既议定学额,而原驻仅一同知,尚于体制未合,自应将巴里坤改设为府,乌鲁木齐改为属州,或将安西府移于巴里坤,而改安西为州,并令统隶,于边郡规模,尤为阔远。其应如何定制设官,酌予嘉名,及建立学校之处,着大学士、九卿详悉妥议具奏。"五月,疏陈:"由京移凉、庄官兵事宜:一、凉州移驻协领二,作为左右翼,各管四旗,各兼佐领一缺,每佐领下防御、骁骑校各一;一、凉、庄旧设兵房甚多,请以赁价作赏项;一、庄浪城守营印信,并凉州协领关防,由部颁,其佐领等图记,仍由本处镌给;一、马兵所需马,从前西安移凉、庄兵内有养育兵一项,即裁马干粮银一分三釐零养赡,今由京移驻兵,请仍照原额归入马干银内,于钱粮项下分三年扣还;一、官兵俸饷粮料,旧有科则,请照例支给;一、官兵起程应带何项军器,听兵部酌定;一、凉、庄两处应设炮十二,在凉州镇存贮炮内拨给;一、凉、庄旧驻官兵三千,赏借银九千两,除经带往乌鲁木齐外,尚馀一半,现交地方官收存,请留备出差及赏项借支之用。"军机大臣议行。六月,疏言:"乌鲁木齐等处定制设官,仰蒙皇上指授饬部定议,巴里坤改设为府,以乌鲁木齐为属州,其原设宁边通判改州同,特讷格尔县丞改州判,均归巴里坤统辖。臣查乌鲁木齐地方辽阔,仅令一知州管理,尚恐顾此失彼,宁边通判管理本城及呼图壁、玛纳斯三处,州同亦难胜任。请将拟设之迪化州改为直隶州,拟设州同改为知县,其特讷格尔新设州判,暨吉木萨旧有巡检,听直隶州辖,玛纳斯、呼图壁佐杂等员,听知县辖。"部议如所请。寻定新设府曰镇西,县曰昌吉。

三十九年三月,奏甘省仓储一时未能足额,请仍照旧例于口内各属,一体收捐本色,下部议行。寻谕曰:"甘省捐监一事,上年止准令肃州以西收捐本色。昨据该督以甘省通省仓储一时未能全行足额,奏请仍照旧例口内各属一体收捐。业经部议,准以本色报捐,仍饬该管上司核实稽查,勿使滋弊,业已允行。第念此事必须能事之藩司实力经理,方为有益。尹嘉铨谨厚有馀,而整饬不足,是以改擢京职,特调王亶望前往甘省,但董饬稽查,乃总督专责,着严加传谕勒尔谨,于王亶望到任后,务率同实力查办,剔除诸弊;如仍有滥收折色,致缺仓储,及滥索科派等弊,一经发觉,惟勒尔谨是问。"四月,疏请移巴里坤满洲兵一千驻古城,添设领队大臣一,军机大臣议行。十一月,谕曰:"据王亶望奏捐监事宜折内称,现在收捐之安西、肃州及口外各属,扣至九月底止,共捐监一万九千十七名,收各色粮八十二万七千五百馀石等语。固属承办认真,其情多有不可解处。甘省人民艰窘者多,安得有二万人捐监? 若系外省商民就彼报捐,[一]则京城现有捐监之例,众人何以舍近而求远? 其不可解者一也。且甘省向称地瘠民贫,户鲜盖藏,是本地民人食用尚且不敷,安有如许馀粮供人采买? 若云商贾等从他处搬运至边地上捐,则沿途脚价所费不赀,商人利析秋毫,岂肯为此重费捐纳? 若收自近地,则边户素无储蓄,何以忽而丰赢? 其不可解者二也。况以半年收捐之监粮,即多至八十馀万石,若合一岁而计,应有一百六十馀万石。若年复一年,积聚日多,势必须添设仓廒收贮,而陈陈相因,更不免滋霉湿之虞。且各处尚有常平仓谷,统计数复不少。似此经久陈红,每年作何动用,其不可解者三也。若云每岁春间出借籽种口粮,需费甚多,设无捐项,势不得不藉采买,约岁需价百馀万金。然此项究系购买民间,与其敛馀粟归之于官,[二]复行出借,何如多留米谷于间阎,听其自为流转乎? 或以为盖藏之内多系富户,而出借种粮,皆系贫民,贫富未必相通,不得不官为经理,则又何如于春时多方劝谕富户,减价平粜,以利贫民,转需多此一层转折乎? 其不可解者四也。勒尔谨既因该省民食,筹办经费,自应将各种情形通盘筹画,使于民生有实济而无流弊,方为妥善。着传谕勒尔谨将所询各条详查据实覆奏。"[三]十二月,覆奏:"安西、肃州及口外各属捐监,系自乾隆三十七年十月起,扣至本年九月止,王亶望折内未将年月叙明,遂觉过多。然实系两年所捐总数。盖缘新疆开辟以来,路远物稀,贸易倍多获利,商民云集,而安西、肃州为边陲门户,无不经由;又值粮价平,该商等就近买粮捐监,实为便捷。且因旧例久停,新例初开,倍加踊跃。甘省年来休养生息,殷实之户不少,且安西、肃州所属连稔,捐监粮石,实系本地富户之馀粮,供捐生之采买。再收捐监粮,原因常平仓储不足,是以收捐弥补。今以额贮粮数通核,尚属不敷,将来收捐足额,自应奏明停止。至建仓即以捐生之仓费动用,有盈无绌。又民情锱铢较量,平粜既虑亏短,出借更恐无还。富户粜粮得价,实无勉强,虽敛馀粟归之于官,而复散之于民。且以富民之有馀,济穷黎之不足,岁可省协济银百十万,公私两便。"疏入,谕曰:"尔等既身任其事,勉力妥为之可也。"

四十年七月,疏言:"兰州府向设同知经管黄河浮桥。嗣因员缺移驻辟展,归并皋兰县管理,势难兼顾。至凉州府属之平番县,河渠水利,必须专员节宣,请于二处各增设主簿一员。查肃州州判经管屯户,近年所分屯粮渐少,由该屯户视为官田,不尽力所致。请改屯归民,计亩升科,即裁州判缺,将俸廉等项分给二县新设主簿。又肃州嘉峪关为新疆门户,距州城七十馀里,遇有查办事件,该州鞭长莫及。请裁哈密厅属之酤水巡检,移驻嘉峪关,为肃州属。酤水地处郭壁,可无藉专员弹压。"下部议行。

四十一年四月,奏:"请将玛纳斯屯兵改为额驻养兵,增设副将、都司、守备等官,即于内地裁拨移驻,归乌鲁木齐都统辖。"部议从之。又疏陈:"镇西府所属设官事宜:一、特讷格尔新设阜康县,请将所裁庄浪县知县、训导、典史移设,仍隶迪化州辖;一、平凉县训导请裁移新设之奇台县,其典史一缺,将吉木萨所裁巡检移设;一、吉木萨新设县丞,请作为特讷格尔分驻吉木萨县丞;一、迪化旧城增设巡检,请将秦安县陇城巡检裁移;一、东吉尔玛

泰巡检请移驻古城;一、阜康县请定为冲繁难边要缺,奇台县定
冲难最要满缺,吉木萨县丞,迪化城巡检,阜康、奇台二县训导、
典史,定为边要缺,俱在陕、甘两省咨调,俸满题升;一、哈密、辟
展命盗案,前议定由各该处大臣就近经行奏办,请仍其旧;一、玛
讷斯县丞衙署,请并建于新城,与副将同城驻扎,以便办理兵民
交涉事件;一、新设奇台、阜康二县,请设岁、科两试学额;一、递
送公文马匹,应于内地偏僻驿内裁拨,至买补倒马价银,及所需
夫马外备站价,照例支给。再巴里坤粮务兵备道一员,请改铸分
巡镇迪粮务兵备道印,兼管镇西府迪化州所属钱谷,照伊犁例转
请都统核办;其哈密、辟展钱谷,由该道呈报都统造销。阜康、吉
木萨粮石奏销,与迪化州分案造报,并责成奇台县经收各项税
粮。"疏入,均下部议行。

　　十一月,疏报:"中卫县各渠俱由黄河西岸开口,引灌宁夏、
宁朔、平罗三县田数万顷。汉渠计长一百九十馀里,须添退水石
闸,并接建迎水坝岸,加筑高厚。唐渠计长三百馀里,渠身靠贺
兰山下,一派沙碛,近年湍流东注,河底愈冲愈低,渠口日淤日
高,本年抢挖渠口以下六十里,水渐入渠。其馀应用大石填塞中
流,渠口外由黄河东岸向西北迎筑拦水石坝,并于渠身正闸上下
添退水石闸二,庶唐渠一并挑通,可垂永久。再该县有七星渠之
白马滩,环洞山水冲坍二十馀丈,须易地改建美利常乐二渠,黄
流遍徙,渠口背流,宜迎筑石坝拦御,添建退水石闸以去泥沙。
又灵州有秦汉二渠,秦渠渠口本低,闸坝冲损,所需工料无多,令
农民自修;汉渠口高身低,渠身地名野马滩、大圪塔二处,壅淤九
百馀丈,应易地改浚。"得旨允行。四十二年三月,疏请增巴里坤

城守营,设都司一、千总一、把总二、外委三、马步兵二百,在踏实营、沙州营裁拨,部议行。十一月,疏报:"河州民黄国其家聚集多人,竖幡念经,并勒令居民供应粮食。[四]该署州往捕,辄恃众拒捕伤差。臣随与按察使李本先后驰往查办。"谕曰:"内地民人敢于设教聚众,并立有教主,竖幡占聚一村,入教者皆以白布为号,即与前此山东叛逆王伦无异。其情罪实为可恶!所有首伙各要犯,必须上紧弋获,尽法重治其罪,以示严惩。但陕、甘两省,回民最多而易滋事。此案若系回民,或恐恃其勇悍,敢于抗拒,不可不用官兵剿捕。今勒尔谨前往,自必带有兵役,第恐为数无多,或不敷应用,提督法灵阿近在该省,应即选带精兵,星夜驰往协剿。如各犯业就全获,则已;若尚有抗拒情形,法灵阿即在彼调度,加之以兵,或剿或擒,相机妥办,勿使一犯漏网。就获后,勒尔谨即将案内各要犯严讯起意聚众、煽惑纠约各实情,分别凌迟斩决,一面于该处正法枭示,一面奏闻。"寻奏言:"臣抵河州,已据该州拿获石忠信等,究出首犯王伏林等,有潜谋攻抢河州仓库情事。随带兵至王家坡巢穴,戮贼众四百馀名,生擒五百馀名。王伏林、黄国其等业俱伏诛。"谕奖妥速,赏给朝珠、荷包,并交部议叙。四十三年十月,以高朴家人私携玉石过境,勒尔谨未能缉访搜查,奉诏严饬;又失察私贩玉石之吴芑洲等经过甘肃地方,[五]部议革任,诏免。四十五年四月,疏请迪化州、昌吉县额设廪、增各二名,六年一贡,部议从之。九月,疏请伊犁增设抚民同知一员,霍尔果斯、东察罕乌苏、乌克尔、博尔苏克、巴彦岱等处酌量数城远近,增设巡检二员分驻。十二月,疏称陕、甘各营汛广兵单,请于前督臣黄廷桂奏裁公粮八千四百馀名内,酌复二千,以资巡防差操之用。部议均从之。

四十六年三月,疏报:"循化厅属撒拉尔回人苏四十三等因争立新教滋事,臣委兰州府知府杨士玑、河州协副将新柱前往办理,并即选派本标兵二百,带同臬司福崧往捕。"旋奏:"杨士玑、新柱被害,臣飞调固原、凉州、甘州、西宁、肃州五提镇兵二千,又于本标兵续调三百,兼程前赴剿捕,并札提督仁和会办。"谕曰:"勒尔谨初派本标兵二百名,原属过少。其知府杨士玑、副将新柱前往查拿时,办理亦未能妥协,以致被贼杀害。至所带兵数,前后几及三千人,又札会提督仁和前往会办。仁和系曾经出兵打仗之人,军务颇为熟悉,勒尔谨当与之和衷速办,总以慎重明决为要。"四月,疏言:"逆回据河州,臣饬循化文武各员擒苏四十三等家属,并饬署西宁镇副将贡楚达尔由循化一带截其归路。[六]旋闻逆回由小路潜赴省城,其留河州之贼自属无多,即飞饬该镇作速收复河州。臣将原带本标兵留二百驻守狄道,率同臬司福崧带兵三百,并传集土兵七百,星夜旋省救援。"谕曰:"番、回争立新教起衅,勒尔谨节次所奏,总未明晰。前经朕降旨,令其将旧教土兵作为前驱,勒尔谨何以不早行具奏?又未将何日接奉谕旨之处奏明,诸事迟延,劳朕于数千里外为之筹画,为总督者应如是乎?"寻疏报:"臣自狄道带兵旋兰,与提督仁和、臬司福崧驻扎城外,派兵保护,逆贼无从得入,民心渐安。惟是逆酋未获,城门未开,百姓日需河水,臣现在派兵守东门,按时启闭,听民取水。"谕曰:"勒尔谨此奏恐有不实,前伍弥泰奏勒尔谨专派兰州道图萨布、候补道永庆驻扎城外,随同办事。则伊自必安坐城内衙署。当此紧急之际,竟尔安然坐视,实属全无人心。今勒尔谨又自称驻扎城外，此必伊近日自知罪重，且闻伍弥泰已经奏及，因复移居城外，为此饰奏。至伊折内所称'现在派拨官兵把守城门，按时启闭，听民取水'等语，尤属不成事体。贼匪自击退上山之后，必不敢复近省城滋扰，况现有官兵万馀，屯驻城外，若尚虑贼人来犯，则又安用此官兵为乎[七]？且城门未开，徒令远近居民，因此疑惧。所谓示寇弱而怯兵志，错谬莫此为甚！"又谕曰："甘肃逆匪苏四十三等肆扰不法一案，系因争立新教，旧教不从，致被杀害起衅。若地方官早为严明料理，断不致酿成事端。乃勒尔谨经理不善，以致养痈贻患，从未奏明此事，其罪已无可辞。及事发之后，即当迅速妥办，以赎前愆。乃朕已简派八旗劲旅，启程前往，并就近酌调阿拉善兵协剿，而勒尔谨转一味含糊，且以半月之内，即可歼灭，饰辞具奏，致京兵等均各撤回，令贼匪窜匿兰州城外山梁，几及月馀。虽节次剿捕，贼匪穷蹙待毙，已如釜底游魂，而现在尚未净尽歼戮，致稽时日。且调往将军、提、镇等在城外督兵剿贼，而勒尔谨竟安坐城内衙署，仅委道员驻扎城外，视为与己无涉，以致众相观望，坐失事机，殊不可解！朕初意本以逆匪滋事，转不便轻易地方大吏，今勒尔谨如此办理错谬，其罪甚大，难以姑容。着革职，拿交刑部治罪。"寻议斩决，得旨，改为斩监候。

先是，甘肃累年捏报旱灾，地方官从中侵蚀赈银，又报捐监生，私收折色。至是事发，命籍其家。敕大学士、九卿会审勒尔谨捏旱冒赈，侵蚀监粮，通同舞弊营私各款，属实，按律定拟即行正法。谕曰："甘省收捐监，本欲藉监粮为备荒赈恤之用。乾隆三十九年经勒尔谨奏请开例，议准允行，原令只收本色粮米。其时王亶望为藩司,即公然私收折色银两。勒尔谨竟如木偶,毫无见闻。勒尔谨本一庸懦无能之人,因其平日尚属小心勤慎,用为总督。从前逆回一事,原因勒尔谨养痈贻害所致,即收复河州亦系布政使福崧在彼筹画,帮同办理。勒尔谨失机贻误,本即应正法,彼时朕尚从宽改为监候。今又于王亶望私收折色冒赈婪赃一案,全无觉察,且亦收受属员代办物件,一任家人等从中影射侵肥,种种昏庸贻误,罪更难逭! 勒尔谨着加恩赐令自尽。"八月,总督李侍尧奏清厘甘肃各州县已征未解钱粮银,尚有五十馀万;派管马厂游击佛津泰变价营马二千馀匹,亏缺捏报:请革审。上以勒尔谨久任总督,政务废弛,命将伊子二人均发遣伊犁,以示惩儆。

【校勘记】

〔一〕若系外省商民就彼报捐　"商"原误作"人"。今据纯录卷九七一叶一三上改。

〔二〕与其敛馀粟归之于官　原脱"馀"字。今据纯录卷九七一叶一四上补。下同。

〔三〕着传谕勒尔谨将所询各条详查据实覆奏　原脱"所询"二字。今据纯录卷九七一叶一四下补。

〔四〕并勒令居民供应粮食　原脱"并勒"二字。今据纯录卷一〇四五叶九上补。

〔五〕又失察私贩玉石之吴芑洲等经过甘肃地方　原脱"之"与"芑"二字。今据纯录卷一〇六八叶九下补。

〔六〕并饬署西宁镇副将贡楚达尔由循化一带截其归路　"楚"下原衍一"克"字。今据纯录卷一一二八叶一下删。

〔七〕则又安用此官兵为乎　原脱"又"字，又"为"误作"则"。今据纯
　　录卷一一二九叶二三下补改。

柴大纪

柴大纪，浙江江山人。乾隆二十八年，由武进士拣选守备，分发福建试用。三十六年九月，补授福建水师提标左营守备。四十年九月，擢水师提标右营游击。四十二年，调澎湖水师右营游击。四十三年二月，擢水师右营参将。七月，擢湖南洞庭协水师副将。四十六年九月，擢福建海坛镇总兵。

四十八年十一月，调台湾镇总兵。五十年九月，谕曰："昨据柴大纪差弁赍折，奏报收成雨水情形，折内书七月二十五日拜发。今日又有该镇奏到之折，阅之系自请弛封，而折内则写七月二十七日，与前折日期不同。地方遇有紧要事件，虽远隔重洋，亦应随时专差奏报。若止系寻常之件，断无从台湾地方仆仆差人赍奏折者。今所奏乃该镇自请弛封，非关紧要，则其为一次拜发之折，该镇令差弁分日呈进无疑。因命军机大臣传讯该弁，所称果不出朕所料。总兵为专阃大员，且台湾地处海疆，尤须留心大体，弹压抚绥，方于地方有益。乃柴大纪将一次奏折，分别书写日期，令差弁分日呈进。如此用心，糊涂取巧，殊属非是。柴大纪着传谕严行申饬。"十一月，调汀州镇总兵，未赴任，直加未南及目怀二社生番滋事，随提督黄仕简入山剿捕，杀获多名。五十一年三月，奉上谕："前因柴大纪差弁赍折，嘱令分日呈递，意存取巧，恐于台湾重地，难以胜任，是以将该员调补汀州。今柴大纪于生番滋事一案，督率弁兵，进山搜剿，颇为出力，且歼戮其

多,远近番众,自必惮其威名,闻风敛戢。今甫经事定,遽行更调,恐非所宜,柴大纪着仍回台湾总兵之任。"八月,诸罗县奸民杨功懋等滋事,大纪即行擒获,奉旨,交部议叙,军功加一级。

十一月,奸民林爽文滋事,陷彰化,十二月,陷诸罗,犯郡城。大纪带兵堵御,败贼于三坎店,贼稍挫。五十二年正月,奏:"贼分两路犯府城西北二门,臣于盐埕桥堵御,杀贼千馀。嗣闻凤山陷,即饬澎湖协水师游击蔡攀龙等带兵恢复。臣仍驻盐埕桥,堵截水陆贼匪。"谕曰:"此次柴大纪与贼打仗,奋勇可嘉。北路贼势蔓延,盐埕桥系水陆扼要之区,该镇自应仍在彼督率剿捕,未便遽回郡城,以致贼人踵后。且南路既经该镇派拨澎湖协及城守兵丁共一千名前往,谅亦足资抵御。"二月,奏:"郡城为全台根本,并无城垣,倘有疏失,更难恢复。现在于东、西、南三路分兵堵御,臣在盐埕桥独当北路贼匪。"谕曰:"阅柴大纪所奏,郡城为全台根本,即应速建城垣,以资保障。"嗣黄仕简奏,大纪带兵往北路进剿,生擒伪将军廖东、伪军师侯辰二贼,歼戮甚众;随督率守备邱能成等,克复诸罗,即统兵往剿彰属大里杙等处贼巢。谕曰:"柴大纪于官兵未到之先,能督率兵民,极力守御郡城。现在带兵赴北路搜剿,又能多歼贼众,收复县城,并生获要犯,甚属出力。惟是台湾系该镇专管地方,今有此贼匪聚众不法之事,该镇本有应得之咎,若能及此时勇往剿捕,岂止可以将功抵过,朕必将伊从优议叙。"三月,闽浙总督李侍尧奏:"柴大纪在诸罗咨请两提臣拨兵协助,非惟不能合剿大里杙,并诸罗、彰化间道路亦未疏通。"谕曰:"柴大纪自派往诸罗以后,于剿捕一切,不能如从前之出力,且赦不问,令其效力,带兵赎罪。如伊等亦有畏葸观望情事,即着常青据实参奏。"四月,谕曰:"着常青详悉晓谕柴大纪,伊系台湾总兵,致贼滋事,失陷城池,已属有罪之人;且收复诸罗后,效尤观望,其罪与黄仕简、任承恩无异。念其从前守御郡城,尚属出力,姑令带罪图功。现在大兵进剿,贼匪窜入内山之路,[一]最关紧要,即责成该镇专力堵截。若能将贼首拿获,不使馀党一名窜逸,不但宥其前罪,并当仍录其功。倘再不能实力奋勉,立功自赎,恐伊不能当此重罪也。"

嗣调任湖广总督,仍留督师。常青奏:"臣自抵台后,即派柴大纪与总兵普吉保夹攻斗六门,以通南北之路。前因柴大纪不能开通道路,曾经参奏,但自驻扎诸罗后,贼尚知畏惧,其功过原不相掩。"谕曰:"柴大纪一到诸罗,不能将斗六门贼匪搜除净尽,开通道路,实有应得之罪。但前此守御郡城,尚能奋勉,且驻扎诸罗后,贼人颇知畏避。所称功过不相掩,自属定论。所有陆路提督一缺,着加恩令柴大纪暂行署理。"寻奉旨,赏戴花翎。是月,授常青为将军。五月,常青奏近日贼匪侵扰诸罗县城,柴大纪督率官兵协力剿捕,生擒匪犯蔡瑞等十一名,毙贼数百,得旨嘉奖。嗣大纪奏:"臣自克复诸罗后,搜捕馀党,有奸匪张慎徽等,假充义民伪降,立拿正法。又贼众屡次滋扰大坪顶、牛稠山地方,并来攻各城门营盘,经官兵奋勇剿御,歼毙无算。"谕曰:"柴大纪驻守诸罗两月有馀,贼匪屡次滋扰,连得胜仗,斩获甚多,并能识破内应奸匪,擒拿正法,始终奋勉出力,朕心深为嘉奖!着交部议叙。"军功加一级。又谕曰:"前甘省剿捕逆回藏事后,曾命将行军纪律,择其紧要数条,颁发各营,操演讲习。着将柴大纪用法严明,得邀奖叙,补行载入。"嗣奏:"首恶林爽文纠众屡来侵犯,臣临阵未能即获。现确探该犯潜居何处,竭力擒拿。"谕曰:"柴大纪果能将贼首林爽文生擒解京,其功甚大,必邀不次之赏。但该总兵等若自审兵力尚单,不能率兵深入捣穴擒渠,亦应持重,不可冒昧轻进。至林爽文屡次攻扰诸罗,似因柴大纪稍有威望,是以专力侵犯,使柴大纪不能抵御,为其所图,则此外诸人更可不以为意,得以肆行无忌。柴大纪能悉力堵御,奋勇杀退,甚属可嘉!"嗣奏:"贼潜聚柴头港、葶麻庄、竹林脚、龙山脚、枫树脚等处,臣督兵进剿,歼贼甚众。"得旨嘉奖。

六月,常青奏北路麻荳庄距府城三十馀里,系运粮要路,贼来滋扰,柴大纪督兵往剿,贼审。谕曰:"柴大纪自守诸罗以来,屡次将贼败退,实属奋勉可嘉!着即补授福建陆路提督。但柴大纪任台湾总兵已经数年,于该处情形较为熟悉,将来剿贼完竣,所有善后事宜,正须该提督随同常青悉心筹办。柴大纪着以陆路提督兼台湾总兵事务。"七月,常青奏:"诸罗四处为贼把截,惟盐水港一路可通郡城。逆匪自麻荳庄审后,复欲攻踞盐水港,以绝县城粮饷。柴大纪派兵固守,颇资捍御。"谕曰:"柴大纪自剿捕逆匪以来,督率官兵义民,奋勇杀贼,一切调度,深合机宜。着授为参赞。"八月,李侍尧奏:"大纪在诸罗被贼围攻,日夜拒守,以少击众。节经常青遣总兵魏大斌等往援,谅可奏功。"谕曰:"常青等所派接应之兵,此时自已打通道路,并力前进。柴大纪得此兵力援应,自更为得力。近日如何杀贼攻剿情形,着迅速驰奏。"寻奉旨:"常青年老,另授福康安为将军,海兰察为参赞大臣,赴台督剿。柴大纪仍照前参赞军务。"嗣李侍尧奏:"大纪最奋勇,且调度得宜,今既与魏大斌会合,必能协力进剿。"谕曰:"魏大斌应援之兵,既已会合柴大纪,即不能进攻大里杙贼巢,自应令魏大斌分兵出城,将从前经过道路,如鹿仔草一带屯聚贼匪,先行剿散,廓清道路。岂添此魏大斌兵力,徒令帮守县城,而不思乘其新到锐气,相机进剿耶?着传谕柴大纪急应设法筹画,倍加奋勉。"嗣常青奏:"贼众万馀,屡围诸罗县城,俱经柴大纪督兵击退,尚屯聚近城各庄。臣现派副将蔡攀龙等往援。"谕曰:"柴大纪素能激励将士,围守数月,未必竟至不支,而常青现已派委蔡攀龙带兵前往援应。蔡攀龙亦奋勇可恃,看来或竟能破贼解围。"

九月,调水师提督。奏:"臣陆续招集义民,除派往鹿仔草、盐水港守御外,尚有四千馀名,俱奋勇出力。贼众屡次攻城,官兵协同义民杀退,并毙伪将军叶省生,擒贼目罗蓝、张本等。魏大斌带兵来援,至刘厝庄地方被围,臣督兵引护进城。"谕曰:"诸罗被贼攻扰,柴大纪在彼激励军民,设法堵御,并连次剿杀贼匪,实属出力。朕既嘉其绩,复轸其劳。但所奏皆八月以前之事,现在蔡攀龙已抵诸罗县城,柴大纪等作何筹办,尚未据续有奏到。柴大纪惟当倍加勉力,迅速成功,承受恩赏。"又谕曰:"如诸罗已无他虑,自应悉力固守,以待援应。万一实难守御,必须出城,另图进取之时。务将城内义民及其家属,妥为捍卫,先行送出,然后振旅出城,方为妥善。"十月,福康安奏:"臣此次由鹿仔港进剿,已知会柴大纪等并力夹攻。俟道里既通,再整兵进逼大里杙贼巢。"谕曰:"柴大纪在彼日久,于该处情形自为熟悉,福康安当与之悉心筹画。"福康安又奏:"诸罗久被围困,屡次救援,皆未得手,应令柴大纪仍前固守,内外应合,杀贼解围。"

谕曰："柴大纪素有谋略,固守诸罗,已经数月。当贼匪猖獗之时,尚能悉力堵御,奋勇杀贼,况今贼势日衰,伊接奉前旨,断不肯委垂成之功而去。"十一月,奉上谕:"柴大纪懋著劳绩,着加太子少保衔,以示嘉奖。"嗣奏:"拿获奸匪林培,供系为林爽文通信,约堂兄林观赐为内应。臣即亲往将林观赐拿获,并林培一并正法。贼众抢割禾稻,俱剿退,抢回新谷数十石,并获湿谷及地瓜干四百馀石,当散作军粮。又于府城盐水港运取番银,以资接济。"谕曰:"林培一犯,经柴大纪察出,即行查拿正法,使贼匪无由逞其鬼蜮之技,所办甚好。着赏给玄狐暖冠一顶,以示体恤。柴大纪激励兵民,悉力守御。两次赴府城盐水港,调运番银,复经夺获贼匪所割之稻及湿谷、地瓜干四百馀石,散给兵民,作为口食。是该处粮饷、火药时有接济,虽至匮乏,尚可尽力支持。"

嗣奏:"诸罗县城向惟堆土植竹,并无砖石。臣克复诸罗时,即分兵扎营于县城四门外要害处。后贼势猖獗,遂环营开沟,并筑短墙,各处安炮,营盘甚坚固。是以贼众数万,叠次来犯,俱被官兵杀退。若一旦弃去,为贼所踞,克复甚难。且城厢内外居住百姓二万馀,又加各庄避难入城者,不下二万,实不忍将此数百万生灵付贼。臣惟有竭力保守,以待援兵。"谕曰:"柴大纪所奏,朕披览之馀,为之堕泪!柴大纪接到前旨,正值该处昼夜攻围,城中粮饷将尽,势在急迫,若即遵旨带兵出城,未为不可。乃以该处系台湾要隘,恐一旦弃去,难于收复,并以城内居民数万协力守御,不忍委之于贼。是其保护合县民人,与朕轸念义民多方爱护之意,适相吻合。所谓我君臣各尽其义也。被围日久,心志益坚,勉励兵民,忍饥固守,惟知以国事民生为重,古之名将,何以加之! 着即封为一等义勇伯,世袭罔替。并着浙江巡抚琅玕赏伊家属银一万两,用示朕轸念勋劳、锡爵酬庸之至意。"又谕曰:"柴大纪固守县城,不辞劳瘁。此时大兵云集,会合进剿,逆匪自可指日荡平。计至明年二月中旬,朕巡幸天津时,可与福康安一同起程前来瞻觐。"嗣奏:"贼于近城地方,搭蓬屯聚,被官兵烧毁。惟贼屡窜屡聚,城中诸物俱尽,现食油粞,且值冬令,饥寒相迫,势殊危急。"谕曰:"柴大纪处情形较前更加急迫,奏到之折系十月二十九日拜发,而福康安已于初六日进兵,由元长庄一路前往援应。料此数日内,柴大纪自能将县城保守无虞。"十二月,诸罗围解。

福康安劾大纪人本诡诈,甚染绿营习气,不可倚信。谕曰:"柴大纪驻守县城,督率兵民,力为捍卫,卒能保护无虞。虽间有虚词谎报,此亦绿营积习,情事所有。设果如福康安所云,为人诡谲取巧,则当县城被围紧急时,朕曾经降旨,谕令柴大纪如力不能支,〔二〕不妨带兵出城。柴大纪何难委城而出,以为脱身之计;乃坚持定见,竭力固守,不忍将城内数万生灵委之于贼,是其尚知以国事为重。岂福康安目击情形,尚不心存悯恻,转事苛求,不能以朕之心为心乎? 柴大纪目睹粮食垂尽,至以日食油粞为词,希冀援兵速到。若再实言少有粮米,则两路之救援更缓,又安怪柴大纪之过甚其词耶? 柴大纪系提督大员,且屡经恩旨褒嘉,或稍涉自满,在福康安前礼节或有不谨,致为福康安所憎,遂尔直揭其短乎? 况柴大纪已加恩封以伯爵,福康安所奏并无确据,又岂可转没其功,遽加以无名之罪耶? 柴大纪如果贪残剥削,实有取怨于民之处,则百姓焉肯为之出力死守?着传谕福康安仍宜加委用,以励众志。"又谕曰:"德成自浙江差竣回京,召见时,询及柴大纪平日居官声名如何。据奏:'风闻柴大纪自复任台湾总兵后,纵恣自大,居官贪黩,并将所辖守兵,私令渡回内地,贸易牟利,驻守之兵所存无几。贼匪纠众肆扰,距府城止三十馀里,柴大纪尚不思前往堵御,经永福催令出城,始与打仗。又因兵少败衄,以致贼匪益肆猖獗不可复制。'〔三〕果如所奏,是柴大纪贪纵不职,骪法牟利,于贼匪起事之初,任意玩视,使贼匪得以鸱张,蔓延日久,竟由柴大纪酿激事变。其平日劣迹,已确有可据,而福康安前奏只含糊其词,柴大纪系守城有功之人,若只凭含糊无据之词,岂能将伊治以无名之罪?福康安着传旨严行申饬。至李侍尧调任闽省,于柴大纪平日废弛玩误之处,岂无属员禀报?今有心瞻顾徇隐,实属辜恩昧良。并着福康安、李侍尧各行严查密访,据实参奏。"又谕李侍尧、琅玕,前降旨赏柴大纪银两,暂停给发。又谕曰:"本日提讯任承恩,据供柴大纪操守平常,声名狼籍。与昨日德成所奏,大略相同,似无虚假。福康安、李侍尧务将德成指出各款,及任承恩所供,一并据实查参。"又谕曰:"柴大纪如只系小有侵渔,私图肥橐,此等劣迹,朕于他人尚不加深究,况柴大纪系守城有功之人?今废弛行伍,私令兵丁渡回内地,贸易牟利,以致存营兵少,而于贼匪起事之初,并不即时前往查办,转回至府城,及贼距城三十里,尚不思带兵出城剿捕。此三事是柴大纪最重之案,伊虽有守城之功,而其激变贻误之罪,断难轻贷。"又谕闽抚徐嗣曾、浙抚琅玕查明柴大纪各款,据实参奏。又谕曰:"柴大纪种种劣迹,不妨从缓查办。若查办太急，或致畏罪自戕。岂不使造言生事之人，妄生议论，以为屈害有功之人耶？福康安当熟筹妥办。"

五十三年正月，谕曰："柴大纪在县城，被围日久，其奏到接奉谕旨，不肯带兵出城一折，披阅之下，朕为之堕泪！即在朝诸臣，凡有人心者，亦无不以柴大纪竭力守城，称其义勇。是即柴大纪小有过失，亦当录其大功而宥其微眚，岂能据福康安所奏柴大纪为人狡诈、不可深信一语，遽治以无名之罪？前问李侍尧之谕，尚未覆奏，想亦难于措词耳。"嗣李侍尧奏柴大纪贪婪不职，废弛行伍，至贼匪滋扰府城，又惴怯未即出战。谕曰："据李侍尧奏，台湾戍兵多有卖放私回，以致缺额，其留营当差之兵，亦听其在外营生，镇将等令其每月缴钱，经年并不操演。观之不胜骇异！又称前岁贼匪滋扰府城时，柴大纪惴怯不敢出城，经永福等面加诮让，始带兵出城等语。用兵之道，当赏罚严明。此次贼匪纠众滋事，竟由柴大纪平日废弛贪黩，积渐酿成。此而不严加查办，何以肃军威而儆官邪？柴大纪着革职拿问，交福康安严审，定拟具奏。"又谕曰："柴大纪怯懦迁延，酿成巨案。现经朕面询押解台湾逆匪到京之侍卫额勒登保，据称逆匪攻扰嘉义时，俱系义民等出力守御，并非柴大纪之功。其不肯带兵出城一节，亦义民等不肯将伊放出，柴大纪亦畏贼不敢出城等语，〔四〕则前奏不忍将数万生灵尽委贼手，仍忍饥固守待援之语，全不足信，守城亦非其功，种种劣迹，难以枚举。"

三月，福康安奏："柴大纪于贼匪滋事之始，观望逗遛，酿成逆案。并据千总郑名邦供，武职升补，俱送番银。其婪索得贿情弊，亦难掩饰。"谕曰："前据琅玕奏，查抄柴大纪家产，据家属供出,台湾任内,前后所得,共有五六万金。若仅止如郑名邦所供,为数无几,焉能如此之多?此外卖官鬻爵,婪得多赃,必更有大于此者,不可不澈底根究。"四月,福康安奏柴大纪巡查各营,并不认真操演,折收夫价,每营至数百两之多。谕曰:"柴大纪身为大员,平日贪纵营私,毫无顾忌,于拔补弁兵,得受谢银,并于巡查营伍时,收受夫价,以致武备废弛,酿成巨案,自应澈底究办,讯取确情,定拟具奏后,即将伊委妥员解送来京,沿途小心看押,毋致有畏罪自戕等事。"五月,福康安奏:"柴大纪在盐埕桥打仗,尚为出力,守御嘉义,亦有微劳,但系专阃大员,平日不能实力整顿,网利废弛,肆行无忌。值逆匪猝发,又观望迁延,以致蔓延猖獗,失陷城池,皆由柴大纪玩误所致。现据大纪将婪索贻误等情,供认不讳,请旨解京,即行正法。"谕军机大臣会同大学士、九卿覆讯,并将福康安等审讯柴大纪折发交核议具奏。七月,谕曰:"柴大纪在台湾总兵任内,赃私累万盈千。迨贼匪窃发,并不即时带兵亲往扑灭,以致酿成贼势,贻误军机。经福康安等定拟斩决,解京办理。本应立正典刑,究念其尚有守城微劳,欲加恩从宽末减,改为监候。兹将柴大纪解到,令军机大臣会同大学士、九卿覆讯,柴大纪复思狡展,翻供抵赖,经朕廷讯,始俯首无辞,而于认罪之下,仍思狡饰,甚属可恶!柴大纪竟系天夺其魄,自行取死,岂可复从宽典?着照所拟,即行处斩。"

十月,徐嗣曾奏:"查有许怀等三十五名,实系良民,柴大纪误拿,即欲正法。经前任嘉义县知县陈良翼力争,取保释放。柴大纪仍谎报正法戮尸。"谕曰:"柴大纪自到诸罗后,惟怯畏葸,每次奏报,妄称俘馘多名,以掩其株守不前之罪。种种诈妄不实,已出情理之外。兹复查出许怀等三十五名,被兵民误拿,柴大纪先已开单具奏,混开正法七名,戮尸七名,及该县陈良翼讯明,实系良民。柴大纪必欲回护原奏,按名正法。争执再三,始准释放。是妄奏冒功,几令无辜良民数十人陷于重辟,情节尤为可恶! 柴大纪已于前案正法,着将柴大纪之子发往伊犁给与兵丁为奴,以示惩儆。”

【校勘记】

〔一〕贼匪窜入内山之路　“内”原误作“南”。今据纯录卷一二七八叶六上改。

〔二〕谕令柴大纪如力不能支　原脱“柴大纪如”四字。今据纯录卷一二九五叶四上补。

〔三〕以致贼匪益肆猖獗不可复制　原脱“贼匪益肆”四字。今据纯录卷一二九五叶三三下补。

〔四〕其不肯带兵出城一节亦义民等不肯将伊放出柴大纪亦畏贼不敢出城等语　原脱“带兵”与“等语”四字。今据纯录卷一二九七叶三三下补。

尹德禧

尹德禧,镶黄旗包衣人,初名色喀通额。由领催拨守绥远城。乾隆二十年,随副都统鹤山出师伊犁。二十一年,随副都统阿尔斌讨叛贼青滚杂布。二十三年,擢镶白旗骁骑校。二十九年,升防御。十一月,开户出旗,发湖南以守备用。三十年,补临武营守备。三十六年,擢四川川北镇标右营都司,更姓名,入籍密云县。三十八年,调征金川。四十年,经将军阿桂保题,擢贵州荔波营游击。四十四年,擢抚标中军参将。四十六年,擢定广协副将。

五十年,升湖广镇箪镇总兵。五十二年五月,凤凰厅属苗匪石满宜滋事,帅师进剿,毁贼巢,生擒石满宜,多有斩获。抚臣浦霖以闻,得旨优叙,并赏戴花翎。又谕曰:"湖南凤凰厅属苗匪石满宜等,抢夺拒捕,滋事不法一案,经总兵尹德禧会同该道,亲率将备官兵前往,直捣贼巢,立时平毁,生擒首犯石满宜等。所办妥速可嘉!已降谕旨将该总兵交部从优议叙,并赏戴花翎,以示奖励矣。此案该总兵本属有功无过,但尹德禧有奏事之责,于所属苗匪滋事不法,带兵前往剿捕,理应一面查办,一面具奏,由驿驰递,何以该镇于此事始终并不专折具奏?夫专折奏事原不独藉悉地方情形,〔一〕且据伊等所奏,朕随事可以观其才具器识。如该镇等有喜事见长之人,干预地方事务,越俎妄陈者,奏到时自难逃朕洞鉴。至其本分应奏之事,理应随时据实陈奏。乃近来各省总兵所奏,不过具报到任,及查阅营伍等事,即雨水收成,亦不过间有奏及者。但该镇等果能将实在情形据以入告,披阅之下,设所奏与督抚不同,或督抚有讳饰之处,原可参互照察,降旨询问,以收兼听并观之益。乃该镇等即使奏及雨水收成,亦不过仿照督抚所奏敷衍塞责,又安用此具文为耶?着通谕各省总兵,此后遇有紧要事件,皆须专折奏闻。即寻常雨水收成情形,亦应随时据实奏报,毋得循照旧例,虚应故事,并着尹德禧于苗匪滋事一案,何以不将查办情形自行具折之处,据实覆奏。"寻奏请交部议处,得旨宽免。

时台湾剿捕逆匪未藏,十月,命德禧督湖南兵赴台。五十三年正月,至水沙连大营,林爽文已就擒,将军福康安督兵剿捕庄大田,派德禧带兵堵竹仔港等处海口,截拿逸贼。旋擒庄大田于柴城,台湾平。四月,起程回任。十月,谕曰:"湖南镇篁镇总兵尹德禧前因办理凤凰厅苗民滋事一案,[二]尚为出力,曾降旨赏戴花翎,复令带湖南官兵前赴台湾,协同剿捕逆匪。现在该省官兵早已各归营伍,该总兵自五十年陛见后,虽距今尚未满三年,但尹德禧系曾有微劳加恩之人,[三]与各省总兵不同,着即来京陛见。"十二月,入觐。五十四年,署湖南提督。五十六年十月,卒。遗疏恳恩赏准子孙入旗。十二月,谕曰:"原任总兵尹德禧曾经出师伊犁、台湾、金川等处,前在湖南镇篁镇总兵任内,办理凤凰厅苗民滋事一案,尚属出力。所有尹德禧子孙,准其入旗。"

子朝相,隶镶黄旗包衣。

【校勘记】

〔一〕何以该镇于此事始终并不专折具奏夫专折奏事原不独藉悉地方情形　原脱"始终"、"具奏"及下"专折"凡六字。耆献类征卷二九二叶二七下同。今据纯录卷一二八三叶三上补。

〔二〕湖南镇篁镇总兵尹德禧前因办理凤凰厅苗民滋事一案　原脱"苗民"二字。耆献类征卷二九二叶二八下同。今据纯录卷一三一五叶二三上补。按下文有"苗民滋事"语,可证。

〔三〕虽距今尚未满三年但尹德禧系曾有微劳加恩之人　原脱"尚"、"系"二字,又"三"误作"二"、"人"误作"处"。耆献类征卷二九二叶二八下同。今据纯录卷一三一五叶二三下补改。

刚塔

刚塔,满洲正蓝旗人,姓乌济克忒氏。由前锋委署笔帖式,从征准噶尔、回部有功,授云骑尉世职。乾隆三十年,授直隶岔道城守备。三十四年,擢多伦营都司。三十八年,擢泰宁镇中营游击。三十九年九月,随大学士舒赫德剿平山东临清逆匪王伦,有功,山东抚臣杨景素奏留东省补用。十二月,署莱州营参将。四十一年四月,奉旨赏戴花翎。十一月,调补抚标中军参将。四十四年,迁文登营副将,寻擢直隶天津镇总兵。四十六年四月,擢直隶提督。四十七年四月,兼署东陵总管内务府大臣、马兰镇总兵。七月,奉旨,常青着署理直隶提督,刚塔着以提督衔管理马兰镇总兵,兼总管内务府大臣。十月,仍授直隶提督,兼署马兰镇总兵。四十八年正月,谕曰:"刚塔不必兼署总管内务府大臣。"

四十九年正月,调陕西固原提督。四月二十二日,奏甘肃盐茶厅小山逆回田五等聚众滋事,攻破安西州城堡。谕曰:"甘肃逆回新教自前岁大加惩创之后,田五各逆等复敢自起新教,纠伙聚众,甚至伤害百姓,攻破城堡,不法已极!自系前因人数众多,搜捕未尽所致。即应迅速剿捕,以靖地方。"二十五日,奏贼在鸡窝山〔一〕、波沟、店子一带劫掠,一面飞咨督臣李侍尧派兵堵御,带兵二百名驰赴追拿。谕曰:"据刚塔所奏,现在贼匪不尽窜匿山内,尚有逸在他处滋事者,与李侍尧所奏情形不符。固原、盐茶厅一带,回民较多,贼匪既窜往鸡窝山等处,恐有潜相煽动,纠约入教情事,该督等务宜迅速带兵堵截擒拿,剿捕净尽。"二十九日,谕曰:"刚塔前经奏报,由固原起程追蹑贼踪,现在该提督究至何处,曾否遇贼擒杀,何以日来未据奏报? 着传谕该提督,即将追剿擒捕情形,迅速驰奏。"五月初一日,李侍尧奏刚塔带兵迎剿,毙贼四五十名,亲射死骑马贼目一,受箭伤一处。得旨:"刚塔奋勇杀贼受伤,殊属可嘉! 着加恩赏给御用玉鞢,并赏给大小荷包,用示奖励。仍着交部从优议给世职,以旌劳勇。"初五日,奏于狼山剿贼,首逆田五伤重自杀,馀贼窜往官川。现在带领宁夏、凉州二镇官兵追剿,报闻。初九日,奏于郭城驿询知贼回占据头寨子、黑庄子等处,即派兵迎击。贼踞马家堡,现同宁夏总兵吉尔泰、凉州总兵苏定阿于要路防堵。谕曰:"据刚塔奏,贼众占据马家堡、黑庄子两处,与经略李侍尧昨日奏到情形相同。贼匪虽现据大山,官兵难以绕沟前进,然贼既入山中,〔二〕四面堵截,如釜底游鱼,株守空山,食尽自毙。但当严密堵截,防其别寻路径逃逸。现在西安及甘州、宁夏各处官兵,俱已齐集。兵力既厚,自可设法四路会剿,堵截去路,无难克期扑灭。"十四日,奏官兵围困马家堡,遥望贼营周匝细察,方知均系木棒撑罩衣帽,全伙业经翻山窜逸。现在跟踪追赶,于马家湾拿获贼属多名。据称贼回已往安定及兰州、会宁等处,即督兵追剿。谕曰:"据刚塔所奏,总不成话。贼人困守马家堡,官兵扎营围攻,自必相距不远。刚塔等非瞽目之徒,何至贼人诡设人形,熟视无睹,至令乘间远飏? 李侍尧、刚塔俱着传旨严行申饬。"复谕部停其议叙。十五日,奏贼匪自初四日由马家堡夜遁,于初六日追至马家湾,贼已先窜西巩。谕曰:"贼匪不过四五百人,既已困守马家堡,刚塔带兵数千名在彼剿捕,乃一味怯懦无能,又不知严防去路,以致贼人乘夜潜逃,肆行劫掠,尚复有何颜面? 若再不努力向前,剿灭贼匪净尽,其罪更不可问!"十七日,奏追贼至马营街督兵奋击,毙贼四十馀名,斩首级二十五。谕曰:"刚塔奏初九日在马营街剿贼一折,看此光景,较前稍有起色。但贼现既屯聚马营街,刚塔、俞金鳌、图桑阿等所带之兵,俱已齐集,自应各领将弁,分布前后左右,将贼人四面合围,并力进攻,方能一举集事,尽数歼除,不致仍前翻山逃窜。乃阅折内,该提督等仍会集一处,并不筹算及此,若复致贼人翻山而遁,更属不成事体! 着再传旨严行申饬。"

　　时李侍尧奏贼回馀党,复窜据石峰堡,西安副都统明善剿贼阵亡,上以李侍尧、刚塔屡次失机,命大学士公阿桂、尚书福康安驰往督师,未到之先,着护军统领五岱总理军务。谕曰:"刚塔率领各处官兵,不下数千名,军势不为不盛,而马营街、石峰堡俱系通渭县地方,相距又不甚远,何以刚塔由马营街一路追贼,而于通渭县城失守之处,竟毫无策应? 且副都统明善于石峰堡遇贼打仗,亦以单军失利,中矛阵亡,刚塔亦并未派兵救援。近在一县之内,彼此音信隔绝,其故殊不可解! 着阿桂、福康安到彼时细查当时实在情形,如果有贻误之处,即行奏参。"二十五日,奏固原州报提标兵丁马如林、马如海皆新教回民,即拿交按察使陈步瀛审办。谕曰:"刚塔纵令贼人窜逸,以致到处聚集滋事,肆行无忌。该提督此时尚有何面目,腼然身列戎行? 至伊所奏拿获兵丁马如林、马如海俱系新教回匪,既系新教,即当正法,何必解交地方官,行军之时,岂可拘例若是乎?"二十四日,奏贼匪旋散旋聚,现在鹿鹿山扎营,又于附近通渭县城、伏羌等处屯踞,与石峰堡之贼互相联络。再讯据获贼吴全供,贼众踞石峰堡后,商议抢夺通渭、伏羌、秦州、潼关等处,以断文报。谕五岱等曰:"本日据刚塔奏,现在贼匪情形内称拿获贼人吴全,据供有闻得贼众商议,抢夺通渭、伏羌、秦州、潼关等处,以断文报之语。此供断不足信。贼匪聚众滋事,伏羌、秦州一带回匪素多,或思窜往该处,为勾结接应之计,尚为情事所有。至潼关远在西安省城之东,谅此草窃技俩,岂敢离其巢穴,不畏官兵迎截剿杀,径至潼关之理?此必系贼人故为散播谣言,希图煽惑众心,此等匪徒,一经拿获,刚塔等原应严密审鞫,讯明后即行正法。何得于军营众广之地,任其信口混供?此时贼势蔓延,皆刚塔疏纵之罪,今于审讯贼人,又全不小心详慎,刚塔何不晓事,至于此极!又据奏称贼匪旋散旋聚,现在鹿鹿山扎营数处,约有数千人,又于附近通渭县、伏羌等处扎营,与石峰堡之贼互相联络等语。既扎营数处,何不带兵奋勇单剿其一营,别令截其来援之贼,此或一法也。徒拥兵坐视,以待其翻山而逃,乃引兵尾追其后,而又不及,尚复成何事体,有如此用兵之理乎?附近通渭、伏羌等处扎营,又系何项贼匪,何以李侍尧等节次折内均未奏及?伊等竟系张皇失措,一味怯懦,遂至漫无主见,任听贼匪妄供,辄信为实。再传谕五岱等务宜遵照前旨,于官军现扎营盘处所,倍加小心防御,并当设法缉拿回贼送信之人,以断其互相联络之势。但盘获后,当密讯供词,迅速正法,不可又如刚塔之拘例审办。"二十六日,谕曰:"刚塔于贼匪窜入马家堡时,并不堵截后路,纵贼潜逃。复札会总督,转辗耽延。追贼远飏,始带兵尾追,以致贼人四出勾结,日益滋蔓扰害地方,且于贼人攻破通渭县城及至石峰堡肆行纷扰之处,毫无策应,失机偾事,其罪更无可逭! 刚塔着革职拿问,解交刑部治罪。"六月十五日,福康安至静宁,奉命革刚塔职,解交刑部治罪。寻劾其种种贻误,罪无可逭,得旨,命留京王大臣会同大学士、九卿、科道核议,定拟具奏。上谕福康安曰:"近来五岱、李侍尧、刚塔等数次剿贼,颇有起色,伊等自必商同办理。但究系何人主意为多,着福康安秉公询访确实,不可稍存徇护。"

　　阿桂、福康安合奏:"刚塔带兵剿贼,射贼受伤,追至狼山、马营街,杀贼数百馀名,田五伤重自戕。其时馀贼不过八九十名,使刚塔奋勇追剿,即可及早完结。乃马家堡为贼所诓,致令翻山逃逸。各处贼众四出滋扰,虽竭力尾追,其毫无筹画,以致贼势蔓延,刚塔亦不能无罪。"奏入,经大学士、九卿会奏定拟,刚塔照玩视军务律斩决,得旨:"刚塔本系武夫,有勇无谋,甫到固原提督之任,即值逆回起事,不能先期觉察。及贼人窜聚马家堡时,刚塔在山前扎营,不思设法堵截后路,致堕贼计。迨贼已潜逃,又不能绕出邀截,惟知在后尾追。予以重辟,亦系罪所应得。但究系甫经到任,未悉地利,时各路官兵尚未到齐,伊所带之兵不过数百,尚能歼毙贼首田五,并于马家湾杀获贼人家口、牲畜,且身受箭伤。核其情罪,尚可量从末减。刚塔着免其死罪,发往伊犁效力赎罪,以观后效。"五十四年闰五月,卒。

【校勘记】

〔一〕奏贼在鸡窝山　原脱"鸡窝"二字。耆献类征卷二九二叶二上同。今据纯录卷一二〇五叶一五下补。按下文有"鸡窝山等处"一语,可证。

〔二〕贼匪虽现据大山官兵难以绕沟前进然贼既入山中　　"大山"原误作"山上"，又"难以"误作"已"，下"贼"误作"则"。耆献类征卷二九二叶二下同。今据纯录卷一二〇六叶二二下改。

清史列传卷二十六

大臣传次编一

阿桂

阿桂,正蓝旗满洲人,章佳氏,大学士阿克敦之子。由荫生任大理寺寺丞。乾隆三年,中式举人。四年六月,补兵部主事。五年六月,升员外郎。八年三月,升郎中、军机处行走。六月,调户部颜料库郎中。十年二月,调银库郎中。十一年六月,以失察库项被窃,降调。七月,补吏部员外郎。十三年正月,随兵部尚书班第赴金川军营办事。是年冬,经略讷亲、总督张广泗坐贻误军务获罪,提督岳钟琪劾阿桂勾结张广泗朦蔽讷亲,奉旨逮问。十四年六月,谕曰:"阿桂年少无知,自干罪戾,固应按律重惩,但其获罪之处,与贻误军务者有间。伊父阿克敦办事勤勉,高年仅有此子,着加恩释放。"十五年四月,授吏部员外郎。十六年十月,仍在军机处行走。十七年正月,升郎中。十一月,升江西按

察使。十八年三月,授内阁侍读学士。二十年四月,擢内阁
学士。

是时大兵征准噶尔,六月,命赴乌里雅苏台办理台站。二十
一年,丁父忧,回旗。六月,署镶蓝旗满洲副都统。七月,谕曰:
"青滚杂卜遣人至乌里雅苏台,煽惑喀尔喀等。着舒明会同亲王
成衮札布、德沁札布等相机查办。再着阿桂速赴军营,协同办
理。"九月,授参赞大臣。十二月,以北路军务大臣应分驻地方办
事,命阿桂驻科布多。是月,补镶红旗蒙古副都统。二十二年正
月,命仍留乌里雅苏台办事。八月,授工部侍郎。十月,命仍赴
科布多办事。二十三年三月,上以定边将军兆惠奏辉特贼人舍
楞将入鄂罗斯,命阿桂行知领兵大臣和硕齐、唐喀禄留意截擒。
五月,奏:"舍楞遣人约降,和硕齐、唐喀禄领兵往会,为贼掩袭。
现已领兵前往策应。"谕曰:"阿桂闻我兵为舍楞所诱,即领兵策
应,甚属奋勉! 着赏戴花翎。逆人狡诈如此,传谕策布登札布乘
其未入鄂罗斯境,领兵速进,与阿桂合力攻击。"六月,奏:"臣询
问舍楞处逃出之额鲁特额勒椿,谓舍楞不能入鄂罗斯,将由哈萨
克逃往土尔扈特;或又不达,恐复回准噶尔。当即派兵在彼守
候,探取实信。若已入哈萨克,即带兵索取,候其擒送。"上以阿
桂观望迟延,严饬之。七月,谕阿桂不必回科布多,即来京请训。
十月,回京。十一月,命仍赴西路,与副将军富德合兵追剿准夷
馀孽。

二十四年五月,命往霍斯库鲁克同副将军富德剿办逆回霍
集占。八月,追贼至阿勒楚尔,又追至伊西洱库尔诺尔,回众乞
降,收获贼众万二千人,军器二千馀件,驼马牛羊无数。霍集占

遁走拔达克山。是年,回部悉平。九月,上以阿克苏新附,为回城要地,命阿桂驻扎办事。十月,奏:"查看阿克苏牧群牛羊,除解往叶尔羌外,请将现存牛羊为伊犁驻防兵来年行粮之需,已令该管官加意牧放,以济军需。"十一月,奏将军兆惠经过阿克苏,会议伊犁驻兵及迁移回人屯田事宜。谕曰:"屯田回人需兵弹压,自阿克苏至伊犁安台传事,声息相通,最关紧要。阿桂即领驻防兵丁护送回人往伊犁,管理屯田事务。"二十五年二月,谕曰:"据阿桂奏,伊犁所派屯田,及阿克苏调兵,兼办吗哈沁各事宜,甚属勇往可嘉!此时自以屯田为要务,阿桂着专办耕作营造诸事务,使兵丁、回人乐于从事。"三月,谕曰:"阿桂奏,伊犁河以南,有地名海努克,水土沃衍。请于此处先行屯种,所办甚是!果能实心奋勉,则屯田一事,当录伊经始之功也。"七月,加都统衔。九月,奏:"筹办伊犁耕牧城守各事宜:一、增派回人屯田;一、增派官兵驻防,协同耕种;一、增派官兵,随时酌量定数;一、次第建置城邑;一、预备屯田官兵马驼。"又奏请定伊犁山川、土谷诸祀典。俱得旨允行。十一月,奏:"伊犁土田沃衍,来年复添回人、兵丁屯种,收获益丰。军实既足,可无庸阿克苏接济。"报闻,并给优叙。是年,以西陲底定,图像紫光阁,御制赞曰:"阿克敦子,性颇捷敏。力请从戎,宜哉惟允。身不胜衣,心可干城。楚才继出,为国之桢。"二十六年四月,奏伊犁牧群蕃息,请停止内地购办;又奏招徕叶尔羌、喀什噶尔、阿克苏、乌什等处回人,添驻伊犁耕种。屡奉优旨嘉奖,授内大臣。六月,御书诗扇赐之,诗曰:"典属今时班定远,冠军昔日霍骠姚。雪涂无藉持清暑,欲扇仁风万里遥。"七月,授工部尚书、议政处行走,兼镶蓝旗汉军都统,仍留伊犁。是月,奏:"伊犁、乌鲁木齐之间,有玛纳斯、库尔喀喇乌苏、晶河三处,请各酌派屯田兵人,各垦地十五亩。晶河以西归伊犁管辖,托克多以东归乌鲁木齐管辖。"下军机议行。二十七年正月,疏:"定约束章程:一、甲缺宜均齐;一、钱粮宜画一;一、员缺宜变通;一、产业宜均分;一、家口宜量给养赡。"四月,奏:"叶尔羌等城回人续请移驻伊犁者,二百十四户。其年力强壮者,给秄牛,令往屯田;老弱者,交伯克养赡;幼者长成,补屯田之缺。并请于霍济格尔巴克、海努克两处分屯安插。"〔一〕六月,疏请建关帝庙,以原任将军班第、参赞大臣鄂容安竭忠全节,请于庙后设位附祀。十月,予骑都尉世职。

二十八年正月,回京,命军机处行走,赐紫禁城骑马。五月,上幸避暑山庄,命留京办事。六月,充经筵讲官。谕曰:"阿桂在军营殊为出力,且在伊犁办事亦甚妥协,着加恩将阿桂一族由正蓝旗抬入上三旗。"〔二〕嗣是隶正白旗。七月,调正红旗满洲都统。十月,加太子太保。二十九年三月,署伊犁将军,寻调署四川总督。时金川酋郎卡与绰斯甲布等九土司构衅,阿桂巡边,至杂谷脑查阅营伍,体察番情,尽得郎卡狡狯怙恶状,并悉其山川形势,奏入,上嘉之。又奏松茂道有弹压诸番之责,请加兵备衔,自松潘各营都司以下,均听节制。十二月,回京,任工部尚书。三十年正月,上南巡,命留京办事。

闰二月,乌什逆回赖和木图拉作乱,命赴伊犁办事。三月,命驰至乌什,与将军明瑞协力攻城。五月,贼出劫营,我兵击败之。赖逆中箭死,众伯克复推额色木图拉为首,以抗我师。六月,阿桂设伏,督将弁往来冲击,贼据城死守,我兵持云梯登城,亦不克。贼粮尽计穷,屡有密约出降者,贼渠悉囚之。八月,贼内讧,有沙布勒等擒额色木图拉以献,乌什平。奏至,上以阿桂等剿办迟延,示怯损威,获犯后,又未确讯起衅缘由,草率错谬,交部严议。寻议革职,命从宽留任。十一月,命驻雅尔城。十二月,上以阿桂办理乌什事务,毫无章程,革尚书任。三十一年五月,上以伊犁生齿日繁,筹办安置事宜,须有准则,可垂永久,命阿桂回伊犁与明瑞协同办事。七月,奏:“雅尔城距牧场遥远,近城地亩不敷耕种。查有楚呼楚地方,田土膏腴,形胜亦便,请移雅尔城于楚呼楚。”从之。三十二年二月,授伊犁将军。九月,奏雅尔地方未设驿站,请由楚呼楚至乌尔图布拉克地方,设台三座,下军机议行。

三十三年二月,授副将军,命偕经略大学士傅恒、副将军阿里衮进剿缅甸。四月,授兵部尚书。六月,授云贵总督。三十四年,罢总督任,以副将军专办军务,寻授正白旗领侍卫内大臣。八月,谕曰:“阿里衮、阿桂进兵野牛坝。阿桂见事较为敏捷。所有诸事,主见决断,朕皆责成阿桂,当竭力抒诚,妥协为之。”九月,大兵收服猛拱,阿桂进滚弄。奏言:“俟经略傅恒到时,即进攻老官屯。”十月,奏军营粮不敷食用,谕设法办理,毋再坐待内运。又谕曰:“阿桂诸事畏怯,此次进攻猛密,岂伊一人所能胜任? 着革去副将军,授为参赞大臣。”十一月,以阿里衮病故,仍授阿桂副将军。寻奏:“傅恒染瘴,现患腹泄。”上以老官屯水土恶劣,官兵不耐瘴疠,命傅恒回京,留阿桂筹办撤兵事宜。是月,缅酋遣头目赍书诣军营投诚,奏入,谕曰:“懵驳乞降,如果愿为臣仆,纳贡输诚,则缅地皆我版籍,贸易无妨相通。倘仅求撤兵,未请纳贡,通商断不可行。"十二月,授礼部尚书。三十五年,上以缅酋奉表纳贡久未至,情伪殊不可信,屡饬阿桂整备边防事宜。时木邦、蛮暮土司及孟连土目等虑为缅夷所害,求安置内地。阿桂疏言:"永昌、大理、蒙化地方,有旧存马厂官庄田,可以拨给,请附近安插。"从之。二月,兼授镶红旗汉军都统。三月,阿桂遣都司苏尔相赍檄至老官屯,交缅夷头目诺尔塔转递阿瓦,缅人拘留之,并给回文,请还木邦等三土司。上以阿桂等遣使失当,又撤兵时,办理匆遽,为敌所轻。革退其子阿迪斯、阿弥达官,阿桂交部议处。六月,奏请派兵三千分驻陇川、遮放,至冬袭取猛密。谕曰:"此次进兵,意在惩创,使之警慑国威,非利其土地。宜相机行之。"八月,部议革任,[三]上谕曰:"阿桂办理军务,一味取巧,屡加宽宥。此次部议革任,难以再为曲贷。所有领侍卫内大臣、礼部尚书、镶红旗汉军都统,俱着革去,以内大臣留办副将军事务,令其自效。"三十六年二月,奏:"缅匪狡猾已极,应于今年大举进剿。请入觐面陈机密。"上诘责之。阿桂复以筹备军粮各条胪奏,上以大举断不可行;又复饰词渎告,令革任,仍留军营效力。

　　九月,命随副将军尚书温福赴四川效用。先是一年,金川酋郎卡故,其子索诺木夜袭革布什咱土司,据其寨落;而小金川酋泽旺之子僧格桑,亦与鄂克什构衅,并侵扰明正土司,四川总督阿尔泰调兵进剿。至是,上以阿尔泰办理年馀,不能克期蒇事,宜集大兵分路击之,故有是命。十二月,命署四川提督,攻克巴朗拉、达木巴宗各寨。三十七年二月,攻克资哩山,进克阿喀木雅,会松潘镇总兵宋元俊亦收复革布什咱。两金川势日蹙,于是

合谋以抗大兵。上以两酋同恶相济,罪在必诛,命温福等三路进
兵,阿桂自西路阿克木雅进攻喇卜楚,克之,又攻夺普尔玛寨,进
逼美美卡。小金川酋泽旺遣人诣军营,以伊子僧格桑获罪天朝,
不敢亲来,先遣人谢罪;而金川酋索诺木亦遣人投禀,愿与小金
川与鄂克什讲和,令僧格桑退还鄂克什侵地,令泽旺率其子僧格
桑诣营请罪。奏入,谕曰:"金川酋狡诈百出,今虽力竭计穷,吁
求免死,能保其永不复反乎? 宜一并擒获,两金川地方全行平
定,以靖边徼。"是月,授参赞大臣。四月,谕曰:"顷令丰昇额往
阿桂处协同攻剿,伊系御前大臣、领侍卫内大臣、尚书,奏事列
名,应在阿桂前,但阿桂历练军务,着阿桂列名在前,丰昇额不可
稍存意见,致有掣肘。阿桂亦须和衷办理,期于军事有益。"五
月,总督桂林在墨垄沟失利,革职逮问,命阿桂驰赴南路接剿。
六月,抵卡丫军营,奏:"西路军营以鄂克什为正路,而曾头沟为
协剿之师;南路军营以卡丫为正路,而绰斯甲布、革布什咱为协
剿之师。今卡丫一路,再得多兵,捣其西南。犄角之形既成,贼
腹背受敌,必难支御。所有续调官兵,请添派南路,以资进取。"
八月,奏:"甲尔木山梁逼近金川,为进取僧格宗要路。由墨垄前
进,山形虽险,至山顶道路较宽。前次失利后,贼必骄怠,正可乘
其不备,迅击之。"随派弁兵分防各隘口,并调派侍卫、镇将等分
队潜赴墨垄沟齐集。是夜按队进发,夜半乘大雾掩袭,夺山梁三
座,破碉二十四,获火药、器械无算。复派兵别由深嘉卜,踞其山
寨,扼金川之要路。自此进取僧格宗,可不攻自溃。谕曰:"阿桂
觅间攻剿甲尔木山梁,甚合机宜,具见实心经理,着授为内大
臣。"十一月,攻克都恭、日木则、札尔玛、噶察、丹嘉等寨,大兵逼

近僧格宗,贼犹力拒,我兵四面合围,贼弃寨循河而遁。奏入,谕曰:"僧格宗系小金川门户,突入毁碉歼贼,从此直捣美诺。小金川之事,自当克日告蒇。阿桂等筹画调度,悉合机宜,着赏御用黑狐冠,以示奖异。"十二月,授右副将军。

时温福以大学士授定边将军,丰昇额亦授副将军,命分道并进,直取美诺。是月,阿桂攻克美都喇嘛寺。美都形势最高,俯视美诺贼巢,与近巢等碉互相犄角,即乘胜进击,尽夺其碉寨。僧格桑先期遁布朗郭宗。谕曰:"阿桂由达乌逾险进攻,连奏克捷。一月之中,直捣美诺。僧格桑虽暂时鼠窜,不日即可就获;而贼巢已破,我武维扬。阿桂交部从优议叙。"时温福、丰昇额已由西路攻克路顶宗、明郭宗、日果尔、乌谷山,至是与阿桂会于美诺,即驰剿布朗郭宗。僧格桑先送其孥于金川,已遁至底木达,求见其父泽旺,拒不纳。僧格桑遂渡河走金川。温福至底木达,泽旺跪道左,自陈不能教束其子之罪,温福令执之,械送京师。三十八年正月,阿桂偕温福等奏:"小金川全境荡平,即应声讨金川;而金川贼巢,惟噶拉依及勒乌围为心腹地。应分三路进兵:臣温福由功噶尔拉进;臣阿桂由当噶尔拉进,均攻噶拉依;臣丰昇额由绰斯甲布进,径攻勒乌围。"报闻。二月,授礼部尚书、议政处行走。四月,加太子少保。是月,奏请将续调黔兵赴当噶尔拉军营。五月,奏请再调贵州、云南、湖广兵五千迅赴军营备剿。上命总督刘秉恬赴温福、阿桂营,商定需用兵数,奏明调拨。时温福移攻昔领,驻军木果木,贼诱降番叛,分扰我兵后路,侵占粮站。两营军报不相闻。六月,犯木果木大营,将军温福死之。小金川地复陷于贼。军营奏至,上震怒,调发健锐、火器两营,黑龙江、吉林、伊犁、额鲁特兵五千赴川备剿。阿桂奏："木果木一带降番既经蠢动,则当噶尔拉后路均应防范。本月七日,军营降番禀称色木则有金川贼人教令今夜同反,又科多及纳围各城均有贼番滋扰,业经派兵剿堵。但各路碉寨相望,官兵驻守为数无多,难以分兵四出,逐一剿洗。因将当噶尔拉以西各寨番人,尽数调出,收其军器,其桀骜者即置于法,馀分送至章谷、打箭炉,酌赏各土司。臣营左右降番所驻之处,距贼碉不远,一为贼诱,虑生事端。查有叛逆实迹,即正刑章;馀令将领密加看守,遇有可疑者,即行严办,庶免返顾之虞。"上以所办深合机宜,授定边将军。旋奏："美诺至僧格宗一带,道路尚未通,凡小金川与金川接壤之处,寨落甚多,均添兵防备。其色木则、纳围、拉约等寨,已分派将弁痛剿,焚其寨落。其僧格宗至约咱,卡丫至荣寨,小金川贼匪俱已净尽,馀寨亦分兵剿办,不日可以克复。"

七月,命回军至美诺,已失守。阿桂奏："木果木、功噶尔拉一路,别无官兵可调,惟所贮军粮、火药,尚为充裕。臣悉力筹办,鼓励众心,尚能坚守两三月,请勿廑圣怀。"谕曰："自以由打箭炉回军为要。回至内地,再筹进剿。"旋奏："现在陆续撤兵,分撤各要隘防守,臣等亲自断后。现至翁古尔垄、思纽扼要地方暂驻。"又奏："臣在南路日久,所有巴旺、布并克底、革布什咱、明正各土司,相习已惯,驾驭已熟。是以仍派令协同防守,众情亦俱宁帖。臣今驰赴省城,与督臣商定整顿军装,并议定道路即由桃关出口,前赴西路军营。"谕曰："收复小金川之举,西路尤为紧要;而西路又分鄂克什、别斯满两路,自非阿桂领兵不可。其南路或令明亮、富德进兵,谅阿桂筹之已熟。朕惟阿桂是倚,惟当密为妥筹,迅速具奏。"是月,调户部尚书。八月,奏:"赴日隆军营,臣阿桂与色布腾巴勒珠尔在西路督兵。臣富德与明亮驰赴南路。"是月,授定西将军。九月,奏:"金川酋挟僧格桑以诱致降番,既侵占各地,则令金川贼众守之,仍挟僧格桑以归。其视僧格桑如孤豚腐鼠,小金川番众俱怀怨望,而各土司亦虑金酋肆毒,必珍灭之,始获安枕。此次收复小金川,及接剿金川,自属因势易办。俟各路兵齐,克期十月杪进兵。"及期,阿桂从中路攻资哩,令富兴等攻其北,成德等攻其南,三日克之,并收复美美卡、木兰坝、鄂克什寨。十月,收复路顶宗、明郭宗及美诺,赐御用黑狐冠。旋收复大板昭、曾头沟,其帛噶尔角克、底木达、布朗郭宗以次俱下。南路明亮等克复僧格宗,与阿桂会于美诺。凡七日,小金川全境荡平。十二月,奏:"酌贮军需之地,当远近兼资,层递相及。今大兵已克美诺,即日进攻金川,则达木巴宗、鄂克什等处,均当贮米数千石,其南路打箭炉、章谷、绰斯甲布之梭磨从噶克周叟并应仿此分贮。各路总理司道府等,量地势之远近,时候之早晚,数目之盈绌,随时禀商,臣等酌核情形,令分路转输,则接济既便,亦不致积多成累。"又奏:"小金川各寨降番各就土司户口多寡,分别赏给。现将彭鲁尔各寨番人,均交瓦寺土司管束,山札、舍垄等寨番人,交木坪土司管束;底木达、曾头沟等寨番人,交杂谷脑五寨内屯弁管束;馀零星寨落户口,分给巴旺、布拉克底、革布什咱等安插。"又奏:"查进剿金川道路,惟谷噶、凯立叶较为易进。臣等将一切事宜料理粗备,择于正月初一日密往底木达,初六日即从底木达发兵,不令贼人知觉,令军士兼程而进,裹带干粮,不许举火。定于初十日从谷噶丫口进兵,突入。其丰昇额、明亮两路已飞檄寄知,同时并举;其舒常宜喜军营,亦嘱其驾驭新土司,多派土司奋力攻击,以收牵缀之益。”

三十九年正月,阿桂行抵布朗郭宗,查点兵数军械,给十日裹粮,分其兵为三队:第一队兵五千,令海兰察等统领,初六日进发;第二队兵五千,色布腾巴勒珠尔等统领,初七日进发;第三队兵五千,阿桂自领之,初八日进发。越八日,大兵抵谷噶,阿桂督兵进击,转战二十馀里,抵喇穆喇穆,〔四〕克其左右两山,及赞巴拉克诸山。次日,克色依谷山。奏入,谕曰:“阿桂悉心调度,动协机宜。领兵各员协力进攻,所向克捷。着先赏荷包,以示鼓励,仍交部议叙。”二月,克罗博瓦山。三月,奏:“贼恃逊克尔宗与喇穆喇穆为犄角,拒守甚严。若从罗博瓦进据日则丫口,贼必悉力来拒。臣拟分兵六队,袭击别斯满、诺尔各碉,以捣其虚,使贼疲于应援。臣另选精兵,从罗博瓦直攻喇穆喇穆之后,以占日则丫口,则格鲁瓦觉各寨,均归掌握。从此进攻勒乌围,更觉直捷。”是月,晋太子太保。六月,攻克色溯普。七月,克日则丫口,进攻逊克尔宗。八月,奏:“金川逆酋本为各土司所切齿,即窜往他处,亦断不敢收留。但力竭势穷,为铤而走险之计,亦未可定。当早为檄示,俾各先事豫防。谨将谕旨指示勿留馀孽,以滋后患,并晓谕诸番协同擒获之处,译出番字,发各土司遵照加意严防,不得丝毫疏懈。”上嘉之。是月,大兵攻逊克尔宗甚急,贼酋僧格桑死于金川,金川酋献其尸,阿桂仍督兵进攻。九月,奏:“贼以逊克尔宗为紧要门户,死守愈力,急切未能攻克,当另由日尔巴当噶等处为出奇制胜之计。”十月,赏黑狐冠、貂马褂各一。

是月,克默格尔山及凯立叶各险隘。时我兵已深入贼巢,而日尔巴当噶、达尔札克等贼碉,俱在我兵后,阿桂派诸将率兵悉扫平之。谕曰:"将军阿桂自统兵进剿以来,实心调度,诸事皆合机宜。此次又将日尔巴当噶全行攻克,接通凯立叶,指日即捣勒乌围,甚属可嘉!着授为御前大臣,并赏戴双眼花翎,用昭恩眷。"十一月,克格鲁见古丫口。金川东北之贼,剿洗殆尽。四十年正月,克康萨尔山梁。二月,克沿河斯莫思达寨。四月,克木思工噶克丫口。五月,克下巴木通及勒吉尔博山梁,进据得式梯,复克噶尔丹寺、噶明噶等寨,进攻巴占,贼舍死抵御,屡战未下。阿桂相度形势,分兵从舍图枉卡绕击,以分贼势。七月,克昆色尔及果克多山,进克拉栝喇嘛寺、蓝则大海山梁,旋克章噶。谕曰:"阿桂筹办军营大小诸务,实为尽心。今时当盛暑,统众攻坚,贤劳足念!因御制诗六韵,亲书篦头赐之,以示嘉奖。"诗曰:"掌握师行抡俊豪,事无巨细一心操。功成九仞尤应慎,惠洽诸军实所褒。探路欲因乘急隙,攻碉直可压危挠。我居避暑原无暑,卿效贤劳真是劳。嘉予七言锡书扇,凯歌三捷换征袍。勉之指日亲郊劳,紫阁勋铭崇爵叨。"八月,克隆斯得寨,获其火药枪子无算,贼益不支,遂克勒乌围贼巢。谕曰:"官兵攻克勒乌围,已降旨将将军等从优议叙,[五]并遣阿弥达赍红宝石帽顶至军营,赏给阿桂,俾益奋迅集勋。"

九月,克当噶克底、达思里、噶拉宇、莫鲁古各寨。十月,克达木噶。十一月,克西里山、雅玛朋寨。十二月,克萨尔歪寨,旋克科布曲、索隆古寨,屡奉优旨褒叙,旋授镶黄旗领侍卫内大臣。是月,进据噶占,大头人色木里雍中及布笼普阿纳木等降。四十一年正月,克玛尔古当噶碉寨五百馀,遂围噶拉依。谕曰:"阿桂等奏,官兵已将金川全境扫平,现在四面围攻噶拉依巢穴。贼酋索诺木弟兄及作恶头人均在围内,且索诺木之母姑姊妹均已来营投降,更不虞索诺木等尚怀观望。所有渠凶党恶,自必即行擒缚,驰递红旗,褒绩酬勋,宜颁渥典。阿桂茞诚体国,不惮艰劳,制胜运筹,克成伟绩,实为此事首功。加恩封为头等诚谋英勇公,并赏四团龙补服、金黄带,以昭崇奖。"旋授吏部尚书、协办大学士。是月,莎罗奔、冈达克降。二月,索诺木彭楚克及大头人达尔什、桑卡尔、雅玛朋、阿库鲁降。翌日,逆酋索诺木降,党恶头人等悉数就擒。金川平。奏捷,谕曰:"此次平定金川,实皆阿桂一人功绩。兹班师在途,特解亲御黑狐腿黄马褂,先行随报赏赐。"三月,奏:"两金川屯田事宜,所有番众拟分安于金川河东、河西,与官兵相错而居。并遵旨一体酌给牛具、秄种。此时屯田之初,姑免其租赋,三年后,均照屯练纳粮例交官,以佐兵食。"下军机议行。四月,命军机处行走,恩赏缎六十端、银六千两。是月庚申,上东巡还,驻跸黄新庄,阿桂等凯旋,诣行在恭请圣安。戊辰,上幸良乡城南,行郊劳礼,赐御用鞍辔马一匹。是日,扈跸还京。己巳,献俘礼成,上御紫光阁,行饮至礼,亲赐阿桂等卮酒,赐紫缰及四开禊袍,图像紫光阁,御制赞曰:"西师参赞,经历多年。兹为巨擘,抡掌兵权。诚而有谋,英弗恃勇。集众出奇,成勋元巩。"五月,上幸避暑山庄,命留京办事。八月,阿桂六十生辰,赐"崇勋耆庆"匾额,联云:"功冠紫光荣赐衮,筹添绛甲赞调梅。"御制诗云:"功高殊众赐冠衣,寿日充闾耀吉辉。谋勇奏平定玉垒,归来俾协赞黄扉。六旬庆自今伊始,廿四考当逾古稀。不说保全最黾勉,名同郭令岂其非?"

四十二年正月,云贵总督图思德奏:"缅酋懵驳已故,其子赘角牙袭。头目得鲁蕴具禀情愿送还内地人,输诚纳贡,恳请开关。"上以受降通市及善后章程,必得晓事之重臣相度妥办,命阿桂前往经理。五月,授武英殿大学士,管理吏部,兼正红旗满洲都统。是月,缅目送还苏尔相等至虎踞关,奏入,遵旨回京。六月,调镶白旗满洲都统,充玉牒馆、国史馆、四库全书总裁、文渊阁领阁事、经筵讲官。十月,调镶黄旗满洲都统,管理户部三库。四十三年四月,充殿试读卷官。闰六月,兼管理藩院事。七月,署兵部尚书。时上诣盛京,命留京办事。十一月,命在总谙达上行走。四十四年正月,河决仪封、兰阳等处,命赴河南查办。阿桂至工,询访河状,开郭家庄引河,筑拦黄坝。嗣以下流淤淀,上流溃溢,且风水时作,屡筑屡开,因于王家庄筑挑水坝、顺黄坝兜蓄水势,逼溜直入引河,至次年三月堤工始集。四十五年正月,兼翰林院掌院学士。五月,留京办事。十二月,命勘浙江海塘。四十六年正月,奏劾杭嘉湖道王燧买部民女为妾,拆毁民居,建造私宅,及原任嘉兴府知府陈虞盛前与王燧同在差局浮冒侵蚀等罪。寻抵工次,悉心履勘,度潮势之缓急,沙性之坚软,工力之难易,请筑鱼鳞石塘,与柴塘并修,以资巩固而垂永久。于是老盐仓、范公塘各堤一律修固。二月,命顺道往清江查勘陶庄河身情形,并高堰石工。

是年,撒拉尔新教逆回滋事,进逼兰州,上命阿桂督师剿除。阿桂自磁州接旨,即驰赴军营。时贼已为官兵所败,退踞龙虎、华林等山,阿桂派弁兵分三路击之,毙贼数百人,贼势渐蹙。阿桂察看地形，我兵必由龙虎山过沟，再上华林山，而山涧经水冲刷，俱成横截立础，仅容一人一骑，兵力不能施展。阿桂筹议，俟川兵及阿拉善兵到齐，以川兵攀逾险阻，直捣贼巢；以阿拉善兵防其窜逸，乘其追捕，可期一鼓剿洗净尽，而贼自创败以后，掘濠增卡，止留向南小路，尽力抵御，为死守计。是月，各路兵及屯练兵抵营，阿桂屡设伏诱战，贼出抗拒，皆歼戮之。五月，攻克华林山大卡，逼近贼营。阿桂派兵四面设围，绝其水道。六月，督兵进攻贼营，贼大溃，逆首苏四十三歼焉。寻奏甘肃应行抚恤事宜，得旨俞允。七月，搜剿逆回馀匪始竣，奉旨议叙。时甘省监粮折色冒赈事觉，上命阿桂按之，尽得大小官吏通同舞弊状，谳定，奏请添设仓廒存贮，以济民食。又奏安插各城回众，及添设循化参将，复设河州州判，以资抚驭。俱下军机议行。是秋，河决青龙冈，命赴河南会同河道总督李奉翰督办。十月，抵工，督同员弁将东西两坝先后下埽，引河流行渐畅。十二月，两坝甫合龙，而东坝旋又塌蛰，阿桂等自请治罪，求谙习河工大臣来豫筹办。谕曰："近年诸臣中，经理河务较有把握者，舍阿桂岂复有人？惟当安心静镇，另筹妥办。"旋奏请将青龙冈迤下至孔家庄、荣华寺、杨家堂引河一律加宽，以期河流宣畅。四十七年四月，奏请另于青龙冈迤上，自兰阳至商丘添筑大堤，挑挖引河，并于北岸建筑坝基，逼溜南趋，以期截溜全归新河，得旨允行。五月，诣热河行在，复命面奉指示，仍赴工所，酌定章程，分派段落，委员承办。九月，浙江布政使盛住揭总督陈辉祖查抄王亶望赀产，抽换金玉，上命阿桂莅浙按之。谳定，顺道勘南盐河等处宣泄机宜，及东伊家河运各工。四十八年二月，命勘河南兰阳十二堡堤工,并酌建戴村坝迤上闸座。三月,工竣回京,命管理户部刑部事。

四十九年,甘肃盐茶厅逆回田五等滋事,田五毙,张阿浑等纠其众踞石峰堡,扰及通渭、伏羌、静宁等境。上以总督李侍尧等办理失宜,遣尚书福康安、领侍卫内大臣海兰察帅师往剿,旋命阿桂督办。六月,至军,与福康安等议安卡掘壕,聚兵围之,使不得他窜。凡贼匪滋扰之处,派兵搜剿,以次肃清。七月,进攻贼巢,歼其众八百馀人,生擒七百馀人,首逆张阿浑、大通阿浑、贼目杨慎四等悉数就擒,械送京师。叙功,予轻车都尉世职。八月,命督河南睢州堤工,三阅月工竣。五十年,举千叟宴,命领班入宴,赉如意寿杖、貂皮补服、蟒袍。八月,再勘微山、睢州工,并阅洪泽湖、清口情形。十月,回京,赐“调元锡瑞”匾额。五十一年四月,再勘清口堤工。六月,查办浙江仓库亏缺弥补实数,并勘海塘石工。闰七月,勘江南桃源、安东黄河漫口情形,及堵筑事宜。八月,再赴浙江按平阳县重征案。是月,七十生辰,赐“平格延祺”匾额,联云:“耆筵锡庆高千叟,云阁铭勋赞上台”,并如意红绒结顶冠、朝珠补服、蟒袍、貂皮等件。九月,回京,总理兵部事务。五十二年四月,署正黄旗蒙古都统,充殿试读卷官。五月,留京办事,教习庶吉士。六月,赴河南督办睢州十三堡漫口工程。

时台湾奸民林爽文滋事,遣福康安督剿。上以阿桂素谙军务,如有所见,据实奏闻。阿桂奏大兵进剿,宜扼其要害,分路进攻,先打通诸罗,使官兵声势联络,并宜于盐水港等处,廓清后路,由大甲溪克期进攻,庶易扫除。谕曰:“所见与朕略同,已将一切机宜详悉指示福康安办理。”十月,睢州合龙,勘江南临湖砖石堤工。五十三年正月，回京。二月，台湾平。谕曰："大学士阿桂夙兴夜寐，一体宜勤。着交部议叙。图像紫光阁，御制赞曰："戡外守中，居恒亮功，驰咨军务，志每予同。归朝襄赞，翦逆除凶。三登紫阁，福厚功崇。"七月，勘湖北荆州被水情形，疏下流窖金洲以导水势，修万城堤以护城垣。十月，回京。五十四年三月，命充上书房总师傅。四月，再勘荆州堤工。五十五年二月，上东巡，五月，巡幸热河，俱命留京办事。五十六年五月，如之。时阿桂子工部右侍郎阿必达故，军机大臣奏闻。谕曰："阿桂年高，恐因此事悲切，体气失调，赏给奶饼一匣，务须仰体朕意，善自宽慰。"九月，大兵征西藏、廓尔喀。五十七年，廓尔喀平，以阿桂赞襄机务，图像紫光阁，御制赞曰："七旬以上，身体康强。从不言功，黄阁赞襄。威克久安，曾亦协谋。亶一个臣，有容休休。"嘉庆元年正月戊申朔，太上皇帝授玺礼成，今上皇帝即位。越四日，再举千叟宴，阿桂领班，入宴如前仪。八月，八十生辰，太上皇帝赐"介眉三锡"匾额，联云："纯嘏懋勋延带砺，耆龄硕望重丝纶。"圣制诗云："黄发未曾驺背白，廿年于是掌丝纶。试看信史今兮古，幸我斯时君与臣。耳重目明政何碍，前功后业福犹申。相期矻矻漫言老，七字促成赉寿辰。"九月，辞管兵部。十一月，以疾乞假。

二年八月，卒。奉太上皇帝敕谕："大学士公阿桂老成练达，办事多年。自平定西陲时，即随同出师。旋经理新疆事务，周详妥善，懋著勤劳。嗣剿办两金川，畀以将军重寄，禀承方略，坚持定见，克藏肤功。特封为一等诚谋英勇公，赏给四团龙补服、黄带紫缰、红宝石帽顶、双眼花翎。图形紫光阁，以旌殊勋。续经简任纶扉,综理部务,赞襄枢要,二十馀年。前因撒拉尔及石峰堡回匪滋事,统兵剿捕,立就殄平,复加恩赏给轻车都尉世职,令伊长孙承袭。叠沛恩施,正资倚畀。迩来虽精力稍衰,两耳重听,犹照常趋直,夙夜靖共。顷闻患病颇剧,即特命三皇孙贝勒绵亿、御前侍卫丰伸济伦,由热河驰往看视,并赏赐陀罗经被,仍冀调理,或可就痊。兹闻溘逝,深为悼惜!着即令绵亿,并另派散秩大臣一员,带侍卫十员,前往奠醊。加恩晋赠太保,入祀贤良祠。"九月,今上亲临赐奠,御制诗云:"帝念功勋旧,朝廷重上公。将星落霞表,箕尾见云中。函丈仪曾侍,纶扉望最隆。路人知感泣,不愧世家风。"赐祭葬,谥文成。

　　子阿迪斯,原袭一等诚谋英勇公,官四川成都将军,缘事革退,恩赏六品顶带;阿必达,原名阿弥达,官至工部右侍郎,先卒。孙那彦珠,袭一等诚谋英勇公;那彦瞻,原袭一等轻车都尉,缘事革退;那彦宝,袭一等轻车都尉,现官户部右侍郎,兼左翼总兵;那彦成,乾隆五十四年进士,由编修递擢至直隶总督。嘉庆十八年十二月,剿除河南教匪,克复滑县,封三等子爵。十九年正月,班师、复命。谕曰:"那彦成系阿桂之孙,亦由平日习闻祖训,勉绍家声,故能宣力效猷,懋膺爵赏。兹追念旧勋,着于本月二十九日,在阿桂墓次,赐祭一坛,着禧恩前往奠酒,用示朕眷旧酬勋至意。"二十一年,那彦成因前在陕甘总督任内那移赈银,并捏奏捐廉等事,奉旨革职。

【校勘记】
〔一〕并请于霍济格尔巴克海努克两处分屯安插　原脱"尔"与"两处"

三字。耆献类征卷二七叶二六上同。今据纯录卷六五八叶一八
上补。

〔二〕着加恩将阿桂一族由正蓝旗抬入上三旗　原脱"将阿桂一族由
正蓝旗"九字。耆献类征卷二七叶二六上同。今据纯录卷六八
九叶二上补。

〔三〕部议革任　原脱"革任"二字。耆献类征卷二七叶二八下同。今
据纯录卷八六六叶九上补。

〔四〕抵喇穆喇穆　原脱"喇穆"二字。耆献类征卷二七叶三四上同。
今据纯录卷九五一叶一二上补。

〔五〕已降旨将将军等从优议叙　原脱一"将"字。耆献类征卷二七叶
三五下同。今据纯录卷九八九叶一八上补。

福康安

福康安,满洲镶黄旗人,姓富察氏。曾祖米思翰,户部尚书;
祖李荣保,察哈尔总管:俱追封一等公。父傅恒,大学士,一等忠
勇公,追赠郡王爵衔。米思翰、傅恒均有传。

乾隆三十二年,福康安由闲散袭云骑尉,授三等侍卫,命在
乾清门行走。三十四年,擢二等侍卫,命御前行走。三十五年,
擢头等侍卫。三十六年,授户部右侍郎、镶蓝旗蒙古副都统。三
十七年,调镶黄旗满洲副都统。大兵征金川,以温福为定边将
军,阿桂、丰昇额为副将军,命赍印往军中授领队大臣。三十八
年正月,副将军阿桂兵攻当噶尔拉山,适福康安赍印至,令同领
兵。六月,贼潜通小金川,陷底木达,〔一〕木果木大营失事,命阿
桂为定西将军,分道再举。十月,由资哩进克布朗郭宗诸寨,复

据美诺。三十九年二月,大兵攻喇穆喇穆,福康安克其西各碉,
会领队海兰察既取登古高峰,遂乘胜克罗博瓦山。上以罗博瓦
为贼要隘,攻取时将领等董率得宜,赏之。三月,从罗博瓦峰下
北剿,克得斯东寨。夜有贼七八百人,乘雪雾潜登山,犯副将常
禄保营。福康安闻枪声,急以兵援击贼退,上嘉之。五月,贼雨
中于山坡立两碉,福康安夜率兵八百,冒雨毁垣入,杀数贼,立毁
碉。上嘉其壮军威而破贼胆,特旨褒奖。寻夺喇穆喇穆山口木
城后石卡二。六月,克色溯普山,获坚碉数十,歼贼数百。阿桂
令领队额森特夜进兵,攻色溯普南山碉。福康安为应,视海兰察
兵登山巅,并力助战。天明,望海兰察至碉下,疾驱众越过重濠,
冒枪石与贼持,使不得他顾,我兵遂得尽破喇穆喇穆碉卡,取日
则丫口。七月,克嘉德古碉,攻逊克尔宗西北寨,有贼数十潜袭
我兵后,福康安击退之。

　　贼既困于围内,且以距勒乌围近,恐破其巢也,数夜出侵木
城、炮台,福康安屡败之。阿桂以贼死守险隘,改道由日尔巴当
噶路入,令福康安攻达尔札克山下各碉,克之。十一月,攻格鲁
克古,率兵裹粮夜逾沟,攀崖上,从山罅入,取当噶海寨、陡乌当
噶大碉,压桑噶斯玛特,取其木城、石卡。四十年三月,克勒吉尔
博寨战碉二,贼从噶尔丹寺来援,败之。四月,阿桂分兵一千,令
福康安从参赞海兰察赴宜喜军,先取甲索,进攻得楞山,下临河
贼碉,拔石卡三;又焚萨克萨谷大小寨数百,渡河取斯年木咱尔、
斯聂斯布罗二寨,〔二〕上以福康安西路得力之人调宜喜,攻剿尤
为出力,授为内大臣。五月,克荣噶尔博山,进至第七峰,赏嘉勇
巴图鲁号。六月,于第七峰下冒枪石成木栅九接第八峰麓,贼恃

险拒守，攻未克。七月，从舍图枉卡绕截，大兵进至章噶，福康安偕额森特攻巴木图，登直古脑山，拔木城碉寨五十，焚冷角寺，下压勒乌围贼巢。八月既望，夜半，分兵自西北攻入，破其寨，据之，遂克勒乌围。

九月，整兵直攻噶拉依。初从达思里正路，贼觉，改由达乌达围分队七，[三]福康安领第一队，夺达沙布果碉、当噶克底、绰尔丹诸寨；又从达思里下起木栅断科思果木与雅玛朋所通路。十月，攻达噶木，率左右兵绕出，克坚碉二。闰十月，从阿穰曲下登前峰，克大碉木城各二十。十一月，攻奔布鲁木护起寨，兵攻入碉，洞其垣，掷火焚之，贼无得脱者。又克舍勒固租鲁旁碉一、寨二，[四]格什格章寨一，萨尔歪碉寨三，阿结占寨二。十二月，攻科布曲正梁，由左进攻，其炮卡遂尽得；科布曲寨贼又于丹布哈尔下积木中潜伏以拒，[五]福康安从海兰察攻破之，悉取诸寨，据噶占。四十一年正月，克舍齐雍中两寺。自拉古尔河围噶拉依之右，夺大石卡二，移炮击其寨。首逆就缚，金川平。封福康安为三等嘉勇男，其原袭云骑尉，以福隆安次子丰伸果尔敏袭。命献俘馘，上幸良乡城南，行郊劳礼，赐御用鞍辔马一。御紫光阁，饮至，赏缎十二端、银五百两。阁上绘像，列前五十功臣，御制赞曰："代兄以往，继父而奋。矜许廑励，王臣之茂。登碉夺砦，那须蒙甲？嘉勇锡名，世传勋业。"转户部左侍郎。四月，擢镶白旗蒙古都统。七月，赏戴双眼花翎。九月，调正白旗满洲都统。十月，赐紫禁城骑马。四十二年，授吉林将军。四十三年，调盛京将军。

四十五年，授云贵总督。寻奏："铜厂立法宜详，用人尤要。

应实稽查各厂,专理兼理官任事后,所得铜数,以凭甄别。初试者必察其贪廉勤惰,用定劝惩,以冀厂内多一得力之人。即于将来铜政有裨。至私钱毁于既行之后,尤须禁于未铸之先,私铸黑白,利在多铅少铜。滇省前禁私铜,未禁私铅,是以奸民于附近铅厂卖鬻私铅,易滋私铸。若铅铜于官给印券,通商额铅外,有券外夹带及无券之铅,严禁无漏。则奸民无利可图,势将日止。”又奏:“滇铜多为开采,以裕其源,无庸加价。”皆从之。四十六年七月,南掌国贡象四,复陈交趾等国劫掠无御敌器,以馀象一求予炮。福康安檄谕以国家法制有定,不容妄求,还其象,不予之炮。奏入,上是之。

八月,调四川总督,兼署成都将军。命严缉啯匪。四十七年五月,奏:“蜀中匪徒已戢,陈善后事:保甲则量户口地址立法,清釐匪犯,则并父兄牌甲,各予治罪。窝家严缉查拿,赌博倍加禁戢,僧道、佣贩、乞丐、流民,分别稽查递籍。铜铅矿厂,水手桡夫,各有责成约束,严禁持造凶刀。停止海查兵役,讲圣谕广训,并钦奉上谕、律例,冀使返朴还淳,潜消暴戾。啯匪字本无意义,留此名色,转难示儆,请改为川省匪徒。恶名既已消除,匪迹自无蹈袭。”从之。八月,擢御前大臣,加太子太保。四十八年四月,命来京,署工部尚书。五月,授总管銮仪卫大臣、阅兵大臣,总管健锐营事务。十二月,命驰驿往广东查盐商公捐费买物修贡事。四十九年三月,奏商人所备贡物,俟一二年商人充裕,督臣代进洋商修物监督代进。谕曰:“商人等领帑经运交课不过微末之人,原不得非分进贡。福康安所奏督臣代进,竟应议驳。洋商与盐行无异,断不可行。”闰三月,擢兵部尚书、总管内务府大臣。

四月,甘肃逆回田五等私起新教,聚众滋事,上命福康安带钦差大臣关防,驰驿往剿。五月,授参赞大臣,同将军阿桂会剿。是月,授陕甘总督。六月,统兵赴隆德进剿底店贼马文熹率众降,由双岘小路至贼巢,立卡进逼。七月,率兵筑卡及壕,断贼水道。围益急,贼思扑卡窜,阿桂命参赞海兰察设伏于隘,福康安往来督战,歼贼数千,遂破石峰堡,生擒贼首张文庆等。晋封嘉勇侯。五十年正月,奏:"回民习武者多,而习文应试者少。当使沐浴诗书,通知礼义,驯其桀骜之气,即可化其顽梗之风。则教导回民,洵为善后要务。请于循化厅设学校,以资训迪。"上嘉之。七月,转户部尚书。五十一年,转吏部尚书、协办大学士。奏修宁夏各渠,以兴水利,从之。

五十二年,台湾逆匪林爽文围嘉义县。七月,命福康安为将军,偕参赞大臣海兰察往剿。十一月,渡鹿仔港,登岸后,由新埤进兵,援嘉义,遇贼,搜剿至仑仔顶。贼于竹围中突出抵御,福康安令兵屹立勿动,率巴图鲁侍卫冲入贼中,败之,攻克俾长等十馀庄。会天暮,雨大至,战益力,复克北社尾等处。疾驰至县,慰抚毕,尽运所得贼粮入城,以助民食。围既解,追贼至大排竹,决溪水渡兵,悉焚贼蔶,馀匪皆歼焉。谕曰:"福康安调度有方,振作士气,克敌致果,迅奏捷音。着封一等嘉勇公,赏红宝石帽顶、四团龙补服,以示优异。"初,嘉义被围时,提督柴大纪奏城中食尽,竭力死守。蔡攀龙奏督兵赴援,杀贼通道。至是,福康安劾攀龙损兵多而围不解;大纪赖众民一心奋勉以保孤城,又军饷未绝,所言诡诈,不可信。上以二人守战有功,恐因提督大员屡经

恩旨褒嘉,或稍涉自满,在福康安前礼节不谨,致为所憎,遂尔直
揭其短。会浙江钦差成德以柴大纪恂法牟利状上闻,上曰:"柴
大纪贪纵不职,酿激事变。福康安前次奏到之折,竟未言及,只
含糊其辞,实大不是。岂欲待朕自为揣度耶?[六]着传旨严行申
饬。"十二月,剿城西大仓庄,又焚城东兴化店及员林贼庄,督兵
剿北路。时贼据大浦林、中林、大浦尾三庄,分兵三路并进,贼同
时溃。又破庵古坑贼目蔡福栅,收复斗六门,抵水沙连,贼已遁;
进攻大里杙贼巢,获贼目数十、贼党二百,贼首逃入番社,未获,
擒其家属。初,福州将军恒瑞拥兵盐水港,不救嘉义,妄请益兵。
上命福康安劾之,福康安袒恒瑞,奏不以实。五十三年正月,谕
曰:"恒瑞自台湾带兵赴援,观望迁延,种种玩误,又妄行奏请添
兵,张大贼势。若治以摇惑军心之罪,即应按照军法立斩。朕因
念恒瑞年轻无识,且系宗室,姑援议亲之条,不即置以重典。乃
福康安节次奏到之折,曲为庇护,且屡经令福康安向恒瑞严诘,
妄请添兵,摇惑军心,是其首罪。乃福康安并不问此一条,转为
之多方开脱,且称其打仗奋勉,仍请留于军营,其意不过遇有带
兵打仗,即将恒瑞铺叙功绩,冀朕加恩录用。岂能逃朕洞鉴?福
康安由垂髫豢养,经朕多年训诲,至于成人,今甫经委任,畀以军
营重寄,即现在剿捕贼匪,攻克贼巢,皆朕指授方略,再三训示,
将士等踊跃用命,始能所向克捷。今甫经解围得胜,朕即优加奖
赏,福康安自当倍加奋勉,迅速擒拿贼首,克日蒇功,以期承受恩
眷。乃竟敢藉此微劳,袒护亲戚,此等伎俩,岂能于朕前尝试耶?
本应从重治罪,因念其现在带兵剿贼,业经攻克巢穴,拿获逆匪
家属,姑从宽免其深究。着传旨严行申饬。"寻统兵由内山搜至

打铁薮及鰕骨、合欢诸社,至极北之炭窑,分兵截海口及各要隘,使不得遁,仍恐贼首见追急自戕,密令巴图鲁侍卫二十人及屯练兵数百,易装入缉,生擒林爽文于老衢崎,俘献京师。上念福康安功,亲解佩囊赐之。二月,督兵至南路,由湾里社剿南潭、大穆杀、散村薮、水底薮等贼党,令福州将军常青增兵,严守诸海口,追贼至极南之瑯峤,谕柴城陇峦居民伪留逃贼,以防惊窜,分军水陆并发,至柴城,陆路军队伍进至海岸,执凶渠庄大田以献,悉除馀党,台湾平。谕曰:"福康安此次前往督办剿捕事宜,遵照节次指示,调度有方,用心周密,真能不负任使,朕为嘉许!着赏黄腰带紫缰、金黄辫珊瑚朝珠,用示优异。"又命于台湾郡城及嘉义县建生祠塑像,又绘二十功臣于紫光阁,御制赞曰:"金川领兵,已著伟名。几处封疆,吏肃政成。解围擒逆,能人不能。崇封殊爵,嘉尔忠诚。"六月,奏熟番募补屯丁,应按番社酌挑,令就近防守,设屯弁以辖之,给近山埔地,资其养赡,免其徭役,清釐所垦田以定界址,点验所制器械以备稽核。又奏善后十六事,其要在于习戎事、除奸民、清吏治、肃邮政,上皆从之。十一月,调闽浙总督。

五十四年正月,调两广总督。二月,奏:"安南阮匪复纠众滋扰,若俟奉谕旨始起程,则行已缓,心实不安,已赴漳泉阅兵,俟再得粤中信,即兼程前赴粤西。"谕曰:"孙士毅前于黎城退出之后,朕以闽、粤境壤毗连,福康安得信,必即奏请前往,早向军机大臣言及。今福康安果有此奏,不出朕之所料。福康安秉性公忠,能视国事如家事,其才猷识见,又能明敏周到,如此方不愧为休戚相关、实心任事之大臣。"四月,奏安南阮光平恭顺输款,不必用兵,上允所请。六月,奏葳兵后,应以馗蠡营辖镇南关汛,增兵巡察沿边各隘口,排栅开壕,禁防出入,以杜偷越。有内地人与夷人联姻质田者,治其罪,议行。七月,巡漕御史和琳参奏湖北按察使李天培私交湖广粮船,分运材木,讯得福康安寄书索购情事,严旨令自劾。寻谕曰:“此案固由李天培假托声势,牟利营私,而其实总缘福康安向其托办所致。即当治以应得之罪,若现无安南输诚求觐一事,虽福康安平定台湾功绩懋著,核其情节,尚不至革去公爵,其所赏红宝石帽顶、四团龙补服、黄带、紫缰,俱应革除,断不能施恩予留。第念现在阮光显前赴热河瞻觐,阮光平又恳于明年亲自来京祝嘏,傥将福康安所有章服,遽行更换,非特观瞻不肃,且类于爱憎无恒,所关甚巨。所有福康安自请撤回公爵、章服等项,及斥革治罪之处,着加恩免其撤回斥革。福康安受恩深重,乃不能加意谨慎,致蹈愆尤,亦不可无以示儆,着罚总督养廉三年,仍加罚公俸十年,并带革职留任,用昭惩创。”十月,获洋盗林亚五等二十人,审明抵法。五十五年,率安南国王阮光平来朝京师,其返也,命仍随福康安行。八月,参将钱邦彦巡洋至崖州,遇盗被害,命与阮光平湖北别后回粤,严缉洋匪。五十六年二月,谕曰:“福康安在两广总督任内,缉拿洋匪,整饬地方,诸事认真妥协,殊属可嘉! 前罚养廉,除已交纳外,馀着加恩宽免。”三月,获崖州案内盗犯周元保等,续获蜑家二等,又获叠劫盗犯霍发松、邓全、陈阿暴等,先后抵法。六月,安南夷人请通市,奏请定商人由内地出口,先从原籍确查,继饬关隘察验夫船预编清册,行馆各有责成,回关勒定限期,进口确验牌照,在夷地则杜其逗遛,于场厂则防其勾结,违禁货物加意

盘查,私越奸徒,申明稽察,责镇道以综理,畀丞牧以专司,〔七〕
议行。"

　　十一月,廓尔喀贼匪扰后藏,命福康安为将军,偕参赞海兰
察率巴图鲁侍卫往征之,谕免所罚公俸。五十七年三月,抵后
藏。四月,自第哩、浪古前往绒辖、聂拉木,察地势,以济咙为进
兵正路,疾行向宗喀。五月,至辖布基。时诸路兵未集,先以所
率众进剿,值雨夜,分队六,径趋擦木。黎明,潜登山,夺贼前碉,
贼守后碉不出,官兵毁垣入,短兵接战,歼贼目三、贼众二百,生
擒十馀。乘胜抵玛噶尔、辖尔甲山梁山下,有红旗贼目率众拥
上,因令官兵设伏,留一路诱贼,进至山半,横截贼队,夺其旗,殪
贼几尽。进攻济咙,济咙为贼要寨,大碉据险,立各碉卡互相援
应,成犄角势。乃分兵攻扑,翦其旁寨既净,遂并力攻中坚,缚大
木为梯,令屯兵蚁附登,毁石垒,炮击之,自丑至亥,克其寨,斩级
六百,生擒二百。奏入,赐御制志喜诗书扇,及御用佩囊。

　　六月,由济咙进至索勒拉山,下有大石卡二。大军直前毁
卡,贼遁,追至热索桥,贼急撤桥,用火器隔河击之,不及贼,因令
暂退,密遣兵东越峨绿山,〔八〕从上游潜渡,转次贼前卡,歼贼数
十。正路兵渡河,夺其后石卡,贼仓皇窜,多坠河中者。进至密
哩山顶,径益险仄,日越大山数重,令兵修路前进,深入七十里,
不见贼。旺噶尔西南横亘一河,旺堆在河北,协布鲁克玛在河
南,迤东为克堆寨,贼各筑卡死守。大兵至旺堆,贼扼河拒,不得
渡,留兵牵缀之;潜从上游缚木渡,直薄克堆寨,分三路进攻,出
贼不意,贼大溃。旺堆兵亦济,追戮甚众,由噶多进至作木古拉
巴载山梁,望对峙之东觉山,〔九〕贼营林立,中隔一河,山险峻,不

可下。令驻一军于山，以一军从噶多鲁山下渡，取其近河碉卡，贼自陡磡上木城，绕出力拒，奋击，擒其魁，馀皆窜，大兵冒锋刃，鼓勇登，破其木城。时山梁一军亦下，为桥以渡，夹攻，大败之，克大小贼寨十一、贼营三、石碉四、木城五、石卡二十，戮贼目七、贼党四百。结营雍雅山，贼首乞降，不许。七月，进攻噶勒拉山。三路并捷，追贼上堆补木山，夺其卡，由堆补木下山，为帕朗古横河，贼扼桥拒，官兵夺桥过，直攻甲尔、古拉集木集两要寨，贼八千人来援，且欲夺桥，督兵力战，败之。凡接战两昼夜，越大山二，克木城四、大小石卡十一，戮贼目十三，贼六百，生擒十七，贼酋畏惧乞降，有旨许纳款，班师。

　　方福康安之未受降也，谕曰："此次督兵，屡战克捷，且经越艰险，冒雨步战，手足胼胝。用兵之难，为从来所未有，实属奋勇出力。着加恩实授为大学士。"会十五功臣图像成，御制赞曰："百战久经，两功近成。近之险绝，前闻未曾。七战七胜，度索乘桴。旧勋新让，嘉许首图。"时大学士阿桂以未临行阵，奏以福康安为首功也。九月，赏一等轻车都尉，令其子德麟袭。十一月，谕曰："福康安进剿廓尔喀，如能直抵阳布，将拉特纳巴都尔、巴都尔萨野悉数生擒，解京献俘。其土宇分给附近各部落，其功甚大。前代功臣，原有身非宗室，晋封王爵之例。朕本拟俟红旗递到，加封王爵，以昭异数。今因廓尔喀畏罪投诚，福康安遂传旨受降，班师蒇事。是以止将福康安赏给世职，不克副朕初愿。然由今思之，似此受降蒇功，未始非上天嘉佑我君臣之意。盖福康安系孝贤皇后之侄，大学士傅恒之子，如果得成巨功，或可晋封王爵，在朕只以勋劳甚大，[一〇]用示酬庸；而天下无识之徒，或谬议朕厚于后族，破格施恩，传之后世，亦且以为口实，几与汉、唐之宠任外戚者无异，朕将何以自解？而福康安父子兄弟多登显秩，福康安又荷王封，富察氏一门太盛，于伊家亦属无益。但福康安既成大功，朕又不得不加以殊恩，转觉两难。兹如此竣事，诸臻完善，朕既免加恩后族之嫌，福康安亦无盛满难居之虑，较之荡平廓尔喀地方，倍为欣慰也。惟是福康安此次跋涉险阻，备尝艰苦，且调度有方，使廓尔喀震慑威棱，诚心向化，可期永靖边陲，仅予世职，尚不足以酬劳勣，除已授为领侍卫内大臣，〔一〕将来在总管任内仅有千总等官跟随，不足以示宠异，着照王公名下亲军校之例，赏给六品顶戴蓝翎三缺，令福康安于伊得力家人内酌量给戴，用昭格外加恩、优眷劳臣至意。”

十二月，奏卫藏增汛练兵，铸钱通货，核商上收支，免番众纳赋。又奏驻藏大臣每岁亲巡边境理事，应与达赖喇嘛、班禅额尔德尼等禁其族属不得与公事，有大小番目缺出，会同拣放，前后藏应各置文员，以理钱粟；定听差兵额，以实操防。五十八年正月，奏：“藏内善后十八事：一曰，达赖喇嘛、班禅额尔德尼与外番通信，应告驻藏大臣；二曰，各边境设鄂博；三曰，选边界营官，视内地边俸例推升；四曰，禁袭充番目；五曰，诸大寺坐床堪布，公同补放；六曰，商上银钱出入，照新定数目，画一收放；七曰，济咙、聂拉木边界收税，毋庸酌减；八曰，禁私给免差照票；九曰，僧俗户口，造册清查；十曰，蒙古延喇嘛诵经，由驻藏大臣给照往；十一曰，禁私用乌拉；十二曰，禁罚赎不公，及私抄没家产之弊；十三曰，官兵所需火药，就地配造；十四曰，达赖喇嘛赏噶布伦、戴琫田庐，不得私占；十五曰，禁商上喇嘛预支钱粮；十六曰，各寨租赋,按年收交商上,逃亡绝户免;十七曰,驻藏大臣署设译廓尔喀番字吏;十八曰,廓尔喀贡使往来,派文武官卫送。"又奏:"外番商人来藏者,酌定次数,由驻藏大臣给照往来,由江孜、定日两汛官弁察之,寻常交易,随时稽验,毋得私越。"均得旨议行。

三月,安南国王阮光平卒。上虑该国人心反侧,命福康安速赴粤西。四月,福康安母卒于家,谕曰:"福康安三月甫抵边坝,至成都尚需五十日,到京已在六月下旬,百日将满,已属无及。福康安为国家出力之人,屡著劳绩。现因奉差在外,以致伊母大事不获躬亲,料理丧用,为之恻然!然福康安若到京,朕心转不忍与之相见。应在途成服,办理广西事竣,即赴广东,在任守制。过一二年,朕酌量降旨,再行赴阙。"上又以福康安途中患病,令御医涂景云往视。五月,奏:"接广西巡抚陈用敷札,知安南人心悦附,四境平宁。臣到粤不过遣员前往致祭,别无要务。臣母抚臣成立,以仰邀恩佑。今甫遭此事,竟不到京,即赴总督之任,不但心实不安,且恐督乱,治事未协,转负委任。且臣母每勖臣勉图报称,不得以定省远违,分心内顾。兹既不获侍汤药,亲身含敛,惟思于未卜窀穸之前,居庐数日,臣悲慕之心已伸,郁结之怀亦释,犬马之疾转得速痊。此臣迫切私情,不敢于圣主之前,稍有讳饰。"寻诏许来京。六月,加封嘉勇忠锐公。八月,调四川总督。是岁,金川土司年班入觐,命福康安领之。五十九年正月,吉林将军恒秀治参务亏缺库项勒派民户,命福康安往讯,拟罪从轻。谕曰:"福康安与恒秀谊属姑表弟兄,有心徇庇,从宽定拟,希图含混了事。福康安受朕厚恩,特加简派,自应秉公持正,方为无负任使;乃瞻顾亲谊,曲庇局员,本应治以应得之罪,因念其办理廓尔喀一事，不辞艰险，著有劳绩，是以姑从宽宥。但伊审办此案，种种瞻徇，岂能于朕前调停混过？着严行申饬。"既至四川，亲至重庆获私铸奸民曾石保等。

七月，调云贵总督。九月，谕曰："朕披阅廓尔喀纪略，福康安于人迹不到之处，攀援登陟，殊为眷念！已调任云贵总督，此时至重庆前赴云南，时届冬令，天气渐寒，特将御服黑狐大腿褂赏给，俾资途中御寒，以示优眷。"六十年二月，贵州逆苗石柳邓聚众围正大营、嗅脑营、松桃厅三城，湖南逆苗石三保等围永绥，附首逆吴半生为乱。命福康安督兵赴剿，败贼于铜仁之盘塘坳，正大营城围解。正大之东为新寨，通楚境，苗寨聚焉，即率兵进剿，焚大寨二十六，获粮万石，以助民食。闰二月，绕出高垅坡，破贼栅数百，自高垅坡至嗅脑皆贼寨，其岩门寨、地所坪尤险，纵火焚之，进克官舟营木城，分兵取倬山等寨百馀，复合趋嗅脑，解其围。乘夜进兵，悉焚野牛山、白岩地贼巢，以清后路，向松桃厅；贼先于围城时环立薆寨，大兵至，尽毁之，城中兵亦出应，贼遁。上以福康安连解三围，迅速可嘉，赏戴三眼花翎。是时，福康安率黔兵既剿净后路老虎岩诸贼寨，侦知石柳邓据大塘汛、大寨营，适和琳所领四川兵亦至，期于满华寨合兵力剿，焚贼寨四十。石柳邓渡河逸入楚匪石三保黄瓜寨中。三月，大兵临河，贼于对岸筑卡拒守，乃分兵潜从上游水田坝缚木筏候渡岸上，纵民牧牛，令降番、屯练设伏以待，贼数百乘船渡河掠牛，伏兵起，夺船渡，木筏亦顺流下，遂尽济河，破木城，贼弃卡窜，遂取石花寨，进剿土空，从得拉大山下压，歼贼甚众。先一日，令总兵花连布间道援永绥。至是，复会剿，凡三日，永绥围解，进抵竹子山，贼多聚兰草坪西北崖板寨中,伪于东南山凹树旗,示我兵出入路;因其计攻之,设伏对山石间,藏炮焉,仍督兵自凹入,贼悉众来拒,伏兵望见,俟其过,飞炮击之,贼惊溃。坪上贼弃木城退保瑯木陀山卡。四月,克之,驻营山梁。山之西为登高坡与黄瓜山对峙,坡右老虎湾亦通黄瓜山贼寨,乃分五路,冒风雨进剿,枪矢无虚发,贼窜山后,遂据黄瓜山大梁,俯临其山。夜,复于风雨中下压,掷火药,焚窦,毁大寨五十六,擒贼百馀,皆歼。讯所擒贼,知首逆吴半生纠黑苗据菇麻寨,石柳邓、石三保据鸦西、鸭保等寨,附之。遂由小红岩径攻菇麻,夺大小喇耳山,冲入贼队,至寨外纵火,烧木城,贼多被焚,有潜匿岩洞者,薰之悉毙,毁苗寨四十。吴半生逋往西梁,复纠猿猿寨、狗脑坡花苗二十馀寨来拒,石三保率鸭保之匪来援,乃分众攻雷公山,阻其援兵,大军左右击西梁上、中、下三寨,破之,雷公山兵亦捷,贼奔投花苗寨中。五月,大兵五路分剿,克大小苗寨六十、木城四、石卡三十五,进至大乌草,河水深阔,不可渡,移师克沿河之沙兜诸寨,又克盘基坳山。是月,调浙闽总督。六月,克竹山坳大梁,贼潜出扰我兵,败之于板登寨,再败之于雷公滩,遂夺右哨营。七月,令兵夜列炬岸上,示欲渡河,贼拒守甚力,密从数里外诸苗坪作木桥以济,绕贼后,焚其寨,贼惊窜,潜聚爨木林,伺隙来夺桥,设伏败之。遂督兵于众山中,越险进,或分或合,步步为营,昼夜不少息,克蚂蝗冲等大小寨五十,直至狗脑坡山益险,兵皆附藤葛行,冒矢石直据山巅,从高下压,破其寨,贼首匿古丈坪,五路并进,歼贼一千,风雨暴至,贼宵逋。八月,克虾蟆峒、乌龙岩,因雨驻兵杨柳坪,既霁,攻茶它,夺贼卡六,抵夯乞,降者七十馀寨。谕曰:"福康安运筹布置,悉合机宜。冒险进攻,勤劳懋著。应即加恩优奖,着仍带荣赏四字佳号,晋封贝子爵衔,即照宗室贝子之例,所有护卫官员,听其自将家人拣放。此乃逾格施恩,俾异姓荩臣,得邀殊宠。将来我八旗大臣,得有似此超众宣劳者,均可援以为例。岂非国家世臣之福?"九月,克岩碧山,焚巴沟等寨二十,进攻麾手寨山,分兵乘积雾雨,由僻径绕出山后,面背合攻,贼大溃。时所调粤西兵亦至,令花连布率之,从长坪搜剿,得苗寨四十,上赏服貂尾褂。贼首吴半生从鸭保至高多寨,欲纠众拒我兵,侦得之,遂督全军急进,围其寨,吴半生穷蹙,出降。上嘉其功,赏其子德麟副都统衔,在御前侍卫上行走。

　　十月,抵鸭保贼巢,鸭保之右天星寨,为贼中奇险处,贼恃以为固。乃率众夜发,值雪后朔风起,兵皆于阴晦中觅道进,抵木城下,掷火焚其窝棚,贼骇窜,得木城七、石卡五,克垂藤、董罗诸寨。赏上用黄里玄狐端罩一。十一月,克卧盘寨,平陇贼目吴八月就擒,降苗吴陇登缚贼目陇五勠以献,大兵进攻大小天星寨,克之。十二月,攻克㸒木营,乘风雪夜进拔地良、八荆、桃花诸寨。贼又谋于普定寨纠众来拒,破之,擒贼目二,据高斗山,计由平陇以复乾州,贼恃擒头坡、骒马峒诸险隘,悉力死守。乃于高斗驻营,作进攻势,潜分队鱼贯进,克擒头坡诸贼卡,复拨兵断贼归路,进取骒马峒及两岔河、川峒诸山,焚其寨三百,由川峒进,克金岭冲山,擒贼目一。嘉庆元年正月,克吉吉寨,乾州属大陇峒等寨,暨斗角岩尾坡,九十九峒苗千馀户乞降,二月,大兵抵璧多山设卡,贼窃从璧多对峙之高吉陀夜出窥我营,击退之,且焚巴金湾寨。三月,贼伏两叉溪,欲阻我兵路,为炮所击,遁;追剿至平逆坳,夺石卡三。贼又集众数千,袭檪木营后路,分扑擒头坡营卡,悉以有备,败走。四月,克结石冈石城,焚牧牛坪等大小寨七十,进克官道溪,攻火麻营石城,张两翼以三面进薄之,贼溃,军中制火箭数百枝,远近齐发,毁其寨益多。抵廖家冲,夺山巅石卡一,群苗骤至,上扑卡,十数进,皆败;侦其窜伏路,多从连峰坳,乃夜简劲卒间道潜发,以其半击贼,半囊土负而登,且战且筑卡,断其隘。贼见兵已据险,四散奔逃,追戮无遗,夺山梁七。奏入,谕曰:"福康安自剿捕苗匪以来,备经艰险,懋著勋劳。今大兵进逼贼巢,将紧要山梁俱已攻克,业距平陇、乾州不远,成功当在指日,允宜特沛恩纶,用加懋赏。因念福康安父傅恒宣力有年,屡著劳绩,未得身膺贝子封爵。向来贝子袭封王爵,如其父未得封王者,例准追赠。傅恒着加恩照宗室追封之例,晋封贝子,以光泉壤而昭宠锡。"

五月,福康安染瘴患泄泻,犹督师前进,夜有大星陨于营西北,光芒有声。越数日,卒于军。谕曰:"大学士贝子福康安秉性公忠,才猷敏练,扬历中外,懋著殊勋。年力富强,正资倚毗。乃当大功垂成之际,积劳成疾,遽尔溘逝,实深震悼!且当患病之时,犹复力疾督师,亲临前敌,实为宣劳超众,体国忘身,尤宜渥沛殊恩,用昭饰终令典。着晋封郡王爵衔,赏内帑银一万两,经理丧事,并赏给陀罗经被,仍着于伊家宗祠之旁,建盖专祠,以时致祭。并推恩伊父傅恒,亦追赠郡王爵衔,其子德麟着加恩晋袭贝勒,派固伦额驸丰伸殷德迎往奠酹,带同伊子德麟驰赴前途,妥为照料。俟入城治丧,朕必亲往赐奠,所有任内降革罚俸处分,俱着开复。其应得恤典,并着该衙门察例具奏,以示轸恤勋劳、有加无已至意。"御制诗哭之,曰:"到处称名将,功成勇有谋。近期黄阁返,惊报大星流。自叹贤臣失,难禁悲泪收。深恩纵加赠,忠笃那能酬?"九月,命入祀昭忠祠、贤良祠,从其父傅恒配享太庙。予谥文襄,赐祭葬如例。

二年二月,得旨:"德麟承袭贝勒之爵出缺后,伊子承袭贝子,伊孙承袭镇国公,减至未入八分公止,世袭罔替。"九年,谕曰:"从前节次用兵时,领兵官员原无格外犒赏之需。自福康安屡次出师,始开滥赏之端,任性花费,毫无节制。于是地方承办之员,迎合备送,累万盈千,以及银牌绸缎,络绎供支,不过以赏兵为名,亦未必实惠尽逮戎行也。即如德麟迎其父枢,地方官致送奠仪,并备赏等银四万馀两,外省只知逢迎,纨袴乳臭,卑鄙恶习,实出情理之外,竟非人类所有。德麟收受银四万一千五百五十二两,着罚令赔缴八万两,以示悖入悖出之天理,为治世所不容。"十年二月,谕曰:"带兵大员,本不当以一时犒劳私恩,辄立赏号名目。其始如傅恒等,尚系将自有之物分给士众,迨后群相效尤,又不能出赀购办,遂不得不向地方官调取预备,而福康安为尤甚,因而承办军需者,居然视为正项支销。自有赏号名目以后,带兵大员藉词取索,漫无限制,而地方局员亦不免以购备为名,浮滥多糜,甚至舞弊营私,取肥己橐,交结见好。及至报销帑项时,又复多方设法,希图掩饰,所有军营赏号一项,必当严行禁止。"四月,谕曰:"赏罚为军纪之要,随征官兵等果有奋勉出力者,一经奏闻,无不立沛恩施。带兵大员等何得擅立赏号,用市私恩?是以从前屡次用兵,本无此项名目,〔一二〕我皇考高宗纯皇帝曾经屡颁圣训,著之令典。自福康安出师台湾等处,始有自行赏给官兵银两、绸缎之事。尔时藉其声势,向各省任意需索,供其支用,假公济私,养家肥己。其后各军营习以为常,带兵大员等不得不踵行犒赏,而力有不能,辄于军需项下动用支销,以公项作为私用。嗣后设遇办理军需时,不得再立赏需名目。"十三年,德麟以雩坛视牲误班,饬部严议。议上,命降贝子,在散秩大臣上行走。

【校勘记】

〔一〕陷底木达　原脱"底"字。耆献类征卷三四叶一下同。今据纯录卷九三七叶八上补。按国传卷三〇叶一上不脱。

〔二〕斯聂斯布罗二寨　"布罗"原误作"罗市"。耆献类征卷三四叶二下同。今据纯录卷九八一叶二〇上改。按国传卷三〇叶二下作"罗布",亦误。

〔三〕改由达乌达围分队七　原脱下"达"字。耆献类征卷三四叶三上及国传卷三〇叶二上均同。今据纯录卷九九一叶二二上补。

〔四〕又克舍勒固租鲁旁碉一寨二　"固租"原误作"图祖"。耆献类征卷三四叶三上同。今据纯录卷九九七叶一八下改。按国传卷三〇叶二下不误。

〔五〕科布曲寨贼又于丹布哈尔下积木中潜伏以拒　原脱"丹"字。耆献类征卷三四叶三上及国传卷三〇叶二下均同。今据纯录卷九九九叶一二下补。

〔六〕岂欲待朕自为揣度耶　"耶"原误作"即"。耆献类征卷三四叶六上同。今据国传卷三〇叶四下改。

〔七〕畀丞牧以专司　"畀"原误作"俾"。耆献类征卷三四叶九下同。今据国传卷三〇叶七上改。

〔八〕密遣兵东越峨绿山 "绿"原误作"缘"。耆献类征卷三四叶一〇
上同。今据国传卷三〇叶七下改。

〔九〕望对峙之东觉山 "东"原误作"大"。耆献类征卷三四叶一〇下
同。今据纯录卷一四〇九叶二三下改。按国传卷三〇叶八上
不误。

〔一〇〕在朕只以勋劳甚大 原脱"在朕"二字。耆献类征卷三四叶一
一下同。今据纯录卷一四一七叶六上补。按国传卷三〇叶八
下不脱。

〔一一〕除已授为领侍卫内大臣 原脱"除"字。耆献类征卷三四叶一
二上及国传卷三〇叶九上均同。今据纯录卷一四一七叶七
上补。

〔一二〕用市私恩是以从前屡次用兵本无此项名目 "市私"原误作
"示施",又脱"名目"二字。耆献类征卷三四叶一九下及国传
卷三〇叶一四下均同。今据睿录卷一四二叶一六下改补。

蔡新

蔡新,福建漳浦县人,赠尚书太傅世远之族子。乾隆元年二
甲一名进士,改庶吉士。二年,散馆,授编修。九年,充江西乡试
副考官。十年,入直上书房,考试御史第一,辞对品,授侍讲。十
一年,提督河南学政。任满旋京,奉旨不必在上书房行走,旋谕
仍入直。十七年,充江西乡试正考官,擢侍读学士,充日讲起居
注官。九月,擢内阁学士,晋工部右侍郎,调刑部右侍郎。十八
年,以母老奏请归省,上许之,赐其母貂皮大缎。假满仍供职,新
陈请终养。时新母未满八十,且非独子,格于例,而上允其请,盖
异数也。是岁冬,里居,命为总师傅,疏辞,乞留养。谕之曰:"并

非令汝即来供职,原待后日之旨也。"二十五年,上五旬万寿,入祝,御书旌其母。二十六年春,驾巡幸<u>江</u>、<u>浙</u>,<u>新</u>诣行在,谕以<u>新</u>母年逾八旬,宜早归。二十九年,丁母忧。三十一年,服阕,补刑部右侍郎,旋命视学<u>直隶</u>。

三十三年,除工部尚书,兼署刑部。三十四年,摄兵部尚书,兼管国子监事务。<u>新</u>所居官房火,陈请赔修,赏给官修。三十八年,调礼部尚书,充<u>四库全书</u>馆正总裁,赐紫禁城骑马,赏<u>澄怀园</u>官房。四十一年,再摄兵部尚书。是年,<u>新</u>年七十,御书"武库耆英"及冠服诸珍物以赐。四十四年、四十五年,并充<u>顺天乡试</u>正考官,转吏部尚书、协办大学士。四十六年,乞归修墓,俞允,赐以诗。四十八年,上以<u>新</u>究心根柢,能守家学,录寄御制<u>君子小人论</u>、<u>云上于天解</u>、<u>濮议辨</u>,令阅覆。旋京,赴热河,上赐以诗,有曰"年老君臣似老朋"。六月,授<u>文华殿</u>大学士,兼吏部尚书,赐"黄扉宿彦"匾额。四十九年,充会试正考官,前后充殿试读卷官凡七次,赐<u>新</u>长子<u>本俶</u>主事,[一]赍玄狐端罩。五十年正月,与千叟宴,赐酒食、如意、寿杖诸珍。二月,上临雍讲学,<u>新</u>以大学士兼管国子监,坐讲"天行健,君子以自强不息"二句,赐茶及文绮。先是御制<u>三老五更说</u>,纠<u>蔡邕</u>独断父事兄事、<u>班固</u><u>白虎通</u>老更各一人之谬。至是,御制<u>临新建辟雍诗</u>曰:"<u>蔡新</u>或备伯兄行",注曰:"若今之群臣,孰可当老更之席者? 独大学士<u>蔡新</u>长予四岁,或可居兄事之列;然恐其局趣勿敢当,举<u>王导</u>对<u>晋元帝</u>之语耳。"

三月,<u>新</u>乞致仕,奏曰:"窃臣海滨下士,遭逢圣明,历践清华,屡典文衡,兼司胄监,报未效于涓埃,恩更深于覆帱,荐陟黄扉，实惭非据。臣叨皇上爵禄之荣，亦已至矣，而且豢养内廷者四十一年，与闻圣训之精深，饫聆讲帷之绪论。虽奉职无状，犹曲荷成全，臣叨皇上知遇之隆，又已至矣。至于乌犊私情，蝼蚁下悃，无不可仰渎天听，省亲则计其行程，请养则宽以岁月，迨昔岁假满还朝，犹荷圣慈矜恤，推恩下逮，臣子亦邀曹署之荣。凡天语之褒嘉，赏赉之优渥，皆微臣梦寐所难安，亦笔墨所莫罄。即在廷诸臣见之，无有不代臣感愧者。臣叨皇上爱护矜怜之恩，又如此其至也！凡兹异数殊荣，屈指朝列，罕见比伦。臣刻骨镂肝，曷云能报！若遽图自便，岂复尚有人心？所恨者，犬马之齿已衰，疾病侵寻，不能自料。臣向有痰喘之症，逢冬勃发，〔二〕春深则渐平复。兹自去冬以来，日甚一日，元正千叟盛宴，春仲临雍大典，臣多方调治，惴惴焉惟惧不克沐宠光而襄大礼，幸黾勉从事，不致陨越，以贻玷班联。此皆皇上至仁大德，覆露群工，非微臣所能计及也。嗣后春寒雨雪，调度失宜，耳聋脚弱，心神恍惚，至于朝端跪起之间，每虞颠仆，虽圣主包容，许人扶掖，而国体所关甚巨，臣亦何能自安？气候所臻，实不获已。因于前月赐对之下，冒昧陈请，恳乞休致，蒙皇上不加督责，悯臣年迈，察臣路遥，犹以臣夏月较好，听臣酌量行走。臣反覆思维，虽父母顾复之恩，何以逾此？顾臣非敢忘致身大义以晏安为怀也，亦非以殆辱为虞，引古人止足之戒，以自文其私也。诚念纶扉重寄，殿阁崇班，猥以老迈龙钟之身，据为持禄养安之计，莫报毫芒，徒惭衾影，实臣所自顾而跼蹐者也。因敢再申前请，伏乞皇上解臣职任，俾得一意调摄，骸归故里，傥蒙皇上如天之庇，稍留晷息，恭遇八旬大庆之年，尚能扶掖瞻天，代衢巷以祝三多，同华嵩之呼万岁,犬马馀生,于愿足矣。"谕曰:"大学士蔡新老成端谨,品学兼优。由乾隆元年进士,荐陟卿班,典司胄监,简用纶扉,在上书房行走,为诸皇子总师傅。朕视其年齿虽增,精神不减,正资倚畀。兹以衰疾奏请解职,回籍调理,情词恳切,览奏弥眷于怀。第念伊年近八旬,闽省又距京路远,〔三〕不忍重拂其意,勉从所请,以原官致仕,并晋加太子太师,亲制诗章以宠其行。仍于朕巡幸热河启銮送驾后,再行束装,给驿回籍。〔四〕沿途经过地方官,在二十里以内者,照料护行,俾得安适归里,怡志林泉,蠲疴颐养,以示朕优眷耆臣至意。"

五月,赐蔡新还里诗,有曰:"祝八旬期仍赴阙,俞哉嘉予意肫然。"又赐送新归里诗,有曰:"不忍言留合令归,及归言别又依依。"赐御书金笺、嵌玉如意诸珍,皇上御制送蔡新予告归漳浦诗,有曰:"八闽钟硕彦,四辅仰英贤。学毓千源导,心通一贯传。"新至闽奏谢赐诗,有曰:"喜卿桑梓堪娱老,怜我旰宵未歇肩。"其后屡寄御制文,令新阅看,谕之曰:"在朝竟无可与言古文者,不可阿好徒颂。"五十五年,诣阙祝釐,与宴同乐园,赐诗有曰:"八旬幸我身犹健,九望怜卿会膝前。"命沿途官令备船只、肩舆安顿行程,并赏人参一斤。次年寄示诗文,赏御制珪瑁说、揗圭说墨刻二卷,御制反苏轼超然台记说一篇,谕以发看近作诗文,以验学诣,不必和韵。自是以后,凡遇睿制必寄示,内府书籍、石刻及画卷、文房诸珍品,在廷臣工所得邀赏者,靡不赐赍焉。五十七年壬子乡试,新重赴鹿鸣宴。六十年,恭遇高宗纯皇帝御极周甲庆期,谕新年近九十,不必前来。新奏庚申岁为上九旬万寿,冀得诣阙再祝,奉朱批:"字字出于诚心,我君臣共勉之!

若天恩得符所愿,实佳话也。"时闽省仓库亏缺事觉,上责新扶同隐讳,自比寒蝉,无体国公忠之意,令疏覆,新请下部议。上以新大学士予告回籍,优加恩礼,地方有大吏贪黩事,宜访实入告,因年老衰颓,无从觉察,免议处。

嘉庆元年二月,御史宋澍奏蔡新家信内有言及洋匪情形,命传询新子本俊。本俊奏新原拟具奏,因届年节,不便呈递,将奏片底稿寄交本俊誊真,遇有奏事之便,附入具奏,上亦不之责,并谕新不必稍存畏惧。是年,新年九十,御书"绿野恒春"匾,并寿佛、嵌玉如意、蟒缎诸珍赐之。谕军机大臣向新赍折家人问近状,赐新子本俊内阁中书,并以端节伊迩,赏纱扇、香锭诸物,用示眷注。是岁发和诗章,凡三四往复,至腊尽又发看新作数种。四年,新闻高宗纯皇帝哀诏,具奏慰奉御批具见诚悃。时新北上至省,闽抚汪志伊奏蔡新奉太上皇帝遗诏,即由漳浦起行到省,接见颇觉委顿,步履甚艰,似难冒暑远行,劝其暂行回家安养,俟秋凉护送进京。上谕曰:"蔡新系予告大学士,闻皇考升遐,即恳请进京,出于至诚,朕已见其忧悃。惟念蔡新年已九旬,不便令其触热前来,致滋劳顿,即皇考平日优待蔡新之意,亦必不欲其年高远涉,至称秋凉进京亦可不必。梓宫于九月内奉移山陵,若秋后起程,到京已在永远奉安之后,亦不能瞻仰,即各省督抚并未俱令前来叩谒,况蔡新系致仕老臣乎?皇考在天灵爽,薄海内外无不照临,蔡新只须在彼处虔叩,已足申其哀悃,无庸仆仆远来。"恩赐新子本俊一体殿试,以部属用。

是岁十二月,新卒于家,奏闻,谕曰:"原任大学士蔡新人品端正,学问深醇,久任纶扉,兼辖部务,俱能恪恭奉职,而在上书房行走年分最久,朕及诸昆弟俱经授读,懋著勤劳。自予告回籍以后,颐养林泉,年逾九秩,乡望翕然。兹闻溘逝,实深悼惜!着加恩晋赠太傅,并着巡抚汪志伊前往,代朕奠酒,所有应得恤典,着该衙门察例具奏。任内如有降革处分,俱准其开复,以示朕眷念旧臣、恩施无已之至意。新有子四人,并孙行达,着汪志伊择其有出息者二人送部引见。"谥文端。

六年,新孙行达赐一体殿试。八年,福建巡抚李殿图疏称:"新品粹圭璋,道光黼黻,具明体达用之鸿猷,本诚意正心之实学。请入祀乡贤祠。"奉旨俞允。

子本俊,现官刑部郎中;孙行达,由庶吉士散馆,授工部主事,以事革职。

【校勘记】

〔一〕赐新长子本俶主事　"俶"原误作"淑"。耆献类征卷二五叶三六上同。今据国传卷五六叶二上改。

〔二〕逢冬勃发　"勃"原误作"勤"。耆献类征卷二五叶三七上同。今据国传卷五六叶三上改。

〔三〕闽省又距京路远　"省"原误作"籍"。耆献类征卷二五叶三八上同。今据纯录卷一二二九叶一四下改。按国传卷五六叶三下不误。

〔四〕给驿回籍　"给驿"原误作"缓程"。耆献类征卷二五叶三八上同。今据纯录卷一二二九叶一五上改。按国传卷五六叶三下不误。

刘墉　侄镮之

刘墉，山东诸城人。祖棨，四川布政使；父统勋，东阁大学士。

墉，乾隆十六年进士，改翰林院庶吉士。十七年十月，散馆，授编修。二十年四月，迁右春坊右中允。五月，擢翰林院侍讲。是年九月，以统勋任陕甘总督，查勘巴里坤、哈密驻兵事宜，附和将军永常，办理失宜，奉旨，刘墉亦着革职，拿交刑部。十月，恩旨释放，赏给编修。二十一年五月，充广西乡试正考官。九月，提督安徽学政。二十四年四月，奏言："捐纳贡监，向例责成教官约束，但贡监人数众多，既不岁考，又无月课，教官势难综核。请嗣后凡贡监遇有小过扑责示惩者，州县仍会同教官核办；其举报优劣，止责成州县办理。"部议准行。九月，调江苏学政。三岁试竣，奏江苏士习官方情形，略言："生监中滋事妄为者，府州县官多所瞻顾，不加创艾，既畏刁民，又畏生监，兼畏胥役，以致遇事迟疑，皂白不分。科罪之后，应责革者，并不责革，实属阘冗怠玩，讼棍蠹吏因得互售其奸。"上嘉其留心政体，旋谕曰："刘墉所奏，切中该省吏治恶习。江南士民风尚，多属浮靡喜事，为地方有司者，加以骪骳姑息，遂致渐染日深，牢不可破。故近来封疆懈弛之弊，直省中惟江南为甚。督抚为属僚表率，大吏不能振作，阖属谁不承风？尹继善等当从此痛除旧习，刻自淬厉，州县官有怠玩相沿，如刘墉所奏各情节，即严行体察，据实参处。"二十七年，授山西太原府知府。三十年，擢冀宁道。三十一年，以知府任内所属阳曲县令段成功侵蚀库项事觉，墉坐不能先事举劾,部议照扶同容隐律拟罪,上加恩免死,发军台效力赎罪。三十二年,恩旨释还,在修书处行走。三十三年,谕曰:“大学士刘统勋年届七旬,止此一子,仍加恩以知府用。”三十四年,授江苏江宁府知府。三十五年,迁江西盐驿道。三十七年,擢陕西按察使。三十八年,丁父忧,命驰驿来京治丧。三十九年,上颁赐各大臣古今图书集成,以统勋先卒,未预恩赏,念刘墉克承世业,特赐墉全部,俾世守无替。四十一年二月,服阕赴京,上追念统勋宣力年久,且察墉器识可用,诏授内阁学士,即在南书房行走。

时初设文渊阁官,七月,充直阁事。九月,充四库全书馆副总裁,并派办西域图志及日下旧闻考。四十二年六月,充江南乡试正考官。八月,提督江苏学政。四十三年八月,奏泰州举人徐述夔所著一柱楼诗词悖逆,经军机大臣鞫讯得实,按律惩办。十月,奏请将御制新乐府及御制全韵诗自行刊刻宣示,从之。十一月,擢户部右侍郎。四十四年,调吏部右侍郎。四十五年,授湖南巡抚,所属新化县令有讳匿命盗案件,据实劾参,在任年馀,盘查仓库,勘修城垣,革除坐省家人陋习,抚恤武冈等州县灾民,至筹办仓谷,开采硐硝,俱察例奏请,奉旨允行。四十六年,迁都察院左都御史。四十七年二月,仍直南书房,赐紫禁城骑马。三月,充三通馆总裁。四月,御史钱沣劾山东抚臣国泰贪纵营私,所属多亏空,命偕尚书和珅往按。既抵省,即盘查历城县库,无缺额,而银色多搀杂,知有伪,讯系国泰闻信后那移弥补,以图掩饰;并廉得国泰婪索奸状,及藩司于易简,知府吕尔昌、冯埏先后在济南府任内扶同斂法,拟罪如律。谳定回京,命署吏部尚书,兼管国子监事务。寻授工部尚书,仍兼署吏部。十一月,奉旨,在上书房总师傅上行走。四十八年，总办辟雍图式，及督办内廷宫殿易瓦等工。五月，命署直隶总督。七月，调吏部尚书。八月，充顺天乡试正考官。十一月，充经筵讲官。四十九年，兼署兵部尚书。五十年二月，以辟雍告成，议叙。四月，复兼理国子监事务。

五月，授协办大学士。五十一年，充玉牒馆副总裁。五十三年正月，谕曰："向来大学士缺出，多按资格，以协办大学士补授。刘墉在尚书中资分较深，且协办有年，本应实授，惟是上年在热河时，及回銮后，曾与军机大臣等论及嵇璜年老若求回籍，不忍不从；及曹文埴现有老亲，若求回籍养亲，亦不忍不从而皆惜之，此不过寻常议论耳。然见嵇璜精力尚未就衰，在汉大臣中最为老成，且欲留以相伴，又部院诸臣一时乏人，曹文埴亦属能事，故胥迟之意，军机大臣自不敢以议论之言，即行宣露。事隔多时，嵇璜等亦并未有所陈请，昨冬召见刘墉偶曾与之闲论及此，乃次日曹文埴于召见时，即有告养之奏。朕询之军机大臣，俱称并未向嵇璜等说及，同称系刘墉在懋勤殿所言者。朕召见诸臣，君臣之间，原如家人父子。且以刘墉系刘统勋之子，内廷行走之人，非不可与闻者，是以向其论及。乃刘墉即以告知嵇璜等，其意不过欲嵇璜闻知请告，刘墉即可觊觎补授大学士。似此言语不谨，此时岂可即以刘墉实授，以遂其躁进之私耶？"三月，命总办万寿庆典事宜。九月，御史祝德麟劾司业黄寿龄受略一折内称，国子监考试惟刘墉、邹炳泰二人清介素著，诸生不敢向其馈送营求。五十四年三月，谕曰："上书房阿哥等师傅，自二月三十至本月初六七日之久，无一人入书房，殊出情理之外。刘墉系大学士刘统勋之子,朕念伊父宣力年久,特加恩擢用。其在府道任内,颇觉黾勉。及为学政,即不肯认真。逮授湖南巡抚,声名亦属平常。因内用尚书,其办理部务,更复一味模棱,朕曲赐优容,未加谴责。伊自当感激朕恩,亟思愧奋,益矢勤慎。今阿哥师傅等,不到书房至七日之久。刘墉身为总师傅,又非如嵇璜年老王杰兼军机处行走者可比,乃竟置若罔闻。似此事事辜恩溺职,于国家则为不忠,于伊父则为不孝,其过甚大,岂可复邀宽宥?且伊系大员,亦不必再俟部议,刘墉着降为侍郎衔,仍在总师傅上行走,不必复兼南书房,以观其能愧悔奋勉否?"四月,补内阁学士,兼礼部侍郎衔。八月,提督顺天学政。九月,迁礼部左侍郎。五十六年正月,迁都察院左都御史,旋擢礼部尚书。四月,复兼管国子监事务。是月,署吏部尚书。十月,复赐紫禁城骑马。五十七年,充顺天乡试正考官,调吏部尚书。五十八年,充会试正考官。

嘉庆二年三月,授体仁阁大学士。四月,命偕尚书庆桂按讯山东控案,事竣驰勘曹汛漫工,奏言:"漫口须至秋汛后堵筑,而下游一带间有淤垫,必一律挑浚宽深,大溜归入正河,方能畅达下注。"如所议行。四年二月,加太子少保衔。十二月,奏:"漕粮起运收米,行船为旗丁之专责,而州县金派旗丁,或将殷实之丁索钱卖放,强派贫者;贫丁若懦弱无能,或致自尽,以免累妻子,纳词状于怀中,诉冤苦于身后,此犹一人一家之事耳。其贫丁之无赖者,不以为苦,挈家上船,居然温饱,自水次以至通州,盗卖官粮,无复畏忌。所卖既多,或凿船沉水,以匿其迹,或称漕粮交兑,本不足数,抵通弊混,同归于无可考据,卸桅拆柁,无所不卖,及至回空,仅存船底。于是新漕起运之时,船已不可复用,此亦州、县、府、道不职,而督抚两司不能察吏之一端也。请敕下有漕省分督抚两司,严查州县务令殷实丁户,或一人力薄,数家帮贴,则卖粮拆船之弊可免。"上从之。六年,充会典馆正总裁。七年,驾幸热河,命留京办事。

九年七月,上以墉母本年九十生辰,时就养江苏学政刘镮之署内,命墉亲赍赐件前赴江苏,旋回京。十二月,卒。谕曰:"前任大学士刘统勋翊赞先朝,嘉猷茂著。伊子刘墉克承家世,清介持躬。扬历中外,荐陟纶扉。年逾八旬,精神矍铄。兹闻溘逝,深为轸惜!加恩晋赠太子太保,入祀贤良祠。即派庆郡王永璘带领侍卫十员,前往奠醊,赏给陀罗经被、银一千两。并命墉侄镮之来京经理丧事。"寻赐祭葬,予谥文清。

子锡朋,一品荫生,刑部员外郎。

侄镮之,乾隆四十四年进士,改翰林院庶吉士。五十五年,散馆,授检讨。五十六年,大考二等,迁侍读。六十年,迁侍讲学士。嘉庆三年三月,大考二等,转侍读学士。十月,充顺天武乡试副考官。四年正月,提督浙江学政。十月,迁詹事府詹事。五年,擢内阁学士,兼礼部侍郎衔。六年,任满,回京。七年正月,迁兵部右侍郎,七月,转左侍郎。九年正月,提督江苏学政。六月,调吏部右侍郎,仍留学政任。十年正月,调户部右侍郎,兼管钱法堂事务。五月,充教习庶吉士。十二年,充顺天乡试监临,寻提督顺天学政。十四年二月,以祖母老病,乞回京侍养,允之。四月,充殿试读卷官。十五年六月,充浙江乡试正考官。八月,提督江苏学政。十六年,擢兵部尚书,召回京。十八年八月,兼管顺天府府尹事。九月,逆匪林清滋事,部议以镮之失察,应降调,上加恩改为留任。十一月,奏:"请酌改顺天府属各事宜:一、治中应改为题缺;一、府属各员与直隶各缺通融升调;一、四路同知所辖千把外委,应核明功过赏罚;一、酌添大兴、宛平两县驿马及壮丁。"均下部议行。十二月,赐紫禁城骑马。旋以缉捕逆匪功,加太子少保衔。十九年二月,以镶之母七十生辰,赐御书"贞寿延祺"额。四月,充殿试读卷官。六月,调户部尚书。二十年,以宛平县地界延长,向只设有营弁巡缉,请将县丞移驻庞各庄地方,归于南路同知管辖,遇有盗劫案件,作为协缉开参,从之。

二十二年四月,充殿试读卷官。九月,上秋狝回銮,谕曰:"本日刘镶之前来行在接驾,经朕召见,询问该府尹等两月以来仅奏粮价一折,此外并未具奏一事,步军统领衙门、五城奏获匪犯多名,该衙门亦未缉获一犯,系属何故?据奏各逆犯实未访有踪迹,且顺天府属本年被旱较重,因查办抚恤,筹议设厂煮赈等事,未经派员缉捕,恐致激变良民。朕即询以查办灾务,京城应设粥厂几所,需用米石若干。奏称尚未查明,约于九月底十月初方能具奏等语。所奏支吾遮饰,太不成话!抚恤灾黎,所以安辑良民,缉捕邪匪,所以芟除莠民,本系并行不悖之事。本年直隶被旱之区,不止顺天府属,该省照常缉拿匪犯,施恩敕法,两不相妨。刘镶之于朕启銮后,一味因循疲玩,素餐耽逸,全不办理公事。经朕降旨饬问,无可登答,强词饰颜,冒昧搪塞。刘镶之着交部议处。"寻议革职,命以侍郎候补。二十三年五月,署兵部左侍郎。六月,兼署刑部左侍郎。八月,充顺天乡试副考官。十月,福建同安县民詹绒等以叶姓纠众仇杀案,悬十九年未结,控都察院,命镶之偕刑部侍郎文孚往鞫。寻谳明詹、叶两姓互杀,治罪如律。十二月,迁都察院左都御史。二十四年四月,回京。闰四月,仍兼管顺天府府尹事。十一月,复赐紫禁城骑马。二十五年三月,调兵部尚书。四月,充殿试读卷官。八月,复加太子少保衔。九月,调吏部尚书。十二月,充经筵讲官。

道光元年,卒。谕曰:"吏部尚书刘镮之由翰林荐陟正卿,蒙皇考任用有年。上年朕御极之初,特调授吏部尚书。每召对之时,见其人颇明白,遇事亦尚敢言。所管吏部、顺天府事务,均各妥协。昨因染患痢疾,两次给假,俾令安心调理,冀其速就痊愈,委任方长。遽闻溘逝,深为悼惜!着加恩赏给陀罗经被,派散秩大臣一员带领侍卫十员,前往赐奠。并赏内库银五百两,经理丧事。伊长子兵部员外郎刘喜海,俟服阕后,着以郎中补用;次子刘华海,着赏给举人,准其一体会试。所有任内一切处分,悉予开复。应得恤典,该衙门察例具奏。"寻赐祭葬,予谥文恭。

子喜海,浙江布政使,以四品顶带休致;华海,钦赐举人,浙江候补知县。

王杰

王杰,陕西韩城人。乾隆十八年选拔贡生,朝考一等一名,引见以教职用。二十五年,中式举人。二十六年,以一甲一名进士,授修撰。二十七年,充湖南乡试副考官。二十九年,提督福建学政。三十二年,擢侍读。三十三年六月,授右庶子。十月,迁侍讲学士。三十四年,擢少詹事,充武会试总裁。

三十六年,充日讲起居注官、南书房行走,晋内阁学士,兼礼部侍郎,充江西乡试正考官,旋督学浙江。[一]三十九年,署工部右侍郎。十二月,转刑部右侍郎。四十年,充会试副总裁。四十一年,仍督学浙江。四十二年,回京,署礼部右侍郎,转吏部右侍郎,仍兼署礼部右侍郎,命充四库全书馆暨三通馆副总裁。四十三年,充会试副总裁。四十四年二月,转吏部右侍郎。五月,奉旨添派阅看大清一统志。八月,充浙江乡试正考官。十二月,充武英殿总裁,同办明史,充国史馆副总裁。四十五年,奏劾武英殿提调官少詹事陆费墀遗失四库全书各原本,奉旨所办甚是,复奉命督学浙江。四十七年,授左都御史,旋京,充四库馆副总裁。上询及其母年岁,御书"南陔承庆"额赐之。四十八年,丁母忧,回籍。四十九年三月,谕曰:"王杰着补授兵部尚书,仍在家守制。俟服满来京供职。"时上南巡,杰赴行在谢恩,蒙召见,谕曰:"汝来甚好,君臣久别,知尔应念我。"次日,复谕曰:"汝理学中人,朕不欲夺情留汝供职,即可还家。"五十年八月,服阕进京,充三通馆总裁。十一月,充经筵讲官。五十一年正月,赐紫禁城骑马。四月,命充上书房总师傅。十二月,在军机大臣上行走。五十二年正月,授东阁大学士,兼管礼部事务。三月,充会试正总裁,赏海淀直庐。五十三年,平定台湾,赐图像紫光阁,御制赞曰:"典学七闽,肃正士风。台湾民俗,颇悉心中。山海险夷,参画具通。有佐樽俎,图貌纪功。"五十四年三月,充会试正总裁。时廓尔喀平,再赐图像紫光阁,御制赞曰:"司学闽疆,台湾事晓。海洋进退,颇亦了了。短诗长纪,昼夜誉章。无暇赞策,人各用长。"十一月,因上书房各师傅旷班七日,奉旨交部议处,并退去总师傅上行走。五十五年三月,充会试正总裁。十一月,加太子太保衔。五十六年,奉命仍充上书房总师傅。

　　五十九年，杰年七十生辰，御书"赞元锡嘏"额，"胪名芸馆魁多士，耆福台阶引大年"联句，及寿佛、如意、御用冠服带佩诸珍物，以赐。嘉庆元年，腿疾，乞退上书房、南书房、军机处及兼管礼部各任，得旨，允如所请，专在内阁看章疏。三年，四川总督勒保奏生擒首逆王三槐。谕曰："王杰现虽未在军机处行走，而军兴之时，曾随同办理，着交部从优议叙。"四年正月，高宗纯皇帝升遐，命总理丧仪。二月，充实录馆总裁。五年四月，杰患脾泄，命公明安率医官视之，并赐内库人参。九月，杰以病乞休，奉旨慰留，并许扶杖入内右门。六年九月，充顺天乡试正考官。十月，充会典馆正总裁。七年七月，以病请致仕。谕曰："王杰因病具折乞休，着不必开缺，如调理就痊，照旧供职。"杰再请开缺，得旨，允其致仕，加太子太傅衔，在籍食俸。又谕曰："予告大学士王杰任内所有罚俸处分，着加恩均予开复。本年秋冬正俸银米，准其照常支给。"八年二月，杰疏言略曰："窃惟皇上亲政以来，宵旰勤劳，恩威并济。内外臣工，无不洗心涤虑，共砥廉隅。臣年齿既衰，智识愈钝，更何有千虑之得？惟是积弊相沿，有极重难返，而又不可不亟加整饬者：一、各省亏空之弊，起于乾隆四十年以后，州县有所营求，即有所馈送，往往以缺分之繁简，分贿赂之等差。此等赃私初非州县家财，直以国帑为夤缘之具，上司既甘其饵，明知之而不能问，且受其挟制，无可如何。间有初任人员天良未泯，小心畏咎，不肯接收，上司转为之说合，懦者千方抑勒，强者百计调停，务使之虚出通关而后已。一县如此，通省皆然，一省如此，天下皆然。于是大县有亏空十馀万者，一遇奏销，横征暴敛，那新掩旧，小民困于追呼，而莫之或恤，靡然从风，恬不为怪。至于名为设法弥补，而弥补无期。清查之数，一次多于一次；完缴之银，一限不如一限。辗转相蒙，年复一年，未知所极。窃谓嘉庆四年以前之州县，此时或迁他处，或经物故，原难责之现任补偿；然从前州县用度不节，因而侵那仓库。今皇上饬纪整纲，大吏皆以廉节相尚，岂从前上司专讲酬应，州县尽属从容，今兹上司各矢清廉，州县转形拮据耶？乃州县则任催罔应，上司亦一筹莫展，意或有苦乐不均，未之调剂欤？有贤否不分，因以观望欤？固宜广求整饬之法，以冀仓库渐归充实也。一、各省驿递，设立驿丞，专司驿递。凡有差使，各按品级，乘骑之外，加增不过二三骑，多则驿丞不能派之民间也。照常给廪之外，一无使费，使臣及家人等，亦知驿丞之位卑俸薄，无可诛求也。迨后裁归州县，百弊丛生。请先言其病民者，州县管驿可以调派里下，于是使臣乘骑之数日增一日，有增至数十倍者，任意随带多人，无可查询。由是管号、长随、办差、书役，乘间需索，差使未到，火票飞驰，需车数辆及十馀辆者，调至数十辆、百馀辆不等。骡马亦然。小民舍其农务，自备口粮、草料，先期守候，苦不堪言。又虑告发也，则按亩均摊，甚而过往客商之车骡，稽留卖放，无可告诉，无怪小民之含怨也。至于州县之耗帑，又有无可如何者，差使一过，自馆舍铺设，以及酒筵，种种糜费，并有夤缘馈送之事，随从家人，有所谓钞牌礼、过站礼、门包、管厨等项，名类甚繁。自数十金至数百金，多者更不可知。大抵视气焰之大小，以为应酬之多寡。其他如本省之上司，及邻省之大员，往来顿宿，亦需供应，其家人藉势饱欲，不餍不止，而办差长随，浮开冒领，本官亦无可稽核。凡此费用，州县之廉俸不能支，一皆取之库帑,而亏空之风又以成矣。议者谓驿站裁归州县,当时自为调剂邮政起见,每年一驿钱粮,自数百金至数千金,付之微员,既非慎重之道,抑且遇有紧要差使,及护送兵差之类,额马不足,必须借用民力,是以定议裁改。夫驿站未归州县以前,岂无紧要差使?岂无护送兵差之类? 当其时要已另设台站,或调拨营马,或筹项购买,事竣各有报销,与驿站两不相关。若州县管驿,则平常供应,即有不可数计者,然则亏空之弊,大半因之,欲杜亏空,先清驿站,当亦由渐转移之策也。况体恤民隐,尤为急务乎! 今当军务既竣,我皇上勤求治理,似无大于此二者。但以积重之势,不可不思至当之方,或追溯旧章,或博访众论,斟酌尽善,断自睿裁。从此仓库盈而邮政肃,天下幸甚!"奏入,上嘉纳之。

闰二月,杰起程有期,具奏陛辞。谕曰:"大学士王杰宣力纶扉,历有年所。上年秋间,以老病陈请乞休,经朕降旨慰留。嗣后再三陈恳,不得已俯允所请,令今岁春融后,从容就道。当经加太子太傅衔,并在籍食俸,用昭恩渥。兹据奏择定行期,将次起程,朕心弥深眷注。因念先朝耆旧,今当予告归里,特将皇考高宗纯皇帝御前陈设玉鸠杖一枝,加恩赏给,俾得敬承遗泽。朕赋诗二章,亲书条幅,并书联语,以宠其行。再加内府人参一斤,用资颐养。派工部尚书缊布赍送前件,并颁馔品赐饯,仍着驰驿回籍。所过地方官员,在二十里以内者,妥为照料,以示朕优眷老臣至意。"赐诗曰:"名冠朝班四十年,清标直节永贞坚。枢廷久直宣纶綍,讲幄昔从授简编。归里先参天上佛,杖乡共仰地行仙。期颐福寿增康健,紫禁重来赴叟筵。"又曰:"屡蒙恩旨秉文衡,艺苑群瞻桃李荣。直道一身立廊庙,清风两袖返韩城。先皇手泽长承福,东国灵参好卫生。西望渭川云渺渺,鳞鸿时达慰离情。"联语云:"诏宣恩礼崇耆宿,诗贲林泉养大年。"

五月,杰抵里,奏谢,朱批云:"览奏,俱悉一路平安,实深欣慰。京中现望雨泽,未能沾足。川、楚军务,略有头绪,亦未全靖。特谕卿知。"又颁扇套、香袋、药锭等物赐之。六月,具折陈谢,朱批云:"览奏,俱悉卿在家颐养,努力加餐,益增康健矣。京中自四月半得雨,陆续沾足,麦收不过五六分,晚禾日见芃芃。川、楚军情甚好,大约六月内可全靖矣。"嗣是杰每有陈奏,必奉朱批垂问。八月,奉朱批云:"卿在家颐养,想益康健。京中今夏雨旸时若,百谷繁茂。中元日经略奏报邪匪全靖,朕承天恩考佑,实深钦感。特谕卿知,同深欣慰。二十日起程幸山庄,现住两间房行宫,遥望西秦,弥增想念。"十月,朱批云:"卿在家安善,览奏欣慰。今赐卿神糕并如意,愿永茂遐龄,长延福寿。"十二月,奉朱批云:"严寒沍冻,诸惟珍摄,用迓春祺,益绵福履。"九年正月,[二]朱批云:"新春介祉,福履益绵。遥望关云,曷胜想念。亲书'福'字并荷包等物,付使带去赐卿,以迓鸿禧,益增纯嘏。"是月十日,杰夫妇年皆八十,御书"福绥燕喜"额,并寿佛、如意等珍物,命陕西巡抚方维甸于其生日赍至家赐之,并赐诗曰:"辉腾紫极耀韩城,海屋筹添鹤算赢。地近西池增福禄,星明南斗灿晶莹。两朝调鼎文思被,八秩齐眉寿域宏。德业久敷俾戬谷,期颐双庆衍长庚。"十一月,杰起程进京。先是,杰陈谢折内,有"即日脂车"之语,上谕令自行酌量。杰因恋阙情殷,急行就道,于十二月抵京。谕曰:"予告大学士王杰现在来京谢恩。伊从前入直,本系紫禁城内骑马,今年已八旬,恐乘骑未能便适。

着加恩准其乘坐肩舆，<u>至隆宗门</u>外扶杖进内，预备召对，以示朕优眷老臣至意。"召见后，屡有食物之锡，并叠前韵赐诗曰："西来紫气满都城，八秩仙翁数倍赢。趋禁仍随鸳侣列，杖朝争睹凤池莹。愿卿永享修龄庆，勖我当思治业宏。眉寿无涯益康健，千春旋转乐同庚。"十年正月初七日，召见，谕曰："明日出城，卿不必到园子去。俟二十后，京城再见。"

初十日，<u>杰</u>卒于邸舍，奏闻，谕曰："予告大学士<u>王杰</u>，先朝耆旧，久直内廷，宣力有年。忠清直劲，老成端谨。前年以老疾乞休，经朕再三慰留。因累次陈恩肫切，勉从所请，朕曾亲制诗章，优加锡赉，以宠其行。归里以后，屡有批章询问，知其起居无恙。上年十月间，为伊夫妇八十同庚，特制诗章匾额，并赐以如意、文绮等件，用迓福绥。嗣据<u>王杰</u>谢恩折内有'即日脂车诣阙'之语，朕惟虑其冲寒远涉，谕令自行酌量，缓程行走。旋于腊月初抵京，特令肩舆进朝，扶杖入对。察其精神尚健，赋诗志喜，并留俟春后再行起程回籍。旬日以来，屡经召见，看其气体稍形疲软，叠经谕以在寓静摄。方冀春和增健，安愈言归，俾得颐养林泉，寿跻大耋。不意究以年高气弱，不胜严寒凛冽，遽尔溘逝，闻之良深悼惜！着加恩晋赠太子太师，入祀贤良祠。赏给<u>陀罗经被</u>，派<u>荣郡王绵亿</u>带领侍卫十员，前往奠酹茶酒，并赏给广储司库银二千两，经理丧事。所有应得恤典，该部察例具奏。其灵柩回籍时，着沿途地方官照料，妥为护送。"寻赐祭葬如例，谥<u>文端</u>。

子<u>堉时</u>，嘉庆元年荫生，授兵部武选司员外郎，现任<u>江南道</u>御史。

【校勘记】

〔一〕旋督学浙江　“浙江”原误作“政”。今据国传卷六三叶四上补。
　　　按下文“复奉命督学浙江”，可证。

〔二〕九年正月　原脱“九年”二字。今据国传卷六三叶八下补。

彭元瑞

彭元瑞，江西南昌人。父廷诰，康熙癸巳恩科副榜贡生，星子县教谕。本生父廷训，康熙丙戌科进士，由编修擢赞善，入直南书房。

元瑞以乾隆十八年举于乡。二十二年，中式进士，改庶吉士。二十三年，丁母忧。二十六年，服阕。二十八年，散馆，授编修，充武英殿提调。三十二年，入直懋勤殿，命写经为孝圣宪皇后祝釐。三十三年四月，廷试翰林、詹事等官，特旨免考。寻奉谕曰：“中允曹文埴，编修彭元瑞、沈初、董诰学问俱优，因内廷有承办事件，考试翰詹，降旨停免，未得与诸臣一体升转，着加恩各加一级。”九月，充日讲起居注官。十二月，迁侍讲。三十五年，恭遇上六旬万寿，进万福集成赞十章，用唐怀仁所辑圣教序、晋王羲之书，排次成文。上嘉之，命以内府所藏宋揭本摹勒，颁赐内外臣工。

三十六年五月，擢詹事府少詹事。六月，入直南书房，旋充江南乡试正考官。九月，奉命提督江苏学政。初，松江府属有金山卫学，起自明代，为勋屯军户而设，学额十二名；而隶籍生童，散处各县，冒混烦多，难于稽核。疏请裁汰，将原额十二名散归松江所属各学，遵照通例不分民卫进取。下部议行。三十八年十月,迁内阁学士,兼礼部侍郎。三十九年,受代回京,署工部右侍郎,兼管钱法堂事。四十年三月,充三通馆副总裁。四月,充殿试读卷官。旋丁本生母忧。四十一年,服阕,署工部左侍郎。四十二年,充浙江乡试正考官,寻奉视学浙江之命。四十三年十月,颁赐圣制全韵诗,元瑞排集梁周兴嗣千字文恭跋,御书奖谕曰:"向为全韵,不过欲补黄绫本篇叶,卿所知也。然颇谓无能重构者,今见排千字文之跋,[一]所为急则智生,咄咄逼人,以中多颂言,故不复书。今赐古研、御墨,并貂裘,以旌异想逸材。"四十四年二月,授户部左侍郎。

四十五年,上南巡,赐诗曰:"江南两名士,汝今为贰卿。是因敦实行,非特取虚声。司此盛文处,要当明道衡。学修民自化,匪所重词英。"命随至江南,阅召试卷。三月,调江苏学政。八月,恭遇上七旬万寿,御刻"古稀天子之宝",献古稀颂,蒙恩赏赉。其明年,圣制古稀说勒石,命以颂附于后。是岁,各省学政受代,奉旨仍留江苏学政任。四十七年四月,调吏部右侍郎。四十八年五月,调兵部右侍郎。十月,回京,充国史馆、四库全书馆副总裁。四十九年正月,调吏部右侍郎。十一月,充经筵讲官。五十年正月,诏开千叟宴,元瑞年五十五,亦叨宴赏如一品例,撰进千叟宴乐章,命工歌之。寻奉敕撰拟宁寿宫、皇极殿镫联,称旨,圣制诗曰:"凡事曾闻豫立铨,嘉称元瑞制镫联。东西次序南而北,左右分明后与前。神以通灵气以运,六为之俪四为骈。双撑宝柱辉皇极,虔祝天恩待大年。"[二]越十年,重荷御题诗云:"八柱镫联元瑞彭,豫教琢句十年成。东西南北方隅列,左右后前次第呈。诘武敷文勤实政,抚遏惠近戒虚名。恐难符愿竟如愿,颂以为规烛照明。"元瑞以是年正月丙辰诏举千叟宴,越月丁亥,辟雍告成,释奠讲学。越月辛亥,亲耕耤田。一时而三大礼行焉,进三大礼赋。五十一年正月,擢礼部尚书。旧无以新衔请封之例,兹奉特旨,予一品封典。八月,充顺天乡试正考官。五十二年正月,调兵部尚书,充武英殿、三通馆总裁。四月,充殿试读卷官。五十三年二月,赐紫禁城骑马。五十四年二月,京察届期,奉上谕:"尚书彭元瑞夙夜宣勤,着交部议叙。"寻议加一级。三月,调吏部尚书,管理国子监。四月,充殿试读卷官。五月,教习庶吉士。十二月,赐第于宣武门内。

五十五年四月,充殿试读卷官。五月,教习庶吉士。八月,恭遇上八旬万寿,敬集圣制诗为万寿衢歌三百首,偕工部侍郎臣邹弈孝填注宫谱奏进,得旨优奖,诏于圣节日自圆明园入宫,乐工歌以导驾。又以是年岁阳在庚,进八庚全韵诗册,上亲加裁定,赐题曰:"群臣所进万寿诗词,自当以彭元瑞此册为巨擘。爱其用意巧而不纤,文正而胥实,因自首联读至末。惜其尾联平仄不谐,盖长律格调所最重也。翌日,召见元瑞言及之,实亦惊惶无措。予当下恍然有悟,庚韵一百八十有九字,读至尾联,自当不谐首句。因即口占,将尾联上句之庚移为首句,用韵去一联,将末句谐平仄,即为全璧。此实西清佳话,不可不纪。因命董诰书册。"后元瑞跽诵感服,重缮一册,恭附跋语云:"自古人臣以文章受知者,若杨徽之之选十联,柳公权之赓一韵,即已诧为殊荣,传诸诗话。从未有臣下之诗仰邀天章笔削者!不材之木,沾滴露而向荣;在矿之金,入红炉而成器。臣以梼昧仰邀诲育,有言偶获一知半解,皆由牖迪之恩,三生多幸,君以作师,执经请业,正未有艾。所为服膺者真服,而心悦者真悦也。谨重缮一通,附识末简,以彰诗教,以写感铭。”又敬集圣制文为圣德颂,均蒙宠锡。十一月,加太子少保。十二月,奉上谕:“吏部尚书彭元瑞供职内廷,勤劳夙夜,学问优长。本日朕至宁寿宫,见其所制灯联,庄雅典切,现在词臣无出其右者。协办大学士员缺,久未简用有人。彭元瑞着加恩协办大学士,尚其益励操修,勉勤职业,以副朕造就成全至意。”

五十六年四月,以从子良韠为其子顶冒吏员职名,事觉,未将容隐之处据实检举,经御史初彭龄劾奏,部议夺职,奉旨:“彭元瑞辜负朕恩,徇情容隐,本应按例惩办。念其学问素优,堪任编纂书籍之事,姑免其全行斥退。着革去太子少保、协办大学士、吏部尚书,仍加恩降授侍郎,南书房行走,予以自新而观后效。”寻补礼部侍郎。十月,迁工部尚书,仍赐紫禁城骑马。十二月,以太学石刻十三经暨石鼓文,命充副总裁。五十七年十月,授翰林院掌院学士,充经筵日讲起居注官。五十八年五月,教习庶吉士。五十九年九月,石经告成,恭编考文提要十三卷,得旨褒奖,晋太子少保,赐赉有加。旋充文渊阁领阁事。上以廓尔喀归降武功告蒇,计自初定金川,至是而十,御刻“十全老人之宝”,圣制记。元瑞推广圣意,恭集圣制诗为十全诗十章,恭跋进呈。兹恭辑圣制诗文,凡系武功者,为圣制诗文十全集,表进之。六十年五月,教习庶吉士。八月,充顺天乡试正考官。敬排御极六十年纾觎赈贷御制诗章,纂为孚惠全书六十四册,具表进呈,蒙恩优赉。

嘉庆元年,授受礼成,太上皇帝御皇极殿,举千叟宴,元瑞恭预耆筵,敬集圣制诗为衍圣制千叟宴诗八章,并进千叟宴乐章。四月,充殿试读卷官。五月,教习庶吉士。十一月,充武会试总裁。二年,命管理詹事府。四年正月,高宗纯皇帝龙驭上宾,奉旨总理丧仪。四月,命充高宗纯皇帝实录副总裁,专司编纂。九月,高宗纯皇帝奉安礼成,奉上谕:"工部尚书彭元瑞敬拟祝文,措词得当,着晋太子太保。"嗣因长子翼蒙官江南盐巡道,缘事被劾,自以不能教训,疏请议处,上宥之。五年四月,充实录馆正总裁。初,元瑞与翰林院掌院学士那彦成保举编修缪晋堪胜道府,上以缪晋为平阳府知府。至是,以赃削职遣戍,元瑞等滥举匪人,部议镌二级,得旨削加二级,免其降调。六年二月,京察届期,奉上谕:"尚书彭元瑞恭办高宗纯皇帝实录,尽心编纂,着交部议叙。"寻议加一级。三月,充会试总裁。七年四月,充殿试读卷官。五月,教习庶吉士。七月,管理御书处,充会典馆总裁。十二月,奉上谕:"翰林院掌院学士例应满员在前,现在彭元瑞以尚书兼充,英和系属侍郎,其班次在彭元瑞之后。嗣后衙门一切应奏事件,彭元瑞着列衔在英和之前。遇有引见人员,专着英和带领。彭元瑞年逾七十,兼有腿疾,着不必带领。"

　　会川楚邪匪荡平,论功,上以元瑞虽未入直枢廷,亦能留心军务,每有敷陈,命交部议叙。寻议军功加一级。旋以实录馆奏请议叙,声明总裁、总纂不敢仰邀叙录,奉旨:"尚书彭元瑞专勘稿本,尤为出力。此次即着交部议叙。"元瑞以旬日之间,叠被恩命,具疏恳辞,得旨俞允。八年正月,以疾请解职,温谕慰留,至六月始得请开缺,仍留充实录馆总裁,食尚书俸。九月,疾益剧。半载以来,仰蒙眷念,命军机大臣遣章京往视者三,命侍卫同太医往视者二。至是，复命军机大臣遣章京汪彦博往询所服药饵，及病增减状，犹口授子翼蒙等缮折奏谢。逾时卒。遗疏不陈官阀，不言子孙，惟依恋恩德，吁请皇上治益求治，安益求安，训大臣以实心，饬外吏以勤事，官多缺壅，惟坚持资格以正士趋，询事考言，惟严辨公私以厚风俗。疏入，上震悼。谕曰："尚书彭元瑞由词臣荐历正卿，学问素优。供奉内廷，几四十年。行走勤慎，仰蒙皇考高宗纯皇帝特达之知，叠膺宠眷。凡进呈文字，每邀奖赏。彭元瑞遭逢恩遇，感激倍常。迨朕亲政后，即派令恭纂皇考实录。开馆以来，各总裁中惟彭元瑞专司稿本，一切章程俱系伊一手经理。现已将乾隆三十三年之书次第办竣，甚为妥速。上年冬月，因二十年书成，降旨将伊议叙。彭元瑞具折恳辞，曾允所请，俟实录全分告成，再予优叙。数年筹办军务，每有敷陈，多可采纳，眷倚方深。乃本年春间伊染患腿疾，赏假调理，遣医诊治。嗣因伊久病未愈，准予开缺，仍留充实录馆总裁，并给予尚书正俸银米。节次存问，俾安心调养，以冀速痊。兹闻溘逝，殊为轸惜！彭元瑞着加恩以工部尚书加赠协办大学士，并赐经被一袭，着乾清门侍卫、总管内务府大臣孟住带侍卫十员，前往赐奠。并赏广储司库银一千两，料理丧事。所有任内降革处分，均予开复。其应赔银两，亦着概予宽免。应得恤典，该衙门察例具奏。礼臣议上，赐祭葬如例，予谥文勤。

元瑞少负隽才，多读书，工词翰。通籍后，以文字受知两朝，入直南书房，垂四十年。内廷排架，如秘殿珠林、石渠宝笈、续编西清宝鉴、宁寿鉴古、天禄琳琅诸书，皆与编纂。所为文章，自敷陈典礼，歌颂功德，恭和宸章，申谢恩命，及奉敕跋题内府珍藏卷

轴。盖奏御书千有馀篇,手辑为<u>经进稿</u>四十五卷,屡荷褒嘉,骈
蕃锡赉。计赐御用红绒结顶冠四、御用十二章蟒服一、全玉如意
一、黑狐端罩一、黑狐长褂一,其寻常蟒服、镶玉如意,暨文绮、丰
貂、笔墨、笺研之类,不可胜书。其恩遇优渥,罕有伦比。饰终之
典,亦綦隆焉。十一年,以疆臣请命入祀乡贤祠。

　　长子<u>翼蒙</u>,<u>乾隆</u>四十三年进士,改庶吉士,散馆改部。荐擢
<u>江南盐巡道</u>,被劾夺职,蒙恩录用,授七品小京官,迁主事。<u>嘉庆</u>
<u>十二年三月</u>,<u>高宗纯皇帝实录</u>告成,奉上谕:"原任总裁、前任工
部尚书、赠协办大学士<u>彭元瑞</u>,从前开馆之时,一切章程体例,皆
出其手。兹当告藏,未预观成,殊深恻念! 着加恩赐祭一坛,入
祀贤良祠。其长子<u>彭翼蒙</u>系原任礼部主事,着以员外郎即用。"
补刑部员外郎。次子<u>翔履</u>,由一品荫生授刑部员外郎。三子<u>习</u>
<u>恒</u>,西城兵马司指挥,现任<u>云南赵州</u>知州。孙<u>邦畴</u>,<u>嘉庆</u>十年进
士,改庶吉士,现任编修。

【校勘记】

〔一〕今见排千字文之跋　"跋"原误作"疏"。<u>耆献类征</u>卷三一叶二二
　　　上同。今据<u>国传</u>卷六二叶九上改。

〔二〕虔祝天恩待大年　"大"原误作"八"。<u>耆献类征</u>卷三一叶二二下
　　　同。今据<u>国传</u>卷六二叶一〇上改。

　　孙士毅

　　<u>孙士毅</u>,<u>浙江仁和县</u>人。<u>乾隆</u>二十六年进士,归班候选。二
十七年,上南巡,召试第一,授内阁中书,荐升侍读。三十四年

春,缅匪不靖,随大学士傅恒督师云南,主章奏。师还,叙劳,迁户部郎中。四十年,擢大理寺少卿,旋授广西布政使,调云南。四十四年,授云南巡抚。时总督李侍尧以赃获罪,士毅坐不先举劾,落职,发军台效力。临行,上念其学问优,命纂校四库全书,特授翰林院编修。四十七年,书成,擢太常寺少卿。复出为山东布政使。次年,迁广西巡抚;又次年,调广东。

寻署两广总督。时陕甘总督福康安议于各营挑选劲兵,[一]勤加训练,上以云贵、四川、两广、福建等省,系沿边沿海重地,应照行之。士毅奏曰:"臣伏思法贵历久可遵,兵以制宜为用。各省形势不同,即一省中地方险易亦复悬殊,似宜略为变通,以收实效。广东营制,水陆参半,率系沿海要区。广西悉属陆营,多半沿边重地,督、抚、提、镇各标兵额本多,挑选易于足数。此外各协营兵额较少,或有护饷守隘,派遣既多,存营自少。似未便概令对半抽拨,致于地方形势稍涉周章。查广东水陆各标营,共实操兵六万五千六百二十五名,[二]内水师兵一万零四百零七名,共计水陆可备征调兵二万八千五百三十二名。缘广东是处滨海,训习最要。且水师兵额既多,又非如陆路兵之常有差遣,是以所挑之数未便从减。广西各标营,共实操兵二万二千六百八十五名。今挑备征调兵一万一千二百九十六名,俱令慎选人材精壮,技艺优娴,送总督衙门备查,遇有征调,即可按册而稽,一呼即集。其未挑各兵,诚恐无知备弁,视为弁兵已经挑选,此外无关紧要,即可以老弱充数。是因挑选劲旅,而转使通省一半额兵虚应故事,耗糜廪饷,更为营伍大弊。应责成统率大员,按律分班查验,如有贻误操防,一体严惩,以绝滥充之渐。至枪炮为军营利器,必须施放有准,方克制胜。"四十三年钦奉谕旨,通饬绿营仿照京营健锐、火器营阵式,练习准头。就臣本标而论,枪兵技艺虽有可观,但其间高低不齐,亦复不少。今令多备火药,不拘出数,总听临时号令,则熟极生巧,自必益就精纯。其水师训练,[三]原与陆路无异,而水师所重,则在熟悉风云、沙线、把舵、守篷等事,平日操演,止在内河近海地方。其于涉历外洋,冲风抵浪,是否敍折灵便,究难随时考验。广东向分上下两班,轮巡外洋。臣已饬行镇将督率训练,以期一律精熟。至裹带干粮,两粤地气炎蒸,炒面存贮,数日即霉变,不堪下咽。因地制宜,似改用炒米为合用。查甘省原议因裹带粟米,如无薪水之处,不能为炊。是以每兵一名预备炒面十五斤,足供半月口粮。两粤山溪错杂,水陆丰腴,无论僻径冲途,皆可随时炊爨,若每兵一名裹带炒米十五斤,得水便可泡食,并省炊爨之烦,虽未经安设粮站,以前亦随便可以疗饥。此项米石即在各州县碾支兵米动支存营收贮,仍于各营应得兵粮内逐加换给,出陈易新。似此一转移间,设遇征调,仍可旦夕启行。督、抚、提、镇俱系蒙恩简畀之人,本应未雨绸缪,整顿营伍,今复仰蒙圣慈谆切训示,一切定有章程,若果认真训练,士卒自可悉成健锐。傥因循积习,不能实心训练,则名虽有征兵,缓急仍归无济。负恩旷职,莫此为甚。应请严立科条,以示惩创。"得旨:"此可徐徐为之,而必以实。"广东旧有民欠银米,州县不能催征,及奏销届期,设法措垫,狡黠者遂延抗不缴。积弊既久,欠户恃为得计。士毅奏请遣试用州县丞倅等官,择最多之地逐户查对,并令通省攒造四十年以后民欠清册,详报核办。所有将来追出银米,如系现在州县本任所欠,甫经垫解，尚无别项情弊，仍请给还本任。谕曰："粤省民情犷悍，从前李湖素称风厉，而于此民欠一事，何以竟未能办及？孙士毅由广西调任广东，朕谓其人尚属细心晓事，不料其竟能如此办理，实属可嘉！至所奏追出银米，仍请给还本任。此则不可。州县催征钱粮，是其分内专责，乃平时不能振作，致民间积渐拖欠，及至奏销时冀免处分，私行垫补，报解全完。此等人员不治以捏报之罪，已属宽典，若将追出银米仍行给还私橐，则将何以示儆？所有此项钱粮，将来自应归公充用，不得因欲杜该员等藉口亏赔，为此以公便私之举。"广东芨塘地方夙为盗薮，屡治不悛，复纠众至三四十人，拒捕伤官，士毅悉擒之，有旨优奖，赏戴花翎。

五十一年，[四]总督富勒浑纵仆婪索，事闻，严询士毅。士毅讯知有据以实奏，富勒浑时已解任，奏上申饬，谕曰："富勒浑气本粗率，性情乖张。孙士毅奉旨饬交查询伊家人受贿，皆已供证明白，乃不知愧恶，辄敢怨及承审之人。看来，孙士毅不免意存畏葸。试思朕为何如主，而能任人徇隐翻案乎？"顷之，谳成，上嘉其不避嫌怨，所言皆属公正，授两广总督。先是，富勒浑奏广东盐务添设运艘，按季征收饷价，及顶补革商清厘积欠，上命士毅核办。士毅奏曰："富勒浑于整顿盐务，立意未尝不善，无如果于自用，不肯采访舆情；又意存回护，加以粉饰，措词多涉影响。臣谨就现在应行酌办情形，逐条剖析：一、艘船短缺，则关盐不继，各商守候需时，节需贴补饭食，而各商自雇民船，运脚较帑艘加倍，糜费较多。富勒浑所奏艘船二百五十七只，及本年春季共配过盐二十八万馀包，并无此数。查省河旧有艘船，连各商自置

者,数止七十二只,此外六十三只,名为淇澳小船。又新募民船
一百二十二只,其中半系临时封押,勉强应募,并非帮艘长年领
运者可比。即富勒浑办理之初,已有萧恒利等一十八船,争先告
退,经富勒浑批准运盐一次,听其出关揽载别货;而折内竟称已
有艚船二百五十七只,并非确实。[五]再查省商定额,每季应配盐
一十六万四千馀包,计本年春季缺额五万有馀,富勒浑截自上年
十一月以后,凡有到关及商配之盐,均归入本年春季,以见筹办
帮艘效验如此。其实前后到关月日,历历可查,并非添设艚船,
以后运回关盐,即有三十馀万之多也。臣实力筹办,去其封押之
扰,酌以经久之规,务期新旧船户,各皆乐从,以收实效。一、粤
东饷课,虽例应按季催完,但向来总以年终奏销为准。富勒浑请
按季盘查,原为整顿积疲起见,但粤商力微赀少,而埠销时衰时
旺,情形又不能画一。倘遇旺销之时,原可以数月之有馀,补终
年之不足。若时值钝销,又责其按季完饷,势必以长年营运之赀
本,尽此一季完饷,转致徒手坐困。乃富勒浑明知竭蹶,因陈奏
在前,辄令那移垫完,即将春季未完饷银,作为全数完库具奏。
是发令伊始,即自开捏报之弊,[六]现在夏季已满,而所欠春饷尚
复不能清完。臣察看情形,四季勒限一事,实多窒碍,请仍照向
例岁底奏销,庶定期不致过迫,可以截长补短,勉副例限。一、富
勒浑因有疲埠三十九处,请一并另召新商顶办。嗣和平、龙川、
信丰、永安、嘉禾、江浦七埠召有新商顶补,乐昌、永兴、兴宁、宜
章、郴州、恭城、连州七埠,详由邻商兼办。其从前官办之龙门、
花县等处十四埠,及委员赴办之桂阳、临东二埠,[七]俱仍其旧;
另将现无承充之乳源、翁源、永安、始兴、封川五埠亦檄饬暂归官

办。此外尚有铅山、南康、上犹、英德四埠,虽经檄饬邻商就近兼办,而各商均以力难兼顾,不肯配运,至今尚属虚悬。富勒浑欲作三十九埠均有着落,遂约略具奏,致于实在顶补兼办之名数迥不相符。伏思埠地虚悬,而官办亦非良法。臣查有从前殷商供办数年,辄藉故脱卸者;又有力能办埠,附在各商名下,诡托帮办者。此等规避取巧,颇不乏人。容俟逐一清厘,如果身家仍前殷裕,自应着令领回盐埠,出身办理。除将铅山、南康、上犹、英德四埠赶先顶补,其馀暂归官办之埠,亦可渐次撤换,庶召顶均归着实。一、富勒浑上年奏明商欠饷银共四十一万七千五百馀两,均请分限带征。维时仅查出商欠数目,并未分别有着无着。嗣本年四月查明,因疲革退之三十九埠,实共欠银二十三万馀两,现无着落。又另查得此三十九埠有随埠输息之赏借本银七万三千七百五十馀两,亦归无着。随据商人何茂才等呈请照雍正元年之例,每额盐一包,输银一钱,约计三年半限内,此三十馀万两无着之欠,可以依限摊完。经富勒浑据情入奏。臣查得分限带征有着春夏二季应完四千九百五十馀两,现据各欠商完交过银一万一千五百五十馀两,核计应完之数,尚属有盈无绌。其通纲摊认无着银,计本年春夏两季应完银四万七千七百二十馀两,距应完之数甚为悬绝。臣以该商等既呈请代完于先,何以又观望迁延于后? 细加询访,始知富勒浑所办亦有未能尽服人心者。查各疲商既经革退,则应完之欠自应先尽查追,必家产实已尽绝,方令通纲摊认。伊等自觉心平,乃任其逍遥事外,甚至数月以来,清查革埠,业经交出之银约共四千馀两,又听其存贮运库不将摊赔之数目随时减除,以致通纲代完,不能踊跃。臣严饬署运司嵇承志即将此项清查交出之四千馀两,归入通纲代完数内。此外仍将未至家产尽绝之商,严切查追,一有成数,亦即均派通纲,俾摊赔之数藉以轻减,庶积欠可望依限清完矣。”下部议行。

五十二年,台湾林爽文反,士毅以闽省海道相接,备兵潮州。王师渡海,预派粤兵前赴,所需军资、器械,办理无误,屡邀议叙,加太子太保,赏戴双眼花翎,世袭一等轻车都尉。明年,台湾平。会安南国王黎维祁为其臣阮惠所逐,其母妻幼子敏关吁救。士毅与广西巡抚孙永清前后以闻,上即命士毅檄谕安南各路。士毅时在潮,先已驰赴龙州,奏至,上深嘉之。士毅自请统兵出关,并查奏黎维祁在其国良才县境,亦招聚义兵,图恢复,遂诏士毅由广西一路直抵黎城,〔八〕别命云南提督乌大经由蒙自一路进剿夹攻,阮惠遣其将拒于寿昌江,又分兵屯嘉观。士毅至寿昌,击破之,过江,进兵至市球江,贼守御甚固。十一月十六日日暮,我兵隔岸排列枪炮与相持。士毅令义民阳于下游造浮桥作欲渡状,以牵缀贼势,密遣总兵张朝龙于上游暗渡,绕出贼后,贼众乱。士毅即勒兵乘筏占桥,鼓勇直进,贼弃寨奔逸。我兵过江,分路剿杀,江岸及江中积尸几满,生擒四百馀人,悉斩之。其嘉观一路,为游击张纯等击退,副将庆成、守备黎致明设伏要害,擒其伪指挥黎廷、伪内卫栗全及已服复叛之陈明炳等。十九日黎明,乘胜至富良江,江在国门外,贼悉众拒守,尽收战舰泊南岸,江中炮声不绝。士毅察知贼阵弗整,急觅船筏,夜载兵仅百馀人,先剿江心贼,夺大船一,贼稍退,少间复来,凡五六战,杀贼百馀人,生擒十七人,贼胆落。时觅船不得,而沿江竹为贼斩尽。士毅因昏黑中贼不知我兵多寡,遂以所有船筏尽载兵,令提督许世亨等率二百馀人,于次日五鼓直冲彼岸,贼不知所为,夺其小船三十有馀,急驶回,更番渡兵二千人过江。黎明,分路追奔,贼死者不可胜计,有十馀船顺风而逸。游击张纯追及之,贼反拒我兵。我兵围其船,焚而沉诸江,贼数百人无得脱者,获伪印三,遂克复黎城。黎氏宗族及百姓等俱出城,伏迎道左。阮惠先遁归富春。是役也,士毅亲统大军入其国境,所向披靡,士卒无不用命。云南乌大经之师,但遥作声援而已。士毅既入黎城,出示安抚。是夜,黎维祁至营,士毅传旨令袭封国王,并驰报孙永清送其家属归国。奏上,谕曰:“阮惠等逐主乱常,窃据黎都。一经大兵声讨,望风奔窜。该国当残破之馀,得天朝为之兴复,黎氏国祚重延,并不利其寸土。于字小存亡之道,仁至义尽,实史册所仅见。孙士毅力肩重任,调度有方,不及一月,即已迅奏肤功,克副委任。着加恩晋封一等谋勇公,赏戴红宝石帽顶,以示优眷。”士毅恳辞,上不许,并谕令班师。

五十四年正月初二日,士毅侦知阮惠复纠众将夺黎城,遂与许世亨前进。次日,遇贼力战,贼败退。黎维祁闻阮惠至,携家属潜遁,国内无主,民皆窜,贼势复聚。士毅知黎城不可久驻,先领兵渡市球江,夺据北岸,以待后队之至。总兵李化龙行至浮桥,失足溺水,桥随断,许世亨等没焉。士毅遂入镇南关,黎维祁与其母子俱至关内,送南宁安置。事闻,谕曰:“安南国内因土酋阮惠等构乱,黎维祁藏匿民间,其母妻亲来控诉,是以命总督孙士毅就近筹办。出关后,屡奏克捷,成功实为妥速。汉大臣中有此全才,能为国家带兵宣力者,自应特沛殊恩。复念安南向有瘴疬,兵夫人数众多,若在彼久驻,转于新造小邦多有不便,况安南

虽蕞尔一隅,然黎氏立国已久,其兴废未必不关气数。黎维祁巽
懦无能,或者天厌黎氏,不加护佑。朕从来办事,无不顺天而行,
是以谕令孙士毅作速撤兵。该督若遵前旨,此时早已进关,乃在
彼耽延一月有馀,致贼众乘间复发。盖由孙士毅冀阮惠等投出,
或被旁人缚送,未免意存贪功,因有此意外之变。朕与孙士毅均
不能辞咎。阮惠既经逃回,复率众前至,必非旦夕所能纠合,其
中未必尽系贼党,自系附近黎城反侧之徒,从而附和。孙士毅在
彼,何不留心侦察,预为布置?乃待贼至,始行迎堵,致损官兵,
究系孙士毅成功后,不无自满之心,有此挫折。不特难邀懋赏,
即令其仍留两广总督,而威望已损,亦不足弹压海疆,因命来京,
另候简用,以福康安代之。"先是,阮惠夺黎城时,屯兵富良江,据
其险,士毅见贼众蚁聚,欲渡江剿杀,誓以身殉,许世亨力阻之,
且语以国体攸关,令千总薛忠挽其缰而退。至是请罪,上但撤回
所封公爵,及红宝石帽顶,仍令戴单眼花翎,驻镇南关调兵。阮
惠既复据黎城,自知得罪天朝,悔惧求内附。时福康安至,士毅
与严斥之,既察其诚,并以黎氏瞀乱,不堪立国,遂偕奏安南不必
用兵状,上从其议。旋授兵部尚书,充军机大臣,供奉南书房,恩
赐紫禁城骑马。

　　是冬,命署四川总督,次年,实授。蜀素多盗铸,百物腾踊。
士毅奏请发价收缴,以杜其弊,上韪之,下其法于他省。未几,江
苏高邮、句容书吏冒征事觉,总督书麟获罪。上以江苏为财赋重
地,官吏最易滋弊,必老成干练者,始克胜任,非孙士毅不可,遂
调两江总督。士毅初到江南,民遮诉者,多涉官吏,奏请别其重
轻,亲提研鞫。上鉴江省吏治废弛已久,敕士毅毋稍徇隐,以整

官方。徐州王平庄漫口未合,士毅驰抵毛城铺,修筑堤堰。砀山、萧县、宿州、灵壁及睢宁之十三社皆被水,力筹疏泄,与抚恤事,胥称旨。五十六年夏,授吏部尚书,协办大学士。秋九月,西藏巴勒布以贸易构衅,夺据聂拉木之地。四川总督鄂辉领兵赴藏,命士毅往摄其事。士毅先驻打箭炉筹办军糈,上善其周详,命一人总理之。次年春,因台站牛病,转运多迟,自请亲赴察木多。嗣以我兵已进后藏,复驰至前藏,途路险峻,驮载甚艰。士毅督催奋勉,由是大军得迅奏肤功。八月,廓尔喀平,授文渊阁大学士,仍偕福康安、和琳驻前藏,筹画善后事宜。上以其所定章程,可期经久,嘉奖之。五十八年,军务告竣,核办奏销,上念士毅年老,且藏内甫经安辑,正资整饬之时,而该省地通西路,统辖地土各番,非威重大臣不足以资镇抚,以福康安调四川总督。嗣福康安率金川土司入觐,仍命士毅权署。并谕曰:"孙士毅年逾七十,以实授大学士,本应即令来京供职。但伊前次办理粮饷事务,不无迟误,且军需款项,皆系经手支发。今令留川数月,查办奏销,俾不致有浮冒,亦可将功补过。"

五十九年秋,福康安已调云贵,和琳初授四川总督,例当入觐,士毅请留二人会核报销。适有邪教、私铸二案,因谕曰:"此次报销原系孙士毅一手经理,福康安虽在军营带兵,和琳在前后藏往来催趱,其中情形均未深悉。今交与孙士毅办理,正可驾轻就熟,止须分别准驳、实用实销,核明具题,有何不能为者?即或有须与和琳、福康安商酌之处,亦无难往返札商,何必伊三人同在省城,久驻会核?着传谕孙士毅上紧赶办,不必再思委卸。至孙士毅屡署督篆,所属邪匪、私铸等事,未能觉察,已难辞办理不善之过。其折内称福康安到任两月,地方已大觉改观。试思伊为此言,问心宁不自愧? 即云南钱局,百弊丛生,孙士毅曾任云南巡抚藩司,此弊端又谁之咎? 今令伊署四川总督印务,一切惟当认真料理,稍赎前愆,不可存五日京兆之见,致负委任。"又因核奏所奉谕旨声叙各案未得要领,并附奏内有恋主情殷语,蒙谕申饬:"向来办事尚为谙练,何以近日渐不如前?"六十年春,湖南苗反,延及四川秀山境,士毅即驰赴秀山以遏其冲,督办粮饷,及药丸营帐之属,无不周备,敕部优叙者再。冬十一月,贼为福康安、和琳所蹙,潜窥秀山,士毅率兵击之,斩首二百馀级,擒贼目二,防御愈严。嘉庆元年二月,湖北邪匪滋事,侵扰四川酉阳州界。士毅驰抵来凤,屡剿贼。三月,贼屯小坳,士毅由间道进攻,伺贼不备,冒夜冒雨先登,分兵夺其坐仙坪,贼惊窜,我兵斩杀甚多。是时天明,贼喊声四起,我兵不及贼十之一。士毅令参将何元卿等固守山梁,自领二十人驰回苗容,调防守兵六百人,率都司马瑞图等前赴小坳,遂杀三四百人。元卿见贼队忽动,知士毅已到,大呼驰下,贼前后受敌,众大乱。元卿痛剿,直至小坳,与士毅合,声势愈壮。贼惊急无措,遂歼之,焚其巢,夺获刀矛千八百有馀,牛羊鸡犬之属无算,分赏士卒及难民等。以功晋封三等男爵。四月,士毅以贼寨林立,惟茶园溪最多,必分路进剿,始可集事。时大雨旬日,火药不燃,俟其霁,恐贼得预为备,乃乘夜兵分为四,人持短兵,坌涌而入,呼声震山,贼俱窜聚茶园溪,率众抗拒,千总张超执长矛先登,斩其魁,我兵望见,勇气百倍,贼败,追奔四十馀里,积尸遍野,馀从老寨渡河而遁,后济者多溺毙。贼既被大创,退据红岩堡之旗鼓寨。士毅移营前进,六月,于军中得疾,遽卒。事闻,加赠公爵,谥文靖。

　　长孙均,袭封伯爵,入正白旗汉军旗籍,从士毅意也。二年,均来京谢恩,上以士毅宣力有年,命均在散秩大臣上行走。四年,因均年稺,未能谙习,奉旨回旗当差。十一年,均废疾,不能供职,请以同祖弟玉墀承袭。谕曰:"孙士毅前在两广总督任内,办理安南军务,屡章奏捷,戡定黎城,蒙皇考高宗纯皇帝特封公爵。彼时叠降谕旨,原令其及早撤兵,而孙士毅意在贪功,并不遵奉办理,以致迟延失事,兵溃入关。所奏情形,多有虚捏,随将公爵革去。迨后孙士毅又因在四川总督任内,办理邪匪,著有劳绩,复经赏给伯爵,世袭。此实皇考高宗纯皇帝逾格鸿施,伊于病中曾札恳和珅吁请愿将承袭之长孙列入旗档,亦即取巧之一端。朕仰体皇考高宗纯皇帝如天之仁,于孙士毅种种欺饰之处,不加追究,未将孙均承袭伯爵斥革。今孙均既因病废,不能当差,现在又无亲子可以承袭,乃又具呈渎请欲将同祖弟孙玉墀袭伯爵,殊属冒昧。试思孙玉墀并未列入旗档,焉有以民籍之人准其入旗承袭之理?[九]且孙士毅在军营出力之处,业已令伊孙承袭伯爵一次,尽足偿其劳绩。现在孙均病废,此外更无例应袭爵之人,即系无福受世及之典。[一○]所有孙士毅原给伯爵承袭之处,着裁撤,孙均并着出旗,仍归民籍。"

【校勘记】

〔一〕时陕甘总督福康安议于各营挑选劲兵　"劲"原误作"壮"。耆献类征卷三二叶一四上同。今据国传卷六七叶一一下改。

〔二〕共实操兵六万五千六百二十五名　"五千"原误作"二千"。耆献类征卷三二叶一四下同。今据国传卷六七叶一一下改。

〔三〕其水师训练　"水"原误作"出"。耆献类征卷三二叶一五上同。今据国传卷六七叶一二上改。

〔四〕五十一年　"一"原误作"二"。耆献类征卷三二叶一六下及国传卷六七叶一三上均同。今据纯录卷一二五四叶一五上改。

〔五〕即富勒浑办理之初已有萧恒利等一十八船争先告退经富勒浑批准运盐一次听其出关揽载别货而折内竟称已有艚船二百五十七只并非确实　"办理"上原衍一"查"字，又自"办理"以下至"经富勒浑"凡二十三字误置于"并非确实"之后，而"经富勒浑"下并有阙文八字，均作□，"艚"亦误作"艘"。耆献类征卷三二叶一七下同。今据国传卷六七叶一三下删正。

〔六〕是发令伊始即自开捏报之弊　"伊始即自"原误作"那移垫完"。耆献类征卷三二叶一八上同。今据国传卷六七叶一四上改。

〔七〕桂阳临东二埠　"二"原误作"之"。耆献类征卷三二叶一八下同。今据国传卷六七叶一四下改。

〔八〕由广西一路直抵黎城　原脱"一路"二字。耆献类征卷三二叶二〇上同。今据国传卷六七叶一四下补。按下文有"由蒙自一路"，可作旁证。

〔九〕焉有以民籍之人准其入旗承袭之理　原脱"之人"二字。耆献类征卷三二叶二六上及国传卷六七叶二〇上均同。今据睿录卷一六三叶四下补。

〔一〇〕此外更无例应袭爵之人即系无福受世及之典　"袭爵"原误作"承袭"，"世及"误作"世袭"。耆献类征卷三二叶二六下及国传卷六七叶二〇上均同。今据睿录卷一六三叶四下改。

索琳

索琳，完颜氏，满洲正蓝旗人。父那苏泰，热河副都统。乾隆元年，索琳由荫生以主事用，签制兵部。三年，中翻译举人，荐升吏部员外郎，调兵部。十七年，充军机章京。十九年，擢刑部郎中，二十年，调户部。二十四年四月，京察一等，闰六月，授山西归绥道。

二十五年正月，迁按察使。六月，疏言："查归化城归绥道审转命盗各案，如凶盗尸亲事主均系民人，由七协通判承审，经同知、归绥道覆审，招解臬司，申请抚臣题结。其有蒙古与蒙古交涉命盗案件，由外藩各扎萨克派员来城，会同通判审解同知，转解都统、归绥道会审咨部。若系蒙古与民人交涉命盗案件，通判验报，行文外藩该扎萨克，申请都统，各委员来城会审，仍经同知转解归绥道，会同都统覆审，移解臬司，转解抚臣，会同将军、都统题结。凡此案件，例以扎萨克委员到齐之日起限，有屡次订期不至，案犯经年久羁，其干连待质之犯，省释无期；更有牵涉二三旗分，或一旗委员未到，又另订期，势不能依限完结。查原定扎萨克委员会审之例，原因蒙古不知法律，恐其疑有屈抑，故令会审，以服其心。现今各扎萨克无不深晓立法平允，即委员会审之时，亦从无异议。是会审之例，徒致案牍久悬，犯证拖累。请嗣后归化城七协厅蒙古与蒙古命盗各案，[一]由通判验讯，申请都统，就近派委土默特参佐领会审咨部；其蒙古与民人交涉之案，亦请都统委参佐领会审，由抚臣会题。所有各扎萨克委员会审之例停止，结案后仍将审拟定罪之处，由归绥道行文扎萨克知照。"奏入,上是之。

二十六年,升浙江布政使。二十九年,奏言:"四月钦奉上谕:'向来缘事降调官员,例应引见者,俱由该督抚出具考语,送部引见。朕既核其人之才具,亦因以觇督抚之鉴别属员,法至善也。其离任候补之员,因系前任案件罣误降调,本籍督抚因非现属之员,无从出具考语。嗣后离任人员缘事降调,例应引见者,并着原隶之督抚一体出具考语,送部引见,著为令。'现在各员俱已钦遵办理,惟是此等离任人员已回本籍者,大率别有事故,未能即时赴补。如丁忧,则须俟服阕;告病,则须俟病痊;他若终养,更须俟养亲事毕。若迟至数年之后,始赴任所请咨,窃恐原隶之督抚或有更易,而接任之督抚未悉贤否,亦无从出具考语。查向来官员遇有事故离任,原有给咨回籍之例。伏思与其事后无从考核,似不若于请咨回籍时,即令该督抚豫将该员平日为官如何,出具切实考语,明立印案,并咨明本籍督抚存案。庶原籍任所皆有原隶之督抚考语可稽,易于查办。如蒙俞允,则将此等候补、降调人员例应引见者,准其由本籍咨送,祗须令本籍督抚查明从前咨回存案考语,于文内叙明送部,即与原隶之督抚出考无异;而该员得免远赴任所,往返稽迟,似觉便捷。"得旨嘉奖。

三十年闰二月,授副都统,赏戴花翎,前往库伦,协同桑斋多尔济办事。四月,民人赵立、喇嘛垂党等与鄂罗斯私行贸易,经成衮扎布奏闻,上命桑斋多尔济、索琳查明具奏。六月,成衮扎布奏称恰克图往来之人,及恰克图居住之人等,皆言鄂罗斯尚通贸易,而协理台吉沙克都尔亦告称曾见桑斋多尔济属下官员达赖等,赍有王大臣等文书,带领商人,连次赴鄂罗斯贸易。谕曰:

"鄂罗斯贸易之处,已经停止,桑斋多尔济岂可潜行贸易?着阿
里衮驰驿前往库伦查办,即带领索琳一同办理。"七月,谕曰:
"前据成衮扎布奏称恰克图地方并未停止贸易等语。朕曾令索
琳等查明具奏。乃索琳扶同桑斋多尔济掩饰,并不据实陈奏,今
知阿里衮到彼查办,恐其败露,始行请罪,殊属不堪!索琳着革
去副都统,自备资斧,管理恰克图兵,在章京上效力赎罪。"三十
三年八月,召还京。十月,授户部右侍郎。十一月,命在军机处
行走。三十四年,署理藩院侍郎。三十五年七月,理藩院参奏古
北口驿站章京富尔德赫短发马价,命偕罗布藏锡喇布前往审讯。
索琳传写谕旨舛错,下部严议,降一级留任。寻偕刑部侍郎博清
额赴土默特鞫諴亲王婿纳逊特固斯谋鸩格格案。十一月,充国
史馆副总裁。三十六年正月,因未能究出谋鸩实情,反将案犯交
纳逊特固斯看守,径自回京。上严饬之,降三级调用。三月,命
署内阁学士,在军机处行走。

旋以副都统衔,赴西藏办事。三十七年二月,谕曰:"据桂林
奏:'准驻藏大臣咨称:"民人杜华饮酒身死不明一案,通判苏恩
植,游击永明互相推诿不办,应由内地另行派员往办"等语。〔二〕,
西藏距内地甚远,故特派大臣前往办事,遇有案件,理宜即行审
拟完结。如属员推诿不办,亦应一面参奏,一面办理,岂有调取
内地官员往办之理乎?在莽古赉从前惟管理旗务,谓不谙事体
犹可;索琳由军机章京擢任布政使,办事有年,又屡经差遣,并曾
在军机处行走,熟聆朕旨,何事未经,自非莽古赉可比。此等举
动,甚属不堪!莽古赉、索琳俱着严行申饬。"五月,吏部议奏浙
江失察属员侵亏之历任抚藩索琳应降二级调用,命俟更换回京

之日,再行请旨。三十年闰三月,署礼部侍郎。四月,谕曰:"索琳前以户部侍郎与署侍郎博清额前往土默特查审事件,未能妥协,是以将伊革去侍郎,降署内阁学士,令其在军机司员上行走。嗣因驻藏需员,复给与副都统衔,前往办事,乃于民人杜华身死不明一案,部议请革去职衔,彼时因索琳驻藏在外,当经降旨,俟其更换回京之日,再降谕旨。后又因藏内及前任浙江藩司任内,例应议处三案,共应降七级调用,均声明换班回京之日请旨。今经兵部汇案具奏,索琳着销去副都统衔,加恩授为内阁学士,革职留任。俟八年无过,方准开复。所有礼部侍郎员缺,仍着索琳暂行署理。"是月,命在军机处学习行走。

十月,补内阁学士,兼礼部侍郎衔,旋赴归化城鞫案。十一月,署理藩院侍郎,往库伦换班。四十一年四月,升理藩院尚书,留库伦办事。七月,因审理命案徇情营私,降理藩院侍郎,仍带革职留任。四十三年七月,召还京,复因在库伦时办理鄂罗斯与商人贸易事宜,未能妥协,部议革任,从之。八月,命在理藩院郎中上行走。四十四年正月,复以副都统衔赴藏办事,赏戴花翎。十一月,巴塘贼匪阻路行劫,命索琳带兵前往。寻奏:"贼匪亟宜惩创,已令公班第达前赴嘉木喀。[三]尔现在赶办乌拉牲只,令游击纳其善等带往班第达营。俟来春进兵,以期迅速奏功。"上嘉之。四十五年二月,行抵拉里山,卒。

【校勘记】

〔一〕请嗣后归化城七协厅蒙古与蒙古命盗各案　"与"原误作"于"。耆献类征卷八四叶二上同。今据纯录卷六一四叶二二上改。

〔二〕民人杜华饮酒身死不明一案通判苏恩植游击永明互相推诿不办
应由内地另行派员往办等语 原脱"一案"与"等语"四字,又
"植"误作"楨"。耆献类征卷八四叶四上同。今据纯录卷九〇二
叶一三下补改。

〔三〕已令公班第达前赴嘉木喀 "木"原误作"禾"。耆献类征卷八四
叶五上同。今据纯录卷一〇九五叶二上改。

刘星炜

刘星炜,江苏武进人。乾隆十三年进士,改庶吉士。十六年,
散馆,授编修。十七年三月,充顺天乡试同考官。六月,大考二
等。八月,充会试同考官。十八年七月,充河南乡试正考官。十
月,迁侍讲。十九年四月,充日讲起居注官。六月,提督广东学
政。二十一年,奏:"肇庆府鹤山县立县之初,有广州府民一百五
户,呈请修城入籍,奏准应试,易滋冒考之弊。除已移住鹤山准其
应试外,馀必查有产业呈县注明,方准,仍移知原籍,以防重考。
其庐墓、田粮在原籍不愿迁者,仍归原籍应试。"从之。是年,丁母
忧。二十三年,服阕。二十四年正月,补原官。九月,提督安徽学
政。二十五年,转侍读,奏:"岁科两试,童生请兼试五言六韵排律
诗一首。诗文并优者,列在前茅,文可入彀而诗律未谐者,量为节
取;并饬学官月课一体限韵课诗。"下部议行。时福建学政汪廷玙
奏准将各省新进童生试卷同考列一等生员试卷,解部磨勘。星炜
以童生试卷繁多,若俱由塘马递送,恐不便于邮政。请将岁科试
各项文册,照例随本送部,其生童各卷令学臣自备车脚,专差承役
解送,上允之。二十六年,迁左春坊左庶子,寻升翰林院侍读学

士。二十八年,大考二等。二十九年,命在上书房行走。三十年正月,擢内阁学士,兼礼部侍郎衔。九月,迁礼部右侍郎。三十一年九月,充武会试正考官。十月,调工部右侍郎。三十三年六月,充江西乡试正考官。七月,转左侍郎。三十七年,卒。

王昶

王昶,江苏青浦人。乾隆十九年进士。二十二年,上南巡,召试一等,钦赐内阁中书。二十三年,补内阁中书。二十四年八月,充顺天乡试同考官。十一月,在军机司员上行走。二十五年八月,充顺天乡试同考官。二十六年三月,充会试同考官。二十七年八月,充顺天乡试同考官。二十八年三月,充会试同考官。二十九年三月,擢刑部山东司主事,办理秋审事。三十一年,迁浙江司员外郎,署郎中。三十二年五月,升江西司郎中。三十三年四月,京察一等记名,以道府用。七月,以漏泄查办两淮盐引一案,奉旨革职。

九月,云贵总督阿桂请带往云南军营效力。三十六年十月,谕曰:"据温福奏:'革职郎中王昶在滇省军营,自备资斧效力,现已满三年。今派令随赴四川办事,恳量予加恩'等语。王昶着赏给主事,所有应得分例,准其支食。"十一月,补吏部考功司主事。三十七年十二月,副将军阿桂奏:"前经带往办事之主事王昶,由云南军营效力,复带赴四川军营,一切奏折、文移,皆其承办,颇为出力。"得旨:"王昶着加恩以吏部员外郎用。"三十八年,补稽勋司员外郎。三十九年,以军营奋勉,经大学士阿桂保奏,以本部郎中升用。四十年,补文选司郎中。四十一年五月,谕曰："吏部郎中王昶在军机，出力年久，颇著勤劳。着加恩升鸿胪寺卿，并赏戴花翎，仍在军机处司员上行走。"七月，授通政司副使。四十二年，迁大理寺卿。四十四年，擢都察院左副都御史。四十五年三月，授江西按察使。八月，丁母忧，回籍。四十八年二月，服阕，补直隶按察使。

三月，调陕西按察使。十月，奏称："向例重犯脱逃，州县先于本境查拿。初参限满不获，始造具事由清册，分咨邻省通缉。查命案初参，以半年为限，阅时既久，顽犷之徒，早已乘间远飏。请嗣后遇有凶犯脱逃，一面在本地严拿，一面飞咨邻省通缉。"得旨，依议速行。十二月，奏："陕省幅员辽阔，东南与楚、蜀接壤，最易藏奸。现饬各属将旧有保甲逐一清理，汉中、兴安一带流寓民人，取具相识保结，方准栖止；其无人认识，踪迹可疑者，递回原籍。至往来过客，于歇店给发印簿，登记汇查。傥询出命盗重犯，曾在该店歇宿，照例治罪。再凶器必宜禁绝，除鸟枪业已陆续收缴，其馀顺刀、裤刀，不惟不容佩带，并不许制造。仍饬各属严密稽查，毋任胥役藉端滋扰。"得旨："实力为之！"五十年，署陕西布政使。五十七年七月，迁云南布政使。九月，谕曰："据永保奏，臬司王昶已升任云南藩司，应行交代赴任等语。前因伊阳县逸犯秦国栋及大名案首犯段文经、徐克展等，查拿未获，令王昶在商州搜捕。今两案正犯尚未弋获，正应令王昶在彼悉心督缉。乃永保以该司升任云南，遽派潼商道德明前往商州更换王昶。何拘泥不晓事体如此？所有陕西臬司印务，着顾长绂兼署外，王昶应仍在商州、潼关一带严缉要犯，俟拿获后，再令交代起程。"十月，又谕曰："王昶前在商州一带缉拿要犯，今秦国栋业经拿获,<u>王昶</u>着仍遵前旨,即来京陛见后,再赴<u>云南</u>藩司新任。"

五十三年,调<u>江西</u>布政使。五十四年二月,授刑部右侍郎。五十五年三月,<u>江苏高邮州</u>知州<u>吴焕祖</u>庇书役、私雕印信、冒征钱粮一案,经该州巡检<u>陈倚道</u>查获,叠禀本省各上司,迟延不办。至是,揭报户部,上命偕兵部尚书<u>庆桂</u>驰驿前往,会同<u>两江</u>总督<u>书麟</u>审讯。嗣以<u>书麟</u>奏到折内,并不细核详禀批发日月,严究徇纵情节,将巡抚<u>闵鹗元</u>奏参,代为掩饰,将<u>书麟</u>交部严议。谕曰:"此案关系吏胥假票重征,官吏通同隐蔽,<u>王昶</u>籍隶<u>江南</u>,未免心存瞻顾,且恐不能坚定,漫无主见,必致附和<u>书麟</u>,所奏代人受过,着将案内犯证一切卷宗,迅速解赴<u>热河</u>行在审办。"七月,命赴<u>湖南</u>鞫<u>湘乡县</u>粮书需索案。九月,赴<u>湖北</u>鞫<u>应城县</u>仓书浮收案,十月,鞫<u>江陵县</u>书吏偷减土方案。十一月,鞫<u>永明县</u>贿买武童案。十二月,鞫<u>长沙县</u>勒买常平仓谷案,各得实以闻。五十七年八月,充<u>顺天</u>乡试副考官。五十八年三月,奏给假回籍省墓,上允之。十二月,回京。谕曰:"侍郎<u>王昶</u>假满召见,看其年力就衰,伊亦自以精神日减,难以供职。<u>王昶</u>着以原品休致,俟来岁春融,即行回籍,以示体恤。"

<u>嘉庆</u>十一年六月,卒。

　陆费墀

　<u>陆费墀</u>,<u>浙江桐乡</u>人。<u>乾隆</u>三十年,南巡,召试,赐举人,授内阁中书。三十一年,进士,改庶吉士。三十四年,散馆,授编修。三十五年,充<u>顺天</u>乡试同考官。

　三十八年二月,命儒臣校核<u>明</u>代<u>永乐大典</u>,诏求天下遗书,

开四库全书馆,选翰林官专司纂辑,以墀充总校官。十月,充日讲起居注官。三十九年,谕曰:"编修陆费墀承办四库全书,并荟要处缮录之事,一切综核稽查,颇能实心勤勉,且其学问亦优,加恩以侍读升用。"四十年,擢侍读学士,寻升少詹事。四十一年,充文渊阁直阁事。四十三年,以纂办各书均能出力,赏缎匹、荷包、笔墨纸砚等物。四十五年,武英殿遗失四库全书底本三十馀种,经总裁吏部左侍郎王杰奏参。上以墀专司提调,前后数年,事出一手,命解任审讯。嗣查明实因书卷浩繁、收发不清所致,别无情弊,得旨开复,仍下部议处。寻议降一级,准其抵销。九月,上以历代官制,沿革不一,有今古异名而职司无异,或古有其官今无其官,古无其官今有其官,命纂历代职官表一书。墀偕内阁学士纪昀、光禄寺卿陆锡熊、翰林院编修孙士毅等总其事。四十七年七月,擢内阁学士,兼礼部侍郎衔。十月,以四库全书内语有悖谬,未经改正,下部议处,寻议降一级留任。四十八年,以母年九十,奏恳给假回籍省视,上允所请,并赐墀母御书匾额。四十九年正月,擢礼部右侍郎。二月,命充四库全书馆副总裁官。十一月,充经筵讲官。五十年,仍充文渊阁直阁事。五十一年,转左侍郎。寻丁母忧。

五十二年正月,以续缮三分书内,有悖妄不经之语,墀在馆时未经奏请销毁,下部严议。部议革职,上改为补官日革职留任。六月,上以四库全书讹谬甚多,命大学士九卿等覆加详阅。寻奏书中有违碍诸说未经删削,且有连篇累牍、脱空无字者,请将承办各员议处。[一]谕曰:"办理四库全书系总纂纪昀、陆锡熊,总校陆费墀专司其事。朕因该员等纂辑订正,著有微劳,不次超

擢,晋阶卿贰。乃所办书籍,竟如此荒谬舛错,咎无可辞。<u>陆费
墀</u>本系<u>武英殿</u>提调,复充总校。所有<u>四库全书</u>,伊一人实始终宗
事,而其荐升侍郎,受恩尤重,较之<u>纪昀</u>、<u>陆锡熊</u>,其咎亦更重。
现在续办三分书,应发<u>文澜</u>、<u>文汇</u>、<u>文</u>其三阁陈设者,所有面叶、
装订、木匣、刻字等项,俱着<u>陆费墀</u>自出己赀,罚赔办理,以示惩
儆而服众心。"仍下部严议。寻照部议革职。

五十五年九月,卒。十月,谕曰:"<u>陆费墀</u>本系寒士,家无担
石,向在于<u>敏中</u>处藉馆为业,谅不过千金产业耳。今所办三阁书
匣等项,及缴出罚银一万两,计其家赀已不下二三万,若非从前
在四库馆提调任内苞苴馈送,何以有此多赀?现在<u>陆费墀</u>业已
身故,所有插架装匣等事,若令伊子接办,恐未能谙习,且身后所
遗家业,想已无多,亦难措办。此时三分书俱已校对完竣,自应
全行发往三处藏弄,未便稽延。着传谕<u>海宁</u>、<u>全德</u>,即仿照前次
发去装潢书匣等式样制造,专派妥商办理,并着<u>海宁</u>查明<u>陆费墀</u>
原籍现有田房产业,〔二〕加恩酌留一千两之数,为伊家属养赡;如
尚有馀资,即作为三阁办书之用。"

子<u>鏊</u>,<u>福建</u><u>建阳县</u>知县;<u>元鑛</u>,<u>直隶</u><u>天津县</u>知县。孙<u>琭</u>,<u>湖南</u>
巡抚,缘案革职。

【校勘记】

〔一〕请将承办各员议处　"议"原误作"惩"。<u>耆献类征</u>卷九八叶一三
　　上同。今据<u>纯录</u>卷一二八二叶一八上改。

〔二〕并着海宁查明陆费墀原籍现有田房产业　"田"原误作"书"。<u>耆</u>
　　<u>献类征</u>卷九八叶一四上同。今据<u>纯录</u>卷一三六五叶一三上改。